Mein kalifornischer Alptraum

Die Autobiographie des Bandleaders der Beach Boys

BRIAN WILSON

mit Todd Gold

Mein kalifornischer Alptraum

Die Autobiographie des Bandleaders der

BEACH BOYS

Aus dem Amerikanischen von
Clara Drechsler

vgs

Die Deutsche Bibliothek – CIP-Einheitsaufnahme

Wilson, Brian:
Mein kalifornischer Alptraum : die Autobiographie des Bandleaders der Beach Boys / Brian Wilson mit Todd Gold. Aus dem Amerikan. von Clara Drechsler. – 1. Aufl. – Köln : vgs, 1993
Einheitssacht.: Wouldn't it be nice <dt.>
ISBN 3-8025-2245-1
NE: Gold, Todd [Bearb.]

Titel der amerikanischen Originalausgabe:
Wouldn't it be Nice. My own Story.

Erstausgabe 1991 by HarperCollins Publishers, New York, NY.

1. Auflage 1993

Lektorat: Lothar Lewien, Köln, im Auftrag der vgs
Textredaktion: Kurt-Jürgen Heering
Schutzumschlag: Papen Werbeagentur, Köln
Satz: ICS Communikations-Service GmbH, Bergisch Gladbach 2
Druck und Verarbeitung: Mohndruck, Gütersloh
Printed in Germany
ISBN 3-8025-2245-1

Für Dr. Eugene Landy –
ohne Dich gäbe es keine Musik mehr
Brian Wilson

Inhalt

1

Gefeuert!

Ich sah schon die Schlagzeilen vor mir: *Brian Wilson, Genie der Beach Boys – Gefeuert!*

Gefeuert!

Das Wort war mir absolut fremd, unmöglich zu verstehen oder zu akzeptieren. Ich saß regungslos, sprachlos, ausdruckslos da.

»Hörst du uns bitte mal zu?« sagte Mike Love, Leadsänger der Band und mein Vetter.

Die Beach Boys saßen um einen großen Konferenztisch herum und beobachteten meine Reaktion auf einen Brief, den sie mir zu lesen gegeben hatten. Ich las ihn mehrmals; dann sah ich jeden einzelnen von ihnen an – Mike, mit steinerner Miene, meinen bärtigen kleinen Bruder Carl und Al Jardine, meinen alten Freund aus High-School-Zeiten. Die Worte »beendet« und »mit sofortiger Wirkung« echoten durch mein klebriges Hirn. Ich war so geschockt, daß ich nicht wußte, was ich denken, wie ich reagieren sollte.

»Ich bin gefeuert?« fragte ich. »Soll das wirklich heißen, ich bin gefeuert?«

»Ja, stimmt«, erwiderte Mike.

»Gefeuert!« Ich konnte es noch immer nicht glauben. »Was soll der Scheiß?«

Ich war doch der Gründer der Beach Boys!

Der 5. November 1982 begann für mich mit einem trüben Nachmittagshimmel, einem getrübten Bewußtsein und einem Eimer extrastarkem Instantkaffee, meinem üblichen Muntermacher. Ich schaffte es gerade noch, die Kaffeedose in einer Hand zu halten; mit der anderen schaufelte ich ein halbes Dutzend Meßlöffel Kaffeepulver in die Tasse, außerdem noch Zukker, und zwar reichlich. Meine Hände zitterten so unkontrolliert, daß ich noch mal die gleiche Menge über die Anrichte verstreute. Als ich endlich die richtige Mischung zustande gebracht hatte, blieb kaum noch Platz für genug Wasser.

Zu dieser Zeit war ich fertig – ein Zombie, ein spinnerter Sixties-Haschbruder, der nie von einem schon lange zurückliegenden Trip zurückgekehrt war. Ich lebte in einem dicken Nebel, Angst durchzog all meine Gedanken und bestimmte mein Tun. Ich war schizoid und mein Verhalten unberechenbar. Die Ideen und Bilder, die in mein Bewußtsein drangen, waren verzerrt, zersplittert in kubistische Interpretationen der Wirklichkeit.

Erst jetzt, nach einem Jahrzehnt unkonventioneller, vieldiskutierter und oft mißverstandener, aber erfolgreicher Therapie, bin ich endlich in der Lage, das Puzzle wieder zusammenzusetzen. Damals lebte ich ganz in mich zurückgezogen, voller Selbstmitleid, von Grund auf verwirrt.

Ich verließ selten das Haus und niemals bei bewölktem Himmel. Das war einer meiner Grundsätze: Was sollte ich draußen, wenn der Himmel nicht blau war? Ich zog blauen Himmel vor. Babyblau. Himmelblau. Ein Blau, das Hoffnung versprach. Doch wie das Wetter auch sein mochte, ich sah den Himmel selten in diesem Blau. Auch an diesem speziellen Novembernachmittag hatte er diese Farbe nicht, und ich wollte nicht aus dem Haus gehen; aber ich hatte keine andere Wahl.

Es würde nicht leicht werden. Schon die kleinste Bewegung war eine Qual – vom Sofa aufstehen, anziehen . . . Ich richtete mich auf der Couch auf und schnippte die Zigarette auf den Parkettboden. Die rotglühende Spitze brannte sich in den Firnis des Holzbodens, ein schwarzer Fleck mehr in dem Muster, das ich kreiert hatte. Es gab Tausende solcher Flecken, jeder Quadratzentimeter des Bodens war damit übersät. Jetzt gab es einen mehr.

»*Carolyn*!« rief ich.

Carolyn Williams, eine ehrgeizige Schwarze, war meine ehemalige Krankenschwester aus der Nervenklinik, die mittlerweile ganz bei mir wohnte. Ich war wie ein hilfloses Kind, ein ständig quengelndes Riesenbaby. Sie bestärkte mich noch in meiner Hilflosigkeit und erfüllte die Mutterpflichten, die in den vergangenen Jahren an meiner Ex-Frau Marilyn, deren älterer Schwester und schließlich an wechselnden Groupies hängengeblieben waren.

Carolyn, die zunächst nur mein Kindermädchen gewesen war, hatte eine emotionale Beziehung zu mir entwickelt, die viel stärker war als meine Empfindungen für sie. Obwohl ich ihr wahrscheinlich wirklich am Herzen lag, fanden viele, daß sie längst ihre Befugnisse überschritten hatte. Das Bemuttern war eine Sache, darauf zu bestehen, auch den Konferenzen der Beach Boys beizuwohnen, eine andere. Und mit mir Pot zu rauchen erst recht.

Aber unsere Beziehung funktionierte, sie kümmerte sich um die Hausarbeit und ließ mir meine Ruhe.

»Meine Hose!« rief ich. »Ich kann meine Hose nicht finden.«

»Dann such sie«, grölte sie aus einem anderen Zimmer.

Ich suchte planlos das Zimmer ab und begutachtete die verheerenden Folgen einer Nacht – oder länger? –, die mit dem Konsum unfaßbarer Mengen von Junk Food, Alkohol und Kokain zugebracht worden war. Ich sah keine Hose. Dann, einige Minuten später, ging mir auf, wieso. Ich hatte sie an. Das fand ich lustig. Ich lachte. Ein Anfall von dem, was ich meine Lachnummer nannte; ich ließ ein lautes, herzhaftes Gelächter ab. Ha!Ha!Ha! Ich konnte überhaupt nicht mehr aufhören zu lachen, alles war ja so lustig.

Dann fiel es mir wieder ein: Ich hatte meine Hose überhaupt nicht ausgezogen, ehe ich letzte Nacht auf dem Sofa abgekippt war, und das Hemd auch nicht. Das war im Rahmen des Üblichen, ich hatte es schon lange aufgegeben, mir über saubere Kleidung oder persönliche Hygiene – Waschen, Duschen, Zähneputzen, Kämmen und was man sonst noch so unter zivilisierter Erscheinung versteht – den Kopf zu zerbrechen. Mein Haar war fettig; ich stank; ich war schmutzig. In einer Situation, wo ich täglich dem Tod ins Auge sah, zählten saubere Klamotten oder eine warme Dusche zu meinen geringsten Sorgen. Und ich konnte jeden Moment sterben. Das betete ich mir jedenfalls immer wieder vor, bis ich schließlich nichts mehr tat, als diesen Moment mit Spannung zu erwarten. Wer so denkt, lebt praktisch auf dem Vordersitz der Achterbahn – ein rasanter Alptraum, dessen erregende Höhepunkte süchtig machen können.

Mein benebeltes Hirn war im Moment nur fähig, einen einzigen Gedanken zu verarbeiten, und dieser Gedanke kreiste um das bevorstehende Band-Meeting der Beach Boys. Die Uhr tickte. In wenigen Stunden war es soweit. Ich mußte mich ins Unvermeidliche fügen. Ein Meeting, hmmmm. Ein Meeting, hmmm. Ich wiederholte die Worte wieder und wieder, bis sie eine Art Mantra wurden.

Wie konnte dieses Meeting mich nur so aus meiner extrem zurückgezogenen Lebensweise aufstören? Während in meinem Schädel rote Warnblinker aufleuchteten, rief ich mir die Chronologie der Ereignisse in Erinnerung und suchte nach Anzeichen drohender Gefahr. Ich erinnerte mich, daß Carolyn mir gesagt hatte, sie habe einen Anruf von der Sekretärin des Managers der Band erhalten, für den nächsten Nachmittag sei ein Meeting angesetzt. Ich *mußte* auf jeden Fall teilnehmen. Keine Diskussionen. Keine Ausflüchte. Die große Galavorstellung.

Aber warum hatten sie ein Treffen einberufen? Ich hatte keinen Schimmer.

Ich seufzte und konzentrierte meine Aufmerksamkeit wieder aufs Frühstücken. Ein Mann von meiner körperlichen und geistigen Statur brauchte Energienachschub, brauchte frischen Brennstoff. Mein Frühstück bestand aus zwei, manchmal drei extradicken, zart marmorierten New Yorker Steaks, kräftig angebraten, bis das Fett brutzelnd an der Oberfläche austrat, serviert mit einer Flasche Steaksauce. Das war die allmorgendliche Routine. Mein Monsterkaffee, ein paar Steaks und noch mehr Kaffee, um wieder auf die Beine zu kommen; und Zigaretten. Ich rauchte fünf oder sechs Packungen Marlboro am Tag. Ich lebte in einer ständigen Qualmwolke. Die Zigaretten ruinierten meine Stimme, aber zumindest waren meine Hände zwischen den Mahlzeiten beschäftigt.

Nach dem Frühstück wuchtete ich mich in den Vorgarten und machte ein paar Schritte. Mit meinen mehr als 153 Kilo auf den Knochen handelte es sich eher um ein Watscheln als ein Gehen. Aber auch das gehörte zum Morgenritual: im Vorgarten hin und zurück watscheln, Kippen wegschnippen und neue anzünden.

Die Nachbarn beobachteten mich mißtrauisch über den Gartenzaun. Für sie war ich ein gemeingefährlicher Irrer, und damit hatten sie recht.

Von außen unterschied sich mein Haus in nichts von denen meiner Nachbarn in Pacific Palisades – reichen Ärzten, Anwälten und Prominenten. Aber drinnen herrschten ganz andere Verhältnisse, das Ambiente entsprach mehr einer Junkie-Absteige. Schon an der Türschwelle begrüßte den Besucher ein fauliger Gestank. Den Fußboden bedeckten dreckige Kleider, Essensreste und Zigarettenkippen. Carolyns drei Kinder tobten verwahrlost herum, ihre Hunde erleichterten sich regelmäßig im Haus. Heute dreht sich mir der Magen um, wenn ich nur daran denke.

Den Großteil der Zeit, in der ich bei Bewußtsein war, verbrachte ich in dieser miefigen Höhle, wie ein Walroß auf dem Wohnzimmersofa. Ich dachte. Mein Kopf war ein hyperaktiver Hort wirrer Empfindungen, die zwischen Stumpfheit und Panik, Verfolgungswahn und Todesangst schwankten. Die Gedanken durchliefen mich wie Erdstöße.

In den Jahren zuvor hatte ich an Musik gedacht, an nichts als Musik; aber jetzt war sie tot in mir, ich war ausgebrannt. Ich wartete auf sie, und das Warten machte mir Angst, es lähmte mich. Nur das Wissen, daß jeder Atemzug mein letzter sein konnte, brachte etwas Spannung in mein Leben.

Ich fand keine Ruhe. Niemals. Nicht für eine Sekunde. Mein Bewußtsein war auf Autopilot geschaltet – außer Kontrolle.

Ich war verrückt.

»Brian, bist du fertig?« rief Carolyn.

»Fast«, nuschelte ich.

»Wir kommen zu spät.«

Na und? Ich brauchte jetzt dringend einen Kick. Eine Nase Koks würde mich umgänglicher und kommunikativer machen. Die Aussicht, mich den Beach Boys zu stellen, machte mich nervös und ängstlich. Ich fühlte mich wie ein Guppy im Haifischbecken. Ich brauchte irgend etwas, um mich von meiner Angst abzulenken.

Mein Atem ging kurz und stoßweise, als ich auf der Suche nach Kokain-Resten durchs Haus trottete. Meine Atemwege ächzten, Schweißperlen rannen mir übers Gesicht. Das Ganze war sinnlos. Wo ich auch suchte, es war kein Koks mehr von der letzten Nacht zu finden. Eigentlich hätte mich das nicht überraschen dürfen, denn am Abend zuvor hatte mich mein Bruder Dennis, der Schlagzeuger der Beach Boys, besucht. So, wie wir das Koks weggezogen hatten, wäre uns sicher nicht das kleinste Stäubchen entgangen.

Es gab noch eine letzte Chance. Auf dem Klavier lag der Spiegel, den Dennis und ich benutzt hatten. Ich stürzte mich auf ihn, und tatsächlich klebten noch winzige Spuren Koks auf der Glasfläche. Es war nicht viel, aber es genügte, um meinen Puls bei der Aussicht auf den Kick rasen zu lassen. Koks löste meine Fesseln, entführte mich in luftige Höhen, ließ mich über die Wolken schauen; es gab mir den Mut, der mir sonst fehlte.

»Brian!« Carolyns schrille Stimme verhieß nichts Gutes.

Ich hing über dem Klavier und leckte den Spiegel ab.

»Bleib bloß von dem Zeug weg«, sagte sie. »Du kannst einen Joint rauchen. Aber kein Koks!«

Carolyn stand neben der Haustür, die Autoschlüssel in der Hand. Es gab kein Entrinnen vor diesem Treffen. Nicht nur die Beach Boys hatten mir ein Ultimatum gestellt, auch Carolyn hatte mir die Pistole auf die Brust gesetzt. Sie hatte mir gedroht, mich notfalls mit Gewalt zu dieser Zusammenkunft zu zerren – selbst wenn sie dafür einen Abschleppwagen bestellen müßte. Ihr gesundes Mißtrauen ließ sie sofort ahnen, worum es bei diesem Clantreffen gehen würde: Das Lebenselixier unserer kläglichen gemeinsamen Existenz stand auf dem Spiel – Geld.

Wenn ich Bares brauchte – was immer ich brauchte, ob 100 oder 1000 Dollar –, rief ich meine Buchhalter an und ließ mir die Summe auszahlen. Ihre Nummer konnte ich selbst im Koma noch wählen. Alle paar Wochen brachte ich etwa 10000 Dollar durch. Es gibt nur einen Grund, warum ein Mensch solche Unsummen Bargeld verpulvern kann: Drogen.

Einige Wochen vor diesem Meeting waren die Zahlungen eingestellt worden. Plötzlich und ohne Vorwarnung war die Geldquelle versiegt – als hätte man einen Geysir einfach abgestellt. Und zwar lag es nicht nur daran, daß die Geschäftsführer sich auf einmal weigerten, meinen Wünschen zu entsprechen, sondern sie hatten Carolyn erklärt, daß kein Geld mehr zu holen war. Ich war pleite und hatte außerdem noch das Finanzamt am Hals.

Mit Carolyns Hilfe gelangte ich zu der Überzeugung, das heutige Meeting diene dem Zweck, meine finanzielle Situation zu klären. So hatte mein Leben schließlich in den letzten zwanzig Jahren funktioniert. Ich baute Scheiße, und dann kam irgendeiner mit klarerem Kopf, der mich rettete und hinter mir aufräumte. Ein Rockstar hat's eben gut!

Carolyn steuerte meinen großen weißen Caddy an den schönen Eigenheimen von Pacific Palisades und ihren postkartenreifen Vorgärten vorbei. Wir fuhren auf dem Sunset Boulevard Richtung Beverley Hills. Ich rauchte einen Joint und wiegte mich in der Hoffnung, bis heute abend würden alle meine Probleme vom Tisch sein.

»Also, was willst du ihnen sagen?« fragte Carolyn.

Ich hörte ihre Frage nicht. Der Pot wirkte schon, mein Kopf rollte in einer blauen Rauchwolke faul zurück, ein Planet in einem eigenen Sonnensystem. »Hä?« fragte ich aus der Tiefe des Raumes.

»Ich will mit dir durchsprechen, wie du wieder an dein Geld kommst.«

»Oh, klar«, nuschelte ich. »Ich weiß nicht.«

Während der Fahrt schärfte Carolyn mir ein, was ich sagen sollte, und gab mir einige Dialogbeispiele. Die Worte wehten in mein gesundes Ohr hinein und aus dem anderen wieder raus. Nach der zwanzigminütigen Fahrt durch die Stadt mußte sie mich aus dem Halbschlaf wecken.

Ich ging vor ins Bürohaus unseres Managers. Carolyn hielt sich einige Schritte hinter mir, immer darauf bedacht, ihre Position nicht überzustrapazieren; sie wurde von den anderen geduldet, nicht geliebt.

Eine Sekretärin führte uns in den Konferenzraum, der mir sehr vertraut war. Hunderte von Malen hatte ich hier gesessen, um Bandprojekte, Platten oder Vertragsverhandlungen zu diskutieren. Aber diesmal nahm ich eine Veränderung wahr, eine Aura, die mich Böses ahnen ließ. Ich war gewohnt, durch mein Auftreten immer Herr der Lage zu sein, und haßte es, in die Defensive gedrängt zu werden. Als ich die Tür öffnete und ins Zimmer blickte, befiel mich Paranoia. Ich wollte auf dem Absatz kehrtmachen und wegrennen. Es war, als wäre ich unerwartet in etwas reingeplatzt. Alle saßen um den großen Tisch herum – Carl, Mike, Al, Tom Hulett, unser Manager, und John Branca, der Anwalt. Von einer Sekunde auf die andere unterbrachen alle, womit auch immer sie beschäftigt gewesen waren, und starrten auf meine korpulente Gestalt, die den Türrahmen ausfüllte. Ich mußte mich zur Seite drehen, um mich durchzuzwängen. Der große Raum wirkte überfüllt und stickig. Daß Dennis fehlte, merkte ich gar nicht.

Ich mußte meinen ganzen Mut zusammennehmen, um weiterzuschlurfen und mich auf einen der zwei freien Stühle fallen zu lassen. Carolyn setzte sich auf den anderen. Ich wappnete mich für eine verheerende, schreckliche, lebensbedrohende Naturkatastrophe, die über mich hereinbrechen würde. Welcher Art sie sein würde, konnte ich nur ahnen. Ich fürchtete wirklich, einer von ihnen könnte mich erschießen oder würde mich zumindest zusammenschlagen. Außerdem hatte ich Angst, ich könnte selbst durchdrehen und einen von ihnen zusammenschlagen. Ich wußte nicht, was mich erwartete und was ich denken sollte. Ich konnte nicht denken, ich konnte nur reagieren. Abwarten und reagieren.

»Wir haben einen Brief für dich, Brian«, sagte Mike und schob mir einen Umschlag über den Tisch. »Wenn du ihn bitte lesen würdest.«

»Klar«, sagte ich und wollte ihn in die Tasche stecken.

»Sofort«, befahl er.

Ich öffnete den Umschlag und nahm ein Blatt Papier heraus, auf dem ich mehrere mit Schreibmaschine geschriebene Absätze erkennen konnte. Ich kramte nach meiner Lesebrille und las: »Hiermit teilen wir Ihnen mit, daß Ihr Beschäftigungsverhältnis mit der Firma Brothers Records Inc. und alle weiteren Geschäftsverbindungen mit sofortiger Wirkung beendet sind.« Als ich weiterlas, wandelte sich meine Verwirrung in Ärger, und als ich bei dem Absatz angelangt war, der besagte, daß diese Maßnahme »unwiderruflich« sei, kochte ich vor Wut. Jeder wünschte mir noch, so der abschließende Satz, »das Beste für meine Gesundheit«. Dann die Unterschriften von Carl, Mike, Al und Dennis.

Ich knallte den Brief auf den Tisch. Carolyn griff danach.

»Was soll der Scheiß?« brüllte ich. »Was zum Teufel ist hier eigentlich los?«

»Du bist aus der Band gefeuert«, sagte Mike.

Das hatte ich schon dem Brief entnommen, und jetzt wurde es noch mal mündlich bestätigt. Trotzdem dauerte es einen Moment, bis ich begriffen hatte.

Um Gottes willen, sagte ich mir, die können mich doch nicht absägen. Die Beach Boys – das war doch *meine* Band. Wie oft hatte Dennis mir das gesagt? Wie oft hatte ich ihn sogar auf der Bühne erklären hören: »Brian Wilson ist die Beach Boys. Wir sind nur seine Botschafter.« Sicher, Mike war der Frontman, der einzige von uns, der das nötige Selbstbewußtsein für diesen Job hatte. Er war Leadsänger, aber ganz gleich, wie überzeugt er davon war, der wichtigste Mann der Band zu sein, es war einfach nicht wahr. Das gleiche galt für Carl und Al.

Die Songcredits sprachen für sich. Zwischen 1962 und 1968 hatte ich vierzehn LPs geschrieben und produziert, mehr als 120 Songs, darunter Hits wie »Help Me, Rhonda«, »California Girls« und »Good Vibrations«. Durch mich waren die Beach Boys konkurrenzfähig gegenüber den wichtigsten musikalischen Neuerern geblieben, von Phil Spector bis zu den Beatles. Es war kein Alleingang gewesen, aber doch verdammt nahe dran. Ich hatte die Glucke für eine Bande von Jungs gespielt, die ohne mich an der Tankstelle arbeiten oder Zahnseide verkaufen würden und statt dessen heute allesamt Millionäre waren. Außerdem hatte ich meinen Preis dafür bezahlt: Ich war verrückt geworden.

Mich feuern? Das war ein guter Witz.

»Es ist zu deinem eigenen Besten, Brian«, sagte Carl mit ruhiger Stimme. »Glaub mir, wir tun das wirklich nicht gerne.«

»Es tut uns ehrlich leid«, sekundierte Al.

Verschreckt, verzweifelt und empört suchte ich nach einem Verbündeten am Tisch, nach einem freundlichen Gesicht. Ich suchte nach einem Retter, der mir sagte, das sei ein schlechter Witz, ein Alptraum. Aber niemand kam mir zu Hilfe. Alles, was ich sah, waren die nüchternen Blicke seriöser, kaltschnäuziger Geschäftsmänner. Sie gefielen sich in der Maske von Rock'n'Rollern, aber in Wahrheit waren sie der Aufsichtsrat eines Millionenkonzerns. Und im Moment probten sie den Aufstand gegen ihren Vorsitzenden.

In meinem Inneren schrie es »Hilfe«, obwohl ich kaum ein Wort herausbrachte. Alle Unsicherheit und Angst stürzten auf mein Nervenzentrum ein.

»Was zum Teufel soll denn aus mir werden, wenn ich nicht mehr in der Band bin?« fragte ich. »Wovon soll ich denn leben, um Himmels willen?«

»Das ist nicht unser Problem«, giftete Mike, wobei seine stahlblauen Augen zwei Löcher in mich bohrten. »Hör zu, Brian, um's im Klartext zu sagen: Du hast den Bogen überspannt. Du bist der letzte Penner. Du wiegst über hundertfünfzig Kilo. Du rauchst so viel, daß ein Elefant dran ersticken würde. Du kannst keinen vernünftigen Ton mehr singen. Du kannst noch nicht mal deine eigenen Scheiß-Songs spielen. Und zu neunzig Prozent der Gigs, die du zusagst, tauchst du einfach nicht auf.«

»Auf die Gelegenheit habt ihr schon lange gewartet, wie?« kreischte ich die Band an. Mein Zorn konzentrierte sich besonders auf Mike. »Es ist Eifersucht, oder? Eifersucht, weil ihr ums Verrecken keinen eigenen Song schreiben könntet!«

»Halt den Mund, Brian«, antwortete Mike. »Was du machst, ist Selbstmord auf Raten. Erwartest du von uns, daß wir dich dafür noch bezahlen?«

»Okay, okay, das ist es also. Ich kann ja abnehmen. Wollt ihr das?«

»Genau«, sagte Mike verächtlich. »Aber wie?«

Das wußte ich auch nicht und dachte angestrengt nach.

»Richard Simmons«, platzte ich heraus. »Der Diät-Papst.«

Schallendes Gelächter war die Antwort. In dieser Situation konnte ich den komischen Aspekt meiner Reaktion überhaupt nicht würdigen.

»Brian, ich glaube, du kapierst nicht«, griff Tom Hulett ein, der früher für Elvis Presley und dessen Manager, Colonel Tom Parker, gearbeitet hatte. »Ich könnte mich heute noch in den Arsch treten, daß ich nicht dazwischengegangen bin, als Elvis den gleichen Weg eingeschlagen hat, auf dem du jetzt bist. Ich werde nicht zulassen, daß du die nächste *Billboard*-Schlagzeile wirst. Und dazu kommt es bestimmt, wenn wir nichts unternehmen, um dich daran zu hindern, dich selbst umzubringen.«

Das saß. Es wurde totenstill im Zimmer. Mit dem Rücken zur Wand warf ich irre Blicke um mich. Hier fehlte doch ein ganz wichtiger Bestandteil der Band – jemand, der dieser Szene Glaubwürdigkeit verlieh. Dennis! Er war nicht da!

»Wo zum Teufel ist Dennis?« wollte ich wissen.

Noch gestern abend hatte ich mit meinem Bruder Koks geschnupft, vor weniger als zehn Stunden. Wo steckte er? Dennis war mein Idol, mein bester Freund und unerschütterlichster Bewunderer, der einzige, der mich wie ein menschliches Wesen behandelte. Für alle anderen war ich entweder der Goldesel oder der Bekloppte, aber Dennis legte seinen Arm um mich, leistete mir beim Songschreiben oder einem Bier Gesellschaft und vermittelte mir ein gutes Gefühl. Wo war mein einziger Freund?

»Ja, wo ist Dennis?« wiederholte Carolyn.

»Nicht hier«, erwiderte Mike. »Um Dennis geht es auch nicht. Er kann selbst auf sich aufpassen. Du nicht.«

Quatsch mit Soße, Dennis war nicht im geringsten besser als ich. In vieler Hinsicht war er sogar schlimmer. Wir waren beide von unserem Vater tief verletzt worden, fürs Leben gezeichnet. Aber während ich mich vor der Welt zurückgezogen hatte, zu schwach, um mich durchzubeißen, schlug Dennis blindwütig um sich, bereit, alles und jeden in seiner Umgebung zu zerstören, einschließlich seiner selbst. Wir verstanden uns.

»Was soll ich also machen?« seufzte ich. »Was muß ich tun, um an Geld zu kommen?«

»Du mußt dir helfen lassen«, sagte Hulett. »Das ist alles. Du brauchst Hilfe. Du mußt gesund werden.«

»Wir möchten, daß du wieder zu deinem alten Psychologen gehst«, sagte Carl. »Dr. Landy.«

Der Name beunruhigte mich sofort, es lief mir eiskalt den Rücken herunter. Den Großteil des Jahres 1976 war ich bei Dr. Eugene Landy in Behandlung gewesen. Wir kannten einander gut. Er war ein brillanter, unorthodoxer klinischer Psychologe, dem gelungen war, was über zwanzig Psychiater vor ihm nicht geschafft hatten: Er hatte Ergebnisse erzielt. Obwohl ich wußte, daß Landy mitfühlend und liebevoll war, war er doch auch ein Tyrann. Seine Rund-um-die-Uhr-Therapie war das psychiatrische Äquivalent zu einem Himmelfahrtskommando.

Ich wußte, was mir bevorstand, wenn ich wieder zu ihm ging, und diese Vorstellung jagte mir eine Scheißangst ein. Dr. Landy würde mir die Drogen wegnehmen und mich zwingen, der Welt ins Auge zu sehen. Das wollte ich mir nicht antun.

»Hör zu«, sagte Mike. »Wenn du zu Landy gehst, gibt's Geld. Das ist der Deal.«

Scheiß auf den Deal. Ich hatte nicht die Absicht, mich ihren Forderungen zu beugen. Jede weitere Diskussion war überflüssig. Ich stand frustriert und wütend vom Tisch auf, kippte mit einem lauten Krach meinen Stuhl um und verließ den Raum. Zur Hölle mit dem Geld! Sie konnten mir doch nichts vorschreiben. Ich brauchte sie nicht. Das Gegenteil war der Fall, sagte ich mir: Sie brauchten mich! Sie wußten ja, wo sie mich finden konnten.

Obwohl mein Leben an einem seidenen Faden hing, wollte ich einfach nicht sehen, was niemand mehr übersehen konnte: Ich hatte die Figur eines Michelin-Männchens und machte mit meinem Alkohol- und Drogenkonsum der kompletten Betty Ford Clinic Konkurrenz, aber ich war völlig blind für das Selbstzerstörerische meines Verhaltens und zufrieden mit meiner Todessehnsucht. Ich wollte einfach in Ruhe gelassen werden.

Zur Hölle mit dem Ruhm, dem Starkult und den Beach Boys! Ich hatte meine Arbeit getan. Jetzt wollte ich in den Frieden, die Ruhe und die Dunkelheit der Nichtexistenz zurücksinken. Glücklicherweise ließen sich alle, von denen ich mich abgewandt hatte, von den Beach Boys bis zu meiner Ex-Frau, nicht so leicht abwimmeln. Diesmal hatten sie keine Nachsicht mit meiner kindischen Manie, immer und um jeden Preis meinen Willen durchzusetzen.

2

Drogengeld

Nach dem Meeting steigerte sich Carolyn in einen Wutanfall, der zwei Tage anhielt. »Das können sie dir nicht antun«, zeterte sie. »Sie schulden dir was. Du hast die Beach Boys groß gemacht.« Wenn sie nicht wegen der Beach Boys schäumte, konzentrierte sich ihr heiliger Zorn auf den Mann, der im Zentrum all unserer anscheinend unüberwindlichen Probleme stand: Dr. Landy.

»Diese Beach Boys schleifen dich zu Dr. Landy«, warnte sie mich wiederholt. »Sie schleifen deinen Arsch zu Dr. Landy, und dann bist du dran. Dieser Doc kann dir nur weh tun. Er wird dir Angst machen. Er wird uns auseinanderbringen.«

Carolyn brachte jedes nur denkbare Argument vor, das mir genug Angst einjagen konnte, um zurückzuschlagen. Sie spielte mit meinen innersten Ängsten. Selbst ich wußte, daß man irgendwann zurückstecken mußte. Es war nur eine Frage der Zeit. Ich sah keinen Anlaß zu kämpfen, nichts, wofür es sich zu kämpfen lohnte. Worum sollte ich kämpfen?

Die Wahrheit war: Ich hatte versagt. In großem Stil.

Die goldenen Tage, an denen ich in meinem Anwesen in Bel Air Popgrößen wie Paul McCartney und Elton John bewirtet oder Besucher und Journalisten empfangen hatte wie ein König, der eine Audienz gewährt, waren lange dahin. Die nackten Tatsachen sprachen Bände: Meine fünfzehnjährige Ehe mit Marilyn war 1979 gescheitert, die Affäre mit der älteren Schwester meiner Frau war ebenfalls Geschichte. Meine beiden Töchter, Carnie und Wendy, waren Fremde für mich. Ich hatte nur wenige Freunde, wenn überhaupt, und die Beach Boys betrachtete ich als ein Monster, das ich nur erschaffen hatte, um eines Tages erleben zu müssen, wie es sich gegen mich, seinen Dr. Frankenstein, erhob.

Alles dahin – das Haus, der Rolls-Royce, die Menschen, das Lachen, die Frivolität, die Kreativität . . . Mir war nichts geblieben außer meinem Ruf und der Musik, die ich geschrieben hatte, als ich noch mehr Genie als Gemüse gewesen war.

Von frühester Kindheit an hatte die Musik mein Leben bestimmt – sie war der Kern meiner Existenz, sie war *meine* Art zu kommunizieren, zu denken, meinen Kummer zu ertragen und meine Freude mit anderen zu teilen. Ich hörte sie in meinem Kopf, ein 24-Stunden-Sender, der sogar im Schlaf weiterlief. Wenn ich nicht wenigstens einmal am Tag am Klavier arbeitete, fühlte ich mich elend.

Inzwischen war mein Leben so zerrüttet, daß ich mich kaum noch ans Klavier setzte. Wenn überhaupt, tat ich es spät in der Nacht, und auch dann nur, nachdem ich mich mit literweise Wein Marke Pennerglück hatte volllaufen lassen. Während ich spielte, traten mir die Tränen in die Augen. Klavierspielen konnte ich immer noch, aber es war mir unmöglich, Songs zu schreiben. In mir waren zuviel Schmerz und Trauer.

Carolyn blieb halsstarrig bei ihrer Weigerung, eine Änderung unserer Lebensumstände hinzunehmen, trotz unserer drückenden Geldsorgen. Ich sagte nichts und war bereit, alles zu verdrängen, was bei dem Beach-Boys-Meeting gesagt worden war. Nichts Böses hören, nichts Böses sehen.

»Brian, du weißt doch, daß sie dir nichts anhaben können«, argumentierte sie. »Du hast die Songs geschrieben, die sie singen.«

Ich war mit allem, was sie sagte, einverstanden.

Mitten in diesen drogenvernebelten Versuch des Selbstbetrugs platzte plötzlich der einzige Beach Boy, der nicht an dem Treffen teilgenommen hatte: Dennis. Wie üblich, war mein aufbrausender, keinem Spaß abgeneigter, bedröhnter, leichtsinniger Bruder betrunken, pleite und dringend auf der Suche nach einem Schlafplatz. Ich hatte immer ein Bett für ihn in einem halbfertigen Hinterzimmer, das noch nicht mal verputzt war. Aber das machte ihm nichts aus.

Auch Dennis hatte Ärger mit den Beach Boys, und unsere Gemeinsamkeiten erschöpften sich darin noch lange nicht. Als Dennis an diesem Abend auftauchte, tigerte ich im Haus herum und brabbelte mal wieder mit unsichtbaren Wesen. Dennis ignorierte meinen Irrsinn. Normalerweise kam er, um sich Geld für Kokain zu leihen, aber diesmal hatte er selbst ein Gramm in der Tasche. Ich war überrascht.

Er kippte das Koks auf den Küchentisch, teilte den Haufen mit dem Finger in zwei Hälften und inhalierte seine Portion. Dann nahm ich meine. Wir beide waren längst darüber hinaus, noch so etwas wie Euphorie zu erleben. Noch bevor der erste Kick abflaute, sahen Dennis und ich uns schon an, beide von demselben Gedanken besessen: Mehr! Das Feuer war entfacht. Wir mußten mehr Kokain besorgen. Dennis sagte, er könne mehr besorgen, er habe eine Connection. Er brauchte nur Geld, doch ich war blank.

»Klar, das glaube ich dir«, lachte er. »Scheiße, Brian, du bist doch mindestens so reich wie der liebe Gott!«

Anstatt sich in das Unvermeidliche zu schicken, stellte Dennis das Haus auf den Kopf, riß Schubladen auf und drehte im Nebenzimmer die Sofakissen um wie ein waschechter Einbrecher.

»Hier müssen irgendwo ein oder zwei Schecks rumfliegen«, zeterte er.

»Ich kenne dich, Brian. Du hast immer einen Tantiemen-Scheck in irgendeiner Ecke liegen.«

Tatsächlich flatterten mir aus Schubladen oder unter Sofakissen ständig Tantiemenschecks entgegen – manche in Höhe von bis zu 50000 Dollar –, die meine Geschäftsführer übersehen hatten. Aber diesmal hatte Dennis kein Glück. In seiner Verzweiflung wühlte er schließlich in der Tasche meines Bademantels und förderte einen kleinen Fetzen Papier zutage. Wir bekamen Stielaugen – es war ein Scheck über 1000 Dollar. Ich konnte es nicht glauben. Geld, gerade im rechten Moment. Dennis führte einen Freudentanz auf und sabberte »Party«, während ich den Scheck auf ihn ausschrieb. Dann war er durch die Tür, mit dem Versprechen, so schnell wie möglich mit den zehn Gramm zurückzukommen, die er für diese Summe kaufen konnte.

Es verstrichen allerdings einige Tage, ehe mein Bruder zurückkam; in der Zwischenzeit waren sowohl meine 1000 Dollar als auch das Koks, das er für das Geld bekommen hatte, verbraten. Statt dessen hatte Dennis seine vierzehnjährige Freundin mitgebracht, und beide waren völlig von der Rolle.

Mir ging es nicht besser. Ich schnupfte ein Gramm, das mir einer meiner regulären Dealer vorgestreckt hatte; diese Ration reichte gerade, um uns verrückt zu machen.

Dennis beobachtete mit blinder Wut, wie seine Teenagerfreundin die letzte Line Koks wegzog, die er offensichtlich für sich selbst vorgesehen hatte, und flippte aus. Er beschimpfte sie als Schlampe und knallte ihr eine gegen den Kopf. »Verdammte Koksnutte«, brüllte er. »Ich sollte dich plattmachen.« Das Mädchen schrie zurück. Dennis sprang auf und schlug auf sie ein. Sie schrie. Als er sie brutal trat, flog sie quer durch den Raum. Sie war kaum gelandet, da war er schon über ihr und schlug ihr mit den Fäusten ins Gesicht.

»Dennis, laß sie in Ruhe«, schrie ich.

Obwohl das eigentlich überhaupt nicht meine Art war, packte ich Dennis, zog ihn von dem Mädchen weg und schubste ihn gegen die Wand. Er fuhr hoch wie eine Klapperschlange und ging auf mich los; dann hagelte es rechte und linke Haken. Trotz meiner körperlichen Überlegenheit war ich kein Kämpfer, aber Dennis war einer. Ich hob die Arme schützend vors Gesicht und kreischte: »Ich gebe auf! Ich gebe auf! Genug, Dennis. Ich gebe auf.«

»Leck mich am Arsch, Brian. Kämpf weiter!«

»Bitte nicht, Dennis, bitte schlag mich nicht mehr«, flehte ich.

Da ich mich nicht wehrte, verlor auch er die Lust am Kämpfen. Angewidert hörte Dennis auf, mich zu prügeln, schnappte seine Freundin am Arm und ging. Mein Bruder bestärkte mich nur in meinem Wahnsinn, aber er war daran nicht schuld.

Eines Nachmittags hatte ich etwas Bargeld in einer Schublade gefunden und mir sofort vier Gramm Koks frei Haus bestellt. Später am selben Abend – Carolyn saß mit ihren Cousins im großen Schlafzimmer vor dem Fernseher – stand ich an der Küchenanrichte und zog mir so schnell ich konnte die kompletten vier Gramm rein. Das war ein Experiment, ich wollte mal sehen, was passieren würde, wenn ich alle vier Gramm auf einmal schnupfte. Wenn ich von einem Gramm schon gut drauf war, sagte ich mir, müßten mich vier Gramm doch saugenial draufbringen.

Mein Mad-Scientist-Hirn hob ab wie eine Rakete, mein Herz raste mit dreifacher Beschleunigung und pumpte Blut durch explodierende Gefäße. Meine Nackenmuskeln verkrampften sich, meine Zähne knirschten. Der Druck in meinem Kopf wurde so stark, daß ich meine Hände an beiden Seiten fest dagegenpreßte, um ihn zusammenzuhalten. Ich hatte das Gefühl, mein Schädel könnte jeden Augenblick zerplatzen. Mein Atem ging schwer. Ich war in Panik. Irgendwas lief schief – verdammt schief.

Plötzlich wurde alles schwarz. Doch ehe ich Hilfe holen konnte, brach ich ohnmächtig auf dem Küchenboden zusammen.

Am nächsten Morgen erwachte ich an derselben Stelle, an der ich ohnmächtig geworden war. Aus der Tiefe nahm ich wahr, daß Carolyn für ihre Kinder das Mittagessen machte. Ich setzte mich auf und scheuchte einen Hund weg, der von der Mülltonne abgelassen hatte, um statt dessen mich zu beschnuppern. Carolyn nahm mich unter die Lupe, stellte fest, daß mein Zustand stabil war und bat mich, den Geschäftsführer anzurufen und um Geld zu bitten.

»Hier ist Brian«, sagte ich. »Ich brauche fünftausend.«

»Tut mir leid, Brian«, erwiderte er. »Ich kann dir nichts geben. Der Hahn ist abgedreht, bis ich von den Jungs was Gegenteiliges höre.«

»Fuck!« Ich knallte den Hörer auf. »Kein Geld.«

Ich konnte mich nicht mehr erinnern, wann ich das letzte Mal vor Mittag aufgestanden war. Aber eines Morgens rüttelte mich Carolyn in aller Frühe aus einem tiefen, gequälten, drogenschweren Schlaf. Ich hätte in dieser Nacht sogar ein Erdbeben verschlafen. Aber was immer sie jetzt gerade juckte, das wollte sie mich nicht verschlafen lassen.

»Heb deinen fetten Arsch sofort aus dem Bett«, schrie sie und puffte mich. »Brian. *Brian*!«

»Ua-aah.« Ich öffnete meine glasigen Augen. »Was? Wo?«

Carolyn packte mich am Arm, rollte mich aus dem Bett und zerrte mich zur Vordertür, die weit offen stand. Sie zeigte nach draußen auf den Rasen. Dort war ein großes »Zu-Verkaufen«-Schild so prominent in der Mitte des Rasens aufgepflanzt, daß selbst ich es unmöglich übersehen konnte. Carolyn verlangte eine Erklärung. Ich zuckte die Achseln – keine Ahnung.

Sie scheuchte mich ans Telefon, um mit meinen Geschäftsführern zu sprechen, die mir bestätigten, daß mein Haus tatsächlich zum Verkauf stand.

»Warum?« fragte ich.

»Du brauchst das Geld.«

Carolyn kochte vor Wut, als die Makler anfingen, potentielle Kunden durch unser verwahrlostes Quartier zu führen. Ich saß tatenlos auf dem Sofa und beobachtete den Trauerzug, der an mir vorbeizog. Dann wurde das Gas abgedreht. Am nächsten Tag war es der Strom. Bis Anfang Dezember war mein Haus zu einer 500 000-Dollar-Bruchbude heruntergekommen, aber mir war das völlig egal. Wäre mir nicht alles gleichgültig gewesen, hätte ich etwas dagegen unternommen. Aber das Blatt zu wenden, das wußte ich, überstieg meine Kräfte bei weitem.

Unfähig zu schlafen, lag ich nachts auf dem Sofa, hilflos meinen wilden Halluzinationen ausgeliefert. Dissonanzen mit der Stimme meines toten Vaters erfüllten meinen Kopf, sagten schreckliche Dinge zu mir: daß Leute mein Haus überfallen und mir weh tun würden; daß ich mir selbst weh tun sollte. In Todesangst schrie ich, was meine Lungen hergaben – laute, angstvolle, markerschütternde Schreie schallten durch das Haus und erfüllten die Flure mit Horror.

Die Tage wurden so qualvoll wie die Nächte. Die Paranoia war unerbittlich. Ich war ein erwachsener Mann, der auf dem emotionalen Level eines zutiefst verstörten Sechsjährigen funktionierte. In verzweifelter Not, mich zu befreien, aber unfähig, es allein zu schaffen, zog ich mich noch tiefer in meine Nußschale zurück, ein katatonisches Konglomerat von Fleisch und Angst. Meine Welt stürzte ein. Die Decke senkte sich und stürzte auf mich ein – buchstäblich und symbolisch.

Wenn ich draußen kettenrauchend über den Vorgartenrasen schlurfte, schnürte mir der Schmerz die Brust ein. Ich bereitete mich seelisch auf einen Herzinfarkt vor. Ich sah mich schon tot zusammenbrechen. Ich wußte, daß es dazu kommen mußte. Tag für Tag spürte ich den Schmerz in meinem Herzen. Wenn er schlimmer wurde, unterbrach ich einfach jede Tätigkeit und wartete darauf, daß der Tod mir die Hand auf die Schulter legte. Ich wartete einfach, starr vor Angst. Manchmal bewegte ich mich eine halbe Stunde lang nicht, manchmal noch länger.

Das war das Schlimmste: zu ahnen, daß der Tod bald kommen mußte, ohne genau zu wissen, wann.

Als dieser Punkt erreicht war, war bereits mehr als ein Monat vergangen, seit die Beach Boys mir das Ultimatum gestellt hatten; der Zermürbungskrieg, den Carolyn gegen die Band geführt hatte, war so gut wie verloren. Im Haus funktionierte nichts mehr, wir hatten weder Gas noch Strom, wir hatten kein Geld und praktisch auch kein Heim mehr. Auch Carolyn, die meine Möbel und andere Besitztümer verkauft hatte, um die Lebensmittel bezahlen zu können, war jetzt am Ende ihrer Weisheit. Dann tat sie,worauf die Beach Boys geduldig gewartet hatten; das einzige, was sie überhaupt noch tun konnte, um uns beide durchzubringen: Sie rief Dr. Landys Praxis an.

Das Telefonat dauerte weniger als dreißig Sekunden. Ich sah, wie sie angewidert einhängte: Dr. Landys Sprechstundenhilfe hatte ihr gesagt, wenn ich einen Termin wollte, müßte ich selbst anrufen. Das hatte ich früher schon einmal mit Marilyn durchgespielt, jetzt jedoch vergessen.

»Die Schlampe meint, es ist ihr egal, ob du Bankdirektor oder Bankräuber bist«, erklärte Carolyn. »Dr. Landy sagt, jeder Patient muß selbst um seinen Termin bitten. Es ist so 'ne gottverdammte Regel.«

Carolyn wägte kurz unsere Chancen ab; dann wählte sie die Nummer ein zweites Mal und gab mir den Hörer.

3

Das Glasauge

Ich fand immer, mein Dad hätte niemals Kinder haben sollen. Nicht, daß ich nicht glücklich wäre, hierzusein, aber Dad war ein Tyrann mit einem explosiven, unberechenbaren Temperament, der seine drei Jungs ständig anbrüllte – besonders den Ältesten; und das war zufällig ich.

Obwohl er sich als liebenden Vater sah, der seine Nachkommen mit starker Hand durchs Leben geleitete, mißhandelte er uns seelisch und körperlich und fügte uns Wunden zu, die niemals ausheilten. Meine Mutter trank, wohl hauptsächlich, um ihren Schmerz leichter zu ertragen; mein Bruder Dennis ist seit fast einem Jahrzehnt tot, mein Bruder Carl unnahbar und kommunikationsgestört. Bei mir prägte mein Dad die Anlage zur Geisteskrankheit, die mich zum Krüppel machte.

Mittlerweile habe ich gelernt, ihn als einen Mann zu begreifen, der trotz seiner schönen Worte zerfressen war vom Haß auf sich selbst und die Welt und diese entsetzlichen Gefühle an seiner Familie ausließ. Er war rätselhaft, und man durfte sich ihm selbst in glücklichen Zeiten nur mit Vorsicht nähern. Ich wußte nie, was ich von ihm zu erwarten hatte, und ich glaube, oft wußte er das selbst nicht.

Dad hatte eine ziemlich harte Kindheit gehabt. Er war am 2. Juli 1917 in Hutchinson, Kansas, als drittes von insgesamt acht Kindern zur Welt gekommen. Diese große Familie war eine starke finanzielle Belastung, die meinen Großvater William »Bud« Wilson, einen Klempner, und seine Frau Edith zu ständigen Umzügen zwang. Auf diese Weise kam die Familie schließlich nach Los Angeles.

Mein Großvater, der einsam starb, war wegen seiner rauhen Trinkgewohnheiten und seiner noch rauheren Umgangsformen bei der ganzen Familie verhaßt. Die Beschreibungen zeichneten das Porträt eines Mannes, dem keiner gerne in die Quere kam, wenn ihm der Whisky ausging. Am Abendbrottisch saß er immer mit der Flasche zur Rechten und dem Spucknapf zur Linken, und alle aßen so schnell sie konnten, um den Tisch verlassen zu können, ehe der Sturm losbrach. Seine Prügel waren brutal; er ließ von seinen Opfern nicht ab, ehe deren Haut blutend aufplatzte und auf der ganzen Straße ihre Schreie zu hören waren.

Die meisten Familien schämen sich, über solche Scheußlichkeiten zu sprechen, und meine bildete in dieser Hinsicht keine Ausnahme. Als mein Vater zum ersten Mal auf seine Jugend zu sprechen kam, war ich bereits ein Teenager.

Eines Abends kam er in die Küche, während meine Mutter aufräumte. Ich saß am Tisch, und er schrie sie an, wie fast immer ohne Grund. Während ich betete, daß er nicht auf mich losgehen würde, beobachtete ich, wie sein Gesicht rot anlief und in seinem Nacken die Adern hervortraten. Er bedrohte meine Mutter und wirkte noch enthemmter als gewöhnlich. An diesem Punkt warf ich mich dazwischen, denn ich befürchtete, er wollte meine Mutter schlagen.

»Schlag sie nicht«, bettelte ich. »Schlag Mom nicht.«

Obwohl ich größer war als mein Vater, hatte ich höllische Angst vor ihm und wußte, daß ich schmerzhafte Prügel riskierte, wenn ich mich einmischte. Trotzdem konnte ich nicht anders. Mom hatte getrunken und wirkte hilflos und verängstigt, noch viel ängstlicher als ich. Beide fuhren herum und starrten mich an, völlig überrumpelt durch mein Eingreifen. Irgend etwas schien bei meinem Vater zu klicken, er stürmte wortlos aus dem Zimmer. Meine Mutter tätschelte meine Schulter und machte mir einen Snack.

Ein Austausch von Zärtlichkeiten war in unserer Familie nicht üblich. Die einzige Möglichkeit für meine Mutter, mir und meinen Brüdern ihre Liebe zu beweisen, bestand darin, uns zu füttern. Ich liebte das Essen, und wahrscheinlich aß ich auch, um Liebe zu finden.

Am Abend darauf, nach dem Dinner, sagte Dad, er wolle sich mit mir unterhalten. Ich stand vom Klavier auf, an dem ich die meiste Zeit verbrachte – wenn ich nicht gerade schlief –, und folgte ihm in die Küche. Ich dachte, er wollte mich zusammenscheißen, aber er hatte etwas anderes im Sinn. »Sohn, ich möchte, daß du eines weißt: Ich werde deine Mutter niemals schlagen«, erklärte er. »Ich gehöre nicht zu den Männern, die ihre Frauen zusammenschlagen.« Ich glaubte ihm nicht.

Anschließend gestand er mir, daß er als Kind von seinem Vater ziemlich herumgestoßen worden war. Ich fragte, was sein Vater für ein Mensch gewesen sei. Nach einem bedrückend langen Schweigen erzählte Dad dann, wie sein Vater eines Abends stockbesoffen nach Hause gekommen war; eigentlich sei das nicht weiter ungewöhnlich gewesen, nur sei mein Vater noch wach und den Launen des Betrunkenen ausgeliefert gewesen. Tatsächlich hatte es keine fünf Minuten gedauert, bis mein Vater als Punchingball herhalten mußte. Er flüchtete und versteckte sich unter dem Bett, in der Hoffnung, nicht erwischt zu werden. Aber Großvater fand ihn und prügelte wiederholt mit einem Besenstiel auf ihn ein. Je mehr mein Dad schrie und seinen Vater anbettelte, doch endlich aufzuhören, desto brutaler schlug der auf ihn ein.

Nachdem Dad seine Geschichte beendet hatte, brannte ich darauf, ihn zu fragen, ob er denn keine Parallelen zwischen der Art sah, wie er als Kind behandelt worden war und nun seinerseits uns behandelte. Ich wollte schreien: »Warum zum Teufel schlägst du uns?« Aber ich tat es nicht. Ich hatte zuviel Angst und hielt meinen Mund, während mein Dad die Augen schloß und mich ein weiteres endloses Schweigen durchsitzen ließ, auf das eine weitere schaurig vertrauliche Erzählung folgte.

Mein Dad erinnerte sich daran, wie er im Alter von neunzehn Jahren im Haus seiner Eltern im Dachzimmer geschlafen und gehört hatte, daß seine Eltern sich wieder einmal stritten. Das Gebrüll und Geschrei war schließlich in Kampfgeräusche ausgeartet, und dann hatte Dad gehört, wie Möbel verschoben und umgestoßen wurden. Er hatte befürchtet, daß seiner Mutter weh getan wurde, und war daraufhin ins Zimmer seiner Eltern gestürzt, gerade in dem Moment, als sie einen heftigen Schlag vor die Brust bekam. Mein Dad war dazwischengegangen und hatte seinen Vater mit einem einzigen gezielten Kinnhaken zu Boden geschickt. Dann war er wieder in sein Zimmer geflüchtet.

Später am Abend wurde plötzlich die Tür zu Dads Dachkammer aufgestoßen. Sein Vater stand im Türrahmen, mit einem Abflußrohr in der Hand. Sekunden später, ehe mein Dad auch nur eine Bewegung machen konnte, prügelte der Alte schon mit dem Bleirohr auf ihn ein wie auf ein Kotelett. Trotz der Schreie seines Sohnes hörte er nicht auf, ihn zu prügeln, bis das Blut durch den ganzen Raum spritzte und ein Stück seines Ohrs abgerissen war.

Diese Züchtigung vergaß mein Vater nie, und er sorgte dafür, daß auch seine Familie sie nie vergaß.

Zwei Jahre nach diesem gruseligen Vorfall heiratete mein Dad seine High-School-Liebe Audree Korthoff; damals war er einundzwanzig, sie war ein Jahr jünger. Mit ihrem blonden Haar, ihrem quirligen Temperament und ihrer behüteten Kindheit hatte meine Mutter auf den ersten Blick nicht die kleinste Gemeinsamkeit mit ihrem Ehemann; aber beide liebten die Musik, das war die Leidenschaft, die sie zusammenführte.

Mein Dad war ein angehender Songwriter und hatte sich in jungen Jahren selbst das Klavierspielen beigebracht. Mom war schon in der High School eine fingerfertige Pianistin gewesen. Von ihr ermutigt, begann Dad, sich an Songwriting-Wettbewerben zu beteiligen, wenn auch wenig erfolgreich. Nach der Heirat arbeitete er bei Goodyear am Fließband, aber sie beide glaubten immer noch fest daran, daß Murry Wilsons Songs eines Tages ein großes Publikum finden würden. Einige seiner Songs, darunter »Fiesta Day Polka« und »Hide My Tears« wurden tatsächlich aufgenommen, aber es waren ihnen weder kommerzieller Erfolg noch künstlerische Anerkennung beschieden.

Am 20. Juni 1942 wurde dann ich im Centinela Hospital in Inglewood geboren. Ob ich ein willkommener Zuwachs war oder nicht, diese Frage hat mich schon immer beschäftigt. Ich habe immer vermutet, daß ich meinen Eltern bereits kurz nach der Geburt lästig wurde; denn an alles, was danach kam, habe ich nur schmerzliche Erinnerungen.

Meine Mutter erinnerte sich, daß allein schon die Aussicht, mich in das kleine, ordentliche Apartment nahe Downtown L. A. zu bringen, sie nervös machte. Und Dad sagte einmal, die Aussicht, Vater zu werden, hätte ihn innerlich erstarren lassen und ihm eine Heidenangst eingejagt. Er brüllte ständig herum und hatte es besonders auf mich abgesehen; das ist meine früheste Erinnerung an ihn. Einmal warf er mich als Kind sogar auf den Bürgersteig vor unserem Haus. Die riesige Schramme, die ich mir dabei holte, verschwand zwar nach einigen Tagen wieder, aber möglicherweise blieb doch ein Gehirnschaden davon zurück.

Nach den Erzählungen meiner Mutter war ich ein unruhiges Baby. Verstört und neurotisch wäre wohl die treffendere Beschreibung. Die Tiraden meines Vaters waren gnadenlos. Eine Explosion folgte der anderen, und in unserer engen Behausung gab es keine Fluchtmöglichkeiten. Dads Wutausbrüche hatten ernste Folgen für mich. Als ich in die Schule kam, war ich nervös, überdreht und verschlossen, ich hatte vor fast allem Angst und erwartete von jedem, er würde mich anschreien oder bedrohen.

Es half auch nicht gerade, daß ich auf dem rechten Ohr taub war, was mich noch weniger unternehmungslustig machte. Die Frage, ob diese Taubheit ein angeborener Defekt war oder ebenfalls eine Folge der Prügel, ist unbeantwortet – eine der vielen Leichen, die sich im Keller unserer Familie stapeln. Jedenfalls verbrachte ich meine Jugend damit, Leute zu bitten, sich zu wiederholen, was allen schnell auf die Nerven ging. Mein Dad hatte selten die Geduld, irgend etwas ein zweites Mal zu sagen. Andere, die mich für stocktaub hielten, brüllten mich so an, daß ich vor Schreck zusammenfuhr. Beides war gleich schlimm, also beschloß ich schon früh, es sei das beste, alles an mir vorbeirauschen zu lassen.

Folglich verpaßte ich auch einiges.

Aber in meinem Kopf tat sich bereits viel. Soweit ich mich zurückerinnern kann, habe ich immer Musik gehört, Melodiefetzen, die im Hintergrund herumschwebten und deren Lautstärke im Einklang mit meiner Stimmung variierte. Schon früh lernte ich, daß ich die Welt ausblenden und statt dessen eine mysteriöse, von Gott gesandte Musik einblenden konnte. Das war eine Gabe, die mir half, meine Emotionen zu interpretieren und zu verstehen, selbst wenn ich diese Emotionen noch nicht einmal artikulieren konnte. Meine musikalische Veranlagung zeigte sich schon, bevor ich laufen lernte. Mit elf Monaten soll ich angeblich die »Marine Corps Hymn« gesummt haben, zur großen Freude meines Vaters. Mit zwei Jahren hörte ich bei meiner Großmutter zum ersten Mal die »Rhapsodie in Blue«. Gershwins Meisterwerk hinterließ einen unauslöschlichen Eindruck in meiner Seele. Ich spüre noch heute jede einzelne Empfindung, die ich diesem Stück zu verdanken habe; die »Rhapsodie« wurde bestimmend für mein Leben.

Aber das war nicht der einzige Meilenstein dieses Jahres 1944: Am 4. Dezember 1944 wurde mein Bruder Dennis geboren. Da unsere Wohnung nun endgültig aus allen Nähten zu platzen drohte, wagte mein Vater den großen Schritt und kaufte ein Haus in Hawthorne, Kalifornien. Die Anzahlung betrug 2300 Dollar, und das war mehr Geld, als mein Vater je zuvor in seinem Leben ausgegeben hatte, aber meine Eltern standen stolz auf dem grünen Rasen vor ihrem frisch gestrichenen Haus Ecke West 119th Street und Kornblum Avenue und fühlten sich als fester Bestandteil einer jungen, aufstrebenden Nation.

Hawthorne war eine Arbeitersiedlung mit gesichtslosen Einfamilienhäusern, die wie Unkraut auf dem Ödland emporgeschossen waren, als in den Dreißigern die Rüstungsindustrie boomte. Die Werbung schilderte Hawthorne als Stadt der guten Nachbarschaft. Als meine Eltern sich hier ansiedelten, kauften sie sich in den amerikanischen Traum und alles, wofür er stand, ein – vor allem die Hoffnung auf ein besseres Leben. Eigentlich wäre dies ein Grund zum Feiern gewesen. Denn für meine Eltern schienen nun alle Weichen gestellt zu sein: Sie besaßen ein Auto und ein Haus, sie hatten zwei Kinder und eine goldene Zukunft vor sich. Am 12. Dezember 1946 wurde dann mein Bruder Carl geboren.

Mein Vater arbeitete weiterhin für Goodyear, glaubte jedoch immer noch fest daran, sich als Songwriter die Eintrittskarte für ein noch besseres Leben erwerben zu können. Jeden Abend nahm er in unserem Wohnzimmer seinen Platz am Klavier ein und spielte Songs, die er komponiert hatte. Seine schlichten, süßlichen Melodien bildeten einen scharfen Kontrast zu seinem Jähzorn, der sofort verschwand, wenn er musizierte. Für mich waren beide Seiten seiner Persönlichkeit nur schwer zu verstehen, doch es gab keine Frage, welcher ich den Vorzug gab.

Mit fünf Jahren äußerte ich ein erstes Interesse am Songschreiben: Ich fragte meinen Vater, wer den Song geschrieben hätte, den er gerade spielte. »Brian«, erklärte er stolz lächelnd, »das ist ein Song von Murry Wilson.« Ich war beeindruckt.

Eines Tages erzählte unsere Lehrerin in der vierten Klasse der Grundschule von York eine Geschichte über Holzfäller und Paul Bunyan. Nach dem Unterricht gab sie uns als Aufgabe mit nach Hause, ein eigenes Projekt in Angriff zu nehmen, um das Gelernte zu vertiefen. Etwas Kreatives, sagte sie, zum Beispiel eine Collage, ein Gedicht oder einen Song.

Zu Hause sah ich mich stundenlang nach irgend etwas um, was mit Holzfällen zu tun haben könnte. Plötzlich überkam mich die Inspiration. Ich lief zu meinem Schlafzimmerschrank und holte die Spielzeug-Ukulele hervor, die mein Vater mir geschenkt hatte. Ich kannte vier Akkorde und wagte ein paar Anschläge auf der Gitarre. Es war eine himmlische Erleuchtung. Mein Dad schrieb Songs, und ich wollte ebenfalls Songs schreiben.

An diesem Nachmittag begann ich, meinen ersten zu komponieren. Als ich ins Bett mußte, war ich immer noch dabei. Obwohl ich versuchte, leise zu spielen, hörte man meine verstimmte Ukulele im ganzen Haus und mich ereilte das Schicksal, das ich am meisten fürchtete.

»Brian!« brüllte mein Vater aus seinem Schlafzimmer. »Was treibst du, verdammt noch mal?«

»Nichts«, sagte ich.

»Dann verpiß dich ins Bett.«

»In einer Minute, Dad.«

Der Song war noch nicht ganz fertig, und ich konnte mich nicht losreißen, ehe ich ihn im Kasten hatte. Das geht mir heute noch so. Ich wußte, daß ich eine saftige Tracht Prügel riskierte, aber ich klimperte weiter.

Ein paar Minuten später stand mein Vater in seinem Schlafanzug vor mir und zog wütend an seiner Zigarette. Er fuhr sich mit der Hand durchs Haar und schüttelte ärgerlich den Kopf. »Ich hab gesagt, jetzt ist Schluß«, sagte er, während er mich am Arm packte und hochzog.

»Warte, hör zu«, erwiderte ich. »Ich schreibe einen Song für die Schule.«

Dann spielte ich ihm vor, was ich bis dahin geschafft hatte.

»Weiter bin ich noch nicht.«

Mein Vater zog unschlüssig an seiner Zigarette. Ich war mir nicht sicher, ob er mich schlagen würde und wappnete mich innerlich für die drohende Abreibung. Im günstigsten Fall, dachte ich mir, würde er die Ukulele zu Kleinholz verarbeiten. Statt dessen aber quittierte er meine Versuche mit einem zögernden Lächeln und ging wieder in sein Schlafzimmer zurück, nachdem er mir ein paar Minuten mehr zugestanden hatte.

»Aber das war's dann«, warnte er mich. »Oder ich zerschlage das Ding auf deinem Arsch. Verstanden?«

Das war so ziemlich das Netteste, was ich je bei meinem Vater erlebt habe.

Wie als Kontrast zu der alltäglichen Brutalität, die hier herrschte, war unser Haus ständig von Musik erfüllt. Tagsüber ließ meine Mutter den Plattenspieler mit Aufnahmen von Gershwin, Rosemary Clooney, Les Paul und Mary Ford heißlaufen. Am Abend spielten Mom und Dad in der von uns nur »Musikzimmer« genannten umgebauten Garage, die zwei Stufen tiefer als das Wohnzimmer lag, Duette am Klavier und an der Orgel. Meine Brüder und ich kannten keinen cooleren Ausdruck als »Laßt uns runter gehen«.

In diesen Familien-Jam-Sessions spielte mein Dad Murry-Wilson-Originale auf dem Klavier, und meine Mutter begleitete ihn auf der Orgel. Mom spielte die Akkorde, während Dad auf der Melodie dahinschwebte. Es beeindruckte mich, wie sanft die Songs immer ausklangen und die Musik in den Abendhimmel entschwebte. Weder Dennis noch Carl zeigten viel Interesse an diesen Sessions, aber ich verfolgte sie mit faszinierter Aufmerksamkeit und merkte mir jedes Wort und jede Note.

»Komm her, Brian«, sagte mein Vater immer. »Sing was für uns.« Ich ließ mich nicht lange bitten. Seit ich zum ersten Mal die »Marine Corps Hymn« gesungen hatte, bewunderte mein Vater meine Stimme, aber meine Mutter war ein noch besseres Publikum. Jedesmal wenn wir im Auto fuhren, bat sie mich zu singen. Ganz oben auf ihrer Wunschliste standen Songs ihrer Lieblingssängerin Rosemary Clooney, die ich aus dem Effeff beherrschte.

Irgendwann brauchte meine Mutter nur noch zu sagen: »Brian, mach ein bißchen Rosemary Clooney für mich, ja, Schatz?«

Zu Hause rief mein Vater nur die Titel seiner Songs aus: »His Little Darling and Me« oder »Two Step Side Step«. Dann sang ich enthusiastisch: »Two step side step/ and a world away/ Two step side step/ took my girl away/ Two step side step/ at the dance last Saturday night . . .«

Wenn man meinen Vater am Klavier beobachtete, merkte man sofort, daß er sich alles selbst beigebracht hatte. Sein Gesicht war ein Bild intensiver Konzentration, wenn er mit reiner Willenskraft dem Klavier Melodien entlockte. Nachdem er einen Song fertiggestellt hatte, spielte er ihn sofort meiner Mutter vor und sprach dann begeistert davon, welchem berühmten Sänger er auf den Leib geschrieben sei. Die Unsummen, die er in seinen Träumen an Tantiemen für einen großen Hit verdiente, stiegen in demselben Maße, wie reale Erfolge ausblieben.

Die Songwriter-Karriere meines Vaters erreichte ihren Höhepunkt, als ich zehn Jahre alt war. Die Bachelors, eine halbwegs populäre Gesangsgruppe, veröffentlichten auf ihrem neuesten Album seinen Song »Two Step Side Step«, aber mein Dad war überzeugt, daß sie das Potential des Songs verschenkt hätten. »Wenn einer von den Schurken bei der Plattenfirma sich hinter den Song klemmen würde«, sagte er immer wieder, »wäre er ein Riesenhit.«

Er war so überzeugt davon, Amerika bald im »Two Step Side Step«-Fieber zu erleben, daß er sogar einen kleinen Side-Step-Shuffle erfand, den man dazu tanzen sollte. Er spielte die Platte wie ein Besessener, so daß wir schließlich das Gefühl hatten, morgens mit dem Song aufzuwachen und abends zur selben Musikkulisse wieder einzuschlafen.

»Was treibt er da?« fragte mich Dennis eines Abends, als wir meinen Vater im Musikzimmer herumtänzeln sahen.

»Er probt. Der Song wird ein Smash-Hit.«

»Na klar! Also, ich finde ihn beschissen«, schnaubte Dennis. »Und außerdem finde ich, unser Alter hat einen Knall.«

Als eines Tages der Musikverlag anrief, um Dad mitzuteilen, der Song solle von Lawrence Welk live im Radio gespielt werden, drehte Dad völlig durch. Er war so glücklich, wie ich ihn noch nie gesehen hatte, und glaubte, nun endlich die längst überfällige Anerkennung ernten zu können. Das konnte uns anderen nur recht sein, denn durch dieses Erfolgserlebnis verlief die Woche vor der Welk-Show ohne jegliches Geschrei und Gezänk und wurde so zu einer der schönsten Erinnerungen.

Dann kam der große Abend.

»Weißt du, was das bedeutet, Audree?« fragte mein Dad beim Abendessen. Er wartete die Antwort nicht erst ab. »Publicity. Türen werden sich öffnen. Das ist die Chance! Der Name Murry Wilson wird in aller Munde sein!«

Ich glaubte ihm. So schrecklich sein Jähzorn war, so ansteckend waren auch der Enthusiasmus und Optimismus meines Vaters, wenn man sie erst einmal geweckt hatte.

Als talentierter Vertreter hatte Dad mittlerweile bei Goodyear gekündigt und Geld aufgenommen, um die ABLE Machinery zu gründen, die technisches Zubehör an die Flugzeugindustrie verkaufte. Seine aggressiven Verkaufstaktiken schreckten so manchen Kunden ab, aber wenn er einmal warmgelaufen war, konnten die wenigsten seiner Überredungskunst widerstehen.

Am Abend der Welk-Show versammelte sich die ganze Familie in hochgestimmter Erwartung vor dem Radio. Die Live-Sendung und Welks Ruhm gaben uns das Gefühl, an einem grandiosen Ereignis teilzuhaben, an etwas viel Erhabenerem als unserer stillen Vorstadtexistenz, einem Happening, das unser sonst so unscheinbares Haus mit strahlendem Glanz erfüllte. Dad konnte vor Aufregung nicht stillsitzen, er rauchte eine Zigarette nach der anderen und lief unruhig im Zimmer auf und ab.

»Warum hörst du nicht auf rumzurennen und übst statt dessen deinen Tanz?« schlug Dennis vor.

»Ruhe«, knurrte Dad. »Ich will nichts verpassen.«

Gerade zur rechten Zeit senkte sich Stille über das Zimmer, und die gesamte Familie lauschte andächtig jedem einzelnen Wort von Laurence Welks Ansage.

»Heute möchte ich eine Nummer spielen«, sagte Welk, »die ein talentierter Kalifornier namens Murry Wilson geschrieben hat. Sie heißt ›Two Step Side Step‹. Und eins und zwei . . .«

»Murry«, begann meine strahlende Mom, ehe sie unterbrochen wurde.

»Hey, das ist Dads Song!« kreischte Carl.

»Dad, sie spielen es wirklich!« rief ich. »Ich kann's nicht glauben!«

Dad wollte es selbst kaum glauben und konnte seine Bewegung nicht verbergen. Sein Grinsen verschwand, Tränen traten ihm in die Augen. Er nahm seine Brille ab und wischte sich mit einem Taschentuch die Augen. Aber er wurde nicht Herr seiner Gefühle. Es war seltsam, diesen Bär von einem Mann zittern zu sehen wie Pudding. Im größten Moment seiner Karriere als Songwriter verließ er plötzlich den Raum, die Hände vor dem Gesicht, weil es ihm peinlich war, vor der Familie seine Tränen zu zeigen.

Auch ich war überwältigt. Es war eine unglaubliche Vorstellung, daß ein Song, den mein Dad auf unserem alten Klavier komponiert hatte, ein Song, den ich selbst zahllose Male gesungen hatte, seinen Weg ins Radio und so in Tausende von Wohnungen gefunden hatte, zahllose Menschen unterhielt, sie in gute Laune versetzte, vielleicht sogar gut genug, um den Tanz, den mein Vater erfunden hatte, auch außerhalb unserer eigenen vier Wände zu tanzen.

Es war ein bleibender Eindruck.

Aber dies war nicht der einzige bleibende Eindruck. Ich erinnere mich auch daran, daß ich schreiend im Garten stand, ein neunjähriger, hilfloser Junge.

»Au! Hör auf! Bitte! Au!«

Ich hatte mich zusammengekrümmt, lag in Embryohaltung auf dem Boden und versuchte, von meinem knochigen kleinen Körper soviel wie möglich vor den Schlägen meines Vaters zu schützen. Er stand über mich gebeugt und prügelte mit einer splitternden Latte auf mich ein, ein Gigant mit einer Riesenwaffe, die er immer wieder niedersausen ließ, als bereite ihm deren dumpfer Aufschlag auf meinem Körper ein wahres Vergnügen.

»Hör auf Dad, bitte, du tust mir weh!«

Warum tat er das? Wenige Augenblicke vorher hatte ich mit dem kleinen Hund unseres Nachbarn gespielt. Dad hatte sich bereit erklärt, auf das Tier aufzupassen, während sein Besitzer nicht in der Stadt war. Weil ich mit dem Hund Stöckchen fangen spielen wollte, hatte ich das kleine Wesen von der Kette, an die mein Vater es gebunden hatte, losgemacht. Kaum hatte ich sein Halsband gelockert, war der Hund auch schon in den nächsten Garten abgehauen. Ich rief ihm nach, doch statt des Hundes kam mein Vater hinters Haus gerannt, und sein Gesichtsausdruck verriet mir schon von weitem, was mich jetzt erwartete. Er fragte, was zum Teufel hier los sei, wartete meine Antwort jedoch nicht ab; es war ja auch ziemlich offensichtlich.

Auf der Suche nach einem geeigneten Prügelinstrument griff er sich das nächstbeste – die gesplitterte Latte – und schlug sofort mit voller Kraft auf meinen Rücken ein. Schon beim ersten Hieb schrie ich und kauerte mich zusammen, aber er prügelte weiter.

»Hab ich dir nicht gesagt, du sollst den Hund nicht losmachen?« sagte er.

»Aua!«

»Steh schon auf, du Waschlappen.«

»Aua!«

Noch ein Schlag gegen mein Bein, dann warf er das Brett weg. Ich wagte nicht, ihn anzusehen, als er ins Haus zurückging.

»Und bring den verdammten Köter zurück!« rief er.

Dad schrieb zauberhafte Musik, eingängige, unkomplizierte und besänftigende Melodien. Seine Songs vermittelten den Eindruck eines netten, umgänglichen Menschen, einer friedlichen Seele; und ich vermute, daß es tief in seinem Inneren auch ein winziges Fleckchen gab, das eine entfernte Ähnlichkeit mit einem solchen Mann hatte. Aber diesen Teil von ihm sahen wir nur, wenn er Klavier spielte. Den Rest der Zeit war Dad brandgefährlich, eine Tellermine, die jederzeit hochgehen konnte. Der Tag plätscherte friedlich dahin – und plötzlich, ohne jede Vorwarnung, gab es Zoff.

Eines Abends rief er uns alle in die Küche. Das Abendessen war ereignislos verlaufen und längst vorüber. Dennis wollte gerade nach draußen gehen, um mit seinem Fahrrad zu fahren, Carl und ich saßen vor dem Fernseher. Mein Dad rief und rief, mit erregter Stimme. Was zum Teufel konnte er wollen, fragte ich mich. Wir liefen alle in die Küche und sahen meinen Vater völlig nackt auf dem Küchentisch stehen und sich wie Tarzan auf die Brust trommeln.

»Ich bin der König dieser Familie!« röhrte er. »Ich bin König dieser gottverdammten Scheißfamilie, ist das klar?«

Niemand wagte ihm zu antworten.

»Ist das klar?« fragte er.

»Ja, ja, ja«, nickten wir und verdrückten uns zaghaft aus der Küche.

Er lamentierte weiter: »Ich bin der König der Familie. Ich bin der König, verdammt noch mal.«

Keiner von uns traute sich, ihm zu widersprechen. Seltsamerweise sprachen Dennis, Carl und ich niemals über das abwegige Verhalten unseres Vaters, wir hatten genug damit zu tun, ihm aus dem Weg zu gehen. Dennis flüchtete bei jeder Gelegenheit aus dem Haus, und Carl verbrachte den Großteil seiner Kindheit unter dem Bett versteckt. Wenn wir überhaupt über seine Grausamkeiten sprachen, dann nur, wenn Carl unter dem Bett hervorkrabbelte und seinen Bruder Dennis fragte: »Hat's weh getan?«

Diese Frage folgte stets auf einen Streit zwischen Dad und Dennis, dem es unter Garantie gelang, bei meinem Vater die ohnehin nicht sehr zuverlässigen Sicherungen durchbrennen zu lassen. Dennis legte sich mit der ganzen Welt an. Im Alter von fünfzehn Jahren rauchte und trank er schon; außerdem war er von einer Bande mexikanischer Strolche ausgeraubt worden und hatte angeblich ein Mädchen aus der Nachbarschaft geschwängert.

In dieser Phase mochte ich meinen Bruder nicht besonders, vielleicht weil mich seine Scheiß-auf-die-Welt-Art einschüchterte. Dennis hatte einen so großen Haß auf alles, daß es ihm völlig egal war, was aus ihm werden würde.

Darum war ich meistens mit Carl zusammen, der das Gegenteil von furchteinflößend war. Carl war fett, so fett, daß Dennis ihm den Spitznamen Porky gab; Carl haßte diesen Namen, und Dennis machte es deshalb um so größeren Spaß, ihn so zu rufen.

Von unserer Mom noch mehr verhätschelt als Dennis und ich, war das Essen Carls großes Laster geworden, es spendete ihm die Zärtlichkeit, die Mom ihm anders nicht geben konnte. Selbst wenn er zusah, wie Dennis mit Gewichten trainierte, hatte Carl Proviant dabei. Nachher spottete Dennis immer: »Brian, du hättest Porky im Training sehen müssen. Sein Bauch wächst bei jedem Bissen.«

Carl war sensibel und zeigte schon lange vor Dennis Interesse an der Musik. Das verband uns, die Musik und die Angst vor Dads Tobsuchtsanfällen. Sobald der Sturm losbrach, zischte Carl aus der Schußlinie, so schnell ihn seine kurzen, fetten Beine trugen und quetschte sich unters Bett.

Später kam er zu mir. »Hat's weh getan, Brian?« fragte er dann.

»Saumäßig«, sagte ich.

Wir wußten nicht, warum unser Vater so aufbrausend, so unberechenbar, so brutal war. Wir kamen gar nicht auf die Idee, nach dem Warum zu fragen. Er war eben so.

Meine Mutter war uns keine Hilfe, sie widersprach Dad fast nie und stellte sich fast nie auf die Seite ihrer Kinder. Jedenfalls nicht so, daß wir es sehen konnten. Wer weiß? Vielleicht wurde sie selbst mißhandelt. Ich sah oft, wie sie sich am Nachmittag einen Drink machte und dann den ganzen Abend lang das Glas nachfüllte. Wenn unser Vater nach Hause kam, war sie schon völlig passiv und desinteressiert, eine unbeteiligte Zuschauerin, die keine Anstalten machte, die eindeutigen Fälle von Kindesmißhandlung zu unterbinden, die sich vor ihren Augen abspielten.

Einmal sah sie tatenlos zu, wie Dad mich zur Strafe an einen Baum fesselte. Ein andermal platzte mein Vater in mein Zimmer, während die anderen beim Essen saßen, und erwischte mich beim Masturbieren. Meine Sexualität zu entdecken war verwirrend für mich gewesen, weil ich mich dadurch zu anderen Menschen hingezogen fühlte, was meiner eigenbrötlerischen seelischen Veranlagung zuwiderlief. Dad vermittelte mir das Gefühl, ich würde etwas Verbotenes tun. Mit unverhohlenem Abscheu rief er meiner Mutter zu: »Der Junge bekommt zwei Tage lang kein Abendessen.«

Meine Mom fügte sich.

Doch all diese Zwischenfälle sind nichts im Vergleich zu dem allerschlimmsten, an den ich mich erinnere. Wie es dazu kam, habe ich zum größten Teil verdrängt. Ich erinnere mich nur noch daran, daß ich mit Mom und Dad in der Küche stand. Wir waren nur zu dritt. Dad schnauzte mich wegen irgendwas an – ich weiß nicht mehr, um was es ging –, während Mom aus sicherer Entfernung tatenlos zusah und ihr unvermeidliches Schnapsglas umklammerte.

Plötzlich warf mein Dad eine gefaltete Zeitung auf den Fußboden, klappte sie auf und befahl mir, draufzuscheißen. Auf der Stelle! Direkt auf die Zeitung. Ich war wie gelähmt und schluchzte. Ich schaute hoch in das furchterregende Gesicht meines Vaters, mit rotverheulten Augen, die um Vergebung flehten, welches Verbrechen ich auch immer begangen haben mochte. Ich wollte Gnade. Ich wollte Prügel. Alles, nur nicht das, was er von mir verlangte.

»Jetzt!« kommandierte er.

Nachher zwang er mich hinzusehen. Auch meine Mutter mußte es sich ansehen. Dann verließ er zufrieden den Raum. Meine Mutter folgte ihm hastig und ich blieb allein zurück, mit der Aufgabe, die Exkremente zu entfernen. Ich brauchte lange, um mich hochzurappeln und mit dem Weinen aufzuhören. Doch selbst dann brachte ich es nicht über mich, mir mit eigenen Augen anzusehen, wozu man mich gezwungen hatte. Ich fühlte mich geschlagen, mißbraucht, beschmutzt . . . Ich war gedemütigt worden, keine Frage. Aber was noch schlimmer war: Meine eigene Mutter hatte ohne einzugreifen zugesehen, wie mein Vater mir meine Selbstachtung genommen hatte; er hatte mich vergewaltigt.

Diesen Vorfall habe ich niemals vergessen. Nach Jahren der Therapie bin ich fähig, meinen Vater und meine Mutter besser zu verstehen. Doch ich trug Narben davon, die nie richtig verheilten, und ich habe meiner Mutter nie vergeben, daß sie mich nicht aus dieser Situation gerettet hat. Ganz gleich, wieviel Verständnis ich seitdem aufzubringen gelernt habe, der Zorn ist geblieben.

Als ich vierzehn war, behauptete ein Nachbarsjunge, mein Dad hätte ein Glasauge. Ich weigerte mich, das zu glauben. Der Junge war älter als ich, was seinem Wort ein gewisses Gewicht verlieh, aber was er mir da erzählte, war so unwahrscheinlich, so gravierend, daß ich es einfach nicht fassen konnte. Das sagte ich ihm.

»Du lügst«, sagte ich.

»Glaub es oder nicht«, erwiderte er gleichgültig. »Was meinst du, wie egal es mir ist, ob dein Vater ein Glasauge hat.«

Ein Glasauge? Ich fing an zu weinen und rannte nach Hause. An diesem Abend konnte ich es kaum erwarten, daß mein Vater heimkam. Während des ganzen Abendessens – alle anderen sahen fern – starrte ich meinem Dad in die Augen. Ich dachte, wenn ich lange und genau genug hinsehen würde, müßte ich doch einen Unterschied bemerken. Vielleicht würde er komisch blinzeln, oder das Licht würde sich irgendwie spiegeln. Ich wußte nicht, worauf ich achten sollte, aber ich dachte, ich würde vielleicht irgend etwas sehen, das mir einen Anhaltspunkt gab.

Ich hatte mich bemüht, diskret zu sein, aber mein Dad muß es doch bemerkt haben. Am nächsten Abend sagte er mir nach dem Abendessen, ich solle mit in sein Zimmer kommen. »Ich will dir was zeigen, Sohn«, sagte er.

Ich wußte nicht, was mich erwartete. Dad hatte mir den Rücken zugewandt und fummelte einen Moment herum. Plötzlich fuhr er herum, und seine Hand schoß nach vorne, direkt unter mein Kinn. Ich mußte schnell zurückweichen, um sehen zu können, was er mir zeigte, und genauso schnell wurde mir übel: In seiner Handfläche lag etwas, das wie eine schimmernde Murmel aussah.

»Das ist ein Glasauge«, erklärte er in nüchternem Ton. »Irgendwelche Fragen, Sohn?«

Ich hatte nicht die Nerven, die naheliegendste Frage zu stellen, aber er erzählte es mir. Als er fünfundzwanzig gewesen war, hatte er bei Goodyear an einer Maschine gearbeitet, an der Gummi mit Schwefelsäure bearbeitet wurde. Während seiner Schicht war eine mit Säure getränkte Metallbürste versehentlich auf ein rotierendes Fließband gefallen und ihm ins Gesicht geflogen; die Bürste hatte seine Schutzbrille zerschlagen und sein linkes Auge zerstört. Im Krankenhaus war ihm dann ein Ersatzauge aus Glas eingesetzt worden.

Ich konnte den Blick nicht von seiner Handfläche abwenden, gleichermaßen angeekelt und fasziniert. Dann fragte ich mich, wie er wohl ohne sein Glasauge aussehen mochte, und mein Blick wanderte langsam hoch zu der Stelle, an der sein Auge hätte sein müssen. Die Höhle war leer, vernarbtes, kirschrotes, rohes Fleisch.

»Sieh gut hin.« Mein Dad deutete mit dem Finger in das Loch. »Das ist Fleisch.«

Das war zuviel für mich. Ich rannte kreischend und weinend aus dem Zimmer, als wäre ich Zeuge eines Mordes geworden, völlig hysterisch. Ich fragte mich: Warum tut dieser Typ mir das an?

Später hörte ich, daß meine Mutter ins Schlafzimmer gelaufen war, wo mein Vater in sich hineinkicherte, das Glasauge noch immer wie einen Talisman in der Hand haltend. Es kam selten genug vor, daß Mom durch Widerworte seinen Zorn herausforderte, aber diesmal fragte sie ihn, was er getan habe.

»Ich wollte nur, daß er sieht, woraus sein alter Herr gemacht ist«, antwortete Dad.

4

Mädchen

Als ich acht Jahre alt war, wurde mein Leben bereits vollständig von der Musik bestimmt. Während andere Jungs in meinem Alter sich für Baseball oder Football interessierten, mit Freunden spielten oder vor dem Fernseher saßen, war ich mit meinen Gedanken bei Melodien und Rhythmen. Ich war ein Außenseiter. Und der Teil von mir, der sich mit Musik beschäftigte, war sehr viel reifer, als es meinem Alter entsprach.

Alles, was ich an Musik hörte, berührte mich. Doch nichts berührte mich stärker, als die Stücke, die mein Vater auf unserem Familienklavier spielte. Wann immer er das tat, drückte ich mich so nahe wie irgend möglich ans Klavier, um seine Technik zu studieren; doch ich bemühte mich, ihn nicht zu stören. Ich beobachtete, wie seine Finger Akkorde anschlugen und merkte mir ihre Position. Ich sah, wie seine rechte und seine linke Hand sich ergänzten, und malte mir aus, wie es wäre, wenn meine eigenen Hände dasselbe täten.

Ich träumte davon, selbst Klavier zu spielen. Ich sehnte mich danach, es nur einmal versuchen zu dürfen. Wenn ich musizierte, hoffte ich, würde mein Dad mir vielleicht die Liebe geben, um die ich so sehr kämpfte. Aber ich zitterte davor, ihn um Erlaubnis zu fragen; denn bei einem Nein wäre ich am Boden zerstört gewesen. Das Klavier war nämlich sein Thron und gehörte neben seiner Pfeife, die an die Stelle der Chesterfields getreten war, und seinen Pantoffeln zu jenen Besitztümern, an die niemand von uns ohne Dads Zustimmung seine Hand legen durfte. Ich hatte solche Angst, daß ich mich selbst während seiner Arbeitszeit nicht an das Instrument wagte; so sehr fürchtete ich ihn, und ich hatte allen Grund dazu.

Dad schrie mich so oft an und schlug mich so häufig, daß ich schon bei einem scharfen Blick von ihm zusammenzuckte. Ich war ständig auf der Hut und immer aufs Schlimmste gefaßt.

Nachdem er sein Glasauge nicht mehr vor uns versteckte, bewahrte er es nachts in einem Glas auf dem Nachttisch auf. Als ich es dort zum ersten Mal sah, kam es mir beinahe hoch, und von da an spülte ich all unsere Trinkgläser so gründlich, daß sich die Haut an meinen Fingern wellte. Bis heute trinke ich lieber aus der Flasche.

Es war am besten, meinem Vater aus dem Weg zu gehen; darum verkniff ich es mir auch, ihn zu fragen, ob ich mich einmal am Klavier versuchen dürfte. Schließlich wurde die Versuchung aber übermächtig, und ich schlich mich heimlich an das Instrument, wenn er zur Arbeit war. Nach der Schule war hierfür die beste Zeit, weil meine Mutter um diese Zeit Dennis und Carl versorgte und ich tun und lassen konnte, was ich wollte, solange ich nur keinen Ärger machte.

Ich erinnere mich zwar nicht mehr daran, wann genau ich das erste Mal am Klavier saß, aber ich weiß nur zu gut, daß das Spielen eine Offenbarung für mich bedeutete, die reine Glückseligkeit. Zum ersten Mal in meinem Leben kam ich in Berührung mit den Tiefen meiner Seele. Es war, als hätte ich meine Muttersprache gefunden. Ich habe nie Notenlesen gelernt, obwohl ich sofort in der Lage war, Noten zusammenzufügen. Ich hatte sechs Wochen lang Akkordeonunterricht und spielte mit großer Begeisterung auf einem kleinen Baby-Akkordeon, aber der Lehrer beklagte sich bei meiner Mutter, daß ich keine Noten lesen könne.

»Er hört es einmal«, sagte er, »und spielt dann das ganze Stück perfekt runter.«

Nach sechs Wochen sollte ich ein neues, größeres Akkordeon bekommen, aber Dad konnte es sich nicht leisten, und so fand meine Ausbildung ein abruptes Ende. Ich war auf mich allein gestellt. Das machte nichts. Ich sah zu, wie Dad Akkorde bildete, und nach und nach eignete ich mir seine Songs stückchenweise an.

Ich war ein Naturtalent.

Es dauerte nicht lange, bis Mom mich spielen hörte. Denn als ich langsam Zutrauen zu meinen Fähigkeiten faßte, wagte ich es, lauter zu spielen. Ich wollte mich hören, das war ein Test. Wenn sie mir keinen Verweis erteilte, dachte ich mir, war es mit meinen Versuchen okay; bald spielte ich ständig, selbst dann, wenn mein Vater zu Hause war. Als ich erkannte, daß Dad mir nicht ans Leder wollte, konzentrierte ich mich aufs Üben, besonders auf seine Songs. Ich arbeitete eine volle Woche an einem seiner Instrumentals, und er war ziemlich überrascht, als ich plötzlich das ganze Stück durchspielte.

»Brian, beweg deinen Arsch hier rein«, rief er aus der Küche.

Ich hörte auf zu spielen und rechnete mit dem Schlimmsten. Dad saß am Küchentisch und reinigte seine Pfeife. Aber er sah nicht wütend aus, ein gutes Zeichen.

»Wie hast du das gelernt?« fragte er.

»Was?«

»Komm mir nicht so. Ich will wissen, wie du gelernt hast, meinen Song zu spielen.«

»Ich weiß nicht«, sagte ich achselzuckend. »Ich hab's halt immer wieder versucht.«

»Hmmmm.« Er grinste. »Nicht schlecht für ein Kind.«

Mir fiel ein Stein vom Herzen!

Das Klavier im Musikzimmer wurde bald meine Zuflucht vor den Unwägbarkeiten, die immer wieder über mich hereinbrachen. Ich betrachtete es als ein privates Heiligtum, als den einen Ort, an dem ich vor dem Jähzorn meines Vaters sicher war, nicht über das Trinken meiner Mutter nachdenken mußte und meine Angst und Unsicherheit vergessen konnte. Am Klavier ließ man mich in Ruhe. Ich übte unentwegt, stundenlang – unnatürlich lange für ein Kind.

Das Klavierspielen gab mir Ruhe und Sicherheit und rettete mir buchstäblich das Leben. Ich erinnere mich, wie ich einmal vor den Tasten saß, während mein Vater Dennis gegen die Wand schleuderte, ihn durchprügelte und mit Flüchen verfolgte, als mein Bruder zuletzt aus dem Haus stürmte. Das war nur einer der vielen Vorfälle, bei denen ich niemals den falschen Ton traf: Ich lieferte gewissermaßen die Hintergrundmusik zu jener Höllenszenerie, die bei uns so oft ein normales Familienleben ersetzte, wohl wissend, daß genausogut ich das Opfer der Ausbrüche meines Vaters hätte sein können.

Wenn ich nicht Klavier spielte, hörte ich Radio oder Schallplatten. Ich war besessen. Musik war eine innere Notwendigkeit für mich, für meine Gesundheit und mein Wohlbefinden mindestens ebenso wichtig wie Essen und Schlafen; sie brachte Harmonie in mein Leben, aus ihr zog ich alles, was mir sonst fehlte – Liebe, Zuwendung und Sicherheit.

Wenn Rock and Roll eins sein muß, dann befreiend. Mit vierzehn Jahren fand ich heraus, wie ich die Fesseln von meiner Seele abstreifen konnte. Mein Klavierspiel hatte sich rapide verbessert. Ich suchte nicht mehr unbeholfen auf den Tasten herum, sondern meine Hände spielten wie von selbst zusammen und ergänzten einander wie Tanzpartner. Wenn ich mit der Rechten einen lebhaften Rhythmus spielte und mit der Linken ein kreatives Baß-Solo, sprudelte die Musik aus mir heraus wie ein Sturzbach pubertären Gefühlswirrwars, der danach schrie, erforscht zu werden.

Im Grunde war es nichts anderes, als wenn Pubertierende ihre Sexualität entdecken – mit dem einzigen Unterschied, daß ich nach der Schule nicht nach Hause rannte, meine Bücher in die Ecke knallte und mich in meinem Schlafzimmer einschloß, sondern mich sofort ans Klavier setzte und nur einen Gedanken hatte: Whoa, Baby, jetzt geht's ab. Mom mußte mich zum Abendessen buchstäblich von dort wegzerren. Es verging kein Tag, an dem ich nicht mehrere Stunden übte. Selbst heute bin ich nicht anders – ich *muß* immer noch mindestens eine Stunde am Tag spielen.

Eines Nachmittags karrte meine Mutter Dennis, Carl und mich zu Besorgungen im Auto herum. Im Radio war ein beliebter Sender eingestellt. Unsere Mom hatte einen ziemlich hippen Musikgeschmack. Plötzlich lief ein Song, den ich noch nie zuvor gehört hatte, und Mom drehte ihn lauter. Schon der erste Ton ging mir sofort ins Ohr, ich fuhr auf.

»Day by day, I'm falling in love with you«, sang eine Stimme, »and day by day, my love seems to grow . . .«

Das Stück hatte einen jazzigen Rhythmus und einen modernen Vocalsound, und genau das faszinierte mich: der Gesang. Ich hatte nie zuvor etwas Ähnliches gehört und war begeistert.

»Oh Mom, das ist ja toll«, kreischte ich. »Ein phantastischer Sound. Was ist das?«

Sie lächelte und sagte mir, ich sollte mich wieder hinsetzen. »Das sind die Four Freshmen, Brian.«

»Die Freshmen?«

»Die Four Freshmen«, korrigierte sie mich. »Das ist eine Gesangsgruppe.«

Der Song ging mir nicht mehr aus dem Kopf. Tagelang löcherte ich Mom, mit mir in einen Plattenladen zu gehen. Von diesem Nachmittag an war ich unverbesserlich, ich redete nur noch von den Four Freshmen und ihrem unglaublichen Sound. Es wäre zum Lachen gewesen, vielleicht sogar nervend, wenn ich weniger leidenschaftlichen Ernst gezeigt hätte; so aber ließ ich meiner Mutter keine andere Wahl, als mit mir diese Platte kaufen zu gehen.

Der örtliche Plattenladen hatte in der hinteren Ecke eine schalldichte Kabine, eine viereckige Kiste, in der man in beklemmender Enge Platten probehören konnte. Ich marschierte zielstrebig zur Tür. Das Album, das ich auflegte, hieß *The Four Freshmen and Five Trombones*. Meine Mom wartete lächelnd, während ich drinnen mit den Fingern schnippte, und als ich mit wahrscheinlich völlig verklärtem Blick rauskam, kannte ich nur einen Gedanken. »Können wir die kaufen?« fragte ich. »Oh, bitte, Mom, kauf sie für mich.«

Meine Mom konnte meinem Flehen nicht widerstehen. Danach war ich eine Woche lang zu nichts mehr zu gebrauchen, alles außer dieser Platte hatte jegliches Interesse für mich verloren – das Essen, die Freunde und Mädchen, der Sport. Abgesehen vom Schulbesuch – und auch das nur gezwungenermaßen – tat ich nichts anderes, als immer wieder diese Platte aufzulegen. Manche Menschen haben religiöse Erlebnisse, für andere sind Geburt oder Tod ihre intensivsten Erfahrungen überhaupt; für mich aber war diese Platte die Erfahrung, die mein Leben und mein ganzes Denken veränderte. Es war der Beginn einer jahrelangen Four-Freshmen-Leidenschaft.

Ich konnte von dieser Band nicht genug bekommen und kaufte jedes Album und jede Single, die ich bekommen konnte. Und ich spielte sie so lange, bis die Rillen abgenudelt waren. Gebannt. Fasziniert. Ich sog jede einzelne Note in mich hinein; ich entwirrte das feine Gespinst dieser köstlichen, raffinierten Melodien und kam schließlich dahinter, wie sie gemacht wurden. Ich sang zu den Platten, malte mir aus, wie ich neue Parts einfügte oder neu produzierte und fragte mich, ob man die Songs nicht auch hätte anders bringen können.

Dann erfuhr ich von einem Konzert der Four Freshmen, und es gab überhaupt kein Nachdenken: Ich *mußte* sie sehen! Sie spielten im Coconut

Grove. Ich bettelte meinen Vater an, mit mir zu dieser Show zu gehen, und er gab nach.

Es war mein erstes Konzert. Während der gut einen Stunde, die der Auftritt dauerte, stand ein Ausdruck idiotischer Hingabe auf meinem Gesicht. Ich konnte es kaum glauben, als mein Vater nachher sagte, er habe einen Bekannten, der uns hinter die Bühne bringen könne, um die Musiker kennenzulernen.

Die Freshmen höchstpersönlich! Ich stand ehrfürchtig vor ihnen, mit weit offenem Mund. Die Musiker zogen sich gerade um und waren mehr oder weniger unbekleidet. Wahrscheinlich wollten sie noch auf einen Drink in die Bar.

Mein Dad sprach sie an. Ich konnte es kaum fassen, er sprach tatsächlich mit ihnen, streckte ihnen die Hand entgegen und stellte uns beide vor. »Hi. Ich bin Murry Wilson. Und das ist mein Sohn Brian. Er ist ein großer Fan.«

»Cool«, sagte einer von ihnen. »Hast du unsere Platten, Mann?«

»Alle«, erwiderte ich grinsend.

Am nächsten Abend überredete ich meine Familie, sich im Musikzimmer zu versammeln, wo ich mit ihnen einen Four-Freshmen-Song einstudierte. Dennis verlor zwar die Geduld und verzog sich, aber ich bekam trotzdem einen vierstimmigen Harmoniegesang mit Mom, Dad, Carl und mir selbst hin. Am nächsten Abend versuchten wir es wieder; obwohl sie den Freshmen-Song nie ganz fehlerlos lernten, war dieser erste Versuch mit dem Harmoniegesang – dem schwelgerischen Sound, der später das Markenzeichen der Beach Boys werden sollte – zumindest in meinen Augen ein Erfolg.

Bis zu meinem sechzehnten Geburtstag teilte ich mir ein Zimmer mit meinen Brüdern. Es war vollgestopft mit unseren Besitztümern, unter anderem meinem Baseballhandschuh, dem Surfboard, das mein Vater Dennis zum neunten Geburtstag geschenkt hatte, sowie Spielsachen, Kleidern und Büchern. Aber von nichts war der Raum so angefüllt wie von den psychischen Defekten, die wir alle drei teilten – besonders nachts, wenn es still im Haus war. Jeder von uns hatte seine eigene Methode, mit seinen Ängsten umzugehen. Carl aß am liebsten; Dennis war zornig und rebellisch und brach ständig einen Streit vom Zaun; und ich machte mich zum Clown und parodierte meinen Lieblingskomiker Jonathan Winters. Ich erzählte und spielte wilde Geschichten, über die wir schließlich lachend einschliefen.

Eines Abends wollte ich den beiden einen meiner Lieblingssongs beibringen, »Ivory Tower«. Das Stück hatte einen Spiritual-Touch und begann mit den Worten: »Come down, come down, off your Ivory Tower . . .« Ich brachte Dennis und Carl die Background-Harmonien bei und sang selbst Lead. Wir probten Nacht für Nacht, leise singend, und hofften, unseren Dad nicht aufzuwecken.

Insgeheim hoffte ich immer, er würde uns doch erwischen, denn ich wünschte mir, er würde sagen: »Klingt nett.« Ich kämpfte um seine Liebe.

Ein einziges Wort der Anerkennung hätte mir genügt, aber es kam nie über seine Lippen, wie sehr ich mich auch bemühte.

Ansonsten machte ich mich ganz gut heraus. Mit meinen einsneunzig bei vierundachtzig Kilo Körpergewicht entwickelte ich mich zu einem durchtrainierten und recht guten Sportler. Ich spielte Centerfield im Baseballteam der Hawthorne High School und war Quarterback in der Jugendauswahl des Footballteams. Während der Spiele tigerte mein Dad am Spielfeldrand auf und ab und brüllte mir zu, ich müsse härter, kompromißloser spielen, obwohl ich doch schon der Star der Truppe war. Meistens sang ich auf dem Spielfeld vor mich hin, um mich von ihm nicht aus der Ruhe bringen zu lassen. Doch wie ich auch spielte, sein anschließendes Urteil war fast immer vernichtend.

«Du bringst es einfach nicht«, sagte er. »Du bist faul. Dir fehlt die Konzentration. Ich beobachte dich genau da draußen. Du siehst aus, als würdest du singen. Du mußt aggressiver werden. Du mußt kämpfen lernen. Andernfalls hörst du besser gleich auf. Dann kannst du dich schon mal an ein Leben als Verlierer gewöhnen.«

Zu meinem sechzehnten Geburtstag schenkten meine Eltern mir ein Tonbandgerät. Ich hatte es kaum ausgepackt, als ich Carl auch schon anfauchte: »Finger weg!«

Er fuhr sofort zurück, und ich drückte die »Rewind«-Taste. Wir waren fasziniert und beobachteten beide aufmerksam, wie das Band zurückspulte. Ehe es ganz zurückgelaufen war, drückte ich auf »Stop«, dann auf »Play«, und im selben Augenblick ertönten meine und Carls Stimme über den runden Lautsprecher, begleitet von meinem Klavierspiel auf einem unausgegorenen ersten Versuch von »Rock and Roll Music«.

»Das ist vielleicht cool«, sagte ich bewundernd.

Das Gerät war ein Wollensak, ein großes, unförmiges Ding mit zwei Spulen, das ich als den kostbarsten Besitz im ganzen Haus betrachtete. Ich benutzte es wie einen Chemiebaukasten, mit dem man täglich experimentiert. Beispielsweise nahm ich meinen unbegleiteten Gesang auf und ließ ihn später mitlaufen, während ich Klavier spielte und live die zweite Stimme sang. Dann nahm ich Carl dazu, dann meine Mom und Carl. Damals war mir allerdings noch nicht klar, daß ich, wenn auch noch unbeholfen, die Studiotechnik des »Overdubbing« imitierte.

In diesem Dezember bekam Carl eine Rickenbacker, und ein Nachbar brachte ihm Gitarrespielen bei. Er übte jeden Tag, und sein Interesse wuchs mit seinen Fortschritten. Bald ergänzte sein Gitarrenspiel meine Tapes.

Wenn ich nicht mit meinem Tonband experimentierte, hörte ich Platten von den Four Freshmen und einer anderen Band, den Hi-Los. Damit war mein Leben ausgefüllt. So dachte ich wenigstens – bis zu meinem letzten High-School-Jahr. Die High-School war für mich verwirrend und der Versuch, angepaßt und normal zu wirken, ein ständiger Kraftakt. Ich wußte, daß ich anders war. Nach außen hin sah ich mit meinem V-Ausschnitt und den blankgeputzten Schuhen nicht anders aus als Tausende von Jugendlichen, aber innerlich war ich immer unsicher, hin und her gerissen zwischen der Angst, mit der ich aufgewachsen war, und dem Wunsch nach Anerkennung. Ich war linkisch und albern und hing meistens mit den Sportskanonen herum, obwohl ich mich bei den Intellektuellen eigentlich wohler fühlte, zum Beispiel in der Theatergruppe, der ich mich angeschlossen hatte. Die Mädchen fanden mich attraktiv, aber schüchtern, was ich durch ein idiotisches Herumalbern kompensierte. Ich versuchte ständig, meine Unbeholfenheit und mein mangelndes Selbstvertrauen durch Humor zu kaschieren.

Dann verliebte ich mich und rastete völlig aus. Ihr Name war Carol Mountain, und sie verkörperte für mich das absolute Idealbild eines Mädchens. Carol hatte langes, sandbraunes Haar, das ihr bis zur Mitte des Rückens fiel, große, wunderschöne Augen und ein Lachen, das die Luft erfüllte wie zartes Parfüm. Ich konnte sie nie ohne Herzflattern ansehen, und wenn sie mich ansah, drehte sich alles in meinem Kopf.

Sex war *das* große Geheimnis für mich. Einige Jahre zuvor hatte mein Vater sich in der Küche zu mir gesetzt und mir in seiner unnachahmlich einfühlsamen Art eine Einführung in dieses Thema gegeben.

»Brian«, sagte er. »Es wird Zeit, daß wir über Sex reden.«

Toll. Von meinen Freunden hatte ich zwar schon das ein oder andere aufgeschnappt, aber es gab immer noch genug dunkle Punkte, über die ich mir von meinem Dad Aufklärung erhoffte.

»Hast du schon mal zwei Hunde ficken sehen?« eröffnete er seinen Vortrag.

Ich schüttelte den Kopf.

»Der Rüde besteigt das Weibchen«, fuhr er fort, »steckt seinen Penis rein und fickt. So werden Babys gemacht.«

Als würde ein Metzger eine Bypass-Operation beschreiben! Kein Zartgefühl, keine Liebe, keine Leidenschaft oder Zärtlichkeit – das war ganz mein Vater. Ich dachte über seine Worte nach und kam zu dem Schluß, daß seine Auffassung von Sex nicht die mindeste Ähnlichkeit mit dem hatte, was ich für Carol empfand. Er sprach von Körperfunktionen, aber ich hatte mich in Gefühle verstrickt, die mir völlig unverständlich waren.

Es war Liebe, und ich fühlte mich hilfloser denn je. Tage- und wochenlang dachte ich nur noch an Carol, und ich stilisierte sie zur Göttin. Selbst nachdem wir uns angefreundet hatten, blieb sie eine Ikone für mich – wunderschön, unberührbar, rätselhaft.

Carol ging damals mit einem Baseballstar namens Gordon Marsh, der wußte, daß ich in sein Mädchen verknallt war. Um mich zu ärgern, überredete er mich zu einem Rendezvous zu viert. Carol wußte, daß irgendwas im Busch war, denn am Nachmittag vor unserer Verabredung sprach sie mich nach dem Spanischunterricht an.

»Brian, ich muß mit dir reden«, sagte sie.

Sie stand so nahe bei mir, daß mein Herz raste. »Ja?«

»Laß dich von Gordon nicht rumschubsen. Du mußt nicht mitkommen, wenn du keine Lust hast.«

Ich wußte nicht, was ich sagen sollte. Ich wollte mit ihr zusammen sein, und es genügte mir schon, nur in ihrer Nähe zu sein. Aber ich merkte auch, daß ich nur den Clown für Gordon machen sollte. »Okay, dann komme ich nicht«, sagte ich und schlich davon wie ein geprügelter Hund.

Ich hatte also die Chance vertan, einen Abend mit dem Mädchen meiner Träume zu verbringen. Denn eigentlich wäre es doch egal gewesen, daß wir beide einen anderen Begleiter gehabt hätten, Hauptsache, wir wären zusammengewesen. Vielleicht hätte ich ihr sagen sollen, was ich für sie empfand, und wäre es auch nur eine Andeutung gewesen. Aber ich tat es nicht, weil mir das nötige Selbstvertrauen fehlte, um für meine Wünsche zu kämpfen; ich fürchtete mich vor einer möglichen Zurückweisung.

Na schön, Carol bekam ich zwar nicht, aber im selben Jahr schenkten mir meine Eltern zu meinem siebzehnten Geburtstag einen 57er Ford Fairlane. Eines Tages verschüttete ich beim Putzen des Wagens eine kleine Flasche Parfüm, das ich gelegentlich als Lufterfrischer benutzte. Zuerst war ich sauer, aber das Parfüm roch so gut, daß ich mich schließlich daran gewöhnte. Jedesmal, wenn ich ins Auto stieg, erinnerte mich dieser Duft an ein ganz besonderes Mädchen.

»Hey Bri«, sagte Carl eines Nachmittags. »Ich wüßte gerne, was du von der Musik hier hältst.«

Carl war ein pummeliger Vierzehnjähriger, der zu mir aufschaute, besonders in Musikfragen. Kaum kam er aus der Schule, hing er schon am Radio. Wir hatten einen ganz unterschiedlichen Musikgeschmack, ich mochte Klassik, Gershwin und die Four Freshmen, Carl dagegen war großer Rhythm-and-Blues-Fan und liebte Chuck Berry und Little Richard. Aber meine Meinung bedeutete ihm trotzdem viel.

Er schaltete also das Radio ein und setzte sich neben mich aufs Bett. Nach jedem Song gab er seine Kommentare zu dem jeweiligen Künstler ab.

»Mann, Carl«, sagte ich. »Das hier ist es. Wer singt das?«

»Johnny Otis.«

Es dauerte zwei Minuten – die Länge eines Songs –, und ich war süchtig. Mit den Four Freshmen war ich inzwischen fertig, ich hatte alles gelernt, was ich von ihnen lernen konnte, und war offen für neue Einflüsse. Johnny Otis, eine der Säulen des R & B und regelmäßiger Gast in den Clubs von L. A., hatte eine eigene, ziemlich beliebte Radiosendung auf KFOX. Carl und ich blieben nächtelang wach, um uns von neun bis Mitternacht Otis' Show anzuhören, über das zu diskutieren, was wir hörten, und die neuen Songs in unser musikalisches Vokabular aufzunehmen.

Was mich an dieser Musik reizte, waren die Vocals, denn instrumental waren die Songs eher schlicht ohne besondere Raffinesse. Aber der Gesang war umwerfend, die Leads hatten was. Ich stieg sofort darauf ein und brachte mehr Sex und Biß in mein Klavierspiel, ich spielte kraftvoller, mit mehr Soul und viel mehr Spaß. Jetzt merkte ich, daß ich mit Musik das ausdrücken konnte, was sonst immer unausgesprochen blieb.

Ich begann Songs zu schreiben, ein Talent, das mir ganz einfach in den Schoß gefallen war, und entdeckte dabei etwas, was mir in meinem bisherigen Leben gefehlt hatte: ein Gefühl von Glück und Heiterkeit.

Dieses Gefühl einzufangen, wurde mein ganzer Ehrgeiz. Das versuchte ich auch Fred Morgan, meinem Klavier- und Musiklehrer in der zwölften Klasse, zu erklären. Morgan, der mich mochte, ließ mich wegen meines tauben linken Ohrs immer sehr nahe am Klavier sitzen, und er ließ darüber hinaus sogar einige meiner Rock-and-Roll-Ideen durchgehen, obwohl diese von dem eher konservativen Lehrplan erheblich abwichen.

Aber mein Lehrer hatte überhaupt keine Nachsicht mit der schlampigen Arbeitsauffassung, die im letzten High-School-Jahr mein Hauptproblem war. Ich litt unter schwerer Oberschüleritis. Neben dem Baseballteam, der Musik und den Nächten, die ich mir im Foster's Freeze um die Ohren schlug, verschwendete ich nicht mehr viel Zeit auf meine Studien. Mr. Morgan machte keinen Hehl aus seinem Unmut.

»Wenn du ein Durchschnittsschüler wärst, würde ich mir weniger Gedanken machen«, sagte er. »Aber du hast eine schnelle Auffassungsgabe und außergewöhnliches Talent, besonders fürs Arrangieren. Ich erwarte von dir etwas mehr Einsatz bei deinen Harmonielehre-Aufgaben.«

Ich dachte nicht daran. Die Aufgaben bestanden darin, zu einer gegebenen Gesangsstimme ein passendes Harmonieschema auszudenken. Ich bekam das einfach nicht hin. Auf Mr. Morgans Frage, woran das liege, konnte ich nur erwidern, ich sei mit dem Kopf irgendwo, nur nicht bei dieser Aufgabe. Das verstand er nicht.

Einige Wochen später vergeigte ich die wichtigste Arbeit des ganzen Kurses, eine selbstkomponierte Klaviersonate. Die Aufgabe, die uns bereits in der ersten Woche des Schuljahres gestellt worden war, sollte gleichzeitig unsere Abschlußarbeit sein. Ich brachte nichts zustande. Mr. Morgan gab mir ein »F« für die Aufgabe und ein »C« für den gesamten Kurs.

Ich hatte allerdings eine Eigenkomposition eingereicht, nur war es eben keine Klaviersonate gewesen, sondern ein Popsong mit dem Titel »Surfin'«.

»Ich habe nichts gegen den Song«, sagte Mr. Morgan. »Er ist wirklich hübsch. Er ist nur nicht das, was gefragt war.«

Ich brauchte ein volles Jahr, ehe ich den Mut aufbrachte, Carol um ein Rendezvous zu bitten. Dann kam der Sommer nach dem Schulabschluß, ich war achtzehn und dachte: jetzt oder nie! Als Carol ja sagte, geriet ich sofort in Panik. Was sollte ich tun? Wo sollte ich mit ihr hingehen? Was sollte ich anziehen? Was sollte ich sagen? Mir brannte fast die Sicherung durch.

Schließlich entschied ich mich fürs Kino, und wir sahen uns Jack Lemmon in »Das Appartement« an. Der Film gefiel ihr, doch danach versaute ich alles: Auf dem Heimweg fuhr ich wie ein Irrer, ich gab entweder zuviel Gas oder kuppelte zu hart ein. Eine Kreuzung nahm ich wie ein Drag-Racer, so daß die Reifen quietschten und nichts als Rauchwolken und Bremsstreifen zurückblieben.

Carol war wenig begeistert von meinem Fahrstil. Was wußte ich schon? Ich versuchte so zu sein, wie ich mir einen echten Machotyp vorstellte, so, wie es Carol meiner Vorstellung nach von einem richtigen Mann erwartete. Ich war nicht selbstbewußt genug, um einfach ich selbst zu sein – und aus Unsicherheit macht man die blödesten Sachen. So war es auch mit meinem Abschied vor Carols Haustür. Sie sagte Gute Nacht und wollte hineingehen, aber ich wollte unser Rendezvous nicht so enden lassen.

»Jetzt habe ich dich«, sagte ich mit einem hämischen Kichern.

Carol sah mich komisch an, und ich wußte, daß ich mich wie ein Idiot benahm, wußte es schon, als ich diese Worte ausgesprochen hatte. Ich konnte nichts dafür, ich konnte einfach nicht mit Mädchen umgehen, besonders nicht mit denen, die ich mochte. Ich schubste Carol gegen die Tür und küßte sie auf den Mund. In Gedanken hatte ich diese romantische Szene so oft durchgespielt, daß ich aus allen Wolken fiel, als Carol mich wegstieß.

»Brian!« rief sie wütend. »Was soll das?«

»I . . . ich . . .ich . . .«, stammelte ich.

Aber dann merkte ich, daß es nichts mehr zu sagen gab: Ich hatte alles verpatzt und stand da wie ein begossener Pudel. Ich verstand nicht, warum ich kein Glück bei den Mädchen hatte.

Jahre später – zu spät – wurde mir klar, daß zartere Gefühle meinen Horizont überstiegen. Woher hätte ich sie auch kennen sollen? Bei uns zu Hause gab es schließlich keine Liebe.

Ich ließ Carol auf der Türschwelle stehen, drehte mich auf dem Absatz herum und rannte zu meinem Auto.

»Ich muß gehen«, rief ich. »Danke.«

Nach dem Debakel mit Carol stürzte ich mich um so intensiver in die Musik. Jede freie Minute verbrachte ich am Klavier. Mittlerweile war ich mit meinem Bett aus dem Schlafzimmer ins Musikzimmer umgezogen und schlief nun direkt neben *meinem* Instrument. So konnte ich spielen, bis mir die Augen zufielen, und mich dann direkt ins Bett plumpsen lassen. Das war ein angenehmes Arrangement für diese Phase der Orientierungslosigkeit.

Den Sommer nach dem High-School-Abschluß verbrachte ich mit Gelegenheitsjobs und wartete auf den Beginn meines ersten Semesters am College. Im Herbst belegte ich auf dem El Camino Junior College Geschichte, Spanisch und Psychologie. Ich hatte vor, einige Jahre im El Camino zu bleiben und dann an eine größere Universität in meiner Gegend zu wechseln. In der Zwischenzeit war es mir ganz recht, zu Hause zu wohnen, denn ich war in vieler Hinsicht noch immer kindlich und unreif; die Zukunft schien in weiter Ferne zu liegen, obwohl ich mich erinnere, dem Berufsberater der Schule gesagt zu haben, daß ich mit dem Gedanken spielte, Psychologe zu werden.

»Aus einem bestimmten Grund?« fragte er.

»Menschen verwirren mich«, antwortete ich. »Ich würde sie gerne besser verstehen.«

5

The Pendletones

Mein Vetter Mike Love war groß und blond und strotzte nur so vor Zuversicht und Überheblichkeit. Er verfügte über ein schier unglaubliches Selbstbewußtsein und war alles andere als umgänglich und nett. Einerseits beneidete ich ihn, andererseits schüchterte er mich ein. Denn ich mußte ihn nur ansehen und wußte sofort, daß ich ihm nie das Wasser reichen konnte. Und dann hörte ich immer wieder die Stimme meines Vaters: »Du bist ein Versager«.

Mike, der aussah, als wäre er direkt einem Werbeplakat für Gesundheitskost entstiegen, war das älteste der sechs Kinder meines Onkels Milton und meiner Tante Emily. Onkel Milton hatte sein Vermögen mit einer Walzblech-Fabrik gemacht, die er von seinem Vater geerbt hatte. Die Loves waren die reichsten Leute, die meine Familie kannte; ihr großes, zweistöckiges Haus lag auf einem Hügel über View Park, einem prosperierenden Vorort von Los Angeles.

Zur traditionellen Weihnachtsfeier versammelte sich unsere gesamte Familie Jahr für Jahr im Haus der Loves; meine Tante stellte zu diesem Anlaß einen Chor zusammen, der in der Nachbarschaft Weihnachtslieder sang. Mike und ich, die ältesten Vettern, waren immer unter den Sternsingern, wenn auch aus verschiedenen Gründen: Ich sang gerne, Mike wollte die Gruppe anführen und sich wichtig machen. Und so sorgte er dann auch dafür, daß seine Stimme den Chor übertönte.

Mit seiner imposanten Erscheinung und seinem aggressiven Temperament ähnelte Mike seinem Vater. Onkel Milton galt als König jeder Party, er war ein großer Witzeerzähler, der mit seiner dröhnenden Stimme allgemeine Aufmerksamkeit erzwang; wenn er nicht anwesend war, nahm automatisch Mike seine Stelle ein – wie der Vater, so der Sohn.

Weil wir uns beide für Musik interessierten, führten Mike und ich bei jedem Treffen lange, ernsthafte Diskussionen über die Bands, die wir bewunderten, und die Songs, die wir im Radio gehört hatten; oder wir stritten darüber, welche Radiosender die besten waren. Im Grunde handelte es sich um typische Teenagerdebatten, doch Mike war immer wesentlich erpichter darauf, mir seine Meinung aufzuzwingen, als umgekehrt. Es machte ihm nicht einfach nur Spaß, seinen Kopf durchzusetzen, sondern seine Blicke gaben dabei deutlich zu verstehen, daß es besser war, ihm nicht zu heftig zu widersprechen.

Seit meinem letzten High-School-Jahr hatten wir regelmäßig zusammen gesungen. Ich war sechzehn und Mike fast achtzehn, als ich mich mit ihm, seiner ältesten Schwester Maureen und deren Freund John Stewart zusammentat, um ihnen einen mehrstimmigen Gesang im Stil der Four Freshmen beizubringen. Wir studierten »Bermuda Shorts« ein, einen populären Song. Mike gefielen der Song und unser Vokalsound. Auf seinen Vorschlag hin gaben wir ein kleines Konzert für unsere Familien, ehe wir zum Weihnachtssingen aufbrachen; wir ernteten tosenden Applaus.

»Mann, das war ein Spaß«, sagte er hinterher. »Das müssen wir wieder machen, Brian.«

Es verging allerdings fast ein Jahr, ehe wir Zeit für einen zweiten Versuch fanden. Einer von uns hatte die Idee, bei einer Studentenversammlung an der Hawthorne High-School aufzutreten. Gemeinsam mit zwei Freunden von mir probten Mike und ich wochenlang »Hully Gully«, einen Song der Olympics. Wir hatten uns alle den gleichen Haarschnitt zugelegt und trugen Hemden und Jeans, die zueinander paßten. Unser Auftritt war ein voller Erfolg, der uns allen zu Kopf stieg – Mike jedoch am stärksten. Wie ich sonnte er sich genießerisch in der allgemeinen Anerkennung, aber aus ganz anderen Gründen. Mike hatte sein ganzes Leben lang alles bekommen, was er wollte, er war der Mittelpunkt seiner Familie und verwöhnt bis auf die Knochen. Trotzdem war ihm nach seinem Abgang von der Dorset High School so ziemlich alles danebengegangen. Tagsüber arbeitete er im Walzwerk seines Vaters, nachts jobbte er an einer Standard-Oil-Tankstelle; er brauchte dringend Geld, weil seine High-School-Freundin schwanger geworden war. Die tollen Liebesabenteuer, mit denen er vor Dennis und mir nie genug angeben konnte, waren plötzlich zu einem Alptraum für ihn geworden. Dennis amüsierte sich blendend auf Mikes Kosten, aber ich fand die Situation meines Vetters nicht im geringsten komisch.

Die Lösung, die sich Mike für dieses Problem ausdachte, war typisch für ihn: Er wollte seine Freundin zu einer Abtreibung in Tijuana zwingen – ein Witz, wenn man bedenkt, welch strammer Republikaner Mike Love heute ist. Seine Mutter redete ihm diesen Plan allerdings aus. Statt dessen heiratete er und wurde kurz nach der Trauung Vater eines Mädchens, Melinda.

Irgendwie gelang es Mike, ungeachtet all seiner Schwierigkeiten bei Laune zu bleiben. Jedesmal, wenn wir uns unterhielten, hatte er neue Pläne für unsere musikalische Zukunft parat. Eines Abends hielt ich auf einer Spazierfahrt an seiner Tankstelle. Wir redeten über dies und das, während er meinen Ford volltankte, die Scheiben putzte und den Ölstand prüfte. Als er die Motorhaube schließen wollte, schaute er seitwärts dahinter vor und grinste mich voller Tatendrang an.

»Hey Bri, vielleicht sollten wir uns bald mal wieder treffen« – er knallte mit einem lauten Scheppern die Motorhaube zu – »und ein bißchen Krach machen.«

»Unbedingt«, sagte ich.

Al Jardine war auf der High School in einer Klasse mit mir gewesen. Wir hatten zusammen im Football-Team gespielt und waren beide Musikfanatiker. Al hatte bei den Islanders, einer Folkband, die sich kürzlich aufgelöst hatte, gesungen und Gitarre gespielt. Unser Musikgeschmack war auch sonst recht unterschiedlich. Aber ich hatte Al gegenüber ein schlechtes Gewissen. Denn er war Fullback jenes Football-Teams gewesen, in dem ich Quarterback gewesen war. Während eines Spiels hatte ich einen Pitchout angesagt, einen neunundvierziger Flip nach links, aber nachdem ich den Ball vom Centerfield übernommen hatte, warf ich mich statt dessen nach rechts. Al stand plötzlich ungedeckt da und wartete auf den Ball; der Verteidiger rannte ihn um und brach ihm das Bein. Ich sehe ihn heute noch vor Schmerzen schreiend auf dem Spielfeld liegen und habe diesen Anblick nie verdrängen können, so oft ich mich inzwischen auch dafür entschuldigt habe.

Als wir uns zufällig auf dem Campus des El Camino College über den Weg liefen – wir kamen beide vom Sportplatz –, fing ich sofort wieder damit an: »Was da mit deinem Bein passiert ist, tut mir echt leid.«

»Brian, ich hab's dir schon tausend Mal gesagt«, erwiderte Al lachend, »vergiß es!«

Obwohl ich Al nur flüchtig kannte, bewunderte ich sein offenes Wesen. Wie sich später herausstellte, hielt er mich für einen umgänglichen, selbstbewußten Intellektuellen und Musensohn, der clever und begabt war und aus einer Bilderbuchfamilie stammte. Wie alle anderen ahnte auch er nichts von den Ängsten, die mich seit meiner Kindheit quälten; er konnte sich absolut nicht vorstellen, welch unendliche Mühe es mich kostete, die Fassade, die er sah, aufrechtzuerhalten. Für ihn war ich ein guter Sportler und ein toller Pianist, das genügte.

Als wir damals am Rand des Footballfelds herumstanden, waren Al und ich zwar schon gesetzte Collegestudenten, aber unser Gespräch drehte sich wie früher um dieselben alten Schulhofthemen – Sport, Autos, Mädchen . . . und natürlich mein Spezialgebiet: Musik. Al schlug vor, wir sollten doch zusammen Musik machen.

»Okay«, erwiderte ich. »Wann?«

»Wie wär's mit sofort?«

Wir überfielen die Krankenstation, die gleichzeitig als Garderobe des Football-Teams diente, und rekrutierten ein paar Kumpel für eine krude Gesangsnummer. Neben Als Freund Gary Winfrey – ein kräftiger Typ, der Fullback war – komplettierte einer der Footballspieler mit Baßstimme unser Quartett.

Wild entschlossen, irgend etwas auf die Beine zu stellen, versuchte ich, unsere verschiedenen Stimmen an Ort und Stelle in einen einigermaßen harmonischen Zusammenhang zu bringen. Aber der Bassist sang zu tief, und der Fullback, der sich gerade beim nachmittäglichen Training das Knie ausgerenkt hatte, lag flach auf dem Rücken im Bett, was ihm das Singen ziemlich erschwerte. Schließlich schmiß uns die Krankenschwester raus, wobei nicht ganz klar war, ob sie den Raum brauchte oder nur unser Singen nicht mehr ertragen konnte. Wir ließen uns jedoch nicht entmutigen und zogen in einen leeren Musiksaal um, aus dem wir bald von einem Professor vertrieben wurden, der seinen Unterricht abhalten wollte. Kein Zweifel, wir brauchten dringend Übungsräume, in denen wir ungestörter proben konnten.

»Hey, Al«, sagte ich, »warum kommst du nicht zu mir, dann können mein Vetter Mike und mein Bruder Carl mitmachen.«

»Können die singen?«

»Ja. Mike hat eine wirklich gute Baß-Stimme, und Carl spielt Gitarre und singt auch toll.«

Al machte ein verdutztes Gesicht: Mike kannte er nicht, und Carl war gerade zwölf gewesen, als Al ihn das letzte Mal hatte Gitarre spielen sehen. Damals war mein kleiner Bruder bei einer High-School-Feier für einen meiner Freunde eingesprungen, der an Epilepsie litt.

»Bist du sicher, daß Carl gut spielt? Ich meine, der kann ja kaum über den Tisch gucken, oder?«

»Keine Sorge«, beruhigte ich ihn. »Komm einfach vorbei.«

Ich glaubte bereits fest an meine Musik und wollte es wissen. Fast jedes Wochenende war ich bei Mike zu Hause und übte mit ihm und seiner Schwester; ich spielte Klavier und übernahm zusätzlich den Hintergrundgesang, Mike und Maureen sangen Lead. Während unserer enthusiastischen, tagelangen Sessions schmetterten wir sämtliche Hits des Sommers, unter anderem Ricky Nelsons »Travelling Man«, »Mama Said« von den Shirelles und »Quarter to Three« von Gary U. S. Bonds.

Als Al zu uns stieß, war dies einer jener glücklichen Zufälle, deren Ergebnis eine verbesserte Rezeptur ist. Maureen stieg aus, und Mike kam von diesem Tag an zu mir nach Hause. Al und Carl spielten gut zusammen, und so kamen wir zu einem Rhythmus- und einem Leadgitarristen. Aber die eigentliche Magie unserer Musik lag in der Kombination unserer Stimmen: Der vierstimmige Gesang klang vom ersten Moment an voll und wunderschön. Sogar Dennis, der sich von Zeit zu Zeit bei den Proben sehen ließ, ohne selbst mitzumachen, war immerhin beeindruckt genug, sich zu einem Kommentar herabzulassen: »Klingt ganz anständig. Echt gut«, meinte er.

Keinem von uns war damals bewußt, daß wir bei diesen Proben in meinem Schlafzimmer die Beach Boys gegründet hatten. Dasselbe Line-Up sollte eine Institution werden, die die Beatles, The Mamas and the Papas, Three Dog Night und alle anderen erfolgreichen Sixties-Gruppen überlebte. Mit Ausnahme von Dennis sollten wir wie die Rolling Stones zusammen alt werden.

Diese Jams fanden in einer Atmosphäre statt, in der alles möglich war.

Jeder von uns gab der Gruppe andere Impulse: Carl hielt uns über die neuesten musikalischen Entwicklungen auf dem laufenden; Al brachte uns sein Repertoire an Folksongs bei; und Dennis brachte einfach nur durch seine Anwesenheit den Funken zum Überspringen, obwohl er selbst kein Instrument spielte. Aber das Wichtigste spielte sich zwischen Mike und mir ab: Seine Großspurigkeit war der perfekte Hintergrund für meine Zurückhaltung.

Mein Vetter war es auch, der mich ständig dazu drängte, eigene Songs zu schreiben. »Komm schon, Brian«, sagte er ständig, »so gute Songs wie die im Radio können wir auch schreiben.«

»Meinst du?«

»Brian, das Zeug, das du spielst, wenn du nur so rumdaddelst, ist besser als zwei Drittel von allem, was im Radio läuft.«

Das war der Ansporn, den ich brauchte, der letzte Motivationsschub zum Loslegen: Man mußte nur an mich glauben! Dafür werde ich Mike ewig dankbar sein. Mein größter Wunsch war es, Wirbel zu machen und irgendwie positiv aufzufallen. Musik zu machen war deshalb für mich ebensosehr ein Mittel, mein gebeuteltes Selbstbewußtsein zu pflegen, wie es mir die Möglichkeit bot, meinem Alltag zu entfliehen.

Zwei Eigenschaften sind für das Songschreiben unerläßlich: Beharrlichkeit und Zuversicht. Einen Hit schreiben zu wollen ist, als würde man dem Regenbogen nachlaufen.

Meine Methode, Songs zu schreiben, hat sich seit diesen frühen Tagen wenig geändert. Ich fange damit an, auf der Suche nach scharfen Rhythmen ein paar Akkorde runterzuhämmern; meistens spiele ich mich mit einigen Boogie-Woogie-Läufen warm. Ich spiele solange, bis jedes Zeit- und Raumgefühl in der Musik verschwimmt, bis ich mich verliere und die linke, die »rationale« Gehirnhälfte erlahmt. Aus diesen monotonen, hypnotischen Rhythmen entstehen dann zunächst einzelne Töne, bis plötzlich flüchtige Melodiefetzchen in der dünnen Luft zu schwirren scheinen. Wenn ich Glück habe, gelingt es mir, sie einzufangen.

Mike gab unserer noch nicht ganz flüggen Band ihren ersten Namen: »The Pendletones« – eine Anspielung auf die Pendleton-Hemden, eine Art karierter Holzfällerhemden, die damals der letzte Schrei waren. Und Al ebnete uns den Weg ins Aufnahmestudio. Eines Tages, kurz nachdem wir mit dem gemeinsamen Singen angefangen hatten, kamen er und sein Freund Gary Winfrey bei mir vorbei und wollten fragen, ob ich Lust hätte, ihnen bei einem Folksong zu helfen, den sie aufnehmen wollten: »Sloop John B.«

Ich war zwar nicht zu Hause, aber Al und Gary sprachen mit meinem Vater darüber, daß sie einen Verleger suchten, der an ihren Songs interessiert sein könnte. Ein paar Tage später rief mein Dad bei Al zu Hause an und sprach mit dessen Mom. Er wollte sich vergewissern, ob die Jungs es wirklich ernst meinten. Dad war ein Veteran des Musikbusiness, und wenn irgend etwas anstand, wobei ich mitmachte, wollte er seine Finger drin haben.

Anfang September 1961 verschwand Gary Winfrey von der Bildfläche, und mein Dad arrangierte für die Pendletones ein Treffen mit Hite und Dorinda Morgan, zwei alten Bekannten meiner Eltern, die vom Stereo Masters Office in Hollywood aus diverse Kleinlabel betrieben. Die Morgans hatten seinerzeit auch Dads »Two Step Side Step« veröffentlicht.

»Die Jungs sollen Background singen«, sagte Dad zu mir. »Al alleine geht mit dem Song baden.«

An einem wolkigen Nachmittag kamen wir fünf im Büro der Morgans auf der Melrose Avenue an. Eigentlich hätten wir nervös sein müssen, denn schließlich war das heute unsere große Chance; aber wir waren viel zu jung, um uns darüber den Kopf zu zerbrechen. Als wir im Gänsemarsch ins Büro spazierten – gesittete, sauber gewaschene und gekämmte Knaben, die ihre Instrumente trugen wie ein Trupp Pfadfinder ihre Rucksäcke –, hatte ich das untrügliche Gefühl einer Heimkehr. Ich *wußte*, daß die Musik meine Bestimmung war.

»Ich bin Hite Morgan«, stellte sich der ältere Mann vor und gab uns die Hand.

»Hallo«, erwiderte ich und wandte mich dann an seine Frau. »Mrs. Morgan, ich wette, Sie erinnern sich nicht mehr an mich. Ich bin der Sohn von Murry Wilson. Wir haben uns vor ein paar Jahren kennengelernt, als mein Dad mich zum Vorspielen mitgenommen hat.«

Die Morgans waren etwa im Alter meiner Eltern. Hite saß auf der Schreibtischkante und wirkte abgespannt und unkonzentriert; seine Frau sortierte irgendwelche Papiere. Wir sprachen kurz über das eine Mal, das ich sie mit meinem Vater zu Hause besucht hatte. Ich war damals Leadsänger einer Gruppe gewesen, die sich bei Art Laboes Plattenlabel Original Sound beworben hatte. Die Morgans erinnerten mich daran, daß Laboe damals befunden hatte, ich sei mit zehn Jahren zu jung, um schon Leadsänger einer Band zu sein; mit dieser Begründung hatte er uns nach Hause geschickt.

»Dann laßt mal ein paar von euren Songs hören«, sagte Hite, um einen enthusiastischen Tonfall bemüht; aber ich spürte deutlich, daß er in Gedanken schon Feierabend gemacht hatte.

Hite und Dorinda Morgan betrieben einen kleinen Familien-Musikverlag. Ihr winziges, chaotisches Büro beherbergte zwei Labels, Deck Records und X Records. Der Fußboden war übersät mit Papieren und Plattenkartons, so daß wir auf jenem freien Flecken spielen mußten, der gleichzeitig als Aufnahmestudio diente.

Hite sprach gewöhnlich langsam und monoton, es sei denn, er bekam etwas zu hören, das ihn aufhorchen ließ. Unglücklicherweise entlockte unsere brave Interpretation des Folk-Traditionals ihm keine heftigen Reaktionen; er verzog keine Miene. Dorinda rang sich immerhin ein freundliches Lächeln ab.

»Tja, habt ihr Jungs noch andere Songs?« erkundigte sich Hite schließlich diplomatisch.

»Waren wir nicht gut genug?« fragte ich.

»Nein, nein, ganz und gar nicht. Ihr habt eure Sache wirklich gut gemacht, und ihr habt ehrlich ansprechende Stimmen. Aber heutzutage braucht man Originalmaterial. Man braucht einen Aufhänger. Im Musikgeschäft geht es nur darum, Produkte an den Mann zu bringen.«

Daraufhin entstand ein Moment peinlichen Schweigens, in dem wir betreten auf unsere Schuhspitzen starrten. Die Morgans hatten meinem Dad seinen Gefallen getan, jetzt waren wir dran. Das war allerdings nicht eingeplant gewesen, wir hatten nicht im Traum daran gedacht, daß sie uns nach eigenen Songs fragen könnten.

Zu unserer aller Verblüffung schaltete sich jetzt mein Bruder Dennis ein. »Doch, wir haben ein Original«, sagte er. »Es heißt ›Surfin‹.«

An Frechheit hatte es Dennis noch nie gefehlt, und dieser Vorstoß war ein weiterer Beweis dafür. Ich hatte zwar an diesem Song gearbeitet, war aber noch nicht sonderlich weit damit gediehen.

»›Surfin‹?« fragte Dorinda neugierig nach.

Dennis war der einzige von uns, der wirklich surfen konnte. Ich haßte den Ozean, dessen düstere Weite und Urgewalt mich ängstigten. Mein Bruder erklärte den Morgans, Surfen sei »das neue Ding« bei den Kids. Dann brachte er ein paar Geschichten über seine eigenen Surf-Erlebnisse: übers Wachsen der Surfbretter, über die Mädchen – besonders über die Mädchen –, die in Scharen rauskamen, um den Jungs beim Surfen zuzusehen, und er erwähnte den Surfgitarristen Dick Dale.

Seine Begeisterung sprang auf die Morgans über, Hite wollte den Song unbedingt hören. An diesem Punkt schaltete ich mich ein.

»Na ja, er ist noch nicht fertig«, sagte ich. »Wir haben den Song, und er ist ein Original. Aber er ist noch nicht fertig.«

Das schien Hite nicht weiter zu stören. Ich nehme an, unsere kindliche Begeisterung amüsierte ihn. Was sollte er von fünf Teenagern auch schon erwarten? Natürlich hatten wir einen Song, jeder hatte einen Song . . . Trotzdem sagte er, wir sollten jederzeit anrufen, sobald der Song fertig sei, und ich entgegnete, daß wir das auf jeden Fall tun würden. Mir schwirrte schon der Kopf; wie ein Scharfschütze, der sein Ziel anvisiert, hatte ich von dieser Minute an nur noch meinen Song vor Augen. Hite hatte ein Angebot gemacht, und ich nahm diese Herausforderung bereitwillig an.

Es gibt für jeden Menschen einen Punkt, an dem sich sein weiterer Lebensweg entscheidet, einen Punkt, an dem man die Weichen stellt für eine Laufbahn als Arzt, Künstler, Buchhalter, Profisportler oder Reporter. Vielleicht verschweigt man allen gegenüber, daß man sich entschieden hat, aber tief in seinem Inneren ist man sich seiner Sache völlig sicher. Als ich das Büro der Morgans verlassen hatte und später am Abend an meinem Klavier saß, war für mich klar, daß ich Hite Morgans Herausforderung annehmen und Songs schreiben würde. Ich wußte, daß ich es konnte;

diese einmalige Begabung war mir angeboren. Jetzt war die Zeit gekommen, sie auch zu nutzen.

»Ihr solltet einen Song übers Surfen machen«, sagte Dennis. »Das wird eine Riesensache.«

Es war Nachmittag, und mein Bruder war gerade vom Strand zurückgekommen; sein Surfbrett lehnte vorne an der Hausfassade. Mike und ich waren im Musikzimmer, wo wir versucht hatten, einen irgendwie kommerziell klingenden Song zu schreiben. Wir arbeiteten schon seit mehreren Stunden, aber nichts wollte so richtig gelingen. Dann hatte Dennis uns von *der* neuesten Masche erzählt, dem Surfen, und wir erkannten sofort die ungeahnten Möglichkeiten, die Songs über einen Modefimmel eröffneten.

Ich fing an, auf dem Klavier herumzudaddeln und »Surfin', surfin', surfin'« vor mich hin zu singen. Es klang irgendwie bescheuert, doch plötzlich gab Mike sein »ba-ba-dippity-dippity-ba-ba« dazu. Er spielte eigentlich nur so herum, versuchte, dem gleichen Baßsound, den er schon tausendmal gesungen hatte, neue Aspekte abzugewinnen. Aus irgendeinem mir unerfindlichen Grund begleitete ich seinen Gesang diesmal mit ein paar Akkorden, und dann griff er meinen »Surfin', surfin' . . .«-Singsang auf.

»Mach das noch mal«, sagte ich.

Zwanzig Sekunden später hatte ich einen Einstieg für den Song, der die erste Hit-Single der Beach Boys werden sollte. Ein paar Stunden später stand der Song; ich nannte ihn »Surfin'«. Es stand mir zwar noch einiges an Arbeit bevor, aber der Zeitpunkt hätte nicht günstiger sein können. Meine Eltern wollten mit einem von Dads Geschäftspartnern aus Europa für drei Tage nach Mexico City, das Haus gehörte also uns! Der Kühlschrank war voll, und Dad steckte mir noch 150 Dollar extra zu, damit wir nicht verhungerten.

»Brian, du hast jetzt die Verantwortung«, sagte er.

Ich rief die Jungs an, das Übungsstudio war eröffnet. Mit weiteren 300 Dollar, die Al sich von seiner Mutter gepumpt hatte, liehen wir uns einen Stand-Up-Baß, ein Schlagzeug, eine E-Gitarre, Verstärker und einige Mikrofone. Damit waren wir gerüstet für drei inspirierte, buchstäblich schlaflose Tage und Nächte, in denen wir »Surfin'« probten. Am Samstag gaben wir sogar eine Party – unseren ersten Gig.

Bis Sonntagabend war ich völlig hin und weg von »Surfin'«, das Stück hatte einen guten Groove und klang in meinen Ohren irre kommerziell. Ich konnte es gar nicht erwarten, meinen Song endlich den Morgans vorspielen zu dürfen.

Meinem Dad traten die Augen aus dem Kopf, als er nach Hause kam und die Instrumente und Verlängerungskabel sah, die im Musikzimmer herumflogen. Sein Gesicht wurde knallrot vor Zorn, er trat nach einem Kabel, schmiß den Stand-Up-Baß um und tobte wegen der allgemeinen Unordnung. Dann kam er drohend auf mich zu.

»Was zum Teufel ist hier los?« brüllte er.

»Wir haben uns ein paar Instrumente ausgeliehen«, sagte ich.

Im nächsten Moment schleuderte er mich gegen die Wand wie einen Sack Kartoffeln. Mein Körper prallte mit einem dumpfen, klatschenden Ton gegen die Wand, und dann war nichts als ein lautes Schnaufen zu hören; meine Lungen schnappten unwillkürlich nach Luft. Vor den anderen so zur Schnecke gemacht und herumgeschubst zu werden, war demütigend für mich und für meinen Vater ein Fest. Ich kam mir vor wie ein Schlappschwanz.

»Was zum Teufel hast du dir dabei gedacht, meine Anweisungen zu mißachten?«

»Es tut mir leid.« Ich hielt den Kopf gesenkt und die Augen auf den Boden gerichtet. »Es war meine Idee. Es tut mir leid.«

»Es tut ihm leid . . . Scheiße!«

»Ich wollte nur den Sound abrunden und mal hören, wie mein Song sich mit Instrumenten anhört.«

Er stapfte gereizt davon, grummelte immer noch wüste Drohungen vor sich hin und setzte seine Tirade im Nebenzimmer fort. Meine Mutter nahm wie immer die Rolle der stummen Zuschauerin ein, ohne für die eine oder die andere Seite Partei zu ergreifen. Als mein Dad sich später einigermaßen abgeregt hatte, wagte Dennis den Vorschlag, ihm unseren Song vorzuspielen; er stimmte gnädig zu.

»Ich weiß nicht«, sagte er nachher. »Profiqualität ist das nicht, aber es klingt nicht schlecht.«

Einige Tage später sahen wir die Morgans wieder. Mein Magen krampfte sich zusammen, als müßten wir ohne jegliche Probe vor etlichen Tausend Leuten auftreten müssen. Ich hatte stundenlang mit den Jungs den Harmoniegesang einstudiert und hoffte inständig, daß der Song den Morgans gefallen würde. Für mich war dieser Termin mehr als ein Vorspielen – es ging um meine Selbstachtung.

Mitten während des Songs bemerkte ich, daß Hite lächelte und mit dem Fuß tapste. Sein stoischer Gesichtsausdruck war verschwunden, seine Augen glänzten begeistert. Als wir zu Ende gespielt hatten, sprang er sofort auf die Füße und zappelte herum wie ein Fisch auf dem Trockenen.

»Das ist ein Knaller!« schrie er. »Das ist ein Knaller!«

Ich konnte es nicht glauben. »Wow!« und »Wirklich?« waren die einzigen Worte, die ich rausbrachte.

»Ich bespreche mit eurem Dad alles weitere. Glückwunsch, Jungs. Geht nach Hause und probt.«

6

Goin' Surfin'

Seine großen Augen verrieten ihn: Mein Vater war überwältigt von dieser tollen Neuigkeit. Doch er fing sich schnell und fiel wieder in die Rolle des ausgebufften Profis zurück; er kaute auf seiner Pfeife herum, polierte seine Brillengläser und tat so, als wäre er völlig unbeeindruckt. Dann erinnerte er uns daran, daß er vor Jahren in der gleichen Lage gewesen sei, allerdings vergaß er zu erwähnen, daß er nie seine eigenen Stücke vorgetragen hatte – und keiner von uns wagte es, ihn daran zu erinnern. Trotzdem beherzigten wir seine Warnungen und versprachen, es vorsichtig angehen zu lassen.

Als Mann von Erfahrung nahm Dad die Zügel in die Hand und verkündete, er wolle selbst mit Hite sprechen.

»Wenn es um Verträge geht, überlaßt mir das Reden«, sagte er. »Sonst ziehen sie euch das Fell über die Ohren.«

Unsere erste Session fand am 3. Oktober 1961 im Büro der Morgans statt. Die beiden wollten testen, wie wir uns auf Band anhörten. Hite erklärte uns sein »Wohnzimmerstudio«, das eigentlich nur aus einem Ampex-22-Recorder bestand; ich beobachtete, wie er die Bandschachtel mit der Aufschrift »Pendletones, Surfing-Song« versah.

Mit Carl an der Gitarre nahmen wir zunächst »Surfin'« auf und danach »Luau« von Bruce, dem Sohn der Morgans, sowie »Lavender«, einen hübschen Song, den Dorinda geschrieben hatte. Die Aufnahme von »Lavender« war bis Anfang 1991 verschollen, ehe Sammler, die nach alten Beach-Boys-Schätzen suchten, das Band in einer ungeöffneten Schachtel in Bruces Schrank fanden. Dieses Tondokument ist deshalb bemerkenswert, weil es belegt, daß unser mehrstimmiger Gesang, der das Markenzeichen der Beach Boys wurde, bereits damals entwickelt war. (*»Lavender« erschien 1991 mit diversen anderen raren Tracks und Outtakes auf der LP The Beach Boys – Lost & Found auf Sundazed Records. A. d. Ü.)*

Beim Experimentieren mit den anderen war mir die Idee gekommen, einen dreistimmigen Harmoniegesang mit einem Leadsänger und einem groovenden, von Chuck Berry inspirierten Rhythmus kontrastieren zu lassen. Jetzt zeigte sich, daß ich damit richtig gelegen hatte.

Aber das machte es nicht leichter, die Songs auf Band zu bekommen. Ein paar Tage vor unserer Aufnahmesession wurde mir klar, daß Dennis für

Plattenaufnahmen nicht gut genug Schlagzeug spielte und noch mindestens sechs Monate lang üben mußte. Unser Dad war derselben Meinung, und so engagierte ich den Drummer einer örtlichen Country & Western-Band. Dennis erfuhr im Büro der Morgans davon und ging verständlicherweise in die Luft. Ich fürchtete schon, er würde mich zusammenschlagen.

Nun stellte sich jedoch heraus, daß die Morgans der Auffassung waren, mein Country & Western-Schlagzeuger habe nicht das richtige Feeling für Rock and Roll; noch ehe wir mit den Aufnahmen begonnen hatten, schickten sie ihn wieder nach Hause. Dennis bekam Oberwasser.

»Warum kann ich nicht spielen?« protestierte er. »Warum?«

»Weil du an deinem Scheiß-Schlagzeug nicht gut genug bist, darum«, antwortete mein Dad. »Da hast du deinen Grund.«

»Aber das ist nicht fair. Al hat noch nie Stand-Up-Baß gespielt. Und Brian hat auch noch nie Schlagzeug gespielt.«

Damit hatte er wohl recht, der einzige von uns, der ein Instrument ordentlich spielen konnte, war tatsächlich Carl.

»Das ist egal«, sagte mein Dad ohne Rücksicht auf Dennis' Gefühle. »Wir machen hier eine professionelle Platte, und dafür bist du nicht gut genug.«

Gekränkt von dieser Abfuhr, trat Dennis nach einem Gitarrenkoffer, knallte die Faust gegen die Wand und stürmte aus dem Zimmer. Jetzt entstand eine lange, bedrückende Pause, bis sich die Atmosphäre endlich wieder reinigte. Wir gruppierten uns um das Mikrofon und bereiteten uns darauf vor, live zu singen und zu spielen. Dad machte es sich auf dem Stuhl neben Hite bequem, rauchte Pfeife und gab uns seine Instruktion – die einzige überhaupt: »Versucht, in der richtigen Tonart zu spielen und zu singen, Jungs.«

Wir verbrachten den ganzen Tag bei den Morgans und waren nach zwölf Takes von »Surfin'« sowie zehn von »Luau« völlig mit den Nerven runter. Letztlich war das meine Schuld, denn ich wollte, daß die Songs perfekt klangen. Als Hite uns schließlich »Surfin'« vorspielte – die endgültige Version, die er mit »X-301« markiert hatte –, grinsten wir übers ganze Gesicht. Man konnte genau hören, daß ich auf einem Mülleimer Schlagzeug gespielt hatte, und außerdem war im Hintergrund der Straßenlärm zu vernehmen. Selbst Dennis, der ins Studio zurückgekommen war, konnte sich ein Lächeln nicht verkneifen.

Hite sagte, er wolle von unserem Demo eine Platte pressen lassen, um sie bei den lokalen Radiosendern anzutesten. Ich war damals noch viel zu naiv, um mir über die Unterschiede zwischen einem Demo und einem Masterband Gedanken zu machen, und selbst meinem Vater war diese Erklärung zu hoch. Wir waren überwältigt von dem Erlebnis, in einem Studio zu stehen und jemanden sagen zu hören, er wolle unseren Song ins Radio bringen; alles weitere konnte nur noch ein schöner Traum werden.

Dann kamen die Platten. Sie wurden in mehreren Kartons zu uns nach Hause geliefert. Nachdem wir uns alle versammelt hatten, packten wir sie so vorsichtig aus, als könnten sie uns unter den Händen zerfallen. Denn schließlich waren auf diesen Platten *unsere Musik, unsere Stimmen* . . . Die Sache hatte nur einen Haken: Auf dem Label stand »Surfin'« von den »Beach Boys«, aber wir waren doch die Pendletones!

»Das ist nicht unser Bandname«, sagte der fünfzehnjährige Carl.

»Was soll der Scheiß?« fragte Mike.

Dad rief die Morgans an. Die Erklärung war einfach: Nach der Session hatten Hite und Dorinda einen Vertriebs-Deal mit Candix Records gemacht, einem kleinen Independent-Label, auf dem »Surfin'« veröffentlicht werden sollte. Bis die Platte am 8. Dezember 1961 schließlich erschien, hatte Russ Regan, ein junger Promomann, uns in eine Kiste mit Jan and Dean und anderen neuen kalifornischen Surf-Bands gepackt und in »Beach Boys« umgetauft. Nur schade, daß wir davon erst erfuhren, als wir das Label in den Händen hielten.

»Na, dann tauft ihr sie eben wieder zurück!« bellte mein Dad ins Telefon. »Ändert den Namen wieder in Pendletones! So nennen die Jungs sich schließlich!«

»Nichts zu machen«, lautete die Antwort. Die Platten waren bereits gepreßt, die Labels gedruckt, und der ganze Krempel war ausgeliefert. Schließlich handelte es sich um keinen Millionendeal, sondern um eine Low-Budget-Produktion. Neue Labels drucken zu lassen, sei viel zu kostspielig, wurde meinem Dad beschieden.

Wir konnte nichts anderes tun, als diesen Sachverhalt mit einem Achselzucken hinzunehmen; und das fiel uns nicht sonderlich schwer, wir hatten eine Platte herausgebracht, das allein zählte! Was war da schon ein blöder Name?

Schon wenige Tage nach der Veröffentlichung wurde »Surfin'« auf KFWB und KDAY, zwei der einflußreichsten Radiosender von Los Angeles, gespielt. Ich lag abends im Bett und hörte Radio, nachdem ich stundenlang Klavier gespielt hatte und alle unsere Songs noch einmal durchgegangen war. Langsam wurde ich schläfrig, doch dann lief plötzlich »Surfin'« im Radio. Der Sound durchfuhr mich wie ein Adrenalinstoß, ich stand senkrecht im Bett.

»Hey, hey alle!« schrie ich laut durchs Haus. »›Surfin'‹ ist im Radio! ›Surfin'‹ ist im Radio!«

Die ganze Familie – Mom, Dad, Carl und Dennis – stürzte ins Zimmer; alle drängten sich ums Radio und lauschten dämlich grinsend unserem Song. Alle, außer meinem Vater. Er legte den Kopf zur Seite und hörte mit zusammengepreßten Lippen zu, während wir anderen völlig durchdrehten. Mom tanzte durchs Zimmer, Carl rannte schnurstracks in die Küche und stopfte sich mit beiden Händen irgendwas zu essen in den Mund, um es kurz darauf wieder auszukotzen; Dennis und ich fanden die ganze Sache einfach nur cool.

»Das war ›Surfin'‹ von den Beach Boys«, rief der DJ, »der Anspieltip der Woche!«

Doch unser Dad war wenig beeindruckt. »Ist nicht gut genug«, sagte er zu mir.

»Was?« Ich schüttelte mich. »Dad, der Song ist im Radio. ›Surfin'‹ läuft im Radio.«

»Die Nummer ist schwach, Brian. Man hört Als Baß nicht. Man hört weder deinen noch Carls Backgroundgesang. Es ist nicht gut genug.«

Das war typisch, von meinem Dad hatte ich nichts als Gemecker zu erwarten: entweder war mein Songwriting zu lahm, oder ich spielte nicht gut genug; oder mein Gesang war ganz einfach Scheiße und ich ein Versager. Oder ich hatte nicht auf ihn gehört und es nicht so gemacht, wie er das vorgeschlagen hatte. Oder alles zusammen. Dad allein kannte sich aus, er allein wußte Bescheid.

Seit »Surfin'« war mein Dad so stinkeifersüchtig auf alles, was ich erreichte, daß er kein einziges anerkennendes Wort mehr über die Lippen brachte; nichts war ihm mehr gut genug – mit der Folge, daß auch für mich nichts mehr gut genug war. Mein Leben lang habe ich versucht, mich ihm gegenüber zu behaupten, doch vor seiner beißenden Kritik war ich niemals sicher.

Aber Dads Meinung war trotzdem nicht die einzige, die zählte. Weit wichtiger war mir damals, daß Judy Bowles, meine erste richtige Freundin, meine Musik liebte und mich inspirierte. Judy, eine hübsche, fröhliche Blondine mit tiefblauen Augen, verkörperte in jeder Hinsicht das Ideal des kalifornischen Girls, das in späteren Beach-Boys-Songs so oft besungen wurde.

Kennengelernt hatten wir uns über die Little League, als ich einem Freund als Co-Trainer ausgeholfen hatte. Judys kleiner Bruder spielte bei diesem Team im Mittelfeld. Eines Nachmittags war sie mir auf der Tribüne aufgefallen, und als sie das nächste Mal kam, setzte ich mich einfach neben sie. Ein paar Wochen später küßten wir uns zum ersten Mal, und danach waren wir für anderthalb Jahre unzertrennlich. Judys Dynamik war etwas völlig Neues für mich, ihr Ungestüm stand in krassem Gegensatz zu meiner Unbeholfenheit und Schüchternheit; durch sie lernte ich viel über Sex. Aber wie alle Mädchen, mit denen ich je zusammen war, fragte auch sie mich immer wieder: »Brian, warum machst du dich nur dauernd selbst runter? Sei doch ein bißchen selbstbewußter!«

Kein Mensch hat mir je das geben können, was die Musik mir gab. Ende Dezember war »Surfin'« ein Local Hit und unter den Top 40, Tendenz steigend. Mein Song kam an und war auf dem besten Weg, jener große Erfolg zu werden, den sich mein Dad seit jeher für einen seiner eigenen Songs erträumt hatte. Trotz seiner nicht offen eingestandenen Eifersucht witterte mein Vater plötzlich das große Geld und riß die Promotion für die

Band an sich; zunächst rief er jeden Radiosender in der Gegend von L. A. und dann im ganzen Staat an. Wir alle versuchten, trotz unseres überraschenden Erfolgs einen kühlen Kopf zu bewahren, aber das war extrem schwer. Als uns beim Richie Valens Memorial Dance in Long Beach unser erster bezahlter Auftritt unter dem Namen Beach Boys angeboten wurde, kannte die Begeisterung schließlich keine Grenzen mehr.

Ike und Tina Turner, die Headliner einer Handvoll Bands, die an diesem Abend mit uns in Long Beach auftraten, waren unmittelbar vor uns auf der Bühne. Wenn ich mich richtig erinnere, fehlte Ike aus irgendeinem mir unbekannten Grund. Doch Tina allein war ein echtes Weltwunder, sie setzte die Bühne in Brand und tanzte, als hätte sie Feuer unter den Füßen. Und sie sang mit einer Stimme, die heiß genug war, um die Zuschauer in der ersten Reihe zu versengen.

Ich hatte R & B-Stücke zwar schon oft im Radio gehört, aber noch nie jemanden wie Tina Turner leibhaftig erlebt. Verschüchtert fragte ich mich, was fünf brave, unerfahrene weiße Jungs wie die Beach Boys aus einer konservativen Vorstadt hier überhaupt verloren hatten – hier, vor einem Publikum schwarzer Kids, die sich selbst vergessen und alle Brücken hinter sich abbrechen wollten. Daß hier kaum weiße Gesichter zu sehen waren, spielte eigentlich keine nennenswerte Rolle; aber wie fanatische Fans von Surfmusik sah dieses Publikum nun wirklich nicht aus. Trotzdem zogen wir unseren gut vorbereiteten Zwanzig-Minuten-Set, der unter anderem aus »Surfin'« und »Bermuda Shorts« bestand, von Anfang bis Ende durch.

Dieser Abend öffnete uns die Augen: Durch eine einzige Show erkannten wir, was im Musikgeschäft angesagt war – R & B, Rock and Roll . . . und Geld. Später gingen wir zum Ticketschalter und holten uns pro Kopf fünfzig Dollar ab. Wir hielten unsere Hände auf und spürten das Gewicht der Scheine – eine Riesensache.

Fast den ganzen Heimweg über konnten wir von nichts anderem sprechen als davon, daß wir tatsächlich Geld für unsere Musik bekommen hatten. Wir hatten uns zusammen mit unseren Instrumenten in meinen Ford geklemmt, doch irgendwann bemerkte Mike, daß es im Wagen weniger beengt war als auf der Hinfahrt. Einige Minuten lang wunderten wir uns über dieses Phänomen, und als wir schließlich die Erklärung fanden, brachte sie einen kleinen Mißton in diese triumphale Nacht: »Dennis' Schlagzeug?« fragte Carl plötzlich. »Wo ist das?«

Dennis zuckte die Achseln. Wir hatten es so eilig gehabt, unser Geld abzuholen, daß er völlig vergessen hatte, sein Schlagzeug zu holen. Zu allem Überfluß war es auch noch gemietet.

»Wir müssen sofort zurück und es holen!« sagte Al. »Wenn wir es nicht zurückbekommen, ist das Geld, das meine Mutter hinterlegt hat, weg. 300 Dollar, mehr, als wir heute verdient haben!«

Also fuhren wir noch einmal zurück und holten das Schlagzeug.

Mitte Januar stieg »Surfin'« auf Platz 118 in die *Billboard*-Charts, die offizielle Meßlatte der Musikindustrie. Das war der nationale Durchbruch und natürlich ein großer Moment für uns. Von einem Tag auf den anderen fühlten wir uns nicht mehr wie fünf unbekannte und unbedeutende Jungs, die in einer gottverlassenen Vorstadt versauerten. Meine Brüder, die erst siebzehn und fünfzehn waren, spielten sich wahnsinnig auf, ganz besonders Dennis. Al bemerkte, er wolle erst einmal Geld sehen, ehe er sich wilden Träumen hingebe. Allein Mike und ich erkannten die ganze Tragweite unseres Erfolges mit »Surfin'«. Bei uns beiden war allerdings der verzweifelte Wunsch, aus unserem bisherigen Leben auszubrechen, auch am stärksten ausgeprägt, wir benötigten dringend Erfolge, die unseren angegriffenen Egos schmeichelten.

Mike sprach sofort davon, seinen Job zu schmeißen. Und ich, fest davon überzeugt, daß »Surfin'« nur das erste Aufflackern meines Talents war, dachte darüber nach, ob ich nicht vom El Camino abgehen sollte, um mich ganz den Beach Boys zu widmen. Dieser Anfangserfolg hatte mir den Mund wäßrig gemacht auf mehr, denn durch ihn hatte ich endlich jenen Rückhalt bekommen, den ich zu Hause entbehren mußte.

Mein Dad sah durch die Beach Boys seine Chance gekommen, ebenfalls ein paar Lorbeeren zu ernten. Es hatte nie eine offizielle Absprache oder Diskussion zwischen uns gegeben, aber in dem Augenblick, als die Morgans den Deal mit Candix abschlossen, riß mein Vater stillschweigend das Management der Gruppe an sich. Niemand von uns widersprach, und eigentlich schien das ja auch eine sinnvolle Entscheidung zu sein. Nach der Veröffentlichung von »Surfin'« hatte Dad dann offizielles Briefpapier für die Beach Boys drucken lassen, auf dem ich als Bandleader und Murry Wilson als Manager angegeben waren.

Unbestritten ist, daß sich Dad in der Anfangszeit tatsächlich um die Karriere der Beach Boys verdient gemacht hat. Er war unermüdlich, vielleicht auch deshalb, weil er nicht weniger als ich Erfolge brauchte, um sein Selbstbewußtsein aufzurichten. Ehrgeizig, schwungvoll und wie besessen, trieb er uns gnadenlos an und holte das Letzte aus uns heraus. Und weil er wußte, daß das, was sich hinter den Kulissen abspielte, genauso wichtig war wie die Musik, arbeitete er selber härter als je zuvor in seinem Leben. Jeden Abend saß er im Schlafanzug auf seinem Bett und rief Radiosender an, um sich bei DJs und Plattenhändlern einzuschleimen. Nachdem »Surfin'« schließlich in die Charts eingestiegen war, drängte er als erster darauf, einen neuen Song nachzuschieben.

»Wenn ihr diesen Schurken bei der Vertriebsfirma keinen neuen Song liefert«, belehrte er uns, »werden sie nie das Geld ausspucken, das sie uns für den ersten schulden.«

Es ist immer vermutet worden, daß meine Freundin Judy Bowles das Vorbild für »Surfer Girl« war; blond und blauäugig, wie sie war, hätte sie auch perfekt ins Bild gepaßt. Doch es hat in Wahrheit nie ein bestimmtes »Surfer Girl« gegeben. Der Song entstand, als ich eines Nachmittags durch Hawthorne fuhr. Plötzlich ging mir die Melodie durch den Kopf – so klar und fast schon so ausgefeilt wie später auf der Platte. Als ich nach Hause kam, mußte ich dem Stück am Klavier nur noch den letzten Schliff geben. Dieses Erlebnis überzeugte mich im übrigen endgültig davon, daß ich die nötige Intuition zum Songwriter hatte. Wenn ich das konnte, eine Melodie einfach so aus dem Stegreif komponieren . . .

Ich brachte den anderen das Arrangement bei. Keiner von ihnen hatte je etwas so Komplexes wie »Surfer Girl« lernen müssen, aber sie waren trotzdem Feuer und Flamme. Wir zögerten allerdings, den Morgans eine Ballade anzubieten. Dad und Hite Morgan hatten vereinbart, daß wir Anfang Februar wieder ins Studio gehen sollten, und wir vermuteten, daß sie einen ähnlich flotten und witzigen Song wie »Surfin'« von uns erwarteten. Doch »Surfer Girl« war unser bis dahin bester Song, also ließen wir es drauf ankommen.

»Oh, das ist ganz in Ordnung«, sagte Hite grinsend, nachdem wir ihm das Stück vorgespielt hatten. »Ein hübscher Song über ein hübsches Surfer Girl. Wenn das kein Hit wird, weiß ich's nicht.«

»Surfin'« war auf Platz 75 geklettert, als wir uns wieder ins Studio wagten, um vier neue Eigenkompositionen aufzunehmen: »Surfer Girl«, »Karate«, »Judy« – ein Lied über Judy Bowles – und »Surfin' Safari«, einen belanglosen Song mit einem einfachen, aber genialen C-F-G-Akkordschema; dieser Einfall war mir eines Tages gekommen, als ich versucht hatte, so auf dem Klavier zu spielen wie Chuck Berry auf der Gitarre. Die Session verlief reibungslos, für die vier Songs brauchten wir drei Stunden.

Als wir so gut wie fertig waren, nahm mein Dad mich beiseite und wollte mich überreden, auch einige seiner Songs aufzunehmen. Wie kommt er nur dazu? dachte ich. Es war beleidigend, ständig drängte er sich in unsere Angelegenheiten, zuerst als Manager und jetzt auch noch als Songwriter. Ich wollte über diesen Vorschlag nicht diskutieren, jedenfalls nicht jetzt, nachdem wir gerade eine lange Session abgeschlossen hatten und alle guter Laune waren. Doch er ließ mir gar keine Wahl, sondern wandte sich einfach von mir ab und brüllte mit zornrotem Gesicht: »Ihr nehmt meine Songs auf, oder mit der Band ist Schluß!«

Die anderen hörten uns streiten, und ich versuchte, Dad zur Vernunft zu bringen, ehe die Situation noch weiter eskalierte. »Dad, du willst doch nicht wirklich die Band platzen lassen, oder? Es läuft doch alles so gut. Es geht gerade richtig los. Warum tust du mir das an?«

»Ich scheiße drauf, ob ihr gerade kommt oder geht«, sagte er. »Meine Songs sind besser als deine. Also nimm sie jetzt auf!«

Damals hatte ich nicht den Mut, ihm eine zu verpassen, obwohl ich dazu wütend genug war. Statt dessen bettelte und flehte ich, erklärte, daß ich keinen Streit wollte und daß ich seine Songs mochte, ja, sie sogar liebte; nur wollte ich eben allein mein eigenes Material aufnehmen. »Versuch doch, mich zu verstehen. Das sind unsere Songs, die wollen wir spielen. Wir haben doch hart genug dafür gearbeitet.«

Ich weiß nicht, womit ich ihn schließlich überzeugte, aber zuletzt ging Dad ohne ein weiteres Wort zurück hinter die Trennscheibe und setzte sich auf seinen Platz neben Hite. Eine ungemütliche Stille senkte sich über das Studio, als wir uns für einen letzten Take wieder an die Instrumente begaben. Dann wandte sich Dad an Hite und sagte: »Die Jungs sind soweit für den nächsten Song.«

7

Surfin' Safari

Mein Dad begutachtete den ersten Tantiemen-Scheck, der sich auf weniger als 1000 Dollar belief.

»Das ist alles? Mehr Geld bekommen wir nicht?« fragte ich.

»Was hab ich dir übers Musikgeschäft gesagt?« antwortete er. »Gauner. Alles Gauner.«

Diese magere Ausbeute war für uns alle eine Riesenenttäuschung. »Surfin'« hatte sich immerhin über 50 000 Mal verkauft, eine für uns unfaßbare Stückzahl; kein Wunder, daß wir mit einem wahren Goldregen gerechnet hatten. Und jetzt nur 1000 Dollar? Nachdem wir das Geld unter uns fünfen aufgeteilt hatten, konnten wir unsere Enttäuschung nicht verbergen. Anscheinend waren wir wirklich über den Tisch gezogen worden, genau wie mein Dad es uns prophezeit hatte.

»Ehe ich die damit durchkommen lasse, fließt Blut«, versprach er.

Dad stellte die Morgans zur Rede, die alles auf Candix Records, unseren Vertrieb, schoben. Das Unternehmen hatte finanzielle Probleme, wie Hite widerstebend einräumte, aber er werde sich nach einer anderen Vertriebsfirma umsehen, fügte er hinzu. Doch Dad war stinksauer und zeigte kein Interesse an einem neuen Deal. Die Schwierigkeiten mit Candix waren für ihn der willkommene Anlaß, mit den Morgans zu brechen und sich nach einem lukrativeren Vertrag für die Beach Boys umzuhören.

»Scheiß auf diese Typen«, sagte er. »Da hole ich selbst mehr raus.«

»Ach ja?« Mike schien skeptisch zu sein, doch ich sagte: »Dann mach' es.«

»Klar, klar«, erwiderte Dad. »Ich buche Studiozeit, produziere ein vernünftiges Demo und besorge euch einen Vertrag mit einem Majorlabel. Jetzt ist Schluß mit diesen Stümpereien.«

Wir probten jeden Nachmittag im Musikzimmer, und da die Musik in der ganzen Nachbarschaft zu hören war, brachte uns das einige Beschwerden ein. Aber etwa um dieselbe Zeit, in der sich mein Dad um ein neues Label für uns bemühte, erregte eine unserer Proben das Interesse eines schlaksigen Typen, dessen Onkel auf der anderen Straßenseite wohnte: Gary Usher, ein wahrer Draufgänger. Eines Tages klopfte er an unsere Haustür und fragte nach mir.

»Ich hab euch im Radio gehört«, sagte er.

»Wirklich? Und?«

»Cool. Wirklich cool. Kann ich mir mal anhören, was ihr gerade macht?«

Während einer Probenpause erzählte Gary mir ein paar Geschichten übers Musikgeschäft. Ich hatte sofort den Wunsch, alles über ihn zu erfahren. Gary war fünf Jahre älter als ich und hatte als Sänger und Gitarrist zwei Singles für ein kleines Label aufgenommen. Obwohl sich seine Verkaufszahlen mit unseren nicht messen konnten, hatte mein neuer Bekannter tausendmal mehr Selbstvertrauen und Erfahrung als ich; das machte ihn zum faszinierendsten Typ, den ich bis dahin kennengelernt hatte.

Gary und ich verbrachten den ganzen Nachmittag und Abend zusammen, tauschten unsere Ideen über Musik und das Leben aus und entdeckten in unseren grundverschiedenen Persönlichkeiten verwandte Seelen. Noch spät an diesem Abend schrieben wir den ersten von vielen gemeinsamen Songs, die in der Folgezeit entstehen sollten: »The Lonely Sea«, ein verträumtes, elegisches Stück Pennälerlyrik über die Unergründlichkeit allen Seins, das die Atmosphäre unseres vorangegangenen Gesprächs widerspiegelte. Wir brauchten nur wenige Minuten, um diesen Song zu schreiben, doch in dieser kurzen Zeit wurden wir enge Freunde.

Unsere Freundschaft war tief und bedingungslos. Wir vertrauten einander Dinge an, die wir unseren Familien oder Freundinnen nie erzählt hätten, Geheimnisse, die wir mit keinem anderen zu teilen wagten. Wir verstanden uns auch ohne Worte, denn uns beide trieb ein verzweifelter, unbezähmbarer Wunsch, uns zu beweisen; wir hofften, daß musikalische Erfolge unsere Wunden heilen oder sie zumindest vergessen machen würden.

»Hast du schon mal von Carole King oder Gerry Goffin gehört?« fragte mich Gary eines Tages.

Ich kannte keinen dieser Namen und dachte, es handele sich um eine neue Gruppe, um Leute, die im Stil von Jan and Dean oder so arbeiteten.

»Was ist mit Barry Mann und Cynthia Weil?« bohrte er weiter.

Ich schüttelte erneut den Kopf und fragte, wer sie seien.

»Das sind Songwriter«, sagte er. »Aus New York. Das sind *die* Songwriter, die Leute, gegen die wir antreten müssen. Die Konkurrenz. Wenn wir groß werden wollen, müssen wir es mit denen aufnehmen können.«

»Das ist also das Ziel, das wir uns setzen müssen? Meinst du das?«

Gary nickte und schilderte mir die fieberhafte Songwriting-Maschinerie des Brill Building in New York, jener Musikfabrik, in der Schreiber wie King und Goffin oder Mann und Weill wie am Fließband eine Single nach der anderen ausspuckten. Er schilderte mir auch, wie sie versuchten, sich gegenseitig die Chartspositionen abzujagen. Ihnen ging es nicht darum, großartige oder auch nur gute Songs zu schreiben, sondern sie wollten nur an die Spitze. Bei jedem Song hatten sie die Nummer eins im Visier, nichts anderes.

Ich begriff sofort, worauf er hinauswollte: Es ging um Selbstachtung, es ging darum, anderen zu beweisen, was man wert war.

»Also, Bruder, jetzt müssen wir nur noch einen Nummer-eins-Hit schreiben.«

»Kein Problem«, erwiderte ich.

Gary und ich schrieben, als würde unser Leben davon abhängen. Innerhalb kürzester Zeit fabrizierten wir Dutzende von mittelmäßigen Songs, unter anderem »The Beginning of the End«, eine wahrhaft schaurige Ballade. Aber diesem Schreibrausch verdankten wir auch unseren ersten guten Song, der eher zufällig entstand. Gary fuhr einen Chevy 348, wünschte sich aber eigentlich einen 409 Hot Rod. Er sprach ständig davon, und als er eines Abends wieder einmal laut träumte, spielte ich dazu eine schnelle Hintergrundmusik. Gary spulte mit geschlossenen Augen die Lyrics runter, ich hämmerte in die Tasten – und am Ende hatten wir »409« geschrieben, den ersten Auto-Song der Beach Boys. Dieses Thema wurde neben dem Surfen unser zweites Markenzeichen.

In dieser Zeit schrieben wir durchschnittlich einen Song pro Tag. Der nächste kreative Triumph gelang uns mit »In My Room«. Gary hatte schnell erkannt, daß das Musikzimmer für mich eine Art Zuflucht war. Es wollte ihm nie in den Kopf, daß ich sogar dort schlief, direkt neben meinem Klavier. Wir schrieben den Song, während ich gerade an der Orgel saß und in Tonart H vor mich hin klimperte. Gary aß, hörte mit halbem Ohr zu und erzählte irgendwas. Während wir so redeten, liefen meine Finger wie geistesabwesend über die Tastatur und »stolperten« dabei zufällig über die mittlerweile weltberühmte Melodie.

»Warte!« sagte Gary. »Spiel das noch mal.«

Warum nicht. Ich spielte dieselben etwa zwölf Töne ein weiteres Mal, und Gary sang einen Text dazu, dessen erste Worte lauteten: *»There's a place where I can go and tell my secrets to . . .«*

Nach weniger als einer Stunde war der Song fertig.

Wenn es soweit war, daß wir Demos von unseren Songs produzieren konnten, war Gary ein willfähriges Opfer für meine verschrobenen Einfälle. Als ich für »The Lonely Sea« echtes Wellenrauschen haben wollte, überredete ich ihn, mitten in der Nacht das unförmige Wollensak-Tonbandgerät ans Meer zu schleppen. Er lachte sein ganzes Leben lang darüber, wie wir um ein Uhr nachts bei wildfremden Leuten angeklopft und gefragt hatten, ob wir unser Verlängerungskabel bei ihnen einstecken könnten.

»Das ist keine Musik«, sagte er, als wir das Kabel durch den Sand zogen, »das ist Irrsinn.«

Doch das war erst der Anfang. Für das Demo von »409« wollte ich unbedingt einen Orginal-Autosound. Gary hob die Augenbrauen, und meine beiden Brüder lachten bei der Aussicht auf eine aufregende Nacht. Mir war es völlig egal, daß es schon nach zwei Uhr war; also brachten wir Garys Chevy mitten auf der Straße in Stellung, steckten mehrere Verlängerungskabel zusammen, postierten das Bandgerät neben dem Motor und ließen ihn aufheulen. Gary jagte ihn immer wieder hoch und veranstaltete dabei einen Lärm, als würde jeden Augenblick das 500-Meilen-Rennen von Indianapolis starten. In sämtlichen Häusern unserer stillen Straße gingen die Lichter an, und wenig später standen wütende Nachbarn mit verquollenen Augen in den Türrahmen und fragten sich, was hier los war.

Schließlich kam mein Dad nach draußen: »Verdammt noch mal, was treibt ihr Jungs denn hier?« Inzwischen hatten wir Garys Auto längst auf Band und alberten nur noch rum.

Als ich später die Beach Boys produzierte und dabei zunehmend häufiger ungewöhnliche Geräusche auf Platten verwendete – Leute beim Essen, Züge, bellende Hunde oder ein lautes Gehämmere –, waren die Kritiker verblüfft und überschlugen sich vor Begeisterung. Dabei versuchte ich doch nur, die Songs genauso umzusetzen, wie ich sie in meinem Kopf hörte.

Nicht lange, nachdem Gary und ich angefangen hatten, gemeinsam zu schreiben, verkündete mein Vater, er sei jetzt soweit, mit einem neuen Demo Klinken putzen zu gehen. In den Western Studios, der zukünftigen Heimatbasis der Beach Boys, nahmen wir vier Songs auf: »Surfer Girl«, »Judy«, »409« und »Surfin' Safari«. Chuck Britz, ein brillanter Mann, der später unser fester Toningenieur wurde, leitete die Aufnahmen. Ich fand, daß wir unsere Sache ziemlich gut gemacht hatten, erinnere mich aber noch gut an meinen Dad, der neben Chuck stand und brüllte: »Mehr Pfeffer, Jungs! Der Sache fehlt der Pfeffer!«

Am Abend mußte ich mir noch mehr von seinem Genörgel anhören: »Brian, wenn du es in diesem Geschäft zu irgendwas bringen willst, mußt du noch verdammt viel bessere Songs schreiben. Und besser spielen. Du mußt dich reinhängen. Bis jetzt bist du nur faul. Zu gottverdammt faul für meinen Geschmack!«

Die Sticheleien meines Vaters versiegten nie, nicht in diesen frühen Tagen und auch nicht in späteren Zeiten. Aber an diesem Punkt ließ sich wirklich noch nicht sagen, ob die Beach Boys eine Eintagsfliege waren oder nicht. Ich zumindest glaubte das nicht und hatte mich deshalb entschlossen, die Schule abzubrechen, um mich ganz auf die Band zu konzentrieren. Auch Mike hatte seine Jobs gekündigt, und mein Dad begrüßte unsere Entscheidungen.

Al Jardine war allerdings weniger wild entschlossen. Entmutigt durch die kläglichen Tantiemen für »Surfin'« und die mageren Gagen für ein paar Auftritte in der Gegend, wollte er einen Rückzieher machen und wieder zur Schule gehen, um sich auf sein Zahnmedizin-Studium vorzubereiten.

»Du verstehst das nicht, Brian«, sagte er zu mir. »Es geht nicht nur ums Geld. Ich habe einfach das Gefühl, daß wir überhaupt nicht weiterkommen.«

»Natürlich tun wir das«, widersprach ich ihm. »Wir haben gerade ein Demo gemacht, und Dad versucht es an den Mann zu bringen.«

»Aber was das Kreative angeht, da hapert's . . . Wir kommen auf die Bühne, und keiner kennt unsere Songs. Wir müssen die Songs von anderen Leuten spielen. So hatte ich mir das nicht vorgestellt.«

»Ich hab einen Stapel Songs geschrieben, gute Songs. Das weißt du, du hast sie ja selbst gehört. Die wird bald jeder kennen. Du mußt uns nur noch etwas Zeit geben.«

»Nein, Brian, ich kann nicht. Das mußt du verstehen. Das ist nichts für mich. Die Beach Boys sind nichts für mich.«

»Verdammt noch mal, Al«, schnauzte ich ihn jetzt an. »Ich glaube es einfach nicht. Ich glaube einfach nicht, daß du aussteigst. Du läßt uns hängen, das ist es!«

»Brian, ich mache die Schule zu Ende. Du kannst gerne Musiker sein. Alles Gute . . .«

»Alles Gute?« schrie ich auf. »Fick dich ins Knie, Al. Alles Gute für *dich*.«

Al begriff einfach nicht, wie bedingungslos ich mich den Beach Boys verschrieben hatte, und ich wollte nicht einsehen, daß es für ihn unmöglich war, sich genauso zu verhalten. Mein Platz im Leben war in der Band, aber Al suchte seinen immer noch. Ich bezweifle allerdings, daß er damals ausgestiegen wäre, wenn er gewußt hätte, daß Capitol Records uns unter Vertrag nehmen würde. Doch genau das geschah: Mein Dad kannte Ken Nelson, den A & R-Mann für Country & Western bei Capitol. Durch ihn machte er die Bekanntschaft von Nick Venet, der in der Firma für Rock and Roll verantwortlich war. Mit seinen einundzwanzig Jahren war Nick der Jüngste, der es bei Capitol schon zu einer leitenden Position gebracht hatte. Außerdem surfte er. Gary und ich waren dabei, als Dad ihm »Surfin' Safari« vorspielte. Nachdem Nick kaum mehr als acht Akkorde gehört hatte, rief er begeistert aus: »Ihr braucht mir gar nichts anderes mehr vorzuspielen! Der Song ist ein Hit! Der wird die ganze West Coast Szene erschüttern!«

So kamen die Beach Boys zu einem Vertrag mit Capitol Records! Ich war überglücklich, denn zum Stall dieser Firma gehörten so illustre Persönlichkeiten wie Frank Sinatra, die Lettermen und meine geliebten Four Freshmen. Allein auf demselben Label wie diese Künstler sein zu dürfen, war eine Ehre, und ich hätte nie zu hoffen gewagt, daß *meine* Songs dazu beitragen könnten, daß die Verkäufe der Beach-Boys-LPs sie schließlich alle überflügeln würden.

Capitol verlor keine Zeit mit der Veröffentlichung ihrer ersten Beach-Boys-Single: »409« kam bereits am 4. Juni 1962 in die Läden, die B-Seite war »Surfin' Safari«. Ich war fest davon überzeugt, daß »409« eine glatte Nummer eins werden würde. Das mag unrealistisch gewesen sein, aber meine

Naivität und mein Hunger nach Erfolg schürten die wildesten Hoffnungen. Mein einziger Gedanke war, so schnell wie möglich nach ganz oben zu kommen, ich war wie besessen von diesem Wunsch.

Doch dann geschah etwas, womit keiner von uns gerechnet hatte: »409« ging sang- und klanglos unter. Ich weinte heimlich, so enttäuscht war ich. Einige Wochen später begann Capitol jedoch damit, »Surfin' Safari« zu pushen, und ausgerechnet in Phoenix, im tiefsten Landesinneren der USA, schaffte die Single den Durchbruch. New York zog kurz darauf nach. Mein Dad hing im Schlafzimmer am Telefon und bearbeitete DJs im ganzen Land. Im August war »Surfin' Safari« auf Platz 85 der Charts, im Oktober kletterte der Song auf Platz 14, seinen endgültigen Höchststand. Das Fieber packte uns wieder.

Eines Nachmittags rief Venet mich an. »Brian, das wirst du nicht glauben.«

»Was?« fragte ich.

»Setz dich erst mal hin. ›409‹ ist gerade auch in die Charts gekommen. Ihr habt einen doppelseitigen Hit, Jungs!«

Wir hatten also einen doppelseitigen Hit und verkauften insgesamt 90 000 Stück von unserer Single. Daraufhin scheuchte uns Capitol schleunigst in ihr Studio in Hollywood, um unsere erste LP aufzunehmen.

Tag für Tag auf dem Parkplatz von Capitol vorzufahren, gab mir das Gefühl, die Band hätte das große Los gezogen, obwohl wir bei der Plattenfirma noch immer als Teenager-Novelty gehandelt wurden. Alles mußte schnell gehen, und so wurde die LP *Surfin' Safari* in einigen langen, ermüdenden Sessions zwischen Juni und September eingespielt. Nick Venet produzierte selbst, unter Anleitung meines Dads, der Schulter an Schulter mit ihm am Mischpult hockte.

Die beiden trieben sich mit Streitereien über den Sound, die Arrangements und das Zusammenspiel der Stimmen fast gegenseitig zum Wahnsinn. Aber die endgültigen musikalischen Entscheidungen lagen schon damals in meinen Händen. Ich wurde in jede Diskussion mit einbezogen und leistete einen so wichtigen Beitrag zu unserer ersten LP, daß es sicher nicht unbescheiden gewesen wäre, wenn ich auf Produzenten-Credits bestanden hätte; nur wußte ich damals noch nicht, was das überhaupt war. Ich war gerade zwanzig geworden, noch nicht einmal wahlberechtigt, und dies war meine erste Begegnung mit professioneller Studioarbeit; ich war schon überglücklich, überhaupt mitmachen zu dürfen. Aber ich lernte jeden Tag dazu, und obwohl ich es noch nicht wagte, alles an mich zu reißen, gelang es mir meistens doch, durch schiere Beharrlichkeit meine Wünsche durchzusetzen. Venet staunte über meinen Einsatz, und die anderen aus der Band beugten sich zähneknirschend meinem strengen Regiment. Ich war knallhart, manchmal sogar gemein, denn ich hatte ein Ziel: Für mich gab es keinen Grund, weshalb wir nicht alle anderen Bands abhängen sollten.

Auf *Surfin' Safari* zeigte sich allerdings auch deutlich unsere Unerfahrenheit: Das Album entsprach dem rauhen Surf-Sound, der damals das große Ding war, von den eleganten Arrangements, die später zum Markenzeichen der Beach Boys wurden, war noch nichts zu hören. Trotzdem bewiesen die Songs, wieviel Potential in uns steckte. »Chug-A-Lug« ist eines der hübschesten kleinen Stücke, das die Band je gemacht hat; »Ten Little Indians« ist eine ziemlich geschickte Spielerei mit einem Kinderlied; und außerdem ist es offensichtlich, daß »Surfin' Safari« die Vorlage für Phil Spectors Hit »Da Doo Ron Ron« wurde – die gleichen Akkorde, eine ähnliche Melodie.

Surfin' Safari wurde am 1. Oktober 1962 veröffentlicht und der Welt mit folgenden Linernotes präsentiert: »Als einige sonnenverbrannte Jugendliche im letzten Jahr einen Song über ihren Lieblingssport aufnahmen, ahnten sie nicht, daß er von einer Welle der Popularität erfaßt werden würde, die dem Sport selbst Konkurrenz machen konnte.« Das stimmte – nur wurde fälschlicherweise Mike als Komponist von »Surfin'« genannt; ich firmierte offiziell als Bandleader und Verantwortlicher für die Vokalarrangements, während Carl, Dennis und unser Nachbar David Marks den Rest der Band stellten.

Nach Als Ausstieg hatte ich den Baß übernommen, während David Marks ein kurzes Gastspiel als Rhythmusgitarrist der Beach Boys gab. David war ein Rüpel von der anderen Straßenseite, der mit Dennis gespielt hatte, als sie noch jünger waren. Ich mochte weder ihn noch seine Art, Gitarre zu spielen.

»Er ist zu jung«, argumentierte ich. »Und er ist nicht gut genug.«

Mein Dad aber hörte überhaupt nicht zu. »Er kann Rhythmusgitarre spielen«, sagte er. »Lead kann er zwar nicht, aber für Rhythmusgitarre reicht's.«

»Ich will David nicht in der Band haben«, erklärte ich entschieden. »Das ist meine Band, und ich will ihn nicht drin haben.«

»Wie schade«, erwiderte mein Dad unbeeindruckt. »Nur brauchen wir einen, der Gitarre spielt. Und zwar jetzt!«

Bis Thanksgiving war das Album auf Platz 32 der Charts gestiegen, unsere Egos schwebten immer höher, und das tägliche Leben wurde immer weniger alltäglich. Tag für Tag gingen Angebote für Liveauftritte bei uns ein, doch mein Dad lehnte sie ausnahmslos ab, weil er es für das beste hielt, die Neugier des Publikums so lange wie möglich anzustacheln. Jeden Tag standen Dutzende von Kids vor unserem Haus und schauten durchs Fenster zu, wie wir probten. Sie alle kannten unsere Namen, es war eine berauschende Zeit.

Aber es war auch eine Zeit steigender Spannungen zwischen den beiden maßgeblichen Kräften in der Band, zwischen meinem Dad und mir. Jeder beanspruchte den Verdienst am Erfolg der Band für sich. Als meine Songs immer besser ankamen, kam ich zu meinem Recht und feierte Erfolge in einer Umgebung, in der ich das ausleben konnte, was mir in Wirklichkeit völlig fremd war: ein übersteigertes Selbstbewußtsein und einen hemmungslosen Egoismus. Aber mein Dad fand, der Erfolg der Beach Boys sei in erster Linie seinem Einsatz zu verdanken, und spielte sich bei jeder Gelegenheit in den Vordergrund.

Unseren größten Krach hatten wir wegen Gary Usher. Dad mochte meinen Freund nicht, und seine Aversion gehen ihn steigerte sich, je intensiver die Zusammenarbeit zwischen mir und Gary wurde. Er hatte immer etwas zu kritisieren: entweder war Gary aufdringlich und ein zweifelhafter Charakter, oder er war ein Eindringling, der sich mir an den Hals geworfen hatte. Mein Dad ärgerte sich schwarz, wenn er nach Hause kam und mich und Gary im Musikzimmer arbeiten sah. Gary schüttelte nur ungläubig den Kopf über die altmodische Vorstellung, die mein Vater vom Songwriting hatte, und ihm fehlte jegliches Verständnis für das eiserne Regiment, das Dad führte.

»Du solltest ihm eine verpassen«, sagte Gary einmal. »Gib dem Arschloch einfach kräftig eins in die Fresse.«

Wir wußten beide, daß mein Dad auf unseren Erfolg als Songwriter eifersüchtig war, aber Gary konnte abends nach Hause gehen, während ich mir Dads Schwachsinn ununterbrochen anhören mußte. Und das fiel mir immer schwerer.

Eines Abends spielte ich Klavier und hörte zu, wie mein Dad im Schlafzimmer telefonierte. Es ging ihm nicht besonders: Sein eigenes Geschäft zu führen, die Beach Boys zu managen, mit dem Studio zu verhandeln und gleichzeitig noch eine Familie zu ernähren, war eine Belastung, der er gesundheitlich nicht mehr gewachsen war. Er bekam ein Magengeschwür, Verdauungsprobleme und war übernervös, was sich in immer häufigeren Wutanfällen äußerte.

»Brian, du spielst falsch«, brüllte er aus dem Schlafzimmer. »Du lieber Himmel, der Akkord stimmt nicht!«

Ich ignorierte seinen Kommentar und spielte weiter. Ein paar Minuten später stand er vor mir, ein kranker Mann, der schnaufte wie ein verwundeter Stier.

»Schneller«, sagte er. »Scheiße, was ist das für ein Rhythmus? Du spielst, als würdest du gleich einschlafen!«

»Was?« Ich schaute wütend und geschockt zu ihm auf.

»Ich hab gesagt, du bist zu lahm, verdammt noch mal.«

Zum ersten Mal seit zwanzig Jahren war ich unfähig, meinen Zorn zu unterdrücken. Ich sprang so abrupt vom Klavier auf, daß die Klavierbank auf den Boden krachte, und mußte mich an dem Instrument festhalten, um nicht auf meinen Dad loszugehen.

»Fick dich, Dad!« schrie ich. »Fick dich doch!«

Mein Vater war völlig geschockt und sagte kein Wort. Von dem Aufruhr angelockt, kam Carl ins Zimmer gerannt; er konnte nicht glauben, was er eben gehört hatte, genausowenig wie mein Dad, der sich noch immer nicht gerührt hatte. Ich riß mich zusammen, hob die Bank auf und spielte weiter, ohne die beiden zu beachten. Dad ging schließlich in sein Schlafzimmer zurück, und ich hörte, wie er meiner Mutter befahl, zu mir zu gehen und mich mit einem Brett zu verprügeln; doch Mom weigerte sich.

Mein Vater konnte es sich einfach nicht verkneifen, sich einzumischen, an mir herumzumäkeln oder mir vorzuschreiben, was ich schreiben sollte. Nicht lange nach diesem dramatischen Zusammenstoß störte er mich und Gary bei der Arbeit, um uns zu erzählen, wir sollten statt Songs über Surfen und Mädchen lieber über zeitlose Themen wie Liebe oder Blumen oder einen schönen Tag schreiben. Er wollte nicht begreifen, daß wir genau das taten – nur eben auf unsere eigene Art.

»Ein hübsches Lächeln? Ein Kuß? Frühlingsluft?« sagte Gary spöttisch.

Dad starrte Gary haßerfüllt an, als wollte er ihn in Stücke zerreißen. Ich spielte weiter, obwohl ich meinen Ohren nicht traute: Mein Freund warf meinem Vater Dinge an den Kopf, die ich kaum zu denken, geschweige denn auszusprechen wagte.

»Das kommt nicht mehr an«, fuhr Gary fort. »Sie haben einfach keinen Draht mehr dazu, was heute angesagt ist.«

»Halt die Klappe«, entgegnete mein Dad. »Wenn du nur halb so schlau wärst, wie du dir einbildest, wäre Einstein arbeitslos.«

Doch Gary stichelte weiter, bis mein Vater ausrastete und ihn fast am Hosenboden aus dem Haus befördert hätte.

Es kam immer öfter zu Streitigkeiten, besonders, als Gary einen fairen Anteil für seine Rechte an den Songs forderte. Mein Dad machte mir die Hölle heiß, weil ich mit Gary zusammenarbeitete und zuließ, daß fremde Elemente unsere Familie entzweiten. Als Höhepunkt lieferten sich Gary und er schließlich auf dem Parkplatz von Capitol Records eine wüste Schreierei.

Dad gönnte Gary nicht einen Cent, geschweige denn, daß er ihn an seiner potentiellen Goldmine hätte teilhaben lassen. Er hatte den Sea of Tunes Musikverlag gegründet, und ursprünglich war ich Alleineigentümer sowohl des Musikverlags als auch sämtlicher Copyrights für die Songs gewesen. Nachdem die Beach Boys aber ihre ersten Hits gelandet hatten, drängte mein Vater darauf, ich solle ihm den Musikverlag überschreiben, er habe als Manager der Band und Vater der Wilson-Brüder ein Recht auf das Geld.

Ich weigerte mich, und er machte mir das Leben schwer. Nachdem ich mir das Copyright an meinen eigenen Songs hatte zusichern lassen, gab ich schließlich nach und sprach ihm 50 Prozent der Einkünfte aus den Veröffentlichungshonoraren für meine Songs zu; als Gegenleistung sollte er Sea of Tunes leiten. Diese Vereinbarung stellte ihn für ein paar Monate ruhig. Aber kaum rollte das große Geld an, versuchte er, noch mehr davon in die eigene Tasche zu stecken, völlig blind für die Auswirkungen, die seine überzogenen Ansprüche auf mich hatten.

Für meinen Vater war Geld die schönste Form der Bestätigung, aber Gary und ich schrieben unsere Songs aus einem anderen Grund: Wir wollten berühmt und als große Songwriter anerkannt werden. Nachts nach der Arbeit kippten wir uns oft ein paar Bier hinter die Binde und träumten von unserem großen Tag. Was wir nie auszusprechen wagten, war unsere gemeinsame Angst, daß er vielleicht niemals kommen würde.

Eines Abends platzte mein Dad in unsere Träumereien und schnauzte Gary an, er habe mich zum Biertrinken verführt. Das war zuviel! Das war der Anlaß dafür, daß ich beschloß, von zu Hause auszuziehen. Glücklicherweise fand ich schnell einen Freund, der einen Mitbewohner suchte: Bob Norberg, ein extrovertierter Sportlertyp, den ich an der USC kennengelernt hatte, als die Beach Boys bei einer Party der Sigma-Chi-Studentenverbindung aufgetreten waren. Wir hatten uns schnell angefreundet, nicht zuletzt, weil Bob ebenfalls Musiker und mit seiner Freundin Sheri auf derselben Party aufgetreten war.

Am Umzugstag packte ich meine Klamotten in meinen rot-weißen 1960er Impala und verabschiedete mich. Die Zwei-Zimmer-Wohnung, in die ich umzog, lag nur ein paar Straßen entfernt, aber als ich abfuhr, stand mein Vater mitten auf der Ausfahrt und winkte mir unter Tränen nach. Als jungen Mann hatte man ihn angeblich mit jedem bösen Wort zum Weinen bringen können, aber ich hatte diese Seite nur selten an ihm erlebt. Seinen ältesten Sohn aus dem Haus gehen zu sehen, war offensichtlich zuviel für ihn. Ich wußte nicht, was ich davon halten sollte: An dem einen Tag prügelte er auf mich ein, am nächsten war er in Tränen aufgelöst . . . Was für ein unberechenbarer Mensch!

Dennoch, ich hatte eine gute Entscheidung getroffen. Bob Norberg war ein brotloser Songwriter, der sich mit Gelegenheitsjobs durchschlug. Er surfte, hatte eine Freundin und trank gerne Bier. Unsere Wohnung auf der 108th Street Ecke Crenshaw war strikt funktional möbliert – Teppichboden, zwei Matratzen und Sperrmüllkrempel – und kostete lächerliche 150 Dollar im Monat.

Bob und ich schrieben auch einige Songs zusammen, unter anderem »Your Summer Dream«, der auf der Beach-Boys-LP *Surfer Girl* veröffentlicht wurde. Außerdem verfaßte ich »The Surfer Moon« für Bob und seine Freundin, die als »Bob und Sheri« zusammen auftraten. Für das Demo von »The Surfer Moon«, das mein Dad später an Safari Records verkaufte, nahmen Bob und ich in einer lustigen Nachtaktion echtes Grillenzirpen auf.

Aber seinen wichtigsten Beitrag zu meiner musikalischen Entwicklung leistete Bob Norberg, indem er mir Platten von Phil Spector vorspielte; das war eine richtige Offenbarung für mich. Spector etablierte sich damals gerade als *der* Pop-Impresario, ein einsames Genie von unerreichter Meisterschaft. Bob kannte Spector schon lange und hatte sogar eine Phase durchlebt, in der ihm nichts anderes auf den Plattenspieler kam als Phils »He's Sure the Boy I Love«.

Bob spielte mir nicht nur die Single vor, sondern er geizte auch nicht mit Kommentaren. »Brian, spürst du diesen Spector-Groove?« rief er, während die Musik lief. »Du mußt dir mal anhören, wie Spector seine Drums aufnimmt. Und der Backgroundgesang . . . die Vocals sind gigantisch. Der Sound überrollt einen praktisch.«

»Ja«, sagte ich. »Ich hab's gehört.«

Ich hörte es nicht nur, ich war neidisch.

8

Surfin' U.S.A.

Mitte Dezember 1962 war es fast ein Jahr her, seit die Beach Boys mit »Surfin'« den nationalen Durchbruch geschafft hatten. In diesem Jahr war unendlich viel geschehen: ein doppelseitiger Hit mit »Surfin' Safari« und »409«, ein Album, und schließlich sogar auch eine Tour, wenn auch nur mit fünf Dates. Aber die Städte lagen im ganzen Westen verstreut, wir mußten also richtig reisen; das war ein großes Abenteuer. Vor der Abfahrt hatte ich einen Streit mit meiner Freundin Judy, weil ich ihr Weihnachtsgeschenk vergessen hatte.

»Ich wünschte, du würdest dich auch mal um mich kümmern«, klagte sie. »Bei dir dreht sich alles nur noch um die Beach Boys.«

»Es tut mir leid«, erwiderte ich. »Aber ich habe wirklich nichts anderes mehr im Kopf, und ich weiß nicht, ob ich mich ändern kann.«

In unserer Beziehung kriselte es schon länger, denn ich hatte eindeutige Prioritäten gesetzt: zuerst kam die Musik und dann lange gar nichts. Ich stritt mich nicht gerne über dieses Thema, sondern war der Auffassung, daß jeder in meiner Umgebung diese Entscheidung als selbstverständlich hinnehmen mußte. Judy versuchte es trotzdem, so daß ich mich nach dieser letzten in einer Reihe von zahllosen Auseinandersetzungen richtig auf unsere Tour freute.

Mein Dad war auf diese Auftritte noch heißer als ich, weil er es unserem Konzertagenten zeigen wollte. Er kümmerte sich zwar selbst um die Promotion und das Management der Band, hatte aber die William Morris Agency mit der Koordination der Liveauftritte betraut, weil ihm die vielen Anfragen allmählich über den Kopf wuchsen. Dad machte sich große Hoffnungen, aber der zweiundzwanzigjährige Bookingagent hatte ihm gesagt, die Beach Boys würden kaum mehr verdienen können als Ruby and the Romantics, die in sieben Tagen Arbeit auf gerade mal 3500 Dollar kamen. Das brachte meinen Vater auf die Palme. Er rief sämtliche wichtigen Radiosender in den Städten an, in denen wir auftreten sollten – mit dem Ergebnis, daß wir zwischen dem 17. Dezember und dem ersten Januar 1963 in fünf Nächten 26 684 Dollar einspielten. Das war eine unglaubliche Summe, besonders wenn man bedenkt, daß mein Dad, der wußte, wie knapp die Kids bei Kasse waren, darauf bestanden hatte, die Karten für nicht mehr als zwei Dollar zu verkaufen.

Die einzige Stadt, in der wir baden gingen, war Omaha in Nebraska, wo der örtliche Radiosender KOIL 2,50 Dollar Eintritt verlangte. Ich kann mich noch genau daran erinnern, weil die Show einfach schrecklich war. Wir traten unter freiem Himmel auf und hatten sechsunddreißig schlaflose Stunden in unserem vollbepackten Kombi hinter uns. Bei gemütlichen Temperaturen um minus zwölf Grad mußten wir zwei Shows hinlegen, und wir waren so erschöpft, daß wir bei »Surfer Girl«, das damals noch unveröffentlicht war, vier Fehlstarts produzierten. Mein Dad stand neben der Bühne und feuerte mich an, weil ich mit meinem Baß den Takt vorgeben mußte.

»Verdammt noch mal, Brian«, blökte er von hinten. »Dreh auf! Bleib bei der Sache!«

Bei der Sache bleiben? Das war nicht das Problem. Ich war froh, wenn es mir gelang, wach zu bleiben.

Die Plattenfirma glaubte immer noch an einen kurzlebigen Trend, den es auszuschlachten galt, und drängte auf ein neues Album. Als wir von unserer Tour heimkamen, hatten wir kaum Zeit zum Auspacken, ehe wir wieder Tag für Tag ins Studio mußten. Unsere zweite LP, *Surfin' U.S.A.*, nahmen wir in weniger als einem Monat auf. Das erklärt auch die vielen Instrumentals auf der Platte.

Am Entstehen der ersten Singleauskopplung, »Surfin' U.S.A.«, waren Chuck Berry, Chubby Checker und Judys kleiner Bruder Jimmy maßgeblich beteiligt. Als ich die Melodie hatte, kam mir plötzlich eine Idee: Warum sollten wir nicht einen Text machen, in dem jeder einzelne Surfplatz in den Staaten erwähnt wird? Hier, da, in jener Stadt und in dieser auch – wie in Chubby Checkers »Twistin' U.S.A.« Jimmy war Surfer, also bat ich ihn um eine Liste mit allen Surfspots, die er kannte; und bei Gott, er vergaß keinen einzigen.

Aber das war auch schon alles, was glatt ging. Die Hierarchie der Beach Boys war damals noch nicht klar definiert. David Marks und Dennis lag mehr an ihrer Popularität als an der Musik, und Carl war zu jung, um ernst genommen zu werden. Mike gab zwar alles für die Band, aber sein musikalisches Talent war begrenzt. Also überließ er mir in kreativen Dingen völlig die Initiative, was mir ohnehin lieber war.

Der Erfolg der Beach Boys bestätigte das, was ich schon als Kind entdeckt hatte: Ich schrieb und spielte Musik besser als jeder andere, zumindest besser als jeder, den ich kannte; in sechsstimmigen Harmonien zu denken, die so komplex waren, daß selbst mein Dad sie nicht verstand, war für mich das Selbstverständlichste auf der Welt. Ich hielt mich für etwas Besonderes und konzentrierte mich nur noch darauf, meine Einzigartigkeit zu kultivieren. Meine Familie, meine Freunde und meine Geschäftspartner, sie alle bestärkten mich darin, weil sich aus meiner Einzigartigkeit enormes Kapital schlagen ließ. Die Folgen eines so eindimensionalen Denkens waren unausweichlich – am Ende wäre ich fast daran gestorben.

Doch in der Zwischenzeit war Rock and Roll die Erlösung, die Musik verhalf meinem labilen Seelenleben zu einem unglaublichen Höhenflug.

Anders als Nick Venet, der schnell meine Begabung für die Studioarbeit erkannt hatte und mir immer größere Freiheiten einräumte, war mein Dad nicht bereit, auch nur einen Fingerbreit von seinen Kompetenzen abzugeben. Er konnte nicht anders, er mußte in jeden Song reinreden, den wir aufnahmen; und das führte zu langen, ermüdenden Streitereien.

»Das ist mein Song«, brüllte ich ihn schließlich während der Aufnahmen von »The Lonely Sea« an. »Du hast doch gar keine Ahnung, wie ich mir den Song vorstelle!«

»Vergiß bitte nicht, wen du vor dir hast, Brian«, sagte er empört. »Der Song ist der typische Mist, den Jungs wie ihr zusammenschreiben. Ein Usher-Song, oder? Dasselbe, was ihr beiden immer schreibt. Hör auf mich, ich kenne mich aus.«

Ich versuchte, ihn zu ignorieren, aber nicht lange nach dieser Auseinandersetzung kam Dad wieder ins Studio und sah Gary neben mir am Mischpult sitzen. Wir hörten uns einen meiner Songs an. Dad wollte Gary sofort zum Teufel schicken, doch der weigerte sich zu gehen.

»Nein, ich helfe mit.«

»Raus!« befahl mein Dad. »Hier hab ich das Sagen. Und ich will dich hier raushaben. Sofort!«

Gary stand auf und wollte etwas entgegnen, als mein Vater einen Schritt nach vorne machte und ihn wegstieß. Gary verlor das Gleichgewicht und fiel auf den Boden. Schockiert, beleidigt und zorniger, als ich ihn je zuvor gesehen hatte, stand mein bester Freund auf und verließ das Studio. Ich wollte ihm nachgehen, aber mein Dad versperrte mir wutschnaubend den Weg.

»Ich verbiete dir, mit dem Arschloch noch einen einzigen Song zu schreiben«, sagte er.

Ich weiß nicht, ob es Zufall oder unbewußte Fügsamkeit war, aber ich arbeitete tatsächlich immer seltener mit Gary zusammen. Gleichzeitig hielt das Leben eine Flut neuer Eindrücke für mich bereit. Es war eine hektische Phase, in der sich die Ereignisse überstürzten, während mein Stern immer höher stieg. Durch Gary hatte ich einige Leute kennengelernt, die wichtige Rollen in meinem Leben spielen sollten – vor allem Roger Christian, der Gary bald als Mitautor meiner Songs ablöste, und Marilyn Rovell, meine zukünftige Frau.

Judy und ich hatten uns während des turbulenten Monats, in dem die Beach Boys an ihrem zweiten Album arbeiteten, getrennt. Um mich zu trösten, hatte Gary für mich ein Treffen mit zwei lebhaften jungen Mädchen arrangiert, Diane und Marilyn Rovell, den Kusinen seiner Freundin Ginger Blake. Meinem Dad war es gelungen, die Beach Boys für eine volle Woche im damals angesagtesten Teenager-Club von Hollywood zu buchen, Pandora's Box. Gary brachte Ginger und Diane zum Premierenabend mit.

Die Beach Boys waren mittlerweile die heißeste Band von L. A., die Schlange an der Kasse wand sich bis zur nächsten Straßenecke. Gary, Ginger und Diane saßen an einem Tisch vor der Bühne und blieben zu beiden Shows. Diane kreischte den ganzen Abend und erzählte mir später, sie habe sich auf den ersten Blick in mich verliebt.

Das Trio kam auch am nächsten Abend, und diesmal brachte Diane ihre jüngere Schwester Marilyn mit. Während des ersten Sets schaute ich zunächst nur Gary an und schnitt Grimassen, um ihn zum Lachen zu bringen – bis ich Marilyn bemerkte. Sie war ein bißchen mollig, aber ihr Lächeln war herzlich, und in ihren Augen tanzten kleine Lichter. In der Pause stellte ich meinen Baß ab, sprang von der Bühne und ging an ihren Tisch. Ich war nervös und wollte besonders cool auftreten. Gary stand auf, um mich vorzustellen, aber ehe er den Mund aufmachen konnte, war ich schon über meine eigenen Füße gestolpert und hatte Marilyn angerempelt, die sich dabei ihren heißen Kakao übers Bein kippte. Ich hätte vor Scham im Boden versinken mögen, aber Marilyn nahm meinen Arm und lachte.

»Ist nicht so schlimm«, erklärte sie. »Es macht nichts. Vergiß es. Ist ja nichts weiter passiert.«

In der Folgezeit kamen die Rovell-Schwestern – es gab noch eine dritte, Barbara, die jüngste – gemeinsam mit Gary und Ginger zu jedem unserer Auftritte. Nach dem letzten Abend lud ich Marilyn und Diane zu meinen Eltern nach Hause ein, wo unsere Instrumente untergebracht waren. Ich fand beide Mädchen anziehend und konnte mich nicht entscheiden, welche mir besser gefiel. An dem einen Tag neigte ich mehr zu Diane, an dem anderen dachte ich nur an Marilyn. Als sie ein paar Tage später zu Besuch kamen, stellte sich heraus, daß Diane eigentlich hinter Dennis her war, während Marilyn ein Auge auf Carl geworfen hatte. Keine dieser Schwärmereien war von langer Dauer, nur meine verwirrenden Gefühle für die Schwestern blieben unverändert.

Roger Christian, einer der beliebtesten DJs von L. A., machte bei KFWB das entscheidende Programm von neun Uhr bis Mitternacht, der Zeit, in der alle mit dem Auto durch die Stadt fuhren und Radio hörten. Roger war ein eher ruhiger Typ, aber wenn es um Autos ging, wurde er zum Fanatiker. Unser Song »409« hatte es ihm besonders angetan. Er kannte Gary von irgendwoher und fragte ihn, ob ich mir einen Text ansehen könne, den er geschrieben hatte.

Im Anschluß an seine Sendung wurde mir Roger auf dem Parkplatz von KFWB vorgestellt. Er gab mir ein Blatt Papier, auf dem er seine Lyrics mit der Maschine getippt hatte, wie ein Gedicht. Ich überflog sie schnell und erkannte sofort, daß er da an einer coolen Sache dran war.

»Das ist fantastisch!« schwärmte ich. »Wenn ich es mit nach Hause nehmen darf, kann ich bestimmt was draus machen.«

Die eingängige kleine Hot-Rod-Ode nannte sich »Little Deuce Coupe«, und ich machte mich gleich am nächsten Morgen an die Arbeit. Bis zum Lunch hatte ich die Musik bereits fertig. Abends holte Gary mich dann ab und brachte mich zum Sender. Als Roger seine Sendung hinter sich gebracht hatte, fuhren wir gemeinsam nach Hause, wo ich mich ans Klavier setzte und den beiden meine Komposition vorspielte. Roger, ein Klasse-Typ, der sich nicht schämte, seine Gefühle zu zeigen, grinste verlegen vor sich hin, als ich aufhörte.

Ich sagte ihm, der Song könne ein Monsterhit werden, wir würden ihn so bald wie möglich aufnehmen. Zuletzt erwähnte er noch einen anderen Text, aus dem sich vielleicht ebenfalls ein brauchbarer Song machen ließe. »Er heißt ›Shut Down'‹«, sagte er. »Fängt an mit, ›Tack it up, tack it up, buddy going to shut you down . . .‹«

»Echt hip«, sagte ich. »Das ist wirklich was Neues. Gib mir das auch.«

Für das folgende Jahr war Roger an Stelle von Gary die wichtigste Quelle für Lyrics, die ich nicht selbst oder gemeinsam mit Mike verfaßte. Garys Schicksal war endgültig besiegelt, als mein Vater Dennis nach einem heftigen Streit aus dem Haus schmiß. Als Gary hörte, daß mein Bruder bei einem Freund im Auto geschlafen hatte, bot er ihm Unterschlupf in seiner Wohnung an. Mein Vater kam dahinter und erklärte Gary zur Persona non grata und verbot ihm jeden Umgang mit den Beach Boys. Feige wie ich war, stellte ich mich nicht hinter meinen Freund, so daß er die Nase von mir voll hatte; unsere Freundschaft bekam jedenfalls einen Knacks.

Ich hatte allerdings keine Zeit, über diese verlorene Freundschaft zu trauern, weil mir in meiner neuen Rolle als gefeiertes Wunderkind jetzt von allen Seiten die so lange entbehrte Anerkennung zuflog. Jeder schien meine Freundschaft zu suchen.

Bei diversen gemeinsamen Auftritten hatte ich Jan Berry und Dean Torrence kennengelernt. Eines Nachmittags, an dem wir nicht an unserem neuen Album arbeiteten, besuchte ich die beiden bei Aldon Music, der Firma von Don Kirshner. Sie fragten mich nach dem neuen Beach-Boys-Album, und ich setzte mich ans Klavier und spielte »Surfin' U.S.A.«.

»Das ist Klasse«, sagte Jan. »Warum läßt du *uns* das nicht aufnehmen?«

»Nein, der Song gehört den Beach Boys«, wehrte ich ab. »Aber ich hab noch ein paar andere. Wie wär's mit dem hier?«

Ich spielte eine andere Melodie an und sang die erste Strophe und den Refrain: »Two girls for every boy . . .«

»Wie heißt der denn?« fragte Jan.

»›Surf City‹«, antwortete ich. »Aber er ist noch nicht ganz fertig.«

»Laß mich mal hören, wie weit du bis jetzt gekommen bist«, sagte Jan und setzte sich neben mich.

Ich spielte den Song noch ein paarmal durch. Jan war begeistert und erklärte, er wisse genau, was dem Stück noch fehlen würde. Mir war es recht, denn in meinen Augen war Jan ein genialer Musiker; ihm bei der Arbeit im Studio zusehen zu dürfen, war eine richtige Offenbarung. Er wußte immer genau, was er wollte und wie er es umsetzen konnte. Seine Platten waren so makellos wie die der Four Freshmen, und am meisten bewunderte ich seine Fähigkeit, alle notwendigen Schritte im Geist exakt vorzuplanen, ehe er an die Arbeit ging.

Mein Dad ärgerte sich maßlos über die Bewunderung, die ich den beiden entgegenbrachte. Als er hörte, daß ich ihnen einen Song gegeben hatte, geriet er noch mehr in Wut. Er beschimpfte sie als Piraten und verbot mir jeden weiteren Umgang mit ihnen.

»Jan Berry klaut dir deine ganzen Ideen«, knurrte er.

»Blödsinn«, argumentierte ich. »Jan and Dean haben mindestens einen genauso großen Anteil an dem neuen West-Coast-Sound-Boom wie wir. Es gibt wirklich keinen Grund, sich aufzuregen.«

Doch mein Vater war nicht bereit, das zu schlucken, und das um so weniger, als »Surf City« im Juli auf Nummer eins schoß. Ich hatte tatsächlich meinen ersten Nummer-eins-Hit gelandet, aber nach Ansicht meines Vaters sangen ihn die falschen Leute. Er hätte mir am liebsten den Hals rumgedreht.

»Man schenkt dem Feind keinen Nummer-eins-Hit!« tobte er. »Du bist wirklich unglaublich! Dir reicht es noch nicht, daß Jan and Dean deinen Stil abkupfern. Nein, sie müssen dir auch noch die Songs klauen. Und um das Maß vollzumachen, hilfst du ihnen auch noch als Backgroundsänger! Verdammt, Brian, warum gibst du ihnen nicht gleich dein ganzes Geld dazu?«

»Reg dich ab, Dad, für uns bleibt noch genug übrig«, erwiderte ich. Aber er war selbst viel zu unsicher, um mir zu vertrauen.

Im Mai 1963 hatten dann auch die Beach Boys mit »Surfin' U.S.A.« ihren ersten Top-Ten-Hit. Auf der Originalpressung war ich als einziger Autor aufgeführt, aber nachdem der Song in die Charts geschossen war, reklamierte Chuck Berry die Melodie für sich; sie sei eine ungewollte Kopie seines »Sweet Little Sixteen«. Eine ganze Menge Experten hatte dagegen argumentiert, aber mein Vater überließ Berry das Copyright, ohne mich darüber auch nur zu informieren; wahrscheinlich sah er sich unter Druck gesetzt, oder er wollte ganz einfach nur möglichem Ärger aus dem Weg gehen. Wie ich erst fünfundzwanzig Jahre später erfuhr, hatte er Chuck Berry allerdings auch die Tantiemen für meinen Text überlassen – und auf die hatte nachweislich niemand außer mir einen Anspruch.

Ich nahm mir nicht viel Zeit, meine Anfangserfolge zu genießen, weil mein Ehrgeiz jetzt erst so richtig angestachelt war. Als »Shut Down« im Juni von Null auf 32 in die Charts einstieg, brachen wir in unserem vollbepackten Kombi zu einer vierzigtägigen Knochentour durch den Mittelwesten auf.

Mein Dad blieb diesmal zu Hause, weil er sich um sein Maschinen-

Geschäft kümmern mußte; der Form halber hatte er einen Tourmanager engagiert. Trotzdem konnte er uns nicht ohne ein paar mahnende Worte zum Abschied ziehen lassen. Er stand in Schlafanzug und Bademantel neben dem völlig überladenen Wagen, in dem bereits Blähungen die Luft schwängerten, und redete sich in Schweiß: »Brian, halt deinen Baß und konzentrier dich auf den Beat. Dennis, du hörst auf Brian. Halt den Takt. Ich sage euch, Jungs, bleibt bloß bei der Sache. Wenn ihr nicht spielt wie die beste Band der Welt, werdet ihr auch nie die beste Band der Welt, und wenn ihr euch auf den Kopf stellt! Legt los! Legt los! Legt los!«

Das ließen die Jungs sich nicht zweimal sagen, auch wenn sie den Rat anders auslegten, als mein Dad es beabsichtigt hatte. Mike riß fast in jeder Stadt eine Frau auf – zumindest behauptete er das –, David Marks fing sich eine Geschlechtskrankheit ein, und mein kleiner Bruder Carl verlor seine Jungfräulichkeit an eine Nutte. Zwischen endlosen Furzwitzen und Diskussionen über die weibliche Anatomie spielten wir uns den Arsch ab. Wir machten jeden Abend ein oder zwei Shows – ein perfektes Trainingsprogramm für eine Band, deren Mitglieder zwischen zweiundzwanzig (Mike) und sechzehn Jahre (Carl) alt waren.

Während die anderen die Ferienlager-Späße und die Freiheiten des Tourlebens in vollen Zügen genossen, hatte ich gründlich die Schnauze voll, als wir endlich wieder zu Hause waren. Dieser Widerwillen steigerte sich mit den Jahren zunehmend, bis ich das Touren schließlich völlig aufgab. Ich fand immer neue Argumente für meine Abneigung gegen solche Reisen, je nachdem, ob ich nun mit meinem Dad oder mit irgend jemandem von der Plattenfirma sprach. Der eigentliche Grund war aber, daß ich auf Reisen einfach nicht schreiben konnte. Ich lernte nie, auf einem anderen Instrument als meinem Klavier zu komponieren, doch bei dem wachsenden Druck, Material für nicht weniger als drei LPs pro Jahr zu produzieren, mußte ich fast ununterbrochen neue Songs schreiben.

Es war geradezu zwanghaft: Wenn ich keine Songs fabrizieren konnte, funktionierte ich nicht richtig. Meine Ängste und Sorgen zermürbten mich, ich konnte nicht schlafen und träumte schlecht. Ich war wie ein Läufer, der nicht stehenbleiben will, weil er befürchtet, nie wieder ins Laufen zu kommen.

Die anderen verstanden mich nicht, aber ich war auch nicht besonders gut im Erklären. Mein Problem war viel zu komplex und zu persönlich, es rührte von etwas, das nur ich empfand. Einerseits nämlich liebte ich es, mit meiner Musik andere zu unterhalten, andererseits spielte ich aber auch, um mich von der Welt zurückzuziehen. Als mißhandeltes Kind hatte ich die Erfahrung gemacht, daß ich meinen Vater mit Klavierspielen bei Laune halten konnte. Mein Talent sicherte mir die Sympathie anderer Menschen und bewahrte mich gleichzeitig davor, mich mit ihnen abgeben zu müssen.

Doch das Touren gehörte zum Geschäft. Als wir aus dem Mittelwesten zurückkamen, erwartete Dad uns schon mit der Nachricht, daß wir diverse weitere Engagements hätten. Da ich wußte, wie sehr mir eine weitere Tour auf die Nerven gehen würde, rief ich heimlich Al Jardine an, erzählte ihm von meinen Schwierigkeiten mit dem Tourleben und bat ihn, in die Band zurückzukommen. Al hatte oft daran gezweifelt, ob es richtig gewesen war, die Beach Boys zu verlassen, und dies um so mehr, seit wir bei Capitol Records unterschrieben hatten. Jetzt, wo wir Erfolg hatten, ließ er sich schnell überreden, die Zahnmedizin für den Rock and Roll aufzugeben.

Ich gab ihm also Kopien des neuen Materials – unter anderem »Surfin' U.S.A.«, »Shut Down«, »Little Deuce Coupe« und »Surfer Girl« – und die ungefähre Planung für den nächsten Trip. Mit Gitarre und Reisetasche unterm Arm stieß er ein paar Tage später am Flughafen zur Band. Ich hatte keinem erzählt, daß Al wieder zurückkommen würde, auch meinem Dad nicht, denn ich hatte Angst gehabt, sie könnten dagegen sein. Wie sich herausstellte, waren alle einverstanden, auch wenn mein Dad eines gleich klarstellte: »Ich bezahle ihn nur für die Liveauftritte, keine Studiozeit und keine Tantiemen. Gar nichts.«

Al kam an Bord, und ich war heilfroh darüber. Als wir zusammen mit den Surfaris, einer lokalen Surfband, auftraten, verprügelte mich einer aus dieser Gruppe, weil ich ihn zur Ordnung rufen wollte; er hatte eine Flasche aus dem Fenster des Hotelzimmers geworfen. Vor einem anderen Auftritt ging Mike auf Dennis los, weil der mit einer Wasserpistole auf ihn geschossen hatte. Unglücklicherweise schlug Mike daneben, und Dennis verdrosch ihn nach allen Regeln der Kunst, ehe wir auf die Bühne mußten.

Als mein Vater die Zügel wieder in die Hand nahm, wurden strengere Sitten eingeführt. Er hatte einen raffinierten Bußgeldkatalog erarbeitet, der uns nie in den Kopf wollte: 50 Dollar für Mädchengeschichten, 100 Dollar für Fluchen und ebenfalls 100 Dollar, wenn wir unsere Instrumente nicht schnell genug aufbauten. Ich erinnere mich an zwei Shows, eine in Sacramento und eine in Michigan, bei denen Dennis von Typen mit einer Colaflasche niedergeschlagen wurde, weil ihre Freundinnen mit ihm geflirtet hatten. Das kostete meinen Bruder nicht nur blaue Flecken, sondern überdies auch noch 100 Dollar Strafe.

Den wohl höchsten Preis mußte allerdings David Marks bezahlen. Nach einem der vielen hundert Streitereien mit meinem Dad drohte David damit, die Band zu verlassen. Darauf hatte mein Dad nur gewartet, denn nachdem Al wieder bei uns eingestiegen war, konnten wir auf Dave gut verzichten. Mein Vater verkniff sich ein Grinsen und fragte David, ob es ihm mit seiner Drohung ernst sei. Der fiel prompt auf den Bluff herein.

»Prima«, sagte Dad. »Darauf habe ich nur gewartet. Dein Wunsch ist mir Befehl.«

Gegen Ende der Tour hätte Mike fast das gleiche Schicksal ereilt. Dad bat meinen Vetter, Carl beim Aufbau seines Verstärkers zu helfen. Da Mike als einziger von uns kein Instrument spielte, war es nur recht und billig, wenn er uns anderen half.

»Carl ist zu fett, um das alleine zu schaffen«, sagte mein Dad.

»Ich hab keine Lust, Carl zu helfen«, protestierte Mike. »Das ist sein Job. Meiner ist Singen.«

»Schön, das kostet dich fünfzig Eier«, erwiderte Dad.

»Ich zahle gar nichts.«

»Ich will jetzt keinen Ärger, aber wenn du nicht zahlst, bist du raus aus den Beach Boys.«

»Am Arsch bin ich raus aus den Beach Boys«, schnauzte Mike. »Am Arsch.«

»Das sind noch mal zweihundert fürs Fluchen«, zischte mein Dad.

»Ja, am Arsch geleckt!«

Als wir wieder zu Hause waren, spielte Dad mit dem Gedanken, Mike abzuservieren, weil er mit schmutzigen Wörtern um sich geworfen hatte. Irgendwer bei Capitol sagte ihm aber, das sei lächerlich, und Mike behielt seinen Job.

Ich selbst bekam jedoch mehr von meinem Vater zu hören als alle anderen. Verbunden mit dem Streß, ständig neue Songs schreiben zu müssen, ging mir das zusehends an die Substanz. Wenn wir auf Tour waren, schloß ich mich meistens den ganzen Tag über im Hotelzimmer ein und hörte Radio oder versuchte, etwas von dem Schlaf nachzuholen, den ich nachts vor Sorgen und nervöser Unruhe nicht finden konnte. Kam dann die Zeit für den Auftritt, war ich oft so weggetreten, daß ich kaum aus dem Zimmer fand. Einmal, irgendwo im Norden von Kalifornien, trank ich eine ganze Flasche Wein, ehe ich auf die Bühne ging. Bei einer anderen Gelegenheit saß ich auf meinem Bett und kippte so viele Drinks in mich hinein, daß ich die Show ganz sausen ließ.

Mein Dad beobachtete mich mit einer Mischung aus Mißtrauen und Verachtung. Ich erinnere mich an eine Station auf derselben Tour, wo ich so übermüdet war, daß ich mein Equipment nicht selbst ausladen konnte. Die anderen waren alle schon fertig, und Dad baute sich drohend vor mir auf und forderte eine Erklärung, warum ich meinen Pflichten nicht nachkam. Ich entschuldigte mich, erklärte ihm aber, ich hätte weder Kraft noch Lust zum Auftreten, jedenfalls nicht an diesem Abend.

»Und wie du kannst«, brüllte er und schlug mir brutal mit der flachen Hand ins Gesicht. »Und wie du willst!«

An diesem Abend ging ich mit verheulten Augen auf die Bühne, nachdem ich unter seinen strengen Blicken mein Equipment aufgebaut hatte. Zu allem Überfluß mußte ich mir dann auch noch sein Gemecker vom Bühnenrand anhören: »Mach nicht so ein Gesicht, Brian.« »Leg dich ins Zeug! Dreh auf!« »Paß doch auf, was du spielst.« »Spiel doch nicht immer, als wolltest du heim zu Mami.« »Du bist zu lahm. Dreh auf!« Selbst in den seltenen Momenten, in denen er nicht hinter der Bühne stand, hatte ich immer noch sein Gezeter im Ohr: »Schaff dich rein! Dreh auf!«

Ich wollte nur noch raus, aber ich fühlte mich wie ein Gefangener, besonders, wenn ich, beide Arme an den Körper gepreßt, auf dem Rücksitz des Kombis eingekeilt war und fast verrückt wurde, weil ich nicht an meinen Songs arbeiten konnte. Während einer dieser Fahrten, auf der Strecke von Fresno nach Bakersfield, belehrte mein Dad mich, er habe keine Lust mehr, sich meine Beschwerden anzuhören über Krämpfe im Bein, über Schlaflosigkeit oder über das Equipment, das wir mitschleppten. Wir hatten gerade zwei Shows vor 7000 Kids absolviert. Mike fuhr den Wagen, Dad saß auf dem Beifahrersitz. Er drehte sich zu mir um und sagte, ich solle den Mund halten.

»Mir reicht dein ewiges Quengeln langsam. Wenn du nur halb so gut Musik machen würdest, wie du quengelst, hätten wir alle mehr davon.«

»Ich habe hart gearbeitet«, widersprach ich müde.

»Du hast gearbeitet?« Er lachte. »Ein paar Verstärker auf die Bühne tragen, das nennst du Arbeit? Baßspielen, ist das Arbeit? Ich will dir mal was erzählen über harte Arbeit. Am Fließband habe ich hart gearbeitet und dabei mein Auge verloren. Ich hab mir das Scheißding mit Säure verätzt. Soll ich dir zeigen, was ich statt dessen habe? Was hältst du davon?«

»Nein!« schrie ich.

Ohne Vorwarnung begann mein Dad, auf meinen Kopf einzuschlagen, so kräftig, wie er das von seinem Sitz aus nur konnte. Immer wieder befahl er mir, mein gottverdammtes Maul zu halten, wir hätten noch verdammt viel zu lernen.

»Das gilt für euch alle«, geiferte er mit vor Verachtung triefender Stimme. »Ihr seid doch alle Hosenscheißer, eine Bande kleiner Hosenscheißer.«

Seine Schläge wurden immer brutaler. Das war also der Mann, der sich vor Reportern gerne mit seiner Doppelrolle brüstete: »Ich habe sie hart rangenommen. Gleichzeitig Vater und Manager zu sein, das ist nicht immer leicht.«

Als Mike jetzt sagte, es würde ihm reichen, ließ mein Dad sofort von mir ab und fuhr Mike drohend an.

»Schnauze! Das ist eine Sache zwischen Brian und mir.«

Meine Brüder lachten nervös und fragten sich, wer wohl das nächste Opfer sein würde. Ich weinte und flehte meinen Dad mit tränenverschmiertem Gesicht an, doch endlich aufzuhören, während ich versuchte, seine Schläge abzuwehren. Schließlich fuhr Mike an den Straßenrand und brüllte Dad an, auf der Stelle Ruhe zu geben. Sekunden später prügelten die beiden draußen aufeinander ein. Die drei Wilson-Brüder beobachteten vom Wagen aus diese Schlacht, die wir selbst nicht zu schlagen wagten, verängstigt und gleichzeitig innerlich frohlockend bei der Aussicht, daß unser Vater vielleicht endlich einmal an den Falschen geraten war.

Und das war er! Mike beendete den Kampf mit einem Schlag in den schlaffen Bauch meines Vaters, der sich krümmte, als er am eigenen Leib den Unterschied zwischen den Kräften eines jungen und eines alten Mannes zu spüren bekam. Nachdem er wieder zu Atem gekommen war, stieg mein Dad in den Wagen, und die Band, die man eines Tages als *Americas Band* kennen sollte, legte den Rest der Strecke in tiefem Schweigen zurück.

9

Marilyn, Diane und Barbara

Im Sommer 1963 war mein Name zwar nicht der wichtigste in der Welt der Popmusik, aber immerhin doch derjenige, auf den Kenner die größte Hoffnung setzten. Nachdem es die Beach Boys mit nur zwei LPs schon so weit gebracht hatten, hagelte es von allen Seiten Lob. Der deutlichste Gradmesser für meinen Erfolg war jedoch der rapide wachsende Bekanntenkreis, der sich um mich scharte und mittlerweile fast jeden zu umfassen schien, der im Musikgeschäft eine Rolle spielte. Zumindest hatte ich diesen Eindruck. Und das Wichtigste: sie alle erzählten mir, wie toll ich sei. Allerdings setzte niemand so hohe Erwartungen in mich wie ich selbst. Ich lebte unter ständiger Anspannung und wollte immer höher hinaus.

In dieser Zeit verbrachte ich viele Stunden damit, der gerade fünfzehnjährigen Marilyn Rovell mein Herz auszuschütten, und sie hörte mir mit großer Anteilnahme zu. Während der letzten Monate hatte ich mich mit den Rovells angefreundet, auch mit Irving und Mae, den Eltern der Mädchen, deren geräumiges Haus in Fairfax lag, einem hauptsächlich von Juden bewohnten Stadtteil von Los Angeles. Die Rovells waren die ersten Juden, mit denen ich näheren Kontakt hatte, durch sie lernte ich alles mögliche kennen, vom Matze-Fladen bis zur Mesusa.

Die Wärme, Großzügigkeit und der Familiensinn der Rovells – symbolisiert durch den Suppenkessel, der ständig auf Maes Herd zu köcheln schien, sowie durch ihre Bereitwilligkeit, mich zu jeder Tages- und Nachtzeit abzufüttern – vermittelten mir das Gefühl, immer willkommen zu sein. Meine eigene Familie hatte mir ein solches Gefühl nie vermitteln können. Aber was mich dennoch in erster Linie Tag für Tag zu ihnen zog, waren die drei dunkelhaarigen Töchter von Irving und Mae. Meinen Empfindungen hilflos ausgeliefert, hatte ich mich gleich in alle drei verliebt.

Ursprünglich hatte mir Diane, mit siebzehn Jahren die älteste und zugleich die exaltierteste der Schwestern, am besten gefallen, auch deshalb, weil sie am ehesten meinen Musikgeschmack teilte. Barbara, die jüngste, hatte es mir ebenfalls angetan. Als das Nesthäkchen war sie die verbotenste meiner Leidenschaften, eine sanfte und fröhliche Seele, die ich begehrte wie ein niedliches Püppchen, mit dem ich gerne gespielt hätte.

Zuletzt jedoch blieb ich an Marilyn hängen, weil ihre mütterliche, fürsorgliche, hingebungsvolle Seite mich in meiner Hilflosigkeit unwiderstehlich anzog. Ich wünschte mir nichts mehr, als mich von ihr umsorgen und bemuttern zu lassen.

Damals zog ich in ein kleines Appartement in Hollywood, wo ich mit meinen Ängsten und Sorgen völlig auf mich allein gestellt war. Oft rief ich Marilyn mitten in der Nacht an und flehte sie panisch an, zu mir zu kommen. Bitte, bitte, bitte! heulte, bettelte, schmeichelte ich. Ich sagte ihr, ich könne nicht ohne sie leben. Mit ihren fünfzehn Jahren glaubte sie alles, was ich sagte, zog also Hut und Handschuhe über und kam auf ihrem Honda-Motorroller so schnell wie möglich zu mir.

Mir ging es weniger um sexuelle Intimitäten, sondern ich sehnte mich in erster Linie nach Mitleid und Verständnis. Manchmal redete ich die ganze Nacht lang, während Marilyn schweigend zuhörte. Der Erfolg der Four Seasons machte mir schwer zu schaffen, Motown war auf dem Vormarsch, und dann war da auch noch Phil Spector. Ich fröstelte, wenn ich seinen langen Schatten über mir spürte, und wußte nicht, wie ich die Beach Boys je über diese Hürde bringen sollte. Ohne die Ablenkung durch meine Arbeit und die Studioratten, die tagsüber mein Ego tätschelten, hätte ich mich dazu nie fähig gefühlt.

Aber ich wollte an die Spitze, ich wollte auf dem Thron sitzen und jenes Ambrosia genießen, das nur den Pop-Göttern dargereicht wurde. Je mehr ich meinen Blick aufwärts zum Himmel richtete, desto deutlicher fühlte ich mich Spector jedoch unterlegen. Für mich war es einfach unfaßbar, was er geleistet hatte – eine ganze Serie von Hits wie »Then He Kissed Me«, »He's a Rebel« und »Da Doo Ron Ron«, allesamt erschienen auf seinem Philles-Label. Was er anfaßte, wurde zu Gold. Ich bewunderte seine revolutionäre LP *Wall of Sound* so sehr, daß ich jede seiner Singles kaufte und so lange spielte, bis die Rillen völlig abgenutzt waren.

Obwohl mich Phil Spectors Genie einschüchterte und verunsicherte, inspirierte es mich doch auch. Nachdem ich seine Platten gehört hatte, sagte ich mir: »Bei Gott, das mußt du auch versuchen!« Dazu mußte ich mir allerdings zunächst einmal den gleichen kreativen Freiraum verschaffen, über den er verfügte. Phil hatte quasi im Alleingang sämtliche Gesetze des Plattenmachens auf den Kopf gestellt: einmal durch seine Technik, jedes Instrument zu overdubben, was bedeutete, so viele Musiker wie irgend möglich in ein Studio zu quetschen und so viel Sound wie nur möglich auf Vinyl zu bringen; dann aber auch dadurch, daß er die Rolle des Produzenten aufgewertet und seiner Vision eine maßgeblichere Bedeutung zugesprochen hatte als dem Talent des Sängers.

Dieselben Freiheiten strebte auch ich an. Als es in diesem Sommer wieder ins Studio ging, um unser Album Nummer drei aufzunehmen, wurde mir plötzlich klar, daß die Beach Boys zwar vierstimmige Harmonien sangen, die Ideen jedoch einzig und allein mir gehörten. Und ich war nicht mehr bereit, meine Vorstellungen Nick Venet oder meinem Vater mühsam einzutrichtern. Vermutlich hatte niemand eine Ahnung von meinen rapiden Fortschritten oder dem Ausmaß meiner Besessenheit. Mein ganzes Denken konzentrierte sich nur noch darauf, die gottverdammt besten Platten aller Zeiten zu machen. Wie sollte ich das aber schaffen, solange ich nicht die totale Kontrolle über die gesamte Produktion hatte?

Es war nicht das erste Mal in der kurzen Karriere der Band, daß die Produzentenrolle umstritten war. Nach *Surfin' Safari* hatten Nick Venet und mein Dad darum gestritten, wer von beiden die Band entdeckt hatte, denn jeder von ihnen beanspruchte das Recht, unser nächstes Album zu produzieren; mein Vater gab schließlich nach. Später regte ich mich über Nick Venet auf, weil er mich bei der endgültigen Abmischung von *Surfin' U.S.A.* übergangen hatte, ich beschwerte mich bei meinem Vater und bat ihn, Nick zu feuern, weil er unseren Sound verändert hatte. Das zog weiteren Ärger nach sich.

Schließlich ging Nick, aber Capitol ließ sich trotzdem nicht darauf ein, mich die Beach Boys selbst produzieren zu lassen. In diesen Tagen war künstlerische Freiheit ein Konzept, das allen Regeln des Musikgeschäfts zuwiderlief. Für die Firma war ich ein Kind und mit meinen zweiundzwanzig viel zu jung, als daß man mir Autonomie und eine so große Verantwortung zugestehen wollte. Aber die Leute von Capitol erkannten meinen Wert für die Firma und sahen wohl auch, daß ich mit einer Nervensäge von Vater geschlagen war; also versuchten sie mich bei Laune zu halten, indem sie mir erlaubten, wenigstens mein Lieblingsprojekt zu produzieren – eine Grupppe, die sich »The Honeys« nannte, was unter Surfern soviel wie Freundinnen heißt. Das Trio bestand aus Marilyn und Diane Rovell sowie ihrer Kusine Ginger Blake, der Ex-Freundin von Gary Usher. Alle drei waren hervorragende Sängerinnen – Ginger hatte auf einigen Platten Background-Vocals gesungen, Marilyn und Diane hatten bei etlichen Talentwettbewerben Preise gewonnen. Da sie ganz wild darauf waren, berühmt zu werden, hatten sie beim letzten Thanksgiving die Idee einer All-Girl-Surfband ausgeheckt, und ich hatte mich ihnen als Produzent angeboten.

Zu dieser Zeit hatte ich über meine Mitarbeit an den Alben der Beach Boys hinaus schon einige Erfahrungen sammeln können, da ich im September 1962 für eine Schwarze namens Betty Everett zwei Songs produziert hatte: »Revolution« und »Number One«; Carl, Gary Usher und ich hatten für Betty Background-Vocals gesungen. Die Platte war auf dem winzigen Label Dot Records unter dem Namen Rachel and the Revolvers veröffentlicht worden und hatte es nicht weiter als bis zu einer Fußnote in meiner Discographie gebracht. Aber ich hatte Blut geleckt und wollte mehr produzieren.

Die Honeys sollten für mich das werden, was die Crystals oder, noch vor dem Ende dieses Sommers, die Ronettes für Phil Spector waren. Ich engagierte einige von Spectors Studiomusikern – den Gitarristen Glen Campbell, den Pianisten Leon Russell und den Drummer Hal Blaine, die allgemein die *Wrecking Crew* genannt wurden. Zwischen Mai und Dezember 1963 brachten die Honeys drei Singles heraus: »Surfin' Down the Swanee«, eine Bearbeitung des Stephen-Foster-Klassikers »Shoot the Curl«, »Pray for Surf« und »From Jimmy with Tears«. Keine der Platten hatte jedoch Erfolg, und so wurden die Honeys wieder auf Eis gelegt.

Bis dahin war jedoch die Schlacht um die Produktion des dritten Beach-Boys-Albums geschlagen, und ich hatte den Sieg davongetragen. Kurz nachdem Nick Venet von der Bildfläche verschwunden war, trafen Dad und ich uns zum Lunch mit einem anderen Produzenten, den Capitol uns ans Herz gelegt hatte. Noch ehe das Essen auf dem Tisch stand, hatte mein Dad dem Mann bereits erklärt, daß er sich wenig von einer Zusammenarbeit versprach. Als er nach dem Grund gefragt wurde – schließlich war ja bis zu diesem Zeitpunkt noch mit keinem Wort verhandelt worden –, erklärte mein Vater, die Beach Boys seien eine Familienangelegenheit, er wisse selbst am besten, wie man das Optimale aus seinen Jungs herausholen könne und wie die Songs abgemischt werden müßten. Die Vorstellung, jemand anders könne das besser machen, sei einfach unsinnig.

Der Typ bekam einen hochroten Kopf und verabschiedete sich. Auch mir drehte sich der Magen um, denn als ich meinen Dad so reden hörte, wurde mir klar, daß er offensichtlich plante, auch diesen Job an sich zu reißen, nachdem Nick Venet als Produzent abgemeldet worden war. Das bedeutete, daß mir in Zukunft noch härtere Machtkämpfe bevorstanden, die meine Arbeit erschweren würden; ich wußte nicht, wie das alles weitergehen sollte.

Auf jeden Fall sagte ich meinem Dad zunächst einmal, daß das Studio von Capitol meiner Meinung nach nicht den geeigneten Sound hatte, um Rock-and-Roll-Platten aufzunehmen. Ich fand die Baßfrequenzen und den Sound ganz allgemein in den Western Studios besser und wollte dort aufnehmen; ohne jeden Zweifel würde ich bei Western einen knalligeren Sound hinbekommen, die Platten würden sich besser anhören und sich deshalb auch besser verkaufen.

Die Geschichte, die mein Vater später den Verantwortlichen bei Capitol erzählte, hörte sich etwas anders an als das, was wir besprochen hatten. Er erklärte ihnen, wir wollten in Ruhe gelassen werden, um Hits zu produzieren. Natürlich kauften die Capitol-Leute ihm das nicht ab, und sie zeigten noch weniger Lust, irgendwo anders Studiozeiten zu bezahlen, wo sie doch Studios im eigenen Haus hatten. Nach zähem Kämpfen rang mein Vater ihnen schließlich einen Deal ab: Die Beach Boys sollten ein paar Platten bei Western machen, die sich die Gewaltigen von Capitol dann anhören könnten; wenn sie mit den Ergebnissen einverstanden wären, würden wir weiter bei Western arbeiten.

Wir ließen uns bei Western in Studio 3 nieder, und ich wurde offiziell als Produzent geführt, obwohl mein Dad neben Chuck Britz, dem Toningenieur von Western, am Mischpult saß und Anweisungen gab. Wir arbeiteten mit

Vierspur und nahmen in Mono auf. Die Vocals wurden live aufgenommen, einer nach dem anderen, und anschließend übereinandergelegt; außerdem sangen wir in altmodische U-47-Röhrenmikrofone, an denen wir uns der Reihe nach anstellen mußten. Im Kontrollhaus waren vielleicht vier oder fünf Instrumente direkt über das Mischpult geschaltet.

An heutigen Achtundsiebzig-Spur-Hi-Tech-Standards gemessen, waren die Aufnahmen gewiß primitiv; aber ich bewies ein besonderes Geschick für die bei Vierspuraufnahmen geforderten Blitzentscheidungen, und so konnten mein Dad und ich Mitte des Sommers einigen Capitol-Leuten zwei Songs vorspielen, die darüber entscheiden würden, ob wir bei Western bleiben konnten oder nicht: »Surfer Girl« und »Little Deuce Coupe«. Das Urteil fiel so aus, wie ich es mir erhofft hatte.

»Arbeitet weiter bei Western«, sagte Voyle Gilmore. »Kein Problem. Nicht, wenn sich die anderen Songs auch so anhören wie diese beiden.«

Mit grenzenloser Energie trieb ich mich und alle anderen zur Weiterarbeit an. Die Sessions für *Surfer Girl* dauerten manchmal neun oder zehn Stunden, ein bis dahin ungekannter Zeitaufwand. In Wahrnehmung meiner neuen Autorität ließ ich mich von einem Perfektionismus leiten, der letztlich nichts anderem entsprang als meinem verzweifelten Wunsch nach Bestätigung und Liebe. Bald hatte ich mir den Ruf eines Tyrannen eingehandelt, aber ich wurde auch anerkannt als jemand, der nicht lockerließ, ehe ein Song wirklich nicht mehr zu verbessern war.

Mit dem fantastischen Material, mit dem ich arbeitete, produzierte ich das erste wirklich gute Album der Beach Boys. Für mich war »Surfer Girl« mit seiner Paris-Sisters-Zartheit eine der zauberhaftesten kleinen Balladen, die jemals aufgenommen wurden, ganz besonders das Intro. »In My Room« erweckte in mir das gleiche Wohlbehagen wie der Ort, an dem es geschrieben worden war. »Little Deuce Coupe« sprühte Funken, nachdem wir es auf der Bühne ausgefeilt hatten, und mit der Endfassung von »Catch a Wave« landeten wir ebenfalls einen Glückstreffer.

Wir lieferten das Album – schon das zweite für 1963 – im Juli bei der Plattenfirma ab; zur selben Zeit hatte sich *Surfin' U.S.A.*, auf Platz zwei der Charts festgesetzt. Im September wurde *Surfer Girl* dann veröffentlicht, und einen Monat später stand das Album bereits auf Platz sieben, angefeuert von drei Top-30-Singles. Als wäre unser Arbeitstempo nicht schon mörderisch genug, hatte ich außerdem bereits die LP *Little Deuce Coupe* geschrieben, produziert und fertig abgemischt. Unsere insgesamt vierte LP und die dritte im Jahr 1963 wurde im November veröffentlicht und legte beredt Zeugnis davon ab, wie Capitol versuchte, die letzte Note aus den Beach Boys herauszuquetschen, ehe das ihrer Meinung nach kurzlebige Surf- und Hot-Rod-Phänomen abflauen würde. Es gab keine Pause, immer nur mehr, mehr, mehr . . .

Es ist schwer, den Wirbel der Ereignisse in dieser Zeit zu beschreiben. Ganze Monate schienen in einen einzigen Nachmittag gepreßt zu werden, alles war neu, aufregend, einschüchternd und manchmal auch beängstigend. Innerhalb weniger Monate war ich vom Junior-College-Frischling zum Wunderkind-Rockstar geworden, von zu Hause ausgezogen, von meiner ersten Wohnung in die zweite umgezogen und durchs ganze Land getourt. Ich hatte mich von meiner ersten Freundin getrennt und etwas mit einem Mädchen angefangen, dessen Schwestern mich fast genauso anmachten. Darüber hinaus hatte ich drei LPs geschrieben und produziert, die mehr als ein halbes Dutzend Hitsingles abgeworfen hatten.

Aber so gut ich auch im Studio 3 zurechtkam, so katastrophal lief alles, sobald ich den Parkplatz der Western Studios verließ. Ich stand ganz oben in der Musikwelt, ein einundzwanzigjähriger Guru, und war gleichzeitig völlig verloren, wenn ich mich außerhalb ihrer engen Grenzen bewegen mußte. Nachts konnte ich kaum schlafen, und wenn ich doch mal wegnickte, rutschte ich meistens in eine alptraumhafte Welt, in der mein Geist wogte und schäumte wie eine stürmische See von Streß, Ängsten, Ideen und Zwängen. Die Dämonen sammelten sich schon und warteten auf mich.

Während mein Geist auf der ewigen Jagd nach dem »Besser! Besser! Besser!« keine Ruhe fand, suchte ich nach einem Notanker. Und so trieb es mich immer wieder zu dem einzigen sicheren Ort, den ich kannte: zu den Rovells. Es muß ein sechster Sinn gewesen sein, der mich zu ihnen geführt hatte – der blanke Überlebenswille. Viele Nächte verbrachte ich bei ihnen auf dem Sofa, und manchmal kam ich in den frühesten Morgenstunden zu ihnen, nachdem ich eine ewig lange Session im Studio hinter mich gebracht hatte. Mae schien immer etwas zu essen für mich zu haben, ganz gleich, zu welcher Zeit ich auch auftauchte; oft setzten sie und Irving sich zu mir an den Tisch und kiebitzten.

Ich gehörte bei den Rovells bald so fest zur Familie, daß ihr Haus zu einem halboffiziellen Clubheim der Beach Boys wurde. Manchmal versammelten sich Dutzende von Kids in ihren Dragstern vor der Tür und hofften, einen Beach Boy leibhaftig zu Gesicht zu bekommen. Außer mir war Carl der häufigste Gast im Haus; Al kam nur gelegentlich vorbei, Mike fast nie. Dennis war der einzige, mit dem Mae und Irving überhaupt nicht warm wurden. Einmal hatte er sie vor den Kopf gestoßen, indem er damit protzte, wieviel Geld wir mit unserer Musik scheffelten; zur Bestätigung seiner großkotzigen Worte hatte er vor ihren Augen eine Dollarnote zerrissen.

Die Rovells waren entsetzt. Irving rackerte sich bei zwei Jobs ab, und Mae sammelte lose Münzen ein, die wir versehentlich zwischen Sofakissen oder auf Regalen liegengelassen hatten. Wir lebten in verschiedenen Welten.

Trotzdem förderten die Rovells meine Beziehung zu ihren Töchtern. Nachdem ich ein paar Monate auf dem Sofa geschlafen hatte, bot Mae mir eins der Betten im hinteren Schlafzimmer an; Marilyn und Barbara schliefen nun zusammen in dem anderen. Das war ein ziemlich seltsames Arrangement, aber Irving und Mae gingen anscheinend davon aus, daß ich es auf Diane abgesehen hatte, weil sie und ich nach wie vor die meiste Zeit miteinander verbrachten. Im tiefsten Herzen hegte ich weiterhin heftige Gefühle für die niedliche kleine Barbara und mußte mir ständig ins Gedächtnis rufen, daß sie zu jung war. Damit blieb Marilyn übrig, die fürsorglichste und praktischste der Schwestern, diejenige, die mich am liebsten bemutterte. Marilyn strahlte eine Wärme aus, die ihren beiden Schwestern fehlte; immer, wenn ich mein Herz erleichtern wollte, ging ich deshalb zu ihr.

»Mach dir keine Sorgen, Baby«, gurrte sie. »Es wird alles gut.«

Wie gerne hätte ich ihr geglaubt, aber wenn ich nachts wach lag und die Mädchen beobachtete, die sich im Bett aneinanderkuschelten, quälten mich verrückte, verwirrende, besessene Gedanken. Ich wußte nicht, was ich tun oder denken sollte. Mehr als alles andere auf der Welt wünschte ich mir, daß sich jemand um mich kümmerte, und so fiel es mir schließlich sehr leicht, Marilyns Bereitschaft, mich zu verhätscheln und zu trösten, für wirkliche Liebe zu halten.

Wir kamen uns zaghaft näher. Als wir zum ersten Mal allein im Schlafzimmer waren, rückte ich zu ihr und legte meine Wange an ihre. Ich spürte, wie sie errötete. Kurz darauf küßten wir uns. Marilyn war vielleicht nicht das schönste Mädchen, das ich je gesehen hatte, aber das spielte keine Rolle. Ich sah in ihr einen Engel, der sich seine Flügel verdienen wollte – und das bei mir. Wir sind füreinander bestimmt, sagte ich mir, wir werden alle anderen überflügeln.

Zwischen uns entwickelte sich ein romantisches Märchen, an dessen Wirklichkeit ich nur allzu gerne glaubte, obwohl ich mir bis heute nicht sicher bin, ob ich für Marilyn eine normale Erwachsenenliebe empfand oder in ihr nur eine Ersatzmama suchte. Doch damals war das gleichgültig. Ich verdrängte meine Gefühle für Diane und Barbara und verbrachte fortan jede freie Minute mit Marilyn, der ich meine geheimsten Träume und Ängste anvertraute.

Eines Abends fuhren wir in meinem neuen, aquamarinblauen Grand Prix herum, als der DJ eine brandneue Scheibe auflegte, die Phil Spector produziert hatte; die Ronettes sangen »Be My Baby«. Ich mußte an den Straßenrand fahren und schrie gequält auf: »Oh Gott! Das ist großartig! Das ist der beste Song, den ich je gehört habe!«

Marilyn wußte nicht, was sie von mir halten sollte. Ich war völlig außer mir, als ich den Refrain hörte. Ich lauschte gespannt, und was ich hörte, verblüffte mich. Die Melodielinie blieb konstant, aber drei Akkorde hielten alles im Wechsel. Ich hämmerte mit der Hand aufs Steuer, so unglaublich war das. Warum war mir noch nie so eine Idee gekommen? Würde ich je fähig sein, mir so etwas einfallen zu lassen?

»Was meinst du?« fragte Marilyn, als das Stück zu Ende war.

»Mir fliegt der Kopf weg, das meine ich. Heilige Scheiße! Das schaffe ich nie. Nicht so fantastisch. Nie im Leben.«

»Mach dir keine Sorgen, Baby«, sagte Marilyn und massierte meinen Nacken. »Doch, das wirst du! Du wirst etwas mindestens genauso Tolles machen.«

In diesem Augenblick bezweifelte ich, daß selbst der größtmögliche Zuspruch von allen Seiten mich jemals davon würde überzeugen können, daß auch ich zu so etwas fähig war. Und doch war es auch diesmal die erste von mehreren Phasen, die ich jedesmal durchleben muß, ehe ich mit dem Schreiben anfange: extreme Depressionen, dann das Gefühl der Herausforderung und die Horrorvorstellung, ihr nicht gewachsen zu sein, schließlich die rettende Inspiration. Der Rest ist dann Schweiß und das Streben nach Perfektion, getrieben von dem Wunsch, allen – nicht zuletzt mir selbst – zu beweisen, daß ich es mit den Besten aufnehmen kann.

Ich kaufte auf der Stelle zehn Exemplare von »Be My Baby« und spielte sie bis zum Exzeß immer wieder ab. Dabei sog ich jede Note, jeden Sound, jeden Pulsschlag des Grooves in mich ein. Dann endlich rief ich meinen Texter Roger Christian an und sagte ihm, ich hätte eine Idee. An einem der folgenden Nachmittage trafen wir uns im Haus meiner Eltern, wo wir als eine unserer letzten gemeinsamen Arbeiten eine schmelzende Ballade schrieben, deren Titel und Refrain aus Marilyns tröstenden Worten bestand: »Don't Worry, Baby«. Noch ehe wir fertig waren, wußte ich, daß der Song ein Superhit werden würde.

»Mir fällt was ein«, sagte ich plötzlich. »Warum geben wir ihn nicht Phil Spector, er kann ihn als Follow-Up zu ›Be My Baby‹ rausbringen.«

Im Grunde machte ich mir selbst etwas vor, denn dieser Vorschlag war eigentlich nicht ernst gemeint; ich wollte und hoffte, daß Roger mir diese Idee ausreden würde.

»Ist das dein Ernst?« fragte er. »Es ist ein verdammt guter Song, Brian, und es könnte dir noch leid tun, wenn du ihn weggibst.«

»Okay, ich behalte ihn«, erwiderte ich mutig. »Ich wette, ich kann den Song mit den Beach Boys genausogut hinbekommen wie Phil Spector.«

Vielleicht sogar noch besser.

10

Meet the Beatles

Im Herbst 1963 lud mich Phil Spector zu Gold Star ein, um bei der Session für sein berühmtes Christmas Album zuzusehen. Spector und ich hatten uns schon mehrmals getroffen, und jede Begegnung war höchst eigenartig gewesen.

Beim ersten Mal wartete ich in Lou Adlers Büro auf Jan and Dean, als Spector überraschend reinkam. Ich wußte nicht, was ich sagen sollte. Spector war klein und dürr und eine wesentlich weniger auffallende Erscheinung, als ich mir immer vorgestellt hatte, wenn ich seine imposante LP *Wall of Sound* hörte. Ich wagte schüchtern zu sagen, daß ich ihn für ein Genie hielt, und er dankte mir. Keiner von uns sah dem anderen in die Augen.

Beim nächsten Mal begegnete ich Spector, als ich in den Gold Star Studios an den Tracks für »Be True to Your School« arbeitete, während er in Studio A Aufnahmen machte. Ich experimentierte gerade mit dem Echo, als plötzlich die Tür aufsprang. Zuerst sah ich niemanden, doch dann tauchte ein Kopf auf. Schwarze Haare, Sonnenbrille, ein schmales Gesicht und ein ernster Blick: Phil Spector.

»Ich höre alles«, sagte er hämisch.

Dann verschwand er blitzschnell von der Bildfläche, und die Tür schlug zu. Ich war völlig verstört und zermarterte mir tagelang das Hirn, wie er das wohl gemeint haben konnte. Einige Tage später warf ich einen heimlichen Blick ins Studio A, in dem er arbeitete. Drinnen drängten sich mehr Musiker, als ich je zuvor in einem Studio gesehen hatte. Nachdem er sich mehrmals ein Playback angehört hatte, verließ Spector den Raum, blieb jedoch stehen, als er mich sah.

»Brian?« sagte er überrascht.

Ich hatte wieder einen Frosch im Hals.

»Ich finde, ›Be My Baby‹ ist der tollste Song, den ich je gehört habe«, quetschte ich heraus.

Er lächelte und ging ohne ein Wort hinaus. Im Flur blieb er plötzlich stehen, als wäre ihm etwas eingefallen; dann drehte er sich um und sah mich an. »Ich finde ›Then He Kissed Me‹ besser«, sagte er, drehte sich wieder um und verschwand.

Im Herbst 1963 lud er mich dann, wie schon gesagt, zu einer Session ein.

Ich wußte nicht, was ich von Spectors seltsamer Einladung halten sollte, aber ich ging trotzdem hin. Marilyn hatte mich vorher etwas aufgemuntert und mir erklärt, daß Spector mich vielleicht genauso bewunderte wie ich ihn. Ich hielt das für ausgeschlossen, da meiner Meinung nach niemand Phil Spector das Wasser reichen konnte.

Die Atmosphäre im Studio wirkte wenig weihnachtlich, als ich hineinkam, wenngleich Spector wie der Weihnachtsmann auftrat und alle anderen sich um ihn scharten wie seine Wichtel. Die Sängerinnen Ronnie Spector und Darlene Love standen rechts und links neben dem Produzenten, der brütend hinter dem Mischpult saß. Außerdem trieb sich ein Riesenaufgebot von Musikern, Sängern und Assistenten im Studio herum. Der Raum schwirrte vor rastloser Aktivität, während diese kleine Armee von Performern darauf wartete, daß Spector zu einer Entscheidung kam.

Nach einiger Zeit beschloß er, einen neuen Take von Ronnie Spectors Version von »Santa Claus Is Coming to Town« aufzunehmen. Er hörte sich mehrere Takes an, schüttelte den Kopf und setzte einen anderen Song an. Der erste Take dafür gefiel ihm auch diesmal nicht. Plötzlich kam er auf mich zu und sah mich an, als müßte ich wissen, was in seinem Kopf vorgeht.

»Brian«, sagte er, das Kinn auf die gefalteten Hände gestützt, »warum setzt du dich nicht mal da ans Klavier?«

»Nein, ich sehe lieber zu«, erwiderte ich.

Spector straffte sich, und ich erkannte sofort, daß sich niemand ihm und seinen Wünschen widersetzen durfte. Leon Russel, der bis dahin Klavier gespielt hatte, nippte an seiner Kaffeetasse und starrte mich an. Im Mittelpunkt der Aufmerksamkeit zu stehen, war mir ziemlich unangenehm.

»Wie gesagt«, fuhr Spector einen Moment später unbeirrt fort, »vielleicht setzt du dich mal da ans Klavier und versuchst, ob du mit dem Akkordschema für den Song was anfangen kannst?«

Ich versuchte es, wußte aber, daß Notenlesen nicht gerade meine große Stärke war, was auch den anderen bald klar wurde. Nach dem vierten Take befreite mich Spector. Vielleicht beim nächsten Mal, schlug er vor, und ich war eher erleichtert als gekränkt. Nun konnte ich ungestört zusehen und Spector bis spät in die Nacht bei der Studioarbeit beobachten. Er war wie ich hundertprozentig besessen davon, den perfekten Song zu erschaffen.

Eine weitere Gemeinsamkeit zwischen uns erkannte ich damals noch nicht, sondern erst viele Jahre später: Spectors anormale Persönlichkeit war vielleicht seine wichtigste Waffe beim Plattenmachen, weil sie es ihm erlaubte, sich alle anderen so gefügig zu machen, daß sie exakt das taten, was er von ihnen erwartete. Phil Spector beugte sich nicht der Welt, sie mußte sich ihm beugen. Wie später auch ich, verabschiedete sich Spector in dem Augenblick aus der Musikszene, als er nicht mehr die Kraft hatte, diese Nummer abzuziehen.

Im Herbst 1963 war bei den Beach Boys der Wurm drin, ich sah mich plötzlich mutterseelenallein am Rand eines kreativen Abgrunds. Dennis war immer noch mehr an seinem ständig steigenden Stern bei den Mädchen interessiert als an unserer Musik. Carl war mit seinen siebzehn Jahren zwar ein recht guter Gitarrist, aber beim Songwriting absolut keine Hilfe. Und Al blieb meistens für sich allein. Damit blieb es Mike Love und mir überlassen, die Beach Boys zu leiten.

Mike und ich verstanden uns aber weniger als je zuvor, obwohl wir noch manchmal gute Momente hatten. Im November, einen Tag, nachdem John F. Kennedy ermordet worden war, schrieben wir gemeinsam »The Warmth of the Sun«, eine elegische, melancholische Ballade, die unsere Betroffenheit über das Attentat ausdrückte und mit den Worten begann: »What good is the dawn that grows into the day? The sunset at night or living this way?« Im Dezember nahmen wir »Keep an Eye on Summer« und »Fun Fun Fun« auf, eine musikalische Spritztour, die wir beide für einen der bisher besten Songs der Band hielten.

Mike dachte daran, wieviel Geld er machen konnte, wenn der Song ein Hit würde. An Geld zu denken, kam mir überhaupt nicht in den Sinn, für mich zählte nur, ob der Song auf KFWB laufen und ob er in die Charts kommen würde. Ich sah meine Chance, nach dem goldenen Ring zu greifen, und selbst wenn ich Stacheldraht und Minenfelder überwinden müßte, um ihn zu erringen, sollte mich nichts davon abhalten. Ich fühlte mich wie in einer Tretmühle gefangen und tat alles, um durchzuhalten und bei Kräften zu bleiben. Es war hart, ich ächzte und schnaufte, kämpfte gegen meine Ängste und gleichzeitig gegen die stetig steigenden Erwartungen. Die Anforderungen waren enorm, ich kam selten zur Ruhe.

Nachts hörte ich immer öfter Stimmen im Schlaf, nichts, was ich verstehen konnte, nur Schreie, laute, beängstigende Schreie, die an mir vorbeischossen wie Kobolde in einem Spukhaus. Ich lag wach im Bett und wartete darauf, ins Studio zurückgehen zu können. Der einzige Weg, diese Schreie von mir fernzuhalten und bei Verstand zu bleiben, war Arbeit.

Arbeit, Arbeit, Arbeit!

Marilyn, ihre Eltern und ihre Schwestern trösteten mich, indem sie sagten, ich sei einfach nur müde und überarbeitet, es gebe keinen Grund, sich Sorgen zu machen. Die letzten beiden Beach-Boys-Alben waren beide von Null auf Zehn eingestiegen, und im Dezember kletterte unsere neueste Single »Be True to Your School« auf Nummer sechs. Ich brauchte nur etwas Ruhe.

»Aber was ist, wenn ich verrückt werde?« fragte ich Marilyn.

Sie lachte und schob mich ins Schlafzimmer, wo sie das Bett aufdeckte und mir befahl, mich aufs Ohr zu legen.

»Du wirst nicht verrückt.«

Barbara kam herein, stellte sich neben Marilyn und deckte mich zu. Ich lächelte sie an. Sie war so verdammt süß. Ich bat sie um einen kleinen Kuß auf die Wange, den sie mit kichernd gab. Zu Barbara sagte ich, nach ihrem Kuß gehe es mir besser, aber in Wahrheit hatte er mich nur noch mehr verwirrt. Ich liebte Marilyn, ich liebte Barbara, ich liebte auch Diane. Und ich fand keine Antworten auf die vielen Fragen, die mich quälten.

Im Januar flogen die Beach Boys zu ihrer ersten Übersee-Tour nach Australien, der ich mit gemischten Gefühlen entgegensah. Ein Tapetenwechsel war an sich nicht schlecht, aber ich fragte mich, wie ich zurechtkommen würde, wenn ich länger nicht schreiben konnte. Zur Zeit lief es für die Beach Boys ausgesprochen gut, und ich wollte nicht, daß die Flamme erlosch. Also begleitete ich die anderen mit einem inneren Widerstreben, das ich allerdings niemandem gegenüber erwähnte, und verbrachte ein paar Tage mit Sightseeing in Australien. Ich registrierte, daß die Mädchen sich nicht die Beine rasierten, daß die Dächer alle orangerot und die Strände fantastisch waren.

Aber wenn wir nicht auftraten oder Promotion machten, war ich am zufriedensten, wenn ich mich in meinem Hotelzimmer einschließen konnte. Die anderen ließen nichts anbrennen, machten die Stadt unsicher und genossen die Freiheit, die sie zu Hause nicht hatten; ich aber wollte einfach nur allein gelassen werden.

Ich erinnere mich noch, wie ich in einem der Hotels aus dem Bett hochfuhr und durch den Flur raste, weil Mikes laute Stimme uns in sein Zimmer rief.

»Das müßt ihr euch ansehen!« brüllte er durch die offene Tür. Dennis, Carl, Al und ich waren fast gleichzeitig bei ihm. Mike stand nur mit einem Badehandtuch bekleidet vor uns. Offensichtlich hatte er eine unglaubliche Entdeckung gemacht und wollte dieses Erlebnis unbedingt mit uns teilen. Er führte uns ins Bad und zeigte auf die Toilette. Carl und Al wandten sich angewidert ab, Dennis und ich waren nur verblüfft.

»Über dreißig Zentimeter!« Mike platzte vor Lachen laut heraus. »Ich wette, das ist der größte Scheißhaufen der Welt!«

Mittlerweile verbrachten Mike und ich immer weniger Zeit miteinander. Er fand mich zunehmend sonderlicher, während mich seine einseitige Fixierung auf Mädchen und Geld immer mehr abstieß. Zwischen uns herrschte ein unausgesprochener Konflikt, der demjenigen zwischen Kirche und Staat oder Kunst und Kommerz vergleichbar war. Daraus ergab sich, daß ich mich in Australien mit Al verbündete.

Eines Nachmittags unternahmen wir eine Tour auf den Berg, der Sydneys wundervollen Hafen überragt. Wir blickten hinunter auf die Landschaft, die Boote und den Ozean und spielten dazu ein Tape unserer nächsten Single, »Fun Fun Fun«. Nachdem wir uns den Song angehört hatten, gefiel er mir plötzlich nicht mehr. Al wollte wissen, warum, aber ich konnte nicht beschreiben, was mir nicht paßte. Irgend etwas ging mir so sehr gegen den Strich, daß Al mehrere Stunden brauchte, um mir auszureden, daß ich bei Capitol anrief, um die Plattenpressen anzuhalten. Irgend etwas hakte bei mir aus, ich war kaum zu beruhigen.

»Na ja, das ist einfach nicht fair«, sagte ich irgendwann.

»Was ist nicht fair?« fragte Al.

»Daß es die Hölle für mich ist, ständig um meinen Ruf kämpfen zu müssen. Ich wünschte, ich hätte es schon geschafft, ich wäre über den Berg und allgemein anerkannt.«

»Aber das bist du doch, Brian. Jeder findet deine Songs toll. Du bist doch für alle der Größte.«

»Wirklich?« fragte ich.

»Würde ich es sonst sagen?«

»Aber ich finde es so schrecklich, was ich deswegen alles durchmachen muß. Verstehst du, was ich meine?«

Al schüttelte den Kopf. »Nein, ich verstehe es nicht.«

Als wir eine Woche später in Auckland, Neuseeland, waren, hörte ich, daß zu Hause die Single einer neuen Band veröffentlicht worden war, die alle anderen alt aussehen ließ. Die Beatles hatten von »I Wanna Hold Your Hand« in zehn Tagen eine Million Platten verkauft und waren wie eine Rakete auf Platz eins geschossen. Ich wollte unbedingt selbst hören, was es mit dem ganzen Wirbel auf sich hatte, also fuhren wir zu einem Radiosender, bei dem man uns das Stück vorspielen konnte.

»Die Beatles?« rätselte Mike. »Was soll das sein?«

»Ich finde da nichts dran«, meinte Dennis.

»Das ist doch eine Eintagsfliege«, sagte Al, als der Song zu Ende war. »Die Musik ist ziemlich dürftig.«

»Ja, der Song ist ganz simpel«, bestätigte ich. »Ganz simpel. Aber er ist catchy. Der hat was.«

Ein paar Tage später flogen wir nach Hause und begannen mit der Arbeit an unserem neuen Album; niemand außer mir ahnte, daß sich durch die vier pilzköpfigen Typen aus Liverpool die Voraussetzungen für unsere weitere Arbeit grundlegend geändert hatten.

Wir schrieben den 9. Februar 1964. Wie der Großteil aller Amerikaner zwischen sechs und sechzig hatte auch ich mich auf einen Sonntagabend vor dem Fernseher eingerichtet; genauer gesagt, die *Ed Sullivan Show* stand an, und heute sollten die Beatles auftreten. Bei den Rovells gab es ein üppiges Dinner, und im Anschluß daran unterhielt ich alle mit zwei neuen Songs, die ich auf ihrem Familienklavier geschrieben hatte: »I Get Around« und »Wendy«. Doch sobald die Show anfing, hörte ich auf zu spielen, ich wollte keine Sekunde dieses langerwarteten Spektakels versäumen.

Einerseits war ich neugierig, andererseits beunruhigten mich die Beatles aber auch. Mein eigener Bruder Carl, Herr im Himmel, hatte Bilder von John, Paul, George und Ringo im Schlafzimmer hängen, und mein Dad nannte ihn seitdem nur noch »den Verräter«. Aber das alles war harmlos im Vergleich zu dem reißenden Absatz von »I Wanna Hold Your Hand«

– 500000 Stück in weniger als einer Woche! Das schlug den bisherigen Verkaufsrekord, den die Beach Boys mit »Surfin' U.S.A.« aufgestellt hatten, um Längen. Und schlimmer noch, unsere Neuveröffentlichung »Fun Fun Fun« wurde durch den Hit der Beatles in den Schatten gestellt.

»Oh mein Gott, seht euch das an«, sagte ich. »Seht euch die Typen an. Dieses Gekreische ist ja nicht zu fassen.«

Tatsächlich war das hysterische Kreischen des entfesselten Publikums so laut, daß man von den Beatles selbst kaum noch etwas hörte. Aber das wenige, was ich sah, machte einen höllischen Eindruck auf mich. Die vier sahen scharf aus, besonders im Vergleich mit den blöden gestreiften Hemden und weißen Hosen, in denen die Beach Boys auf die Bühne gingen. Ich fühlte mich plötzlich total unhip, mehr wie ein Golfcaddy als ein Rock-and-Roll-Star.

Als Marilyn, Barbara und Diane, die neben mir saßen, dann über John, Paul, George und Ringo genauso ausflippten wie das Studiopublikum, war ich richtiggehend erschüttert. In den letzten Wochen, die wir an der neuen LP *Shut Down Volume 2* gearbeitet hatten, hatte mir diese Konkurrenz ständig im Nacken gesessen. Ich hatte Angst davor, daß wir plötzlich abgemeldet sein könnten.

Am nächsten Tag traf ich mich mit Mike im Café, um die neue Lage zu diskutieren.

»Hast du gestern die Beatles gesehen?« fragte ich.

Er hatte und war genauso besorgt wie ich. Wir sahen beide die Beatles als eine Bedrohung an, doch über die nächsten Schritte, die wir angesichts dieser Tatsache unternehmen sollten, gingen unsere Meinungen weit auseinander.

»Ich will das Album kippen«, sagte ich. »Wir fangen noch mal ganz von vorne an und machen bessere Songs.«

»Die Songs sind völlig in Ordnung, Brian«, erwiderte Mike. »Sie passen zu den Beach Boys.«

»Das ist es ja gerade«, argumentierte ich. »Wir müssen weitergehen, wir müssen über das eingefahrene Schema hinauswachsen. Es wäre blöd, das nicht zu tun.«

»Aber Brian, wenn du das Album kippst, wirfst du bares Geld zum Fenster raus. Die Songs sind bis jetzt immer angekommen, und sie werden auch weiter ankommen, solange wir uns nicht auf irgendwelche Experimente einlassen.«

»Du kapierst es einfach nicht, Mike, oder?«

Wider besseres Wissen ließ ich mich darauf ein, das Album fertigzustellen, aber je öfter ich *Meet the Beatles*, das Debütalbum der Fab Four, hörte, desto mehr fürchtete ich, daß wir so nicht weiterkommen würden.

Shut Down Volume 2 erschien im März und schaffte es auf Platz 13 der Charts. Aber es gab trotzdem beunruhigende Anzeichen, die auf eine mögliche Wachablösung in der Welt der Popmusik hindeuteten. »Fun Fun Fun« plazierte sich zwar schnell auf Nummer fünf, konnte jedoch nicht weiter steigen. Warum? Weil die ersten vier Plätze ausnahmslos von den Beatles belegt wurden.

Ich war zutiefst deprimiert: Wirklich großartiges Material von anderen Bands zu hören, ließ mich zu einem Stück Fliegendreck zusammenschrumpfen. Es gab nur einen Weg, um aus dieser Depression herauszufinden: Ich mußte einen neuen Song schreiben, mußte über das hinausgehen, was ich bis jetzt geschaffen hatte, mußte mich aufmachen zu neuen Horizonten und etwas anderes und Besseres finden. Ich mußte meine Minderwertigkeitsgefühle überwinden.

Im März begann für mich eine extrem persönliche kreative Phase, die meine ganze körperliche und geistige Energie forderte. Die Songs kamen tief aus meiner innersten Wunde. Ich spielte den Jungs »I Get Around«, »All Summer Long«, »Wendy«, »Girls on the Beach« und »Don't Back Down« vor und erntete begeisterte Reaktionen, außer von Mike. Er beklagte sich, weil ich nicht mehr mit ihm zusammenarbeitete und pochte auf sein Recht, an den Lyrics mitzuwirken. Doch für mich war es ein äußerst ungünstiger Zeitpunkt, mich wieder mit meinem Vetter zusammenzutun.

»Diese Lyrics sind mir so wichtig, daß ich im Moment einfach nicht mit anderen zusammenarbeiten will«, erklärte ich. »Es ist nichts Persönliches.«

»Aber wir haben immer zusammen geschrieben, Brian. Ich finde es nicht fair, wenn du jetzt alles an dich reißt.«

»Ich kann nichts dafür«, entschuldigte ich mich. »Ich will dich wirklich nicht verletzen, aber ich bin gerade so tief drin, daß ich nicht aufhören will. Wir werden uns schon wieder zusammenraufen. Bitte, nimm es jetzt mal so hin.«

Ende März holte ich das Letzte aus den Jungs heraus, ich forderte von ihnen den gleichen Einsatz wie von mir selbst. Der Druck auf uns alle war stärker denn je und wurde der Prüfstein für unsere Beziehung. Keiner wollte derjenige sein, der als erster schlappmachte. Es war wie eine Mutprobe.

Wir arbeiteten an den Aufnahmen für »I Get Around«, das sich von der schlichten, eingängigen Melodie, die ich auf dem Klavier der Rovells zum ersten Mal gespielt hatte, zu einem komplizierten Stück Musik mit alternierenden Rhythmen und Motorengeräuschen zu einer Produktion à la Spector ausgewachsen hatte.

Neben den Myriaden vertrackter Probleme, die nur ich herauszuhören schien, stand zwischen uns und dem perfekten Song noch ein weiteres, schier unüberwindliches Hindernis: mein Dad, der uns mindestens genausoviel Druck und Streß machte wie die Plattenfirma. Im zurückliegenden Dezember hatte er eigenmächtig eine Aufnahmesession gekippt, die ich angesetzt hatte. Als Chuck Britz, der Tonmeister, mir erzählte, was mein Vater getan hatte, ging ich in die Luft. Schließlich war immer noch ich der Produzent!

Ich raste von Hollywood nach Hawthorne und stürmte in unser Haus, wo er auf dem Bett lag, Pfeife rauchte und mit seinem zahmen Star plauderte.

»Was zum Teufel läuft hier eigentlich?« schrie ich ihn an. »Was fällt dir ein, unsere Session abzusagen?«

»Es war noch nicht soweit«, sagte er ohne aufzuschauen. »Der Song ist schlapp. Zu schlapp, um deine Zeit und mein Geld mit Aufnahmen zu verschwenden. Hast du eine Ahnung, was die dir für die Studiozeit berechnen?«

»Nein, und es ist mir auch egal«, erwiderte ich wutschäumend. »Ich denke, du liegst schief, und ich nehme den Song auf.«

Auch in Australien veranstaltete mein Dad denselben Zirkus wie immer und kotzte mit seinem despotischen Gehabe und den ewigen Bußgeldern alle an. Er sprang mit freien Menschen um wie ein Gefängnisaufseher. Wir wagten kaum noch, ohne Erlaubnis zu atmen.

Als wir dann wieder zu Hause waren, spielte ich ihm Probe-Demos von »Wendy« und »I Get Around« vor. Er fand sie natürlich wieder einmal dürftig und saß während der Sessions für »I Get Around« mit beleidigtem Gesicht neben Chuck Britz am Mischpult.

Inzwischen waren wir alle genervt und gehemmt. Unsere Musik war gut, aber irgend etwas stimmte nicht, irgend etwas fehlte. Darin waren wir uns alle einig. An einem Abend, an dem überhaupt nichts gelang, verordnete ich uns eine Pause und lud die Jungs zum Dinner bei Denny's ein. Normalerweise putzte ich mein Essen weg, sobald die Kellnerin es auf den Tisch gestellt und noch ehe die anderen überhaupt zur Gabel gegriffen hatten. Dann mahnte ich sie schon: »Los, das Studio wartet.« Aber diesmal geriet unser gemeinsames Dinner zur Krisensitzung.

»Irgendwas muß passieren«, sagte Mike. »Unser Problem heißt Murry Wilson. Er legt uns völlig lahm.«

Keiner am Tisch widersprach meinem Vetter, denn wir waren alle derselben Auffassung. Aber ich glaube, Carl, Dennis und ich brauchten einen Außenstehenden, der den ersten Stein warf, erst dann war unser Dad zum Abschuß freigegeben. Alle stimmten zu, daß er in den Anfangstagen der Band gute Promotion-Arbeit geleistet hatte, indem er unentwegt Radiosender angerufen und die ersten Schlachten für uns geschlagen hatte. Aber seine Rolle hatte sich überlebt und war längst ins Negative umgeschlagen. Statt Ratschläge hatte er nur noch Vorwürfe und haltlose Kritik anzubieten.

»Er muß zu allem seinen gottverdammten Senf dazugeben«, stimmte Dennis ein. »Beim Scheißen angefangen bis hin zum Ficken.«

»Wie gesagt«, bekräftigte Mike. »Es muß was passieren.«

Die große Frage war allerdings, wer von uns ihn in die Schranken weisen sollte. Auf dem Rückweg ins Studio und während der nächsten Tage diskutierten wir ständig über dieses Problem. Schließlich schrieb Mike meinem Vater einen Brief, in dem er ihm mitteilte, daß er gefeuert sei. Doch Dad ignorierte das Schreiben und kreuzte weiter im Studio auf, als wäre überhaupt nichts geschehen. Jeder Take wurde mit seinen bissigen Kommentaren versehen, die sich zunehmend gegen mich richteten.

»Ich finde es nicht gut, Brian«, sagte er an einem Punkt. »Dein Arrangement ist einfach Mist.«

»Da bin ich anderer Meinung«, hielt ich dagegen. »Mir gefällt's.«

Endlich hatten wir eine Version gefunden, die uns allen gefiel, aber als wir den Song abmischen wollten, klebte mein Dad enger an mir als mein Sweater. Er konnte sich nicht bremsen, er konnte nicht ruhig sitzenbleiben und mich meine Arbeit tun lassen. Ich versuchte, seine Vorschläge zu ignorieren, aber damit goß ich erst recht Öl ins Feuer. Nach kurzer Zeit piekste er mich mit seinem Finger in die Brust: »Diese Gitarren sind nicht laut genug. Sie haben keinen Drive.«

»Aber mir gefällt es so«, erwiderte ich. »Ich bin der Produzent und lasse mir von dir nicht vorschreiben, was ich zu tun habe.«

Mein Dad gab mir einen Stoß. »Vergiß nicht, mit wem du sprichst.«

»Ich weiß genau, mit wem ich spreche«, schnappte ich zurück. »Erzähl mir doch mal, worauf du dir soviel einbildest.«

Die anderen beobachteten uns schweigend, sie standen in ungläubigem Staunen da wie Wachsfiguren.

»Diese Scheißband ist *mein* Werk«, brüllte mein Dad. »Ich habe euch groß gemacht. Ohne mich wärt ihr nichts. Null. Nichts.«

»Sieh mal an, das sehe ich aber anders«, funkelte ich ihn an. »Wenn du's genau wissen willst, für mich bist du nur ein eifersüchtiger alter Mann.«

»Eifersüchtig auf was?« Er lachte sarkastisch. »Auf meinen Sohn, die Niete? Meinen Sohn, der . . .«

In diesem Moment hakte irgend etwas bei mir aus, von einer Sekunde auf die andere konnte ich keine einzige seiner Beleidigungen mehr ertragen. In blinder Wut sprang ich auf und packte meinen Vater beim Kragen. Den Bruchteil einer Sekunde dachte ich daran, ihm eine zu langen, und malte mir aus, wie ich ihn zu Brei schlug. Statt dessen stieß ich ihn nur weg, doch der Stoß war so kräftig, daß er das Gleichgewicht verlor und ein oder zwei Schritte rückwärts taumelte. Die Zeit schien stillzustehen. Dann straffte mein Vater sich und warf mir einen jener düsteren, haßerfüllten Blicke zu, die ich aus meiner Kindheit nur zu gut kannte, beispielsweise dann, wenn er mich mit der Zaunlatte geprügelt hatte. Aber diesmal war ich stärker und behauptete mich.

»Was fällt dir ein?« sagte er.

»Du bist gefeuert«, schrie ich. »Dad, du bist gefeuert, verdammt! Du bist als Manager der Beach Boys gefeuert.«

Er stand wie erstarrt da und sah aus, als hätte ich tatsächlich den Schlag ausgeteilt, den ich gerade noch unterdrückt hatte. Er war geschockt, sprachlos und verstört – das Bild eines alten Mannes, der jeglichen Sinn für Zeit und Raum verloren hat. Gedemütigt wandte er sich ab und verließ das Studio. Ich setzte mich ans Mischpult und atmete tief durch. Ich hatte ihn nicht verletzen wollen, ich wollte nur, daß er mir nicht mehr in die Quere kam.

Dann wandte ich mich an Chuck Britz und die Jungs: »Machen wir weiter.«

Mein Vater fuhr heim und stürzte in tiefe Depressionen. Über einen Monat lang verließ er das Bett nicht mehr, und während der ganzen Zeit sprachen wir kein einziges Wort miteinander. Als ich ihn das nächste Mal wiedersah, entschuldigte ich mich für das, was geschehen war.

»Ich wollte doch nur, daß der Song perfekt wird«, versuchte ich ihm zu erklären.

Aber irgend etwas war anders – war endgültig!

Kurz darauf trennten sich meine Eltern. Mein Vater war Mom untreu gewesen.

11

All Summer Long

Kein normaler Zweiundzwanzigjähriger benahm sich so wie ich. Ständig schweiften meine Gedanken ab, mitten im Gespräch verlor ich den Faden und zählte irgendwelche Dinge. Kleinste Details fesselten meine Aufmerksamkeit: die Anzahl der Fliesen auf dem Fußboden, Flecken an der Decke, Erbsen auf dem Teller. Ich weinte schnell, lachte viel zu laut und war ständig bemüht, nur nicht aufzufallen und so zu reagieren, wie ich glaubte, daß die anderen es von mir erwarteten. Denn ich hatte selbst jeglichen Maßstab für ein normales Verhalten verloren. Aber es gab für all das eine einfache Erklärung: »Oh, Brian ist mal wieder ganz Brian.«

Diese Bemerkung wurde zu einem mir vertrauten Refrain.

Anfang Mai 1964 rief mich Spector in den Western Studios an. Einige Wochen zuvor hatte ich ihm das Demo für den Song »Don't Hurt My Little Sister« gegeben, der speziell auf eine Spector-Produktion und die Sängerin Darlene Love zugeschnitten war. Ich hatte seitdem ungeduldig auf eine Antwort gewartet. Jetzt teilte Spector mir mit, er sei im Chateau Marmont, einem Hotel in Hollywood, das als Unterschlupf für Prominente berühmt war.

Ich fuhr noch am selben Abend hin, und Spector öffnete mir die Tür – nur in Hosen, ohne Hemd. Unsere Unterhaltung verlief freundlich, aber reserviert. Unsere eigenartigen Persönlichkeiten standen zwischen uns. Es hätte so schön sein können, einen Freund von seinem Einfluß und Talent zu haben, jemanden, der mich und meine Probleme verstanden hätte. Aber unglücklicherweise war Phil auf seine Art mindestens genauso verschroben wie ich auf die meine.

Es ist schwer zu sagen, wie er womöglich reagiert hätte, wenn ich ihm gesagt hätte, daß mich der Streß allmählich um den Verstand zu bringen drohte und ich mich von niemandem ernst genommen fühlte. Unter Umständen hätte er meinen Streit mit meinem Vater gutgeheißen, aber vielleicht hätte ihn das Geständnis, daß ich mich seit der Trennung meiner Eltern wie ein Schiff fühlte, dessen Anker gekappt worden war, auch zu Tode erschreckt.

Statt dessen beschränkte ich das Gespräch auf ein anderes Thema, vielleicht das einzige, über das wir beide gerne diskutierten: die Musik. Ich fragte diesen kleinen, hemdlosen Mann mit dem strähnigen Haar, ob er die letzte Single der Beach Boys gehört hätte: »I Get Around«.

»Ja«, bestätigte Spector mit einem Kopfnicken.

»Wie finden Sie sie?«

»Ich finde sie stumpf genug, um gut anzukommen«, erwiderte er. »Also, warum spielen wir nicht ein bißchen Klavier?«

Spector deutete auf den Stutzflügel in der Mitte der Suite, und ich setzte mich auf die Bank. Er zog sich einen Stuhl heran und bat mich, ihm »Don't Hurt My Little Sister« vorzuspielen. Dann machte er einige Änderungsvorschläge, und ich spielte weiter und baute die Änderungen ein. Nach fünfzehn Minuten stand Spector von seinem Stuhl auf, stellte sich hinter mich und sagte: »Das ist es. Spiel das Riff weiter! Nicht aufhören!«

Dann begann er zu singen. Das alles dauerte nicht mehr als fünfzehn Minuten, dann sagte er: »Ich glaube, das reicht. Ich mache ein Arrangement dafür und sehe dich dann im Studio.«

Mit diesen Worten verschwand er in sein Schlafzimmer, und die Tür fiel hinter ihm zu. Kein »Auf Wiedersehen«, kein »Dankeschön«. Beim Gehen fragte ich mich, woran ich war, aber einige Tage später wurde ich wegen der Session benachrichtigt und fand mich bei Gold Star ein. Einen halben Tag lang sah ich zu, wie Darlene Love in der Gesangskabine stand, während Spector mit jedem Take herumspielte. Er bat mich, auf einem Take Klavier zu spielen, doch dann gefiel es ihm nicht. Er war mit rein gar nichts zufrieden. Plötzlich unterbrach er die Arbeit, um seinen Psychiater in New York anzurufen. Nachdem er zehn Minuten wild gestikulierend in den Hörer hineingeschrien hatte, hängte er auf und verließ wortlos das Studio. Einer seiner Assistenten erklärte die Session für beendet und schickte uns alle nach Hause. Das war's dann!

Also behielt ich den Song, und die Beach Boys nahmen »Don't Hurt My Little Sister« ein Jahr später für das Album *The Beach Boys Today!* auf. Auch Spector fand später noch Verwendung für meinen Song, aber die Version der Blossoms, einer seiner diversen Bands, war völlig überarbeitet und trug den neuen Titel »Things Are Changing (For the Better)«. Kurioserweise erschien der Song als Instrumental auf einer Platte, mit der der Öffentliche Dienst für Chancengleichheit warb.

Anfang Juni 1964 erschien unser Album *All Summer Long*, und ich hatte endlich das Gefühl, daß diese Platte es mit den Produktionen von Spector und den Beatles aufnehmen konnte. Die Vocals waren stark und die Produktion präziser und gewagter als alles, was wir bis dahin gemacht hatten. Die Harmonien hatten mehr Klasse und wir waren alles in allem musikalisch aufregender als je zuvor. Am 4. Juli kam »I Get Around« als erste aller Beach-Boys-Singles auf Platz eins der Charts und hielt sich dort für zwei Wochen.

Ich war überglücklich, aber meine Hochstimmung verflog ziemlich schnell, da der Dauerstreß jetzt auf einen kritischen Punkt zusteuerte. Ich war schon sichtlich angeschlagen, was sich unter anderem darin äußerte, daß ich Dinge ungewöhnlich lange anstarrte, bis ich schließlich in eine Art Trance verfiel. Menschen machten mich nervös, also ging ich ihnen besser aus dem Weg. Ich hörte Stimmen – irritierende, beunruhigende Laute, die mich an die beleidigenden Kritiken meines Vaters erinnerten. Nichts von alledem war neu für mich, aber seit kurzem trat alles mit einer Regelmäßigkeit auf, die eigentlich die Menschen in meiner Umgebung hätte alarmieren müssen. Doch von denen hörte ich nur regelmäßig den Refrain: »Oh, Brian ist mal wieder ganz Brian.«

Trotz des Tributs, den ich für meine Gabe, Songs zu schreiben, die den Leuten gefielen, entrichten mußte, waren die Beach Boys im Herbst 1964 auf einem Höhenflug; niemand verspürte deshalb Lust, sich über mein Wohlbefinden den Kopf zu zerbrechen. *All Summer Long* stand auf Platz vier; außerdem hatten wir immer noch einige Songs in den Single-Charts. Im September wurde dann die nächste Nummer veröffentlicht – »When I Grow Up (To Be A Man)« – und kletterte ziemlich schnell bis auf Platz neun. Als wir dann nach den Beatles in der *Ed Sullivan Show* auftraten, fühlte ich mich wie die Rock-and-Roll-Version von Cassius Clay: unbezwingbar, einfach nur großartig und durch und durch amerikanisch. Ehe wir auf die Bühne gingen, machte ich die Jungs noch richtig heiß.

»Wie haben wir uns gegen die Beatles geschlagen?« fragte ich Marilyn am Telefon, als wir wieder im Hotel waren.

»Ihr ward toll. Ich konnte euch in dem ganzen Gekreische kaum hören.«

»Ja, ich glaube, denen haben wir's gezeigt.«

Als wir wieder zu Hause waren, ernteten meine Bandkumpel die Früchte unserer drei erfolgreichen Jahre: Mike reichte die Scheidung ein, Carl und Al kauften sich Häuser, Dennis spielte weiter den Playboy. Noch am Vorabend einer großen Europatournee mit dreiundzwanzig Dates waren Mike und Dennis mehr an ihren gesellschaftlichen Erfolgen interessiert als an dem Album, das bis Anfang 1965 fertiggestellt werden sollte und über das ich mir Tag für Tag das Gehirn zermarterte.

Bei einer Session machte ich sie alle zur Schnecke, weil ihnen im Gegensatz zu mir nicht alles daran lag, großartige Musik zu machen. Dann stürmte ich wutschnaubend aus dem Studio. Der Streß zehrte an meinen Nerven, aber es war nicht nur das Songschreiben und Produzieren, das mir zu schafften machte. Mein Dad intrigierte gegen mich und hatte während der letzten Monate alles daran gesetzt, sich meine 50 Prozent an den Einkünften des Sea-of-Tunes-Musikverlags unter den Nagel zu reißen.

Gegen Ende 1964 stellte er die Forderung, Alleineigentümer von Sea of Tunes zu werden. Angeblich hatte ich ihm das zugesagt, als die Firma gegründet worden war. Um seine Forderungen durchzusetzen, verlegte er sich auf Psychoterror, indem er beispielsweise meine letzten Tantiemen zurückhielt, die sich auf immerhin 280 000 Dollar beliefen.

Es war wie in dem Film *Gaslight* (*Das Haus der Lady Alquist*): Mein Dad wußte, unter welchem Druck ich stand, und er wußte auch, wie er mich fertigmachen konnte. Jede Nacht rief er bei mir an und erinnerte mich daran, daß ich versprochen habe, ihm meine Hälfte der Sea-of-Tunes-Einkünfte zu überschreiben. Ich bestritt, jemals etwas dergleichen gesagt zu haben, aber er beharrte darauf und fügte hinzu, ich hätte ja immer noch die Rechte an den Songs und könne damit jederzeit von Sea of Tunes zu einem anderen Musikverlag wechseln.

»Brian, du hast als Songschreiber und Arrangeur Großes geleistet«, sagte er. »Wir sind alle sehr stolz auf deine Leaderrolle. Aber du solltest wirklich versuchen, mit deinen Brüdern und allen, die weniger talentiert sind als du, geduldiger zu sein. Außerdem solltest du Versprechen halten, die du deinem Vater gegeben hast.«

»Ich habe nichts versprochen«, protestierte ich. »Warum tust du mir das an?«

»Brian, ich bin dein Vater. Ich versuche nur dafür zu sorgen, daß du bei der Stange bleibst. Das ist ein Geschäft,und es ist mein gutes Recht, das einzufordern, was mir zusteht. Ich bin schon mein ganzes Leben lang dein Vater. Was ich mache, ist ganz bestimmt nicht unfair.«

Nach monatelangem Telefonterror gab ich schließlich auf und überließ meinem Vater die gesamten Einkünfte aus Sea of Tunes. Ich war fertig und überarbeitet und wollte ihn nur noch vom Hals haben.

Da ich unter diesen Belastungen stark gelitten hatte, bat ich die anderen, die Europatournee ohne mich zu machen. Ich wollte zu Hause bleiben und schreiben, was ich unterwegs nicht konnte. Aber mein Vorschlag stieß auf wenig Gegenliebe. Noch am Flughafen hielt mir Mike einen Vortrag über Verantwortungsbewußtsein und beschimpfte mich als Schlappschwanz.

In Anbetracht meiner Leistungen im Studio hätte ich eigentlich keine Schuldgefühle haben müssen, aber ich hatte trotzdem welche. Also reiste ich widerstrebend mit nach Europa, wo ich dann die meiste Zeit entweder im Bett lag oder mich mit Earl Leaf unterhielt, einem Redakteur der Zeitschrift *Teen Scene,* die von Capitol Records herausgegeben wurde. Earl, ein fröhlicher Beatnik, begleitete uns auf fast allen unserer frühen Trips.

Vor und nach unseren Shows berichteten alle von ihren Abenteuern. Dennis und Mike hatten angeblich über einen Riesen pro Nase im Puff gelassen, und Mike war sogar zusammengeschlagen worden: er behauptete, daß ein saurer Geschäftsführer ihm eine Pistole unter die Nase gehalten hatte. Al und Carl, die gesetzteren Mitglieder meiner Band, verschlangen mit gleichem Appetit das Kulturangebot der Museen und der Konditoreien.

Gegen Ende der Tour wurde auch ich etwas lockerer. In Kopenhagen klaute man mein Gepäck, und ich gab tausend Dollar für neue Garderobe aus.

Von allem anderen abgesehen quälte es mich am meisten, daß ich seit über einem Monat keinen neuen Song mehr geschrieben hatte. Eines Abends spazierten Dennis, Carl und ich betrunken durchs Rotlichtviertel von Amsterdam zu einem Restaurant. Dennis wollte mich unbedingt dazu überreden, die heimischen Mädchen anzutesten. Ich war daran aber nicht interessiert und wollte nur über Musik reden. Als wir ein völlig verqualmtes, von lauter Musik erfülltes Restaurant betraten, dessen Kunden entweder im Opiumrausch vor sich hin dämmerten oder auf den Tischen tanzten, erspähte ich ein Klavier, auf dem ich spielen wollte. Ich hatte kaum die ersten Takte angeschlagen, als sich der Barkeeper auf mich stürzte und mich von der Klavierbank fegen wollte. Ich gab ihm einen Stoß und spielte unbeirrt weiter. Es kam zu einer Rangelei, die Bank wurde umgestoßen, Fäuste flogen, und ehe ich mich versah, zerrten Dennis und Carl mich durch die Tür und verfrachteten mich zurück ins Hotel.

Während der nächsten paar Tage telefonierte ich ständig mit Marilyn und beklagte mich über den Frust, die Depressionen und die Unruhe, die mich quälten. Zur selben Zeit fing ich damit an, zu viel zu trinken. Für ein Bier war ich schon immer zu haben gewesen, aber ich hatte nie exzessiv getrunken. Doch unter Alkoholeinfluß ließ sich der momentane Streß besser ertragen, und ich trank nun unmäßig, Tag und Nacht. Als wir dann nach München kamen, stand ich ununterbrochen unter Strom, konnte nicht auftreten und wurde von Minute zu Minute zittriger. Die anderen dachten selbstzufrieden, ich würde endlich mein Spießertum abschütteln und einer von ihnen werden.

Eines Abends gingen wir alle zusammen in eine Bierkneipe. Unser Ausflug fing lustig an, und nach ein paar Bieren wagten sich Dennis, Carl und Mike auf die Tanzfläche. Ich zog Earl Leaf beiseite. Er sah, daß ich weinte, und fragte, was mir fehle.

»Ich bin so fertig wegen meiner Mom«, sagte ich. »Wegen Mom und Dad, wegen beiden.«

»Was ist mit ihnen?«

»Ich kann die Gedanken an all die schrecklichen Sachen nicht ertragen, die sie mir angetan haben.«

Earl legte seinen Arm um meine Schulter und redete beruhigend auf mich ein, während ich ihm lallend meinen Leidensweg schilderte. Wahrscheinlich verstand er höchstens die Hälfte von meiner Geschichte.

»Weißt du was?« sagte ich schließlich. »Ich wünschte, ich wäre noch ein Kind, wie früher, als mir meine Mutter immer weichgekochte Eier ans Bett gebracht hat. Das hat mich immer beruhigt. Ihre köstlichen weichgekochten Eier.«

Es war ein Hilfeschrei, aber die anderen sahen darin nur das Gefasel eines Betrunkenen, sie wollten nichts anderes wahrnehmen als den alten Brian, der sich wieder einmal künstlich aufregte. Inzwischen hatte ich mich in einen Lobgesang auf meine wundervollen Eltern hineingesteigert, eine einzige Phantasterei und das Gegenteil von dem, was ich wirklich empfand. Ich schaffte es, meine Arme um Dennis und Carl zu legen, die sich meinen zwischen Lachen und Weinen schwankenden Sermon anhörten und zuletzt doch noch merkten, daß es mir bitterernst war.

»Bist du okay?« fragte Carl. »Brian, bist du okay?«

»Nein, ich bin total im Arsch«, heulte ich auf. »Ich bin völlig im Arsch und das ist alles nur Dads Schuld.«

»Du bist überhaupt nicht im Arsch, Brian«, versuchte mich Dennis im Taxi, das uns zurück ins Hotel brachte, zu trösten. »Du kommst schon wieder in Ordnung, du hast nur zuviel getrunken. Jetzt schläfst du dich erst mal aus, und morgen früh geht's dir wieder gut.«

»Nein, mir geht es nie wieder gut«, lallte ich. »Willst du wissen warum? Weil Dad mich gezwungen hat, auf die Zeitung zu scheißen.«

Sobald wir wieder zu Hause waren, bekam ich einen Riesenstreit mit Marilyn, weil ihre Mutter nicht aufhörte, auf mich einzureden und ich immer abweisender darauf reagierte. In den früheren Monaten hatte ich es genossen, stundenlang mit Mae zu quatschen, doch jetzt konnte ich es einfach nicht ertragen, nicht ein Wort, jedenfalls nicht, ehe ich in der Stimmung dazu war. Meistens wollte ich nur in Ruhe am Küchentisch sitzen und nachdenken. Marilyn stauchte mich zusammen: Schließlich befand ich mich hier im Haus ihrer Mutter! Was bildete ich mir eigentlich ein?

Ich suchte mir eine eigene Wohnung in Hollywood, nicht allzuweit entfernt vom Haus der Rovells. Mein neues Zuhause mit zwei Schlafzimmern bot genug Platz für ein Klavier und reichlich Auslauf. Hier war ich frei von Einschränkungen, hier konnte ich mich in mich selbst und in meine Songs versenken, wie und wann immer es mir gerade paßte – auf und ab gehend, vor mich hin starrend oder auf dem Boden liegend.

Dieses Versenken war unabdingbar für meine Art, Platten zu machen. Die Songs mochten simpel klingen, aber das komplexe Geflecht von Backgrounds und die einzelnen Strukturen waren immer exakt durchgeplant, noch ehe ich einen Fuß ins Studio setzte. Erst wenn ich im Kopf schon den fertigen Song gehört hatte, konstruierte ich im Studio die einzelnen Tracks. Ich hatte jedesmal bereits ganz konkrete Vorstellungen von den Instrumenten, den Arrangements und den Vokalharmonien. Jeder von uns lernte dann seinen Part allein für sich, und diese Arbeitsweise bereitete mir keinerlei Probleme, da ich ja genau wußte, wie das Endergebnis klingen würde. Allerdings tappten die anderen meist bis zum Schluß zähneknirschend im Dunkeln.

Eine unerwünschte Nebenwirkung des Alleinlebens war, daß ich mich gehenließ, mich einigelte und mich einsamer denn je fühlte. Ich war weder fähig, allein für mich zu sorgen, noch hatte ich die leiseste Absicht, das jemals zu lernen. Ich bekniete Marilyn, die Schule abzubrechen und zu mir zu ziehen. Mitten in der Nacht rief ich sie oft an, und flehte, sie solle sofort zu mir kommen. Dann wartete ich ungeduldig am Fenster, bis ich unten auf der Straße ihre kleine Honda heranknattern hörte.

Manchmal fuhr ich auch zu den Rovells, anstatt Marilyn anzurufen. Ich hatte einen Schlüsel und konnte auch spät nachts jederzeit ins Haus. Mae war meistens noch wach, wenn ich durch den Flur ins Mädchenschlafzimmer schlenderte, in dem ich vor einiger Zeit noch geschlafen hatte. Einige Zeit beobachtete ich Marilyn und Barbara, die friedlich in ihren Betten schliefen. Dann kniete ich leise neben Barbara nieder und legte sachte meinen Kopf auf ihren Bauch oder ihre Schulter. Ich atmete ihren Duft ein, hielt ihre Hand – sie fühlte sich sanft wie ein flaumiges Küken an – und streichelte sie.

Eines Nachts öffnete sie die Augen und lächelte. Ich versuchte sie zu küssen, aber sie wandte sich ab. »Nein, Brian.«

»Soll ich gehen?« fragte ich.

»Nein.« Sie flüsterte, um Marilyn nicht zu wecken. »Du kannst hierbleiben.«

Ich landete nicht oft in Barbaras Bett, aber doch häufig genug, daß ich an meinen Gefühlen für sie eigentlich nicht länger zweifeln konnte. Selbst als es zwischen Marilyn und mir ernster wurde, wollte mir ihre jüngere Schwester einfach nicht aus dem Kopf gehen. Später war es dann Diane, die ältere.

Trotzdem stand für mich immer außer Frage, daß Marilyn mir am wichtigsten war. Sie war mein Engel, ich brauchte sie – und sie brauchte das Gefühl, gebraucht zu werden. Das war die Basis unserer Beziehung und der Grund für ihre Dauerhaftigkeit. Marilyn war geduldig, verständnisvoll und mütterlich, unter ihrem sanften Druck lernte ich, physisch und emotional mehr zu geben, als ich mir selbst je zugetraut hätte.

Sex und Intimität waren für mich zwei grundverschiedene Dinge. Das eine war rein körperlich, bei dem anderen ging es um das viel heiklere Problem, einem anderen Menschen seine innersten Gefühle zu offenbaren.

Im November, nur wenige Wochen nach der Rückkehr von der Europatournee, gingen die Beach Boys auf einen zweiten Australientrip. Am Flughafen schlossen Mike und Dennis Wetten darauf ab, wer die meisten Mädchen flachlegen würde. Ein solches Gerede war mir immer unangenehm, besonders wenn Marilyn dabei war. Nicht, daß ich prüde gewesen wäre, aber das war nun mal meine besonders empfindliche Stelle. Diese Sprüche erinnerten mich immer an Dads lieblose Lektion in Sachen Aufklärung.

Als Mike merkte, wie unwohl mir in meiner Haut war, ließ er den Kumpel raushängen und versprach mir, auch für mich ein paar Aussie-Bräute aufzureißen. Aus irgendeinem Grund ging ich darauf ein, um vor den Jungs nicht blöd dazustehen. Marilyn hatte alles mitbekommen und funkelte mich gereizt an.

»Ich hoffe, ihr amüsiert euch gut«, sagte sie. »Ich werde mich nämlich auch gut amüsieren.«

Marilyn war eigentlich alles andere als frühreif und wollte mich nur verletzen, was ihr auch gelang. Sofort wollte ich von ihr wissen, was dieses

»Sich-amüsieren« denn bedeuten solle. Ob sie etwa rumficken meine, wie Mike und Dennis?

»Das heißt, daß ich mich amüsieren will. Wenn du das nicht verstehst, frag doch Mike, der kann's dir erklären.«

Ich ging zitternd an Bord. Andere Mädchen waren das letzte, was ich wollte. Mein einziger Gedanke war, daß ich Marilyn verlieren könnte. Nach kaum einer Stunde Flugzeit erweichte ich den Piloten, über Funk eine Nachricht an Marilyn rauszuschicken. Sobald wir wieder festen Boden unter den Füßen hatten, rief ich sie von Sydney aus an. Sie zeigte sich sehr erstaunt über mein Telegramm mit der Nachricht: »Warte auf meinen Anruf. Ich liebe dich. Brian.« Verrückt vor Liebe, Eifersucht und Sorge schilderte ich ihr, wie endlos lang der Flug gewesen war und daß ich fast schon geglaubt hatte, wir würden überhaupt nicht mehr landen.

»Liebling, du fehlst mir so wahnsinnig«, sagte ich. »Ich will dich nie verlieren. Der Gedanke, dich zu verlieren, war wie ein Schnitt ins Herz. Jetzt weiß ich erst, wie sehr ich dich liebe, Marilyn. Noch mehr, als ich geglaubt habe.«

»Ich liebe dich auch, Brian«, gurrte sie. »Ich wollte dich ja auch in Wirklichkeit nie verlassen.«

»Das würde mich umbringen. Ich würde eingehen, wenn du das tun würdest. Darum hab ich mir was einfallen lassen.«

»Was denn?«

»Wir heiraten! Wenn ich zurückkomme, machen wir alles klar und heiraten.«

Marilyn war völlig überrascht und wußte nicht, was sie antworten sollte. Schließlich war sie gerade erst sechzehn. Ich rief jeden Tag mindestens ein dutzendmal an und bestürmte sie, doch endlich ja zu sagen. Sie hielt jedem meiner Vorstöße stand und beharrte darauf, daß ich erst mit ihren Eltern sprechen müsse.

Mae und Irvin vergötterten mich, aber es beunruhigte sie auch, wie schnell ihre Tochter erwachsen wurde. Daß ich fast schon zur Familie gehörte, machte die Sache nicht leichter für sie. Sobald ich aus Australien zurück war, erkannten sie jedoch, daß ich wirklich fest entschlossen war, ihre Zweitälteste zu heiraten. Es war nur eine Frage der Zeit, bis meine Hartnäckigkeit zum Sieg führen würde.

Den härtesten Kampf hatte ich jedoch mit meinem eigenen Dad auszufechten. Nach der frischen Trennung von Mom hatte er von der Institution Ehe gründlich die Nase voll. Aber er war nicht allein deshalb dagegen, daß ich Marilyn heiratete, sondern seiner Meinung nach war ich zu unreif, um eine Familie zu gründen. Als Beleg dafür führte er die Unstimmigkeiten wegen Sea of Tunes und der etlichen hunderttausend Dollar an, die er immer noch nicht herausrücken wollte.

»Brian, diese Idee bestätigt nur, was ich dir immer schon über deine Verantwortungslosigkeit gepredigt habe«, sagte er. »Wenn du schon Versprechen, die du mir gegeben hast, nicht einhalten kannst, weiß ich nicht, wie du darauf kommst, du seist reif für die Ehe.«

»Aber das bin ich, Dad. Ich brauche Marilyn.«

»Ha!« lachte er. »Du hast noch dein ganzes Leben vor dir. Wozu willst du denn heiraten? Du bist ein Kind!«

»Aber ich liebe Marilyn. Ich liebe sie und will sie nicht verlieren. Ich will sie heiraten.«

»Hör mal zu, Brian. Marilyn ist schon in Ordnung. Aber hast du eins bedacht? Sie ist Jüdin. Wenn du sie heiratest, werden deine Kinder kleine Judenkinder sein. Wie gefällt dir das?«

»An sowas überhaupt zu denken, ist absurd. Ich will mir so ein Gewäsch nicht anhören. Ich liebe Marilyn, und alles andere ist mir egal.«

Schließlich wurde der 1. Dezember als Hochzeitstermin festgesetzt. Im Sands Hotel in Las Vegas war alles für die Feier gerichtet. Mae und Irving, Marilyn, ihre Schwestern und ich flogen morgens zusammen nach Las Vegas. Ich konnte es kaum erwarten, und auch Marilyn konnte kaum stillsitzen. Für die Eheschließung brauchte ich allerdings meine Geburtsurkunde, und die hatte ich vergessen.

Ich erinnerte mich dann, daß ich sie in meiner Schreibtischschublade vergessen hatte, und rief Carl und Dennis in L. A. an; doch die beiden konnten sie nicht finden. Marilyn weinte die ganze Nacht in ihrem Hotelzimmer. Es war eine Katastrophe. Am nächsten Morgen flogen wir nach Hause zurück. Nachdem ich mich entschuldigt hatte, machten Marilyn und ihre Mutter für eine Woche später einen neuen Termin aus. Am 7. Dezember wurden Marilyn und ich dann in kleinem Kreis von einem Rabbi getraut, der uns ein langes und glückliches Eheleben wünschte.

Die ersten Monate unserer Ehe waren stürmisch. Eines Nachts lagen Marilyn und ich im Bett; wir kuschelten miteinander beim Vorspiel, und ich flüsterte: »Ich liebe dich.« Aber dann passierte es: Ich flüsterte den falschen Namen, ich sagte »Barbara«.

»*Barbara*?« kreischte Marilyn auf.

Sie schoß kerzengerade hoch und knipste das Licht an. »Barbara? Was soll das heißen: Barbara?«

»Ich liebe Barbara«, antwortete ich, immer noch mit geschlossenen Augen.

»Du liebst Barbara? Du liebst meine kleine Schwester? Warum hast du mich dann geheiratet?«

»Nein, ich liebe Barbara nicht«, sagte ich, als mir mein schwerer Schnitzer endlich bewußt wurde. Vergeblich versuchte ich, mich aus dieser vertrackten Situation herauszuwinden. »Ich weiß nicht, wie ich sowas überhaupt sagen konnte.«

Nach einer Nacht auf dem Sofa kehrte ich ins Ehebett zurück und paßte besser auf, was ich sagte. Wir waren beide Kinder, die Erwachsensein spielten, und ließen uns mehr von Launen als von der Vernunft leiten.

Eines Abends erklärte Marilyn, unsere Wohnung würde ihr nicht gefallen. Ich war beleidigt. Eins führte zum anderen, und ich gab ihr einen Stoß. Sie wollte die Bullen rufen, und ich riß das Telefonkabel aus der Wand. Am nächsten Morgen war die Wohnung verwüstet; wir zogen aus.

12

Bitte anschnallen!

Auf der anderen Straßenseite, direkt gegenüber der Maisonettewohnung auf der Gardner Street in West Hollywood, die Marilyn und ich gemietet hatten, befand sich eine Feuerwehrwache. Marilyn hatte unsere neue Zwei-Zimmer-Wohnung gemütlich eingerichtet, aber ich fand einfach keine Ruhe. Vordergründig lag das an den Sirenen, die die ganze Nacht hindurch heulten und in mein wirres Unterbewußtsein eindrangen, aber es gab auch andere Gründe. Capitol hatte in der Zwischenzeit zwei weitere LPs veröffentlicht: *The Beach Boys Concert*, unser erstes Nummer-eins-Album, und *The Beach Boys Christmas Album*. Trotzdem schrie man in der Plattenfirma schon jetzt nach der nächsten LP, die im neuen Jahr erscheinen sollte. Zu allem Überfluß hatten die Beach Boys vor Weihnachten auch noch eine kurze Tour zu absolvieren, und niemand nahm meine dringende Bitte ernst, zu Hause bleiben und schreiben zu dürfen.

Marilyn und mir fiel es weiterhin nicht leicht, uns zusammenzuraufen. Alles war furchtbar kompliziert. Ich konnte nie abschalten und hörte meine Gedanken förmlich rattern: klick, klick, klick . . . Das raubte mir den letzten Nerv.

Genau in dieser Zeit lernte ich einen scharfen jungen Typen kennen, der mich eines Nachmittags vor der Tür von Western ansprach. Loren Schwartz wirkte auf mich cool, schlagfertig, selbstbewußt und hip – einer jener ungezwungenen Typen, mit denen ich mich gern umgab und an denen ich mich hochziehen konnte. Loren war ein Mitarbeiter der William Morris Agency und schien alle und jeden im Musicbusiness zu kennen. Das machte schweren Eindruck auf mich. Wie sich herausstellte, lebte er ganz in der Nähe meiner neuen Wohnung.

Auf Lorens Einladung hin besuchte ich ihn in seiner Wohnung und betrat eine völlig andere Welt. Lorens Apartment, das waren die Sixties pur, ein psychedelisches Schwarzlicht-Paradies. Die Wände waren zugekleistert mit Day-Glo-Postern, die Bücherregale quollen über von metaphysischen Wälzern: Kahlil Gibran, das I-Ging, das Bhagavad Gita . . . Alles, was wir sprachen, schwirrte durch und um meinen Kopf und entschwebte sofort in die von einem süßen, schweren Duft erfüllte Luft.

»Was ist das?« fragte ich eines Abends, als Loren irgendein grünes Zeug aus einem Tütchen auf ein Zigarettenpapier verteilte.

»Marihuana. Na ja, Pot eben«, sagte er, als er mein verständnisloses Gesicht sah.

Alles an Loren war neu für mich, von seiner Lebensweise bis hin zu seinen Freunden. Ich erlebte einen faszinierenden Kulturschock. Wir schrieben mittlerweile Ende 1964, und die farbenfrohe Denkweise, die später das Charakteristikum der Sixties wurde, hatte längst schon einschneidende Veränderungen für die Kulturlandschaft gebracht; aber ich war bislang blind gewesen für fast alles, was um mich herum vorgegangen war. Weder meine Jugend in einer Vorstadt wie Hawthorne noch die Jahre verbissener Studioarbeit waren der richtige Nährboden dafür gewesen, daß ich mir ein aufgeschlossenes, unkonventionelles Denken hätte aneignen können.

Mein neuer Busenfreund Loren änderte das schnell. »Versuch das mal«, sagte er und bot mir die bräunliche Zigarette an, die er gedreht hatte.

Natürlich hatte ich schon von Marihuana gehört, mein Vater hatte mich und meine Brüder mehrmals vor den unheilvollen Folgen des Drogenkonsums gewarnt; aber genommen hatte ich das Zeug noch nie und auch noch nie gesehen, wie jemand Pot rauchte. Und was ich jetzt sah, wirkte nicht allzu gefährlich auf mich.

»Nein, lieber nicht«, wehrte ich trotzdem ab.

»Mach schon«, drängte Loren, »nur ein paar Züge.«

Skeptisch fragte ich ihn, wie es wirken würde. Loren erklärte mir, ich würde gut drauf kommen, sensibler, offener werden. Die Musik würde besser und intensiver klingen, das Essen köstlich schmecken und ich würde mich sogar entspannen können, ohne die lähmenden Nebenwirkungen von Alkohol.

Mehr brauchte er nicht zu sagen. Ich nahm die Zigarette, inhalierte, hielt den Atem an, wie Loren es mir gezeigt hatte, und atmete dann aus. Zunächst mußte ich fürchterlich husten und fragte, ob ich irgend etwas falsch gemacht hätte. Nein, das müsse so sein, erwiderte mein Freund, ich solle es gleich noch mal probieren.

»Passiert schon was?« fragte Loren nach ein paar Zügen. »Merkst du schon was?«

»Was denn?«

Ich hörte überhaupt nicht zu, hörte nur Musik und ließ meine Gedanken in einem Meer von Klängen treiben.

»Spürst du irgendwas?«

»Echt toll.« Ich lächelte und genoß meine leichte Benommenheit. »Ich fühle mich toll. Komisch, meine ich.«

»Nein, du bist high.«

Als ich spät nach Hause kam, bemerkte Marilyn auf den ersten Blick, daß mit mir etwas nicht stimmte. Meine Augen waren verklärt, glasig, abwesender als sonst. Sie dachte, ich sei betrunken, und wollte wissen, wo ich gesteckt hätte.

Nachdem ich ihr erklärt hatte, ich sei nicht betrunken, sondern auf

Marihuana abgeflogen, rastete Marilyn aus. Sie wußte nur, was man ihr eingetrichtert hatte: Marihuana war gefährlich, illegal, ein Zeug, das nur Irre und Drogensüchtige nahmen. Sie rannte ins Schlafzimmer und knallte die Tür hinter sich zu. Später kam sie wieder heraus und wollte von mir wissen, wo und wie ich an das Zeug gekommen wäre. Ich erzählte ihr von Loren und den jungen Musikern David Crosby, Roger McGuinn und Van Dyke Parks, die ich bei ihm kennengelernt hatte, und daß die Szene extrem cool sei. Marilyn schluckte diese Erklärungen nicht und meinte, ich würde mich auch ohne Drogen schon komisch genug benehmen. Dann verbot sie mir, Loren wiederzusehen. Aber ich hörte nicht auf sie, denn ich mochte Loren – und ich mochte Marihuana. Das Grass hatte eine Tür zu neuen Erkenntnissen für mich aufgestoßen, und ich trat neugierig ein.

Während der nächsten Woche flogen zwischen Marilyn und mir die Fetzen. Unsere Standpunkte waren so unvereinbar, daß es einen Streit nach dem anderen gab. Dazu kamen die Probleme mit meinem Dad und der nächsten Beach-Boys-Tour. Ich hatte wirklich nicht die geringste Lust, unsere neue Top-Ten-Single »Dance, Dance, Dance« auf einer hektischen Rundreise durch den Südwesten zu promoten. Am 22. Dezember, dem Tag vor unserer Abreise, versuchten Marilyn und ich, bei einem Frühstück im Tiny Naylor's Coffeeshop, wo ich Eier, Kartoffeln und drei verschiedene Desserts einfuhr, ins reine zu kommen.

Ich lebte praktisch nur noch von Zucker und Koffein, reagierte mechanisch und kämpfte gegen eine ständige Müdigkeit an. In den letzten beiden Jahren hatte ich fünfundvierzig Pfund zugenommen und wirkte auf andere fahriger und konfuser denn je. Heute ist mir klar, daß ich einfach eine Pause brauchte. Die anderen hatten nur ihre Parts zu singen, aber ich hatte seit Beginn unserer Karriere nicht nur auf acht LPs gesungen und gespielt, sondern sie auch noch selbst geschrieben, produziert und arrangiert – ich war ausgebrannt.

Was jetzt folgte, war die alte Leier: Ich wollte die Tour nicht mitmachen und bekam das gleiche zu hören wie immer – die Tour war gebucht, die Karten waren verkauft, die Band brauchte mich am Baß. Marilyn stellte sich auf die Seite der anderen und versuchte mir einzureden, es würde mir guttun, mal aus allem rauszukommen; es waren ja nur zwei Wochen.

Am selben Abend bekam ich einen Anruf von meinem Dad, der mir mitteilte, daß die Summe, die er zurückhielt, ständig anwuchs und sich mittlerweile auf mehr als 300 000 Dollar belief; ich könne mir das Geld abholen, sobald ich ihn als Eigentümer von Sea of Tunes bestätigt hätte. Beim Schlafengehen fühlte ich mich, als hätte ich gerade Lebenslänglich bekommen. Seit einiger Zeit wälzte ich mich jede Nacht unruhig im Bett herum, während Marilyn tief und fest schlief; krampfhaft versuchte ich, die quälenden Gedanken und Stimmen zu verscheuchen, die mir durch den Kopf schossen. Der Schlaf war für mich mehr ein Krieg als Erholung, und in dieser Nacht war es besonders schlimm.

Am nächsten Morgen klagte ich Marilyn gegenüber von bösen Vorahnungen, aber sie behandelte mich mit der Nachsicht einer Mutter, deren Kind schon den dritten Tag nicht zur Schule will. Später fuhr sie mich zum Flughafen, wo wir uns der umfänglichen Beach-Boys-Entourage von Ehefrauen, Freundinnen, Geliebten und anderem Anhang zugesellten, die sich in einer Ecke versammelt hatte. Alle freuten sich auf Weihnachten, und die Stimmung in der Band war gut, abgesehen von meiner. Ich saß wie ein deprimierter, gedankenverlorener, reizbarer, muffiger Fleischkloß neben meiner Frau. Während die anderen sich unterhielten, glotzte ich dumpf ins Leere und zählte mit ausdruckslosem Gesicht im Geist die zahllosen Sorgen, die mich quälten. Besonders machten mir die Konkurrenz durch die Beatles und eine neue Spector-Produktion, die ich gerade gehört hatte, zu schaffen: »You've Lost That Lovin' Feelin'« von den Righteous Brothers ist für mich noch heute eine der besten Balladen aller Zeiten. Und wie immer in solchen Phasen, packte mich auch diesmal die Angst, daß mein Vater mit seiner Prophezeiung, ich würde als Niete enden, zuletzt doch noch recht behalten könnte.

Plötzlich bemerkte ich etwas, das meiner Unsicherheit neue Nahrung gab und mich sofort wieder zu Bewußtsein brachte: Mike und Marilyn sahen einander liebevoll an, schauten sich tief in die Augen. Ich argwöhnte, Mike wollte meine Frau ficken, und so, wie sie ihn ansah, schien sie nichts dagegen zu haben. Jedenfalls redete ich mir das ein.

»Was läuft eigentlich zwischen euch?« fragte ich beunruhigt. »Ihr seid wohl scharf aufeinander, was?«

»Red keinen Unsinn«, sagte Marilyn. »Mike ist nicht mein Typ.«

»Bin ich nicht?« fragte Mike. Er war ziemlich verdutzt, konnte aber trotzdem die Gelegenheit, mich hochzunehmen, nicht ungenutzt lassen. »Was gefällt dir denn nicht an mir?«

Marilyn versuchte, die Situation zu entschärfen und mich zu beruhigen, aber Mike hörte nicht auf, mich zu provozieren. Ich hörte allerdings gar nicht richtig zu, da ich damit beschäftigt war, die imaginäre Affäre im Geist dramatisch aufzublasen und mir die schrecklichsten Folgen auszumalen. Ich würde Marilyn verlieren, mein Vetter würde auch noch Barbara und Diane ficken, und ich hätte schließlich niemanden mehr, der sich um mich kümmert, und müßte allein, hilflos und traurig zurückbleiben. Als ich wieder in die Wirklichkeit zurückkehrte, war ich am Boden zerstört.

»Liegt es an seinem großen Schwanz?« fragte ich grob.

»*Brian!*« Marilyn hielt den Atem an. »Was redest du da überhaupt? Zwischen mir und Mike ist gar nichts.«

Verwirrt und niedergeschlagen verabschiedete ich mich von meiner Frau und ging an Bord des Flugzeugs, wo ich mich ganz nach hinten verzog. Meine Gedanken überschlugen sich, meine Augen flackerten. Al setzte sich neben mich, doch ich bekam das kaum mit, da ich damit beschäftigt war, die Anzahl der Stiche im Bezug meines Vordersitzes zu zählen. Das Brüllen der Flugzeugmotoren beim Start klang wie der Schrei eines verängstigten Tiers. Mein Kopf war plötzlich völlig leer – nur noch Schnee auf dem Bildschirm, Antenne ausgefallen. Ich wußte, daß ich kurz vor dem Durchdrehen stand.

Minuten nach dem Start wandte ich mich an Al. Mir standen die Tränen in den Augen, mein Gesicht war rot, und mein Haar fühlte sich an, als würde es senkrecht hochstehen und sich jeden Moment Büschel für Büschel von meiner Kopfhaut lösen.

»Was ist los, Brian?« fragte Al besorgt.

»Ich werde gleich verrückt.«

»Ruhig, Brian! Nimm dich zusammen!«

Aber das war unmöglich. Es war zu spät. Rasend vor Schmerz und tränenüberströmt vergrub ich mein Gesicht im Kissen und gab mich meinem Irrsinn hin. Ich weinte. Ich schrie. Ich hämmerte mit den Fäusten gegen die Sitzlehne.

Al rief eine Stewardeß nach hinten, die mir ihre Hand auf die Schulter legte.

»Ich will aus dem Flugzeug raus«, zeterte ich, »ich will raus. Sofort!«

»Aber wir sind gerade gestartet, Sir«, sagte die Stewardeß.

»Ist mir egal. Ich will aus dem Scheiß-Flugzeug raus!«

»Es tut mir leid.« Sie versuchte mich zu beruhigen. »Aber ehe Sie aussteigen können, müssen wir landen. Wenn wir gelandet sind, können Sie sofort aussteigen.«

Damit war mir nicht geholfen. Ich steigerte mich immer mehr in einen maßlosen Wutanfall hinein. Mit verzweifeltem Überlebenswillen und übermenschlicher Kraft raffte ich mich auf, schubste die junge Frau mit dem Ellbogen zur Seite, drängte mich an Al vorbei und tobte entfesselt, zu Tode verängstigt und völlig durchgedreht durch den Gang. Ich schrie jeden an, der mich zu zügeln versuchte, und sagte allen, sie sollten mich in Ruhe lassen, sie könnten mich am Arsch lecken. Ich hatte einen waschechten Nervenzusammenbruch.

Innerhalb weniger Minuten hatten meine Brüder mich niedergerungen und auf einen Sitz gedrückt. Dennis und Carl hielten je eine meiner Hände und redeten beschwichtigend auf mich ein, bis wir am Nachmittag endlich in Houston landeten. Doch plötzlich änderte ich meine Meinung.

»Ich steige nicht aus«, sträubte ich mich. »Laßt das Flugzeug umdrehen und nach L. A. zurückfliegen.«

»Nein, Brian, das geht jetzt nicht«, sagte Carl. »Fahren wir ins Hotel. Ich helfe dir bis zum Hotel.«

»Bitte«, flehte ich, »ich will heim. Ich will heim zu Mom.«

Ich sagte »Mom«, aber ich meinte Marilyn, die für mich die fürsorgliche, liebende Mutter geworden war, die ich nie gehabt hatte.

»Wir rufen sie vom Hotel aus an.«

Ich wurde ins Krankenhaus gebracht und schilderte einem Arzt, was im Flugzeug geschehen war. Er sagte mir, ich dürfe mich nicht aufregen, verschrieb mir ein Beruhigungsmittel und schickte mich ins Hotel zurück. Nachdem ich mich einige Stunden ausgeruht hatte, war ich wieder soweit auf dem Damm, daß ich sogar die für diesen Abend angesetzte Show durchstand. Danach fuhr ich sofort ins Hotel zurück, nahm noch eine Beruhigungstablette und schlief ein.

Als ich am nächsten Morgen aufwachte, war mir speiübel. Mein Magen fühlte sich an wie verknotet, mein Kopf drehte sich und ich konnte nicht aufhören, in mein Kissen zu heulen.

Carl besuchte mich, später auch Dennis. Aber ich wollte allein bleiben und bat meine Brüder, mich in Frieden zu lassen. Später klingelte das Telefon, doch ich knallte es an die Wand. Ich schloß die Tür zweimal ab und wollte absolut niemanden sehen. Schließlich aber hämmerte der Roadmanager der Beach Boys solange an die Tür, bis ich aufmachte. Er wollte mich noch am selben Abend nach Hause bringen. Ich konnte es kaum erwarten und starrte wie gebannt auf die Uhr, während die Sekunden zu Minuten und die Minuten zu Stunden wurden.

Ich hatte Nachricht geben lassen, daß ich von meiner Mom am Bahnhof abgeholt werden wollte. Nicht von Marilyn und nicht von meinem Dad, von ihm am allerwenigsten. Nur von meiner Mom! Ich brauchte Mutterliebe.

Meine Mutter erwartete mich besorgt in der Ankunftshalle. Als ich sie sah, konnte ich meine Tränen nicht länger zurückhalten und sank ihr weinend in die Arme. Überraschenderweise zeigte sie sich dieser für sie ungewohnten Situation gewachsen. Wir standen mindestens zehn Minuten so da, weinten und umarmten uns.

»Dad hat ja immer gesagt, daß ich eine Null bin«, heulte ich mich im Wagen aus. »Er hatte recht. Jetzt siehst du's ja selbst.«

»Unsinn«, erwiderte meine Mutter. »Jetzt beruhigst du dich erst einmal und sagst mir, wo du hinwillst. Nach Hause, zu Marilyn? Zu mir nach Haus? Wohin?«

»Ich will zu unserem alten Haus in Hawthorne.«

Das Haus gehörte immer noch meinen Eltern, war aber seit ihrer Trennung unbewohnt. Als wir das leere Gebäude betraten, öffnete sich die Haustür mit einem gespenstischen Knarren wie eine geheimnisvolle Truhe. Nun stand ich in der Eingangshalle und sog den vertrauten Geruch meiner Kindheit ein. Ich erinnere mich, wie befremdlich die Rückkehr in dieses Haus für mich war, und doch war dieses Gefühl seltsam tröstlich.

Im Dunkeln schlenderte ich ziellos durch den Flur und suchte nach Spuren der Vergangenheit. Ich drehte den Türknopf des Schranks, in dem ich mich vor meinem Vater versteckt hatte. Ich schaute in die leere Küche, in der mein Dad nackt auf dem Tisch gestanden und sich brüllend zum König der Familie erklärt hatte. Ich schaute in sein Schlafzimmer, in dem er mir sein Glasauge gezeigt hatte und wo der Augapfel jeden Abend in einem Glas auf dem Nachttisch geruht hatte.

Stumm weinend verkroch ich mich in mein altes Zimmer. Meine Mom kam mir nach. »In my room« . . . Diese kahlen vier Wände markierten den Ort, an dem alles angefangen hatte, hier hatte ich die beseligenden Wonnen der Musik entdeckt und meine ersten Songs geschrieben. Doch jetzt war alles still und leer, ein Skelett entschwundener Melodien. Trotzdem konnte ich mit geschlossenen Augen mein Bett, das Klavier und die Orgel in dem zwei Stufen tiefer liegenden Raum vor mir sehen. Ich wünschte mir, ich könnte in diese einzigartige Zeit und in diesen besonderen Raum zurückgleiten, aber ich wußte nicht, wie.

Ich setzte mich mitten ins Zimmer und sagte zu meiner Mom: »Weißt du, einer von meinen Songs ist auf Nummer acht. ›Dance, Dance, Dance‹. So heißt er.«

Sie setzte sich neben mich. »Ich weiß.«

»Aber ich bin so müde«, seufzte ich. »So müde, und ich hab Angst.«

Die nächsten drei Stunden lang schüttete ich meiner Mom mein blutendes Herz aus. Sie hatte keine Antworten für mich, nichts, was meine Wunden hätte heilen können, aber sie war meine Mutter. Sie hörte einfach zu, still und geduldig und ohne ein Urteil zu fällen, während ich ihr von den Dämonen und Ängsten erzählte, die mir das Leben zur Hölle gemacht hatten: mein Dad, die Prügel, die verkorkste Kindheit, meine Pleiten mit Carol Mountain und Judy Bowles. Ich erzählte ihr von meinen verwirrenden Gefühlen für Marilyn und ihre Schwestern, von der Belastung durch die Beach Boys, von Phil Spector und vom Potrauchen, von meiner Eifersucht auf Mike und Marilyn.

Das alles brach unter Tränenströmen in zornigen, wütenden, angstvollen Kaskaden aus mir hervor. Ich war wie ein Kind, das nach seiner Schmusedecke greift. Während der ganzen Tortur bewahrte meine Mutter die Nerven, sie hielt meine Hand, tätschelte meinen Rücken und hörte mir zu. Als ich mich schließlich ausgesprochen hatte, half sie mir hoch und fuhr mich nach Hause.

»Tust du mir einen Gefallen?« fragte ich, ehe ich aus ihrem Auto stieg.

»Wenn ich kann. Was denn?«

»Erinnerst du dich noch, wie du mir immer weichgekochte Eier gemacht hast, als ich noch klein war?«

»Ich mache dir morgen welche. Zum Mittagessen.«

13

Lava Lites, Acid und die Begegnung mit Gott

Marilyn hatte nicht die leiseste Ahnung, wie es war, ständig in Angst zu leben, aber endlich reagierte sie doch auf meinen Hilfeschrei. Carl hatte sie von Houston aus angerufen und ihr versichert, daß ich zwar labil, aber doch halbwegs in Ordnung war. Trotzdem war Marilyn völlig aufgelöst, als ich nach Hause kam. Sie hatte es mit der Angst bekommen, nachdem Carl ihr geschildert hatte, was im Flugzeug geschehen war: *Brian hat anscheinend einen Nervenzusammenbruch.*

Mehr brauchte Marilyn nicht zu hören. Sie meldete mich als Notfall bei einem Psychiater an, und ich ging bereitwillig hin. Dies war mein erster Besuch bei einem Psychiater, ich wußte also nicht, was mich erwartete.

Wenn Wahnsinn die Unfähigkeit ist, sich so zu verhalten, wie es von einem erwartet wird, dann war ich auf dem besten Weg dahin; denn abgesehen von meinen Aufgaben im Studio war ich immer weniger in der Lage, mich an die Spielregeln zu halten. Ich wurde gehetzt von fixen Ideen, Dämonen und Ängsten und unterlag drastischen Stimmungsschwankungen; ich galt als ein komischer Kauz mit einer trockenen Ausdrucksweise, der so daneben war, daß es fast schon wieder hip wirkte. Alles, was ich tat oder dachte, zielte auf meine Musik, die die Menschen glücklich machen und sie mir gleichzeitig vom Hals halten sollte. Und weil ich damit Erfolg hatte, wurde meine Verschrobenheit hingenommen: *Brian ist mal wieder echt Brian.*

Sogar der Psychiater fiel darauf rein. Ich war mehrere Male kurz nacheinander bei ihm, jedesmal wegen meiner Befürchtungen, daß Marilyn sich in Mike verlieben könnte. Der Arzt befaßte sich gar nicht erst mit den wahnhaften Zügen meiner Ängste, sondern sagte mir, ich solle nicht zu sehr darüber nachgrübeln; anschließend klärte er mich über die Folgen seelisch-körperlicher Erschöpfung auf. Auch den Zwischenfall im Flugzeug schrieb er meiner Überlastung zu. Es sei nicht ungewöhnlich, sagte er, daß Menschen mit einem besonderen Talent unter extremen Stimmungsschwankungen litten. Er riet mir, mich zu schonen, ehe ich mich wieder in die Arbeit stürzen würde.

Obwohl Capitol Records uns wegen eines neuen Albums für Anfang 1965 im Nacken saß, nahm ich mir ein paar Tage frei. Die meiste Zeit tat ich nichts, außer Pot zu rauchen. In der ersten Januarwoche begannen wir dann mit den Aufnahmen zu *The Beach Boys Today*, unserer neunten LP. Äußerlich wirkte ich gesund und kräftig und war wie immer die treibende Kraft bei der Arbeit. Außer Marilyn wußte niemand, daß ich regelmäßig Pot rauchte, doch das Dope übte schon wenige Monate nach meinem ersten Joint unübersehbare Folgen auf mich und auch auf meine Songs aus.

In drei hektischen Wochen produzierte ich mit den Jungs mehrere neue Stücke: »Please Let Me Wonder«, eine melancholische, nachdenkliche Ballade und zugleich der erste Song, den ich high schrieb; der Titel stellte auch eine Bitte an die anderen dar, mich meinen eigenen kreativen Weg gehen zu lassen. Außerdem entstanden in dieser Phase »Do You Wanna Dance«, »Good To My Baby« sowie die erste Version von »Help Me, Rhonda«.

»Help Me, Rhonda«, das ursprünglich nur »Ronda« hieß, schrieb ich eines Nachts, als ich auf dem Klavier herumklimperte und Bobby Darins Gesang bei »Mack the Knife« imitierte. Ich suchte nach einem coolen Shuffle-Rhythmus, und nach ein paar Stunden war ich soweit. Die Zeit, die man benötigt, um einen Song zu schreiben, steht in keinerlei Zusammenhang mit seinem späteren Erfolg; für mich ist das Studio der Ort, an dem sich die Stunden summieren und wo sich entscheidet, ob man einen Hit oder einen Flop landet.

»Help Me, Rhonda« war in dieser Hinsicht keine Ausnahme. Wir brauchten zwei lange, aufreibende Sessions, um die Platte fertigzustellen. Al, der nichts weiter zu tun hatte, als die zweite Stimme zu singen, bekam das diesmal einfach nicht auf die Reihe, und ich experimentierte wie besessen mit Ukulelen, Mundharmonikas, Lautstärkeschwankungen und allen möglichen Backing Vocals.

Anfang Februar rief mich Gary Usher an und fragte, ob er den Song mit seiner Band aufnehmen dürfe. Das spornte mich an, noch einmal Gas zu geben und das Scheißding endlich in den Kasten zu bekommen. Ende Februar stellten wir den schlichten Track fertig, der im April 1965 als Single erschien und die zweite Nummer eins der Beach Boys wurde.

Während dieser Sessions im Februar führten der ständige Zeitdruck, mein nächtlicher Dope-Konsum und der vorangegangene Nervenzusammenbruch die einschneidende Wende bei den Beach Boys herbei. Der Kalender war vollgepackt mit Tour-Terminen – hier drei, da fünf Tage, zwischendurch ein paar zu Hause. Ich wußte, daß ich das nicht durchhalten würde und mich ein für alle Mal vom Touren zurückziehen mußte; der Terror war mittlerweile unerträglich geworden, das alles war einfach zuviel für mich.

Obwohl ich wieder arbeitete, waren die Symptome der Krankheit, die zu meinem Zusammenbruch geführt hatte, noch deutlich spürbar. Nur dadurch, daß ich auf dem einzigen Gebiet arbeitete, auf dem ich besser funktionierte als jeder andere, ließ sich mein weiterhin kritischer Zustand einigermaßen kaschieren; aber ich war extrem nörglerisch und begriffsstutzig und rieb mich damit auf, die hochgesteckten Erwartungen sowohl der Plattenfirma als auch meiner verunsicherten Perfektionistenseele zu erfüllen. Ich mußte ständig das Letzte aus mir herausholen, mußte besser sein und mir beweisen, daß ich nicht der Versager war, für den mein Vater mich hielt.

Plötzlich kam mir die Erleuchtung. Mit der Cleverneß des Verrückten wurde mir schlagartig bewußt, daß ich meine Schwäche zu meinem Vorteil nutzen konnte. Ich konnte Leute in meinem Sinn manipulieren, mein Wahnsinn war ein unfehlbares Mittel, mir alle Probleme dieser Welt vom Hals zu schaffen – einschließlich der Beach Boys. Vor allem konnte ich mich von diesem ewigen Touren befreien. Denn obwohl ich immer labiler und unzuverlässiger wurde, war ich doch immer noch der einzige, der Hits schreiben konnte, und damit unverzichtbar für die Band. Sie mußten mir meinen Willen lassen.

Für mich gab es nur einen Weg: Ich würde mich ganz dem Musikmachen im Studio widmen, nichts anderes interessierte mich. Das Niveau, auf dem ich dachte, schöpferisch arbeitete und meine Ideen umsetzte, erforderte eine volle und ungestörte Konzentration und Hingabe; wie die Erfahrung mir gezeigt hatte, waren diese Voraussetzungen auf Tour nicht gegeben.

Als wieder einmal wichtige Studio-Sessions durch eine kurze Tour unterbrochen werden sollten, bestellte ich die anderen kurz vor unserer Abreise zu einem Meeting ins Studio. Die Bandmitglieder waren an überfallartige Anrufe gewöhnt, denn die brachen regelmäßig wie Geistererscheinungen über sie herein, völlig unerwartet und unvorhersehbar; ob es ein, zwei oder drei Uhr morgens war, das spielte für mich keine Rolle. Wenn ich eine Idee hatte, wollte ich die Jungs im Studio sehen, und zwar auf der Stelle.

Da ich Konfrontationen haßte, hatte ich alleine zu Abend gegessen und mich mit Junk Food vollgestopft; denn ich wußte, daß dieses Treffen sehr emotionsgeladen sein würde. Als sie nach und nach eintrafen, saß ich am Flügel und spielte. Mike, Carl, Dennis und Al dachten, ich wolle noch Aufnahmen ansetzen, ehe die Tour startete, sie hatten nicht die leiseste Ahnung, was sie erwartete. Nach einem kurzen Vorgeplänkel sagte ich es ihnen dann: Ich würde nie mehr auf der Bühne auftreten. Zuerst nahmen sie mich nicht ernst, aber als ich dabei blieb, klappten ihnen die Kinnladen runter.

»Aber das ist alles kein Grund zur Sorge«, sagte ich. »Ich sehe für die Beach Boys eine goldene Zukunft voraus. Aber das können wir nur erreichen, wenn wir alle unsere Jobs machen. Ihr werdet auf Tour gehen, ich bleibe im Studio und mache Musik.«

Sie waren so geschockt von dieser Nachricht, daß zuerst nur bleiernes Schweigen die Antwort war. Nach einigen Augenblicken hatten sie sich aber von ihrer Überraschung erholt und machten ihren Gefühlen Luft. Dennis packte einen Aschenbecher und drohte, er werde jedem eins überziehen, der ihm zu nahe komme, ehe er aus dem Studio stürmte. Al klagte mit Tränen in den Augen über Magenkrämpfe, während meine Mom, die ich ebenfalls zu dieser Zusammenkunft gebeten hatte, tröstend ihren Arm um seine Schulter legte und ihn zu beruhigen versuchte. Nur Carl und Mike behielten kühlen Kopf, wenngleich mein Vetter mich natürlich umstimmen wollte.

»Scheiße, Brian, du überstürzt wieder einmal alles, wie üblich«, sagte er. »Du benimmst dich wie ein Baby. Du kannst deine Songs doch auch unterwegs schreiben.«

»Nein, das kann ich nicht«, widersprach ich. »Ich fühle mich zu Hause viel wohler. Außerdem, wenn ich einen Song schreibe und ihn am selben Tag aufnehmen will, ist das auf Tour unmöglich.«

»Okay, aber was zum Teufel soll aus den Beach Boys werden?« fragte Mike. »Wenn du nicht mehr bei den Beach Boys bist, was dann? Welchen Status hat die Band dann?«

»Daran ändert sich nichts«, sagte ich. »Wir sind noch immer die Beach Boys, nur daß ich im Studio bin und ihr auf Tour. Sonst bleibt alles beim alten.«

Trotz dieser kleinen Meinungsverschiedenheit fühlte ich mich unendlich erleichtert, als ich nach Hause ging. Am nächsten Tag waren auch die anderen empfänglicher für meine Idee. Mein Dad blieb allerdings unversöhnlich. Am folgenden Nachmittag, als ich gerade ins Studio wollte, rief er mich an und versaute mir damit gründlich den Tag. Wir waren uns seit seinem Rausschmiß ziemlich aus dem Weg gegangen, hatten uns fast nur noch bei geschäftlichen Anlässen getroffen und selbst dann kaum ein Wort miteinander gewechselt.

»Was muß ich da hören, du willst der Band in den Rücken fallen?« fuhr er mich wütend an. »Hab ich das richtig verstanden?«

»Zwischen uns gibt es nichts zu besprechen, Dad«, erwiderte ich. »Ich habe mich entschieden. Mein Entschluß steht fest.«

»Ich weiß ja, was für ein Schlappschwanz du bist. Das ist nichts Neues. Ich kann nur sagen, wenn du damit nicht klarkommst, kannst du gleich ganz aus dem Geschäft aussteigen.«

»Nein, Dad, das werde ich nicht tun. Die Beach Boys sind meine Band. Und du bist gefeuert! Erinnerst du dich?«

Ein paar Tage später brachen die Beach Boys zu ihrer ersten Tour ohne mich auf. Sie hatten eine Serie von vierzehn Nächten in vierzehn Städten vor sich, eine Knochentour, die mich umgebracht hätte. Für mich sprang der Gitarrist Glen Campbell ein, neben dem Schlagzeuger Hal Blaine einer der vielen erstklassigen Studiomusiker aus Phil Spectors Wrecking Crew, die wir uns regelmäßig ausliehen. Glen war ein netter Kerl, ein aufgeräumter Country Boy und ein höllisch guter Musiker; außerdem war sein Falsett gut genug, daß er meine Gesangsparts übernehmen konnte.

Die Jungs waren noch keine Woche unterwegs, als Capitol am 1. Mai 1965 *The Beach Boys Today* veröffentlichte. Die LP stieg sofort in die Charts ein und war im Mai bereits auf Platz vier; gleichzeitig kletterte »Help Me, Rhonda« auf Platz eins der Singles-Charts. Alles schien seinen gewohnten Gang zu gehen.

Doch in der Musik gab es einige subtile, aber unüberhörbare Veränderungen. Die ganze zweite Seite von *The Beach Boys Today* hatte ich geschrieben und arrangiert, während ich high gewesen war. Verglichen mit unseren vorherigen LPs war die Musik getragener, elegischer und gefühlsbetonter, das Akkordschema komplexer, die Produktion dichter und reicher im Sound; meine ganze Herangehensweise ans Plattenmachen hatte sich geändert.

Marihuana war der Katalysator für meine Kreativität. Während die Jungs auf Tour waren, kostete ich die Freiheit aus, meine Grenzen auszuloten – und das hieß, Pot zu rauchen. Wenn ich high war, kamen mir so viele schöpferische Gedanken wie nie zuvor. Ich rauchte jeden Tag, war gerne high und fühlte mich dort, wo ich dann war, ausgesprochen wohl: Allein! Weit draußen! Eins mit den Schwingungen meines emotionalen Epizentrums! Das Marihuana änderte mein ganzes Bezugssystem, es entspannte mich, machte mich geistig reger, spiritueller und zusehends bewußter für das, was ich fühlte und dachte.

Die komplexen Empfindungen und Gefühle, die mich in dieser Zeit überfielen, zu beschreiben, übersteigt meine Fähigkeiten; ich kann nur sagen, daß ich eine extrem kreative Phase hatte, besonders wenn ich am Klavier saß und meine neuen Gedanken überquollen. Ehe ich angefangen hatte, mit Grass zu experimentieren, war ich ein aggressiver Pianist gewesen, ein Angreifer, der das Klavier hart und schnell attackierte, ein großspuriger, pubertärer Draufgänger. Aber stoned gab ich weniger darauf, bei anderen Eindruck zu schinden, sondern versuchte, das, was in mir vorging, zu erforschen und auszudrücken – meine innere Unruhe, meine Ängste, meine Unsicherheit. Diese neue Seite an mir spiegelte sich bald auch in meiner Arbeit wider.

Die Veränderung stieß schon in diesem Frühstadium nicht auf ungeteilten Beifall. Mike hatte bereits vor der Tour gemäkelt, die langsameren Songs wie »Make Me Wonder« und »In the Back of My Mind« seien für ihn »nicht genug Beach Boys«; nach ihrer Rückkehr ging es in derselben Tonart weiter.

Marilyn machte die zunehmende Entfremdung zwischen uns zu schaffen. Sie beklagte sich bei Carl, der ihr nahestand, über meinen Umgang mit Leuten wie Loren, verschwieg ihm allerdings die Sache mit den Drogen.

In der Zwischenzeit hatte Glen Campbell die Band nach einer dreimonatigen Tour wieder verlassen, um an seiner Solokarriere zu arbeiten; er hatte zuviel Talent, um im Hintergrund zu bleiben. Zum Dank produzierte ich seine Version von »I'm Dumb«, einem Outtake des nächsten Beach-Boys-Albums; die Honeys – Marilyn, Diane und Ginger – sangen Background-Vocals. Diese Single war nicht gerade der große Durchbruch für Glen, aber er machte bald aus eigener Kraft eine glänzende Karriere.

Im Mai war die Toleranzschwelle für Marilyn überschritten. Sie informierte Carl, daß ich regelmäßig Marihuana rauchte, und bei meinem Bruder klingelten sofort die Alarmglocken. Er nahm an, Pot sei die Wurzel all meiner Probleme, und benachrichtigte meinen Dad, der mir unverzüglich den Kopf geradezurücken beschloß.

Als ich eines Tages nicht zu Hause war, schnappte sich mein Vater Mike und Al und fuhr mit ihnen zu meiner Wohnung. Marilyn öffnete ihnen die Tür, und die drei durchsuchten gemeinsam die Wohnung nach Drogen, die ich auch vor meiner Frau versteckt hielt. Sie kehrten das Unterste zuoberst, bis sie mein Versteck endlich gefunden hatten. Dann pflanzten sie sich aufs Sofa und warteten, bis ich durch die Tür kam. Ich blieb wie angewurzelt stehen.

»Was ist das?« fragte mein Dad und schob einen alten Schuhkarton über den Wohnzimmertisch.

»Wo hast du das her?« gab ich zurück.

»Ich hab gefragt, was das für 'ne Scheiße ist«, wiederholte mein Vater mit grimmigem Tonfall.

Diese unerwartete Konfrontation schien meine unbewußten Befürchtungen zu bestätigen: Sie waren alle gegen mich! Solche Gedanken waren mir schon früher gekommen, doch ich hatte sie immer wieder als unbegründet abgetan. Aber als sie jetzt alle auf einer Seite standen und ich auf der anderen, konnte ich meine Augen nicht mehr davor verschließen.

»Tja, laß mal sehen«, sagte ich.

In dem Karton lagen eine rote Glühbirne, die ich gerne in die Lampe drehte, wenn ich nach Hause kam, ein paar Zigarettenpapierchen und ein Beutel mit etwa einer halben Unze Pot. Ich sagte kein Wort.

»Schluß jetzt mit der Scheiße, Brian«, schnauzte mein Vater mich an.

Marilyn fing an zu weinen, und meinem Dad riß der Geduldsfaden: Er brüllte los und sah so aus, als wollte er jeden Moment auf mich losgehen. Dann wischte er den Karton vom Tisch, so daß alles auf den Boden flog. Ich wurde sauer. Von Mike und Al unterstützt, drohte mein Dad mich anzuzeigen, aber das einzige, worüber sie sich alle einig waren, nachdem sie ihren Sermon abgelassen hatten, war, daß ich jeglichen Kontakt mit meinem neuen Freund Loren abzubrechen hätte.

»Was zum Teufel hat der damit zu tun?« fragte ich.

»Er ist schließlich der Scheißtyp, der dir das Zeug verkauft«, keifte Dad.

»Wie kommst du denn da drauf?«

»Ich weiß es eben, das genügt.«

Inzwischen war Marilyn ins Zimmer zurückgekommen, und ich wußte, daß mein Dad die Geschichte mit Loren nur von ihr haben konnte. Ich warf meiner Frau einen gehässigen Blick zu: Keiner hatte mir Vorschriften zu machen!

»Ich rufe die Cops, sobald du auch nur in seine Nähe kommst«, drohte mein Dad.

Scheiß drauf! Ich traf mich trotzdem weiter mit Loren, denn er verfügte über bestimmte Eigenschaften, die mir fehlten und die ich mir unbedingt aneignen wollte – Eigenschaften, die mich auch zu Mike, Gary Usher oder Roger Christian hingezogen hatten: Selbstvertrauen und Willensstärke, alles das, was mir fehlte und was ich zu erlangen hoffte, indem ich mich Menschen anschloß, die keinen Mangel daran litten.

Loren besaß ein Wissen, eine Hipness, einen Schlüssel zu jenem mysteriösen Ideenkosmos, über den ich mehr erfahren wollte. Er hatte mir die *Pforten der Wahrnehmung* geöffnet, und ich wollte diese Reise fortsetzen.

Marilyn und die anderen hielten die für sie fremdartigen Schilderungen meiner Drogenerfahrungen für leeres Gewäsch, aber Loren verstand mich genau, als ich ihm sagte, daß Pot die Musik in meinem Kopf sprießen ließ, zugänglicher und leichter faßbar machte.

An einem Abend fragte er mich, ob ich Lust hätte, Musik auf eine völlig neue, irre Weise zu hören. Ich würde sie festhalten, formen und mit den Songs jonglieren können wie ein Zirkusartist. Ich hielt das für einen Witz.

»Nein, es ist mein Ernst«, beharrte er. »Brian, du bist einzigartig. Ein Künstler. Sehr intelligent. Sehr talentiert. Ich kenne etwas, das deinen Horizont wirklich erweitern kann. Das dich total der Musik öffnet. Sowas hast du noch nicht erlebt.«

»Wovon redest du?«

»LSD.«

»Was ist das denn?«

»Das ist eine Droge, die zwanzigmal stärker ist als Grass«, erklärte er.

Wow! Für mich verstand es sich von selbst, daß etwas, das zwanzigmal stärker war als Grass, auch zwanzigmal besser sein mußte. Es war Frühling, und *The Beach Boys Today* hatte gerade fünf Hitsingles abgeworfen und sich damit als die bisher erfolgreichste LP der Band erwiesen. Aber angesichts des ständigen Termindrucks und meiner manischen Besessenheit, immer noch mehr und Besseres leisten zu müssen, war ich bereit, mit allem zu experimentieren, das mich zu neuen Höchstleistungen beflügeln konnte. An den Preis, den ich vielleicht später dafür zahlen mußte, dachte ich damals nicht.

Ich war dumm genug, Marilyn zu erzählen, daß ich LSD ausprobieren wollte. Sie verabscheute Loren ohnehin schon und war jetzt vollends davon überzeugt, daß ich durch ihn zum Drogensüchtigen wurde. Sie ging auf mich los wie eine Furie und flehte mich an, von meinem Vorhaben abzulassen.

»Ich hab von Leuten gelesen, die sich mit LSD das Gehirn kaputtgemacht haben«, sagte sie. »Tu es nicht, Brian. *Bitte!*«

Doch ich erklärte ihr, ich könne nicht anders, Loren habe gesagt, LSD werde mir helfen, noch bessere Musik zu schreiben.

»*Loren sagt!*« schrie sie verzweifelt auf. »*Loren sagt!* Immer heißt es: Loren sagt! Ich bin deine Frau. Du solltest lieber auf mich hören als auf ihn.«

»Das kann ich nicht, Marilyn. Ich *muß* es tun.«

Loren hatte etwas Prophetisches an sich, einen fremdartigen Reiz, der für mich unwiderstehlich war. Er schilderte mir die bewußtseinserweiternden Wirkungen der Droge mit der Geschliffenheit eines meiner Songs, und nachdem sich der Gedanke einmal in meinen Kopf eingenistet hatte, ließ er sich einfach nicht mehr vertreiben. Schließlich hatte mein Freund schon früher recht behalten: Pot half mir, bessere Songs zu schreiben und außerdem ermöglichte es mir, mich in mich selbst zu versenken, körperlich anwesend und gleichzeitig geistig ganz weit weg zu sein. Welche Wirkungen LSD auf mich ausüben würde, das konnte ich mir nur vage vorstellen.

Dann kam der große Abend. Loren hatte seine Wohnung entsprechend dekoriert: gedämpfte Beleuchtung, Lava Lites, Musik, Getränke. Es herrschte eine fast sakrale Atmosphäre – angefangen von unserer Begrüßung bis hin zu der Art, wie Loren mir ein briefmarkengroßes Stück Löschpapier reichte und mich anwies, es zu schlucken. Um Lorens Drogen rankten sich immer irgendwelche Geschichten. Das Hasch war aus der Türkei, das Grass aus Jamaika, und das LSD stammte irgendwo aus dem Norden, von einem gewissen Stanley Owsley, einem Chemiker. Loren sagte, die Wirkung sei unschlagbar.

Nach fünfzehn Minuten empfand ich eine wachsende Unruhe. Alles begann mit einer leichten Verspannung im Nacken, als würden kleine Gnome sich an meine Schultern krallen, und steigerte sich schließlich zu einer völligen Benommenheit. Loren merkte, daß ich ihm nicht mehr zuhörte und kam mir als mein Führer zu Hilfe.

»Brian, bist du in Ordnung?«

»Ein bißchen nervös«, antwortete ich.

»Entspann dich! Versuch dich zu entspannen.«

Doch das war unmöglich. Fiebrig und high wie noch nie, erhob ich mich, stand, wie mir Loren später sagte, für mehr als eine Stunde reglos da und starrte auf die langsam aufsteigenden Blasen der Lava Lites, bis ich ihren trägen Rhythmus verinnerlicht hatte. Mein Hirn war ein einziger Morast zähflüssiger Gedanken.

Plötzlich klinkte ich mich in die Musik ein, die aus Lorens Anlage dröhnte. Wie er es mir versprochen hatte, klang die Musik so voll und griffig wie nie zuvor; sie war dichter und intensiver als alles, was ich je gehört hatte. Ich durchwatete sie wie einen Fluß, bis ich von ihr fortgerissen wurde, und ebenso plötzlich, wie mich die Musik gepackt hatte, mußte ich jetzt auf Lorens Klavier spielen. Ich setzte mich an das Instrument, aber als ich genauer hinsah, schienen alle weißen Tasten zu einer einzigen Note zusammenzufließen. Die Akkorde, die ich noch Sekunden zuvor hatte anschlagen wollen, waren plötzlich wie weggeblasen. Mein Kopf war leer. Ich versuchte, trotzdem zu spielen, aber ich konnte nur einen einzigen Finger rühren.

Ich schlug ein A an. Boing!

Dann noch mal. Immer wieder, eine halbe Stunde lang. Das war alles, was

1/2 Hier sieht man mich im Alter von drei Monaten. Ich warte auf meinen großen Durchbruch.

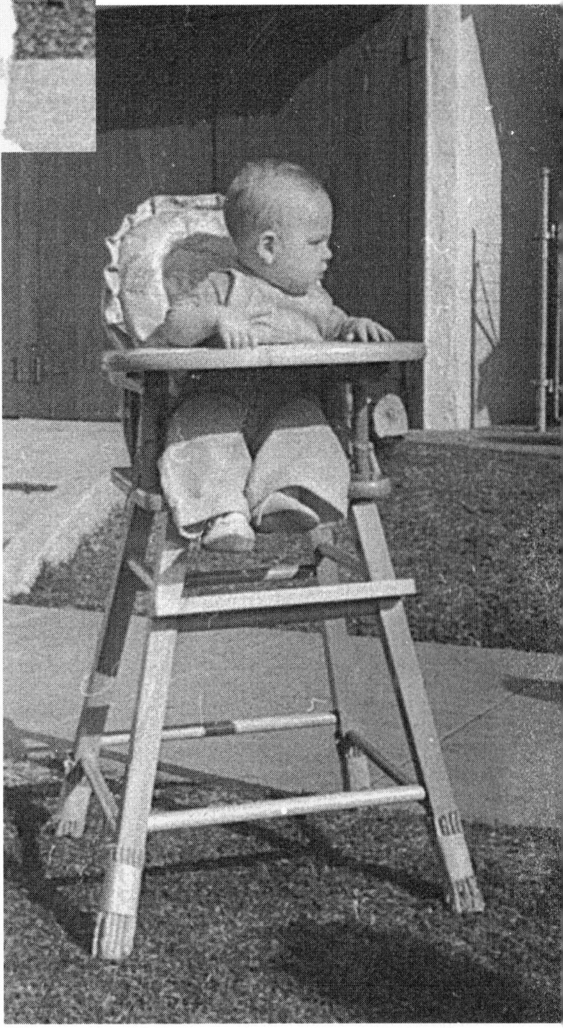

3 Im Alter von acht Monaten mit Grandpa.

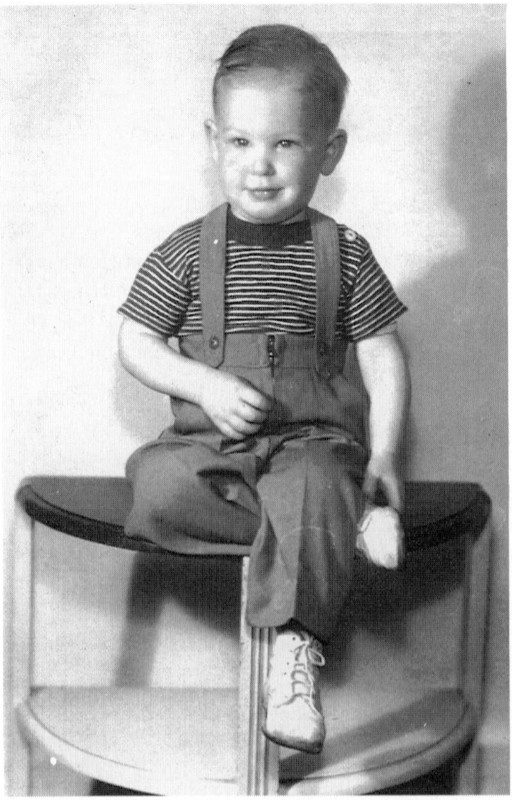

4 Mit zwei Jahren.

5/6 Zwei Gesichter meines Vaters Murry Wilson.

7 Beim Äpfelessen mit meinem Nachbarn. Damals war ich sieben.

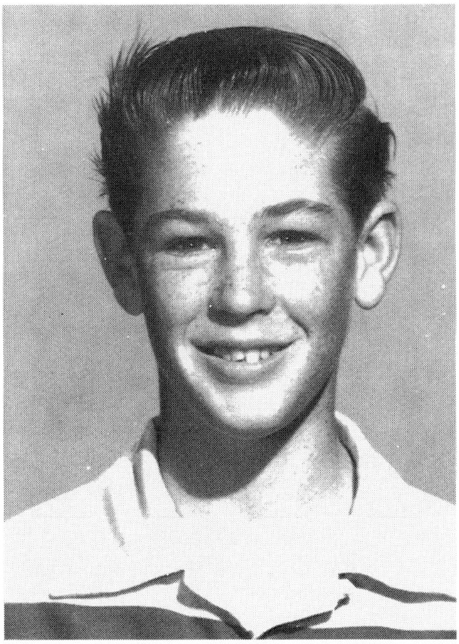

8 Mit 12 Jahren.

9 So sahen 1963 Rockstars aus.

10–12 Die Wilson-Brüder: Carl (oben), Dennis (unten) und ich im Studio, 1962.

13 In den Western Studios. Ich machte schon damals ziemlich auf Boß.

14 Ab zum Surfen: ein Zweitschuß von dem Coverfoto zu *Surfin' Safari*. Zwischen Dennis und Carl ist Dave Marks zu erkennen, der kurzfristig für Al Jardine eingesprungen war.

15 Bei unserer Ankunft in New York, wo wir 1963 in der *Ed Sullivan Show* auftraten.

16 Am Flughafen lassen wir die Muskeln spielen.

17 Harmlose Späße während langweiliger Foto-Aufnahmen, 1964.

18 Die Beach Boys in ihrem natürlichen Lebensraum.

19 In Paris während unserer ersten großen Europa-Tournee, September 1964.

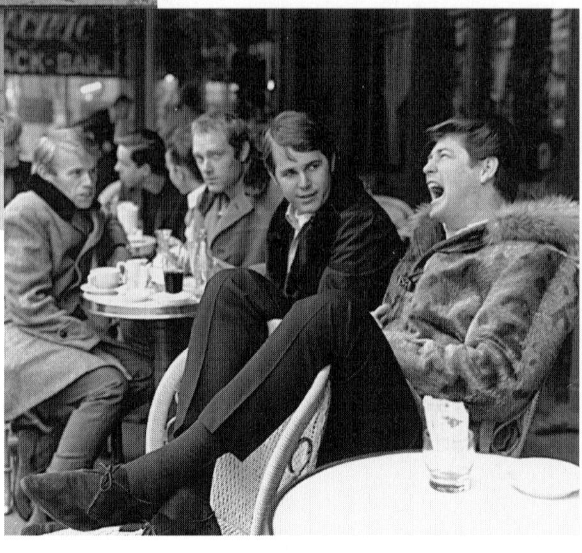

20 Kaffeepause in einem Pariser Café.

21 «Laßt's gut sein, Jungs, das machen wir doch mit links!« Der Capitol-Präsident Voyle Gilmore überreicht uns die Goldene Schallplatte für *The Beach Boys Concert*.

22 In einem Münchner Bierkeller wird der große Durst gelöscht. Später am Abend verfiel ich in tiefste Depressionen.

23 Eines der Publicity-Fotos für unser Weihnachtsalbum.

24 1965 mit meinem Hund Banana.

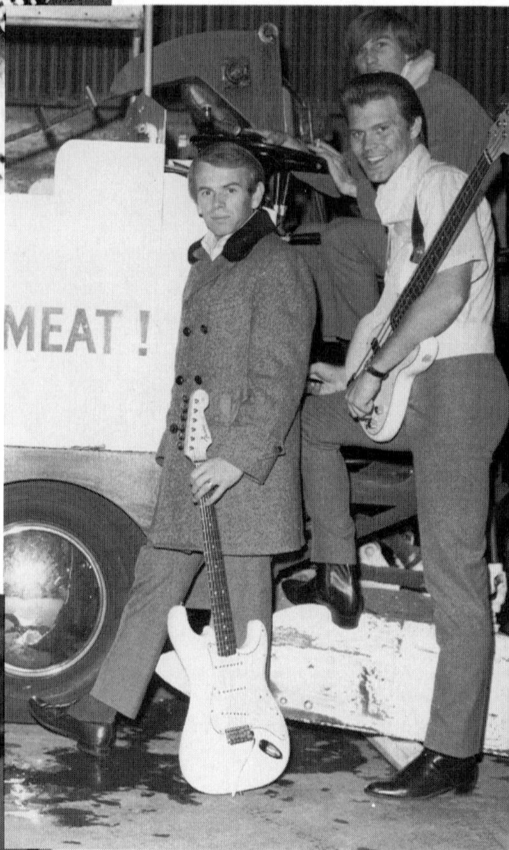

25 Al Jardine und Dennis 1965 mit meinem Ersatzmann, dem jungen Gitarristen Glen Campbell. Kurz zuvor hatte ich beschlossen, nicht mehr mit den Beach Boys auf Tour zu gehen.

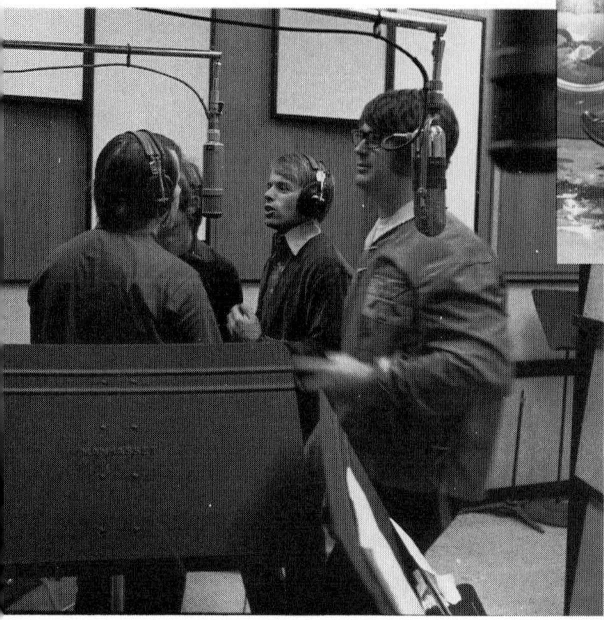

26 Bei der Arbeit an *Pet Sounds* in den Western Studios, 1965.

27 Im Jahr 1966: Ich schnüffele nach hipper Lektüre in dem Buchladen, in dem ich später meinen LSD-Flashback erleben sollte.

28 Bei der Arbeit an *Pet Sounds*, 1966: Die Unschuld in meinem Blick ist verschwunden und Trauer und Spiritualität gewichen.

29 Ein Bild vom originalen Capitol-Records-Insert des *Smile*-Albums.

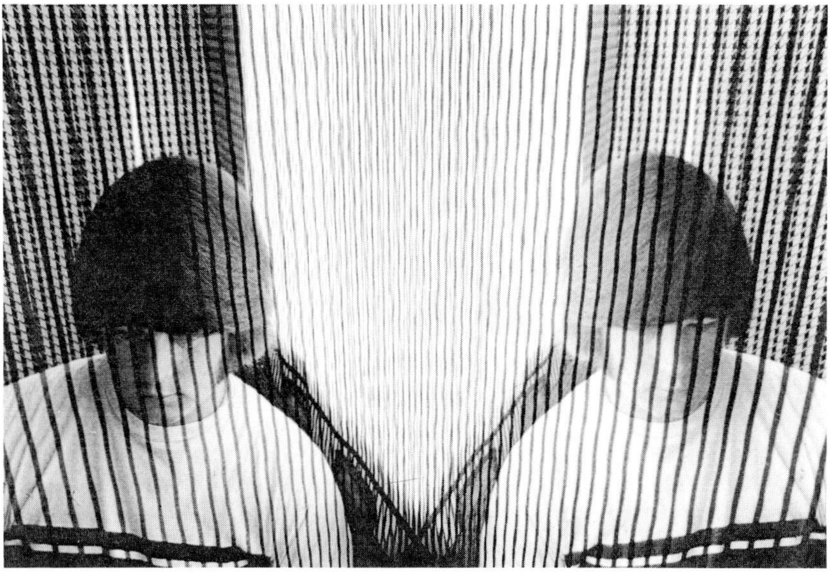

30 Mit Marylin in unserem Haus in Bellagio. Damals, 1968, war sie gerade schwanger mit Carnie.

31 Am Strand, 1967.

32 Bei der Arbeit an Songtexten mit Van Dyke Parks, 1967.

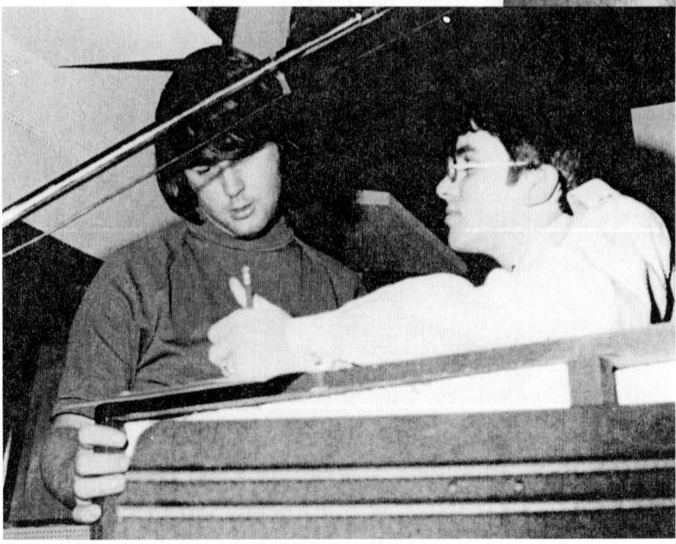

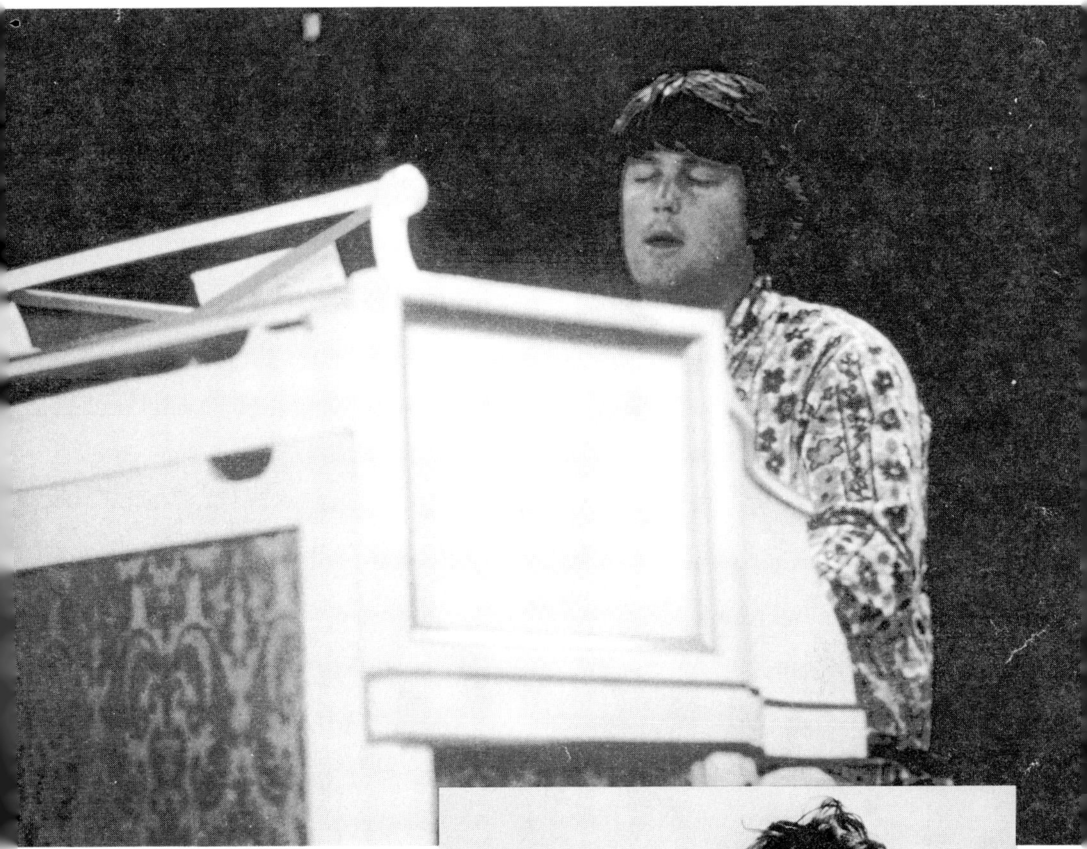

33 Bei einem Live-Auftritt in Hawaii, 1967.

34 Mit meiner Mutter in Hawaii, 1967.

35/36 Zu Hause mit Marylin, Ende 1967: Der Spaß ist vorbei.

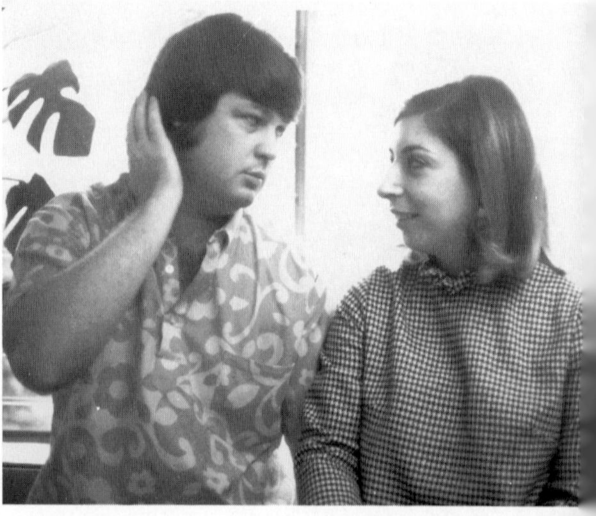

37 April 1977: Wir feiern die Veröffentlichung von *The Beach Boys Love You*, unserer letzten LP für Warner Brothers. Carl, seine damalige Frau Annie, ich, Marylin, Dennis und Dean Torrence von Jan and Dean (v.l.).

38 Mit Marylin, Carnie und Wendy, Mitte der Siebziger.

39 Die Love-Brüder: Steve, Mike und Stan (v. l.).

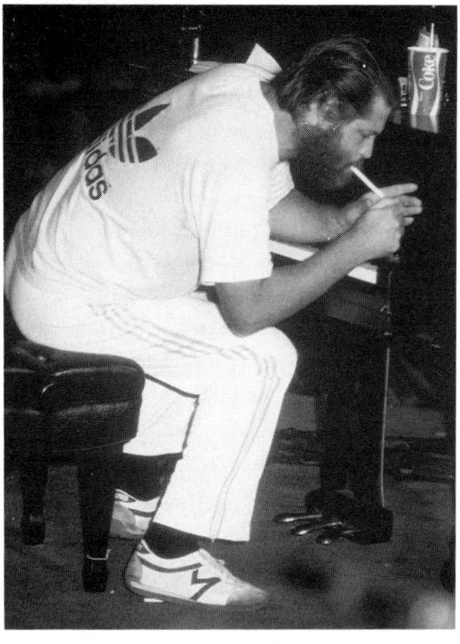

40 Auf einer Tour mit den Beach Boys im September 1979: Ich rauchte auf der Bühne und wurde fetter und fetter.

41 Jammin'.

42 Das verrückte Genie am Mischpult, 1981.

ich spielen konnte. Es lief mir eiskalt den Rücken herunter: Was, wenn ich nie mehr würde spielen können?

»Oh Gott, Loren, ich kann nicht mehr Klavierspielen«, heulte ich verzweifelt auf.

»Was?« fragte er. »Ich bin zu high, ich verstehe nicht, was du sagst.«

»Ich muß hier raus.«

Loren folgte mir nach draußen. Ich fühlte mich, als stünde ich kurz vor der Auflösung. Wir gingen ein Stück spazieren. Plötzlich entdeckte ich ein Haus mit dem Schild »Zu verkaufen« im Vorgarten und rief: »Das Haus muß ich kaufen! Dieses unglaubliche Haus muß ich haben!« Loren gelang es, mich davon abzubringen, und wir schlenderten weiter ziellos umher, während ich wie ein Irrer jeden Gedanken herausbrüllte, der mir gerade durch den Kopf ging. Als wir einen seltsam aussehenden Mann um die Ecke gehen sahen, redete ich mir ein, er sei Gott, der mit mir meinen ganzen Lebensweg abschreiten wollte, um mir den winzigen Keim zu zeigen, der ich einst gewesen war, und mich schließlich zu dem Ort zu führen, an dem ich mein Leben beschließen würde. Dann verschwand er. Ich war verloren.

Mehr als acht Stunden später erwachte ich auf Lorens Sofa, völlig verstört. Es war bereits Tag, und ich hatte nur noch vage Erinnerungen an das, was in der Zwischenzeit geschehen war. Aber in erster Linie fühlte ich mich erschlagen, zittrig und verängstigt.

Als ich in meinem verwirrten Zustand nach Hause kam, empfing mich Marilyn direkt mit einer Strafpredigt. Sie nahm kein Blatt vor den Mund, wie wütend sie darüber war, daß ich mit dem LSD Ernst gemacht hatte. Außerdem bereitete ihr mein trüber Geisteszustand Sorgen.

»Bitte sieh mich nicht so böse an, Baby«, sagte ich. »Sei nicht böse auf mich.«

»Ich sehe dich nicht böse an, Brian. Du bist immer noch auf diesem LSD-Zeug.«

Marilyn konnte ihre Tränen nicht länger zurückhalten und lief weinend aus dem Zimmer. Ich ging ihr nach und wollte ihr alles erklären, aber sie weigerte sich, mich anzusehen. Ich bettelte sie an, mit mir zu sprechen, und versuchte, ihr den Trip zu beschreiben. Die Droge war übermächtig. Eindrucksvoll. Beängstigend. Mein Herz raste. Meine Gedanken überschlugen sich. Panik hatte mich befallen. Ich hatte Angst und brauchte ihre Zuwendung.

Ich versprach, es nie wieder zu tun.

»Ich habe Gott gesehen, Mare«, sagte ich. »Das hat mich fast um den Verstand gebracht. Gott! Ich hab ihn wirklich gesehen. Gespürt. Ich habe Gott erkannt.«

»Und das war schön?« fragte sie.

»Nein. Ja. Ich weiß nicht«, stammelte ich verwirrt. »Es hat mir Scheißangst gemacht.«

Marilyn schüttelte den Kopf und schluchzte wieder los. »Was geht nur mit dir vor, Brian? Ich glaube, ich kenne dich gar nicht mehr.«

14

The Beach Boys' Party!

Am selben Abend, der Trip klang noch immer nach, setzte ich mich ans Klavier, zündete mir einen Joint an und versuchte, alles Unerfreuliche und Seltsame zu vergessen. Ich war beunruhigt und erschöpft und wünschte mir, Marilyn wäre nicht länger wütend auf mich. Aber ich spürte auch, wie aus dieser Suppe unguter Gefühle etwas Neues an die Oberfläche drängte, wie sich eine Veränderung in meinem Bewußtsein ankündigte. Grass hatte meine Kreativität gesteigert, aber LSD verhalf mir zu ganz neuen Farben, mit denen ich malen konnte, auch wenn ich das zu diesem Zeitpunkt noch nicht wußte.

An diesem Abend versuchte ich, einen Country & Western-Shuffle zu schreiben, und ehe ich mich aufs Ohr legte, hatte ich tatsächlich etwas Handfestes zustande gebracht.

Am Morgen darauf gingen mir beim Singen die Mädchen in Kalifornien durch den Kopf. Ich verglich sie mit denen anderer Landesteile und verfiel schließlich auf die Idee, an das Konzept von »Surfin' U.S.A.« anzuknüpfen und von den Mädchen in sämtlichen Gegenden Kaliforniens zu singen. Nach einer Woche war der Song fertig. Ich ließ mir eine weitere Woche Zeit zum Herumbasteln, ehe ich das symphonische Leitmotiv für »California Girls« hingelegt hatte.

In der ersten Aprilwoche begannen wir mit den Aufnahmen. Dies war die erste Session der Beach Boys, an der Bruce Johnston als Keyborder beteiligt war. Bruce, ein Sänger-Musiker-Produzent aus Beverly Hills, hatte vor einiger Zeit gemeinsam mit Terry Melcher, einem Produzenten von Columbia Records, die Rip Chords gegründet, eine Art Abklatsch unserer Band. Ursprünglich hatte Mike ihn darauf angesprochen, ob er uns nicht einen Ersatz für Glen Campbell empfehlen könne. Nachdem wir mehrere Leute getestet hatten, flogen wir Bruce zu einem Wochenend-Gig nach New Orleans ein, und von diesem Tag an blieb er.

Die Session zu »California Girls« startete zwei Wochen nach seinem Einstieg. Während die Jungs im Osten auf Tour gewesen waren, hatte ich bereits bei Gold Star mit Spectors Wrecking-Crew-Assen – dem Schlagzeuger Hal Blaine, den Gitarristen Glen Campbell und Ray Pohlman, den Bassisten Carol Kaye und Lyle Ritz sowie den Pianisten Don Randi und

Leon Russell – die Instrumentaltracks aufgenommen. Obwohl wir die Vocals dann bei Western einspielten, riß unser Toningenieur Chuck Britz mir fast den Kopf ab, weil wir nicht den kompletten Song bei Western aufgenommen hatten.

»Warum, zum Teufel, gibst du uns überhaupt keine Chance mehr?« fragte Chuck. »Erst gibst du ›Help Me, Rhonda‹ raus und jetzt ›California Girls‹.«

»Ich dachte, bei Western wäre nicht genug Platz für all die Leute, die ich haben wollte«, versuchte ich mich mit meinem ständig anwachsenden Musikerstab herauszureden.

»Scheiße«, tobte Britz. »Mach deine nächste Produktion mit Riesenbesetzung gefälligst hier.«

»Ich kann nur das tun, was ich für richtig halte.«

Ich konnte mich nie so richtig damit anfreunden, wie ich auf dieser Platte klinge, und hätte sie gewiß neu eingespielt, wenn die Zeit nicht so knapp gewesen wäre. Aber es ging bereits auf den Sommer zu, und in den letzten drei Jahren war kein Sommer ohne ein neues Album der Beach Boys verstrichen. Darüber hinaus bekamen wir unerwartet Konkurrenz – ausgerechnet von unserem Ex-Manager Murry Wilson. Nach seinem Rausschmiß hatte mein Vater sich geschworen, eine neue Band zu gründen und es »diesen undankbaren kleinen Scheißern«, wie er die Beach Boys jetzt nannte, zu zeigen.

Dads Band nannte sich Sun Rays und war eine ziemlich blasse Beach-Boys-Kopie; sie bestand aus vier Musikern im Teenageralter, Absolventen der Hollywood Professional School, die nichts dagegen hatten, daß mein Dad als ihr Co-Autor und Produzent auftrat. Im März 1965 erschienen ihre ersten beiden Singles, »Car Party« und »Outta Gas«, beides Murry-Wilson-Kompositionen. Mein Dad verlangte von uns, die Sun Rays als feste Vorgruppe für die Beach Boys unter Vertrag zu nehmen.

»Nur über meine Leiche«, erklärte ich kompromißlos.

»Hey, nach allem, was ich für eure Karriere getan habe, willst du mich dermaßen anpissen?«

Danach hörte ich nichts mehr von ihm, bis im Juni die dritte Single der Sun Rays, »I Live for the Sun« – Co-Autor war wiederum Murry Wilson –, in die Charts kam. Natürlich wollte er mit diesem kleinen Erfolg angeben. Ich gratulierte ihm zwar, steckte ihm aber bei dieser Gelegenheit auch, daß seine Songs nur billige Imitationen der meinen seien.

»Was verstehst du schon davon«, kochte er. »Alles, was du erreicht hast, verdankst du nur meiner harten Arbeit. Wir wissen doch beide, daß ich der Songschreiber in der Familie bin. Das echte Talent. Du bleibst immer nur der Zweitbeste. Du solltest dir mal ein paar von unseren Platten anhören, vielleicht lernst du noch was.«

»Jetzt hör aber auf, Dad! Du schreibst bei mir ab. Ich habe einen neuen Song fertig, ›California Girls‹, das bläst dich vom Teller.«

»Das glaubst du«, entgegnete er. »Ich hab dir ja schon vor Monaten versprochen, daß ihr einpacken könnt, wenn die Sun Rays kommen.«

Dazu kam es nicht, denn nach einigen weiteren Singles gingen die Sun Rays sang- und klanglos unter. Meinen Dad hinderte das allerdings nicht daran, mir bei jeder Gelegenheit in den Rücken zu fallen. Er hatte da so seine Methoden. Am 9. Juni erhielt ich einen Brief, in dem er mich an ein drei Jahre zuvor gegebenes Versprechen erinnerte, ihn zum Alleineigentümer von Sea of Tunes zu machen. Er behauptete sogar, meine Mutter sei Zeugin dieser Unterredung gewesen, und hatte gleich alle erforderlichen Unterlagen beigefügt, um die Überschreibung aktenkundig zu machen. Es sei an der Zeit, erklärte er mit Nachdruck, daß ich mein Versprechen einlöse und sämtliche Anteile an der Sea of Tunes Publishing Company an ihn übertrage, von den Tantiemen, die er mir schuldete, einmal abgesehen. Nachdem er noch mit einigen Zeilen versucht hatte, mich zu überzeugen, folgte schließlich der obligatorische Appell an mein Gewissen und der Hinweis darauf, wie glücklich unser Familienleben sein könnte, wenn nur . . .

Wie immer stritt ich ab, daß es jemals eine solche Abmachung gegeben hätte, aber Dad gab sich unerbittlich. Ich beklagte mich bei meiner Mutter, die mir riet, die Angelegenheit noch einmal mit meinem Vater zu besprechen; er wisse schon, was richtig sei. Obwohl ich wußte, daß mit ihm nicht zu reden war, unternahm ich einen weiteren Versuch.

»Sea of Tunes ist meine Firma«, erklärte ich ihm. »Ich habe dir alles gegeben, die ganzen Einkünfte aus den Verlagsrechten. Aber die Songs gehören mir und die Firma auch. Diese Songs habe ich geschrieben.«

»Brian, ich bin dein Vater. Und ich weiß, was mir zusteht. Ich erinnere mich genau an den Handschlag. In unserem Wohnzimmer. Das ist ein mündlicher Vertrag.«

»Aber Dad, den hat es nie gegeben.«

»Sohn, wenn du mal erwachsen bist . . .«

Ich knallte angewidert den Hörer auf. *Wenn du mal erwachsen bist* . . . Ich fragte mich, wie mein Leben wohl ausgesehen hätte, wenn ich in einer freundlicheren Umgebung aufgewachsen wäre. Statt dessen war jeder Tag ein Kampf: nicht, um bei Verstand zu bleiben – dazu war es ohnehin schon zu spät –, sondern ein Kampf ums nackte Überleben.

Im Sommer 1965 war meine Hauptsorge, wie ich mich gegen Künstler wie die Beatles und Bob Dylan behaupten konnte, unter deren Einfluß sich die Popmusik entscheidend veränderte. Am 28. Juni, acht Tage nach meinem dreiundzwanzigsten Geburtstag, erschien unser Album *Summer Days (And Summer Nights)*, das zehnte der Band innerhalb von weniger als drei Jahren. Im August kam »Summer Days« auf Platz zwei, auf Nummer eins stand *Beatles VI*, die letzte Tat unserer »gerechten Strafe« aus Übersee.

Aber ich war nicht enttäuscht, denn das Album enthielt über »California Girls«, einen soliden Hit, hinaus zwei meiner absoluten Lieblingssongs: »Let Him Run Wild«, eine Hommage an Burt Bacharach, einen meiner Lieblings-Songwriter; und »Girl Don't Tell Me«, ein Stück das ich eigentlich den Beatles hatte überlassen wollen. Die zweite Seite war zudem voller langsamer, reicher und zunehmend verinnerlichter Balladen, die den Beginn jener kreativen Phase markierten, die mit *Pet Sounds* ihren Höhepunkt erreichte und schließlich mit *Smile* in Selbstzerstörung umschlug.

In den Polls der meisten Musikmagazine lieferten wir uns mit den Beatles ein Kopf-an-Kopf-Rennen um den Titel der beliebtesten Band der Welt. Zu Hause bewahrte uns unser Privatleben vor einer vergleichbaren Beliebtheit. Carl und Al lebten relativ bescheiden und zurückhaltend, aber Dennis und Mike waren hinter jedem Rock her. Als meinem Vetter nach der Geburt seiner Tochter Shawn eine Vaterschaftsklage ins Haus flatterte, gestand mir Dennis, daß es ebensogut ihn hätte erwischen können; er hatte bis jetzt nur Glück gehabt.

Bei mir hing ständig der Haussegen schief. Marilyn klagte, ich sei durch das LSD ein anderer Mensch geworden. Ihr Genörgel schien von einem Endlosband zu kommen. Im Grunde genommen hatte sie völlig recht, nur wollte ich das damals nicht einsehen. Die Veränderungen kamen fast unmerklich, wie eine allergische Reaktion, die sich von Mal zu Mal verstärkt. Ich ging immer später schlafen, meine Stimmungsschwankungen wurden immer extremer und unberechenbarer. In der einer Minute weinte ich, in der nächsten brach ich grundlos in ein hysterisches Lachen aus. Ich aß Unmengen von Süßigkeiten und mied die Gesellschaft anderer Menschen. Während Marilyn ein ganz alltägliches Leben führen wollte, entfernte ich mich tagtäglich weiter von jeglicher Normalität.

Mein Drogenkonsum verschlimmerte unsere Probleme zusätzlich, weil er mich immer tiefer in eine abstrakte Welt hineinzog, der nur die coolsten, geduldigsten und intelligentesten Typen gewachsen waren. Marilyn zählte dazu sicherlich nicht, dafür aber meine Freunde, besonders Loren. Marilyn haßte ihn fast noch mehr als die Drogen.

Schließlich stellte sie mir ein Ultimatum: entweder die Drogen oder sie. Ich wußte nicht, wie ich damit umgehen sollte und ignorierte diese Drohung einfach. Frustriert, erschöpft und stinkwütend packte Marilyn ihre Sachen zusammen und zog in eine eigene Wohnung. Ich ignorierte auch das; denn überhaupt nicht zu reagieren war für mich einfacher, als irgend etwas dagegen zu tun. Carl, der auf Marilyns Seite stand, machte sich große Sorgen und bat sie, sich nicht von mir scheiden zu lassen. Marilyn erklärte ihm, an Scheidung würde sie nicht denken, sie sei nur mit ihrem Latein am Ende und brauche die Trennung, um Zeit zum Nachdenken zu finden.

Über den emotionalen Stürmen, die in mir tobten, den spirituellen und musikalischen Exzessen und meinen nächtlichen Experimenten ließ ich fast einen Monat verstreichen, ehe ich überhaupt der Tatsache ins Auge sah, daß Marilyn mich verlassen hatte. Ich war viel zu sehr mit mir selbst beschäftigt, und genau besehen fehlte mir weniger ihre Liebe als ihre Fürsorge.

An einem Abend kurz vor dem Ende unserer Trennungsphase fragte mich ein Freund, ob ich mit ihm auf einen Trip gehen wolle. Er hatte Acid, starkes

Zeug, irgendwas um die fünfundzwanzig Milligramm, offensichtlich eine extrem starke Dosis. Obwohl die unbestimmten Gefühle von Angst und Verwirrung, die ich bei meinem ersten Trip empfunden hatte, immer noch nachwirkten, war ich zu einem weiteren Experiment bereit. Ich sagte mir, daß mir durch das LSD immerhin die Inspiration zu »California Girls« gekommen war, und weitere Inspirationen dieser Art schienen mir ein Risiko durchaus wert zu sein.

Ich erinnere mich noch, daß ich die Feuerwehrwagen aus der Wache gegenüber auf die Straße fahren hörte, als die Wirkung des LSD einsetzte. Das Heulen der Sirenen schien lauter und lauter zu werden, und ich bekam Angst, blanke Todesangst, wie ich sie noch nie im Leben empfunden hatte. Es war die reine Paranoia! In Wahrheit nämlich gab es nichts, wovor man sich fürchten mußte, da war nichts außer den Geräuschen von draußen, die sich zudem schnell in der Ferne verloren. Aber ich spürte Gefahr, sah mich von Flammen umringt. Die Feuerwehr drang ins Haus ein! Schmerz! Tod! Ich war machtlos dagegen.

Ich saß auf dem Sofa und klammerte mich verzweifelt an den letzten Zipfel Realität, der mir verblieben war. Aber meine Phantasie spielte mir einen üblen Streich und ließ vor meinem inneren Auge einen wahren Horrorfilm ablaufen. Zum Schluß umgab mich ein Flammenmeer, ich starb, starb ... Und dann riß der Film, ich sah mich durch die Zeit zurückfliegen, wurde immer kleiner und jünger. Ich sah mich als Teenager, dann als Jungen und durchlebte jeden Streit mit meinem Vater ein zweites Mal. Ich wollte weglaufen und mich verstecken, aber ich kam nicht von der Stelle. Ich wurde immer kleiner. Ich war ein Baby, ein Säugling. Dann war ich wieder im Mutterleib, ein Ei. Schließlich war ich ganz verschwunden. Ich existierte nicht mehr.

»Du kannst doch so nicht fahren!« rief mein Freund mir nach, als ich mit dem Autoschlüssel in der Hand aus dem Haus rannte.

Es ist mir noch heute ein Rätsel, wie es mir damals gelungen ist, mein Auto zu steuern, aber ich schaffte es tatsächlich bis zum Haus von Marilyns Eltern. Ich trat ein und erwartete, Mae und Irving anzutreffen. Aber sie waren nicht da. Nur Barbara lag auf dem Sofa und sah fern. Einen Moment lang starrte ich sie nur an, das Objekt so vieler meiner Phantasien. Dann kam es über mich, ich stürzte mich auf sie, küßte und begrapschte sie. Schließlich lallte ich: »Ich liebe dich, Barbara. Oh, ich liebe dich.«

Sie stieß einen Schrei aus, der mir durch Mark und Bein ging, und trat und boxte nach mir. Ich ließ sie sofort los, denn ihr Schrei hatte auch mir einen Schreck eingejagt. In meinem Drogennebel stand ich nun vor ihr und glotzte sie blöd an, während sie mit einem Kissen auf mich einschlug und mir sagte, ich solle endlich abhauen. Ich war allerdings viel zu high, um sie zu verstehen, mein Gehirn sendete und empfing nur totalen Mist.

Zwar registrierte ich Barbaras Aufregung, begriff aber nicht, daß ich selbst Grund dafür war, und versuchte, beruhigend meinen Arm um sie zu legen.

Das war nun das letzte, was sie in dieser Situation wollte. Sie wand sich aus meinem Griff, krallte ihre langen Fingernägel in meinen Arm und kratzte meine Hand so fest, daß sie eine große Warze an meinem Finger abriß. Es tat höllisch weh, und der Schmerz veranlaßte mich zum hastigen Rückzug. Ich fuhr heim. Irgendwie . . .

Es dauerte mehrere Tage, bis ich völlig von den Nachwirkungen dieses Trips runterkam. Ich saß im Haus herum, sah fern und blieb im Bett. Ich war nicht krank, aber ich war eindeutig auch nicht gesund. Mein Hirn knisterte wie ein Feuer, das im Regen schwelt.

Dann versank ich in tiefe Depressionen und sehnte mich nach jemandem, der mich tröstete und meine hypersensiblen, kindlichen Wünsche befriedigte. Ich fuhr zu Marilyns Wohnung. Da ich nicht wußte, was ich sagen sollte, stand ich nur weinend vor der Haustür. Zwar hatte ich das nicht geplant, aber ich hätte mir keinen besseren Schachzug einfallen lassen können: Wenn Marilyn mich so verzweifelt sah, mußte sie einfach weich werden. Es war schon nach Mitternacht, und das Licht war aus. Ich klopfte trotzdem, und nach ungefähr einer Minute kam Marilyn im Nachthemd an die Tür. Ich fühlte mich wie ein Kind, das heim zu Mami kommt.

»Bist du allein?« fragte ich.

»Natürlich, Brian«, erwiderte sie gereizt. »Was willst du?«

Ich wollte rein, aber Marilyn weigerte sich, mir die Tür zu öffnen. Schließlich gab sie nach. Ich verlor keine Zeit und entschuldigte mich für alles – die Drogen, meine Gleichgültigkeit ihr gegenüber, die Sache mit Barbara.

»Du fehlst mir so, Baby. Komm wieder zu mir zurück, bitte. Diesmal wird alles gutgehen. Wir kaufen ein Haus. Ich weiß doch, daß du dir ein Haus wünschst. Und eine Familie.«

»Ich weiß nicht, Brian.«

»Denk darüber nach, Mare. Wir haben genug Geld, um alles zu tun, was wir möchten. Wir kaufen ein Haus und gründen eine Familie. Wir können ein ganz normales Leben führen. Alles, was du willst.«

»Ich weiß wirklich nicht«, wiederholte sie. »Ich brauche noch Zeit zum Nachdenken.«

Zwei Wochen später begaben wir uns auf die Suche nach einem Haus und kauften schon das zweite, das der Makler uns zeigte. Es lag am Ende einer gewundenen Straße, am Laurel Way in den Hollywood Hills, mit herrlichem Ausblick auf das San Fernando Valley. Marilyn war hingerissen. Als sie sich dafür entschieden hatte, unsere Ehe fortzusetzen, schien sie sehr genau abgewogen zu haben, was ihr ein Ehemann wie ich bieten konnte – vielleicht keine normale Beziehung, aber immerhin genug Geld, um ihr ein Leben in dem Stil zu ermöglichen, den sie sich wünschte.

Sie ging mit Feuereifer daran, unser Haus einzurichten. Das Wohnzimmer schmückten mehrfarbige Lava Lites, und das Eßzimmer wurde fast völlig von einem langen, monströsen spanischen Tisch ausgefüllt. Die Küche ließ sie in Schwarz und Weiß tapezieren, im Badezimmer hing ein kitschiger Plastik-Jesus mit beweglichen Augen, und das Schlafzimmer wurde von einem gigantischen Himmelbett beherrscht; geschnitzte Engel bewachten das Kopfende. In dem orange-blau gehaltenen Arbeitszimmer stand eine Jukebox voller Spector-Platten.

Mein Lieblingszimmer war allerdings das Büro mit einer Kork-Isolierung, meinem Flügel und einem inspirierenden Ausblick; ich nannte es mein »Klavierlabor«. Ich kaufte einen Affen, dessen Käfig auf meinem schwarzen Schreibtich stand. Der Affe wurde schließlich durch zwei Hunde ersetzt, einen Weimaraner namens Louie und Banana, einen Beagle und begeisterten Stöckchenholer.

Im November veröffentlichte Capitol als Follow-Up zu »California Girls« die Single »The Little Girl I Once Knew«, eine Totgeburt. Die Programmacher der Radiostationen wußten nichts damit anzufangen. Nach den zwei klassischen Top Fives »Help Me, Rhonda« und »California Girls« wurden sie jetzt verwirrt von Tempowechseln und musikalischen Breaks, bei denen Totenstille im Äther herrschte. Ich bekam Feuer von der Plattenfirma und von Mike, der mich wieder einmal warnte, ich solle mich besser ans bewährte Rezept halten. Die Beach Boys standen für Sonne, Surfen und Autos sowie für Up-Tempo und gute Laune, nicht für grüblerische Balladen; für eine künstlerische Weiterentwicklung der Band bestand offensichtlich kein Bedarf.

Capitol verlangte sofort ein neues Album, und da die Verantwortlichen keinerlei Risiko eingehen wollten, schlugen sie ein Livealbum mit todsicheren Stimmungshits vor. Ich sperrte mich dagegen, da die Beach Boys erst im Jahr zuvor eine Live-LP veröffentlicht hatten. Dann kam mir die Idee, etwas zu machen, das ähnlich, aber doch ganz anders war: Wir würden eine Party schmeißen, und dabei Aufnahmen machen. Das ließ sich schnell und billig über die Bühne bringen, und außerdem war das Konzept auch noch originell und lieferte uns den Titel für die LP gleich mit.

Das Thema von *The Beach Boys Party!* lag auf der Hand: Die Story zur LP beschrieb eine Party der Bandmitglieder und ihrer Freunde in Mikes Haus; denn mein Vetter stand immer gerne im Mittelpunkt. In Wirklichkeit wurde das Album an zwei fröhlichen Abenden im Studio 2 bei Western eingespielt. Die erste Session war für fünf Uhr angesetzt, aber niemand erschien vor sechs. Schon kurze Zeit später sah das Studio aus wie ein einziger chaotischer Picknickplatz, überall lagen Essensreste und Flaschen herum. Alle brachten ihre Frauen, Freunde und Freundinnen mit. Carl kam mit seiner Verlobten Annie Hinsche, deren Bruder Billy in einer Band namens Dino, Desi & Billy spielte und ebenfalls zu den Partygästen gehörte. Dennis litt damals an einer Bronchitis und ging früh nach Hause. Mike und Bruce probierten ihre neuen Anzüge an, die sie in New York gekauft hatten.

Gegen sieben erreichte die Party langsam einen Punkt, an dem ich die anderen daran zu erinnern wagte, daß wir eigentlich zusammengekommen waren, um zu arbeiten. In einem einmalig inspirierten Take rissen wir einige unserer Favourites runter, unter anderem »Hully Gully« und »Tell Me Why« von den Beatles. Dann hörten wir uns die Aufnahmen an und vertilgten dabei die Reste unseres improvisierten Picknicks. Ich hatte nie zuvor eine so entspannte Session erlebt.

Am nächsten Abend trafen alle pünktlich und voller Ideen zum zweiten Teil der Party ein. Mike sang »Alley Oop«, und ich schlug zwei Beatles-Songs vor: »You've Got to Hide Your Love Away« und »I Should Have Known Better«. Dann meuchelte ich unser »I Get Around« und sang »We never get turned down by the girls we pick up on«. Al hatte sich »The Times They Are A-Changing« herausgepickt, und wir anderen sangen dazu den Backgroundchor und verhunzten den Song durch ein kräftiges »Right« oder »Wrong« nach jedem Refrain.

Mittendrin spazierte Dean Torrence von Jan and Dean zu uns herein; die beiden nahmen im Studio nebenan ihr eigenes Album auf. Es hatte irgendwelche Unstimmigkeiten gegeben, woraufhin Jan eine Pause eingelegt hatte.

»Irgendwelche Vorschläge?« fragte ich Dean.

»›Barbara Ann‹«, antwortete er nach kurzem Überlegen.

Die Regents hatten diesen Song zuerst rausgebracht, Jan and Dean kurz danach. Aber erst unser dreiminütiger, kaum ernstzunehmender Take – die Hälfte der Leute im Raum sang, während die anderen mit Kartoffelchips knisterten, Limonade tranken und kicherten – machten aus dem Stück einen Riesenhit. Die Single war sechsundvierzig Sekunden kürzer als die Albumversion und schoß direkt auf Platz zwei der Charts; weltweit landeten wir sogar einen noch größeren Hit, unseren größten bis zu diesem Zeitpunkt überhaupt.

Dean Torrance wird auf der Platte allerdings nicht erwähnt, da Lou Adler Jan and Dean untersagt hatte, auf den Platten von anderen mitzusingen; er hatte sogar damit gedroht, ihnen Tantiemen aus ihrer eigenen Arbeit vorzuenthalten, wenn sie gegen sein Diktat verstießen. Dennoch war es ein offenes Geheimnis, daß Dean an unserer Produktion mitgewirkt hatte, besonders, da Carl am Ende des Songs deutlich hörbar »Thank you, Dean« sagte. Natürlich machten solche schwachsinnigen Insiderscherze die Sache noch cooler.

Als *The Beach Boys Party!* im Oktober 1965 veröffentlicht wurde, plazierte sie sich sofort in den Top Ten und hielt sich dort über sechs Monate. Ich war der einzige in der Band, der sich über diesen Triumph nicht freuen konnte: Die Partylaune bei der Aufnahme kam zwar gut rüber, aber insgesamt war das Album doch ein Rückgriff auf alte Patentrezepte, zwar nicht unzeitgemäß – jedenfalls jetzt noch nicht –, aber mit Sicherheit weit entfernt von dem, was mir vorschwebte. Ich steuerte in eine ganz andere Richtung, und ich würde die Beach Boys mitreißen, ob ihnen das paßte oder nicht.

Ich hatte vergessen, daß ich nur vier Jahre zuvor mit Gary Usher in meinem Schlafzimmer gesessen und davon geträumt hatte, den Songwritern des Brill

Building Konkurrenz zu machen. Längst spielte ich in derselben Liga, hatte eine eindrucksvolle Latte von Chartserfolgen aufzuweisen und wurde in einem Atemzug mit Größen wie Lennon und McCartney, Dylan und selbst Spector genannt. Aber das genügte mir jetzt nicht mehr.

In den letzten Wochen des Jahres 1965 brachen die Beach Boys zu einer ausgedehnten Tour durch Asien, Japan und Hawaii auf; ich blieb allein zurück, um das nächste Album zu schreiben.

Mein eigentliches Ziel war, die gesamte Popmusik neu zu definieren. Mit der nächsten LP schon wollte ich weg von den Charts und hin zu höheren Weihen, wollte ich mich an die Spitze setzen.

Die Musik explodierte. Es gab nur eins: dranbleiben! Es waren verrückte Zeiten.

Sie jagten mir höllische Angst ein.

15

Besser als alles andere

Ein paar Tage vor Weihnachten holte ich meine Corvette aus der Garage, kurvte durch den Laurel Canyon und parkte zwanzig Minuten später vor dem Pickwick Bookstore in Hollywood. Als ich auf dem Parkplatz stand, wußte ich plötzlich nicht mehr, wie ich hierhergekommen war. Ich versuchte, mir die Strecke ins Gedächtnis zu rufen, aber in meinem Kopf herrschte eine gähnende Leere. Ich erinnerte mich nicht, welche Songs im Radio gelaufen waren, und was ich überhaupt hier wollte, hatte ich ebenfalls vergessen.

Es war gespenstisch.

Ich betrat trotzdem den Laden. Der Mann an der Kasse kannte mich, sagte Hallo und bemerkte beiläufig, er sei verrückt nach »Barbara Anne«, das ständig im Radio lief. Ich hörte, was er sagte, aber mein Gehirn verarbeitete diese Informationen nicht, und ich blickte ihn verwirrt an.

Wahrscheinlich hielt er mich für stoned. Und das war ich auch, obwohl ich keinerlei Drogen genommen hatte. Schlimmer noch, ich wurde mit jedem Herzschlag higher und desorientierter. Das machte mir Angst. Ich verstand nicht, was mit mir vorging.

Langsam wanderte ich an den Regalen entlang und versuchte, mich auf die Autoren und Buchtitel zu konzentrieren. In der Philosophie-Abteilung blätterte ich Bücher von Sartre, Camus und Kant durch. Dann schlenderte ich zu den Regalen mit religiöser Literatur und nahm mir die Bibel, das Bhagavad Gita und das I Ging heraus. Ich starrte auf die Seiten und versuchte zu lesen, aber die Buchstaben zitterten auf dem Papier und ergaben keinen Sinn.

Plötzlich bäumte sich etwas in meinem Gehirn auf, ein wellenförmig ausstrahlendes Zittern durchlief meinen ganzen Körper. Eine Woge der Angst erfaßte mich: Paranoia! Irgendein Anfall. Ich verzweifelte an dem geballten Wissen, dem ich mich ausgeliefert sah. Die unendlich vielen Informationen, die in den Büchern im Regal enthalten waren, überwältigten mich. Es war unmöglich, daß ich je alles wissen würde. Ich geriet in Panik.

Oh mein Gott!

Der Raum begann sich zu drehen, ich befand mich plötzlich mitten im Zentrum eines gigantischen Kreisels. *Drehen, drehen, drehen . . .* Die Situation war völlig surreal. Dann sah ich die Bücher vor meinen Augen zerlaufen und an den Regalen heruntertropfen wie Wachs von einer Kerze. Ich streckte die Arme aus und wollte mit den Händen zugreifen, wollte mir die Worte über die Hände fließen lassen, die von den größten Köpfen der Menschheit geschrieben worden waren. Aber ich griff in die Luft, das geballte Wissen entzog sich mir.

Ich erlitt einen Flashback, denn seit ich zum letzten Mal Acid genommen hatte, waren Monate vergangen.

In Panik stürzte ich zur Tür hinaus und tastete nach meinen Autoschlüsseln. Nachdem ich die Wagentür endlich geöffnet hatte, ließ ich mich auf den Vordersitz fallen. Ängstlich fragte ich mich, wie lange der Flashback wohl dauern würde. Es vergingen mehrere Stunden, bis ich mich wieder fähig fühlte, Auto zu fahren. Als ich nach Hause kam, war es bereits dunkel. Um Marilyn nicht über den Weg zu laufen, ging ich direkt in mein Büro und schloß die Tür ab, immer noch high und zitternd vor Angst.

Als der Anfall einem einigermaßen kontrollierbaren Gefühl der Leere und Erschöpfung gewichen war, erinnerte ich mich, daß Loren mir einmal erklärt hatte, Halluzinationen seien mit Zen-Rätseln vergleichbar, sie seien Geheimnisse von tieferer Bedeutung. Was hatte das in meinem Fall zu bedeuten? Warum war ich in den Buchladen gefahren? War ich auf der Suche nach einer Inspiration gewesen? Wenn ja, dann ohne Erfolg. Ich hatte Bücher zerlaufen sehen, ohne das Wissen erfassen zu können, das sie enthielten. Wenn das tatsächlich ein Rätsel gewesen sein sollte, mußte ich es unbedingt lösen.

Im Dezember stand *Rubber Soul*, die neue LP der Beatles, sowohl in England als auch in den USA auf Platz eins. Ich kannte zwar einzelne Songs, aber das komplette Album hörte ich mir erst an, als es einer meiner vielen neuen Freunde, die ich zum größten Teil durch Loren kennengelernt hatte, Anfang 1966 mit zu mir nach Hause brachte. Er bestand darauf, meine Meinung über die Songs zu hören – als wäre ich eine Art Orakel.

In einer Wolke von Haschischrauch begingen wir das feierliche Ereignis. Wir saßen um den Eßzimmertisch herum und blickten aus dem Fenster auf die zahllosen Lichter der Stadt, die zu uns heraufschimmerten. Während die Platte lief, rauchten wir weitere Joints. Niemand erlaubte sich eine eigene Meinung, bevor ich nicht mein Urteil abgegeben hatte. Ich war überwältigt! Jeder Song, von »Michelle« über »Norwegian Wood« bis hin zu »In My Life« oder »The Word«, war fantastisch.

»Ich bin total weg«, rief ich begeistert aus. »Ich finde es unglaublich.«

»John und Paul, diese Typen sind Genies«, bestätigte Loren.

»Das Album ist absolut wahnsinnig«, wiederholte ich. Insbesondere beeindruckte mich die erstaunliche Geschlossenheit der LP. »Sie haben nur die besten Songs für das Album verwendet. Das ist genau das, was ich auch will.«

»Was?« fragte er.

»Ich will ein Album machen, bei dem jeder Ton einsame Spitze ist!«

Plötzlich hatte ich das Bedürfnis, meine Emphase mit Marilyn zu teilen. Sie war mit ihrer Schwester Diane und einer Freundin in der Küche und machte Sandwiches mit Erdnußbutter. Nach meinem Anschlag auf Barbara war ich wieder häufiger mit der älteren Schwester meiner Frau zusammen, mein latentes Interesse an Diane war neu entflammt worden. Sie arbeitete jetzt als Sekretärin für mich und verbrachte viel Zeit in unserem Haus – und ich verbrachte fast genausoviel Zeit damit, sie anzusehen und mir auszumalen, wie es im Bett mit ihr wäre.

Seit unserer Versöhnung hatte Marilyn ihre unnachgiebige Haltung gegen Pot immerhin so weit gelockert, daß ich sie tatsächlich zu einem Joint hatte überreden können. Woher kam dieser Umschwung? Ich bewegte mich in aufregenden Kreisen, und Marilyn wollte allem Anschein nach nicht außen vor bleiben. So teilten wir wenigstens ein gemeinsames Interesse; denn ansonsten hatten wir nicht mehr sonderlich viel gemein. Damals galt es bei Leuten in unserem Alter längst nicht mehr als Gipfel der Verworfenheit, Grass zu rauchen. Pot gehörte nicht nur für mich, sondern bald für uns beide ganz selbstverständlich zum Alltag.

»Mare!« rief ich. »Eben habe ich *Rubber Soul* gehört, die neue von den Beatles. Sie ist einfach unglaublich. Sie hat mich inspiriert.«

»Wie wundervoll!« Sie lächelte stoned.

»Ich meine es ernst«, sagte ich eindringlich. »Ich werde ein einmaliges Album machen! Das größte Rockalbum aller Zeiten!«

Al Jardine hatte sich in der letzten Zeit auf seine Folk-Vergangenheit besonnen und mir vor ungefähr sechs Monaten, während einer der *Summer-Days*-Sessions, vorgeschlagen, das Traditional »Sloop John B.« aufzunehmen. Wie er mir später gestand, hatte er geglaubt, ich hätte ihm gar nicht zugehört, aber ich erarbeitete buchstäblich über Nacht ein Arrangement und nahm die Basic Tracks auf.

»Heiliger Strohsack!« platzte Al heraus, als er am nächsten Morgen die Aufnahmen hörte. »Ich dachte, wir würden zusammen an einem Arrangement dafür arbeiten.«

»Na ja, ich hatte eine Idee«, bemerkte ich achselzuckend.

»Nein, nein, Brian, es ist fantastisch. Ein Meisterwerk. Ich war nur so verblüfft, wie du aus so einem einfachen, geradlinigen Folksong so eine riesige, Sousa-mäßige Produktion gezaubert hast. Du hast sogar die Klaviersequenzen übernommen, die ich vorgeschlagen hatte. Ich hätte das nie so gut hinbekommen.«

Während einer Pause im Winter-Tourplan der Beach Boys nahmen wir jetzt »Sloop John B.« auf. Alle stellten sich am Mikrofon an, und ich ließ Mike, Al, Carl und Dennis für die Leadvocals vorsingen. Aber keiner von ihnen klang so, wie ich mir das vorstellte, also sang ich den Part schließlich selbst. Da die Beach Boys fast ständig auf Tour waren, wurde das mehr und mehr die Regel.

Ich hatte viele halbfertige Ideen im Kopf – Musikfragmente, die ich »Feels« nannte. Jedes Feel stand für eine Stimmung oder ein Gefühl. Ich wollte sie irgendwann einmal wie ein Mosaik zusammenfügen, hatte aber noch keine genaue Vorstellung davon, wie das Endprodukt aussehen sollte. Die Suche nach irgendeinem Anhaltspunkt führte mich schließlich zu einer Astrologin namens Genevelyn in Hollywood, deren Wohnung intensiv nach Zimt-Räucherstäbchen duftete. Ich nannte ihr mein Geburtsdatum, den 20. Juni 1942. Ich war ein Zwilling. Genevelyn schaute mir in die Augen, rechnete ein bißchen herum und sagte dann, mein Diagramm zeige einen ausgeprägten Jupiter-Einfluß. »Jedes Projekt, was du jetzt anfängst, wird deine kühnsten Erwartungen übersteigen.«

»Wie meinst du das?« fragte ich.

»Was ich in deinem Diagramm und in den Karten sehe«, fuhr sie mit feierlicher Stimme fort, »ist, daß du nicht einfach nur Erfolg haben wirst – denn erfolgreich genug bist du schon, oder?«

Ich nickte.

»Nein, was ich voraussehe, ist eine Fülle positiver, spiritueller Wärme, die von dir ausströmt.«

Ich war nicht religiös, aber ich entwickelte definitiv ein spirituelles Bewußtsein. Loren predigte mir ständig von Eingebungen oder religiösen Büchern und ermutigte mich, Musik zu machen, die solche Empfindungen auslöste. Und jetzt auch noch Genevelyn . . . Ich war offensichtlich auf dem richtigen Weg.

Dann erzählte ich der Astrologin von den Halluzinationen, die ich im Dezember im Buchladen gehabt hatte, und bat sie, das Rätsel zu lösen. Genevelyn dachte einen Momant darüber nach und fand dann eine Erklärung, die mir sehr einleuchtend zu sein schien: Wenn ich nicht in der Lage sei, erklärte sie, meine Inspirationen aus der Außenwelt, zum Beispiel aus Büchern, zu beziehen, müsse ich an anderer Stelle suchen, müsse ich nach innen schauen und über das schreiben, was ich in meinem eigenen Herzen lesen könne.

Gegen Ende Januar 1966 hatte ich alle Feels beisammen; jetzt mußten dringend Texte her. Ich erinnerte mich, daß Loren vor etwa fünf Monaten einen Freund mit zu Western gebracht hatte, wo ich damals an den Tracks für *Summer Days* gearbeitet hatte. Tony Asher war ein brillanter junger Texter und Jingle-Schreiber bei der Werbeagentur Carson/Roberts. Während einer Arbeitspause hatte ich den beiden eines meiner Feels vorgespielt und sie um ihr Urteil gebeten. Anschließend hatte Tony mir eine kleine Melodie vorgespielt, die er geschrieben hatte.

»Du magst hübsche Musik, oder?« hatte ich ihn daraufhin gefragt.

»Yeah!«

Später gestand Tony mir, er habe zuerst seinen Ohren nicht richtig getraut, als ich ihn nach seiner Meinung über die Musik fragte, ich sei so ganz anders gewesen, als er das erwartet hatte. Wahrscheinlich hatte er gedacht, einen Menschen mit Rockstarallüren anzutreffen.

»Du kennst mich doch überhaupt nicht«, hatte er damals nach einigem Zögern geantwortet. »Und dann fragst du mich, was ich von deinen Songs halte.«

»Aber ich will wissen, was alle davon halten. Ich meine, vielleicht ist die Musik ja zum Kotzen.«

»Verlaß dich drauf, deine Musik ist nicht zum Kotzen.«

Kaum war mir Tonys Name jetzt wieder eingefallen, da wußte ich schon, daß er der perfekte Texter war, genau die richtige Stimme für das, was ich mit meinen Feels ausdrücken wollte. Ich erkundigte mich bei Loren nach Tonys Telefonnummer und rief ihn an.

»Ist Tony Asher da?«

»Am Apparat.«

»Hi, hier ist Brian Wilson. Ich weiß nicht, ob du dich noch an mich erinnerst, aber . . .«

»Brian Wilson? Na klar!« erwiderte Tony. »Jetzt hör mal auf mit dem Scheiß! Wer ist dran?«

»Hier ist *wirklich* Brian Wilson«, sagte ich und erinnerte ihn an unsere Begegnung bei Western. »Hör mal, ich hab mich gefragt, ob du noch Interesse an Musik hast?«

»Ja. Wieso?« fragte er verwundert.

»Ich arbeite gerade am neuen Beach-Boys-Album und komme einfach nicht klar mit dem Biest«, erklärte ich ihm. »Wir sind schon im Verzug, und ich brauche Hilfe bei den Lyrics. Hättest du Lust, mir zu helfen?«

»Ich dachte, du schreibst mit Mike?«

»Ich glaube, für das, was ich vorhabe, ist er nicht zu gebrauchen. Ich brauche jemand mit mehr Einfühlungsvermögen. Hast du Lust?«

»Ob ich Lust habe?« kicherte er. »Du spinnst wohl?«

Am Mittag des nächsten Tages parkte Tony seinen 356er Porsche vor meinem Haus. Ich ging ihm entgegen, und wir zogen uns sofort in mein Büro zurück. Er war beeindruckt über das Aufnahmeequipment, das ich neben dem Klavier aufgebaut hatte. Dann spulte ich das Band zurück, das ich ihm vorspielen wollte, vielleicht ein halbes Dutzend Songs.

»Sie gefallen mir«, erklärte Tony anschließend.

»Es ist spirituelle Musik. Dazu brauche ich Texte. Ich habe schon ein paar Ideen.«

Ich setzte mich ans Klavier und spielte einen der Songs. Der üppige Akkordteppich breitete sich im Raum aus und erfüllte ihn so mit Klängen, daß ich mir manchmal, wenn ich alleine war, ausmalte, wie die Höhen Sauerstoffmoleküle zersplittern ließen, die dann von den Tiefen wieder komprimiert wurden, nur, um mir Luft zum Atmen zu verschaffen. Meine Augen waren geschlossen, ich gab mich ganz der Musik hin. Dann hörte ich Tonys Stimme.

»Fangen wir jetzt direkt an?« fragte er zaghaft.

»Ja, natürlich. Wir haben keine Zeit zu verlieren. Wir sind sowieso schon zu spät.«

»Scheiße, Brian. Ich hab Mittagspause. In fünfundvierzig Minuten muß ich wieder im Büro sein.«

»Na schön, wann kannst du anfangen?«

Tony nahm sich drei Wochen frei, aber ich glaube, er ahnte nicht, auf was er sich da eingelassen hatte. Am nächsten Montag um Punkt elf Uhr war er wieder bei mir. Ich hatte ihm eingeschärft, wie wichtig Pünktlichkeit für mich war – und jetzt lag ich noch im Bett, so daß Marilyn ihm öffnen und mich entschuldigen mußte.

Wie bei den Songs, war auch an manchen Tagen der Anfang für mich weitaus schwieriger als an anderen. Der schlimmste Teil des Songschreibens waren meistens die ersten zehn Minuten, eine Phase panischer Angst: Wird irgendwas passieren? Bin ich ausgebrannt? Bin ich vielleicht doch der Versager, für den mein Vater mich hält?

Genauso war es mit jedem neuen Tag. Nachdem ich die Augen aufgeschlagen hatte, verbrachte ich die ersten Stunden oft in Angst. Ich erwachte immer mit dem Gefühl, daß mir etwas Scheußliches zustoßen könnte, und sträubte mich gegen die Notwendigkeit, mein Bett zu verlassen. Andererseits belebte die Vorahnung einer möglichen Katastrophe jeden Tag mit gespannter Erwartung und nervöser Erregung. Während der nächsten Jahre steigerte sich die Angst, mit der ich aufwachte, so sehr, daß sie mich den ganzen Tag über nie ganz verließ.

An diesem Montag konnte ich mich erst nach zwei Stunden aus dem Bett zwingen. Obwohl ich mich entschuldigte, konnte Tony ein gewisses Mißtrauen nicht verbergen. Er sah mir zu, wie ich mein Frühstück herunterschlang, während ich gleichzeitig den ursprünglichen Entwurf jenes Albums skizzierte, das meine Antwort auf die Herausforderung durch die Beatles sein sollte. Jeder einzelne Song mußte für sich ein Meisterwerk werden, und darüber hinaus wollte ich die Stücke durch ein übergreifendes Leitmotiv miteinander verknüpfen; allerdings hatte ich noch nicht die leiseste Ahnung, wie ich das anstellen sollte. Alles was ich wußte, war, daß die Musik eine Einheit bilden und den zeitlosen, emotionalen Gehalt großer Kunstwerke – Gemälde, Gedichte, Symphonien – transportieren sollte. In dem Album sollte das sein, was ich immer als *die Gegenwart Gottes* beschrieben hatte.

»Das Album muß alles andere in den Schatten stellen«, sagte ich. »Ich will, daß die Leute es hören und sagen: ›Wow, und das sollen die Beach Boys sein?‹«

Bei unserer grundverschiedenen Arbeitsweise war es ein Wunder, daß wir überhaupt etwas gemeinsam zustande brachten. Tony war jeden Morgen pünktlich zur Stelle, ohne zu wissen, ob ich schon aufgestanden war oder nicht. Wenn er gerade richtig in Schwung kam, legte ich eine Fernsehpause ein. In einer Minute fühlte ich mich bestens, in der nächsten brach ich in irres Lachen aus, in der übernächsten schüttelten mich Weinkrämpfe. Tony hatte eine feste Freundin, ich war verheiratet, machte aber kein Geheimnis daraus, daß ich mich in Diane, die ältere Schwester meiner Frau, verliebt hatte. Zu Marilyn hätte ich eine geistige Beziehung, versuchte ich ihm meinen Zwiespalt zu erklären, während die Sexphantasien über ihre Schwester rein körperlicher Natur seien.

Obwohl er mich menschlich für einen Chaoten halten mußte, bewunderte Tony doch mein Talent als Musiker so sehr, daß er sich von meinen Launen und Verfolgungsängsten nicht abschrecken ließ; er wollte gemeinsam mit mir Großes leisten.

Zu unseren ersten Songs gehörte »You're So Good to Me«, eines von Tonys Lieblingsstücken und seiner Meinung nach eine gute Popnummer, unbeschwert und leicht mitzusummen. Ich gab ihm recht, erklärte ihm aber auch, daß ich genau davon wegwollte.

»Ich will zeigen, daß die Beach Boys *Musik* machen können«, erklärte ich ihm. »Nicht nur nette Liedchen.«

»Ich verstehe.«

Als wir unseren nächsten Song aufnahmen, zog ich morgens als erstes den Telefonstecker heraus, weil mir unsere Plattenfirma pausenlos wegen einer neuen Single in den Ohren lag.

Einer der hübschesten, persönlichsten Songs, die ich je geschrieben habe, »Caroline, No«, handelte vom Erwachsenwerden und dem Verlust der Unschuld. Ich hatte Tony von meiner High-School-Liebe Carol Mountain erzählt und geseufzt: »Wenn ich sie heute wiedersehen würde, würde ich wahrscheinlich denken: Mein Gott, was ist nur aus ihr geworden. Das passiert eben mit Leuten, wenn sie erwachsen werden.«

Ausschlaggebend für diesen Song war aber die Entwicklung, die Marilyn und ich durchgemacht hatten, seit wir uns damals im Pandora's Box kennengelernt hatten. Wir waren immer noch jung – Marilyn ging auf die Zwanzig zu, ich würde demnächst vierundzwanzig –, aber die Unschuld der Jugend war im täglichen Überlebenskampf auf der Strecke geblieben. Die einstige Unbeschwertheit war für immer verloren. Vielleicht spürte ich auch unbewußt, daß meine außergewöhnliche Begabung nicht unerschöpflich war.

All das machte mich traurig.

Als ich die Melodie von »Caroline, No« zum erstenmal spielte, sagte Tony, der Song habe Hitpotential. Er nahm das Band mit nach Hause, feilte an meinem Konzept und komplettierte den Text. Die Beach Boys waren wieder einmal auf Tour, als »Caroline, No« soweit war, daß wir das Stück aufnehmen konnten. In Anbetracht des Drängens von Capitol, die eine neue Single von mir verlangten, der extrem persönlichen Natur des Songs und des kreativen Freiraums, den ich zu dieser Zeit hatte, dachte ich nicht daran, auf ihre Rückkehr zu warten. Statt dessen machte ich alles alleine.

Ich brauchte siebzehn Takes, bis der Song so war, wie ich ihn haben wollte: perfekt! Nach dem letzten Take traten mir die Tränen in die Augen; ich wußte, ich hatte es. Aber damit war die Arbeit nicht getan.

Ich spielte »Caroline, No« meinem Dad vor. Obwohl wir kaum noch Kontakt hatten, holte ich aus irgendeinem Grunde noch immer seine Meinung ein. Er lobte den Song, schlug jedoch vor, die Tonart von C in D zu ändern. Der Toningenieur klemmte ein Stückchen Papier hinter den Aufnahmekopf, ein Kniff, um das Band schneller laufen zu lassen. Wir hörten uns die Aufnahme noch einmal an. Dad hatte recht, und ich folgte seinem Rat.

Als die Arbeit weiter voranschritt, begann ich mit dem Gedanken zu spielen, das Album als Soloprojekt herauszubringen. Ich behielt diese Idee zunächst für mich, aber sie war bezeichnend für meinen aufkeimenden Verdacht, daß die Jungs meine neue Musik weder mögen noch verstehen würden, wenn sie sie zu hören bekamen.

Die Songs zeichneten ein sprechendes Porträt meiner gequälten Psyche: »I Just Wasn't Made for These Times« war eine Klage darüber, daß meine schnellen Fortschritte mich zwangen, andere zurückzulassen; der Titel »Let's Go Away for a While«, eine Hommage an Burt Bacharach, sprach für sich selbst. Ursprünglich hatte es auch Lyrics für den Song gegeben, aber als Instrumental funktionierte er besser und wurde eines meiner gelungensten Stücke überhaupt.

Tony und ich verbrachten fast genausoviel Zeit einfach nur mit Quatschen wie mit unserer Arbeit. Bei einem dieser Gespräche kam die Rede auf meine widerstreitenden Gefühle für Marilyn und Diane. Marilyn befriedigte meine seelischen Bedürfnisse zwar weit eher als ihre Schwestern, aber Diane und ich hatten immer am meisten gemeinsam gehabt. Sie war meine Sekretärin, und ihre ständige Anwesenheit fachte meine Leidenschaft erneut an. Es dauerte nicht lange, bis ich ihr sagte, daß ich sie liebte; kurz darauf gestand ich auch Marilyn die Wahrheit.

Bisher war zwischen Diane und mir nichts weiter geschehen, ich beabsichtigte nicht mehr, als durch solche Liebeserklärungen meine Tagträume auszuleben. Das belastete meine Beziehung zu Marilyn, aber meine Frau war nicht auf den Kopf gefallen und hatte ohnehin schon längst erkannt, daß man unsere Ehe nicht mit normalen Maßstäben messen konnte und ich kein Mann mit einem normalem Gefühlsleben war.

»Hast du gesehen, wie wunderschön sie gestern war?« fragte ich Tony.

»Wer?«

»Ich habe Diane beobachtet . . . Mein Gott, sie ist so wunderschön.«

»Brian, du bist verheiratet.«

»Ich weiß«, erwiderte ich achselzuckend. »Aber wäre es nicht schön, wenn ich neben ihr liegen und mein Gesicht in ihrem langen Haar vergraben könnte?«

»Hey, Mann . . . Ich höre wohl nicht richtig, wie?«

»Ich stelle mir so gerne vor, verliebt zu sein. Es fällt mir so leicht, mich zu verlieben. Ich muß nur sehen, wie die Sonne auf ihrem Haar spielt, um mich in ein Mädchen zu verlieben. Eine Vibration. Ein Gefühl. Mehr brauche ich nicht.«

»Aber ganz so einfach ist das nicht.«

»Stimmt«, bestätigte ich. »Aber wäre es nicht schön, wenn es so einfach wäre?«

Nach dieser Diskussion sagte Tony, er habe eine Idee zu einer der Melodien auf meinen Bändern. Mir war es am liebsten, wenn Tony die Texte mit mir zusammen am Klavier schrieb, aber diesmal bestand er darauf, zunächst alleine an dem Text zu arbeiten. Ich gab ihm ein Tape mit nach Hause, und am nächsten Tag erschien er mit einem kompletten Satz Lyrics für »Wouldn't It Be Nice« – und einer Entschuldigung.

»Wofür?« fragte ich.

»Ich dachte, die Worte wären vielleicht zu persönlich, zu intim.«

»Nein, das ist genau das, was ich haben will.«

16

»God Only Knows«

An einem Tag Ende Januar oder Anfang Februar lud mich Lou Adler, der Jan and Dean verlassen hatte, um Manager von The Mamas and the Papas zu werden, zu einer Aufnahmesession der Rolling Stones ein. Als ich eintraf, stockte die Arbeit gerade; statt dessen schien eine wilde Party im Gange zu sein. Die Tische bogen sich unter dem überreichen Angebot an Alkohol, Drogen und Speisen und überall waren Mädchen. Adler stellte mich Keith Richards und Mick Jagger vor.

Die beiden wirkten sehr nett, so gar nicht wie die wilden Draufgänger, von denen ich in allen Zeitungen gelesen hatte. Ich sagte ihnen, daß ich niemals in einem dermaßen wüsten Trubel arbeiten könnte, für mich sei das Studio wie eine Kirche.

»Bei uns klappt es prima«, erwiderte Mick, der mir auch gestand, daß er ein Fan der Beach Boys sei. »Willst du was trinken?«

»Nein danke. Ich hab gehört, daß ihr den Leuten Acid in die Cola tut.« Das war mein voller Ernst.

Anstatt beleidigt zu sein, lachte Mick sich halbtot. Drogen würden sie allerdings schon nehmen, erklärte er dann und zog einen riesigen, intensiv duftenden Joint aus der Hemdtasche.

»Willst du was rauchen?«

»Klar«, sagte ich und nahm einen Zug.

Mick sagte mir, ich solle den Joint behalten, er müsse wieder an die Arbeit. Dann trieb er den Rest seiner Band zusammen. Offensichtlich hatte er die Zügel fast so fest in der Hand wie ich bei den Beach Boys; allerdings verging bei den Stones über eine halbe Stunde, ehe jeder ausgetrunken oder was immer hatte und sich zurück ins Studio bequemte. Ich machte es mir unterdessen in der Ecke eines Sofas gemütlich und qualmte den Joint, den Mick mir gegeben hatte. Das Zeug war ein verdammt starkes Kraut, so daß ich bald nicht mehr wußte, wo ich war und was zum Teufel um mich herum abging.

»Wo bin ich?« fragte ich ein Mädchen, das in meiner Nähe stand.

»In einem Ton-Studio.« Sie lächelte.

»Und was mache ich hier?«

»Du hörst dir die Rolling Stones an«, sagte sie und tanzte durch den Raum.

»Ach ja . . . Was nehmen sie gerade auf?«

»Die Nummer heißt ›My Obsession‹. Bist du Brian Wilson?«

»Ja.«

»Ich liebe dich«, sagte sie daraufhin, gab mir einen Kuß auf die Wange und tanzte ans andere Ende des Zimmers davon.

In meinem bekifften Zustand erschien mir »My Obsession« als der beste beschissene Rock-and-Roll-Song, den ich je in meinem Leben gehört hatte. Als ich endlich nach Hause kam – etliche Stunden, nachdem ich aus dem Studio getaumelt war –, fühlte ich mich, als hätten die Stones mich in den Arsch getreten. Ich wußte einfach nicht, wie ich mit den Beach Boys gegen sie antreten sollte. Ich sagte meine nächsten Termine mit Tony ab und vergrub mich zwei volle Tage im Bett, nur um zu kiffen und meine Wunden zu lecken.

Schließlich aber raffte ich mich auf, rettete mich ans Klavier und nahm die Arbeit mit Tony wieder auf. Es war Mitte Februar. Ich spielte Tony einen neuen Song mit dem Titel »Good, Good, Good Vibrations« vor. Den Refrain hatte ich, aber mir fehlte der Text für die einzelnen Strophen. Der Song gefiel ihm sehr, aber er reagierte leicht befremdet auf meine Erklärung, wie mir die Idee dazu gekommen war und was ich damit ausdrücken wollte.

»Meine Mom hat mir erzählt, daß Hunde ganz genau zwischen Menschen unterscheiden«, erklärte ich. »Manche Leute mögen sie, weil sie positive Schwingungen ausstrahlen, andere beißen sie, weil die Schwingungen negativ sind. Für mich ist das ein sehr spiritueller Song, und ich möchte, daß er positive Schwingungen ausstrahlt.«

Tony versuchte sich an den Lyrics und kam damit so gut zurecht, daß ich »Good Vibrations« in die vorläufige Liste der Stücke aufnahm, die ich Capitol für das neue Album ankündigte. Zwei Wochen später änderte ich allerdings meine Meinung und zog den Song zurück. Die Zeit war noch nicht reif, ich konnte ihn jetzt noch nicht produzieren.

Außerdem hatten wir noch genügend andere gute Songs, die viel Arbeit erforderten. Tony und ich konzentrierten uns zunächst auf »God Only Knows«, das mein ganzer Stolz war und mir sehr am Herzen lag. Die Melodie war von einer John-Sebastian-Platte inspiriert, die ich gehört hatte, und ich beabsichtigte, alles, was ich durch meine Musik ausdrücken konnte, in einem einzigen Song zusammenzufassen. Aber zunächst gab es Meinungsverschiedenheiten. Ich fand Tonys erste Zeile »I may not always love you« scheußlich, ein völlig unpassender Einstieg für ein Liebeslied, viel zu negativ.

»Brian, so ist das Leben eben«, rechtfertigte sich Tony. »Leute, die sich lieben, bleiben nicht immer verliebt. Hör dir doch erst mal die nächste Zeile an.«

Dann sang Tony: »But as long as the stars are above you, you'll never need to doubt me . . .«

»The love we're writing about will last until the stars burn out.« Und weiter: »And that won't ever happen.«

Das gefiel mir schon besser.

Eine weitere Auseinandersetzung hatten wir über das Wort »Gott«. Bis jetzt hatte noch niemand gewagt, es in einem Popsong zu verwenden. Ich befürchtete, daß wir mit »Gott« im Titel Schwierigkeiten mit den Radiosendern bekommen würden. Tony sah das ein, war aber strikt dagegen, künstlerische Zugeständnisse zu machen. Schließlich ließ ich mich umstimmen, denn Gott war ein spirituelles Wort, und außerdem wagten wir etwas Neues, wenn wir uns nicht abschrecken ließen. Beide Gründe waren gut genug, den Text unverändert zu lassen.

Alle Leute, die bei den Sessions von »God Only Knows« dabei waren, sagen mir noch heute, daß dies eines ihrer magischsten und schönsten Musikerlebnisse war. Ich versammelte dreiundzwanzig Musiker in einem Studio, ein unerhörter Aufwand für eine Pop-Platte. Alle spielten gemeinsam, und die unterschiedlichen Sounds verbanden sich zu einem üppigen, himmlischen Musikteppich.

Heute hat man für Platten dieser Art achtundsiebzig Spuren, auf denen jedes Instrument einzeln aufgezeichnet und später abgemischt wird; damals aber mußte alles noch live eingespielt werden. Entweder es klappte, oder es klappte nicht. Seiner glücklichen Hand für die blitzschnellen Entscheidungen, die eine Produktion dieser Größenordnung erforderte, verdankte Phil Spector seine herausragende Stellung im Musik-Business. Ich leistete auf diesem Gebiet ebenfalls Beachtliches, benötigte aber trotzdem zwanzig Takes, ehe die Tracks so klangen, wie ich sie in meiner Phantasie gehört hatte.

»Verdammt, das war wunderschön«, sagte Dennis anschließend. »Wie hast du das geschrieben?«

»Ich habe gebetet«, antwortete ich. »Ich habe zu Gott gebetet.«

»Na, ich bete zu Gott, daß es sich auch verkauft«, warf Mike ein.

Tatsächlich waren nicht alle begeistert von dem, was sie zu hören bekamen. Ich hatte Mike und Carl per Ferngespräch das eine oder andere Versatzstück meiner letzten Songs vorgespielt, aber bis zu den »God Only Knows«-Sessions hatten sie noch keinen einzigen kompletten Song gehört und waren sich nicht ganz sicher, was sie davon halten sollten. Al beschwerte sich, daß er seit drei Monaten den Refrain von »Wouldn't It Be Nice« übte, ohne irgendeine Zeile des restlichen Textes zu kennen. Schließlich entschied ich mich, bei diesem Album auf die Beach Boys als Musiker zu verzichten; es war die erste LP, auf der sie ausschließlich sangen.

Als sich die Bandmitglieder im März 1966 zum ersten Mal die Songs anhörten, die Tony und ich geschrieben hatten, waren sie schon halb entschlossen, die Musik nicht zu mögen – und so kam es dann auch. Zum einen fühlten sie sich vor den Kopf gestoßen, weil ich sie nicht brauchte; die Tracks und die Vocalparts waren auch ohne ihre Mitwirkung so gut wie fertig. Das war für ihr Selbstbewußtsein ein Schlag ins Kontor. Und zum anderen hatte keiner von ihnen damit gerechnet, wie sehr die Musik sich von den Songs unterscheiden würde, die sie von mir gewohnt waren.

Besonders Mike, dessen erster Gedanke immer hieß: »Verkauft sich das auch?« sprach abfällig von »Ego-Musik« und beschwerte sich darüber, daß die Songs zu avantgardistisch seien und nicht wie das alte Material klängen. Er weigerte sich, auf »Hang On to Your Ego« zu singen, bis wir die Lyrics in »I Know There's an Answer« abgeändert hatten. Nach einer besonders hitzigen Session machte er seinem Herzen Luft und fluchte: »Wer soll sich den Scheiß eigentlich anhören? Dein Hund?«

Ironischerweise inspirierte Mikes pampige Bemerkung uns zum Titel des Albums: *Pet Sounds*.

Abgesehen von Dennis, der sich im Studio immer hinter mich stellte, und Bruce Johnson, der rundweg begeistert war, war keinem der anderen die Bedeutung dieses Albums für mich bewußt. Ich hatte meine Seele in diese Songs gelegt – den Schmerz, die Freude, die Kämpfe, die Trauer, die Liebe . . . Sie waren mein ein und alles, mein Fleisch und Blut. Die Beach Boys dagegen bemerkten nur, daß in den Songs zuwenig von Sonne, Spaß und Strandhäschen in knappen Bikinis die Rede war.

Eigentlich war dies seit jeher der grundlegende Unterschied zwischen mir und den anderen gewesen: Für die Jungs war das Bandleben eine einzige Party, ein Traumjob mit guter Bezahlung und noch besseren Sozialleistungen. Sie erwarteten von mir, daß ich wie ein Automat immer neue Hits ausspuckte: Kleingeld reinstecken, Hebel drücken, großes Geld einkassieren. Mir aber kam beim Songschreiben das Geld nie in den Sinn, wenn ich Songs schrieb, schrieb ich einfach nur Songs, nichts anderes.

Pet Sounds war das Ergebnis meines künstlerischen Reifeprozesses, die konsequente Verwirklichung einer persönlichen Vision. Ich wollte Menschen nicht einfach unterhalten, sondern sie direkt ansprechen, aus tiefstem Herzen.

Als ich beschloß, »Caroline, No« Anfang März nicht als erste Single vom neuen Beach-Boys-Album, sondern als Brian-Wilson-Soloprojekt zu veröffentlichen, trug das nicht gerade dazu bei, das Verhältnis zwischen mir und den anderen zu entspannen. Trotz der Proteste der Band fand ich Unterstützung bei Capitol, die sich davon eine Erweiterung unserer Marktchancen versprachen. Lennon und McCartney waren als Persönlichkeiten ebenso bekannt wie die Beatles; das gleiche galt für Mick Jagger und die Rolling Stones. Die Beach Boys hingegen waren als Persönlichkeiten so austauschbar wie der Sand am Meer.

Nachdem ich bereits meinen Traum, *Pet Sounds* als Brian-Wilson-Album zu veröffentlichen, aufgegeben hatte, freute ich mich über die Chance, wenigstens »Caroline, No« als Soloprojekt veröffentlichen zu können. Gleichzeitig beruhigte ich die Jungs und versicherte ihnen, daß keine Gefahr bestand, ich könnte die Beach Boys verlassen, um alleine weiterzumachen. Das war nicht mein Ding, ich hatte viel zu hart dafür gearbeitet, die Band dahin zu bringen, wo sie jetzt war. Außerdem war sie meine Familie.

Unglücklicherweise kam »Caroline, No« nicht weiter als Platz 23. Die

Plattenfirma schwenkte sofort auf Mikes Seite um und fragte: »Wo zum Teufel bleibt die Musik?« Dann schoben sie hastig »Sloop John B.« nach, das mehr dem Beach-Boys-Patentrezept entsprach. Im Mai 1966 hatten wir eine Nummer drei. Das ließen sie sich schon eher gefallen.

Ende April brachte ich eine Anpressung unseres neuen Albums mit nach Hause, um sie Marilyn vorzuspielen. Ihr Urteil war ausschlaggebend für mich. Wir gingen in unser Schlafzimmer, zündeten uns einen Joint an und dämpften das Licht, ehe wir die Platte auflegten. Die endgültige Reihenfolge der Songs hatte sich erst am Abend vorher entschieden, es war also das erste Mal, daß jemand das Album von Anfang bis Ende zu hören bekam; selbst ich hatte das Endergebniss noch nicht prüfen können.

Der letzte Song, »Caroline, No«, klang aus mit dem Geräusch eines in der Ferne verschwindenden Zugs, dem mein Hund Banana traurig nachbellt. Als er zu Ende war, sahen Marilyn und ich einander an. Wir weinten beide. Das Album war genau so geworden, wie ich es mir erträumt hatte – spirituell, ergreifend, wunderschön.

»Siehst du mich nicht auf dem letzten Wagen dieses Zugs stehen?« fragte ich. »Ich schon. Einfach abhauen!«

Als ich den Bossen von Capitol *Pet Sounds* zum ersten Mal vor der geplanten Veröffentlichung vorspielte, hielt sich ihre Begeisterung in Grenzen. Auch bei den folgenden Meetings ließen sie sich nicht umstimmen. Diese Musik war eine radikale Absage an alles, was sie von den Beach Boys kannten, und sie reagierten darauf mit völligem Unverständnis: Das ist kein Beach-Boys-Album! Sie sprachen sogar davon, die Produktion auf Eis zu legen. Ich fühlte mich mißverstanden, verletzt und ausgegrenzt. Verstoßen! Aber ich hatte nicht den Mumm, einfach mit der Faust auf den Tisch zu schlagen und zu kämpfen. Statt dessen kam mir eine Idee, wie ich meine Gefühle verdeutlichen konnte, ohne große Erklärungen abgeben zu müssen.

Bei der letzten Diskusion über das Schicksal von *Pet Sounds* erschien ich mit einem Tonbandgerät und acht vorher auf Endlosband aufgenommenen Standardantworten wie »Kein Kommentar«, »Könnten Sie das bitte wiederholen?«, »Ja« und »Nein.« Ich verweigerte jede Antwort und spielte nur das jeweils angebrachte Tape ab.

Am 16. Mai 1966 wurde *Pet Sounds* schließlich doch veröffentlicht und kletterte nach fünf Wochen auf Platz zehn. Die Capitol-Bosse, die unverändert an ihrer Meinung über das Album festhielten, verbuchten dies allerdings als Mißerfolg. Das Ergebnis war, daß sie jedweder Hoffnung, das einhellige Kritikerlob für *Pet Sounds* könnte sich zuletzt doch noch in Verkaufszahlen niederschlagen, den Todesstoß versetzten. Acht Wochen nach dem Erscheinen von *Pet Sounds* veröffentlichte die Plattenfirma Capitol die LP *The Best of the Beach Boys*. Bei den Beatles hätten sie das nie gewagt, aber die Beach Boys waren für sie noch immer nichts weiter als eine Surfband. Ich fühlte mich durch ihr fehlendes Vertrauen tief getroffen.

Pet Sounds wurde von allen Seiten gelobt, auch von den Beatles John Lennon und Paul McCartney. Paul sagte einmal zu mir, »God Only Knows« sei für ihn einer der besten Songs aller Zeiten; im *Rolling Stone* erklärte er, *Pet Sounds* würde bei seinen Kindern zum Pflichtprogramm gehören. Aber das änderte nichts an den mageren Verkaufszahlen. Obwohl »Wouldn't It Be Nice« und »God Only Knows« sich auf Nummer acht und neununddreißig plazierten, wurde *Pet Sounds* von dem »Best-of«-Paket abgehängt, das die Top 10 im Sturm eroberte.

Ich war tief enttäuscht und sagte den Jungs, wir bräuchten dringend ein neues Image, um unsere Musik an den Mann zu bringen, wir dürften nicht hinter der Zeit zurückbleiben. Bruce kam die Idee, das PR-As Derek Taylor zu engagieren, einen schillernden Tommy mit geschmeidigem Mundwerk, der für die Beatles arbeitete. Derek und ich trafen uns in seinem Büro am Sunset Boulevard. Die Unterhaltung erstreckte sich über mehrere Stunden und Joints, während der er mir von Lennon, McCartney und dem Beatles-Produzenten George Martin erzählte – herrliche Klatschgeschichten, von denen ich nicht genug bekommen konnte.

»Und wie steht's mit uns?« fragte ich schließlich. »Was, meinst du, kannst du für die Beach Boys tun?«

»Was darf's denn sein?«

»Anerkennung! Wir wollen ernst genommen werden. Ich will, daß die Leute die Musik der Beach Boys genauso ernst nehmen, wie die von Lennon und McCartney. Das ist unser Hauptproblem«, erklärte ich. »Die Beach Boys haben so viele Sachen vernachlässigt – die Gestaltung der Albumcover, ein cleveres Medienimage –, aber was sich jetzt in der Musik tut, ist so cool, daß ich das nicht auch wieder im Sand verlaufen lassen will.«

»Ja, ich verstehe«, sagte Taylor. »Da kann man ein absolut irres Ding draus stricken – die richtigen Interviews, neue Promofotos . . .«

»Und ohne diese dämlichen gestreiften Hemden!« fiel ich ihm ins Wort.

Taylor verstand vollkommen und machte sich sofort ans Werk, die Presse einzuseifen, besonders in England, wo die Beach Boys in der Popularität sogar noch vor den Beatles rangierten. Er überschwemmte die Zeitschriften mit kitschigen Platitüden, in denen er offiziell zwar die Beach Boys promotete, sich tatsächlich aber in erster Linie hauptsächlich darauf konzentrierte, mich zum musikalischen Wundertier hochzustilisieren. Mein eigenbrötlerisches Verhalten war diesem Image nur förderlich.

Meine Popularität erreichte schwindelerregende Höhen. In den ersten Presseausschnitten, die aus England eintrafen, war nur von mir die Rede. »Brian Wilson! Er ist ein Beach Boy – er ist ein Genie!« lautete eine Headline.

Plötzlich redeten alle von mir nur noch als dem Genie. Jeder Interviewer wollte wissen: »Bist du tatsächlich ein Genie?« Ich wußte nicht, was ich darauf antworten sollte, aber nachdem wir Taylor engagiert hatten, war klar, daß ich gut daran tun würde, mir eine passende Antwort zurechtzulegen.

»Ich habe eine natürliche Begabung für Musik, aber ich bin kein Genie«, erklärte ich. »Ich bin ein hart arbeitender Handwerker.«

Das hatte ich dazu zu sagen. Das Dumme war nur, daß mir niemand glaubte. Sie wollten aus mir unbedingt ein Genie machen. Wie sich herausstellte, war ich dieser Rolle nicht gewachsen.

17

Good Vibrations, Bad Vibrations

Es war ein heißer Nachmittag, eine fette Sonne hing träge am Himmel. Ich umkurvte die William Morris Agency in Beverly Hills. Am Tag zuvor hatte ich zum dritten und letzten Mal LSD genommen. Nach zwei unschönen Erlebnissen hatte mir dieser Trip endlich die pure LSD-Glückseligkeit beschert – alles, wie man es sich schöner nicht wünschen konnte, vier Stunden voller Spiritualität und Freude.

Jetzt saß Al Jardine neben mir im Wagen und wurde mit jeder der mittlerweile fünfundzwanzig Runden, die wir um den Block drehten, saurer.

»Halt an und laß mich aussteigen«, verlangte er.

»Nicht, ehe du mir versprichst, auch Acid zu nehmen. Das wird dein Leben verändern!«

»Du quatschst die letzte Scheiße«, erwiderte Al. »Ich denke gar nicht dran, LSD zu nehmen, und wenn du nicht sofort die verdammte Karre anhältst, kannst du was erleben.«

Als ich endlich am Straßenrand hielt, sprang Al raus und knallte die Tür zu. Ich rief ihm nach. Mir war noch ein Gedanke gekommen.

»Al«, fragte ich, »glaubst du an Gott?«

»Weißt du was, Brian? Du hast ein paar verdammt hirnrissige Ideen im Kopf. Du solltest besser aufhören, Drogen zu nehmen.«

Ich hatte in der Tat jede Menge hirnrissiger Ideen im Kopf, und zuviel Pot rauchte ich auch. Aber damals gab ich wenig darauf, wenn Al oder einer der anderen mir sagten, ich sei nicht ganz dicht. Im Sommer 1966 lebten die Beach Boys und ich in zwei verschiedenen Welten, die sich nur noch bei seltenen Gelegenheiten im Studio überlappten. Die Band war unentwegt auf Tour, während ich im Mittelpunkt einer kreativen Szene lebte, die gerade dabei war, sich selbst zu entdecken.

Seit ich einmal den Genie-Stempel aufgedrückt bekommen hatte, zog ich andere magisch an und versammelte einen erlesenen Zirkel cleverer, talentierter junger Leute um mich, die mir Gesellschaft leisteten, Pot mit mir rauchten und in deren Gegenwart ich meine Kreativität ungehemmt ausleben konnte. Zu meinen wichtigsten Mitspielern gehörten Loren, der Sänger Danny Hutton, sein Manager David Anderle sowie Van Dyke Parks, ein drahtiger, intellektueller Musiker. Wir waren alle Anfang Zwanzig, hatten große Träume und betrachteten das Leben als ein Spiel; die Ideen waren unser Spielzeug und das Studio unser Spielplatz. Alle erkannten mich neidlos als den besten Mann im Team an.

Ich schwamm ganz oben auf einer Welle der Kreativität, die mit *Summer Days* begonnen hatte und aus der schließlich *Pet Sounds* hervorgegangen war. Doch ich wollte noch weiter gehen, wollte alle Grenzen sprengen und neue Maßstäbe setzen; ich wußte, daß der Song, an dem ich nach der Veröffentlichung von *Pet Sounds* zu arbeiten begonnen hatte, mich dorthin katapultieren würde.

»Good Vibrations« sollte die Vollendung meiner musikalischen Vision sein, ein harmonisches Zusammenspiel von Phantasie und Talent, Produktionstechnik und Können, Songwriting und Spiritualität. Diesen Song hatte ich schon vor fünf Monaten geschrieben und mir auf dem Trip, den ich Al so enthusiastisch geschildert hatte, eine grandiose, spectormäßige Produktion ausgemalt. Ich spürte instinktiv: es war der richtige Song zur richtigen Zeit.

»Good Vibrations« hatte drei separate Teile, und wir brauchten siebzehn Sessions und über einen Zeitraum von drei Monaten verteilt volle sechs Wochen – nicht sechs Monate, wie immer behauptet wurde –, um den Song einzuspielen; die Kosten beliefen sich auf eine Gesamtsumme zwischen 50000 und 75000 Dollar, eine für damalige Verhältnisse unvorstellbare Summe für einen einzigen Song. Ich rührte alles zusammen, was mir nur einfiel: Fuzz-Baß, Klarinette, Cello, Harfe und sogar ein Theremin, ein seltsames elektronisches Ätherwelleninstrument, das auf Körperbewegungen reagiert. Chuck Britz, der bei allen siebzehn Sessions das Pult bediente, behauptete immer, die erste sei die beste gewesen. Glen Campbell, einer von ungefähr zwanzig Musikern, die an diesem Tag zum Einsatz kamen, war derselben Meinung und rief: »Mann, Brian! Was hast du geraucht, als du das geschrieben hast?«

Er hätte besser gefragt, was ich damals eingeworfen hatte.

Van Dyke Parks, den ich seit einer Party in Terry Melchers Haus in Beverly Hills kannte, hatte ich gebeten, sich doch mal an den Lyrics für »Good Vibrations« zu versuchen. Ich hatte beschlossen, die ursprünglichen Lyrics von Tony Asher nicht zu verwenden. Van Dyke hörte sich den Track an, fand den Song schön, lehnte jedoch dankend ab.

»Es bringt nie was, sich anderer Leute Kopf zu zerbrechen«, sagte er.

Van Dyke, ein schmächtiges Kerlchen mit höchst originellen Vorstellungen, sprach in einem poetischen, oftmals trügerischen Wortschwall. Schon die harmlose Frage, was er mache, provozierte eine Unzahl verschiedener Auskünfte. Er war Pianist, Sänger, Songwriter . . . Ein Hansdampf in allen Gassen . . . Ein Macher. Außerdem hatte er eine Vorliebe für Amphetamine. Nachdem ich sie selbst angetestet hatte, wurde mir klar, warum Van Dyke so schnell sprach.

Van Dyke, ein entfernter Verwandter James Whitcombe Rileys, des Dichters und Erfinders von *Raggedy Ann and Andy*, lebte über der Garage eines kleines Hauses, das einer alten Frau gehörte, die fast den ganzen Tag in ihrem Garten arbeitete. Sein einziger, winziger Raum wurde fast vollständig von einem Aquarium ausgefüllt. Als ich ihn zum ersten Mal besuchte, brachte ich ihm ein paar Fische mit. Beim nächsten Mal schenkte ich ihm vierzig weiße Mäuse. Warum? Ich fand, er brauchte Gesellschaft, und da er lebte wie eine Maus, schenkte ich ihm eben Mäuse.

Als Van Dyke mich erstmals zu Hause besuchte, schleppte er die Polizei an. Es war kurz vor ein Uhr nachts, und er war von einem wachsamen Cop angehalten worden, der Van Dykes klappriger Yamaha 80 bis zum Laurel Way gefolgt war. Mein Freund saß in der Klemme, weil er ohne Führerschein gefahren war. Also überredete er den Beamten, dessen Schwester verrückt nach Dennis war, ihn zu meinem Haus zu begleiten, wo es uns gelang, das Auge des Gesetzes mit einem Autogramm zu bestechen.

Ich konnte allerdings nicht verstehen, daß Van Dyke kein Auto hatte. Dann gab er mir eine einfache Erklärung: Er war pleite. Das ging mir ans Herz, denn ich schwamm in Geld.

»Wieviel brauchst du?« fragte ich.

»Na ja, ein Volvo ist angeblich das sicherste Auto. Ich glaube, sie kosten ungefähr 5000 Dollar.«

Schön. Ich rief meinen Geschäftsführer an und bat ihn, einen Scheck auszustellen und am folgenden Tag an Van Dyke auszuhändigen. Der arme Van Dyke hatte wenig Erfahrung mit dem großen Geld und traute seinen Ohren nicht. Er versuchte mir zu danken, aber ich war schon wieder unterwegs zum Klavier, um ihm eine Melodie vorzuspielen, die ich am Nachmittag geschrieben hatte. Ich verbrämte sie mit ein paar zusätzlichen Akkorden und beobachtete, wie sein Gesicht sich aufhellte. Er sagte, es würde wie eine Ballade des Countrysängers Marty Robbins klingen.

Ich hätte an den Titel »Heroes and Villains« gedacht, erklärte ich ihm, und er fand ihn perfekt, weil der Song ihn unwillkürlich an eine Stadt im Wilden Westen denken ließ. Er meint, »Heroes and Villains« müsse eine richtige Story erzählen. Ich spielte die Melodie noch mal, er konzentrierte sich einen Augenblick – und dann kamen die Lyrics so prompt, als hätte Van Dyke schon seit Wochen an ihnen gefeilt: *I've been in this town so long that back in the city I been taken for lost and gone and unknown . . .*

Obwohl wir den Song noch an diesem Abend fertigstellten, wurde er, wie so vieles, zunächst auf Eis gelegt, damit ich mich ganz auf »Good Vibrations« konzentrieren konnte. Im Frühsommer kamen mir erste Zweifel an meinem Song. Denn die Single, die Phil Spector für die Krönung seines Schaffens gehalten hatte, »River Deep, Mountain High«, war untergegangen und hatte seinen Produzenten mit sich in den Abgrund gerissen.

Eines Abends rief ich meinen Bruder Carl in North Dakota an, wo die Beach Boys gerade auftraten, hielt den Hörer an die Studiolautsprecher und spielte ihm den Song über Telefon vor.

»Junge, Junge, die Musik hört sich vielleicht schräg an«, lautete sein anschließender Kommentar.

»Häh?« fragte ich. »Was soll das heißen?«

»Schräg soll das heißen«, sagte er. »Klingt irgendwie schräg.« Ich wußte mit dieser Bemerkung nichts anzufangen. Bei meinem Potkonsum, den vielen Pillen, die ich schluckte, und dem mageren Feedback, das von den Jungs kam, verlor ich immer mehr das Vertrauen in meine Urteilskraft. Ich rannte in ganz L. A. herum und nahm Versatzstücke des Songs auf. Dann machte ich Inserts bei Sunset Sound und RCA; bei Gold Star nahm ich die ersten Takte – *I, I love the colourful clothes she wears* – und das Schlagzeug auf.

An einem Abend schlug Van Dyke vor, ein Cello dazuzunehmen, und am nächsten Tag war ich wieder bei Sunset. Dann kam das Theremin bei Western hinzu. Das *I'm pickin'up good vibrations* entstand bei Columbia. Schließlich kamen die Beach Boys von ihrer Tour zurück und gaben ebenfalls noch ihren Senf dazu. Al gefiel meine Musik nicht, Carl fand den Song immer noch schräg, und Mike motzte, es sei wie immer echter Avantgarde-Schrott und außerdem viel zu lang.

Trotz allem lieferte ich »Good Vibrations« schließlich doch noch rechtzeitig bei Capitol ab, um es als erste Beach-Boys-Single des 66er Sommers zu veröffentlichen. Aber in der folgenden Woche machte ich einen Rückzieher, der alle auf die Palme brachte und sie erneut in dem Mißtrauen, daß seit *Pet Sounds* in ihnen keimte, bestätigte: Ich hätte nicht mehr alle Tassen im Schrank, meinten sie.

Pech! Es gibt einfach kein Patentrezept dafür, wann ein Song fertig oder gut genug ist. Man muß es spüren, und ich vermißte dieses Gefühl. Meine Skepsis ging sogar so weit, daß ich bei Warner Brothers anfragte, ob sie Interesse hätten, den Song als Rhythm&Blues-Nummer zu verkaufen. Ich sagte David Anderle, ich sei drauf und dran, die ganze Sache abzublasen und »Good Vibrations« vielleicht überhaupt nicht rauszubringen. Dergleichen sagte ich allerdings oft, nur um irgendeine Reaktion zu erzwingen: »War ›Be My Baby‹ ein Hit? Findest du ›Good Vibrations‹ ist wirklich ein gelungener Song?«

Anderle, der »Good Vibrations« fantastisch fand, schwärmte Danny Hutton davon vor. Sobald Danny hörte, daß der Song vielleicht zu haben sei, bestürmte er Anderle, einen Deal mit mir zu machen. Das war genau das, was ich hatte hören wollen. Ich brauchte Enthusiasmus von außen, um meinen eigenen anzustacheln. Wenn Anderle, auf dessen Urteil ich Wert legte, so scharf auf meinen Song war, dann, so sagte ich mir, sollte ich »Good Vibrations« besser nicht aus der Hand geben, sondern das Mistding endlich hinbiegen.

Im August war ich mit dem endgültigen Schnitt fertig und mixte die Tracks auf Mono runter. Als ich das Band abspielte, wußte ich sofort, daß jetzt alles stimmte. Ich dachte die ganze Zeit nur: Oh Gott, was für ein irres Teil! Am nächsten Tag spielte ich Mike, Carl, Dennis, Al und Bruce die Aufnahme vor. Alle sahen sie mich verstört an, denn sie hatten nie etwas Ähnliches gehört und wußten wirklich nicht, ob es gut oder völliger Schrott war.

Endlich brach Bruce das Schweigen: »Entweder haben wir damit den größten Hit der Welt, oder das ist das Ende der Beach Boys.«

Meine Bandkumpel regten sich weniger darüber auf, daß ich mit seltsamen Typen rumhing und Drogen nahm. Es störte sie auch kaum, daß mein Benehmen jeder Konvention spottete und meine Ehe eine einzige Farce war. Aber sie konnten sich absolut nicht damit abfinden, was ich mit der Musik der Beach Boys anstellte. Sie fürchteten, ich würde ihnen das Konzept verderben, das sie alle reich und berühmt gemacht hatte, und das würden sie mir nie verzeihen.

Für mich sprachen allerdings ein glänzender Auflagenrekord und die Tatsache, daß keiner von ihnen Songs schreiben konnte. Aber es war erst August, bis zum Erscheinen von »Good Vibrations« würden noch zweieinhalb Monate verstreichen. Keiner von ihnen wußte, was auf die Band zukam.

Ich wußte auch nicht, was auf mich zukam, hatte aber nicht den geringsten Zweifel, in welche Richtung ich mit dem neuen Album gehen wollte: Immer höher, immer weiter! Ich war auf dem Höhepunkt einer kreativen Phase, deren Anfänge nun schon fast drei Jahre zurückreichten.

Ich hatte die höchste Stufe der Leiter erklommen, ich war einsame Spitze und sog die dünne Luft gierig in mich ein. Aber nichts von allem konnte meinen tiefsitzenden Zwang, mich selbst zu beweisen, völlig befriedigen. Also mußte ich den nächsten Schritt wagen: Ich mußte von der Leiter springen und . . . fliegen!

Nachdem »Good Vibrations« abgehakt war, nahm ich meine Arbeit mit Van Dyke wieder auf, sehr zur Enttäuschung von Tony Asher, der doch für *Pet Sounds* so großartige Arbeit geleistet hatte. Aber ich wählte meine Mitarbeiter intuitiv aus, allein nach den Vibes, die ich von ihnen empfing. Van Dykes leidenschaftliche Intellektualität und seine esoterische Wortwahl schienen sich ideal zu verzahnen mit der Art, wie ich damals fühlte. Wir waren grundverschiedene Persönlichkeiten, aber durch die Amphetamine, die ganze Lastzüge von Ideen durch unsere Gehirne jagten, kam es zu einem inspirierenden Wechselspiel, an dem wir beide mächtig Spaß hatten.

Ich sagte ihm, das neue Album habe den Arbeitstitel *Dumb Angels* und mein Ziel sei es, weit über die Ergebnisse von *Pet Sounds* hinauszuwachsen, musikalisch wie philosophisch. In der Fantasie sah ich mich schon eine völlig neue Musikform erschaffen – eine religiöse, weiße, spirituelle Musik. Mit einem Wort: Ich hatte mir zum Ziel gesetzt, etwas zu komponieren, das ich »eine Teenager-Symphonie zum Lobe Gottes« nannte.

Um mich zunächst richtig in Gott »einzuklinken«, begann ich meinen Kreuzzug damit, daß ich für einige Tausend Dollar Marihuana und Haschisch kaufte – genug Stoff, um ständig stoned zu sein und mich in einen

Geisteszustand zu versetzen, den ich für zutiefst kreativ und spirituell hielt. Van Dyke steuerte ganze Hände voll Desputols bei, die wir jeden Abend zusammen einschmissen. Auf Speed spielte ich wie aufgedreht, lief auf Hochtouren und war randvoll geladen mit dem Selbstvertrauen, das mir normalerweise abging. Das Zeug machte mich tatsächlich zu einem gottverdammten Visionär.

Keiner von uns dachte auch nur im Traum daran, daß Drogen gefährlich waren. Uns kam niemals der Gedanke, daß mein exzessiver Konsum eine Methode war, meine Angst, Panik und die Schmerzen zu bekämpfen, die mich gleichzeitig auch zum Songschreiben motivierten.

Aber die zwiespältigen Wirkungen des Speed wurden bald überdeutlich. Wir schrieben und redeten zwar die ganze Nacht über und waren überzeugt davon, daß wir Bedeutendes schufen, aber wenn es dann soweit war, daß wir uns die Bänder anhörten, zogen Van Dyke und ich meist ziemlich dumme Gesichter.

»Ich weiß nicht«, sagte ich nach jedem Song. »Mann, ich weiß wirklich nicht, ob das gut oder schlecht ist.«

»Tja, ich auch nicht«, bestätigte Van Dyke. »Ich allerdings auch nicht.«

Abgesehen von dem ständigen Drängen der Plattenfirma, die beunruhigt war, weil sie den ganzen Sommer noch keine einzige Beach-Boys-Single bekommen hatte, spielte Zeit keine Rolle. Die Tage flogen nur so dahin. Es war hell, dann wieder dunkel. Da die Beach Boys fast nonstop tourten, lebte und arbeitete ich in einem Vakuum, das mich endgültig von jeglicher Normalität entfremdete. Geschützt durch ein dickes Finanzpolster, umschwärmt von irgendwelchen Kletten, die jeder kreativen Marotte applaudierten, und angeschlagen durch meine Drogenexzesse, war mein Wille Gesetz; und mein einziger Wille war, daß es im Leben ständig rund ging.

Ich kam auf den Gesundheitstrip und schlug Marilyn vor, im Garten organisches Gemüse anzupflanzen und aus einem Drive-In-Schalter zu verkaufen, den wir an die Küche anbauen könnten. Marilyn heilte mich schleunigst von dieser Schnapsidee.

Mit einer Sauna konnte sie sich schon eher anfreunden. Nachdem ich irgendwo gelesen hatte, daß eine ordentliche Schwitzkur den Körper reinigte, kaufte ich eine mobile Sauna, stellte sie im Schlafzimmer auf und bohrte ein Loch in die anschließende Wand. Marilyn saß auf der anderen Seite, während ich schwitzte. Von Zeit zu Zeit hämmerte ich gegen die Wand; dies war das Signal für Marilyn, einen tiefen Zug aus ihrem Joint zu nehmen und mir den Rauch durch das Loch in den offenen Mund zu pusten.

Meine Swimmingpool-Manie begann ganz harmlos, einmal täglich ins kühle Naß, das war's. Dann aber wurde die Rutsche installiert, und ich versuchte, jeden zum Schwimmen zu überreden. Nach und nach wurde der Pool zum einzigen Ort, an dem ich mich entspannt mit anderen unterhalten konnte.

Ich erklärte, es bestehe immerhin die Möglichkeit, daß das Haus abgehört würde. Marilyn fand diese Theorie blödsinnig, aber mir war es bitter ernst damit. Pot, Speed und die ständige seelische Anspannung waren ein fruchtbarer Nährboden für die Paranoia, die mich schon seit Jahren quälte.

»Brian, sag mir doch, wer an sowas Interesse haben sollte«, sagte Marilyn.

»Ich weiß nicht.«

Marilyn fand, ich würde mich lächerlich machen, doch das kümmerte mich nicht. Ich fing an, die Realität so zu interpretieren, daß sie meinen eigenen Gesetzen folgte. Mein Hirn zerlegte Bilder in ihre Einzelteile und setzte sie neu zusammen. Allmählich und unaufhaltsam las ich in jede Kleinigkeit eine verborgene Bedeutung hinein. Anstatt mich umzustellen oder zumindest zu erkennen, daß ich auf dem besten Weg war, durchzudrehen, erlaubte mir meine herausgehobene Position, mir die Welt mehr und mehr nach meinen wirren Vorstellungen zurechtzubiegen – mit dem Ergebnis, daß ich Geschäftsbesprechungen bald nur noch im Swimmingpool abhielt und mich strikt weigerte, am Telefon zu sprechen.

Damals balancierte ich ständig auf dem schmalen Grat zwischen Spaß und Schrecken, zwischen Normalität und Irrsinn. Wenn Loren mir um drei Uhr morgens erzählte, Kaftans seien der letzte Schrei, und ich keinen Laden fand, der um die Zeit noch geöffnet hatte, plädierte ich dafür, einen Kleiderladen aufzuziehen, der rund um die Uhr geöffnet war. Als ich einmal um zwei Uhr morgens den Drang verspürte, Tischtennis zu spielen und keine Platte zur Verfüug stand, schmiedete ich ähnliche Pläne. An einem anderen Abend lungerten Anderle, Van Dyke und ich speedbeflügelt draußen auf dem Rasen herum und betrachteten die Sterne. Ich brauchte plötzlich ein Teleskop, aber wie üblich war kein Laden zu finden, der um diese Uhrzeit Teleskope verkaufte. Ich starrte Anderle fest in die Augen und verkündete: »Los, Mann, wir kaufen uns einen Teleskopladen, der vierundzwanzig Stunden am Tag geöffnet hat!«

Inmitten dieses Strudels gelangen Van Dyke und mir immerhin einige Songs für die *Dumb-Angel*-LP. Im Oktober 1966 spielte ich eines Abends bei einer Dinnerparty ein paar Demos vor: »Wonderful«, »Holidays«, »Cabin Essence«, »Do You Dig Worms« und eine frühe, lange, wüste Probeaufnahme von »Heroes and Villains«, die dermaßen entgeisterte Reaktionen auslöste, daß ich mich gezwungen sah, einige erläuternde Worte hinterherzuschieben.

»Der Song ist als dreiminütige musikalische Komödie gedacht«, sagte ich. »Das ganze Album soll einen abgedrehten Streifzug durch den alten Westen darstellen. Echte Amerikana. Aber mit total vertracktem Humor. Ich glaube, das ganze Ding wird zum Totlachen. Zwischen den einzelnen Cuts soll auch Lachen und Gerede zu hören sein.«

Alles, was mir durch den Kopf ging, überprüfte ich sofort auf seine Tauglichkeit für das Album. Als ich zum Beispiel mit der Gabel an meinen Teller stieß, forderte ich alle am Tisch auf, mit den Bestecken an ihren Tellern und Gläsern zu klingeln, was eine Symphonie verschiedenster Klänge und Geräusche erzeugte, die ich sofort für unsere LP zu verwenden beschloß. Ich lud alle ein, ihr Konzert am nächsten Abend zu wiederholen, aber als die Leute bei Marilyn anriefen und fragten, ob es bei der Verabredung bleibe, war ich nicht da und die Idee Schnee von gestern.

Kurze Zeit später bestellte ich fast dieselben Leute in eine Bar, damit sie sich dort eine handfeste, altmodische Kneipenschlägerei lieferten – mit *echtem* Prügeln natürlich – und Tische und Stühle zu Kleinholz schlugen, nur damit ich die Geräuschkulisse auf Band aufnehmen konnte. Keiner hatte Lust, aber die Idee nötigte ihnen einhellig Bewunderung ab.

Ich »lief« vierundzwanzig Stunden am Tag heiß, und wenn das so bliebe, schienen meinen kühnen Ambitionen keine Grenzen gesetzt zu sein. Dieses Eindrucks konnten sich auch die Beach Boys nicht erwehren, als »Good Vibrations« am 10. Oktober 1966 endlich veröffentlicht wurde: An den ersten vier Tagen verkauften sich fast 400000 Stück, und innerhalb von wenigen Wochen war der Song zur bestverkauften Beach-Boys-Single aller Zeiten geworden. Die Verkäufe durchbrachen die Millionengrenze, und die Jungs waren überglücklich: Wir standen auf Platz eins der Charts, und ich genoß meinen Triumph.

Auf einer Tour durch den Mittelwesten wollten die Beach Boys in Ann Arbor, Michigan, »Good Vibrations« zum ersten Mal vor Livepublikum präsentieren. Aus irgendeinem Grund grauste mir vor diesem Moment. Ich zweifelte an ihrer Fähigkeit, mein Meisterwerk angemessen wiederzugeben, und das bereitete mir etliche schlaflose Nächte. Die innere Stimme, die mich seit meiner Kindheit verfolgte, war wieder da und soufflierte mir die furchtsamen Fragen, mit denen ich Marilyn löcherte: »Was ist, wenn sie vor all den Leuten damit baden gehen? Was sollen die Fans von mir denken, wenn die Jungs Scheiße bauen? Was ist, wenn ich als kompletter Idiot dastehe?«

Es gab nur eine Lösung: Ich beschloß, zur Band zu stoßen und den Song mit ihnen einzustudieren.

Um ein Uhr nachts landete ich auf dem O'Hare International Airport in Chicago. Auf dem Weg zum Hotel kam ich mit dem Taxifahrer ins Gespräch, der einen unnachahmlichen Humor hatte. Also beschloß ich, seine Scherze aufzunehmen, zückte mein Tonband und wies ihn an, eine Stunde lang immer rund ums Hotel zu fahren. Während dieser Zeit gab er seine Kommentare zu allem möglichen ab – vom Rock and Roll bis hin zu dem chaotischen Gewirr von Highways rund um den Flughafen.

»Das nenne ich Humor!« rief ich dem Hotelportier entgegen, als ich aus dem Taxi stieg. »Das ist genau das, was ich für mein nächstes Album brauche!«

Der Fahrer lachte, und der Türsteher sah mich an, als hätte ich den Verstand verloren. Keiner von beiden wußte, wer ich war oder wovon ich redete – und, um ehrlich zu sein: Ich selbst war mir meiner wahren Identität langsam auch nicht mehr so sicher. Im Moment war das aber kein Thema für mich.

Am nächsten Tag fuhr ich nach Ann Arbor und peitschte die Jungs durch eine schweißtreibende Probe von »Good Vibrations«, die den ganzen Tag dauerte. Wahrscheinlich dankten sie damals ihrem Schöpfer, daß ich nicht mehr regelmäßig mit auf Tour ging.

Ich sah mir den Auftritt am nächsten Abend backstage n, und die Band spielte den Song perfekt, ohne einen einzigen Patzer. Anschließend zerrten sie mich buchstäblich auf die Bühne. Ich erntete tosenden Applaus und die uneingeschränkte Bewunderung meiner Bandmates.

Seltsamerweise schlug meine Stimmung um, als ich nur wenige Stunden später im Flugzeug zurück nach Los Angeles saß. Hilflos meinem Gefühl der Einsamkeit und Unsicherheit ausgeliefert, saß ich in meinem Sitz und steigerte mich zusehends in den Wahn, daß niemand mich leiden konnte. Ich fragte mich »Sind meine Freunde wahre Freunde? Wenn nicht, warum kehre ich dann überhaupt nach Hause zurück?«

Ich rief eine Stewardeß. »Ich muß dringend telefonieren«, sagte ich verzweifelt. »Ein Notfall.«

»Das ist unmöglich, Mr. Wilson. Im Flugzeug gibt es kein Telefon.«

Völlig aufgelöst flehte ich die Stewardeß und anschließend auch den Piloten um Hilfe an; der ließ sich schließlich dazu überreden, einen kurzen Funkspruch an den Flughafen zu schicken. Das Bodenpersonal benachrichtigte Marilyn, sie solle bitte möglichst viele von meinen Freunden zum Flughafen bestellen. Und auch einen Fotografen.

Tatsächlich erwarteten mich dann am Flughafen einige Dutzend Menschen, unter ihnen Marilyn und ihre Schwestern, Danny Hutton, Anderle, Van Dyke und Dean Torrence. Der Anblick so vieler Freunde, denen genug an mir lag, um zu nachtschlafener Zeit geschlossen auszurücken, war unendlich tröstlich für mich. Wir posierten alle gemeinsam vor einem gigantischen Wandgemälde, um diesen Moment in einem Foto festzuhalten, das mich immer daran erinnern sollte, daß ich weniger einsam war, als ich glaubte. Trotzdem flüsterte ich Marilyn zu, wie verwirrt ich sei.

»Warum?« fragte sie. »War das nicht das, was du dir gewünscht hast?«

»Doch. Das Problem ist nur, daß ich nicht weiß, ob ich allen Hallo sagen soll oder ob es Zeit wird, sich zu verabschieden.«

18

Psychodelikatessen

Die Tournee der Beach Boys in England war ein einziger Triumphzug. In den ersten Novemberwochen 1966 flogen die Jungs nach London, wo Tausende kreischender Fans ihnen am Flughafen einen Empfang bereiteten, der an den ersten Besuch der Beatles in Amerika erinnerte. Auf über 600 Bussen, die durch London fuhren, wurde riesengroß die Ankunft der Band bekanntgegeben. Die sieben Shows und das Eröffnungskonzert am 6. November im Finsbury Park Astoria waren innerhalb weniger Stunden ausverkauft. »Good Vibrations« war in England auf Nummer eins, und eine Besprechung im *Sunday Express* urteilte: »Das ist der Sound der Zukunft.« Die Leser des einflußreichen *New Musical Express* kürten die Beach Boys zur besten Band der Welt.

Die Jungs genossen den Tumult, den die rasenden Reporter und die hysterischen Fans, die ihnen auf Schritt und Tritt folgten, verursachten. Anschließend berichteten sie mir telefonisch alle Neuigkeiten. Eines Nachmittags erzählte Dennis mir, daß er, Mike und Carl einen Rolls-Royce-Salon besucht und vier Phantom-VII-Limousinen erstanden hätten, eine für jeden von ihnen und eine für mich. Dabei brauchte ich doch gar kein Auto.

»Keine Sorge«, erklärte Dennis. »Wir haben nur zweiunddreißigtausend bezahlt.«

Zuerst erschien mir das reichlich extravagant, aber nach dreißig Sekunden hatte ich mich an den Gedanken gewöhnt. Das einzige Problem war die zweimonatige Lieferzeit. Ich konnte unmöglich so lange warten und ließ weitere 20000 für Lou Adlers Rolls springen. Das war charakteristisch für meine damalige Lebenseinstellung: exzessiv und maßlos verwöhnt. Außer um ins Studio zu fahren brauchte ich den Rolls nur, um Hamburger bei Dolores' Drive-In oder Take-Away-Menüs bei Pioneer Chicken zu holen; einmal fuhren ein paar Jungs und ich darin allerdings auch todesmutig am Beverly Hills Police Department vorbei, während wir dicke Joints rauchten.

Ich hatte der Woge an Popularität, die über mir zusammenschlug, nachdem die Verkäufe von »Good Vibrations« die 16-Millionen-Marke überschritten hatten, nichts entgegenzusetzen und zog mir die Rolle, Amerikas Antwort auf Lennon und McCartney zu sein, so bedenkenlos an wie meinen Bademantel. Journalisten interviewten mich im Dutzend, als wäre ich der absolute Hipness-Guru. Einer der Reporter, Jules Siegel, Musikkritiker bei der *Saturday Evening Post*, besuchte mich öfter und schloß sich meinem Hofstaat an, fasziniert von der Tatsache, daß ich so völlig daneben war und doch alle anderen mich als den Mittelpunkt ihrer Szene betrachteten.

Berauscht durch diese Popularität, nutzte ich meine Stellung als Großmogul dazu, mich über alle möglichen und unmöglichen Themen auszulassen, von den Rassenunruhen in Watts über den Mond bis hin zu Einsteins Relativitätstheorie: »Zeit ist eine feine Sache«, erklärte ich, »solange sie in Kadenzen verläuft.«

Einmal riet ich einem Reporter, der über entzündete Augen klagte, einen Sehtest machen zu lassen; in der folgenden Woche las ich im *Melody Maker* davon.

Die Fragen waren meist die gleichen: Wie würde ich meine Musik selbst einordnen?

»Zeitgenössische amerikanische Musik«, sagte ich. »Nicht Rock and Roll.«

Gab es andere amerikanische Bands, die ich als Konkurrenz betrachtete?

»Nein. Im Moment stehen die Beach Boys ziemlich einmalig da.«

Was hielt ich von Lennon und McCartney?

»Fantastische Songschreiber.«

Und Dylan?

»Unschlagbar mit Worten, aber er könnte der Musik den Todesstoß versetzen«, antwortete ich.

Dachte ich je über die Freude nach, die ich so vielen Menschen schenkte?

»Oh ja!« erklärte ich strahlend. »Aber ich denke in die Zukunft, wenn ich in der Lage sein werde, den Menschen wirkliches Glück zu bescheren.«

Bedeutete das, daß ich noch nicht zufrieden war?

»Ich bin nie zufrieden.«

Könnte ich die Bedeutung des Worts »psychedelisch« erläutern?

»Nein, aber psychedelische Musik wird die Welt erobern und die ganze populäre Musik in ein Farbenmeer tauchen«, prophezeite ich. »Jeder, der zählt, ist psychedelisch.«

Wie würde ich mich selbst charakterisieren?

»Wie ist das gemeint?« fragte ich.

In einem Wort: Wie ich sei?

»Ich?« Ich grübelte einen Moment. »Ich bin *psychedelicat*.«

Psychisch angeschlagen wäre wohl eine treffendere Beschreibung gewesen. In der zweiten Novemberwoche saßen Van Dyke und ich in gereiztem Schweigen auf dem Rücksitz meines Rolls, der vor den Gold Star Studios geparkt war. Drinnen warteten mehr als ein Dutzend der erstklassigsten Streicher von Los Angeles darauf, daß ich endlich eintraf und mit der Arbeit an »Fire« begann, das zu einer längeren Suite mit dem Titel *The Elements* gehörte. Aber ich weigerte mich seit zwei Stunden, den Wagen zu verlassen. Schließlich riß Van Dyke der Geduldsfaden.

»Das ist einfach lächerlich«, stauchte er mich zusammen. »Du benimmst dich wie ein totaler Dilettant.«

»Heute bringt es eben nichts, das ist alles«, beharrte ich auf meine Weigerung.

»Warum?« fragte er. »Warum bringt's das nicht?«

»Schlechte Vibes. Kannst du reingehen und allen sagen, daß wir die Session verschieben müssen?«

Van Dyke war stinksauer. Das solle ich ihnen gefälligst selbst sagen, erklärte er. Doch ich war unter gar keinen Umständen bereit, das Studio zu betreten und sagte schließlich dem Fahrer, er solle mich nach Hause fahren. Van Dyke stand es bis obenhin, er beschimpfte mich als destruktiv und sagte, solche Spielchen würde er sich nicht mehr bieten lassen. Mir war alles egal, ich spürte nur die schlechten Vibes.

In dieser Zeit wurde ich mehr und mehr zum Sklaven willkürlicher Eingebungen – ein Zeichen meines sich zusehends verschlimmernden Geisteszustands, der mich zwang, Menschen und Situationen meinen wechselnden Launen zu unterwerfen, anstatt mich auf sie einzustellen. Mit Ausnahme von wenigen Menschen wie Van Dyke und den Beach Boys wagte niemand, meine Autorität in Frage zu stellen.

Daher zuckte auch keiner mit der Wimper, als ich zwei Wochen später zu der neu angesetzten Session bei Gold Star mit einem Feuerwehrhelm auf dem Kopf erschien. Wäre Van Dyke dabei gewesen, er hätte sich wohl angewidert abgewendet, nicht nur von mir, sondern auch von allen anderen. Marilyn, Diane und mein Vetter Steve Korthoff trugen ebenfalls knallrote Helme. Während ich zusah, wie die Musiker ihre Instrumente stimmten, erkannte ich, daß die Szenerie nicht ganz perfekt war: doch das mußte sie sein, um die guten Vibes zu erhalten.

»Steve, wo ist der Rest der Helme?« fragte ich. »Jeder soll sich einen Feuerwehrhelm aufsetzen. Wir müssen uns wirklich total in die Sache reinbringen.«

Steve rannte zum Rolls und kam mit einem Stapel weiterer Helme zurück. Eine Minute später hatte jeder Musiker einen Feuerwehrhelm auf dem Kopf. Nun ließ ich den Hausmeister des Studios rufen, Brother Julius, einen älteren Schwarzen, der in einem Bungalow auf dem Gold-Star-Gelände wohnte. Auf mein Insistieren hin entfachte er widerstrebend ein Feuer in einem großen Blecheimer und stellte ihn vor die versammelten Musiker. Rauchspiralen stiegen auf und erfüllten das Studio. Ich lächelte. Jetzt stimmte das Ambiente.

»Okay, los geht's«, befahl ich forsch.

Der Instrumentaltrack – ursprünglich »Mrs. O'Learys Cow« betitelt, jedoch besser bekannt als »Fire« – war ein einziges langgezogenes, schauriges Heulen. Es hob ganz zaghaft an, wie das erste Flackern einer gigantischen Feuersbrunst, und steigerte sich in eine solche Raserei, daß man förmlich vor sich sah, wie das trockene Holz Feuer fing, aufflammte und vom

Wind zu einem brüllenden, alles verschlingenden Inferno aufgepeitscht wurde. Jetzt beschwor es unheilvolle, beängstigende Bilder herauf, in denen die Schreie lebendig wurden, die mich seit Jahren im Schlaf heimsuchten.

Die Akkorde waren schräg und krank, keine zarten Harmonien. Ich jagte das Miniorchester durch vierundzwanzig Takes, ehe ich mit dem Ergebnis zufrieden war. Trotzdem dachte ich bei jedem einzelnen Take: Oh Gott, ich kann es einfach nicht fassen, was ich da geschrieben habe! Am unheimlichsten war das Knistern und Rascheln der Instrumente vor dem letzten Aufflackern. Als ich mir das Playback anhörte, lief es mir bei der Musik plötzlich eiskalt den Rücken herunter, so seltsam und schaurig erschien sie mir. Ich mochte die Musik, aber zugleich erschreckte sie mich auch.

Auf dem Weg nach Hause sagte ich zu Marilyn: »Weißt du, ich glaube, diese Musik wird den Leuten ganz schön Angst einjagen.«

Niemand fürchtete sich allerdings mehr als ich selber. Am nächsten Tag erfuhr ich, daß in der Nacht nach unserer Session das Nebenhaus des Studios abgebrannt war. Einige Tage später erzählte mir irgend jemand, daß seit der Aufnahme von »Fire« ungewöhnlich viele Feuer in Los Angeles ausgebrochen seien. Das bestätigte mich in meinen schlimmsten Befürchtungen: Anstatt eine beglückende spirituelle Musik zu komponieren, hatte ich dunkle Mächte heraufbeschworen und eine extrem unheilvolle Feuermusik geschaffen, die schlechte Vibes ausstrahlte. Diese Vibes hielt ich für zu gefährlich, um sie auf die Welt loszulassen.

Von der »Fire«-Musik existieren höchstens noch zwei Minuten, tief vergraben irgendwo in den Kellern von Capitol, wo das Band hoffentlich bis zum Jüngsten Tag bleibt. Nicht, daß ich noch immer an die unheilvolle Macht dieser Musik glauben würde – das war nur die Ausgeburt meines kranken Hirns –, aber ich hoffe, daß die Überreste dieser Produktion niemals an die Öffentlichkeit gelangen, weil die Musik nicht besonders gut ist.

Damals war ich so entsetzt über das, was ich geschaffen hatte, daß ich die meisten Tracks löschte.

»Es war Frevel – irgendeine dämonische Musikmagie, mit der ich gespielt habe. Das darf nie wieder vorkommen. Es ist zu unheimlich«, rechtfertigte ich mich.

Ende November setzte Capitol für Weihnachten die Veröffentlichung von *Smile* an und machte sofort Druck. Zu dieser Zeit steckte ich mitten in einer der achtunddreißig Sessions, die zwischen Oktober und Mitte Januar stattfanden; meine Teenager-Symphonie war alles andere als ausgegoren, und mein Kontakt zur Realität wurde zusehends brüchiger. Die Symptome wurden schlimmer, je mehr ich ihnen nachgab.

Eines Nachts konnte ich meine Sehnsucht nach Zärtlichkeit nicht länger zügeln und machte mich an Marilyns Schwester Diane heran. Meine Gefühle für sie waren ein offenes Geheimnis, Marilyn hatte mich unzählige Male von ihrer älteren Schwester schwärmen hören. Sie verbuchte das unter der

Rubrik »Brians Macken«. Diane wußte ebenfalls, was ich für sie empfand und hatte nichts dagegen, daß ich mich in ihr Schlafzimmer schlich, das direkt neben demjenigen von mir und Marilyn lag.

Daß ich damit jemand verletzen könnte, kam mir nicht in den Sinn. Ich war viel zu sehr mit mir selbst beschäftigt, und meine Gedanken kreisten ausschließlich um das unfertige Album. Bis jetzt stand noch kein Stein auf dem anderen. Die Beach Boys waren seit Oktober auf Tour und hatten noch keinen Ton des neuen Materials gehört, und das zähe Geschäft, die Vokalparts aufzunehmen, hatte bisher niemand auch nur eingeplant.

Wie total mein Realitätsverlust war, zeigte sich erschreckend deutlich an einem Abend Anfang Dezember. Ich hatte mir im Kino *Der Mann, der zweimal lebte* angesehen und kam zitternd nach Hause. Marilyn lackierte sich gerade die Fingernägel. Anderle und Jules Siegel, der Musikkritiker der *Saturday Evening Post*, waren zu Besuch und registrierten sofort, daß ich völlig verstört war, mich in einer Art Schockzustand befand.

Siegel fragte, was los sei, doch ich konnte nichts erwidern, außer daß ich völlig aufgelöst und fassungslos sei. Ich erklärte ihnen, ich sei im Kino gewesen und fragte, ob jemand den neuen Film mit Rock Hudson gesehen habe? Niemand kannte ihn, aber Siegel hatte immerhin etwas über die Story gehört. Es ging um einen frustrierten Geschäftsmann, der sich einer plastischen Operation unterzieht und eine neue Identität annimmt, um seinem unerträglichen Leben zu entfliehen. Dann aber stellt er fest, daß er trotz der Veränderung noch imer mit seinen alten Problemen zu kämpfen hat. Ich sah darin eine beängstigende Parallele zu meinem eigenen Leben.

»Ich setze mich ins Kino«, erklärte ich den anderen, »und das erste, was ich höre, ist eine Stimme von der Leinwand, die sagt: ›Hallo, Mr. Wilson‹. Das war zuviel für mich! Ihr müßt doch zugeben, daß das verdammt unheimlich ist, oder?«

Die anderen fanden überhaupt nichts dabei. Sie taten es als Zufall ab und sagten, ich solle mir meine düsteren Ideen aus dem Kopf schlagen. Aber das konnte ich nicht. Ich wußte, was vor sich ging, und ich wollte ihnen ebenfalls die Augen öffnen.

»Es ist Spector«, sagte ich. »Er will mich fertigmachen.«

Schon bei dem bloßen Gedanken an Phil Spector gab es in meinem Hirn einen Kurzschluß. Ich fühlte mich klein und verängstigt, mußte unentwegt an die Perfektion und Meisterschaft denken, nach denen ich strebte, und dann mit der schrecklichen Vorstellung kämpfen, daß ich mein Ziel vielleicht nie erreichen würde.

Mein Kopf war wie ein Hexenkessel, in dem ich eine scheußliche Brühe zusammengebraut hatte – eine Mischung aus Drogen, ständiger Überlastung durch das Schreiben-und-produzieren-Müssen sowie meinen widerstreitenden Gefühlen, die ich einfach nicht unter Kontrolle brachte. Ich litt unter Wahnvorstellungen, und die Schübe kamen immer häufiger. Mein Blick auf die Realität war verzerrt und bruchstückhaft. Niemand außer mir sah die Zusammenhänge. An diesem Abend durchlitt ich wieder einmal einen dieser Momente, und je verzweifelter ich versuchte, Marilyn, Anderle und allen anderen meinen Standpunkt klarzumachen, desto wirrer redete ich daher.

»Es war doch alles in dem Film«, zeterte ich, als müßte ihnen allein durch die schiere Lautstärke und Dramatik meiner Erklärungen endlich ein Licht aufgehen. »Mein ganzes Leben . . . Geburt und Tod und Wiedergeburt. Das Ganze. Sogar der Strand war drin, eine ganze Geschichte über den Strand. Das war mein ganzes Leben, direkt vor mir auf der Leinwand! Sogar die Hausnummer von dem Haus war dieselbe wie bei unserem alten Haus in Hawthorne.«

Specor war an allem schuld. Ich nannte ihn einen Kopfkiller und fragte die anderen, ob sie nicht schon von solchen Leuten gehört hätten. Sie machen dich verrückt im Kopf, erklärte ich, fest davon überzeugt, daß Phil Spector Columbia Pictures dazu gebracht hatte, diesen Film zu drehen, einzig und allein, um mich in den Wahnsinn zu treiben. »Warum begreift ihr denn nichts?« fragte ich verzweifelt.

Schließlich ließ ich Marilyn und Anderle frustriert in der Küche sitzen und zog Siegel mit mir ins Arbeitszimmer. Ihm würde ich die Sache verständlich machen können.

Meine Jukebox in der Ecke war mit sämtlichen Spector-Hits und einigen Beach-Boys-Songs bestückt. Ich drückte »Be My Baby« und drehte auf volle Lautstärke. Nachdem das Stück einmal durchgelaufen war, drückte ich es ein zweites Mal. Dann ein drittes Mal. Ich spielte es immer wieder, bis ich fast rasend vor Eifersucht war.

»Mit Spector hab ich's schon immer gehabt«, erklärte ich meinem Journalistenfreund. »Vor dreieinhalb Jahren habe ich diesen Song zum ersten Mal gehört, und ich wußte sofort, daß es eine Sache zwischen ihm und mir ist. Er wußte genau, wo er stand, und jetzt bin ich an ihm vorbeigezogen. Jetzt verstehst du, daß einen so ein Film unter diesen Umständen aufregen kann, oder?«

Siegel kapierte allerdings genausowenig wie Marylin und Anderle, worauf ich hinauswollte. Vielleicht erklärte ich es nicht deutlich genug, sagte ich mir, setzte mich an meinen Schreibtisch und nahm ein Blatt Papier. Ich zeichnete ein Diagramm, eine Wellenlinie, und unterteilte sie in einzelne Abschnitte. An dem einen Ende war Spector. Ich schrieb seinen Namen hin und darunter das Wort »Studio«. Er hatte als erster verstanden, die Möglichkeiten des Studios zu nutzen, er war der erste gewesen, der die Magie der Produktion erfaßt hatte.

»Aber jetzt habe ich ihn überflügelt«, wiederholte ich. »Ich mache spirituelle Musik, weiße, spirituelle Musik. Religiöse Musik. Hast du das Beatlesalbum *Rubber Soul* gehört? Das ist die große Bewegung. Dahin bin ich unterwegs. Das wird vielen Leuten Angst machen.«

In der Tat. Aber niemand hatte mehr Angst als ich selbst.

Zu dieser Zeit hatte ich einige Songs fertig oder zumindest fast fertig, aus deren Titeln das desolate Stadium meiner entstehenden Symphonie zu ersehen war: »Good Vibrations«, »Do You Dig Worms?«, »Wind Chimes«, »Cabin Essence«, »Wonderful«, »I'm in Great Shape«, »Child is the Father of the Man«, »Fire«, »Love to Say Da Da«, »The Old Master Painter«, »You're Welcome«, »I Ran« und »Prayer«. Ebenfalls in Arbeit waren »Heroes and Villains«, »Holidays« und »I Don't Know«. Außerdem gab es noch ein paar andere Stücke, manche nur eine Minute kurz, manche etwas weiter gediehen; unter anderem »George Fell«, »Barnyard«, »Look«, »She's Goin' Bald«, »I Wanna Be Around«, »My Only Sunshine« und »Been Away Too Long«.

Anfang Dezember 1966 ließ Capitol die Albumcover drucken und schaltete in *Billboard* erste Anzeigen für das heißersehnte Nachfolgealbum von *Pet Sounds*. Am 16. des Monats unterrichtete ich die Plattenfirma, ich würde das Album in diesem Jahr nicht mehr abliefern können, versprach aber, es bis Mitte Januar fertig zu haben. Ich wußte allerdings genau, daß dieser Termin unmöglich einzuhalten war, da zu viele widrige Umstände dagegen sprachen.

Zunächst einmal machten mir die Drogen zu schaffen. Das Speed verhalf mir zwar zu härteren Visionen als je zuvor, nur erreichte ich auf Speed keines meiner Ziele. Ich merkte, daß es mir nicht mehr so mühelos wie früher gelang, die losen Fäden miteinander zu verknüpfen. Dann schmetterte Capitol meine Ideen für Humor- und Soundeffekt-Platten als zu verschroben ab, was zur Gründung von Brother Records führte, einem Independent-Label, auf dem ich jeden meiner Einfälle verwirklichen konnte, ob er nun kommerziell verwertbar war oder nicht.

Da Anderle die Idee zu dieser Gründung gehabt hatte, wurde er zum Labelchef ernannt. Aber seine erste Amtshandlung war nicht gerade dazu angetan, meine Nerven zu beruhigen. In Zusammenarbeit mit Nick Grillo, dem Geschäftsführer der Beach Boys, und Abe Somers, unserem Anwalt, fand Anderle einen Fehler in der Tantiemenabrechnung von Capitol und verklagte unser langjähriges Label auf 275 000 Dollar unterschlagene Tantiemen. Ob er recht hatte oder nicht, für mich bedeutete das nur böses Blut zwischen mir und der Plattenfirma, die ohnehin schon verärgert war, weil ich es nicht schaffte, neues Material zu liefern. Die Verantwortung, *Smile* fertigzustellen und einen Hit zu landen, lastete seit dieser Klage nur um so schwerer auf mir.

Und um das Maß voll zu machen, kehrten die Beach Boys ausgerechnet jetzt von ihrer letzten Tour zurück und hörten sich an, was ich in ihrer Abwesenheit geschrieben hatte. Ihre gespannte Erwartung schlug mit jedem Cut in immer größeren Ärger um, ihnen gefiel kein einziger Song. Mikes Attacken waren natürlich die giftigsten. Mein Vetter beschuldigte mich, mit meinen Experimenten die Band glücklich um ein Album gebracht zu haben. Ich hatte eine Todsünde begangen und unser Patentrezept versaut.

Selbst an meinen besten Tagen war meine seelische Verfassung so labil, daß ich ständig umhegt werden mußte. Sämtliche meiner engeren Beziehungen basierten auf dieser Tatsache, besonders meine Ehe mit Marilyn. Aber die Jungs begriffen es nicht. Sie kamen von einer monatelangen Tour zurück, hörten Musik, die jeder herkömmlichen Auffassung von Popalben, Songstrukturen und Logik spottete, und da platzte ihnen der Kragen. Ihr Hauptanliegen war, daß die Musik radiotauglich sein sollte, während ich vorhatte, ein Kunstwerk zu schaffen.

Es war ein Hochseilakt ohne Netz und doppelten Boden, und ich wahrte nur mühsam mein Gleichgewicht. Wer weiß, wenn ich irgendwie abgesichert gewesen wäre, hätte ich vielleicht doch noch erreicht, was ich mir vorgenommen hatte.

Aber es gab kein Sicherheitsnetz.

19

»Heroes and Villains«

Alles begann mit einem Anruf bei meinem Geschäftsführer Nick Grillo. Ich erklärte, ich brauche eine kreativere Umgebung. Kraft meiner unwiderstehlichen Persönlichkeit hatte sich das Haus am Laurel Way bereits in eine drogenverseuchte, übervolle Klapsmühle verwandelt, in der rund um die Uhr die Produktion wunderlicher Einfälle auf Hochtouren lief – eine psychodelikate Fluchtburg, deren Hallen ich durchmaß wie der Kaiser in seinen neuen Kleidern. Alles, was ich sagte, war geistreich. So schmeichelte man mir zumindest. Doch die Komplimente zeigten nicht die erwünschte Wirkung auf das Werk, das ich schaffen wollte. Das alles genügte nicht, ich brauchte noch mehr, mußte noch weiter gehen.

Zu genau diesem Zeitpunkt erschienen die Handwerker, um mein Klavier mit einem riesigen, kastenartigen Rahmen zu verzieren, einem umwerfenden Monstrum von achtzig Zentimeter Höhe. Einige Tage später rumpelten mehrere Kipplaster unsere Einfahrt hoch, und Arbeiter füllten meine neue Spielkiste mit zwei Tonnen Sand. Marilyn war wenig begeistert, fügte sich jedoch murrend meiner Suche nach neuen Inspirationen.

»Wer bin ich, dem Meister zu widersprechen?« sagte sie entnervt.

»Versteh mich doch«, redete ich mit verzweifeltem Unterton auf sie ein, »ich will im Sand spielen. Ich will mich fühlen wie ein kleines Kind. Wenn ich diese Songs schreibe, will ich empfinden, was ich schreibe, dieses ganze Glück.«

Ich kannte kein herrlicheres Gefühl, als den schöpferischen Moment, den Augenblick, in dem der Funke der Inspiration übersprang und eine Idee aufglühte. Dann trug es mich davon, dann konnte ich fliegen. Nichts anderes zählte. Ich vergaß alles um mich herum. Diese Erlebnisse, denen ich ständig nachjagte, waren einzigartige Momente in meinem Leben. Ich war glücklich.

Das Arbeitszimmer in einen Sandkasten zu verwandeln, war nicht die einzige meiner verrückten Neuerungen. Kurze Zeit später wurde ein hölzernes Spielzeughaus vor der Haustür aufgestellt, und jeder, der zu uns hinein wollte, mußte auf allen vieren durchkriechen. Im nächsten Schritt wurde das Arbeitszimmer mit einem Baldachin aus weinrotem Stoff sowie mit dicken Sitzkissen und Hookahs zum Grassrauchen dekoriert. Auf diese Weise hatte ich mir ein richtiges Kifferparadies geschaffen, das mir aber bald schon klaustrophobische Ängste einjagte. Nachdem ich ein paar Mal daringesessen hatte, ließ ich das ganze Zeug wieder abhängen.

Natürlich war diese ganze Staffage kein geeignetes Mittel, meine Kreativität anzuregen, sondern es handelte sich bei alledem nur um geschickt getarnte, aber völlig aberwitzige Versuche, mich meiner ständigen Überlastung und den Leuten in meiner Umgebung zu entziehen. Ich suchte eine Zuflucht vor den wachsenden Anforderungen, die an mich gestellt wurden. Ich wollte meine Ruhe haben und mir nicht den Kopf über den Abgabetermin für das neue Album oder den Überlebenskampf gegen Lennon und McCartney oder Spector zermartern müssen. Ich war müde und brauchte einen Platz zum Ausruhen.

Den Flügel in den Sand zu stellen, hatte ich anfangs tatsächlich für einen kreativen Zug gehalten. Doch als der Klavierstimmer kurz darauf turnusmäßig vorbeikam, zeigte sich, was ich mit meinen Flausen in Wirklichkeit erreicht hatte. Der Mann zog seine Schuhe aus, stieg in den Sandkasten, hob den Deckel des Flügels und schaute hinein. Sofort verzerrte sich sein Gesicht vor Unglauben und Empörung: Das gottverdammte Instrument war voller Sand und mußte mit dem Staubsauger gereinigt werden.

Van Dyke war noch weniger begeistert von meinen Eingebungen. Kaum hatte er mich in meinem riesigen Sandkasten am Flügel sitzen sehen, sagte er mir unverblümt, er finde diesen Anblick abartig-kindisch, verantwortungslos und zum Kotzen. Dann entdeckte er, daß die Hunde sogar noch mehr Gefallen am Sandkasten gefunden hatten als ich.

»Was ist das?« sagte er und deutete mit dem Finger auf den Sand.

Ich warf einen Blick hinter das Instrument und stellte fest, daß mein Hund Banana sich im Sand erleichtert hatte.

»Sieht wie Hundescheiße aus«, antwortete ich.

Van Dyke lächelte gequält. Dann zog er sich einen Stuhl heran, weil er sich weigerte, einen Fuß in den Sand zu setzen. Zwischen mir und Van Dyke stand zu dieser Zeit wahrlich nicht alles zum besten.

Anfang Januar 1967 hatte ich Capitol mitteilen müssen, daß ich nicht, wie vereinbart, am fünfzehnten mit dem neuen Album fertig werden würde. Genau genommen brachte ich so gut wie gar nichts mehr zustande. Zuviel Speed hatte meine frühere Konzentrationsfähigkeit völlig zerrüttet, es war fast unmöglich, auch nur einen Song zusammenzubekommen. Die endlosen Querelen mit meiner Umwelt stellten mich zusätzlich vor eine Zerreißprobe. In meiner Frustration versuchte ich, Van Dyke die Schuld an meinen Problemen in die Schuhe zu schieben.

»Das lasse ich mir nicht bieten«, blaffte er mich an. »Ich bin jederzeit bereit, weiter an den Songs zu arbeiten. Aber dieser Prozeß wird sich endlos hinziehen, wenn wir uns nicht in einem Raum zusammensetzen können.«

»Das können wir doch«, protestierte ich. »Was tun wir denn sonst?«

»Wir beide allein, meine ich. Wir brauchen einen ungestörten Raum nur für uns.«

»Aber das sind meine Freunde«, widersprach ich unter Hinweis auf meinen Hofstaat.

»Das sind Geier, die wissen, wo was zu holen ist«, sagte er unbarmherzig. »Ich bin enttäuscht. Gerüchteweise wolltest du ja etwas zutiefst Persönliches schaffen, aber du benimmst dich nicht im entferntesten danach.«

Eines Abends saßen wir an der Arbeit, als Dennis vorbeikam, um sich über die Bühnenklamotten der Beach Boys zu beschweren. Die bonbonfarben gestreiften Hemden und geradegeschnittenen Hosen, die unser Dad in den Kindertagen der Band ausgesucht hatte, hatten offensichtlich in hipperen Londoner Kreisen einige Heiterkeit erregt. Ich versicherte meinen Bruder meines ganzen Mitgefühls, doch Van Dyke rückte Dennis' Bericht sofort in einen größeren Zusammenhang. Er sah darin ein weiteres Indiz für den internationalen Gesichtsverlust der USA als Folge des Vietnamkriegs.

»Wir sollten das knallhart angehen«, erklärte er.

»Gefällt mir«, stimmte ich ihm zu. »Ich verstehe zwar nicht viel davon, aber mein Instinkt sagt mir, daß du recht hast.«

Mit einer Handvoll Speed schlugen wir uns daraufhin die Nacht um die Ohren und schrieben »Surf's Up«, einen Song, dessen Titel uns so abgedroschen und spießig erschien, daß er einfach nur super hip sein konnte. Die Musik war fesselnd und wunderschön, die Lyrics verschlüsselt und expressionistisch. Als Jules Siegel »Surf's Up« zum ersten Mal hörte, fand er die Musik brillant, doch Zeilen wie *columnated ruins domino* blieben ihm unverständlich. Er bat um eine Erklärung.

»›Columnated ruins domino‹?« fragte er. »Was soll das heißen?«

»Es hat damit zu tun, was heute in der Welt vor sich geht«, erwiderte ich. »Weltreiche, Ideologien, Leben, Institutionen, selbst beliebte Songs – alles fällt zusammen, stürzt ein, kippt um wie eine Reihe von Dominosteinen.«

Ich saß mit Jules in meinem Schlafzimmer und spielte ihm die schwarze Anpressung auf meinem Plattenspieler vor. Wir hörten beide schweigend zu und gaben uns den Worten und der Musik hin. Während meine hohe Stimme leise aus einem der Lautsprecher schwebte, lieferte ich ihm synchron dazu eine Entschlüsselung der Lyrics:

»*Surf's Up,* das bedeutet Hoffnung. *Come about hard and join the once and often spring you gave* heißt: ›Zurück zu den Kids, zum Strand, zur Kindheit.‹ *I hear the word* – Gottes Stimme; *Wonderful thing* – das Glück der Erleuchtung, der Anblick Gottes.

A children's song! Und dann ist da der Song selbst. Die Musik. Das Lied der Kinder. Das Lied des Universums, das in erhabenen Schwingungen an- und abschwillt.«

Danach gingen Jules und ich in die Küche, wo ich mir aus einer Sprayflasche Reddi-whip einen Schlag Instantsahne in den Mund sprühte. Einen Moment später füllte ich mir die Lunge mit Stickstoff aus dem Sahnespender. Ich verdrehte die Augen, und meine Lippen schwollen an, während das Gas meine Gesichtsnerven betäubte und mir das Hirn vernebelte.

Geschwächt ließ ich mir den Refrain wieder durch den Kopf gehen: »Prachtbauten stürzen ein wie Kartenhäuser« – das stand anscheinend auch mir bevor.

Anfang Februar hatte »Heroes and Villains«, das mittlerweile bereits diverse Inkarnationen durchlaufen hatte, bei mir oberste Priorität bekommen. Je nachdem, wen man fragte, war ich mit der nächsten LP bereits einen oder zwei Monate überfällig. Aber die Sessions mit den Beach Boys, die mir ganz unverblümt zeigten, daß sie keinerlei Vertrauen mehr zu mir hatten, wurden so unberechenbar, daß ich anfing, wöchentlich meine Astrologin Genevelyn zu konsultieren, um herauszufinden, wie es laufen würde. Wenn ich selbstbewußter gewesen wäre, hätte ich sie alle zum Teufel geschickt und das Album mit vier anderen Typen fertiggestellt. Tatsächlich drängte Anderle mich ständig, *Smile* als Soloalbum zu veröffentlichen.

Aber dazu hatte ich nicht die Kraft, und die Jungs fielen bei jeder Gelegenheit über meine Musik und die Texte her. Ich brauchte dringend Rückendeckung und sicherte mir vor einer der »Heroes-and-Villains«-Sessions die Unterstützung von Van Dyke zu. Seit der Blamage mit »Fire« weigerte er sich entschieden, das Studio zu betreten, doch ich flehte ihn an, diesmal eine Ausnahme zu machen. Ich erklärte ihm nicht, warum, aber Van Dyke erkannte von selbst, daß er mir helfen mußte, mich zu behaupten.

Allerdings kam er zu spät und platzte mitten in eine besonders gereizte Session bei Columbia hinein. Die anderen begrüßten ihn kühl, da sie alle Schwierigkeiten mit mir seinem verderblichen Einfluß zuschrieben. Van Dyke beobachtete uns bei mehreren erfolglosen Versuchen, die Vocals hinzubekommen. Schließlich kam es zu der Konfrontation, die, wie jeder wußte, unvermeidlich war. Mike verlangte eine Untterbrechung und forderte von Van Dyke eine Erklärung zu den Lyrics von »Heroes and Villains«. Er verstehe nur, daß der Song irgendwas mit dem Westen zu tun habe.

»Aber ich würde gerne wissen, was zum Henker ›Over and over the crow cries, uncover the corn fields‹ heißen soll«, fauchte er.

Van Dyke dachte kurz darüber nach. Er bemühte sich, seine Verärgerung über Mikes Unverschämtheit zu überspielen. »Ich finde, es ist große Poesie, nichts anderes«, fing er an.

»Schön, dann ist es große Poesie. Aber was heißt es, zum Teufel noch mal? ›Over and over the crow cries, uncover the corn field.‹ Wenn du mich fragst, ist das totaler Quatsch.«

»Mike, falls du eine wörtliche Interpretation erwartest«, erwiderte Van Dyke gelassen, »muß ich dir leider ganz offen gestehen, daß ich keine Ahnung habe, was es heißt.«

»Keine Ahnung hat er«, seufzte Mike staunend. »Er hat keine Ahnung, was die Lyrics bedeuten sollen. Aber von uns erwartet er, daß wir sie singen? Brian, was ist hier eigentlich los? Scheiße noch mal! Ich meine, bist du erst zufrieden, wenn du die Beach Boys kaputtgemacht hast?«

Am Boden zerstört verließ ich das Studio, die Session wurde abgebrochen. Van Dyke räumte geschlagen das Feld. Ich hatte ihn als Diplomaten gerufen, aber er hielt sich hier für ausgesprochen fehl am Platz. Ich blieb allein und schutzlos zurück, unfähig, meine Vorstellungen mit denen der anderen Beach Boys in Einklang zu bringen. Das Album würde niemals verwirklicht werden, und ich wollte nur noch den Dreck wegräumen und Feierabend machen.

»Ich fürchte, wir haben Harakiri begangen«, sagte Van Dyke auf dem Weg zurück zu mir nach Hause. »Jetzt bleibt uns nur noch die unangenehme Aufgabe, die Kadaver wegzuschaffen.«

Ende Februar 1967 trennten Van Dyke und ich uns. Im März kam er wieder zurück, hörte jedoch einen Monat später erneut auf, da Warner Brothers ihm einen Solodeal anboten. Ohne ihn blieb mir wenig anderes übrig, als mit dem herumzubasteln, was wir bereits im Kasten hatten.

Im April begann ich mit der Arbeit an »Vegetables«, einem funky Song, den Van Dyke während meines Gesundheitstrips in einer einzigen Nacht hingezaubert hatten. Al, der Lead sang, steckte gerade in seiner zweiten Session, als wir erfuhren, daß Paul McCartney zu einer Stippvisite vorbeikommen wollte. Mein Lieblingsbeatle war in Frank Sinatras Learjet nach Los Angeles eingeflogen, um seine Freundin Jane Asher zu besuchen. Wir spielten beide Baß, und unsere Geburtstage lagen nur zwei Tage auseinander. Ich war wie elektrisiert.

Marilyn mußte sich in den Arm kneifen, als Paul das Studio betrat. In seinem weißen Anzug und den roten Schuhen erschien er mir als der Inbegriff absoluter Coolness. Er kicherte, als er sah, daß das Studio übersät war mit dem unterschiedlichsten Gemüse, das auf allen Regalen, Tischen, Verstärkern und Instrumenten herumlag. Mit Hal Blaine hatte ich sogar eine Partie Billard gespielt, bei der wir Staudensellerie als Queues, Kirschtomaten und Radieschen als Kugeln und Pappbecher als Löcher verwendeten. McCartney hob bei diesem Anblick eine Augenbraue.

»Inspiration«, erklärte ich. »Wir machen gerade einen Song mit dem Titel ›Vegetables‹. Deswegen habe ich ein bißchen Gemüse hergebracht, damit wir in Stimmung kommen.«

Für zwei Menschen, die sich nur von ihrer Musik her kannten sowie von dem, was sie in der Zeitung übereinander gelesen hatten, kamen McCartney und ich blendend miteinander aus. Es gab keine Rivalität zwischen uns. Er sagte mir, *Pet Sounds* sei eine seiner Lieblingsplatten, und ich schwärmte von allem, was die Beatles überhaupt gemacht hatten. Von Zeit zu Zeit erinnerte Al mich daran, daß er immer noch darauf wartete, seine Vocals fertig aufzunehmen. McCartney amüsierte sich über den dummen Song, und es machte ihm offensichtlich Spaß, mir bei der Produktion zuzusehen. Er erwähnte sogar, wie beeindruckt er von meinen Multitalenten als Songwriter, Sänger und Produzent sei, während die Beatles bei ihren Produktionen immer auf George Martin angewiesen waren.

»Woher nimmst du bloß den Überblick?« fragte er.

»Es kommt nur darauf an, die Songs so hinzubekommen, wie ich sie im Kopf gehört habe«, erklärte ich. »Bei mir ist immer schon alles fertig geplant. Aber es wird immer schwieriger, es auch so zu machen. Die anderen Jungs machen mir dauernd Ärger.«

Eine Zeitung, die Wind von unserer Begegnung im Studio bekommen hatte, beschrieb sie unter der Headline »Van Gogh trifft Constable trifft Turner trifft Rembrandt in einer Zeitmaschine mit Adrenalin-Dexedrin-Antrieb«.

Ich verstand nie, was das heißen sollte, aber zumindest dauerte Pauls Besuch ziemlich lange. Es war fast zwei Uhr morgens, als wir »Vegetables« fertig hatten. Dann setzte McCartney sich auf Derek Taylors Drängen ans Klavier und sagte, er habe vor ein paar Tagen gerade einen neuen Song geschrieben: *»Wednesday morning at five o'clock the day begins. Silently closing her bedroom door, she goes . . .«*, sang er.

»Es heißt ›She's Leaving Home‹«, sagte McCartney anschließend.

»Gott, was für ein wunderschöner Song«, stammelte Marilyn mit Tränen in den Augen.

»Was ist mit deinem Album?« fragte Paul.

»Ich weiß nicht.« Ich starrte verlegen zu Boden. »Ich hab einen Song, ›Heroes and Villains‹, der vielleicht noch größer als ›Good Vibrations‹ werden könnte. Aber ich finde einfach nicht den richtigen Dreh.«

»Hört, hört, die gequälte Künstlerseele«, warf Taylor ein. »Paul, Brian ist ein typischer Fall von einerseits, andererseits und nie zufrieden. Aber damit kann ich ganz gut leben. Was er nicht rausbringt, hat fast genausoviel Nachrichtenwert wie das, was er schließlich veröffentlicht.«

McCartney lachte. Im Gehen sagte er mir noch, ich solle mich ranhalten, denn die Beatles wollten im Sommer ein neues Album veröffentlichen: *Sgt. Pepper's Lonely Hearts Club Band.*

Einen Monat später, Mitte Mai 1967, rastete ich allmählich völlig aus. Bei einer Session verweigerte ich Siegel den Zutritt, nachdem ich mir eingeredet hatte, seine Frau wäre eine Hexe, die mich durch Telepathie zu beeinflussen versuchte. Einige Tage später hörte ich ganz auf, im Studio zu erscheinen. Capitol strich auf der Stelle die Veröffentlichung von *Smile*. Die ganze nächste Woche saß ich zu Hause, schloß meine Familie, meine Freunde und meine Musik aus und ließ mich in die schwarzen Niederungen einer bodenlosen Depression abgleiten.

Bis dahin hatte ich meine Depressionen immer abschütteln können, um mich neuen Herausforderungen zu stellen. Bei jedem neuen Song und jedem neuen Album hatte ich meine Ängste zuletzt doch noch ausgetrickst und mir selbst bewiesen, daß ich kein Verlierer war. Ich war mit meinen Aufgaben gewachsen, die Musik war immer der Mittler zwischen mir und der Außenwelt gewesen; aber jetzt ergab selbst sie keinen Sinn mehr für mich. Ich war am Boden.

Eines Abends, ich hatte gerade einen Joint geraucht, hörte ich mir »Surf's

Up« an. Die Schönheit des Songs zerriß mich beinahe, ich hätte das Band am liebsten zerrissen.

Columnated ruins domino – Weltreiche, Ideen, Menschenleben, Institutionen – alles muß zu Staub zerfallen, einstürzen wie Dominosteine.

The music hall a costly bow – dann ist selbst die Musik verschwunden.

Canvass the town and brush the backdrop – er versinkt in seine Vision, seinen Trip. Die Realität verschwimmt; er erschafft sie neu, wie einen Traum.

Dove nested towers. The laughs come hard in ›Auld Lang Syne‹ – und dann die Parties, die Trinkgelage, bei denen Kriege und Seeschlachten vergessen werden.

A choke of grief – eine Klage über sein eigenes Elend und die Leere seines Lebens, weil selbst das Leid der Welt, sein eigenes Leid, ihm nicht die erlösenden Tränen bringen.

Ich blieb in meinem Schlafzimmer und lauschte dem Lärm, während Marilyn die Handwerker beaufsichtigte, die den Sandkasten um mein Klavier herum abbauten. Hämmern, Sägen, Schaufeln. Bretter werden abgerissen, Kipplaster karren alles weg. Seitdem ich aufgehört hatte, ins Studio zu gehen, hätte man ebensogut auch mich auf den Müll werfen und abkarren können.

Marilyn war fest entschlossen, den Wahnsinn und damit auch die zahllosen Zaungäste aus unserem Leben zu verbannen. Deshalb stellte sie das Haus am Laurel Way sofort zum Verkauf, nachdem *Smile* gestrichen worden war. Einige Wochen später, im April 1967, hatten wir in Bel Air für 320 000 Dollar ein Anwesen im Kolonialstil gekauft, mit vierzehn Zimmern. Einst hatte Edgar Rice-Burroughs, der Schöpfer von Tarzan, hier gelebt. Ich verliebte mich in die Torbögen und den Springbrunnen im Vorhof, während Marilyn vor allem die Gärten und die großzügigen Zimmer gefielen. Wir kauften das Haus, ohne auch nur die erste Etage gesehen zu haben.

Marilyn wünschte sich ein gutbürgerliches Heim, als wollte sie mir – und sich selbst – damit ernsthaft weismachen, diese Veränderung könnte alles ungeschehen machen, was seit meinem ersten LSD-Trip mit mir vorgegangen war. Aber ein Tapetenwechsel war ganz in meinem Sinne. Die einzigen Erinnerungsstücke an unser früheres Heim waren mein Flügel und der übergroße handgeschnitzte Bettrahmen. Marilyn gab widerwillig nach, als ich das Haus knallpink haben wollte. Auf einen bösen Brief der Bel Air Association hin ließ sie es noch einmal streichen, diesmal in einem dezenteren Beige.

Seit ich nicht mehr ins Studio ging, kam die Technik eben zu mir. Tatsächlich wurde direkt unter meinem Schlafzimmer ein hochmodernes Studio eingerichtet. Die Beach Boys hofften, diese bequeme Einrichtung würde mich zur Arbeit anregen, schließlich mußte ich ja nicht einmal mehr den Schlafanzug ausziehen.

Ich stürzte mich mit Feuereifer ins Gefecht. Mit Hilfe der Jungs begutachtete ich die Songs, die fertig gewesen waren, bevor die Arbeit an *Smile* eingestellt worden war. Wir arbeiteten täglich an der Handvoll Songs, die noch zu retten waren, unter anderem an »Vegetables«, »Good Vibrations«, »Wonderful« und »Heroes and Villains«, das wir nach wie vor als Single veröffentlichen wollten. Mit nur einem kleinen Ausrutscher – einer Session, in der ich die Jungs dazu überredete, stoned und flach auf dem Boden liegend zu singen – stellten wir das Album, das mittlerweile in *Smiley Smile* umbenannt worden war, innerhalb von nur zwei Wochen fertig und erledigten die komplette Abmischung in einer einzigen Marathon-Session.

In der Zwischenzeit hatte sich das Interesse der schnellebigen Musikwelt jedoch anderen, größeren und aufregenderen Dingen zugewandt, als der neuesten Brian-Wilson-Single. Das Monterey-Pop-Festival versprach *das* Ereignis des Sommers, wenn nicht des ganzen Jahres 1967 zu werden. Bei dem dreitägigen Konzert, das vom 16. bis zum 18. Juni stattfinden sollte, hatte sich alles angesagt, was in der Rockwelt Rang und Namen hatte: Simon and Garfunkel, Eric Burdon and the Animals, The Mamas and the Papas, Country Joe and the Fish, Grateful Dead, Buffalo Springfield und Jimi Hendrix.

Da Lou Adler, Terry Melcher und Derek Taylor dem Organisationskomitee angehörten, wurden die Beach Boys mit als die ersten eingeladen. Außerdem übernahm ich neben Paul McCartney, Mick Jagger, John Phillips und Paul Simon die Patenschaft für das Festival, ein Ehrenamt, das für den hohen Stellenwert sprach, der mir in der Rock-Community eingeräumt wurde. Aber je näher der Termin rückte, desto mehr Zweifel kamen mir, ob die Band wirklich auf dieses Festival gehörte.

Trotz meiner persönlichen Probleme hatte ich immer noch großen Einfluß auf die anderen. Als ich das Lineup des Festivals studierte, wurde mir klar, daß der Rock and Roll in dem Jahr, in dem ich an *Smile* herumgebastelt hatte, eine dramatische Entwicklung durchlaufen hatte. Neben dem elektrischen Rock von Hendrix, Big Brother and the Holding Company oder Country Joe wirkten die Beach Boys plötzlich verdammt bieder. Und ich glaubte nicht, daß sie schon reif dafür waren, mit diesem Trend mithalten zu können.

Auch die Bandmitglieder hatten ihre Zweifel, ob wir auftreten sollten. Ursprünglich sollten alle Musiker und Gruppen für ihre Festivalauftritte bezahlt werden, doch dann wurde aus der Show plötzlich ein großes Non-Profit-Event gemacht. Allerdings konnte einem niemand genau sagen, an wen das Geld aus den Kartenverkäufen und Fernsehrechten eigentlich gehen sollte. Mike wollte nur gegen Bezahlung singen, die anderen fanden den Deal ebenfalls undurchsichtig, und plötzlich waren alle dafür, einen Rückzieher zu machen.

Als die Absage der Beach Boys in letzter Minute bekanntgegeben wurde, schob man eine Reihe von widrigen Umständen vor: die Plattenfirma machte Druck wegen einer Single und einem Album; Carl, der einige Monate zuvor den Wehrdienst verweigert hatte, stand am 20. Juni eine wichtige Gerichtsverhandlung bevor; und ich wollte die Jungs nicht spielen lassen. Wie auch immer, es war eine katastrophale Entscheidung. Die Abwesenheit der Beach Boys in Monterey wurde als stillschweigende Kapitulation vor den hipperen Acts gewertet.

Jimi Hendrix, der sich durch sein überragendes Talent zum unangefochtenen Superstar dieses Open-Air-Festival aufgeschwungen hatte, nahm die schweren Zeiten vorweg, die uns drohten, als er am Sonntag, dem dritten Abend des Festivals, der Menge zurief: »Surfmusik habt ihr zum letzten Mal gehört . . .«

Wie prophetisch Hendrix' abfällige Bemerkung gewesen war, zeigte sich, als der Juli näherrückte. Das neue Album der Beatles, *Sgt. Pepper's Lonely Hearts Club Band*, war eine musikalische Revolution. Für meinen Niedergang war sie allerdings nicht verantwortlich, da ich längst schon ausgebrannt war. Aber der Juli brachte eine weitere bemerkenswerte Veröffentlichung: Genevelyn informierte mich, daß die zweite Monatshälfte der richtige Zeitpunkt sei, »Heroes and Villains« auf den Markt zu bringen.

Ich kann mich kaum noch erinnern, wie ich mir den Song ursprünglich gedacht hatte. »Heroes and Villains« war mein Follow-Up für »Good Vibrations« und hatte dieses Meisterwerk noch übertreffen sollen. Meine erste Version dauerte sieben Minuten, doch die Drei-Minuten-sechsunddreißig-Version, der die Plattenfirma schließlich ihren Segen gab, erinnerte nur noch entfernt an die wilde, ungezügelte, turbulente Fassung, die ich früher einmal als musikalische Comedyshow bezeichnet hatte. Trotzdem glaubte ich immer noch an den Song.

Entsprechend der Bedeutung, die ich dieser lang erwarteten, längst überfälligen Single beimaß, wünschte ich mir eine zündende Präsentation. Also beschloß ich, auf eigene Faust KHJ Boss Radio ein Exclusivinterview zu geben. Nachdem mir Genevelyn grünes Licht gegeben hatte, weihte ich die Band in meinen Plan ein. Wir trafen uns in meinem Haus und fuhren dann im Rolls-Royce-Convoy zum Sender in Hollywood, wo wir um kurz vor Mitternacht mit nahezu zwanzig Mann anrollten. Alle waren zum Zerreißen gespannt.

Doch jetzt fing der Ärger an. Zunächst weigerte sich der Wachmann, uns das Tor passieren zu lassen. Als wir uns endlich glücklich Einlaß verschafft hatten, wollte der Nacht-DJ unseren Song nicht spielen: »Heroes and Villains« stand nicht auf seiner Playlist, und er war nicht befugt, davon abzuweichen.

Ich war niedergeschmettert: Neue spirituelle Musik von Brian Wilson interessierte offensichtlich kein Schwein, stand nicht einmal auf der Playlist. Aber das war nicht mal das Schlimmste! Vor weniger als einem Jahr war Brian Wilson noch der größte Name im Musikbusiness gewesen, und jetzt stand ich hier, hielt meine neue Single in der Hand, bot ein Exclusivinterview an – und nichts passierte. Es war nicht länger zu übersehen, daß ich meine Zeit hinter mir hatte.

Einer aus unserem Gefolge brachte den unseligen DJ dazu, seinen Boss anzurufen, und der kanzelte ihn gnadenlos ab. Zur Hölle mit der Playlist, lautete sein Befehl, Brian Wilson ist im Studio, also spiel den verdammten Song!

Aber Wilson blieb nicht! Ehe die Aufregung sich gelegt hatte, entfloh ich dem Schauplatz meiner Beschämung, verkroch mich auf dem Rücksitz des Rolls-Royce und wies den Fahrer an, mich nach Hause zu fahren. Als wir die Toreinfahrt passierten, hörte ich im Radio, wie der DJ »Heroes and Villains« anspielte. Seine Einleitung klang gezwungen, ich sah förmlich vor mir, wie die Jungs ihm drohend auf die Pelle rückten.

Auf die Art wollte ich meine Musik nicht gespielt wissen. Anstatt zuzuhören, schaltete ich den Apparat ab und versank in tiefste Niedergeschlagenheit. Ich hörte das Brummen des Rolls-Royce-Motors, das von einer Stimme überlagert wurde . . . von Dads Stimme!

20

Vaterschaft

Es war August 1967. Ich saß am Flügel und studierte mit Danny Hutton und zwei anderen Typen, Chuck Negron und Cory Wells, vier von meinen neuen Songs ein, unter anderem »Time to Get Alone« und »Darlin'«. Seit ich Danny vor zwei Jahren zum ersten Mal singen gehört hatte, liebte ich seine Stimme. Er spielte zusammen mit Chuck und Cory in einer Band, die so neu war, daß sie noch nicht einmal einen Namen hatte. Als wir an diesem Abend unsere Session abbrachen, hatte ich einen Einfall: Redwood, das war der richtige Name.

»Was ist das denn für ein Name?« fragte Danny.

»Wie diese Bäume«, erwiderte ich. »Die so wahnsinnig hoch werden.«

»Gefällt mir«, stimmte Danny zu.

Während die Beach Boys auf Tour waren, um die finanzielle Schlappe, die wir durch *Smile* erlitten hatten, wieder wettzumachen, bot ich mich an, Redwood zu produzieren. Es war das erste Mal seit fünf Jahren, daß ich nicht fieberhaft an einem neuen Album für die Beach Boys arbeiten mußte, und ich wollte diese Gelegenheit dazu nutzen, etwas zu tun, das mir wirklich Spaß machte. Redwood war die heißeste Band, die ich seit Jahren gehört hatte, und ich verfolgte große Pläne mit den Musikern.

Nachdem ich mit Anderle darüber gesprochen hatte, Redwood für Brother Records unter Vertrag zu nehmen, nahm ich an nur einem einzigen Tag mit der Band »Time to Get Alone« auf, eine Session, bei der ich entdeckte, daß ich zwar nicht mein Gefühl für gute Musik, aber doch den rechten Elan verloren hatte. Als wir uns einige Tage später in Wally Heiders Aufnahmestudio versammelten, zeigte sich recht offenkundig, daß ich nicht mehr wie General Patton im Studio das uneingeschränkte Regiment führte.

Die Streicher der Philharmonie von L. A. waren direkt im Anschluß an einen Auftritt ins Studio gekommen. In Frack und weiße Hemdbrust gekleidet, bildeten sie einen scharfen Kontrast zu meinen Jeans und meinem T-Shirt sowie vor allem zu dem Sauerstoffgerät, das ich immer zur Hand hatte, falls mir nach einer belebenden Frischluftzufuhr war. Nachdem Marilyn und Diane die Noten verteilt hatten, hörte ich mir zwei Takes an. Es lief nicht.

»Marilyn, weißt du, was ihnen fehlt?« bemerkte ich. »Atemspray.«

»Was?« fragte sie verdutzt.

»Atemspray«, wiederholte ich. »Binaca. Geh mal welches holen!«

Alle machten eine kurze Pause, bis Marilyn zurück war. Dann mußte sie jedem der Musiker einen erfrischenden Spritzer in den Mund sprühen. Wahrscheinlich hielten sie mich für völlig übergeschnappt, und ich weiß selber nicht, was ich mir dabei dachte. Ich pfiff mir in der Zwischenzeit jedenfalls ein paar Züge Sauerstoff ein und drehte anschließend einige Runden im Hinterhof. Wahrscheinlich hatte ich damals zwingende Gründe für meine verrückte Idee.

Auf dem Rückweg ins Studio rief ich meine Astrologin Genevelyn an. Das war ein schwerer Fehler. Sie sagte mir, ich sei in einer kritischen Phase. Was immer ich jetzt auch vorhabe, es werde nicht funktionieren. Nachdem ich den Hörer eingehängt hatte, ließ ich sämtliche Musiker, die Jungs von Redwood sowie Marilyn, Diane und alle anderen einfach im Studio sitzen. Ohne ein Wort zu sagen, stieg ich in meinen violetten Rolls-Royce und fuhr nach Haue. Wenn mein Vorhaben nicht gelingen konnte, hatte es keinen Sinn, länger im Studio zu bleiben.

Alle Beteiligten übergingen mein seltsames Betragen stillschweigend, als die Arbeit einige Tage später wieder aufgenommen wurde. Diesmal arbeiteten wir an »Darlin'«, und als ich hörte, wie Dannys Stimme sich meinen Song eroberte, fing ich wieder Feuer. Innerhalb weniger Tage hatten wir den Song fertig, genauso die beiden anderen, die ich produzierte. Als wir vier Songs im Kasten hatten, drängte ich Anderle, Redwood endlich als erste Band bei Brother Records unter Vertrag zu nehmen.

Es gab nur ein kleines Problem, an das mich Anderle jetzt erinnerte. Bei Brother Records hatte jeder der Beach Boys den gleichen Stimmenanteil, und anscheinend hatte Mike Bedenken gegen die Band angemeldet. Seit einiger Zeit fand mein Vetter bei jeder Gelegenheit unzählige gute Gründe, gegen alles, was auf meinem Mist gewachsen war, sein Mißtrauen zu bekunden; allein die dreiundzwanzig ergebnislosen Cuts für *Smile* waren mehr, als er an Fingern und Zehen abzählen konnte. Nach der letzten Session sprach Mike selbst mit Danny, der mich am Tag darauf mit der Nachricht überraschte, daß Mike den Deal hatte platzen lassen.

»Etwa eine Stunde, nachdem du aus dem Studio weg warst, hat Mike mich mit aufs Dach genommen und fing an, die Bedingungen neu auszuhandeln«, sagte Danny.

»Was hat er gesagt?«

»Mike hat ganz einfach gesagt: ›Einen Album-Deal zieht Brian mit euch nicht durch.‹ Er hat gesagt: ›Das könnt ihr euch aus dem Kopf schlagen‹. Dann sagte er, die einzige Möglichkeit wäre, eine Single rauszubringen und dann mal weiterzusehen.«

»Und was hast du gesagt?« fragte ich.

»Ich hab gesagt: ›Scheiße. Damit kannst du dir den Arsch abwischen. Wir haben was Besseres vor als eine miese Single.‹«

»Dieser miese Arsch«, platzte es wütend aus mir heraus.

»Ja, ja, ja . . . Ich weiß, was für ein Arschloch Mike ist. Sieh zu, was du für uns tun kannst, ja, Bri?«

»Es tut mir leid, aber ich kann da überhaupt nichts machen. Es hat keinen Zweck, sich mit Mike zu streiten. Ich komme gegen ihn nicht an. Er steckt mich immer in die Tasche.«

Als es zur Abstimmung über das Thema kam, stimmte ich für Redwood, doch Mike hatte Al und Carl solange zugesetzt, bis sie sich seinem Votum anschlossen. So macht er es heute noch. Zu schade! Denn innerhalb eines Jahres änderten Redwood ihren Namen in Three Dog Night, veröffentlichten mit Riesenerfolg ihr erstes Album und wurden die erfolgreichste amerikanische Band der späten Sechziger und frühen Siebziger. Mikes Fehlurteil hatte die Beach Boys um Millionen Dollar an Tantiemen gebracht, an denen sie beteiligt gewesen wären, wenn Brother Records die Band unter Vertrag genommen hätte.

Dieser Fehler war typisch für eine Übergangsphase, in der die Beach Boys verzweifelt versuchten, mit der rapiden musikalischen Entwicklung Schritt zu halten.

Im September erschien endlich *Smiley Smile*, die erste LP, bei der nicht nur Brian Wilson, sondern die Beach Boys als Produzenten genannt wurden. Doch das Album brachte es nur auf Platz 41 als höchste Chartsplazierung – eine Riesenenttäuschung. Carl sprach aus, was wir alle dachten: »Kein Schuß ins Schwarze, sondern ein Rohrkrepierer.«

Zu dieser Zeit arbeiteten die anderen in meinem Home Studio schon am nächsten Album. Allerdings verbrachten sie mindestens genausoviel Zeit wie im Studio mit vergeblichen Versuchen, mich aus der selbstgewählten Abgeschiedenheit meines Schlafzimmer zu locken. Im gleichem Maße, wie ich mir selbst fremd wurde, entfremdete ich mich auch von meiner Umwelt. Ich verschloß die Augen vor Carls Problemen mit dem Wehrdienst; seine Verweigerung aus Gewissensgründen wurde erst 1969 anerkannt. Dennis' zahllose Freundinnen konnte ich schon nicht mehr auseinanderhalten. Und als ich erfuhr, daß Mike seine zweite Frau zusammengeschlagen hatte, weil er in ihrem Koffer eine Packung Zigaretten gefunden hatte, bekam ich eine fürchterliche Angst vor meinem Vetter. Al schließlich hielt sich so bedeckt, daß ich manchmal monatelang nichts von ihm hörte.

Als Capitol *The Many Moods of Murry Wilson* veröffentlichte, das erste und einzige Soloalbum meines Vaters, war ich amüsiert und sogar ein bißchen stolz. Die LP war dämlich und lag völlig neben dem Zeitgeschmack, aber die Melodien trugen unverkennbar Dads Handschrift, ebenso wie die verschrobenen Einfälle. An dem Album waren verschiedene Sänger beteiligt, unter anderem Eck Kynor, ein Klempner, der Dads Haus modernisiert hatte; Kynor interpretierte den überaus treffend betitelten »Plumber's Song«.

Mein Dad und ich hatten seit Monaten nicht mehr miteinander gesprochen, und es wäre sicher eine nette Geste gewesen, dieses Schweigen mit einem Gratulationsanruf zu beenden. Doch dazu kam es nicht. Kurz nachdem das Album erschienen war, flog Dad zu einem Promotrip nach London und als er zurückkam, kochte ich vor Wut. Denn ich hatte eines der Interviews gelesen, die er in England gegeben hatte.

»Moment mal«, protestierte er, als ich ihn zur Rede stellte. »Was soll ich über dich gesagt haben? Wovon zum Teufel sprichst du?«

»Scheiße, soll ich's dir vorlesen?« Ich nahm den betreffenden Zeitungsausschnitt in die Hand. »Ich hab's hier schwarz auf weiß.«

»Dann lies mal vor!«

In dem weitschweifigen Interview hatte mein Dad gesagt, ich hätte seit »Good Vibrations« keinen brauchbaren Song mehr geschrieben und er prophezeit, ich würde auch nie wieder etwas ähnlich Gutes schreiben. Er hatte den Song als reinen Glückstreffer bezeichnet und hinzugefügt, ein blindes Huhn würde eben auch mal ein Korn finden. Schließlich hatte er sich damit gebrüstet, sein Album würde Brian Wilson und die Beach Boys in Vergessenheit geraten lassen. Die Beach Boys seien ohnehin nur ein Monster, das er erschaffen habe, nette Jungs, denen der Erfolg zu Kopf gestiegen sei. Das wahre Talent in der Familie sei immer er gewesen.

Ich wollte ihm das alles vorlesen, wollte, daß er diese Kröte schluckte. Aber ich konnte es nicht, ich hatte nicht die Kraft dazu.

Also legte ich einfach auf. Außerdem: Was war, wenn er recht hatte?

Im Dezember erschien *Wild Honey*, ein weiteres Album, bei dem die Beach Boys als Produzenten verantwortlich zeichneten. Die LP enthielt eine flotte Top-20-Version von »Darlin'«. Zu dem Titelsong, einem R & B-Heuler, hatte uns der große Honigtopf in unserer Vorratskammer inspiriert. Mein kleiner Bruder Carl nannte die LP »Abregmusik für Brian«.

Obwohl wir saubere Arbeit geleistet hatten, konnte es keine der LPs mit der richtungsweisenden Musik von *Pet Sounds* oder den kühnen Plänen, die ich für *Smile* gehabt hatte, aufnehmen. Es war überdeutlich, daß die Beach Boys nicht mehr Kopf an Kopf mit den Beatles lagen, sondern den Anschluß an die übrige Rockwelt verloren hatten. Dieser beunruhigenden Tatsache wollte allerdings keiner von uns offen ins Auge sehen. Die Jungs, insbesondere Carl, rissen sich förmlich um das verwaiste Produzentenamt, zuversichtlich und übereifrig. Nicht, daß sie glücklich darüber waren, ihren großen Bruder außer Gefecht gesetzt zu sehen, aber sie wollten natürlich die große Chance nutzen, um ihr eigenes Können unter Beweis stellen zu können.

Unter dem Strich bewiesen sie freilich nichts anderes, als daß sie zwar exzellente Handwerker, aber keine Visionäre waren. In dieser Phase zwischen Ende 1967 und Anfang 1968 wimmelte es jedoch im Rockgeschäft nur so von Künstlern, die in die Zukunft dachten: Hendrix, Dylan, The Who, Lennon und McCartney . . .

Auf den Punkt gebracht wurde die ganze Misere durch ein vernichtendes, abgrundtief gehässiges Editorial des *Rolling-Stone*-Gründers Jann Wenner. Vor wenigen Monaten erst hatte Wenner dieses Musikmagazin, das bald schon zum unangefochtenen Meinungsführer in der Welt des Rock and Roll werden sollte, aus der Taufe gehoben.

Der Kritiker bereitete uns ein Begräbnis dritter Klasse: »So herausragend Brian Wilson als Songwriter und Komponist, so begnadet er als Produzent ist – sein Genie ist im wesentlichen eine Promo-Ente . . . Die Beach Boys sind nur ein weiteres prominentes Beispiel einer Band, die an dem Versuch, mit den Beatles gleichzuziehen, gescheitert ist. Es ist eine sinnlose Jagd.«

Wenners Editorial, der nicht völlig aus der Luft gegriffene Rundumschlag eines jungen Mannes, der seine Muskeln spielen läßt, hatte auf mein Verhalten keinen Einfluß, aber für die Beach Boys war klar, daß ich eben diesen Kampf, von dem die Rede war, aufgegeben hatte. Dabei hatte ich nur verdammt genug mit mir selbst zu tun, als daß ich mich auch noch auf meine Musik hätte konzentrieren können. Ich war noch nicht völlig durchgedreht, aber es fiel mir doch von Tag zu Tag immer schwerer, bei Verstand zu bleiben. Die ständig wiederkehrenden Alpträume, die Stimmen, mein Verfolgungswahn – all das machte jeden neuen Tag zu einer reinen Überlebensfrage für mich.

Niemand verstand mich, niemand versuchte auch nur, mich zu verstehen. Warum sollten sie auch? Marilyn, Diane, Carl und Dennis hatten in den letzten Jahren angefangen, Marihuana zu rauchen, aber keiner von ihnen hatte jemals auch nur annähernd so extreme Erfahrungen gemacht wie ich. Die Folge war, daß sie mich als verwöhntes Riesenbaby abschrieben. Meine Ängste interpretierten sie als überzogene Versuche, mich interessant zu machen. Meine verworrenen Ansichten über das Leben und die hochkomplizierten Pläne, die ich mir zurechtlegte, um mich über Wasser zu halten – zum Beispiel über die Bedeutung von Angst und den Umgang mit ihr –, wurden geflissentlich überhört.

Schließlich hoben die anderen selbst ab. Am 15. Dezember 1967 nahmen die Beach Boys in Paris an einem Benefizkonzert für UNICEF teil, bei dem ein buntgemischtes Aufgebot internationaler Stars wie Elizabeth Taylor, Marlon Brando, Richard Burton und Ravi Shankar auftrat. Unter den Fans des Sitarspielers Ravi Shankar war der Maharishi Mahesh Yogi, die Galionsfigur der Transzendentalen Meditation, in Begleitung seiner beiden berühmten Jünger John Lennon und George Harrison. Dennis traf die beiden Beatles, als sie Shankar bei der Probe zuhörten.

In Paris stellte Dennis dem Maharishi die anderen Beach Boys vor, mit Ausnahme von Bruce, der dankend abwinkte. Den Rest der Woche widmete Mahesh Yogi der Aufgabe, die Jungs auf den Pfad zu innerem Frieden und göttlicher Erleuchtung zu führen. Er gab jedem von ihnen ein eigenes Mantra und beschwor sie, es nie zu offenbaren; außerdem meditierte er täglich stundenlang mit ihnen.

Ein paar Tage später rief Dennis mich an und erzählte mir, daß er den

Maharishi kennengelernt hatte, den er als einen winzigen bärtigen Guru beschrieb, der im Lotussitz in einem Meer von Blumen saß. Er habe leuchtende Äuglein, die zu tanzen schienen, ein quäkendes Lachen und sehe aus wie ein Stoffkobold. Ich konnte mir unter dieser Schilderung nichts Rechtes vorstellen, aber der Maharishi schien tatsächlich ein echtes Unikum zu sein. Dennis erklärte mir auch, daß Mahesh Yogi der Prophet einer Sache sei, die wie geschaffen für mich scheine: Meditation!

»Der Typ hat mir geraten, mein Leben in vollen Zügen zu genießen«, erklärte mein Bruder begeistert. »Ich fand das so verdammt einleuchtend, das hat mich umgehauen.«

»Der reine Wahnsinn«, antwortete ich. »Hat er sonst noch was gesagt?«

»Er hat mich gefragt, was mein größter Wunsch im Leben wäre«, sagte Dennis. »Und weißt du, was ich ihm geantwortet habe? Ich hab ihm gesagt: Alles! Die ganze Packung!«

»Und?«

»Er hat gelacht«, erzählte Dennis weiter. »Dann haben wir meditiert. Wir fangen alle an zu meditieren. Die Beatles finden es das Größte. Ich, Mike und Carl machen es jetzt eine Woche, und es ist unglaublich – wie Drogen, nur besser. Du mußt es unbedingt ausprobieren.«

Hörte sich gut an. Mir war jedes seelische Trostpflaster recht, ob auf chemischer oder anderer Basis, das war mir völlig egal.

Gleich nach Neujahr reiste ich mit den Beach Boys und einem Riesengefolge nach New York, wo wir eine persönliche Audienz in der Luxussuite des Maharishi hatten. Als ich den Raum betrat, blieb mir von dem süßen und schweren Blumenduft fast die Luft weg. Das Zimmer war ein einziges Blumenmeer. Assistenten – wohlgestaltete dunkelhäutige Männer und wunderschöne junge Frauen – huschten hin und her und erfüllten ihre wie auch immer gearteten Aufgaben.

Dennis hatte den Maharishi perfekt beschrieben: ein verschmitztes Koboldkerlchen in einem langen, weißen Baumwollgewand, der im Lotussitz auf einer erhöhten Plattform genau in der Mitte der Hotelsuite saß. Er sprach mit seiner Fistelstimme von Spiritualität, Erfüllung und innerem Frieden. Die anderen erstarrten in ehrfürchtiger Bewunderung, doch mein natürliches Mißtrauen gegen Fremde machte es mir schwer, ihrem Beispiel zu folgen. Ich setzte mich auf den Boden und hörte zu, obwohl mein 100-Kilo-Körper sich in dieser Stellung äußerst unbehaglich fühlte.

»Du bist also Brian, der große Bruder?« Der Maharishi lächelte mich an.

»Ja.« Ich nickte.

»Was willst du?« fragte er. »Welchen Pfad willst du beschreiten?«

»Tja«, erwiderte ich sinnend, »am liebsten würde ich den Pfad zum nächsten Hamburgerstand beschreiten.«

Im Zimmer erhob sich ein nervöses Lachen, doch der Maharishi blieb ungerührt. Er zwinkerte und kicherte und sagte ohne mit der Wimper zu zucken: »Ah – geistige Nahrung.«

Dann gab er mir mein Mantra, das ich eigentlich niemals ausplaudern durfte; es hieß *eye-may-mah*. Auch Marilyn bekam ihr Mantra, und dann meditierten wir alle gemeinsam. Ich spürte schon irgendwas, aber letztlich funktionierte Meditation bei mir doch nie so richtig. Das Mantra war eigentlich dazu gedacht, meinen Geist von allen störenden Gedanken zu reinigen, es sollte mir helfen, mich zu entspannen. Aber mich suchten derart viele Stimmen und Bilder heim – abartige, verzerrte, unheilvolle Gedanken –, daß sie mit einem unschuldigen *eye-may-mah* kurzen Prozeß machten. Als ich endlich meine dicken Beine wieder entwirrte, war ich völlig verspannt und innerlich so aufgewühlt, daß ich das Thema Meditation als ein weiteres Beispiel für sinnlose Selbstquälerei abhakte.

Ganz anders dagegen Mike, der sofort zu einem der glühendsten Anhänger des Maharishi wurde und es bis heute geblieben ist. Der höhere Bewußtseinsgrad, den er durch Meditation zu erlangen hoffte, machte für meinen Vetter allerdings nur den halben Reiz dieser Heilslehre aus. Mike sagte oft, eine der wunderbarsten Lehren des Maharishi sei, daß reiche Bonzen wie er nicht auf ihren Rolls-Royce und andere Annehmlichkeiten des Lebens verzichten müßten, um zu seelischer Vollendung zu finden.

Im Februar suchte Mike diese seelische Vollendung im Ashram des Maharishi im indischen Rishikesh. Ausgerechnet zu dieser Zeit wurde der Maharishi in einen handfesten Skandal mit der Schwester von Mia Farrow verwickelt: Der Guru hatte versucht, sie zu vernaschen.

Mikes Glaube blieb trotzdem unerschüttert. Nachdem die Beatles den Maharishi als Scharlatan fallengelassen hatten, steigerte sich sein Fanatismus sogar noch. Er kehrte mit der Forderung in die USA zurück, Brother Records sollten einen Film über den Guru produzieren.

Als das Filmprojekt auf der Gesellschafterversammlung zur Abstimmung kam, stimmte ich mit nein, und die anderen schlossen sich mir an. Als Mike sah, daß er geschlagen war, sprang er wütend auf und stürmte aus dem Zimmer.

»Wahrscheinlich muß sein innerer Frieden mal raus«, mokierte Nick Grillo sich.

Dennoch schweißte die Transzendentale Meditation unsere ungleichen Familien- und Freundschaftsbande irgendwie zusammen. Im April und Mai nahmen wir mein Lieblingsalbum der Beach Boys auf: *Friends*. Nicht, daß es das beste Beach-Boys-Album wäre, das war und ist eindeutig *Pet Sounds*, und *Smile* hätte das Potential zu noch Besserem gehabt, aber *Friends* konnte ich mir immer gut anhören, egal, in welcher Stimmung ich bin.

Das Album entstand in einer Phase, in der die Beach Boys meine Hilfe kaum noch in Anspruch nahmen, und es ist voll mit guter, geradlinig produzierter Musik, darunter Dennis' erste eigene Songs: »Be Still« und »Little Bird«. Für mich war es eine Riesenüberraschung, als er sie mir vorspielte, denn ich hätte nie gedacht, daß mein wilder, aufbrausender Bruder so empfindsam sein könnte. Ich selbst schrieb zu dieser Zeit nur noch unregelmäßig, nur, wenn das Bedürfnis dazu übermächtig wurde. Deshalb steuerte ich zu *Friends* ganze zwei Stücke bei: »Passing By«, ein frisches Instrumental, und »Busy Doin' Nothing«, einen Bossa-Nova-Ohrwurm, dessen autobiographischer Text meinen ausgefüllten Tagesablauf schilderte.

Meine wichtigste Produktion dieses Frühjahrs war nicht im Plattenstudio entstanden. Am 29. April 1968, zwei Wochen, nachdem wir *Friends* fertiggestellt hatten, wurde unsere erste Tochter geboren. Ich dachte daran, sie Rose zu nennen. Marilyn schlug den Namen Carnation, Nelke, vor, nach meiner Lieblingsblume. Wir einigten uns auf Carnie.

Marilyn hatte das Thema Kinder aufgebracht, während ich ihre Schwangerschaft überhaupt nicht zur Kenntnis nehmen wollte. Nachdem Carnie auf die Welt gekommen war, erinnerte ich mich daran, was mein Dad über die Vaterschaft gesagt hatte: Die Aussicht darauf hätte ihm eine Heidenangst bereitet. Angst spüre ich allerdings nicht, doch auf jedem Foto, auf dem ich Carnie im Arm halte, wirke ich so unbeholfen und verwirrt, wie ich mich damals in ungefähr auch gefühlt habe. Die Frage, ob ich ein guter oder ein schlechter Vater sein würde, stellte sich gar nicht; viel wichtiger war, warum ich überhaupt Vater geworden war.

Marilyn wollte Kinder, weil sie sich nach einer Familie sehnte – so war sie erzogen worden. Außerdem waren Kinder für sie vermutlich ein Mittel, ein Besitzverhältnis zu klären, das bisher nicht immer ganz eindeutig gewesen war: Es ging dabei um mich. Die Hoffnung, irgendwann einmal ein normales, erwachsenes Eheleben mit mir aufzubauen, hatte sie längst aufgeben müssen. Mit meiner Beziehung zu ihren Schwestern hatte sie sich abgefunden. Aber durch ein Baby von mir glaubte sie sich endgültig als Mrs. Brian Wilson etablieren zu können, mit allen Rechten und Annehmlichkeiten, die diese Stellung bot.

Ich selbst hatte mit Carnie wenig zu tun, da ich sie nie füttern oder mich um schmutzige Windeln und dergleichen kümmern mußte. Trotzdem brachte das Baby einige einschneidende Veränderungen für mein Leben mit sich. Marilyn hatte plötzlich keine Geduld mehr mit meinen Marotten. Sobald Carnie zu Hause war, hörte ich von ihr nur noch: »Schluß jetzt, Brian! Ich habe wirklich nicht die Kraft, mich um zwei Babys zu kümmern.«

Mit der Zeit entdeckte ich, daß verrückt zu sein eine narrensichere Methode war, lästige Realitäten auszublenden. So konnte ich die diversen Rückschläge, die den Beach Boys widerfuhren, als unbeteiligter Zuschauer miterleben. Im April 1968 wurde ein Trip mit Buffalo Springfield und Strawberry Alarm Clock durch den Süden abgeblasen, weil Dr. Martin Luther King ermordet worden war. Anfang Mai lieferte Mike wieder einen grandiosen Beweis seiner Geschäftstüchtigkeit und überredete die Beach Boys zu einer Siebzehn-Städte-Tour mit dem Maharishi. Am ersten Abend in New York erschienen mehr Polizisten als Fans, und die Tour wurde auf halber Strecke abgebrochen, mit mehr als einer halben Million Dollar Verlust. Im Juli kam *Friends* heraus, doch das Album kroch mühsam auf einen katastrophalen 126. Platz. Keine andere Beach-Boys-LP hat sich je so schlecht verkauft.

Von mir war keine Hilfe zu erwarten. Je mehr ich mich in mich selbst verkroch, desto mehr lähmten mich meine Ängste. Ich wußte nicht mehr, wo oben und unten war.

Ich war schizophren, nur wußte ich das damals noch nicht. Mein Leben wurde immer mehr zum Zerrspiegel meiner Verrücktheit.

Aber in den Ängsten, die mich vierundzwanzig Stunden am Tag quälten, lag auch eine innere Logik. Wenn Feinde mich umgaben, wenn alles bedrohlich war, wenn seltsame Stimmen mir einflüsterten, Phil Spector wolle mich umbringen, wenn der Teufel mich rief, dann schien es mir völlig gerechtfertigt, mich zu schützen, verängstigt herumzuschleichen, jeden Kontakt mit der Außenwelt abzubrechen, mich deprimiert und überfordert zu fühlen und mit Pot und Pillen meine Sinne zu betäuben und mein Hirn ruhigzustellen. Andernfalls hätte ich mich der Wahrheit stellen müssen.

21

Kokain und der Wizard

Inzwischen war der Winter 1968 angebrochen, und draußen war es so kalt wie in meinem Herzen. Marilyn und Diane hatten mich beide abfahren lassen. Daraufhin hatte ich versucht, Marilyns beste Freundin Sherrie Champion anzumachen, war aber auch hier gnadenlos aufgelaufen. Auf der Suche nach einem Verbündeten ging ich ins Whisky-a-Go-Go, einen Nachtclub, in dem Three Dog Night vor ausverkauftem Haus spielten. Ich fand Danny Hutton im Getümmel einer wilden Backstage-Party.

»Hey Brian«, begrüßte er mich.

Er war aufgekratzt, lebendig, und flirtete mit den Mädchen, die in der Garderobe rumhingen. Meine Stimmung war das genaue Gegenteil: Ohne die Partyatmosphäre überhaupt zur Kenntnis zu nehmen, starrte ich aus dem Fenster auf den Sunset Boulevard. Autos flitzten vorbei. Eine Menschenschlange, die an der Clubkasse anstand, wand sich um den Block. Mir war heiß, darum öffnete ich das Fenster und lehnte mich hinaus. Danny kam zu mir und fragte mich, was das solle, den anderen werde kalt.

»Ich springe runter«, sagte ich.

»Laß den Scheiß, Brian«, schnauzte er mich an, knallte das Fenster zu und zog mich weg.

Wenn ich für jedes Mal, wo Danny mir sagte, ich solle den Scheiß lassen, einen Dollar bekommen hätte, hätte ich mir über Tantiemenschecks nicht mehr den Kopf zerbrechen müssen. Doch dieser Zwischenfall war schwerwiegender: Ich war tatsächlich so fertig, daß ich sterben wollte. Dabei dachte ich weniger an Selbstmord, ich wollte einfach aufhören zu existieren. Die Last abschütteln. Die Dämonen zum Schweigen bringen. Allen Zwängen entfliehen. Das Chaos ordnen.

»Nur die Ruhe, Brian«, redete Danny auf mich ein. »Cool bleiben, Mann.«

»Laß mich springen«, beharrte ich.

Als Danny mich zusammenstauchte, ich solle endlich zur Vernunft kommen, drehten sich in dem überfüllten Raum alle Köpfe zu uns um. Er packte mich bei der Schulter und schob mich in eine Ecke, um mich einem Bekannten vorzustellen. Dieser Typ, der aussah wie ein absoluter Bilderbuch-Hippie, nahm mich mit in die Toilette und zog ein Glasfläschchen aus der Tasche, das mit Kokain gefüllt war. Dann nahm er ein winziges Löffelchen von dem Schnee heraus und gab es mir zu schnupfen. Diese Prozedur wiederholte er anschließend mit meinem anderen Nasenloch.

Ich spürte, wie das Pulver meine Nase hoch und durch die Nebenhöhlen direkt in meinen Kopf schoß – wie zwei kurze Sprengladungen. Jetzt grinste ich Danny an. Schlagartig war ich nicht mehr deprimiert, sondern strahlend euphorisch. Mich beherrschte nur noch ein einziger Gedanke: Mehr. Ich wollte mehr Kokain schnupfen.

Als der Typ mir einen Nachschlag gab, schlüpfte Danny nach draußen, um mit Three Dog Night auf die Bühne zu gehen. Umhüllt vom Hochgefühl der zweiten Dröhnung schenkte ich mir die Show, verließ das Whisky und fuhr ziellos durch die Stadt.

Am nächsten Nachmittag fragte ich Danny, von wem ich mehr Koks bekommen könne und tätigte meinen ersten Kauf. Noch am selben Abend kaufte ich eine zweite und am Abend darauf eine dritte Portion. Der Kick brachte mir Seelenfrieden, Entspannung und Ablenkung. Mich überkam ein ähnlich herrliches Gefühl von Klarheit und Unbesiegbarkeit, als hätte ich einen fantastischen Song geschrieben. Nur mußte ich mich dazu nicht ans Klavier setzen und zunächst einmal die Angst vor einem Fehlschlag überwinden. Ich konnte mich kreativ fühlen, ohne mich dabei anstrengen zu müssen. Von diesem Tag an schnupfte ich mit der gleichen Kompromißlosigkeit Koks, mit der ich früher an meinen Songs gearbeitet hatte.

So blieb es für die nächsten fünf Jahre. Ich gab drei-, vierhundert Dollar pro Nase aus, für mich und für meine Freunde. Es war ein täglicher Trott: Hier ist mein Geld, gib mir das Koks. Jeden Tag und jede Nacht das gleiche: Mehr Koks! Noch mehr Koks!

Wenn meine Exzesse immer verzweifeltere Züge annahmen, dann lag das unter anderem auch daran, daß die Beach Boys unbedingt einen neuen Hit brauchten. In meinem Kellerstudio arbeiteten die Jungs an der LP *20/20,* die Bruce als ein »total un-Brian-mäßiges« Album beschrieb. *20/20* war die bisher ambitionierteste Gemeinschaftsproduktion der Band. Carl, der sich am meisten hervortat, produzierte eine grandiose Version des Barry-Greenwich-Spector-Klassikers »I Can Hear Music«. Ich war stolz auf das, was er von mir gelernt hatte.

Allerdings war auch ich nicht völlig untätig. Da das Studio direkt unter meinem Schlafzimmer lag, hörte ich die Sessions durch den Fußboden mit – das Wummern von Baß und Schlagzeug, die Schwingungen der Gitarren und den Harmoniegesang, an dem die Beach Boys sich ohne meine Mitwirkung versuchten. Meine Teilnahme an den Aufnahmen war bestenfalls sporadisch. Ich konnte mehrere Wochen in völliger Untätigkeit verbringen und nächtelang mit Danny Hutton herumziehen. Doch plötzlich hörte ich von meinem aus Bett irgend etwas, rannte nach unten ins Studio und gab den Jungs einen Tip.

Wenn niemand da war, schlich ich mich manchmal auch heimlich ins

Studio. Mein Toningenieur, Steve Desper, mietete alle möglichen Instrumente für mich. Solange ich nicht die Lust daran verlor, arbeitete ich fieberhaft und nahm zahllose Songs auf. Zuerst spielte ich den Gitarrenpart, dann den Baß, manchmal auch Orgel oder Cembalo, und schließlich Schlagzeug. Außer Blasinstrumenten, für die ich nie die richtige Lippe hatte, beherrschte ich eigentlich alles. Aber wenn die Aufnahmen fertig waren, gefielen sie mir meistens nicht mehr, und ich vernichtete die Bänder. Desper beklagte sich einmal, er habe allein von Brian Wilson mehr Songs löschen müssen, als die meisten Menschen in ihrem ganzen Leben je zu hören bekommen würden.

Meine Mitarbeit an *20/20* verlief nach dem gleichen Muster. Obwohl ich an mehreren Songs beteiligt war, steuerte ich schließlich nur ein einziges Solo bei: »I Went To Sleep«, ein Stück, das von *Friends* übriggeblieben war. Was die anderen Brian-Wilson-Songs anging, war »Time to Get Alone« bereits von Redwood aufgenommen worden, und »Our Prayer« sowie »Cabin Essence« hatte ich aus den *Smile*-Sessions gerettet. Ich produzierte weiterhin eine Version des Leadbelly-Standards »Cotton Fields«, bei der Al sang – ein echtes Schmuckstück, das mir sehr am Herzen lag, aber die Jungs ersetzten es später durch eine andere Version, die ihnen besser gefiel. Damals hatte ich sowieso nicht mehr viel zu sagen.

Den seltsamsten Cut des Albums steuerte Dennis mit »Never Learn Not To Love« bei. Die Credits schreiben ihm den Song zu, aber eigentlich stammte er von einem absonderlichen neuen Freund meines Bruders, einem langhaarigen Gitarristen und Songwriter mit irrem Blick. Der ursprüngliche Titel hatte »Cease to Exist« gelautet, und Dennis gefiel der Song. Er bekniete uns, ihn als Gefälligkeit für diesen streunenden Musiker aufzunehmen, den er »Wizard« (Hexenmeister) nannte. Damals versuchte Wizard Dennis zu überreden, bei den Beach Boys auszusteigen und sich seiner zwielichtigen Bande, der sogenannten »Family«, anzuschließen.

Eines Abends, ich glaubte, alle seien schon gegangen, schlich ich mich wieder einmal ins Studio. Dennis war aber noch da und arbeitete an einem Song, den er mit Wizard zusammen singen wollte.

»Was ist denn so Besonderes an dem Typ?« fragte ich ihn.

»Seine Energie«, erwiderte Dennis. »Er ist so überzeugend und voller Energie. Und er hat diese Mädchen, die ihm aufs Wort gehorchen.«

»Und warum nennst du ihn Wizard?« fragte ich.

»Weil es alle tun.«

»Aber wie heißt er wirklich? Was ist sein richtiger Name?«

»Charlie«, erklärte Dennis lächelnd. »Charlie Manson.«

Mir gefiel der Gedanke an einen »Hexer«, aber ansonsten war mir alles, was ich über Manson hörte, ziemlich unheimlich. Mit den Girls als Vorhut nisteten der Wizard und seine Kumpane sich in Dennis großem Haus am Sunset ein und bedienten sich rücksichtslos von seinen Lebensmitteln, seinem Alkohol und seinem Grass. Dennis unterschrieb alles. Als Gegenleistung waren ihm Mansons willige, meist halbnackte Mädchen jederzeit zu Diensten, er durfte an sämtlichen Orgien teilnehmen, die Charlie inszenierte.

Wenn man Dennis erzählen hörte, war das Leben mit Mansons »Family« der Himmel auf Erden, und das genügte vollauf, um auch Mike aufhorchen zu lassen. Obwohl er Manson gegenüber immer mißtrauisch blieb, ließ sich unser Vetter von der Aussicht auf schnellen Sex zu einer Dinnerparty bei Dennis locken. Als Mike mit seiner Tischdame erschien, erwarteten ihn eine reich gedeckte Tafel und die vollzählige Manson-Family, die gänzlich unbekleidet am Tisch saß; alle waren splitternackt.

»Mit Gruppensex hatte ich es noch nie«, erzählte Mike später. »Na ja, zwei Frauen, das geht noch so gerade.«

Nach dem Dinner kam die Party dann so richtig in Schwung, und Mike verzog sich mit seiner Freundin nach oben.

»Ich amüsiere mich gerade oben in der Dusche mit dieser kleinen Chiquita«, berichtete er mir, »und wir kommen gerade so richtig in Fahrt, seifen uns ein und so. Plötzlich wird die Duschtür aufgerissen, und da steht dieser Charlie Manson. Ich wußte nicht, ob mir der Teufel oder Jesus Christus erscheint, aber er hatte einen verdammt wilden Blick. Manson stand nur da und sah uns an. Dann sagte er: ›Ihr müßt nach unten kommen und euch der Party anschließen.‹ Er knallte die Tür wieder zu und verschwand. Na ja, wir haben weitergemacht, und als wir fertig waren, sind wir gegangen. Solche Partys sind nichts für mich.«

Für mich waren sie auch nichts. Auf Wunsch von Manson, mit dessen Musik und Poesie er dauernd hausieren ging, schleppte Dennis den Wizard und eine Horde seiner Jünger in mein neues Aufnahmestudio, um Songs aufzunehmen. Ich sah nichts von ihnen; die unguten Vibes erfüllten das Haus, und ich schloß mich in mein Schlafzimmer ein.

Marilyn verabscheute Dennis' neue Freunde, die verrückte Namen hatten, schmutzig waren und unser Eigentum nicht respektierten. Als sie erfuhr, daß Dennis sich bei einem der Mädchen aus der Manson-Family einen Tripper eingefangen hatte, ließ Marilyn mehrmals die Toiletten putzen und desinfizieren. Einer von Mansons Freunden, Tex Watson, lieh sich ohne zu fragen unseren Wagen aus, und außerdem verwandelten sie unsere Küche in eine Müllhalde.

Die Vorstellung, daß dieser Wizard mein Haus mit bösen Vibes verseuchte, trieb mich zum Wahnsinn.

»Schaff ihn hier weg«, rief ich nach unten zu Dennis.

»Kann ich nicht, Brian.«

»Ich will den hier raus haben, Dennis. Sofort.«

»Aber das geht nicht.«

»Warum geht das nicht?«

»Weil er eben hier ist.«

Manson und Dennis nahmen ein Demotape auf und zogen ab. Mein Bruder war wild entschlossen, dem Wizard einen Plattenvertrag zu besorgen.

In der Zwischenzeit hatte Nick Grillo, der Manager der Beach Boys, jemanden angeheuert, um Mansons Vergangenheit zu durchleuchten. Bald liefen die ersten Informationen ein: Der Wizard war wegen Diebstahls verurteilt und auf Bewährung freigelassen worden. Angesichts der Veränderungen, die mit Dennis vorgingen, war das Anlaß genug, mir Sorgen zu bereiten. Ich war davon überzeugt, daß der Wizard mit dunklen Mächten im Bunde sei und ließ meinem Bruder unverzüglich ausrichten, daß weder Charlie Manson noch irgend jemand aus seiner Family je wieder einen Fuß auf mein Grundstück setzen dürften.

Im April trübte sich die Freundschaft zwischen Dennis und dem Wizard. Manson hörte die gerade veröffentlichte *20/20*-LP – ein weiterer Flop – und reagierte auf Dennis' Bearbeitung seines Songs »Cease to Exist« mit unverhohlenem Abscheu. Er hatte gesagt, Dennis könne die Musik jedes seiner Songs nach Belieben ändern, die Texte seien jedoch unantastbar, sie seien heilig. Dennis hatte allerdings genau das getan, und Manson sann auf Rache.

Das war eines unter Tausenden von Problemen. Im selben Monat verklagten die Beach Boys Capitol Records auf über zwei Millionen Dollar wegen Unterschlagung von Tantiemen. Der Rechtsstreit beendete auch formell unsere siebenjährige Zusammenarbeit mit der Plattenfirma. Die schlug zurück, indem sie keine unserer alten Platten jemals wiederveröffentlichte und so den Tantiemenhahn abdrehte. Ich haßte Konfrontationen, besonders solche, bei denen Geld im Spiel war; ich versuchte, mir meine Sorgen von der Seele zu koksen.

Aber so weit ich auch abdrehte, es gab kein Entkommen vor dem Monster, das ich mir selbst erschaffen hatte. Mein Dad brach sein langes Schweigen und rief wieder täglich bei mir an, tief besorgt, weil die Tantiemen aus seinem Anteil an Sea of Tunes, mit denen er fest gerechnet hatte, inzwischen auf ein Taschengeld zusammengeschrumpft waren. Er zwang mich, mit ihm gemeinsam einen Song zu schreiben, und wollte mir einreden, daß wir der Band nur mit vereinten Kräften wieder auf die Beine helfen könnten.

Wenn wir so nebeneinander am Klavier saßen, bildeten wir einen Gegensatz wie Tag und Nacht: mein Dad in Anzughose, adrett gebügeltem Button-Down-Hemd und mit Schlips, ich im Bademantel, barfuß und völlig stoned, was ich ihm allerdings verschwieg. In weniger als einer Stunde hatten wir »Break Away« fertig. Beschwingt durch den neuen Song und bestrebt, wieder die erste Geige zu spielen, trommelte ich sofort die Jungs zusammen und nahm wie in alten Zeiten die Produktion in die Hand.

Aber der Schwung hielt nicht lange an. Während uns die negativen Folgen des Bruchs mit Capitol noch immer zu schaffen machten, schloß unser Geschäftsführer einen Vertrag mit der Deutsche Grammophon ab und organisierte sofort eine Europatournee, um unsere deutsche Plattenfirma zu beeindrucken. Am Vorabend der Tour hielt ich eine Pressekonferenz ab, die den Vertrag platzen ließ, obwohl meine einzige Absicht gewesen war, ein offenes Wort an die Fans zu sprechen.

»Ich habe immer gesagt: ›Seid ehrlich zu den Fans‹«, erklärte ich. »Ich sehe nicht ein, warum ich lügen und behaupten sollte, alles würde rosig aussehen, wenn es nicht stimmt.« Ich enthüllte, daß die Beach Boys überall Schulden hatten und gestand: »Wenn wir nicht aufpassen und drastische Schritte einleiten, haben wir bald keinen Pfennig mehr auf der Bank.« Außerdem gab ich zu, daß die Zukunft der Band fast völlig von unserer neuen Single »Break Away« abhing. »Es ist eine von diesen Platten, die entweder Superhits oder totale Flops erden.«

Ein Superhit wurde sie nicht. Als »Break Away« im Juni veröffentlicht wurde, hingen all unsere Hoffnungen an dieser Single – wie der Schwanz am Drachen –, aber sie hob nicht ab. Platz 63 war das Ende der Fahnenstange; das Schicksal der Beach Boys wendete sich nicht.

In der Zwischenzeit investierten die übrigen Bandmitglieder in die verschiedensten Projekte: sie beteiligten sich an einem Studio, das bald Pleite machte; sie verpflichteten die südafrikanische Band Flame für Brother Records; sie kauften noch mehr Immobilien. Nichts klappte. Aber dann ereignete sich ein Vorfall, bei dem wir alle erkannten, daß wir doch noch von Glück reden konnten.

Im August wurde die Stadt Los Angeles von der Nachricht über die grausamen, blutigen Morde an der Schauspielerin Sharon Tate und dem Ehepaar LaBianca erschüttert. Tage nach dem Gemetzel erschien Charles Manson in Dennis' Haus. Als mein Bruder ihn fragte, wo er gewesen sei, antwortete der völlig ausgeklinkte Wizard: »Auf dem Mond«. Dennis war genervt und wollte den schrägen Typ, der mittlerweile zu einer Landplage wurde, loswerden, aber das war gar nicht so einfach.

Eines Nachmittags tauchte Manson vor Dennis Haus auf und fuchtelte mit einer Pistole herum. Mein Bruder Dennis war auf Tour, darum hinterließ Manson ihm eine Botschaft: Er nahm eine Patrone aus dem Magazin, gab sie einem von Dennis' Freunden und sagte: »Wenn du Dennis siehst, sag ihm, so eine wartet auf ihn.«

Im November 1969 wurden Manson und einige seiner Anhänger wegen der Tate-LaBianca-Morde verhaftet. Anscheinend hatte der Wizard versucht, von der Polizeiwache aus bei Dennis anzurufen. Ein Freund von Dennis wollte die Kosten für das R-Gespräch nicht übernehmen, und Manson drohte kreischend: »Das wird dir noch mal verdammt leid tun!« Als Dennis davon hörte, fuhr ihm der Schreck in alle Glieder, und er dachte tagelang an nichts anderes als an seine unheimlichen Erlebnisse mit Manson.

Das letzte Mal, als ich mit Dennis über den Wizard sprach, fiel ihm wenig dazu ein, nur, was für ein krankes Arschloch Manson war und was für ein sagenhaftes Schwein er selbst gehabt hatte.

22

Ausverkauft

Ich wollte Elvis kennenlernen. Warum auch nicht?

Im Spätsommer 1969 hatte Bruce mich und ein paar der anderen Beach Boys in die RCA-Studios eingeladen, wo Terry Melcher eine Band produzierte, die eine Coverversion von »Why Do Fools Fall in Love?« aufnahm. Ein paar Türen weiter arbeitete Elvis am Soundtrack für einen seiner Filme, und man hatte mir ausrichten lassen, er würde mich gerne kennenlernen. Ich war ein genauso großer Elvis-Fan wie jedermann sonst.

Nach ein paar Stunden im Studio wurde mir dann Bescheid gegeben: Elvis war soweit. Mehrere Bodyguards bildeten die Vorhut, überprüften jeden Winkel und begrüßten in ihrem heimischen Memphis-Slang alle Anwesenden mit einem »Hi Boys. Wie isses?« Dann schlenderte Elvis in den Raum, gelassen, ruhig, mit einem naiven Grinsen im Gesicht. Er wurde allen im Raum vorgestellt, mir zuletzt. Ich schien Eindruck auf ihn zu machen.

»Ich hab viel von dir gehört«, sagte er und hielt mir die Hand hin. »Wie läuft's, Duke?«

Ich fragte mich, wieso er mich Duke nannte, und kam zu dem Schluß, Elvis sei wohl immer für einen guten Witz zu haben. Ich wußte, daß er den schwarzen Gürtel hatte. Hmmmm . . . Also beschloß ich, ihm eine Kostprobe meines eigenen Humors zu geben. Anstatt ihm die Hand zu schütteln, fuhr ich herum und mimte einen Karate-Ausfall gegen seine Magengrube. Er regierte blitzschnell, blockte meinen Angriff mit dem Unterarm ab und trat einen Schritt zurück. Ich machte sofort einen Rückzieher, aber Elvis konnte darüber nicht lachen.

»Hey, Mann«, sagte er. »Tu das nicht.«

»War nur Spaß«, grinste ich. »Freut mich, dich kennenzulernen. Wie geht's?«

»Ganz gut, denke ich. Aber du machst mir etwas Sorge, Duke.«

Es gab nervöses Gelächter, aber das legte sich, als Elvis und ich anfingen, uns über Musik zu unterhalten. Ich sagte ihm, daß ich Teile von »Good Vibrations« in genau diesem Studio aufgenommen hatte, und er erzählte mir einiges über die Aufnahmestudios im Süden.

Nach ein paar Minuten ging uns der Gesprächsstoff aus, und ich gab der Versuchung nach, das peinliche Schweigen mit einem weiteren Scherz zu überbrücken. Ich sprang von meinem Stuhl auf und attackierte ihn erneut mit einem Karateschlag.

Elvis lag mein Humor nicht. Er rückte mit seinem Stuhl ab, stand auf und schüttelte den Kopf.

»Hatte ich nicht gesagt, du sollst das lassen?« schnappte er und winkte seinen Begleitern, ihm zu folgen. Er war schon durch die Tür, als er ihnen sagte: »Gehen wir, Jungs!«

War ich verrückt? Mag schon sein. Dennoch, als ich Marilyn bedauernd mitteilte, sie dürfe bei mir nicht mit Vatergefühlen rechnen, war ich schon einigermaßen bei Sinnen. Dies geschah an einem Septembernachmittag des Jahres 1969, einen Monat, nachdem Marilyn unsere zweite Tochter Wendy zur Welt gebracht hatte. Ich lag noch im Bett, vergraben unter einem Berg Decken, als sie hereinkam und mir strahlend erzählte, daß die sechzehn Monate alte Carnie sich gerade über die Wiege ihrer neugeborenen Schwester gebeugt und gesagt hatte: »Ich liebe dich, Wendy.«

Ich sah, wie glücklich Marilyn war, aber ich konnte ihr Glück nicht teilen und sagte ihr, wir müßten miteinander reden. Im Grunde wußte ich bereits jetzt, daß ich diesen Mädchen unmöglich ein Vater sein konnte. Schließlich wußte ich ja nicht einmal, wie das überhaupt ging; von meinem eigenen Dad hatte ich in dieser Hinsicht wahrhaftig nicht viel gelernt. Vor allem aber war ich vollauf damit ausgelastet, mit mir selbst klarzukommen. In der einen Sekunde lachte ich, in der nächsten war ich untröstlich; und ständig kämpfte ich verzweifelt darum, die Stimmen in meinem Kopf zum Schweigen zu bringen, die mich mit Botschaften des Teufels ängstigten.

»Zieh du sie auf«, sagte ich mit sanfter Stimme zu meiner Frau. »Du wirst eine wunderbare Mutter sein, das weiß ich. Genauso sicher, wie ich weiß, daß ich versagen würde. In meinem Kopf ist zuviel verrücktes Zeug. Ich liebe die Mädchen, aber ich weiß nicht, ob ich ihnen das je werde zeigen können.«

Dieses Geständnis fiel mir sehr schwer, aber die Kinder brachten nur zusätzliche Verwirrung für mich. Gelegentlich schaute ich spät in der Nacht, wenn ich ruhelos durch die Flure geisterte, vorsichtig in ihre Schlafzimmer und starrte ihre kleinen Körper an. Sie waren ein Mysterium für mich, genauso rätselhaft wie das Songschreiben für Marilyn. Ich konnte Marilyns Beziehung, die Liebe und Vertrautheit zum eigenen Fleisch und Blut, nur nachvollziehen, weil ich für meine Songs dasselbe empfand: Sie waren meine eigentlichen Kinder.

Das einzige auf der Welt, das mir überhaupt noch ein Gefühl von Sicherheit vermitteln konnte, war das Wissen um die Songs, die ich in jenen sechs Jahren geschaffen hatte, in denen mein musikalischer Reichtum unerschöpflich zu sein schien. Ich wußte, sie würden immer da sein, um mir Schutz zu bieten, als sanftes Ruhekissen in jeder Krise, als Erinnerung daran, wer ich war, vielleicht sogar als Inspirationsquelle für das, was noch aus mir werden konnte. Auf jeden Fall waren diese Songs meine Kinder, und ich war glücklich mit ihnen.

Die meiste Zeit war ich weggetreten und emotional zutiefst verunsichert; ich wich allem und jedem aus. Tatsächlich haben mich vor kurzem erst andere an den Anruf unseres Managers Nick Grillo erinnert, den ich im November 1969 erhielt. Ich war überrascht, von ihm zu hören, denn eigentlich gab es in dieser Phase nichts zu managen. Nachdem Grillo mich gefragt hatte, wie es mir ginge, wollte er wissen, ob ich in letzter Zeit neue Songs geschrieben hätte. Nein, hatte ich nicht, ich war dazu viel zu zerschlagen, zu traurig gewesen.

»In meinem Leben läuft wirklich alles schief«, klagte ich.

»Brian, ich muß dir etwas sagen«, sagte Nick.

»Was?«

»Hör gut zu, was ich dir jetzt erzähle. Es ist ziemlich kompliziert. Aber kurz gesagt: Dein Vater wird Sea of Tunes verkaufen. Das heißt . . .«

»Was will er?« schrie ich.

»Er will Sea of Tunes verkaufen. Er verkauft deine Songs.«

Dann erklärte Grillo mir, daß Dad den Sea of Tunes-Musikverlag an Irving Almo Music, einen A & M Records angeschlossenen Musikverlag, verkaufen wollte. Obwohl mein Vater die Tantiemen vereinnahmte, war ich davon ausgegangen, daß die Firma noch immer mein Eigentum war; ich hatte seinen Forderungen nie nachgegeben. Ich schrie Grillo hysterisch an, mein Vater habe nicht das Recht zu diesem Schritt. Niemals würde ich meine Songs verkaufen. Genausogut hätte Marilyn Carnie verkaufen können. Zitternd und wie vor den Kopf geschlagen setzte ich mich hin, um wieder ruhiger zu werden.

»Kann er das überhaupt?« fragte ich schwer atmend. »Kann er?«

»Er sagt, er könne es, Brian«, erklärte Nick. »Er sagt, der Deal sei so gut wie gelaufen. Die Papiere sind schon unterschriftsreif, es ist alles vorbereitet.«

»Nick, Mann, du mußt mich holen kommen und zu ihm rüber fahren«, beschwor ich ihn. »Bitte, es ist lebenswichtig. Du mußt herkommen! Sofort!«

Zwei Stunden später ging Grillo hinter mir den Fußweg zum Haus meines Vaters in Whittier hinauf. Ich stand vor der Tür und hämmerte lautstark dagegen. Bum! Bum! Bum! Endlich kam mein Vater an die Tür. Ich sah, wie er durchs Fenster blinzelte. Als er öffnete, warf er uns einen seltsamen Blick zu, als wäre er unschlüssig, ob er uns überhaupt reinlassen sollte. Ich stürmte ins Haus, und mein Dad folgte mir. Grillo bildete die Nachhut und schloß die Tür.

In der Küche setzte ich meinem Vater so gnadenlos zu, wie ich das in meinem damaligen Zustand nur konnte. Ich schrie, er habe kein Recht, meine Songs zu verkaufen. Trotzdem beharrte mein Dad auf der These, ich hätte sämtliche Ansprüche auf Sea of Tunes an ihn abgetreten und ihn zum Alleineigentümer gemacht. Dann sagte er mir frech ins Gesicht, ich solle mich zum Teufel scheren. Es war ihm völlig gleichgültig, daß ich mich von seinen Lügen nicht hatte einseifen lassen. Nachdem er mir jahrelang eingeredet hatte, ich hätte ihm die Firma per Handschlag überlassen, glaubte er jetzt selber daran.

Die nächste halbe Stunde standen wir in der Küche und stritten, drohten, widersprachen und beschuldigten uns gegenseitig. Über viele Jahre aufgestauter Haß und unbefriedigter Ehrgeiz prallten plötzlich aufeinander und lösten diese Explosion aus. Ich schmiß Gläser an die Wand, Töpfe und Pfannen flogen durch die Gegend, Teller wurden zerschlagen, die Besteckschublade wurde aufgerissen und der Inhalt unter lautem Scheppern auf den Boden gekippt. Wenn eine Waffe zur Hand gewesen wäre, hätte nur einer von uns beiden den Raum lebend verlassen.

Mein Dad wollte Sea of Tunes für 700 000 Dollar verscherbeln; genausogut hätte er die Songs verschenken können. Heute wird ihr Gesamtwert auf über zwanzig Millionen Dollar geschätzt. Doch für mich wären diese Songs auch nicht für alles Geld der Welt zu verkaufen gewesen, denn sie waren meine Babys, mein eigen Fleisch und Blut, meine Seele! Und jetzt gehörten sie mir nicht länger.

Ich brauchte Luft zum Atmen und stürmte in das stille Wohnzimmer. Mein Kopf dröhnte. Ich hörte meinen Dad nach einem heil gebliebenen Geschirrstück treten und kurz darauf klirrte es. Im nächsten Augenblick stand er im Zimmer, noch immer vor Aufregung schwer schnaufend. Nur wenige Zentimeter vor mir aufgebaut, zähneknirschend und genauso außer Atem wie ich, griff er zu seinem letzten Mittel: Er setzte seine Brille ab und nahm sein Glasauge heraus.

»Sieh dir an, was ich für dich getan habe!« schrie er und hielt mir das Auge direkt unter die Nase. »Sieh dir das an, Brian! Sieh genau hin!«

Ich warf einen Blick darauf und wandte mich angewidert ab. Dad folgte meiner Bewegung, und wir tanzten einen grotesken Tanz. Ich versuchte, mir die Augen zuzuhalten.

»Sieh dir das gottverdammte Loch in diesem Gesicht an, mit dem ich leben muß«, schrie er. »Für dich hab ich das getan, Brian. Nur für dich!«

Er rammte mir das Auge wieder unter die Nase. Als ich die feuchte, glatte Oberfläche an meinem Kinn spürte, wurde mir übel. Meine Knie gaben nach, ich klappte zusammen. Tränen liefen mir übers Gesicht; ich weinte laut. Zornig, verstört, kraftlos und frustriert hämmerte ich mit den Fäusten auf den Boden und schrie und weinte wie ein Kind.

»Warum tut er mir das an?« weinte ich. »Warum, warum, warum?«

Am nächsten Tag sagte ich Nick Grillo, er solle sich mit dem Anwalt der Beach Boys bei der Kanzlei Mitchell, Silverberg & Knupp in Verbindung setzen. Ich wußte nicht, daß Mitchell auch Rechtsberater von A & M war und wenn Grillo es gewußt haben sollte, verschwieg er es mir.

»Hör zu, Brian«, erstattete Grillo später Bericht. »Ich habe mit den Anwälten gesprochen. Sie sagen, man kann nichts tun, um die Sache rückgängig zu machen. Der Deal ist so gut wie perfekt. Es tut mir leid.«

In den folgenden Tagen war es beschlossene Sache für mich: Ich war erledigt! Entmutigt schleppte ich mich durch den Tag. Allein schon der Versuch, meinen Körper zum Aufstehen zu bewegen, war ein Kampf, den ich meistens verlor. Und nachts hatte ich unentwegt diese Stimmen abzuwehren, die mich von allen Seiten drohend anzischten: *Du bist verraten und verkauft. Dem Teufel kannst du nicht entkommen. Der Tod wartet. Spector haßt dich. Du kannst dich nicht verstecken. Du wirst sterben, Brian. Einen schweren Tod, schweren Tod, schweren Tod . . .*

Die Worte pulsierten in einem Rhythmus, der mich in einen Trancezustand versetzte. Es gibt nichts Schlimmeres, als eine einsame Stimme zu hören, die dir immer wieder zuruft: Flieh, flieh flieh! Du wirst sterben, sterben, sterben . . . Und ich hörte nichts anderes mehr.

Einmal stand ich spät abends vor dem Haus von Hal Blaine, dem Wrekking-Crew-Drummer, der auf allen wichtigen Beach-Boys-Platten gespielt hatte. Ich klopfte energischer als nötig, es klang irgendwie fordernd. Als Hal an die Tür kam, war er erstaunt, mich zu sehen. Wir hatten uns lange nicht mehr getroffen, aber ich wußte genau, was mich an diesem Abend zu ihm geführt hatte: Hal verkörperte für mich die Vergangenheit, eine glorreiche und triumphale Vergangenheit. Er blickte verwundert auf den riesigen Pappkarton zu meinen Füßen.

»Was ist los, Bri?« fragte er. »Was ist denn in der Schachtel?«

»Platten«, sagte ich und hob den Karton auf. »Ich hab ein paar Platten, die ich dir schenken will.«

»Okay, du hast mich neugierig gemacht.«

Ich trat ein und öffnete den Karton, der prall gefüllt war mit goldenen Schallplatten, mit sämtlichen goldenen Schallplatten, die ich als Anerkennung für die vielen Beach-Boys-Singles und -Alben erhalten hatte, von denen mehr als 500 000 Stück verkauft worden waren. Da die Songs nicht länger mir gehörten, wollte ich auch die Platten nicht mehr. Ich hatte beschlossen, sie Hal zu schenken. Aber so schnell ich sie auspacken konnte, so schnell packte er sie wieder in den Karton zurück.

»Du kannst nicht einfach deine Vergangenheit wegwerfen, Brian«, redete er mir zu. »Brian, Mann, diese Songs – das bist du. Ob es dir gefällt, was dein Vater getan hat, oder nicht, ob du die Goldenen hier behältst, oder nicht: Du hast diese Songs geschrieben, Brian. Das kann man dir niemals nehmen, egal, wieviel Geld sie dafür bezahlen wollen.«

»Ja, vielleicht hast du recht«, murmelte ich undeutlich. »Aber ich bin am Ende, verstehst du? Es hat keinen Sinn mehr.«

»Oh, hör auf, Brian! Du kannst noch mehr Songs schreiben, tonnenweise neue Songs.«

»Nein«, widersprach ich. »Meine Arbeit ist getan, Mann. Und es ist nichts mehr davon da. Ich bin fertig.«

23

»Sail on Sailor«

Die Kunden kamen aus dem Staunen nicht mehr heraus, wenn sie erkannten, daß tatsächlich ich höchstpersönlich, das Genie hinter den Beach Boys, der berühmteste Einsiedler des Rock and Roll, hinter der Kasse des Radiant Radish saß. Vom Sommer 1969 bis zum Juli 1970, besonders in den Monaten, nachdem Sea of Tunes verkauft worden war, arbeitete ich regelmäßig in dem Health-Food-Laden in Hollywood. Nicht selten vergaß ich mich umzuziehen, ehe ich das Haus verließ, und unterhielt mich in Schlafanzug, Bademantel und Pantoffeln gekleidet mit den Kunden über Vitamine. Radiant Radish war das einzige meiner zahlreichen Projekte – ich erinnere an die Rund-um-die-Uhr-Tischtennis- und Teleskopläden –, das je verwirklicht wurde. Meine Teilhaber waren Arnie Geller, der Roadmanager der Beach Boys, und mein Cousin Steve Korthoff, obwohl ich die 15 000 Dollar Startkapital allein aufgebracht hatte.

Das Radiant Radish war der letzte Saftladen. Abends legte ich oft Geld aus eigener Tasche in die Kasse, damit wir wenigstens auf einen gewissen Mindestumsatz kamen. Ich erinnere mich noch, wie ich einmal 50 Dollar zugeschossen habe, um die Rekordsumme von 500 Dollar Tagesumsatz vollzumachen. Ich war hochbefriedigt. Allerdings durchschaute keiner von uns jemals die tieferen Geheimnisse der Warenbestellung und unsere Lagerliste war dementsprechend undurchsichtig. Nach etwas mehr als einem Jahr machte Radiant Radish wieder dicht.

In dieser Zeit machte ich selbst kaum noch Musik, hörte sie aber immer noch gerne. Danny Hutton, der im Sommer mit Three Dog Night auf einer Englandtournee gewesen war, rief mich nach seiner Rückkehr an und schwärmte von einem englischen Sänger und Songwriter, den er in London gehört hatte. Der Junge war in L. A., und Danny fragte, ob er ihn mit zu mir bringen könne. Der Junge sei ein fantastischer Pianist und Sänger und ein großer Bewunderer von mir, erklärte Danny, ohne zu wissen, wie sehr er mich damit deprimierte; denn für mich klang das so, als zählte mein Freund alle Eigenschaften und Talente auf, die ich verloren zu haben glaubte.

»Er vergöttert dich, Brian«, fuhr Danny fort. »Nun komm schon!«

»Meinetwegen«, gab ich mich geschlagen. »Wie heißt er?«

»Elton John.«

Gegen meine anfänglichen Bedenken überredete mich Danny, Elton und ihn in dem Studio zu treffen, in dem die Beach Boys gerade an der Endabmischung der LP *Sunflower* arbeiteten, das erste Album für Brother Records als Unterlabel von Reprise, das zum Warner-Konzern gehörte. Es war schon ziemlich spät, die anderen hatten für den Abend schon Schluß gemacht, und ich war allein im Studio, als Danny und Elton eintrafen. Elton trug einen Anzug aus silberglänzendem Material, wie ich es außer bei Astronauten noch nie gesehen hatte.

Um Danny und Elton einen Gefallen zu tun, spielte ich den beiden die Masterbänder von »Good Vibrations« vor, auf voller Lautstärke und mit all den Filtern auf Null, damit alle Feinheiten, die auf Platte verlorengehen, richtig zur Geltung kamen. Elton war überwältigt.

»Du schreibst also Songs, hat Danny erzählt?« fragte ich ihn. »Laß doch mal was hören.«

»Nicht nach diesem Ding«, erwiderte Elton.

Ich deutete auf den riesigen Boesendorfer-Flügel in der Mitte des Studios, doch der junge Engländer rührte sich nicht. Er hatte zu Hause schon eine Handvoll Singles veröffentlicht und war als Studiomusiker ein alter Hase, aber er war damals noch kein Star. Auch hatte er keine Asse im Ärmel, mit denen er Eindruck schinden konnte, so wie ich gerade mit »Good Vibrations« . . . Zumindest dachte er das.

Zögernd und mit einem schicksalsergebenen Blick setzte sich Elton schließlich doch ans Klavier und spielte mir dann eine Latte von erstklassigen Arbeiten runter, unter anderem den »Border Song«, »Lady Samantha« und »Your Song«. Ich hatte selten so gutes Material vorgespielt bekommen. Nach jedem Stück sah er mich erwartungsvoll an und hoffte auf einen Kommentar. Ich sagte nur: »Ja, der war schon verdammt gut. Hast du sonst noch was?«

Damals war Elton Johns Selbstbewußtsein seinen Songs bei weitem noch nicht ebenbürtig. Er beendete seine Vorstellung und gestand mir, er sei nicht sicher, ob seine Stimme gut genug sei, um diese Songs richtig herauszustellen. Meine Theorie zu diesem Thema war seit jeher, daß die Stimme nicht überragend sein muß, solange das, was sie singt, erinnernswert ist.

»Keine Sorge«, beruhigte ich ihn deshalb. »Du hast einen fantastischen Sound, und das zählt. Deine Musik ist sehr spirituell.«

Scheu und reserviert und alles andere als der extravagante Showman, zu dem er sich später mauserte, fragte Elton, ob ich noch schreiben würde. Ich sagte, es halte sich in Grenzen, was mir angesichts der Eifersucht, die ich in diesem Moment Elton gegenüber empfand, verdammt schwer fiel. Als ich seine Songs hörte, wußte ich, daß er heiß war, daß er aus einer unerschöpflichen Quelle trank. Früher war ich selbst so gewesen.

Ich setzte mich und spielte »This Whole World«, einen melancholischen, nachdenklichen Song, der mir eines Nachts eingefallen war, als ich in der Stille des riesigen Hauses verwirrt und stoned am Klavier gesessen hatte. Der

Song begann mit den Worten *«I'm thinking of this whole world, late at night . . .«* – ein Schnappschuß jenes Moments, in dem ich ihn geschrieben hatte.

»This Whole World« war mein einziger Beitrag zu dem neuen Album der Beach Boys, dem souligen *Sunflower*, das im Juli 1970 erschien. Trotz wohlwollender Kritiken, die inspirierte Stücke priesen, zum Beispiel »Cool, Cool Water«, das ich einige Jahre zuvor für einen Coca-Cola-Werbespot geschrieben hatte, oder Carls delikate Produktion von »Add Some Music«, auf dem ich Klavier spielte, wurde das Album von den Käufern ignoriert. Im Oktober erreichte es mit Platz 151 seine höchste Chartsnotierung.

Als die Band von einer Europatournee zurückkam, wo sie noch populär genug war, ganze Stadien auszuverkaufen, wurde augenfällig, daß nicht nur ich ein Rad ab hatte. Auf einer Tour durch den Nordwesten wurde Mike plötzlich tobsüchtig. Nach dreiwöchigem Fasten im Zuge seiner TM-Exerzitien war sein Denken manisch und irrational geworden, die anderen mußten ihn ins Krankenhaus einliefern.

Nach Mikes Ausfall baten die Jungs mich, für ein paar Dates einzuspringen. Ich ließ mich tatsächlich überreden und tourte für drei Tage mit – eine wenig bekannte Fußnote zu meinem Renommee als publikumsscheuer Einsiedler. Es machte mir sogar Spaß.

Aber wohler fühlte ich mich trotzdem zu Hause, wo ich wieder meinen täglichen Trott aufnahm: spät aufstehen, mich mit immensen Portionen Junk Food mästen, Pot rauchen, Koks schnupfen und fast jeden Abend in Danny Huttons Haus am Laurel Canyon rumhängen. Geschützt durch Stacheldraht und eine Fernsehkamera am Eingangstor, erwachte Dannys Haus gegen zwei Uhr nachts, wenn die Clubs dicht machten, erst so richtig zum Leben. Man konnte sicher sein, an jedem Abend irgendeinen Szenestar wie John Lennon, Ringo Starr, Harry Nilsson, Lowell George oder Billy Preston bei ihm anzutreffen.

Das Haus bot eine tolle Atmosphäre. Danny hatte mehrere Klaviere in seinem Musikzimmer, genug, um immer eine Stegreif-Session anzuregen. Ein großzügiger Vorrat an Stimulanzien heizte unsere Kreativität an. Kurz: die improvisierten Treffs bei Danny waren die Apotheose des Promi-Hangouts. Meine Erkennungsmelodie war, bei der Ankunft die Gäste flüchtig zu mustern und dann zu murmeln: »Danny, sag mir Bescheid, wenn die anderen weg sind.« Ich war zu unsicher, um mich in Gesellschaft aufzuhalten.

»Aber sie gehen jetzt nicht, Brian«, antwortete Danny meistens. »Sie sind gerade erst gekommen.«

Dann sah ich mich noch mal um, trat unsicher ein und fragte verhuscht, ob Koks im Haus sei. Das war das Schlüsselwort. Denn Kokain gab mir Selbstvertrauen, es fiel mir anschließend sehr viel leichter, mich ans Klavier zu setzen. Unter Koks schrieb ich auf Dannys Orgel »Sail On Sailor« zu Ende. Ich spielte alles, was ich bisher hatte, und klimperte dann auf den unfertigen Stellen herum. Schließlich rief ich in den von Musikern wimmelnden Raum hinein: »Hey, hat irgendwer ein paar Textzeilen übrig? Ich könnte etwas Hilfe brauchen.« Sofort waren etwa vier Leute zur Stelle.

Aber nicht alle Verrücktheiten von Danny und mir fanden in seinem Haus statt. Eines Abends gingen wir in einen angesagten Nachtclub in West Hollywood. Ich kann mich nicht erinnern, wer an diesem Abend auftrat, aber wir saßen neben Randy Newman, und ich beschloß, ihn hochzunehmen. Ich machte mich bemerkbar und kreischte auf: »Da! Hast du das gesehen?« Randy schüttelte den Kopf. »Was?«

»Gespenster!« schrie ich. »Sie gehen durch die Wände!«

»Was redest du für einen Scheiß?« sagte Randy. »Seid ihr Arschlöcher high?«

Später am selben Abend kam Danny und mir die Idee, den Clubbesitzer in seinem Privatzimmer im oberen Stockwerk zu besuchen, weil wir wußten, daß man dort ungeniert Koks nehmen konnte. Als wir uns in der Schlange anstellten, um oben eingelassen zu werden, kamen zwei Typen auf uns zu. Sie deuteten auf einen bösartig wirkenden Schwarzen, der mit ins Gesicht gezogenem Hut an die Wand gelehnt saß. Er sah aus wie ein Vampir, der über einem Cocktail meditiert. Die beiden nannten uns seinen Namen: Miles Davis.

»Habt ihr vielleicht Dope für Miles?« fragte einer von ihnen.

Danny sah rüber zu Miles und dann zurück wieder zu dem Typ, der gefragt hatte. Danny war kalt wie eine Hundeschnauze.

»Sag Miles, er kann mich am Arsch lecken«, sagte er. »Er ist nicht Gott, und wir sind nicht der Zimmerservice.«

Nachdem wir das überlebt hatten, schleppte Danny mich zu einer Party mit, die Alice Cooper in seiner Suite im Beverly Wilshire Hotel schmiß. An diesem Abend war ich mir sicher, daß ich mein Leben verwirkt hatte. Das Abenteuer begann schon, als ein Offizier des Marine Corps gleichzeitig mit uns den Aufzug des feudalen Hotels im Herzen von Beverly Hills betrat. Mit einem angewiderten Blick auf unsere langen Haare und schlampigen Klamotten versuchte er, Streit anzufangen, indem er uns Commie-Arschficker nannte. Danny grinste ihn an, während ich mich in die Ecke drückte und mir das Hemd über den Kopf zog.

Die Party, die mich dann in Alices Suite erwartete, war noch furchterregender. Die Musik war laut und ungewohnt, die Leute noch schlimmer. Manche trugen Make-up, andere Kostüme. Ich sah mich verängstigt um, buchstäblich auf der Türschwelle festgefroren. Nach etwa zehn Minuten sprang ein knochiger Kerl mit irrem Blick über Tisch und Stühle und landete mit einem Bums genau vor meinen Füßen.

»Buh!« sagte er.

Er machte mir angst, und ich drehte mich in die andere Richtung. Der Typ fand mich offenbar komisch und lachte.

»Du bist Brian Wilson«, sagte er.

»Ja«, bestätigte ich und hoffte, er würde weggehen.

»Ich bin Iggy . . . Iggy Pop.«

Ich war schon reif zum Gehen gewesen, ehe Iggy auf mich zugestürzt kam, und sein »Buh« hatte meinen Willen zu einem schleunigen Abgang nur noch zusätzlich bestärkt. Ich fand Danny, der sich gut amüsierte. Als er sah, wie verstört ich war, versuchte er mich aufzulockern, indem er mir Alice vorstellte. Wie Iggy war auch er in Wirklichkeit netter, als der erste Eindruck das vermuten ließ. Aber ich konnte diese Party und all die vielen Menschen nicht ertragen und erklärte Danny, ich müsse so schnell wie möglich raus hier.

Das ging in Ordnung. Aber irgendwie fügte es sich beim Abschied so, daß Alice und Iggy eingeladen wurden, die Party bei mir zu Hause fortzusetzen. Sie nahmen diesen Vorschlag an, doch meine Vorstellungen von einer Party unterschieden sich ziemlich drastisch von den ihren.

Als wir bei mir angekommen waren, postierte ich alle Anwesenden rund um den Flügel und stimmte das Kinderlied »Shortnin' Bread« an. Ich sang Lead, und Alice wiederholte immer »Mama, mama, mama«, während Iggy monoton »Shortnin', shortnin', shortnin'« chantete. Sie vermuteten, die Pointe müßte noch kommen, und amüsierten sich etwa eine Viertelstunde lang über die bizarre Situation. Aber nachdem sie fast eine Stunde lang »Shortnin' Bread« gesungen hatten, dämmerte ihnen, daß ich entweder noch verrückter war als allgemein angenommen oder mir auf ihre Kosten einen Scherz erlaubte. Tatsächlich war es eine Mischung aus beidem. Auf jeden Fall verabschiedeten sie sich.

»Das ist zu hoch für uns«, sagte Iggy. »Zu verdammt irre.«

An einem Abend im Frühjahr 1971 fuhr ich zum Meer, stellte den Wagen ab und ging hinaus auf den verlassen daliegenden Strand. Wenn Marilyn, die mittlerweile ein eigenes Schlafzimmer hatte, gewußt hätte, wo ich hin wollte, hätte sie wahrscheinlich die Schlüssel versteckt . . . und mich dadurch vielleicht um die entscheidende Inspiration zu einem meiner besten und am wenigsten bekannten Songs gebracht. Natürlich hätte sie jeden Grund dazu gehabt, denn in der letzten Zeit war ich sehr deprimiert und von ständigen Gedanken an den Tod besessen gewesen. Ich hatte dem Gärtner befohlen, im Garten ein Grab auszuheben und gedroht, mich mit meinem Rolls-Royce vom Santa-Monica-Pier zu stürzen.

Als ich auf den Ozean hinaus blickte, brütete ich, wie fast jede Stunde an jedem Tag, über den Schlüssel zu den Widersprüchen meines Lebens nach: Auf der einen Seite waren der Schmerz, die Folterqualen und die Verwirrung, und auf der anderen die wundervolle Musik, die ich erschaffen konnte. Gab es darauf eine Antwort? Hatte ich keine Gewalt mehr über mein Leben? Hatte ich sie je gehabt?

Ich fühlte mich wie gestrandet auf der Insel meines Lebens und verlor mich in die endlose Dunkelheit, die sich vom Kamm der sich brechenden Wellen bis ans andere Ende der Welt erstreckte. Der Ozean war so unfaßbar weit, das Universum so unendlich, und plötzlich sah ich mich selbst im Vergleich dazu – ein winziges Sandkorn, eine Qualle, die auf dem Wasser schwimmt und sich von den Gezeiten treiben läßt. Ich fühlte mich winzig, sterblich.

Am nächsten Tag begann ich mit der Arbeit an »Till I Die«, dem vielleicht persönlichsten Song, den ich je für die Beach Boys schrieb. Ich wollte damit den Ansturm der Gefühle wieder aufleben lassen, die ich in der Nacht zuvor am Strand empfunden hatte. Mehrere Wochen lang kämpfte ich mich am Klavier ab, experimentierte mit Rhythmen und Akkordwechseln und versuchte, die wechselnden Gezeiten und Stimmungen des Ozeans und seine unendliche Weite musikalisch einzufangen. Ich wollte, daß die Musik die Einsamkeit eines verloren im Pazifik treibenden Flosses widerspiegelte. Ich wollte, daß jeder Ton klang, als würde er sich in der Unendlichkeit des Universums verlieren.

I'm a cork on the ocean
Floating over the raging sea
How deep is the ocean
I Lost My Way

I'm a rock in a landslide
How deep is the valley?
It kills my soul

I'm a leaf on a windy day
Pretty soon I'll be blown away
How long will the wind blow
Until I die

Den Popularitätsschub, den die Beach Boys erlebten, nachdem sie Ende April 1971 zusammen mit Grateful Dead im Fillmore East in San Francisco aufgetreten waren, registrierte ich nur flüchtig. Die bravouröse Performance, bei der sie mit alten Favourites und als tolle Musiker glänzten, sicherte der Band zum ersten Mal seit *Pet Sounds* ein Publikum in der Gegenkultur. Die Jungs kehrten mit neuer Zuversicht und einem gewieften neuen Manager nach L. A. zurück.

Ich hatte Jack Rieley im Radiant Radish kennengelernt. Als die Beach Boys ihn engagierten, war er ein Ex-DJ, der behauptete, früher als Journalist gearbeitet und den Pulitzerpreis gewonnen zu haben. Obwohl er später der Lüge überführt wurde, waren seine Frechheit und seine schnelle Auffassungsgabe für das Vorhaben, die Band aus ihrem tiefen Loch herauszubringen, damals genau richtig. Als die Jungs mit den Aufnahmen zu ihrem nächsten Album *Landslide* anfingen, hatte Rieley auf jede Frage die passende Antwort.

Als ich den anderen meinen neuen Song »Till I Die« vorspielte, wurde allerdings ebenso offensichtlich, daß ich mit meinen Vorstellungen völlig danebenlag. Nachdem sie sich den Song angehört hatten, brach Mike in verächtliches Lachen aus.

»Mann, was für ein beschissener Runterzieher!« sagte er.

Carl und Al waren der gleichen Meinung.

»Wir machen optimistische Platten«, fuhr mein Vetter fort. »Das erwarten unsere Fans von uns.«

Niedergeschmettert durch diese Ablehnung verließ ich das Studio. Ich wußte, daß der Song gut war, aber ich war unfähig, für ihn zu kämpfen. Einige Tage später ging ich allein ins Studio und nahm »Till I Die« trotzdem auf. Ich mußte es einfach tun.

Schließlich nahmen sie den Song doch noch mit aufs Album, vielleicht als Geste des Respekts, wahrscheinlich aber doch eher, weil ihnen noch Material fehlte. Das war eine Genugtuung für mich. Doch dann erzählte Jack Rieley mir, daß das Album nicht mehr *Landslide* heißen sollte; ich war wenig beglückt von dieser Nachricht.

»Wie heißt es dann?« fragte ich.

»*Surf's Up*.«

»Ah ja. Vor ein paar Jahren haben Van Dyke Parks und ich einen Song mit demselben Titel geschrieben«, murmelte ich. Plötzlich wurde mir bewußt, wie sehr sich die Verhältnisse bei den Beach Boys seit dieser Zeit verändert hatten. »Das ist ja verrückt.«

»Nein, überhaupt nicht«, sagte Rieley. »Wir haben den Song neu aufgenommen und mit aufs Album genommen.«

Zuerst war ich nur verwirrt, dann aber wurde ich wütend. Was das *Smile*-Material anging, war ich abergläubisch. »Surf's Up« war ein persönlicher Song, das Herzstück dieses glücklosen Albums. Die Jungs hatten den Song nie verstanden oder geschätzt. Aber weil sie Material brauchten, hatten sie meine Performance von einem Leonard-Bernstein-Fernsehspecial aus dem Jahr 1967 rauskopiert, über den ursprünglichen Track gelegt und mit Vocals garniert, die eine Art Brian-Wilson-Sound imitieren sollten.

Was ich hörte, gefiel mir allerdings nicht. Aber als feststand, daß der Song trotz meiner Proteste auf dem Album erscheinen würde, wollte ich kein Spielverderber sein und versuchte, die Lead Vocals selbst zu singen. Ich versuchte es ein Dutzend Mal, vielleicht noch öfter, aber ich brachte es nie wieder so hin, wie ich es ursprünglich gesungen hatte, so wunderschön und so betörend, wie ich den Song noch immer in meinem Kopf hörte.

Surf's Up wurde im Frühherbst veröffentlicht und kletterte im Oktober auf Platz 29; so gut hatten die Beach Boys schon lange nicht mehr abgeschnitten. Ich war sehr bewegt von Bruce Johnstons Song »Disney Girls«, doch mit dem Rest des Albums konnte ich wenig anfangen. »Till I Die« war meine Postkarte an die Außenwelt, der Song sprach alles aus, was ich zu dieser Zeit zu sagen hatte. *Surf's Up* als Ganzes vermittelte mir nur ein unheimliches Gefühl des Was-hätte-sein-Können.

Nachdem das Album veröffentlicht worden war, spielte ich es einige Tage lang ununterbrochen, um es dann bis zu seiner Wiederveröffentlichung im Jahr 1990 einzumotten. *Surf's Up* beunruhigte mich. Ich machte meinen Frieden mit Produktion und quälte mich nicht mehr mit Gedanken daran, wie es hätte kommen können, wenn *Smile* doch noch verwirklicht worden wäre; aber ich fand mich nie damit ab, wie genau diese vor Jahren geschriebenen Lyrics meinen Niedergang vorweggenommen hatten:

To a song dissolved in the dawn
The music hall is a costly bow
The music is all lost for now
To a muted trumpeters swan
Columnated ruins domino

Es war Frühjahr 1972. Ich war chronisch high, deprimiert und durchgedreht, ein Korken auf dem Ozean. Ich erinnere mich nur bruchstückhaft an die damaligen Geschehnisse:

KLICK: ein Streit. An einem Abend trank ich Rotwein mit Marilyn und ihrer Freundin Sherrie Champion. Ich war ganz versessen auf Sherrie, und einem Impuls gehorchend stürzte ich mich auf sie und grapschte ihr an die Brüste. Sie kreischte auf und schoß wie der Blitz aus dem Zimmer. Marilyn schrie auf: »Brian!« Wir waren alle drei betrunken, und mir war nicht klar, daß ich etwas falsch gemacht hatte. Aber plötzlich kam Sherrie mit einem langen Küchenmesser in der Hand ins Zimmer zurück und drohte, mich abzustechen. Ich schloß mich in meinem Schlafzimmer ein.

KLICK: Mehr als ein Dutzend Koffer und Taschen türmten sich vor der Tür, etliche gutgenährte Roadies trugen sie zu wartenden Lieferwagen. Marilyn, Carnie, Wendy und Diane waren mit Sack und Pack abmarschbereit für den langen Flug nach Holland, wo der bislang hanebüchenste Plan der Beach Boys – diesmal auf dem Mist von Rieley gewachsen – verwirklicht werden sollte: Sie wollten dort eigens ein Studio gründen, um ein Album aufzunehmen. Ich trottete, immer noch im Schlafanzug, aus dem Schlafzimmer nach unten, um ihnen eine gute Reise zu wünschen.

»Du bist schlimmer als die Kinder«, bemerkte Marilyn, obwohl sie sich längst mit dieser Tatsache abgefunden hatte.

»Schimpf bitte nicht mit mir«, sagte ich.

Als einziger Gegner des Plans und größter Problemfall blieb ich allein zurück, bis Marilyn und die Kinder sich in Holland eingerichtet haben würden. Dann wollte sie mich abholen kommen. Aber als sie einmal da war, hatte Marilyn keine Lust mehr zu einem zweiten Flug und überredete mich, es doch alleine zu wagen. Ohne Aufpasser ging ich dreimal nacheinander zum Flughafen, ehe ich es über mich brachte, tatsächlich an Bord zu gehen.

Das Flugzeug landete pünktlich, aber ich war nicht an Bord. Marilyn fand meinen Paß und mein Ticket auf dem Sitz, aber von mir war nichts zu sehen.

Sie geriet in Panik,denn sie wußte, daß ich das Reisen verabscheute, das Fliegen ganz besonders. Nun rief sie bei LAX an, und mein Name war tatsächlich auf der Bordliste eingetragen. Der Sicherheitsdienst wurde benachrichtigt, und nachdem man den ganzen Flughafen von L. A. abgesucht hatte, fand mich schließlich ein Sicherheitsmann friedlich schlafend auf einem Sofa in der Duty-Free-Lounge.

Ich hatte keine Ahnung von der Aufregung, die mein Verschwinden verursacht hatte. Ich war einfach aus dem Flugzeug ausgestiegen, weil mir die Wartezeit auf den verspäteten Abflug zu lang wurde. Marilyn vergewisserte sich, daß ich ins nächste Flugzeug verfrachtet und streng beaufsichtigt wurde, bis es in der Luft war.

KLICK: Schon im ersten Monat verlor ich das Interesse an dem neuen Album und widmete mich ganz dem Haschrauchen, das in Holland alltäglich war. Ich redete mir ein, die Jungs hätten sich gegen mich verschworen, anstatt mir die Wahrheit einzugestehen: Es war einfach angenehmer für mich, high im Bett zu liegen als auf dem kalten Studioboden und sich dabei auch noch völlig unfähig zu fühlen.

Dutzende Male am Tag spielte ich Randy Newmans LP *Sail Away*, die mich in eine meditative Stimmung versetzte; diesen Zustand hielt ich für kreativ. Beim Zuhören starrte ich aus dem Fenster auf die bildschöne Landschaft, bei der man sich in die Märchen der Kinderzeit zurückversetzt fühlte. Inspiriert begann ich mit der Arbeit an meinem eigenen musikalischen Märchen *Mount Vernon and Fairway*, das, rückblickend betrachtet, wohl meine widersprüchlichen Gefühle Mike gegenüber erkennen ließ; er ist nicht nur dem blonden Prinzen in der Geschichte täuschend ähnlich, sondern er wuchs tatsächlich auch in einem großen Haus in Mount Vernon, Ecke Fairway auf.

Carl fand meine Schöpfung scheußlich, als ich ihm die erste Version vorspielte. Er sagte nur ein Wort: »Was?!« Ich hatte geglaubt, an einem Meisterwerk zu arbeiten, einem Geniestreich, doch als ich von allen Seiten nur Ablehnung erfuhr, brach ich zusammen. Später beschloß Carl, mein Märchen auf einer Bonus-Single zu veröffentlichen, die dem Album beigelegt wurde. Aber das konnte mich nicht mehr trösten, und ich ließ den Rest unseres Aufenthalts tatenlos verstreichen, während ich in noch schwärzere Depressionen versank.

KLICK: September 1972, Amsterdam. Aus dem Haus, das wir gemietet hatten, waren alle verschwunden. Ich nickte ein und erwachte in einem Wohnzimmersessel, umfangen von meinen Depressionen. In den letzten Tagen war ich immer tiefer und tiefer abgestürzt, ein Fall ins Bodenlose. Als ich die Augen aufschlug, konnte ich mich nicht erinnern, wann ich zuletzt frei von Depressionen, Angst oder Paranoia gewesen war.

Plötzlich fühlte ich mich sehr seltsam, wie eingeschnürt, und dann sah ich die Wände des Wohnzimmers unter einem massiven Beben erzittern und auf mich zukommen – wie eine riesige Ziehharmonika. Ich drehte durch. Tränen liefen mir übers Gesicht. Mein Instinkt sagte mir, ich solle sofort meine Sachen packen und heimgehen. Aber ich war in Holland. Was zum Teufel hatte ich in Holland zu suchen?

Ich stand auf und wanderte ziellos durchs Haus, schaute in jedes Zimmer, als hätte ich es nie zuvor gesehen. Schließlich gelangte ich in eines der Schlafzimmer im obersten Stock, dem Zimmer, in dem Diane und ich zum letzten Mal miteinander geschlafen hatten. Als ich mich umsah, zog es mich zu einem Fenster, das auf einen hübschen Garten hinaus blickte. Ich öffnete es und spürte einen frischen Luftzug. Ich steckte meinen Kopf aus dem Fenster und sah nach unten. Es ging tief hinab. Wenn ich spränge, wäre ich garantiert tot.

Der nächste Gedanke traf mich wie ein Schlag! Es gab tatsächlich einen Grund dafür, daß ich aus dem offenen Fenster im zweiten Stock nach unten schaute und die Entfernung zum Boden abschätzte: Ich wollte nicht mehr leben! Es war nicht das erste Mal, daß ich an Selbstmord dachte. Ich konnte mich an einige frühere Gelegenheiten erinnern: im Whisky-a-Go-Go, als Danny mir das Kokain gegeben hatte; dann, als ich das Grab hatte schaufeln lassen und erklärt hatte, mit meinem Rolls-Royce von der Pier zu fahren. Aber ich hatte nie so viel guten Grund dazu gehabt wie in diesem Augenblick.

Plötzlich dämmerte es mir. Mein Gehirn funktionierte nicht mehr. Ich war fertig, depressiv, verunsichert, voller Angst, und ich würde nie wieder gesund werden.

Ich lehnte mich weiter hinaus, weil ich die frische Luft spüren wollte. Dann stellte ich mir vor, wie gut es wäre, zu fallen. Ich fragte mich, ob ich beim Fallen den Luftwiderstand spüren würde. Oder würde ich runterkrachen wie ein Klavier? Ich konzentrierte mich auf den Boden und spürte, wie ich fiel, auf dem Beton aufprallte, das Gesicht nach unten . . . Klatsch! Ich spürte die Endgültigkeit des Todes. Ich schloß die Augen. Es war schwarz. Ich war tot. Ich wußte, daß ich tot war. Ich sah meine Seele den Körper verlassen. Ich war tot, tot, tot . . . Ich schwelgte in diesem Gefühl, ließ mich hineingleiten und spürte, wie der Tod mich umfing: sanft, wohlig, friedvoll . . . das Ende.

Plötzlich zog ich meinen Kopf zurück, schloß das Fenster und atmete erleichtert auf. Der Tod hatte einen ganz entscheidenden Fehler: Es hatte keine Musik gegeben.

24

Dad

Acht Monate später und ungefähr 500 000 Dollar ärmer kehrten die Beach Boys endlich aus Holland zurück. Unseren Manager Jack Rieley, den Architekten dieses Debakels, hatten sie dort gelassen, er wollte die Geschicke der Band fortan aus der Entfernung lenken. Die Plattenfirma meinte, unser neues Album hätten wir besser auch in Europa gelassen. Warner Brothers schrieben *Holland* bereits nach einmaligem Hören ab, weil keine hitverdächtige Single darauf sei. Schließlich diskutierten sie sogar darüber, ob sie die Band nicht ganz von ihrem Label schmeißen sollten; die Verantwortlichen der Plattenfirma fühlten sich verarscht, weil das neue Album um keinen Deut besser war als die letzte LP *Carl and the Passions – So Tough* – ein Flop, bei dem ich nicht die Hände im Spiel gehabt hatte. Sie wollten keine zwei Nieten hintereinander akzeptieren.

Jetzt folgte der Auftritt meines alten Mitstreiters Van Dyke Parks, der damals bei Warner einen Job als Leiter der audio-visuellen Abteilung hatte. Van Dyke erinnerte sich, daß bei ihm zu Hause noch ein Band mit einem Song herumlag, für den er vor etwa einem Jahr Lyrics geschrieben hatte. In einem Meeting mit Mo Ostin, dem Vorstandsvorsitzenden von Warner Records, und seinem Assistenten David Berson erklärte Van Dyke, »Sail on Sailor« sei nicht ganz fertig, aber ein grandioses Gerüst würde bereits stehen. Dann spielte er das Band ab, das nicht mit dem vertrauten Klavierintro begann, sondern mit einem unheimlichen Dialog zwischen Van Dyke und mir.

»Hypnotisier mich, Van Dyke«, krächzte meine Stimme.

»Laß den Scheiß, Brian«, erwiderte Van Dyke. »Du bist ein Songwriter. Das ist dein Beruf. Und ich will, daß du dich hinsetzt und einen Song für mich schreibst.«

»Hypnotisier mich, Van Dyke, mach, daß ich nicht mehr verrückt bin«, flehte ich. »Du mußt mich überzeugen, daß ich nicht verrückt bin.«

»Laß den Blödsinn, Brian, und spiel mir den Song vor.«

»Wie heißt der Song?«

»Sail on Sailor«.

Erst dann setzte die Musik ein.

Überzeugt durch diesen Song, der ihrer Meinung nach Single-Potential hatte, baten Ostin und Van Dyke mich, ihn fertigzuschreiben. Ich unternahm auch einen halbherzigen Versuch, zeigte mich jedoch völlig inkompetent; meine Konzentrationsfähigkeit war dahin. Der Rest der Beach Boys führte die Produktion zu Ende. Ende 1972 wurde »Sail on Sailor« veröffentlicht, kletterte aber nicht höher als Platz 97. Als der Song sechzehn Monate später wiederveröffentlicht wurde, kam er immerhin bis auf Platz 49.

Im Januar 1973 wurde *Holland* veröffentlicht. Das Album erntete gemischte Kritiken, plazierte sich aber auf Nummer 37 als höchster Notierung und hielt sich sieben Monate lang in den Charts. Es war das bestverkaufte Beach-Boys-Album seit Jahren.

Im Mai, als *Holland* in den Charts kletterte, rief mich eines Abends mein Dad an. Wir hatten lange nicht miteinander gesprochen, und ich hatte auch jetzt wenig Lust dazu, aber Marilyn überredete mich, ans Telefon zu gehen. Dad war im letzten Jahr gesundheitlich nicht auf der Höhe gewesen, er hatte mit Darmentzündungen und allen möglichen anderen Beschwerden zu kämpfen gehabt. Im April hatte er dann einen Herzanfall erlitten, der ihn ans Bett fesselte. Dennoch hatte er in alter Frische einen Song verfaßt, bei dem ich ihm helfen sollte.

»›Lazzaloo‹«, sagte er. »Das wird ein Hit.«

Mein Dad sagte mir, der Song würde von einem Typen handeln, der in die Türkei reist und sich in ein türkisches Mädchen verliebt. Das Stück war über fünf Minuten lang. Ich hatte keine Lust, daran zu arbeiten, fühlte mich aber verpflichtet, ihm zu helfen. Das war typisch für unsere Beziehung: Wir bekämpften einander, aber wir schafften es nicht, einander völlig aus dem Weg zu gehen.

»Vielleicht ist das das letzte Mal«, sagte er.

»Wovon redest du?« fragte ich.

»Ich sterbe, Brian. Ich bin alt, ich sterbe, und ich habe Angst davor.«

Ich verschloß meine Augen vor dem Unausweichlichen, obwohl selbst Dennis im letzten Jahr vieles wiedergutmachen wollte. Er spürte, daß es mit Dad zu Ende ging, und verbrachte mehr Zeit mit ihm als je zuvor in den letzten Jahren. Ich dagegen war viel zu beschäftigt mit meinem eigenen Elend, als daß ich mich um meinen Vater hätte kümmern mögen. Aber diesmal war es anders.

»Wir nehmen den Song auf«, sagte ich. »Ich komme vorbei und höre ihn mir an.«

Ich brauchte fast einen Monat, ehe ich mein Versprechen wahr machte und Dad in seinem Haus in Whittier besuchte, aber er war immer noch fest entschlossen, »Lazzaloo« aufzunehmen. Wie immer hätte es keine größeren Gegensätze geben können als zwischen meinem Dad und mir. Er saß geschwächt und müde auf dem Sofa, während ich rastlos, manisch und unkonzentriert im Wohnzimmer meine Kreise drehte. Es gab wenig zu sagen. Ich teilte ihm mit, daß ich *Mount Vernon and Fairway* für ihn, Dennis und Mike geschrieben hatte. Dann spielte ich ihm mein Märchen vor, und er sagte, es sei recht gut. Wir diskutierten die Idee ein paar Minuten lang, aber wenn ich ihn ansah, erblickte ich nur das wächserne Gesicht eines kranken alten Mannes, geschlagen und traurig. Dieser Anblick machte mir angst.

Ich mußte raus. Ich war schon auf dem Weg zur Tür, als ich mich wieder umdrehte und zurück ans Klavier ging, wo ich eine kleine Melodie spielte, die mir ganz plötzlich in den Sinn gekommen war.

»Dad, wie heißt dieser Song?« fragte ich.

Er lachte. »Das ist mein Song. Erinnerst du dich? ›Two Step, Side Step‹.«

»Oh, natürlich«, sagte ich. »Das war ein guter. Wir sehen uns bald.«

»Schön, mein Sohn. Auf Wiedersehen.«

Zwei Wochen später, am 4. Juni 1973, kam Marilyn in mein Schlafzimmer. Mittlerweile schliefen wir fast immer getrennt. Ich wurde morgens nie geweckt, wenn es nicht wirklich wichtig war. Marilyn mußte mich schütteln, ehe ich die Augen öffnete. Dann wurde ihre Berührung sanfter.

»Brian«, sagte sie leise. »Dein Vater ist heute von uns gegangen.«

»Was?« fragte ich und setzte mich auf.

»Es ist zu Ende, Brian. Er ist gestorben.«

»Mein Dad ist gestorben? Mein Dad ist gestorben? Er ist tot? Ist das wirklich wahr?«

»Ja.«

Ich vergrub das Gesicht im Kopfkissen und weinte.

Meine Mutter hatte Dad morgens noch besucht. Er hatte sich gut gefühlt, so gut wie selten seit seinem Herzanfall im April. Sogar von einem kleinen Spaziergang war die Rede gewesen, zu dem er noch nicht gekommen war. Da er sich so kräftig fühlte, hatte meine Mom vorgeschlagen, einen Einkaufsbummel auf dem Whittier Boulevard zu machen. Sie machte Frühstück, während er sich anzog. Plötzlich hörte sie seinen Hilferuf aus dem Badezimmer. Er brach in ihren Armen zusammen und kam nicht wieder zu sich.

»Du mußt dich jetzt anziehen«, sagte Marilyn. »Wir müssen zu deiner Mom fahren.«

Ich ging nicht zur Beerdigung. An Beerdigungen habe ich nie etwas finden können. Dann ist alles längst vorbei. Warum soll man sich das Unabänderliche noch einmal vor Augen führen lassen? Bis heute bin ich nie bei einer Beerdigung gewesen, und ich habe nicht vor, je eine zu besuchen.

Statt dessen schnappte ich mir Diane und flog nach New York, um dem Begräbnis möglichst weit zu entfliehen. Diane sollte dort »Shyin' Away« promoten, eine neue Single, mit der sie und Marilyn ihre Gesangskarrieren wiederbeleben wollten. Allerdings nannten sie sich jetzt nicht mehr Honeys, sondern Spring. Ich hatte ihnen bei vier Tracks geholfen und zwei davon gemeinsam mit Diane geschrieben: »Had to Phone Ya« und »It's Like Heaven«, Songs, die tiefe Einblicke in unser Privatleben erlaubten.

In den Interviews, die ich gab, sprach ich weniger über Musik als darüber, was der Tod meines Vaters für mich bedeutete.

»Na ja, mit dem Tod meines Vaters hat sich alles verändert«, erklärte ich einem Reporter von *Record World*. »Ich habe jetzt große Pläne. Es geht so viel in einem vor, wenn der Vater stirbt. Es dauert auch eine Zeitlang, bis man darüber hinwegkommt. Ich habe dadurch eine neue Lebensperspektive gefunden.«

Es kam mir alles so unwirklich vor: Dad war tot. Wie seltsam.

25

Klick Klick

Während ich in New York war, unternahm Marilyn einen letzten verzweifelten Versuch, unser Leben in halbwegs normale Bahnen zu lenken: Sie ließ das Studio räumen. Bei meiner Rückkehr machte ich sie zur Schnecke. Das Studio war mein Tempel gewesen, mein emotionaler Freiraum, der einzige Ort auf der Welt, an dem ich so etwas wie Frieden fand. Aber sie blieb unerbittlich.

Ich erkannte, daß ich verloren hatte. Das Studio war weg, der Raum verödet. Nur die Geister blieben.

Es war vorbei. Ich war mit meiner Musik bis an die äußerste Grenze gegangen, und jetzt gab es kein weiteres Voranschreiten mehr. Also ging ich nach oben in mein Schlafzimmer, zog mich aus, stieg in mein riesiges Himmelbett, zog die Vorhänge auf und starrte auf die raffinierten Engelschnitzereien am Kopfteil. So blieb es mehr oder weniger die nächsten zweieinhalb Jahre, vom Sommer 1973 bis Ende 1975.

Alles, was mir aus dieser Zeit geblieben ist, sind ein paar weitere Schnappschüsse.

KLICK: Mein Tagesablauf. Morgens beim Frühstück – meistens Eier und Toast – sah ich »Mr. Rogers«, eine Kindersendung, die mich beruhigte. Zum Lunch verschlang ich Hamburger, immer an die drei bis sechs Stück. Abends aß ich Steaks, Kekse, Süßigkeiten, alles, was vom Tag übriggeblieben war. Später sah ich mir die Talkshow von Johnny Carson an, danach ging ich oft noch zu Danny Hutton, um Koks zu schnupfen.

KLICK: Ich höre, wie die fünfjährige Carnie ihre Mutter fragt: »Warum ist mein Daddy so, wie er ist?«

Einige Tage später sagte mir Marilyn, sie habe mit den Mädchen gesprochen. »Ich habe ihnen gesagt: Euer Dad hat Drogenprobleme. Er ist nicht so wie andere Dads. Er ist kein normaler Mensch, sondern ein Genie. Und ihr Kinder lebt nicht in einer normalen Familie. Aber ihr seid wunderbare Menschen. Glaubt an euch selbst und an das, was ihr erreichen wollt, dann kann euch nichts passieren.«

KLICK: Mitte 1974. Nach einer Koksnacht erwachte ich auf Danny Huttons Sofa. Plötzlich sprang Danny in voller Läufer-Montur aus dem Schlafzimmer. Er sah aus, als wollte er für die Olympischen Spiele trainieren. Ich fragte ihn, wo zum Teufel er hin wollte.

»Laufen«, sagte er.

Zwanzig Minuten später war er wieder da, schweißtriefend, aber voller Energie.

»Ich bin drei Meilen auf dem San Vincente rauf und runter gelaufen!«

»Oh Gott, das ist genau das, was mir guttun würde«, sagte ich. »Aber ich bin für sowas zu gottverdammt fett.«

KLICK: Die Badezimmerwaage zeigt über 112 Kilogramm an. Ich beschließe, sie nie wieder zu betreten.

KLICK: Ich führe Selbstgespräche. Du bist fertig. Du raffst es nicht. Du hast mit Drogen experimentiert, du hast mit dir selbst experimentiert, und du hast dich damit kaputtgemacht. Deine Experimente haben dich in ein Gefängnis der Angst getrieben.

KLICK: Meine Trips führten mich zu den »Pforten der Wahrnehmung«, und dann darüber hinaus. Wenn ich auf Acid war, sah ich meine ganze Existenz vor mir ablaufen, von der Empfängnis bis zum Tod, vom Anfang bis zum Ende. Mit Acid erkannte ich alles, was ich je sein konnte und alles, was ich nie sein würde; ich mußte lernen, damit zu leben. Ich versuchte, den Ansturm von Informationen und Wissen in den Griff zu bekommen, doch was ich entdeckte, war eine grenzenlose Angst. Angst vor meinem eigenen Leben. Ich hatte die Büchse der Pandora in meinem Bewußtsein geöffnet und Dinge gesehen, die mich in Todesangst versetzten; deshalb mußte ich mich verstecken.

KLICK: Nachdem erst einmal die Diagnose »schizophren« gestellt worden war, besuchte ich einen professionell freundlichen Psychiater nach dem anderen. Mehr als zwanzig, so viele, daß sie für mich alle zu einer einzigen Person verschwammen. Hmmmm, Brian . . . Schildern Sie mir doch bitte einen typischen Tagesablauf. Ich habe Angst. Vor was? Vor allem. Sie hören Stimmen? Immer. Der Teufel spricht zu mir. Und Sie sind sicher, daß es der Teufel ist? Ja, meistens der Teufel. Was sagt er? Daß ich sterben muß. Und was tun Sie dann?

KLICK: Ich zog mir die Bettdecke über den Kopf, zuckte im Bett mit den Füßen und summte Melodien. Ich hörte Radio und sah fern. Ich wartete auf das schreckliche Ereignis, jeden Tag, bis zum Zerreißen gespannt. Im Grunde war ich tot und dabei doch so lebendig wie eine Katze mit gesträubtem Fell.

KLICK: Ende 1975, ich hatte mittlerweile völlig die Kontrolle über mich verloren. Ich weinte hemmungslos in Gegenwart der Kinder, schrie und kreischte, terrorisiert von Stimmen, die niemand außer mir hörte. Eines Tages fand Marilyn mich im Flur, ich brabbelte wirres Zeug, war total verängstigt und hilfloser als die Kinder. Manchmal schliefen wir zusammen, ohne Sex. Viele Nächte lang streunte ich durchs Haus, schlief in leeren Zimmern, in der Chauffeurswohnung, überall, wo ich mich sicher fühlte. Aber solche Orte waren immer schwerer zu finden.

KLICK: Kurz vor Weihnachten 1975 kam ich an schwarzes Heroin, extrem hartes Zeug, das ich in Folie verpackte und in einer abschließbaren Schublade meines Schreibtischs versteckte. Dann wartete ich auf den Moment, in dem ich so sehr litt und verzweifelt war, daß mir nur noch dieser Stoff helfen konnte. An einem Abend zog ich ein paar Linien und schnupfte sie. Ich war sofort weggetreten, mein Kopf fiel zurück und mein Körper hinterher; ich kippte aus dem Sessel. Später, Gott weiß wieviel Zeit verstrichen war, fand Marilyn mich im Flur, wo ich Carnie und Wendy zu überreden versuchte, mit mir Heroin zu nehmen.

Marilyn rief meinen Vetter Stan Love an, einen von Mikes beiden Brüdern. Stan, ein Ex-Basketball-Profi, war ein Riese von einem Meter neunzig und ein einziges Muskelpaket. Meine Frau hatte ihm die Aufgabe übertragen, der sie selbst nicht mehr gewachsen war: Er sollte auf mich aufpassen.

»Komm schnell!« rief Marilyn ihm zu. »Komm ganz schnell her! Er liegt in der Küche.«

Stan sah sich um. Carnie und Wendy saßen beim Frühstück, und Marilyn deutete auf den Fußboden, wo ich in Embryohaltung vor dem Kühlschrank lag, zitternd, weinend und nur halb bei Bewußtsein. Vor meinen Fingerspitzen lag eine halbvolle Ampulle Heroin. Durch den Nebel hindurch drangen Stimmen zu mir: »Schaff ihn raus hier!« weinte Marilyn. »Schaff ihn hier weg.«

26

Seelenklempner der Stars

Marilyn war verzweifelt, sie wußte sich nicht mehr zu helfen. Je nach Tagesform war ich entweder ein selbstzerstörerisches Riesenbaby oder ein amoklaufender Irrer. Sie verzweifelte an den Stimmen, die ich hörte. Sie konnte meine Ängste nicht verstehen und sie konnte nicht damit umgehen, wenn ich mich mit Drogen vollpumpte. Ihre größte Angst war, daß sie eines Morgens aufwachen und mich tot daliegen sehen würde, gestorben an einer Überdosis. Sie war viel zu erschöpft, ausgepumpt und hilflos, um noch länger so weitermachen zu können.

Ende 1975 konsultierte sie schließlich Dr. Eugene Landy, einen klinischen Psychologen und Pionier der Drogentherapie. Eine Freundin hatte ihr diesen Tip gegeben: Landy hatte einen ausgezeichneten Ruf als erfolgreicher Therapeut von Prominenten und hoffnungslosen Fällen. Aber man hatte sie auch gewarnt: In Dr. Landy würde sie keinen Durchschnittspsychologen kennenlernen, er war extravagant, extrem geschäftstüchtig und ein schriller Vogel. Marilyn hatte jedoch einen Punkt erreicht, an dem sie nach jedem Strohhalm griff.

Marilyn ließ sich mit Dr. Landys Sprechstundenhilfe verbinden und sagte, sie wolle einen Termin für ihren Ehemann, Brian Wilson, vereinbaren. Die Sprechstundenhilfe zeigte sich völlig unbeeindruckt von dem Namen und erklärte, es sei die oberste Regel in dieser Praxis, daß jeder Patient seine Termine selbst vereinbaren müsse; Ausnahmen von dieser Regel würden unter keinen Umständen gemacht. Da sie wußte, daß ich selber niemals anrufen würde, vereinbarte Marilyn einen Termin für sich selbst; dies war die einzige Möglichkeit, diesen Wunderdoktor zu Gesicht zu bekommen.

Bei ihrer ersten Begegnung erkannte Marilyn, daß alles, was sie über Dr. Landy gehört hatte, der Wahrheit zu entsprechen schien. Landy sah überhaupt nicht wie ein Arzt aus: Er hatte langes Haar und Koteletten, trug Jeans und ein Hemd mit Blumenmuster und war mit Glasperlen behängt. Er sah viel mehr nach Rockstar aus als jeder einzelne Beach Boy.

»Was kann ich für Sie tun?« fragte Dr. Landy.

»Ich habe ein schweres Problem«, sagte Marilyn.

»Das führt die meisten Leute zu mir.«

»Mein Mann . . . Mein Mann ist mein Problem.«

»Ihr Mann ist Ihr Problem? Dann verlassen Sie Ihren Mann, und Sie sind Ihr Problem los.«

Dr. Landys schnippische Antwort traf Marilyn unvorbereitet, aber sie beeilte sich zu erklären, daß sie nicht vorhabe, mich zu verlassen, sie suche nur Hilfe, das Zusammenleben mit mir gehe über ihre Kräfte.

In der nächsten Stunde schilderte Marilyn dem Psychiater die Zusammenhänge. Sie liebte mich, konnte aber nicht mehr mitansehen, wie Drogen und Depressionen mich zugrunde richteten. Sie fand es tragisch, daß ich nichts Neues mehr schrieb.

»Was schreibt er?« fragte Dr. Landy.

»Musik. Haben Sie noch nie von den Beach Boys gehört? Mein Mann hat alle ihre Songs geschrieben. Er ist ein genialer Musiker.«

»Nein, ehrlich«, erwiderte Dr. Landy lachend, »von Brian Wilson habe ich noch nie gehört.«

Marilyn schilderte ihm, wie mein exzentrisches Verhalten, das sie anfangs als Begleiterscheinung meines Genies noch toleriert hatte, schließlich zu einer umfassenden Angst vor der Welt ausgeartet war. Ich war wochenlang nicht dazu zu bewegen gewesen, mich zu waschen, meine Zähne zu putzen oder meine Haare zu kämmen, weil ich glaubte, aus dem Waschbecken würde Blut spritzen und aus dem Duschkopf würden Schlangen züngeln. Ich war extrem menschenscheu und sprach mit niemandem mehr, selbst mit meinen eigenen Kindern nicht. Sie erzählte ihm auch, wie ich unser großes Haus durchstreifte wie ein Phantom, eine mysteriöse Erscheinung, die verschwand, sobald man genauer hinsah.

»Hat er mit irgendwem näheren Kontakt?« fragte Dr. Landy.

»Eigentlich nicht, er ist zu verängstigt. Ich bin der einzige Mensch, den er in seine Nähe läßt.«

»Haben Sie noch Sex?«

»Nein. Sehr selten, wenn überhaupt. Eigentlich nie.«

Marilyn gestand, daß ich den größten Teil meiner wachen Phasen dort verbrachte, wo ich auch schlief: im Bett. Ich sei nicht immer so gewesen, aber in den letzten Jahren hätte ich mich in eine private Welt zurückgezogen und würde keinerlei Neigung mehr zeigen, sie je zu verlassen. Meine einzigen Interessen, fügte sie hinzu, seien Drogen, Fressen und auf dem Flügel mißtönendes Zeug zu spielen.

Nach einigen weiteren Treffen, in denen hauptsächlich sie erzählte, hörte sich Marilyn schließlich Dr. Landys einstündige Zusammenfassung seiner vorläufigen Diagnose an. Nach Marilyns Beschreibungen zeigte ich alle Symptome einer unerkannten und nicht behandelten Schizophrenie. Ich hatte mich in einer komplexen, zutiefst beängstigenden Welt eingerichtet, die nur in meiner Phantasie existierte.

»Er leidet unter tiefsitzenden Ängsten«, fuhr Dr. Landy fort. »Er ist unfähig, das Phänomen ›Angst‹ zu begreifen oder gar auf ›Angst‹ zu reagieren. Darum lebt er in einer Phantasiewelt. Und so schwer das zu verstehen sein mag, es stört ihn nicht. Er fühlt sich in dieser Phantasiewelt recht wohl. Das Problem ist, daß es alle in Brians Umgebung belastet – Sie, die Kinder, die Beach Boys. Sein Verhalten entspricht nicht der gesellschaftlichen Norm. Ein Beispiel: Wenn man einen Anruf annimmt, erwartet man ein Hallo oder ähnliches. Jede andere Reaktion, und zwar um so mehr, je stärker sie von der Norm abweicht, ängstigt die Umgebung. Und wenn man selbst verängstigt ist, zieht man sich einfach in sich selbst zurück. Mit einer solchen Person haben wir es zu tun. Brian braucht Hilfe.«

Das war Marilyn bewußt. Die Frage war nur, *wie* man mir helfen konnte.

Dr. Landy wußte eine Antwort. Er war in Pittsburgh geboren, als einziger Sohn eines praktischen Arztes und einer Psychologin. Von den Lehrern, die seine schwere Legasthenie nicht erkannten, als geistig zurückgeblieben abgeschrieben, ging Dr. Landy nach der sechsten Klasse von der Schule ab und schlug sich mit Gelegenheitsjobs durch. Noch ehe er zwanzig war, hatte er bereits eine im ganzen Land gesendete Teen-Radioshow produziert, und sich anschließend darauf verlegt, Platten zu promoten. In diesem Job hatte er dann einen gitarrespielenden Schuhputzerjungen namens George Benson entdeckt, war persönlicher Assistent der Jazzlegende Louis Armstrong gewesen und hatte für RCA Frankie Avalons erste Single produziert.

Erst in den späten Sechzigern hatte er umgesattelt und an der University of Oklahoma seinen Magister und dann den Doktor gemacht. Sofort nachdem er nach L. A. übersiedelt war, hatte er das Drogenprogramm für Jugendliche des Gateways Hospital ins Leben gerufen, im L. A. County Hospital ein Drogentherapie-Zentum eingerichtet und 1974 das Buch *The Underground Dictionary* veröffentlicht, einen Klassiker unter den Slang-Wörterbüchern. Bald handelte er sich den Spitznamen »Seelenklempner der Stars« ein, weil er unter anderem Alice Cooper, Rod Steiger, Richard Harris und Gig Young therapierte – um nur die wenigen zu nennen, die öffentlich darüber gesprochen haben.

Aber ich war sein ungewöhnlichster Notfall unter den Prominenten. Dr. Landy erklärte Marilyn seine Behandlungsmethode: eine 24-Stunden-rund-um-die-Uhr-Therapie, die er am Gateways Hospital und am Community Health Center entwickelt hatte. Der Psychiater ging davon aus, daß eine grundlegende Änderung der Lebensumstände des Patienten unwillkürlich auch eine Änderung seines emotionalen und psychischen Zustands nach sich ziehen mußte. Ob der Patient begriff, was mit ihm vorging, oder nicht, war zunächst unerheblich. Oft war der Realitätsverlust des Kranken schon zu gravierend, als daß er das Destruktive seines Verhaltens überhaupt noch erkennen konnte. Erklärungen sollten deshalb erst erfolgen, wenn der Patient soweit wiederhergestellt war, daß er sie zu begreifen vermochte.

Marilyn war sehr zufrieden mit dem, was sie gehört hatte, und bat Dr. Landy, sofort mit der Behandlung zu beginnen. Ehe er einwilligte, erklärte er ihr, sie müsse einer grundsätzlichen Bedingung zustimmen: Seine Behandlungsmethode erfordere eine totale therapeutische Autorität über den Patienten und dessen Umfeld. Schließlich sei es nicht sein Ziel, belehrte er Marilyn, einen

Klavierspieler zu reparieren und wieder voll funktionstüchtig an die Beach Boys zurückzugeben. Sein Job sei vielmehr, mein Leben in Ordnung zu bringen.

»Es geht um den Menschen Brian Wilson«, sagte er. »Wesentlich wichtiger als eine Karriere als Beach Boy ist ein Leben als ganzer, lebensfroher, selbständiger Mensch. Glauben Sie, es wird Schwierigkeiten von seiten der Band oder anderer Verwandter geben?«

»Nein«, sagte Marilyn. »Die Beach Boys haben damit nichts zu tun – egal was passiert.«

»Gut. Brian kann wieder zur Band gehören. Aber das muß warten, es muß sich mit der Zeit ergeben. Sprechen Sie mit allen, erklären Sie ihnen, was wir vorhaben, und lassen Sie mich wissen, ob sie einverstanden sind. Es ist unerläßlich, daß alle begreifen, daß meine Behandlung dem Menschen Brian Wilson gilt, nicht der Legende. Andernfalls kann die Therapie keinen Erfolg haben.«

Nach ihrem dritten Besuch hatte Dr. Landy einen Plan ausgearbeitet, in den er sie nun einweihte.

Meine Methode der Realitätsflucht war, mich selbst auszulöschen. Meine Welt war das, was ich sah, wenn ich die Augen schloß – eine einsame, dunkle, beängstigende Welt. Niemand konnte mich dazu bringen, mich aus dieser Welt hervorzuwagen, weder durch Drohungen noch durch gutes Zureden. Marilyn wußte, daß Einschüchterungsversuche oder Drohungen mich nie dazu bewegen konnten, etwas zu tun, was ich nicht wollte. Und die Beach Boys hatten mittlerweile von mir und meinen Eskapaden die Nase so voll, daß sie sich mit allem abfanden.

Das Verhaltensmuster hatte sich über einen langen Zeitraum hin entwikkelt und war nun anscheinend so unabänderlich wie einst mein dominierender Einfluß bei der musikalischen Entwicklung der Band oder meine spätere Weigerung, mit den anderen auf Tour zu gehen. Für die Beach Boys war mein schwindendes Interesse, mich musikalisch zu engagieren, katastrophal und mein Rückzug ins selbstgewählte Exil frustrierend. In letzter Konsequenz: Ich tat immer nur das, was ich gerade wollte, und das ist bis zum heutigen Tag so geblieben.

Damals bestand mein Hauptproblem darin, daß ich nicht wußte, was ich sinnvollerweise hätte tun sollen. Ob und wann ich überhaupt handelte, entschied ich rein instinktiv und impulsiv. Meine Spezialität war, um mich herum Mauern zu errichten, und Dr. Landys Stärke zeigte sich darin, daß er diese Mauern einzureißen vermochte. Aber er wußte, daß die Holzhammer-Methode dazu nicht geeignet war; die Aufgabe mußte mit ebensoviel Fingerspitzengefühl wie Standfestigkeit angegangen werden.

»Brian muß tatsächlich zu mir kommen und mir selbst sagen, daß er ein Problem hat«, erklärte Dr. Landy. »Ganz gleich, worin dieses Problem besteht, er muß mir selbst sagen, daß ich ihm helfen soll, es zu lösen.«

»Aber meistens will er noch nicht mal aus dem Bett aufstehen«, erwiderte Marilyn. »Und schon gar nicht mit Fremden reden. Wie soll er Ihnen dann sagen können, daß er ein Problem hat und Hilfe braucht?«

Dr. Landy lächelte. »Wir werden ihm helfen, sich selbst zu helfen.«

Im Anschluß an diese Unterredung erfuhr mein Leben nach und nach subtile Veränderungen. Würde man das Leben als ein Spiel betrachten, dann war das, was jetzt geschah, so, als sollte eine unbedeutende, winzige Abweichung von der Regel schließlich das ganze System auf den Kopf stellen. Es geschah fast unmerklich, aber es zog entscheidende Veränderungen nach sich.

Eines Tages kam Marilyn nach Hause und setzte Dr. Landys Anweisungen in die Tat um. Sie entfernte sämtliche kalorienreichen Lebensmittel aus meinem Blickfeld, außerdem die Zigaretten sowie alles an Drogen und Alkohol, was ihr nur unter die Finger kam. In dieser Zeit besuchte sie Dr. Landy drei- bis viermal die Woche, und jedem Besuch ging eine eigens für mich inszenierte Scharade voran.

Schon ein oder zwei Stunden, ehe sie sich auf den Weg zu Dr. Landys Praxis begab, kam Marilyn in mein Schlafzimmer oder wo immer ich gerade war, und schwärmte mir mit Singsangstimme vor: »Ach, heute bin ich so glücklich, weil ich meinen Dr. Landy sehen kann. Immer, wenn ich meinen Dr. Landy treffe, fühle ich mich so unbeschreiblich herrlich.«

Wenn sie den Mantel überzog, fing sie wieder an: »Ich gehe zu Dr. Landy und erzähle ihm all meine Probleme. Es ist mir noch nie so gut gegangen, Brian, denn er sagt mir, wie ich meine Probleme lösen kann.« Wenn ich frühstückte, zog sie sich einen Stuhl heran und schwärmte weiter: »Es ist so aufregend, endlich jemand zu haben, dem man alles erzählen kann, der meine Ängste versteht. Nicht *deine* Probleme, Brian. Nur *meine eigenen* Probleme.«

Wenn sie mich auf dem Sofa liegen sah, setzte sie sich zu mir und sagte mit ihrer sanftesten Stimme: »Dr. Landy liebt es, sich meine Probleme anzuhören. Eines davon sind die Kinder. Meine Mutter ist auch eines meiner Probleme. Und du, Brian, du bist natürlich auch ein Problem für mich. Meine Freundinnen machen mich verrückt. Meine Schwestern und die Beach Boys und Sex, alles macht mich verrückt. Und es macht mich so glücklich, mit Dr. Landy über alles zu reden. Aber über deine Probleme rede ich nie. Nur über meine, über die Dinge, die mich ängstigen und mir Sorgen machen.«

Nachdem sie den Köder ausgelegt hatte, hüpfte Marilyn fröhlich zur Tür hinaus. In Dr. Landys Praxis trank sie einen Kaffee und tauschte Informationen aus. Danach ging sie zum Lunch, machte Besorgungen oder besuchte ihre Freundinnen. Schließlich kam sie mit einem strahlenden Lächeln und beschwingtem Gang wieder nach Hause, um Dr. Landys raffiniertes Heim-Psychodrama fortzusetzen.

»Oh, mein Dr. Landy ist ein wundervoller Mensch. Wenn ich bei meinem Dr. Landy gewesen bin, sieht die Welt gleich ganz anders aus.«

Zwei Wochen später wurden die Ziele höher gesteckt. Plötzlich erfuhr ich von Marilyn, daß sie auch die Kinder mit zu dem wundervollen Dr. Landy nahm. Dann ihre Eltern und ihre Freundinnen. Eines Tages berichtete sie mir, mein Bruder Carl, mein Vetter Mike, und überhaupt alle würden zu Dr. Landy gehen, selbst meine Mutter. Das stimmte sogar. Dr. Landy traf sich mit jedem der Beach Boys und auch mit meiner Mutter, um ihnen zu erklären, was im Moment ablief und wie sie sich mir gegenüber verhalten sollten.

Im nachhinein betrachtet, war diese Scharade ein therapeutischer Geniestreich. Aber die völlig verfahrene Situation erforderte solche drastischen Maßnahmen. Bald kam es mir so vor, als würde jeder, der unser Haus betrat, Dr. Landy konsultieren, und alle redeten von ihm, als wäre er ein Seelenmagier.

»Warst du nicht begeistert von dem, was Dr. Landy gesagt hat?« hörte ich irgend jemanden sagen. »Fühlst du dich nicht auch fantastisch? Es ist mir nie besser gegangen. Es macht mich so glücklich, zu Dr. Landy zu gehen.«

So ging es einige Wochen lang. Mittlerweile war ich schon mehr als neugierig und löcherte Marilyn ständig: »Wer ist dieser Dr. Landy?«

»Das geht dich nichts an, Brian.«

»Du mußt es mir sagen, Marilyn«, verlangte ich. »Wer ist dieser Dr. Landy?«

Marilyn war von dem Therapeuten auch in dieser Hinsicht vorbereitet worden: Ihre abweisenden Antworten sorgten nur dafür, daß meine Neugier zusätzlich angestachelt wurde.

»Er ist mein Arzt«, betonte Marilyn, »und du kannst nicht zu ihm gehen. Wenn du zu Dr. Landy gehen willst, kannst du dir das gleich aus dem Kopf schlagen. Brian. Zu jedem anderen Arzt in der Stadt kannst du gehen, aber nicht zu Dr. Landy. Er gehört *mir* allein.«

Dr. Landys Taktik hatte Erfolg. Je geheimnisvoller Marilyn tat, desto mehr wollte ich über ihn erfahren. Ich bohrte Tag und Nacht und wollte unbedingt wissen, warum sie zu ihm ging. Woher kam ihr plötzliches Wohlbefinden? Wieso war plötzlich die ganze Welt so wundervoll für sie? Ich wollte wissen, was dieser Dr. Landy mit ihr anstellte, daß sie sich plötzlich so glücklich fühlte. Und wie es kam, daß jeder ihn zu kennen schien.

Eines Tages fand ich Marilyn alleine im Schlafzimmer. Sie weinte vor Verzweiflung, weil Dr. Landy nicht in der Stadt war; er fehlte ihr. Als ich sie fragte, wo er sei, sagte Marilyn, mit mir würde sie nicht darüber sprechen, sie sei zu deprimiert. Allmählich schlugen diese Depressionen in Ärger um, denn Dr. Landy hatte ihr die Anweisung gegeben, absichtlich wütend auf mich zu werden.

»Du bist ja den ganzen Tag im Bett«, fuhr sie mich an. »Dr. Landy sagt, ich sollte einfach akzeptieren, daß du so bist. Aber es ärgert mich.«

Solche unverblümten Reden war ich nicht mehr gewohnt. Normalerweise behandelte Marilyn mich wie eines ihrer Kinder oder wie einen entfernten

Verwandten, dessen Schrullen man stillschweigd toleriert. Daß sie mir gegenüber wütend wurde, war seit Jahren nicht mehr geschehen. Normalerweise nahm sie alles hin und kümmerte sich nur um ihre eigenen Angelegenheiten. Aber jetzt äußerte sie mit Dr. Landys ausdrücklicher Erlaubnis plötzlich ihre wirklichen Gefühle, und wenn mir die Wahrheit auch nicht weh tat, weckte sie doch zumindest mein Interesse. Ich fragte mich, wieso dieser Arzt soviel von mir wußte.

Ein paar Tage später strahlte Marilyn wieder. Sie hüpfte munter durchs Haus und zwitscherte mit seliger Stimme: »Mein Dr. Landy ist wieder da.« Obwohl der Mann mir weiterhin ein Buch mit sieben Siegeln war, kristallisierte sich doch eine unleugbare Tatsache heraus: Solange er erreichbar war, machte er Marilyn und alle, die ihn kannten, glücklich, und wenn er vorübergehend nicht in L. A. war, litt meine Frau. Mir wurde klar, daß ein Besuch bei diesem mysteriösen Therapeuten eine tolle Sache sein müßte.

Während für Marilyn und alle anderen das Leben wie gewohnt weiterging, wurde ich mit einemmal wie besessen von Dr. Landy. Selbst wenn Marilyn nicht von ihm sprach, ging mir sein Name durch den Kopf. Offensichtlich spendete Dr. Landy seinen Patienten irgendein Wunder-Elixier, das sie zufrieden machte, und davon wollte ich ebenfalls kosten.

Da ich in ständiger Furcht lebte, wie ein Tier in der Wildnis, war ich zum Experten für jedes noch so versteckte Anzeichen von Hinterlist oder faulen Tricks geworden. Nicht die kleinste Unregelmäßigkeit entging meiner Wachsamkeit, während alles Normale und Alltägliche fast unbemerkt an mir vorbeirauschte. Marilyn wußte, daß ich für den entscheidenden Schachzug reif war. Eines Tages stand sie vom Küchentisch auf und rief: »Moment mal! Ich habe eine Idee!« Ich zuckte nicht mal mit der Wimper, als sie ans Telefon ging und die Nummer ihres Arztes wählte. »Dr. Landy?« sagte sie. »Mir geht es heute so schlecht. Können Sie zu mir nach Hause kommen? Sie können? Oh, was für ein Glück. Okay, nein, ich werde nicht hysterisch werden. Um wieviel Uhr? Gut, also morgen früh um elf. Wundervoll! Ich schreibe es mir auf den Notizblock am Kühlschrank.«

Am nächsten Morgen hörte ich, wie Marilyn Dr. Landy über die Gegensprechanlage das Eingangstor öffnete. Ich blieb oben, während sie vor die Tür ging, um ihn zu begrüßen. Obwohl ich fast vor Neugier platzte, wie er wohl aussehen mochte, wollte ich nicht hinuntergehen und ihn mir selbst ansehen. Statt dessen versteckte ich mich auf der Treppe und lauschte, während Marilyn den Arzt herumführte. Nach einem Rundgang durchs Haus schlossen sich die beiden im Arbeitszimmer ein. Ich schlich auf Zehenspitzen an die Tür und versuchte, ihr Gespräch mitzuhören, aber konnte nichts verstehen, bis Marilyn schließlich sagte: »Okay, dann zeige ich Ihnen oben noch alles.«

Das war mein Stichwort, wieder nach oben zu sprinten, mich ins Bett zu verkriechen und mir die Bettdecke bis über die Nase zu ziehen. Die beiden sprachen wieder mit gedämpften Stimmen, nur gelegentlich drangen einige

Lacher oder ernste »Hmmmmm«s zu mir herein. Dann klopfte es an der Tür – ein dramatischer Moment. Marilyn rief: »Brian, ich komme jetzt mit Dr. Landy rein.« Ich steckte ängstlich den Kopf unter die Bettdecke und stülpte mir als zusätzlichen Schutz noch ein Kissen über.

»Brian«, sagte Marilyn. »Das ist Dr. Landy.«

Ich erwiderte nichts und wußte nicht, was ich tun sollte. Trotz meiner brennenden Neugier auf den Mann, der neben meinem Bett stand, verhielt ich mich stumm und reglos und versuchte, mich unsichtbar zu machen.

»Brian!« rief sie mich streng zur Ordnung. »Ich möchte, daß du meinen Arzt kennenlernst. Mach mir bitte keine Schande! Sag Dr. Landy Hallo!«

Es war ein simpler psychologischer Trick. Marilyn war der Treiber, Dr. Landy die Beute. Ich mußte nur aus meinem Versteck kommen und ihn mir schnappen.

Sehr langsam, fast unmerklich, schob ich das Kissen von meinem Kopf weg, bis ich Marilyn und Dr. Landy durch einen winzigen Spalt sehen konnte. Aber ich konnte beide noch nicht deutlich erkennen, da immer noch die Laken über meinem Kopf lagen. Dann trat Marilyn vor und riß mir die Decken vom Gesicht. Dr. Landy hatte sich schnell abgewandt und stand jetzt mit dem Rücken zu mir; ich wußte also noch immer nicht, wie er aussah. Als ich mich hastig wieder in meine Decken wickelte, ging er aus dem Zimmer.

Von da an kam Dr. Landy jeden Tag um Punkt elf Uhr zu uns und unterhielt sich im Arbeitszimmer mit Marilyn, hinter verschlossenen Türen. Gleichzeitig machten sich in unserem täglichen Miteinander subtile Veränderungen bemerkbar. Zum Beispiel besprach Marilyn, die jahrelang unseren Haushalt nach Gutdünken geführt und mich niemals nach meiner Meinung gefragt hatte, plötzlich jede Einzelheit mit mir. Auch wenn ich nicht antwortete, unternahm sie nichts mehr, ohne mich vorher zu fragen.

Ich war eifersüchtig auf Marilyns Beziehung zu Dr. Landy und hatte tausend Fragen über diesen Mann, den ich noch immer nicht richtig gesehen hatte. Ich wollte wissen, was sich hinter der verschlossenen Tür des Arbeitszimmers abspielte. Immerhin verbrachten die beiden Tag für Tag eine volle Stunde da drinnen, eine sehr lange Stunde für mich. Ich klebte mit dem Ohr an der Tür und hörte Kichern und Lachen. Während einer dieser Sitzungen schienen sie soviel Spaß zu haben, daß ich es mir nicht verkneifen konnte, an die Tür zu klopfen.

»Wer ist da?« fragte Marilyn.

»Ich bin's.«

»Mein Arzt ist bei mir«, gab sie zurück. »Du mußt warten, bis ich fertig bin. Geh wieder in dein Zimmer und leg dich ins Bett, wie du's sonst auch immer tust.«

Unter Dr. Landys Anleitung führte Marilyn mich auf den richtigen Weg, ohne daß es mir bewußt wurde. Mehr noch, jedes einzelne Gespräch, jede Situation, die ich belauschte, waren bis ins Detail inszeniert und programmiert. Morgens sah ich auf die Uhr und wartete darauf, daß es elf Uhr werden würde. Sobald ich den Kombi des Doktors in der Einfahrt kommen hörte, stürzte ich nach unten, um sein Klopfen abzuwarten.

Eines Tages stand er nachmittags vor der Tür und klopfte. Marilyn hatte das Eingangstor absichtlich offen gelassen und war nirgends zu sehen. Das Klopfen hörte nicht auf, Dr. Landy wollte offenbar dringend ins Haus. Ich hatte keine Ahnung, daß meine Frau und der Arzt diese Szene von langer Hand vorbereitet hatten; es war ein wichtiger Schritt in dem Plan, der mich dazu bewegen sollte, Dr. Landy aus eigenen Stücken um Hilfe zu bitten. Der Therapeut wollte, daß es zur direkten Begegnung zwischen uns kam.

»Aber was ist, wenn Brian nicht aufmacht?« hatte Marilyn gefragt.

»Das wird er schon«, hatte Dr. Landy sie beruhigt. »Wenn nicht jetzt, dann bald, sehr bald. Ein Versuch kann nicht schaden.«

Als das Klopfen nicht aufhörte, witterte ich meine Chance, diesen Dr. Landy in Augenschein nehmen zu können, also nutzte ich die Gelegenheit, ging in meinem Bademantel nach unten und öffnete. Ich wappnete mich für die Begegnung mit dem rätselhaften Dr. Landy.

»Okay«, brüllte ich, als ich die Tür aufriß.

»Ich möchte zu Mrs. Wilson«, sagte er ruhig.

»Ich bin ihr Mann. Ich bin Brian.«

»Ist Ihre Frau zu Hause?«

Ich war so aufgeregt, daß ich ihn kaum richtig wahrnahm. Gleißendes Sonnenlicht schimmerte über seine Schulter und blendete mich, fast so, als umgäbe ihn eine visuell wahrnehmbare Aura.

»Ja, kommen Sie rein«, sagte ich. Dann rief ich nach Marilyn. »Dr. Landy ist hier!«

»Tja, vielleicht sollte ich hier draußen warten, bis . . .«

In diesem Moment erschien Marilyn und umarmte Dr. Landy herzlich. Er legte seinen Arm um sie, und dann verschwanden beide ins Arbeitszimmer. Dr. Landy sagte kein weiteres Wort zu mir und ließ mich links liegen.

Mittlerweile war ich soweit, daß ich mitmischen wollte. Ich folgte ihnen zum Arbeitszimmer, hämmerte gegen die Tür und bestand darauf, eingelassen zu werden. Marilyn öffnete die Tür nur einen Spaltbreit und wies mich darauf hin, daß ich ihre Therapie stören würde.

»Wenn du eine Therapie willst, such dir selbst einen Arzt«, sagte sie. »Das ist mein Arzt und meine Therapie. Und jetzt entschuldige mich bitte.«

Als sie versuchte, die Tür zu schließen, war das zuviel für mich. Seit Jahren war ich daran gewöhnt, daß alles nachmineWillen ging. Ich holte mir einen Stuhl, stellte ihn genau vor die Tür und schob Wache. Marilyn und Dr. Landy wußten genau, daß ich draußen wartete. Nach einiger Zeit ging die Tür auf. Marilyn warf mir einen mißbilligenden Blick zu und ging in die Küche, um Kaffee zu holen. Dr. Landy saß mit dem Rücken zu mir auf der Couch, so daß ich nur seinen Hinterkopf sehen konnte.

»Ich will eine Therapie machen«, sagte ich und schob mich vorsichtig ins Arbeitszimmer. »Kann ich bei Ihnen eine Therapie machen?«

Das war exakt das Ergebnis, auf das Dr. Landy in den vergangenen zweieinhalb Monaten hingearbeitet hatte. Der Köder war am Haken, die Angel ausgeworfen, und endlich biß der Fisch – oder, in meinem Fall, der Wal – an. Ich war bereit zu einer Therapie und mußte jetzt nur noch selbst darum bitten.

Dr. Landy erklärte mir, ich könne jederzeit eine Therapie beginnen, müsse aber wie all seine anderen Patienten einen Termin vereinbaren. Zur Zeit behandele er Marilyn und habe während dieser Sitzung keine Zeit für mich. Schließlich erhöhte er den Einsatz noch, indem er hinzufügte, er sei sich nicht sicher, ob ich für eine Therapie überhaupt geeignet sei.

»Was muß ich tun, um mich zu qualifizieren?« fragte ich.

»Rufen Sie mein Büro an. Dann sprechen wir darüber.«

»Okay, wie ist Ihre Nummer?« fragte ich.

»Steht im Telefonbuch.«

Okay! Einen Tag lang suchte ich nach dem Telefonbuch, um dann den Zettel, auf den ich mir die Nummer notiert hatte, zu verlieren. Anschließend verlegte ich das Telefonbuch und fand es nicht wieder. Dann konnte ich meinen Notizblock nicht finden, dann war mein Stift verschwunden: es war eine schier endlose Komödie der Irrungen. Ich brauchte eine Woche, um diese simple Aufgabe zu bewältigen. Endlich hatte ich alles beisammen und rief Dr. Landy an. Marilyn hörte aufgeregt auf der anderen Leitung mit. Ich hatte den Köder geschluckt.

Obwohl Marilyn sich meinen Termin notiert hatte, mußte ich noch mehrmals in Dr. Landys Praxis anrufen. Zuerst vergaß ich, was die Sprechstundenhilfe mir gesagt hatte. Dann verlor ich den Zettel, auf dem ich mir alle Informationen aufgeschrieben hatte. Als ich schließlich soweit war, mußte ich Marilyn bitten, mich hinzufahren, weil ich keinen Führerschein hatte.

Als ich schließlich mit Marilyn in Dr. Landys Praxis in Beverly Hills eintraf, war ich mir trotz meiner großen Erwartungen noch immer nicht im klaren darüber, was ich hier eigentlich wollte. Ich schlurfte ins Wartezimmer, starrte gegen die Wand und versuchte, mein Gesicht vor der Sprechstundenhilfe zu verbergen. Ich fühlte mich so unbehaglich, daß ich den Kopf zurückfallen ließ und die Augen in den Höhlen verdrehte. Plötzlich zog Marilyn mich am Arm: Es war soweit.

Ich stand auf, trottete in ein anderes Zimmer, sah mich schnell um und verdrehte erneut die Augen. Dr. Landy nahm mir gegenüber Platz. Ich hörte, wie er atmete. Da ich nicht wußte, was mich bei einer derartigen Therapie erwartete, wollte ich nur, daß es endlich losging – was immer es auch war – und sehen, was die anderen so toll daran fanden. Schließlich brach Dr. Landy das Schweigen und fragte mich, warum ich gekommen sei.

»Ich will eine Therapie machen«, antwortete ich.

»Wozu?«

»Na ja – ich weiß nicht.«

»Haben Sie Probleme?«

»Ich weiß nicht.«

»Dann gibt es wohl nichts, worüber wir reden müßten«, bemerkte er lakonisch. Dann stand er auf und verließ den Raum.

Die ganze Szene hatte nur zwei Minuten gedauert, wenn überhaupt. Abgeblitzt und verstört ging ich sofort zum Auto zurück. Marilyn setzte sich auf den Fahrersitz und fragte, wie es gewesen sei.

»Dr. Landy hat gesagt, ich muß ein paar Probleme finden«, berichtete ich. »Ich muß jede Menge Probleme haben, um die Therapie zu machen. Woher soll ich diese Probleme nur nehmen?«

Marilyn und Dr. Landy hatten sich monatelang auf diesen Augenblick vorbereitet. Sie ließ mich schmoren, bis wir zu Hause waren, wo ich schnurstracks in mein Schlafzimmer rannte. Marilyn folgte mir, und dann brach es wie ein Wirbelsturm über mich herein: Ich suchte nach Problemen? Wenn ich Probleme wolle, dann habe sie eine kilometerlange Liste für mich, erklärte Marilyn und nahm ein Stück Papier zur Hand. Sie setzte mich an den Küchentisch, und wir stellten gemeinsam eine Liste mit Problemen zusammen, die nicht nur von A bis Z, sondern von AAA – ZZZ reichte.

Ich war überglücklich: Diese Latte von Problemen qualifizierte mich für eine Therapie. Also vereinbarte ich einen neuen Termin mit Dr. Landy.

»Da«, sagte ich mit einem stolzen Lächeln, als ich ihm meine Liste präsentierte. »Das sind meine ganzen Probleme.«

»Richtig. Das sind Ihre Probleme«, kommentierte er. »Warum lösen Sie sie nicht?«

»Ich kann nicht. Ich weiß nicht, wie. Darum bin ich ja hier.«

»Und was soll ich für Sie tun?«

»Ich will, daß Sie mir helfen«, bat ich. »Bitte, werden Sie mir helfen?«

27

Therapie

Zwei Tage später ging ich wieder zu Dr. Landy; es war der früheste Termin, den er frei hatte. Die Zeit zwischen den beiden Sitzungen nutzte ich dazu, meine Probleme zu sichten. Ich verstand nicht alle von ihnen, und noch weniger konnte ich sie erklären. Doch das störte ihn nicht, für ihn zählte nur, daß ich sie überhaupt hatte, daß ich zu ihnen stand und daß ich etwas an meiner Situation ändern wollte.

Während dieser Sitzung fragte Marilyn, ob Dr. Landy mich zu Hause behandeln könne. Sie müsse die Kinder schon oft genug herumfahren und wolle sich nicht auch noch mit meinen Terminen herumschlagen. Dr. Landy fragte, was mir lieber sei und ich fand diese Idee hervorragend: Ich müßte das Haus nicht verlassen und könnte Dr. Landy *trotzdem* sehen. Das traf sich ausgezeichnet.

Unsere erste Heim-Sitzung fand an einem Nachmittag statt. Ich hörte Dr. Landy die Einfahrt hinauffahren. Dann klingelte er, begrüßte Marilyn und kam die Treppe herauf. Ich saß auf einem Stuhl in meinem Schlafzimmer, immer noch im Schlafanzug, den ich seit Tagen trug, und konzentrierte all meine Sinne auf den Augenblick, in dem er eintreten würde. Die Spannung war fast unerträglich, und in der Sekunde, in der sich die Tür öffnete, warf ich den Kopf zurück und verdrehte die Augen, bis nur noch das Weiße zu sehen war. Ich konnte ihn nicht einmal richtig erkennen.

Dr. Landy schnupperte. »Bist du stoned?«

Ich antwortete nicht.

»Wo ist es dir am liebsten?« fragte er.

Statt einer Antwort stand ich auf, ging zu dem großen begehbaren Schrank, öffnete die Tür, ging hinein und knallte die Tür hinter mir zu. Dieser stockdunkle Raum war eines meiner Lieblingsverstecke. Warum? Weil geistig gesunde Erwachsene nicht in Schränken saßen und ich dort normalerweise meine Ruhe hatte. Fünf Sekunden vergingn, dann öffnete sich plötzlich die Tür, und Dr. Landy stand vor mir. Wie bei unserer ersten Begegnung schien er auch diesmal in Licht gebadet zu sein. Ich hielt mir die Hände vor die Augen. Völlig unerwartet für mich betrat der Arzt nun den Schrank, schloß die Tür und setzte sich mir gegenüber.

Die nächste Stunde lang saßen wir auf engstem Raum beisammen und kkh484schwiegen uns an. Ich wußte, daß er mir nichts tun wollte, aber er ließ mich einfach nicht davonkommen. Ohne Worte gab er mir zu verstehen, daß wir die Sache durchziehen würden, ob es mir paßte oder nicht. Keine Frage, wir sprachen offenkundig dieselbe Sprache. Niemand war mir je zuvor in den Schrank gefolgt.

Mit dieser einfachen Aktion gewann er mein Vertrauen. Schließlich nahm ich meinen ganzen Mut zusammen und beantwortete die Frage, die er mir vor ungefähr einer Stunde gestellt hatte.

»Im Schrank«, sagte ich.

Dr. Landy erwiderte kein Wort und ließ eine weitere halbe Stunde verstreichen, ehe *er* nun das Schweigen brach.

»Gut.«

Da ich nicht reagierte, verging fast wieder eine Stunde, ehe die nächsten Worte gesprochen wurden.

»Ich muß mal aufs Klo«, erklärte Dr. Landy und stand auf.

»Okay«, sagte ich.

Dieser Mann hatte etwas an sich, das mir Vertrauen einflößte. Er schien mich zu verstehen. Nachdem ich erlebt hatte, wie er sich bei mir im Schrank verhalten hatte – ruhig, ohne Forderungen an mich zu stellen –, wagte ich es, meine Augen zu öffnen und fing an zu glauben, daß er wirklich etwas Besonderes war. Vielleicht hatte er tatsächlich das Wundermittel, von dem alle sprachen. Die Vibes waren intensiv, aber es waren gute Vibes.

Als Dr. Landy vom Klo zurückkam, saß ich wieder auf dem Stuhl, auf dem ich bei seiner Ankunft gewartet hatte. Meine Augen waren geöffnet und beobachteten ihn, als er ins Zimmer kam. Als er mich dort sitzen sah, blieb er im Türrahmen stehen und lächelte.

»Das ist ja ein Anfang.«

Dr. Landys Rund-um-die-Uhr-Therapie sah unter anderem vor, daß jede Stunde des Tages verplant und abgerechnet wurde. Zunächst befaßte sich ein ganzes Team von Ärzten damit, mich körperlich und mental von Kopf bis Fuß durchzuchecken. Sie bohrten, stocherten und fragten, bis ich mir schließlich wie ein medizinisches Studienobjevorkam. Außerdem verschrieben sie mir unzählige Medikamente: Psychopharmaka gegen meine hysterische Schizophrenie, Vitamine, Tranquilizer für Notfälle sowie Antibiotika für kleinere Infektionen, die mir zu schaffen machten: Marilyn bekam genaue Instruktionen, wann ich was einzunehmen hatte.

Um einen besseren Einblick zu erhalten, was in meinem Kopf vorging, ließ Dr. Landy einen seiner Assistenten, Scott Steinberg, den Sohn seines Buchhalters, bei mir einziehen. Scotts Job war es, jeden meiner Schritte zu überwachen und jede meiner Äußerungen niederzuschreiben. Er führte Buch über meine alltäglichen Beschäftigungen: 9 Uhr morgens joggte ich; um elf sprach ich mit Dr. Landy; um eins gab es einen gesunden Lunch; dann machte ich Gymnastik, wusch mich und zog mich an; abends, nach jedem

Dinner, nahm ich an den jetzt täglich stattfindenden Diskussionen im Familienkreis teil.

Das alles war zunächst eine Qual für mich. Ich nörgelte und sträubte mich gegen jeden Schritt, der mich mit der Realität konfrontierte – aber ich verließ zum ersten Mal seit Jahren regelmäßig das Bett.

Die Behandlung war hart, nicht nur für mich, sondern für die ganze Familie. Scott lebte bei uns im Haus, Dr. Landy hatte Marilyn eine Liste gegeben, auf der er gesunde Lebensmittel, die sie kaufen sollte, sowie ungesunde, die streng verboten waren, verzeichnet hatte. Zudem ieß er ein Sicherheitsschloß am Kühlschrank anbringen. Telefonanrufe wurden abgehört, Regeln aufgestellt und Grenzen gesteckt, deren Einhaltung einer strikten Überwachung unterlag. Arnie Horowitz und Lynn Turner, zwei Assistenzärzte der F.R.E.E. Clinic – eines gemeinnützigen Krankenhauses, das Dr. Landy gegründet hatte, um der ärmeren Bevölkerung zu helfen –, wurden eigens dafür abgestellt, um mit Marilyn und den beiden Mädchen eine ergänzende Familientherapie durchzuführen.

Wir alle mußten lernen. Carnie war ein aggressives, wildes und hyperaktives Kind, während Wendy introvertiert und regredierend war und vor allem und jedem Angst hatte. Die Doktoren Landy, Horowitz und Turner entwickelten ein spielerisches Lernprogramm, in dem die Mädchen mit Pokerchips für richtiges Verhalten belohnt und für falsches Verhalten bestraft wurden. Die ersten Ergebnisse zeigten sich bald: Carnie hörte auf, sich mit Junk Food vollzustopfen und nahm ab; Wendy zeigte sich aufgeschlossener und begann zu sprechen. Der Wahnsinn hatte Methode.

Dr. Landy stellte auch eine Liste mit den Namen von Leuten auf, die negativen Einfluß auf mich hatten: meine Drogenkumpane. Er verbot ihnen, mich zu besuchen, und ich durfte auch nicht zu ihnen gehen, wenn es mir im Bett zu langweilig wurde. Da die Liste fast jeden umfaßte, den ich kannte, war das eine ziemliche Einschränkung. Etwas so Alltägliches, wie mit ein paar Freunden einen Kaffee zu trinken, war für mich unmöglich. Als ich nach einer Begründung für dieses Verbot fragte, erklärte Dr. Landy, mit den meisten meiner Freunde hätte ich zu viele Drogen genommen.

»Aber das war früher!« protestierte ich.

»Guter Einwand! Würdest du Uppers oder Downers nehmen, wenn man dir welche anbietetet?«

»Kannst du was besorgen?« fragte ich gierig.

Spät an einem Abend, als alle anderen schon schliefen, schlüpfte ich dennoch heimlich aus dem Haus. Obwohl ich keinen Führerschein hatte, fuhr ich zu Danny Hutton, wo ich fast bis zum Morgengrauen Koks schnupfte. Nachdem ich mir noch eine kleine Notration gekauft hatte, fuhr ich heim und schlichauf mein Zimmer zurück, ehe die anderen aufwachten. Doch am Morgen entdeckte Scott das Koks.

Später rief Dr. Landy Danny an und drohte ihm, die Bullen zu rufen, wenn er mir je wieder Koks besorgte. Außerdem ließ Dr. Landy bei allen Connections ausstreuen: Wenn irgendwer Brian Wilson mit Koks versorgte, hätte er sofort die Bullen auf dem Hals.

Ich wurde hinterlistiger. Eines Nachmittags rief ich Mo Ostin bei Warner Records an und verlangte 1000 Dollar. Als er fragte wozu, speiste ich ihn mit einer Ausrede ab und verlangte, er solle das Geld auf einem ganz speziellen Wege bei mir zu Hause abliefern. Pünktlich zu einer bestimmten Zeit solle es in den Briefkasten vor meinem Haus gelegt werden. Widerstrebend willigte er ein – ich war immerhin Brian Wilson, und noch hatte mein Name im Musikbusiness Gewicht.

In der Zwischenzeit rief ich einen Dealer an und traf mit ihm ein ähnliches Arrangement: Er solle zu einem genau festgelegten Zeitpunkt an meinem Haus vorfahren und das Koks in den Briefkasten legen, in dem ein Paket Scheine für ihn bereitliege. Zur gegebenen Stunde versteckte ich mich im Gebüsch und beobachtete den reibungslosen Ablauf der Transaktion. Es gelang mir, mehrere solcher Deals abzuziehen, ehe Scott mir auf die Schliche kam und mich bei Dr. Landy verpfiff.

Die Polizei hätte nicht schlimmer sein können. Mein Therapeut bestrafte mich nicht, sondern erteilte mir eine Lektion. Dr. Landy rief nun seinerseits bei Ostin an und instruierte ihn, mir unter keinen Umständen mehr Geld oder irgend etwas sonst zu geben, ohne mit ihm Rücksprache zu halten. Dem Präsidenten der Plattenfirma standen die Haare zu Berge, als er erfuhr, daß er Komplize bei einem Drogendeal gewesen war. Dr. Landy ging trotzdem hart mit ihm ins Gericht.

Ich versuchte es mit anderen Methoden. Beispielsweise versteckte ich mich in den Büschen neben dem Bellagio Drive, sprang auf vorbeifahrende Wagen auf und ruderte verzweifelt mit den Armen. Wenn ein Auto anhielt, bettelte ich um Joints oder Zigaretten.

Die Familie im Nachbarhaus hatte mehrere Kinder, unter anderem Betty, ein Mädchen im Teenageralter. An einem Nachmittag klopfte ich an ihre Tür. Betty öffnete mir, und ich bot ihr zwei Bob-Seeger-Karten im Tausch für ein Sechserpack Bier an. Sie lehnte ab, denn Dr. Landy hatte längst auch unsere Nachbarn und sämtliche Streifenpolizisten von Bel Air in die Regeln seiner Therapie mit Brian Wilson eingeweiht.

Nach etwa einem Monat zeigte Marilyn plötzlich feindselige Reaktionen auf Dr. Landys Einmischung in unser Privatleben. Sie war es gewohnt, in allen Dingen freie Hand zu haben, und begehrte dagegen auf, jede Entscheidung mit Dr. Landy absprechen zu müssen. Trotz der offensichtlichen Besserung meines Zustandes, unserer Beziehung und auch bei den Kindern empfand sie die Einschränkungen als zu große Belastung. Der wahre Grund war wohl Eifersucht; ich zollte Dr. Landy mehr Respekt und Aufmerksamkeit als ihr.

Vielleicht war ein Zusammenstoß zwischen Marilyn und Dr. Landy auch unvermeidlich. Immerhin war dies hier Marilyns Haus, und sie war daran gewöhnt, den Haushalt zu führen und für ihren Mann zu sorgen. Von einem

Tag auf den anderen hatte nun aber dieser autoritäre Psychologe sämtliche Verfügungsgewalt an sich gerissen und sie ins zweite Glied zurückgedrängt. Es war verständlich, daß Marylin sich bedroht und verunsichert fühlte und um ihre Eigenständigkeit fürchtete.

Dr. Landys Bereitschaft, extreme Wege zu gehen, wurde ihr mehr und mehr lästig. Der Therapeut tat Dinge, die niemand sonst gewagt hätte. Es genügte ihm nicht, mich mit Bonbons zu belohnen, wenn ich brav war. Er wollte mehr, als mich nur ein bißchen gesünder machen. Marilyn hatte sich nur einen reibungslos funktionierenden Haushalt erhofft, doch Dr. Landy wollte mich vollständig wiederherstellen.

Er ließ mir nichts durchgehen. Eines Tages wachte ich so verängstigt auf, daß ich das Bett nicht verlassen wollte. Scott rief sofort Dr. Landy an und berichtete ihm, was los war. Dr. Landy kam und wollte wissen, warum ich nicht draußen joggte und meine Gymnastikübungen machte. Ich erklärte ihm, wie ich mich fühlte, und als er sich unbeeindruckt zeigte, brüllte ich ihn an: »Leck mich am Arsch, verdammt noch mal!« Dr. Landy sagte, diese Möglichkeit stehe nicht zur Debatte.

»Dann prügele ich dir die Scheiße aus dem Leib«, drohte ich.

»Dann tu's doch, Mann«, schrie er, riß sein Hemd auf und bot mir seinen Bauch als Angriffsziel an. »Los, mach schon! Wenn es sein muß, dann tu es! Leg alles rein, was du hast!«

Heilige Scheiße! Mir war nicht klargewesen, was für ein irrer Hund dieser Arzt war. Er wollte, daß ich ihn schlug. Er forderte mich heraus. Aber ich konnte ihn nicht schlagen. Als er mit seinem aufgerissenen Hemd und hervorquellenden Augen vor mir stand und mich mit röhrender Stimme aufforderte, ihm in den Magen zu boxen, jagte er mir eine Scheißangst ein. Ich dachte nur noch daran, ihn zu beschwichtigen, vergaß sofort alles, was mir vorher Angst gemacht hatte, sprang aus dem Bett und gelobte, sofort mit meiner Joggingrunde durch die Nachbarschaft anzufangen.

Ich ging neuerdings auch regelmäßig zum Bowling. Eines Tages aber trat ich auf die Bahn und weigerte mich, die Kugel anzurühren. Ich hatte keine Lust zum Bowling. Dr. Landy erinnerte mich daran, daß ich früher den Wunsch geäußert hatte, Bowling zu spielen. Wir hätten jede Menge Leute eingeladen, die immer noch die Absicht zum Weiterspielen hätten, belehrte er mich. Doch ich tat diesen Rüffel mit einem Achselzucken ab. Als er mich fragte, was ich statt dessen tun wolle, erwiderte ich: Nach Hause fahren und mich ins Bett legen.

»Nein«, sagte Dr. Landy. »Du hast eine Vereinbarung getroffen, und du lernst soziales Verhalten. Verantwortungsbewußte Menschen halten Vereinbarungen ein, oder sie treffen sie erst gar nicht. Also spielst du jetzt Bowling.«

»Nein, tue ich nicht.«

»Okay. Ich miete diese Bowlingbahn so lange, wie du brauchst, um deine Vereinbarung einzuhalten. So lange, wie du brauchst, um die Kugel über die

Bahn zu schieben. Wenn du es gleich erledigst, schön. Wenn es eine Woche dauert, sind wir alle in einer Woche noch hier. Wir warten auch einen Monat, wenn du das willst. Mir soll's recht sein. Es ist dein Geld. Und deine Entscheidung.«

Ich wußte, daß er Ernst machen würde, also schob ich die Kugel auf die Bahn. Das Bowlen machte mir sogar Spaß. Trotzdem hörte ich nie auf, Dr. Landy auf die Probe zu stellen, denn ich wollte sichergehen, daß auch *er* seine Zusagen einhielt. Was war sein Versprechen gewesen? Mir zu helfen und für mich da zu sein.

Ein anderes Mal nahmen Dr. Landy und ich mit den Beach Boys in San Francisco an einem offiziellen Wohltätigkeits-Dinner in Ernie's Steakhouse teil, das pro Gedeck 5000 Dollar kostete. Offizieller Anlaß war die Premierenfeier für die choreographische Bearbeitung von »Little Deuce Coupe« durch das Joffrey Ballet. Als wir bei Ernie's eintrafen, konnte ich mich kaum aufrecht halten, solche Magenkrämpfe hatte ich vor Angst. Es wurde immer schlimmer. Als das Essen aufgetragen wurde, erklärte ich, ich sei krank und müsse ins Bett.

»Nein«, sagte Dr. Landy. »Wir bleiben.«

»Aber ich muß mich übergeben, wenn wir nicht gehen«, jammerte ich mit erhobener Stimme, weil ich wußte, daß mir die Leute meistens meinen Willen ließen, wenn sie befürchten mußten, sich in der Öffentlichkeit lächerlich zu machen.

Aber Dr. Landy reagierte ganz ähnlich wie auf meine Drohung, ihn zu verprügeln. Er sprang vom Tisch auf und schrie: »Wenn du es tun mußt, dann los! Tu es! Tu es hier!« Er hämmerte vor mir auf den Tisch. »Kotz schon! Los, kotz hier hin! Wenn du kotzen mußt, dann kotz hier und jetzt auf den Tisch. Damit dir alle zusehen können.«

»Hier?« fragte ich erstaunt und erkannte, daß ich wieder herausgefordert wurde. Mein Arzt zeigte mir in aller Deutlichkeit, daß meine Ängste nicht mein Verhalten und schon gar nicht das aller anderen bestimmen konnten.

»Hier! Los! Tu es!« schrie er. »Wenn du gekotzt hast, können wir vielleicht endlich weiteressen!«

Die Szene war filmreif. Die Leute an unserem Tisch – VIPs wie Mo Ostin, der Bürgermeister von San Francisco und Mr. Joffrey – waren schockiert und angewidert. Alles im Restaurant drehte sich zu uns um.

Plötzlich war meine Übelkeit verschwunden. Die reinste Wunderheilung. Mit verlegenem Grinsen setzte ich mich wieder hin und verzehrte mein Dinner. Dr. Landy hatte mir eine Lektion erteilt. Indem er sich noch unmöglicher aufführte als ich, wurde er für mich zur Bedrohung schlechthin. Ich wußte, daß ich verrückt war, aber er konnte noch verrückter sein. Wenn ich mich aufspielte, spielte er sich noch wilder auf. Geschockt, eingeschüchtert und beschämt machte ich an diesem Tag eine Entdeckung, die der Kernpunkt meiner weiteren Therapie war.

Dr. Landy sagte immer: »In jedem Kopf ist nur Platz für einen Verrückten«; ständig bewies er mir, daß er noch verrückter sein konnte als ich. Wenn ich dazu bereit sei, erklärte er, könne ich geistig gesund werden und schließlich sogar ihn selbst kontrollieren. Ich müsse nichts weiter tun, als zu funktionieren, bei Sinnen zu bleiben sowie verantwortlich und logisch zu handeln; dann wäre *ich* am Drücker. Endlich begriff ich die Lektion.

Nach ungefähr zwei Monaten ließ Dr. Landy mich ans Klavier. Die Beach Boys hatten ihn seit dem Beginn der Therapie darauf gedrängt, mich soweit zurechtzubiegen, daß ich wieder schreiben und produzieren konnte. Mehr verlangten sie nicht. Aber Dr. Landy ging nicht darauf ein. Mich wieder zu einem Beach Boy zu machen, erklärte er wiederholt, sei nicht das Ziel dieser Therapie; er beabsichtigte vielmehr, aus mir einen körperlich und geistig gesunden Menschen zu machen. Allmählich sah ich in Dr. Landy einen Beschützer.

Ich war nicht bereit, zu den Beach Boys zurückzukehren und mich wieder dem Dauerfeuer von Ansprüchen und Erwartungen auszusetzen. Doch allein schon die Tatsache, daß ich wieder Klavier spielte, stellte einen Riesenfortschritt dar. Denn das Klavierspielen stand für alles Schöne in meinem Leben – und gleichzeitig für alles, vor dem ich geflohen war.

Dr. Landy verlegte unsere täglichen Treffen von meinem Haus in die Brother Studios, das Aufnahmestudio der Beach Boys. Er buchte täglich neunzig Minuten Studiozeit für mich; in dieser Zeit konnte ich dort ungestört Klavier spielen. Als ich das erste Mal hinfuhr, wollte ich nicht aus Scotts kleinem Honda aussteigen. Der Gedanke an eine Rückkehr ins Studio versetzte mich in Panik; allein der Gedanke daran weckte unzählig viele schlechte Erinnerungen in mir und drückte mich nieder. Dr. Landy erklärte jedoch, Klavierspielen sei ebenso eine Form der Kommunikation wie Sprechen, ich solle es als eine therapeutische Maßnahme begreifen.

Dr. Landy sorgte dafür, daß das Studio leer war. Trotz ihrer früheren anderslautenden Beteuerungen machten Mike und die übrigen Beach Boys keinen Hehl daraus, daß sie ungeduldig darauf warteten, mich wieder als Songschreiber in Anspruch nehmen zu können. Aber Dr. Landy hielt sie in Schach. Er ließ mich für den Anfang eine halbe Stunde pro Tag in Ruhe spielen; sämtliche Lichter waren gelöscht, ich spielte in tiefster Dunkelheit und ohne Zuhörer, auch Dr. Landy selbst war nicht dabei.

Dies war eine friedvolle Zeit, in der ich sehr schnell wieder Zugang zum Klavier fand. Ich arbeitete mich an einen Es-Dur-Boogie-Woogie heran und spielte so lange, bis ich mich in einem meditativen Groove verlor.

Nach einer halben Stunde trat Dr. Landy ein und redete eine weitere halbe Stunde mit mir, ohne das Licht einzuschalten. Wir streiften alle möglichen Themen, angefangen damit, wie ich mich gerade fühlte, wie mein Tag gewesen war, was mir durch den Kopf ging, was ich zum Frühstück oder Mittagessen gehabt hatte und wie es den Kindern ging, bis hin zu meinen Lieblingsfarben, welchen Eindruck verschiedene Leute auf mich gemacht hatten, selbst über das Wetter sprachen wir. Wenn Dr. Landy nicht verstand, was ich zu sagen versuchte, oder wenn ich Schwierigkeiten hatte, die richtigen Worte zu finden, forderte er mich auf: »Brian, warum spielst du mir nicht statt dessen vor, was du meinst?«

Das war der nächste Schritt: Ich mußte wieder lernen, meine Gedanken und Gefühle in Musik und Worten auszudrücken.

»Du willst, daß Marilyn eine andere Salatsauce verwendet?« fragte Dr. Landy. »Ist es das, was dir auf die Nerven geht?«

»Ja.«

»Schön, dann faß diese Empfindung in Musik! Zeig mir, wie du das musikalisch ausdrücken würdest.«

Ohne es zu merken, fing ich wieder an, Songs zu schreiben – bescheuerte Songs, idiotische Phantasien über mein Lieblingsessen, über irgendwelche Fernsehshows oder über Mädchen. Songs über mein Schlafzimmer oder meine Pantoffeln. Ich schrieb Songs übers Pissen, Scheißen oder Einen-geblasen-Kriegen – lauter schlechte Songs . . . aber immerhin wieder Songs.

In dieser sensiblen und fruchtbaren Atmosphäre – es war dunkel und ruhig, und ich war angstfrei – arbeiteten Dr. Landy und ich nun öfter auch gemeinsam an Songs. Sein musikalisches Gespür überraschte mich und ich erfuhr von seinen früheren Erfahrungen im Musikgeschäft. Er ermutigte mich ständig, auf meine innere Stimme zu hören, meine Emotionen zu erforschen und sie in Musik zu fassen. Wenn ich nicht sprechen wollte, tauschten wir Zettel aus. Oder ich spielte einfach drauflos. Es war nicht leicht, es war harte Arbeit. Aber Dr. Landy brachte mir wieder bei, von meinem besonderen Talent Gebrauch zu machen.

»Du willst, daß Marilyn nicht immer deinen Teil vom Badezimmer benutzt?« sagte er. »Das ist wunderbar. Aber ist ›Geh nicht immer in meine Badezimmerhälfte‹ poetisch? Gibt es keinen anderen Weg, das zu sagen?«

Oh Gott, irgendwo müssen kistenweise Bänder mit solchen bizarren Songs herumliegen. Nimm nicht immer meine Zahnpasta! Benutz deinen eigenen Kamm! Carnie soll nicht immer Sandwiches mit Erdnußbutter und Marmelade fressen, wenn ich dabei bin! Seltsames Zeug. Aber daraus entwickelte sich eine immer bessere Kommunikation zwischen mir und meinem Psychiater, ein tieferes Verständnis, aus dem heraus dann wieder neue Songs entstanden. Von einem guten, kommerziellen Songwriting konnte nicht die Rede sein, zumindest nicht nach meinen Maßstäben. Aber das war auch nicht geplant – alles war Bestandteil meiner Therapie.

Das wichtigste war die kontinuierliche Arbeit. Ich saß sechs Tage in der Woche am Klavier, neunzig Minuten am Tag, und schrieb Songs.

Mike war der erste, der sich beschwerte. Er sagte, ich würde Studiozeit vergeuden. Carl war derselben Meinung und beschwerte sich, die Musik, die Dr. Landy und ich machten, sei völlig übergeschnappt. So dachten sie alle – bis zu dem Tag, an dem sie einige von eben diesen Songs aufnahmen, zum Beispiel »Johnny Carson« und »The TM Song«. Das waren nur zwei von etlichen Stücken, die später auf diversen LPs erschienen, ohne daß Dr. Landy je als Songwriter genannt wurde oder die ihm zustehenden Tantiemen ausgezahlt bekam.

Neben den Songs erzielten wir während dieser Sessions auch Erfolge, die mit Musik überhaupt nichts zu tun hatten. Zum Beispiel lernte ich allmählich, die Stimmen in meinem Kopf zu verstehen. Sie waren unberechenbar: Manchmal befahlen sie mir, mich zu verletzen oder mich zugrunde zu richten, manchmal redeten sie mir ein, daß andere mir schaden wollten. Diese Stimmen waren einer der Gründe dafür, daß ich nicht mehr unter Menschen gehen wollte.

Dr. Landy war der erste und einzige, der sie ernst nahm; und er war der erste, der mich unverblümt auf sie ansprach. Und schließlich zeigte er mir eine Möglichkeit, mit den Stimmen in meinem Kopf fertig zu werden: Ich mußte lernen, sie zu verstehen und mit ihnen umzugehen; denn völlig verschwinden würden sie nie.

»Du mußt den Sender wechseln, Mann.«

»Was?« fragte ich verblüfft.

»Du hörst in deinem Kopf doch auch Musik, oder? Musik und Stimmen, ist das richtig?«

»Ja.«

»Also, wenn du die Stimmen hörst, dann schalt doch einfach um auf den Musiksender.«

Ich konnte diesen Prozeß unterstützen, indem ich mir Kopfhörer aufsetzte und dröhnend laut Musik hörte. Oder indem ich selbst Musik machte. Oder durchs Laufen. Oder ich machte alles auf einmal, indem ich Kopfhörer aufsetzte und ein paar Runden drehte. Auf diese Weise konnte ich mich in einen anderen Bewußtseinszustand versetzen. Heute habe ich Übung darin, aber damals war das alles andere als einfach.

Interessanterweise fand ich nicht nur Zugang zu mir selbst, sondern ich entdeckte auch eine Alternative zu meinem Wahnsinn. Ich konnte entweder Stimmen hören, Angst haben und mich vor allen Menschen verstecken – oder ich konnte lernen, mit meinen Problemen fertig zu werden und wieder ein normales Leben führen. Ich konnte ein Beach Boy oder ein bettlägeriger Penner sein. Ich konnte am Leben teilhaben oder es einsam und nutzlos verstreichen lassen. Das Ziel von Dr. Landys Programm war gewesen, mir wenigstens diese Wahl zu ermöglichen.

Dr. Landy sagte den Beach Boys, der Arbeit an einem Album sei ich noch nicht gewachsen, ich sei noch zu labil. Sie sahen das anders und fingen an, sich über die Studiozeit zu beschweren, die er und ich verschwendeten, eine Zeit, in der sie das Studio hätten vermieten können.

»Wollt ihr Brian zurückhaben?« fragte Dr. Landy. »Oder kommt es euch nur auf die paar hundert Mücken an, die ihr pro Woche verdienen könntet? Was ist denn wichtiger?«

Als sie sahen, daß Dr. Landy angefangen hatte, unsere Klavier-Sessions aufzunehmen, verlangten sie die Masterbänder. Dr. Landy weigerte sich, sie ihnen auszuhändigen; sie gehörten zu meiner Therapie und waren unantastbar.

Mike und Carl dachten sich, daß wir es kaum merken würden, wenn sie unsere Sessions heimlich mitschneiden würden; doch damit lagen sie falsch. Eines Tages bemerkte Dr. Landy einen verdächtigen Lichtreflex an der Trennscheibe zwischen dem Kontrollraum und dem Studio und kam dahinter, daß sie uns tatsächlich aufnahmen. Wortlos suchte er sich eine große Schere und kappte die Mikrokabel.

Mike war stocksauer, als er davon erfuhr. Es kam zu einem der ersten Zusammenstöße zwischen meinem Vetter und Dr. Landy. Ich fand das sehr interessant und hörte zu, wie der Arzt Mike anschnauzte: »Niemand macht heimlich Aufnahmen von mir oder Brian Wilson. Er hat seine Rechte. Das hier ist schließlich nicht Watergate.«

Ertappt und beschämt knallte Mike seine Faust aufs Klavier und fragte: »Wo zum Teufel steckt Brian? Fragen wir ihn doch, was er davon hält.«

Wo war ich? Ich versteckte mich in einem großen Wandschrank, der allgemein »Meditationsraum« genannt wurde, und belauschte den Streit zwischen Mike und Dr. Landy. Ich genoß die Art, wie mein Therapeut mit den Beach Boys fertig wurde, wie er sich gegen sie durchsetzte; mir selbst war das nie gelungen. Dr. Landy tat genau das, was er versprochen hatte und was ich brauchte: Er behielt mich und meine Interessen im Auge.

Aber das war erst der Anfang des Krieges mit den Beach Boys.

28

Brian ist wieder da! Oder Liebe auf schiefer Bahn

Im März 1976 lagen bereits fünf Monate Therapie hinter mir. Den Unterschied sah man auf den ersten Blick, da ich inzwischen von über 112,5 auf 95,5 Kilo abgespeckt hatte. Ich ernährte mich gesund, rauchte und trank nicht und nahm keine Drogen. Obwohl ich mich noch immer nicht unbeschwert fühlte, hatte ich doch gelernt, meine Ängste und meinen Wunsch nach Einsamkeit zu zügeln. Manchmal fand ich sogar Vergnügen daran, mich vor die Tore meines Grundstücks zu wagen.

Auch im Studio machte ich Fortschritte. Als ich eines Tages zu meiner Klavierstunde in den Brother Studios eintraf, hatte Dr. Landy eine Überraschung für mich parat. Eigentlich war ich darauf eingestellt gewesen, ein leeres Studio vorzufinden, doch statt dessen erwartete mich mein Arzt mit mehreren Leuten – Sessionmusiker, die von meinem Anblick ebenso überrascht zu sein schienen wie ich von ihrer Anwesenheit. Ich drehte mich auf dem Absatz um und flüchtete aus dem Studio in den Meditationsschrank. Dr. Landy folgte mir.

»Was machen die im Studio?« fragte ich.

»Sie werden uns helfen. Der eine ist Gitarrist, die anderen spielen Geige.«

»Aha?«

»Spielst du Gitarre oder Geige?

»Nein.«

»Und hast du nicht gesagt, für den Song, an dem wir arbeiten, würden wir Geigen brauchen?«

»Ja.«

»Dann brauchen wir also ihre Hilfe«, erklärte Dr. Landy bestimmt. »Gehen wir.«

Auch dieser Überfall gehörte zu dem langsamen Gewöhnungsprozeß, der mich nach und nach wieder an die Studioarbeit heranführte. Monatelang hatte ich nur Klavier gespielt, und jetzt brachte Dr. Landy mich soweit, über die reine Melodie hinauszudenken. Er fragte mich, welche anderen Instrumente mir vorschwebten und was sonst noch fehlte, um den Song abzurunden und plattenreif zu machen. Wenn ich zum Beispiel antwortete, es würden Geigen fehlen, bohrte er nach, wie viele Geigen mir vorschwebten. Wenn ich sagte, ich wisse es nicht, fragte er, warum ich dann überhaupt von Geigen gesprochen hätte.

»Okay, also Geigen«, sagte ich.

»Aber wie viele?«

»Eine.«

»Warum hast du dann ›Geigen‹ gesagt?«

»Okay, ich höre zwei.«

»Was spielen sie?«

Ich spielte ihm auf dem Klavier vor, was ich in meinem Kopf gehört hatte. Für den nächsten Tag bestellte Dr. Landy dann zwei Geiger ins Studio, und ich zeigte ihnen, was sie zu spielen hatten und wie. Bald kamen Gitarristen, Bläser, Percussionisten dazu. Ich verstand nicht, worauf mein Therapeut hinauswollte. Die Prozedur war oft lästig, weil ich gezwungen wurde, mich zu konzentrieren, mich mehr anzustrengen und aufmerksam zu sein. Wenn ein Tontechniker gebraucht wurde, mußte ich in den Kontrollraum. Ich hatte seit Jahren nicht an den Reglern gesessen und war deshalb nervös, aber dann merkte ich, daß ich nichts verlernt hatte. Es war wie Fahrradfahren.

Nachdem ich mich wochenlang mit Sessionmusikern, Aufnahmen und Problemen bei der Abmischung herumgeschlagen hatte, nahm die Sache Form an. Die Methode zeigte Wirkung: Zum ersten Mal seit viereinhalb Jahren produzierte ich wieder Songs.

Zur selben Zeit häuften sich die Beschwerden der Beach Boys über die Kosten, die Dr. Landy und ich verursachten: die Studiozeit, die Musiker, unser eigener Tontechniker . . . Dr. Landy hatte kein Vertrauen mehr zum Toningenieur der Beach Boys, nachdem dieser unsere ersten Sessions mitgeschnitten hatte. Hinzu kam natürlich auch noch Dr. Landys eigene Rechnung. Die Beach Boys mußten für alles aufkommen, und als sich die Ausgaben summierten, verlangten sie eine Klärung, wer die Kosten übernehmen würde. Carl und Mike machten den größten Aufstand, so daß ihre Unterredungen mit Dr. Landy gewöhnlich unter großem Gebrüll endeten. Dennis wiederum wollte nicht verstehen, warum ich ausschließlich Oldies aufnahm – es hatte den simplen Grund, daß mir dabei wohler war –, und verlangte neues Material von mir. An einem Tag platzte er völlig stoned ins Studio und forderte mich auf, ich solle ein paar neue Songs mit ihm schreiben.

»Siehst du deinen Bruder da drinnen?« fragte Dr. Landy – eine Frage, die er immer wieder stellen mußte. »Er arbeitet. Willst du, daß er sich wieder ins Bett legt, oder willst du, daß er arbeitet?«

»Uns ist es lieber, wenn er arbeitet«, antwortete Dennis.

»Euch ist es lieber, daß er arbeitet? Schön. Dann verschwinde hier und laß mich arbeiten.«

»Warum muß ich gehen?«

»Weil Brian es noch nicht ertragen kann, beobachtet und manipuliert zu werden.«

»Aber warum soll ich gehen?« bohrte Dennis weiter.

»Weil ich gehe, wenn du bleibst«, erwiderte Dr. Landy.
»Und was sagt er dazu?«
»Frag ihn selbst!«
»Brian?« wandte sich Dennis an mich. »Was willst du?«
»Ich will, daß Dr. Landy bleibt.«
Ich hatte eine ganze Latte von guten Gründen, Dr. Landys Programm zu hassen – zum Beispiel machte es mir Scheißangst –, aber die Nachteile wurden durch die Autorität meines Arztes gegenüber den Beach Boys mehr als aufgewogen. Er konnte ihnen alles sagen, was ich ihnen selbst gerne vor die Köpfe geworfen hätte, wenn ich dazu nur in der Lage gewesen wäre, und er hielt die Jungs in Schach. Mit Dr. Landy als Co-Produzent konnten wir in Ruhe und ohne Zwang arbeiten. Mein Therapeut schuf eine Atmosphäre, in der ich schreiben und spielen konnte, ohne mich zu verzetteln oder mich mit Selbstzweifeln herumzuquälen. Es war ganz anders als mit den Beach Boys, und das war herrlich für mich.

Einigen Dingen konnte ich trotz allem nicht entfliehen. Im Frühjahr 1976 begann das alte Lied von neuem: Die Plattenfirma der Beach Boys, Warner Brothers, drängte auf ein neues Album, irgendeines. Die Band hatte seit fast vier Jahren keine LP mit neuem Material mehr abgeliefert, ein Armutszeugnis für ihr kreatives Potential ohne mich. Mike konnte keine Songs schreiben, und weder Dennis noch Carl hatten es drauf, Hits für ein komplettes Album zu produzieren.

Dr. Landy hatte mich soweit gebracht, daß ich mit den anderen an Songs arbeitete und außerdem die Aufnahmen für die Instrumental- und Vocal-Tracks leitete. Tatsächlich war ich also dabei, ein Album zu produzieren. Bis April hatte ich mich damit angefreundet und schlug sogar einen Titel vor: *Group Therapy*. Mein Vorschlag wurde fast noch schneller verworfen, als ich ihn überhaupt aussprechen konnte; man einigte sich schließlich auf den Titel *15 Big Ones*, eine Anspielung auf das fünfzehnte Jahr der Beach Boys im Rockgeschäft.

Was jetzt folgte, war das reinste Déjà vu: Mike und Carl sprachen nur noch davon, wie dringend die Band einen Hit brauchte; Dennis und Al stießen in dasselbe Horn, wenn auch weniger aufdringlich. Nach einer Weile zeigte ich unter dem wachsenden Druck erste Ausfallerscheinungen. Zu viele Erinnerungen wurden wach. Wäre Dr. Landy nicht gewesen, hätten wir die LP nie fertig bekommen, denn es gab zahllose Tage, an denen ich mitten in der Arbeit an einem Song alles hinschmeißen wollte und erklärte, ich müsse aufhören, ich sei zu krank, um weiterzumachen.
»Du bist krank?« fragte Dr. Landy.
»Ja, sehr, sehr krank.«
»Schnell, einen Krankenwagen!« rief er daraufhin.
»Ich brauche keinen Krankenwagen.«
»Aber du bist doch krank!«

»Ja, aber deshalb brauche ich doch nicht gleich einen Krankenwagen.«

»Dann fahre ich dich selbst zum Krankenhaus. Du brauchst einen Arzt«, beharrte er. »Los, komm mit zum Auto!«

»Nein, ich muß nicht ins Krankenhaus. Ich brauche keinen Arzt.«

»Wenn du nicht ins Krankenhaus mußt und keinen Arzt brauchst, dann bist du auch nicht krank.«

»Stimmt«, gab ich schließlich klein bei.

»Dann könntest du jetzt eigentlich weiterarbeiten.«

Indem ich zum ersten Mal seit *Pet Sounds* wieder die Produktion eines Albums der Beach Boys leitete, störte ich das Kräfteverhältnis innerhalb der Band. Die Folge war, daß wir mehr Zeit streitend am Konferenztisch verbrachten als im Studio; denn jeder hatte seinen Senf dazuzugeben. Wenn wir uns einen Track anhörten, sagte Al: »Mein Vorschlag wären mehr ›dit-dits‹ für den Background.« Carl widersprach: »Nein, eigentlich braucht der Song ›ah-ahs‹.« Und Mike war natürlich für ›dit-dos‹. Diese Diskussionen waren einfach haarsträubend.

Als Dr. Landy von dieser Zeitverschwendung die Nase voll hatte, schaltete er sich ein und organisierte ein regelmäßiges Bandmeeting, bei dem jeder Song einzeln besprochen wurde. Durch die Meetings blieb mir zwischendurch zwar mehr Zeit, in Ruhe zu arbeiten, aber sie dauerten manchmal bis zu acht Stunden. Carl war irritiert, als Dr. Landy die Leitung übernahm, obwohl er zugeben mußte, daß diese Besprechungen hilfreich waren. Mike war empört, Dennis hingegen begeistert, weil die Meetings ihm die Gelegenheit boten, seine Meinung zu vertreten, ohne von den anderen eingepackt zu werden.

Während der ganzen Produktion schirmte mich Dr. Landy so gut es ging von allem ab, was zwischen den Beach Boys und Warner Brothers verhandelt wurde; aber als das Album fast fertig war, mußte ich mich endlich doch damit befassen. Eines Tages unterrichtete mein Therapeut mich von einem Meeting bei der Plattenfirma. Ich wollte nicht hingehen und versuchte sogar, mich krank zu stellen, aber Dr. Landy blieb hart.

Wir gingen beide davon aus, diese Zusammenkunft bei Warner Brothers sei nichts weiter als ein Business-Lunch, bei dem wir den Bossen einige unserer Songs vorspielen sollten. Aber als wir den Konferenzraum betraten, sahen wir uns mit vorbildlicher Firmenpolitik konfrontiert. Mindestens fünfundzwanzig Leute, eher noch mehr, saßen um einen Riesentisch herum versammelt, der gedeckt war wie für ein Staatsbankett. Mitarbeiter aus der Marketingabteilung, der Anzeigenabteilung und der Promotionabteilung warteten gespannt auf die Videopräsentation, und überall lagen stapelweise T-Shirts, Aufkleber und Pressemappen herum. Sie alle verkündeten dieselbe Message: Brian is Back! Brian ist wieder da!

Wir waren sprachlos, dann wütend: Man hatte uns reingelegt.

Wie sich herausstellte, hatte mein Vetter Mike seit Monaten an dieser monströsen Werbekampagne gearbeitet, mit der meine Rückkehr rausposaunt werden sollte. Zu allem Überfluß hatte er auch noch einen schrecklichen Song mit dem Titel »Brian is Back« verfaßt und den Verantwortlichen bei Warner Brothers eine Kampagne aufgeschwatzt, die allen Fans mitteilen sollte, daß ich das neue Album der Beach Boys produziert hatte. Mir gegenüber war das mit keinem Wort erwähnt worden, und auch Dr. Landy hatte nichts davon erfahren. Alle waren darüber informiert gewesen, nur wir beide nicht. Ich bekam Angst und wollte mich verziehen, aber Dr. Landy packte mich am Arm und führte mich zu meinem Stuhl.

In diesem Moment konnten wir nichts anderes tun, als zu fragen, was zum Teufel das Ganze sollte. Um mehr ging es bei diesem feierlichen Lunch nicht. Eine Präsentation nach der anderen wurde der Band vorgelegt, und die Jungs hörten aufmerksam zu und machten sich Notizen, während ich auf meinem Sessel immer kleiner wurde. Es genügte nicht, daß ich ihre Songs schrieb und produzierte. Nein, sie mußten auch aus meiner Krankheit noch Kapital schlagen.

Dennis hatte sich in eine Idee verbissen: Ehe *15 Big Ones* im Sommer veröffentlicht werden würde, müßten die Beach Boys unbedingt in einem Fernseh-Special auftreten. Er beauftragte Steve Love, Mikes Bruder und damals Manager der Beach Boys, sich darum zu bemühen. Auf Steve, der Ende der Siebziger gefeuert wurde, weil man ihn beschuldigte, 500 000 Dollar veruntreut zu haben, war kein Verlaß. Aber Steve machte unsere Agentur ICM heiß, die den angesagtesten Fernsehproduzenten für uns an Land zog: Lorne Michaels, den Chef von »Saturday Night Live«.

Nun ging alles sehr schnell. Wir einigten uns auf einen Titel für die Show: »The Beach Boys – It's O. K.« Anschließend sagte uns Michaels, er habe auf den Talent-Pool von »Saturday Night Live« zurückgegriffen und Gary Weis, einen der Drehbuchschreiber dieser Show, als Regisseur sowie seine Freunde John Belushi und Dan Akroyd als Gaststars gewinnen können. Wenige Tage später flogen Lorne, Belushi, Akroyd und ein kleines Produktionsteam zu Vorbesprechungen mit der Band in L. A. ein.

Anfang Juni quartierten sich alle im Chateau Marmont auf dem Sunset ein – dem Hotel, in dem Belushi später starb – und arrangierten ein Treffen zwischen den Beach Boys und den Fernsehleuten in Lornes Suite im obersten Stock.

Es gab von Anfang an Probleme. Michaels war sofort genervt von den Jungs, weil er merkte, daß sie sich über nichts einig werden konnten. Allerdings bereitete ich ihm die meisten Zahnschmerzen, da es eine große Sache war, mich ins Fernsehen zu bringen – solch ein Auftritt widersprach völlig meinem Ruf, ein verrückter Einsiedler zu sein. Doch jedesmal, wenn Michaels mich jetzt ansah, schien ich ganz weit weg zu sein.

Mit einiger Verspätung erschien dann Dr. Landy zum Meeting und setzte sich neben mich. Ich hatte ihn erwartet, die anderen jedoch nicht. Dr. Landy fragte höflich, was in seiner Abwesenheit besprochen worden sei und äußerte dann eine Bitte: Weil er besser als jeder andere wisse, was man mir zumuten könne, bat er darum, daß man vor meiner Teilnahme seine Zustimmung einholte, ehe man mich vor die Kamera zerren würde. Da brannte bei Michaels eine Sicherung durch.

»Dr. Landy, dies ist eine Besprechung für die Mitwirkenden, nur im engsten Rahmen«, sagte er. »Würden Sie uns also bitte entschuldigen.«

Niemand sagte ein Wort. Die anderen Beach Boys genossen diesen Moment, und ich achtete gar nicht darauf, was um mich herum vorging, weil ich mit meinen Gedanken ganz woanders war. Dr. Landy machte ein erstauntes Gesicht.

»Ist das ernst gemeint?« fragte er.

»J«, bestätigte Lorne Michaels. »Wir würden gerne mit den Beach Boys alleine sprechen. Nur die Mitarbeiter.«

»Brian, willst du, daß ich bleibe?« wandte sich Dr. Landy jetzt an mich.

»Ja, bitte«, sagte ich.

»Lorne, vielleicht sprechen Sie am besten selbst mit Brian«, sagte Dr. Landy daraufhin.

Lorne erklärte mir, er wolle die Show mit den Hauptdarstellern besprechen, finito. Er halte Dr. Landy für einen Störfaktor, der jede Kreativität hemme. In einem unverschämten Ton fügte er hinzu, Dr. Landy könne gerne unten warten, habe aber im Kreis der Mitarbeiter nichts zu suchen. Ob ich damit einverstanden sei? Alle sahen Lorne ungläubig an. Als ich nur die Achseln zuckte, stand Dr. Landy auf.

»In Ordnung«, sagte er. »Ich warte unten.«

Nach weniger als zehn Minuten war Lorne unten und flehte meinen Arzt an, wieder in die Besprechung zu kommen. In der Zwischenzeit hatten alle damit angefangen, eine parodistische Szene zu diskutieren, und da ich mitspielen sollte, erwarteten sie in irgendeiner Form einen Beitrag von mir. Ich erwiderte daraufhin, ich würde zwar gern die Show mit ihnen besprechen, doch die Bäume vor dem Fenster strahlten böse Gedanken aus. Deshalb sei mein Vorschlag, wir sollten alle nach unten gehen und am Fuß der Bäume Nahrungsmittel vergraben, damit sie positivere Gedanken aussenden würden.

»Wie wär's damit?« fragte ich in die Runde.

Das war meine Art, mich um die Arbeit zu drücken.

Lorne erklärte sich jetzt schnell dazu bereit, in allem, was mich anging, Dr. Landys Einwilligung einzuholen. Außerdem sollte der Therapeut auch beim Drehbuch das letzte Wort haben. Ich sah zwar gesund aus, so gesund, wie seit Jahren nicht mehr, aber ohne größtmögliche Rücksichtnahme und Unterstützung hatte ich immer noch Angst davor, öffentlich aufzutreten. Wenn ich mich dennoch auf ein Experiment einließ, dann vertraute ich dabei lieber auf Dr. Landy als auf Marilyn oder die Beach Boys.

Ich war mittlerweile unten und drückte mich neben Lorne und Dr. Landy herum, die in ein hitziges Gespräch vertieft waren. Als ich erklärte, ich wolle gehen, schlug Lorne die Hände über dem Kopf zusammen. Das Meeting hatte doch erst vor wenigen Minuten angefangen. Dr. Landy zuckte die Achseln und bemerkte, sie hätten Gelegenheit gehabt, mit mir zu sprechen. Lorne wandte ein, man habe von mir nichts anderes zu hören bekommen als irgendein Schwachsinnsgefasel über mißgünstige Bäume.

»Ach übrigens, ich bin seit einer Stunde hier«, wandte sich Dr. Landy nun mit einem Lächeln an mich. »Brian, kann ich das nicht in Rechnung stellen? Ich nehme an, Sie werden das über die Produktionskosten abrechnen.«

»Was?« schrie Lorne auf.

»Ich denke doch, NBC kann sich das leisten.«

Lorne fand keine Worte.

»Hören Sie zu«, fuhr Dr. Landy fort, »wenn Ihnen an meiner Mitarbeit liegt, was ja der Fall zu sein scheint, bin ich dazu bereit. Meine Bedingungen kennen Sie ja. Wir können das morgen schriftlich vereinbaren.«

Und damit folgten ich und Scott Steinberg Dr. Landy wieder nach oben zur Produktionsbesprechung. Eigentlich tat mein Therapeut für mich nichts anderes, als was ein Manager für einen Künstler tut. Da alle etwas von mir wollten und Dr. Landy als einziger wußte, wozu ich bereits in der Lage war, akzeptierte er diese Rolle. Er zwang mich nie zu etwas, wozu ich noch nicht bereit war. Selbst dann, wenn ich glaubte, mit etwas überfordert zu sein, vertraute ich ihm. Ich wußte, daß er mir nicht zuviel zumuten würde, und er tat das auch nie.

Dr. Landy war wegen der Fernsehsendung sehr verärgert über die Beach Boys: Man hatte ihn einfach vor vollendete Tatsachen gestellt. Die Bandmitglieder waren ihrerseits verärgert über Dr. Landy, weil ich immer noch krank und überängstlich war. Sie ärgerten sich schwarz, als Lorne Michaels ihn wieder an der Besprechung teilnehmen ließ – und ich freute mich maßlos darüber, daß ich zum ersten Mal in meinem Leben jemanden hatte, der sich auf meine Seite und gegen die Beach Boys stellte; früher hatten immer alle gemeinsame Sache gegen mich gemacht.

Die erste Szene und gleichzeitig das Highlight der Show war ein bissiger Sketch, in dem Belushi und Akroyd, als Polizisten verkleidet, mein Schlafzimmer stürmen. Ich verstecke mich unter der Bettdecke – genau so, wie ich die letzten viereinhalb Jahre vor dieser Inszenierung tatsächlich verlebt hatte. Sie zeigen mir einen Haftbefehl. Die Anklage lautet, daß ich niemals auf einem Surfbrett gestanden habe. Dann eskortieren Belushi und Akroyd mich nach unten zu ihrem Streifenwagen mit einem Surfbrett auf dem Dach und fahren mich zum Strand, wo ich ins Wasser laufen und mich auf ein Surfbrett schwingen soll.

Dr. Landy hatte seine Zustimmung zu dem Sketch gegeben, und ich sagte mir, wenn er einverstanden sei, könne der Risikofaktor nur minimal sein.

Die erste Probe fand in meinem Haus statt, und ehe wir überhaupt angefangen hatten, schickte Scott Steinberg schon einen Notruf an seinen Chef. Als Dr. Landy kurz darauf ins Haus gestürmt kam, traute er seinen

Augen nicht. Man rauchte, trank Bier und ließ sich Pizza schmecken. Und was noch schlimmer war: Ich saß in einer Ecke, hatte bereits fünf Bier gekippt und eine ganze Pepperoni-Pizza alleine verschlungen; außerdem zündete ich mir eine Zigarette an der anderen an.

»Was zum Teufel ist hier los?« schallte Dr. Landys Stimme durch die Eingangshalle. »Wer hat das Zeug angeschleppt?«

Belushi trat sofort vor. »Das war ich.«

»Warum?« herrschte Dr. Landy ihn an. »Dieser Mann lebt streng Diät. Er trinkt und raucht nicht. Wer hat dir das erlaubt?«

»Dazu brauche ich keine Erlaubnis«, widersprach Belushi. »Ich bin in seinem Haus, also habe ich das Zeug mitgebracht. Ich dachte, es wäre 'ne nette Idee.«

»Nein, war es nicht.«

»Und seit wann hast du das zu entscheiden?«

»Seit ich dir sage, daß das hier verboten ist«, giftete Dr. Landy und ging auf den übergewichtigen Komiker los. »Sieh dich doch selbst an! Du bist fett. Wenn du gerne fett bist, okay. Aber Brian nicht. Und wenn du solchen Dreck mitbringst, schaff deinen Arsch hier raus.«

Belushi platzte der Kragen. Die beiden Männer brüllten sich gegenseitig an. Lorne kam angerannt wie die Feuerwehr, um zu schlichten, aber sie beachteten ihn gar nicht. Dr. Landy pochte auf Berücksichtigung der besonderen Umstände, und Belushi verteidigte halsstarrig seine großzügige Geste. Akroyd gab seinem Partner Rückendeckung, und die Beach Boys standen zehn Schritte hinter ihnen, um nicht selbst in die Schußlinie zu geraten. Marilyn stand machtlos daneben. Sie war zwar die Dame des Hauses, aber dieser irre Dr. Landy bestimmte die Spielregeln. Ich beobachtete den Terz von meinem Eckchen aus, während ich weiter Pizza mampfte und Bier trank. Ich wußte, daß Dr. Landy gewinnen würde.

»Der Punkt ist, daß du nicht einfach mit dieser fetttriefenden Dreckspizza hier reinkommen und dann von dem Mann erwarten kannst, daß er nein sagt«, schimpfte Dr. Landy. »Soviel Selbstkontrolle hat er nicht.«

Nun folgte eine wortlose Pause. Schließlich setzte Belushi sein berühmtes Grinsen auf, legte den Kopf schief und boxte Dr. Landy spielerisch in dessen sehr viel strafferen Bauch. »Wer hat die schon«, sagte er.

Von da an waren Belushi und Dr. Landy Freunde, und die Produktion verlief fortan reibungslos, bis . . . ja, bis ich surfen mußte. Die Szene wurde am 20. Juni gedreht, meinem vierunddreißigsten Geburtstag. Dr. Landy arbeitete mittlerweile seit acht Monaten mit mir. Obwohl mein leerer und zombiehafter Blick meinen immer noch labilen Geisteszustand verriet, hatte ich meine Sache bis dahin gut gemacht. Aber als wir an den Strand kamen und ich auf den Ozean hinausstarrte, brach ein Universum höchst unangenehmer Befürchtungen über mich herein. In meinem grünen Frotteebademantel und den Schlafanzughosen, unter denen sich mein pizzaschwerer Bauch wie ein Fußball blähte, fühlte ich mich auf einmal extrem ängstlich und unsicher. Der Wind blies mir ins Gesicht, und ich winkte Dr. Landy zu mir.

»Ich will nicht ins Wasser.«

Die Hauptakteure steckten die Köpfe zusammen, und nach einer kurzen Konferenz kam Dr. Landy wieder zu mir. Ich stand abseits von allen anderen. Er erklärte mir, er wisse wohl, daß das Wasser kalt sei, aber ich müsse es trotzdem tun. Ich schüttelte den Kopf.

»Warum nicht?« fragte er.

»Ich werde ertrinken.«

»Ich gehe auch ins Wasser. Werde ich ertrinken?«

»Nein.«

»Aber du ertrinkst?«

»Ja.«

Dr. Landy kritzelte etwas auf ein Blatt Papier und gab mir den Zettel. Ich las: »Ich verspreche, daß Du nicht ertrinken wirst. Du wirst überleben. Gezeichnet: Dr. Landy.«

»Bitte«, sagte er. »Jetzt hast du es schriftlich. Wenn es schriftlich ist, muß es wahr sein.«

»Stimmt.«

Dr. Landy wußte, daß meine Ängste irrational waren und man ihnen manchmal am besten auch mit irrationalen Argumenten begegnete, mit Argumenten, die nur für mich einen Sinn ergaben.

Vorsichtig faltete ich das Papier zusammen und steckte es in die Tasche meines Bademantels. Dann fragte ich, was ich tun sollte. Landy schärfte allen Beteiligten ein, daß ich nur einmal ins Wasser gehen würde. Mit einer Aufnahme mußte also alles im Kasten sein. Als mein Stichwort kam, hoppelte ich mit dem Surfbrett unterm Arm ins Wasser, kämpfte in meinem nassen, flatternden Bademantel meine Angst nieder und warf mich aufs Brett, um auf die Wellen zuzupaddeln. Ich wurde mehrmals vom Brett gespült und mußte mich wieder hochrappeln. Es war grauenvoll. Am Ufer wurde gelacht und gejohlt, und die Kamera lief. Als ich endlich aus dem Wasser kam, triefend, aber lebendig, kam Dr. Landy auf mich zu.

»Ich bin stolz auf dich«, sagte er.

Mir war kalt, und das war Dr. Landys Schuld. Darum ließ ich meine Wut an ihm aus, als er meine Tapferkeit lobte.

»Leck mich, du Arschloch«, schnaubte ich und verzog mich wortlos in meinen Garderobenwagen.

29

Mein erstes Weihnachten

Brian is Back . . . Doch wo soll ich gewesen sein? Und was bedeutete »Brian is Back«?

Es bedeutete genau genommen nur, daß die Jungs, nachdem *15 Big Ones* im Juli erschienen war, in sämtlichen Interviews fast ausschließlich von mir sprachen. Und außerdem bedeutete es, daß ich zum ersten Mal seit sieben Jahren wieder eine Bühne betrat und meine Zeit bei zwei uninspirierten Live-Auftritten in Anaheim und Oakland absaß. Diese Publicity brachte es mit sich, daß bis August alles klar war: Die LP kam auf Platz acht; die Single, ein Remake von Chuck Berrys »Rock and Roll Music«, kletterte bis auf Nummer fünf und war damit der erfolgreichste Beach-Boys-Hit seit »Good Vibrations« zehn Jahre zuvor; und das NBC-Special hatte riesige Einschaltquoten. Die Band hätte sich keine besseren Public Relations wünschen können, als sie auf ihre 32-Städte-Tour ging.

Es war fast wie in alten Zeiten. Während die Jungs auf Tour waren, ging ich wieder ins Studio, nahm mit Dr. Landys Hilfe die Arbeit am nächsten Album auf und machte unter seiner ständigen Betreuung weitere Therapie-Fortschritte. Ich freute mich sogar auf die herannahenden Feiertage.

Im November bereitete ich mich mit der Teilnahme an der »Mike Douglas Show« auf meinen Auftritt bei »Saturday Night Live« vor. Ich war zum ersten Mal Gast in einer Talkshow und überraschte alle damit, daß ich zwei Songs spielte und mich mit soviel Durchblick, Selbsterkenntnis und Freimut äußerte, wie das vor der Therapie mit Dr. Landy nie möglich gewesen wäre. Zu LSD befragt, erzählte ich, wie die Droge mein Bewußtsein in Stücke gesprengt hatte und ich seitdem verzweifelt versuchte, wieder zu mir selbst zu finden. »Aber ich weiß nicht, wie viele Stücke es waren«, fügte ich hinzu. Als man mich auf mein legendenumwobenes Einsiedlertum ansprach, schilderte ich mich als »eine Art Maharishi in den Bergen, der im Bett Winterschlaf hält, Koks schnupft, meditiert und lauter so'n unheimliches Zeug«.

Beim Publikum kamen meine Bekenntnisse riesig an. Doch die »Mike Douglas Show« wurde erst im Dezember gesendet. So ging mein groß angekündigter Gastauftritt bei »Saturday Night Live« am 27. November 1976 als mein erster Soloauftritt im Fernsehen seit dem Leonard Bernstein Special von 1967 in die Geschichte ein. Für Bernstein hatte ich damals die

Originalversion von »Surf's Up« gespielt. Bei »Saturday Night Live« saß ich nun in einem Sandkasten am Flügel und spielte »Good Vibrations«. Die Kritiker verteufelten diesen Auftritt als geschmacklos und entwürdigend. Ich fand die Kritik unberechtigt, da ich das Konzept verstand und mochte – was man von der »Brian is Back«-Kampagne nicht gerade behaupten konnte.

Aber die Beach Boys übten noch harschere Kritik an meinem Solo bei »Saturday Night Live«, denn sie waren höllisch beleidigt, weil sie nicht mit mir zusammen aufgetreten waren. Dr. Landy erklärte ihnen, Lorne Michaels habe ausdrücklich mich alleine haben wollen. Doch das gab nur noch mehr böses Blut zwischen meinem Arzt und den Bandmitgliedern.

Als der Dezember näherrückte, erreichten die Spannungen einen neuen Höhepunkt. Steve Love machte allen – mir aber ganz besonders – Druck, bei dem neuen Album mehr Tempo vorzulegen; es handelte sich um die letzte LP für Warner Brothers, zu der wir vertraglich verpflichtet waren. Gleichzeitig versuchte Dr. Landy, mich weiterhin unter therapeutischer Aufsicht zu halten, anstatt mich von den Beach Boys zur Vollzeit-Arbeit vereinnahmen zu lassen.

Aber es gab Prioritäten. Steve und die anderen wollten aus dem Warner-Vertrag heraus, solange sie anderenorts noch Kapital aus dem Erfolg von *15 Big Ones* schlagen konnten. Deshalb wollte Steve die neue LP bis spätestens zum 1. Januar 1977 abgeschlossen haben. Da den Beach Boys für einen neuen Vertrag mehrere Millionen Dollar winkten, machte sich Dr. Landy bei den anderen nicht gerade beliebt, als er erklärte, dieser Termin sei unmöglich einzuhalten.

»Könnten Sie mir bitte erklären, warum?« fragte Steve.

»Es scheint ihm doch prima zu gehen«, sekundierte Mike seinem Bruder.

Dr. Landy erklärte den beiden in ruhigem Tonfall: »Brian geht es tatsächlich besser. Aber er nimmt sich frei, um Weihnachten mit seiner Familie zu verbringen. Das hat er noch nie gemacht. Er hat noch nie ein großes Festessen mit der Familie erlebt. Er hat nie einen Weihnachtsbaum gekauft. Er will mit seinen Kindern spielen.«

»Es ist lächerlich, die Arbeit jetzt so lange liegen zu lassen«, protestierte Steve.

»Hört mal zu: Brian hat noch nie Weihnachten gefeiert«, beharrte Dr. Landy. »Er hat gearbeitet, seit er neunzehn war. Jetzt ist er vierunddreißig. Glaubt ihr nicht, es wäre schön für ihn, einen Weihnachtsbaum kaufen zu gehen? Geschenke für seine Kinder zu besorgen?«

»Und dazu braucht er einen ganzen Monat?« fragte Steve.

»Ja, Brian braucht dazu einen ganzen Monat.«

Steve hatte nur seinen eigenen Terminkalender vor Augen und fand Dr. Landys Einwände absurd. Die beiden Love-Brüder gerieten in Rage und beschimpften Dr. Landy als »Kontrollfreak«. Der aber blieb ihnen nichts schuldig und konterte, genau diese Haltung habe überhaupt erst zu meinem Zusammenbruch geführt. Während sie sich stritten, saß ich am Klavier und spielte und ignorierte diesen Streit – wie damals als Kind, wenn mein Vater unser Haus mit seinem Jähzorn in einen Raubtierkäfig verwandelte.

»Wir erwarten von ihm, daß er Platten macht«, sagte Steve. »Warum bezahlen wir Sie sonst?«

»Um ihn gesund zu machen«, antwortete Dr. Landy. »Tatsache ist schließlich, daß er bereits ein Album gemacht hat, mehr, als die Beach Boys in den letzten vier Jahren geschafft haben. Aber er kann nur Platten machen, wenn es ihm gut geht, und das scheint ihr nicht zu verstehen.«

»Hören Sie zu, ich will am 1. Januar das Album haben«, sagte Steve. »Und damit Schluß. Mehr habe ich nicht zu sagen.«

»Daraus wird nichts werden.«

Steve war sprachlos. Er holte tief Atem und schüttelte den Kopf, als müßte er sich beherrschen. Dann sah er Dr. Landy wütend an und sagte: »Okay. Okay. Wie Sie meinen.«

Ein paar Tage später hörte ich die ersten Schauergeschichten. Marilyn erzählte mir, Dr. Landy habe absurd überhöhte Honorarforderungen gestellt. Steve behauptete, Dr. Landy würde eine unverschämte Beteiligung an den Toureinnahmen fordern. Carl und Mike wußten ähnliches zu berichten. Wenn ich in meinen unproduktiven Jahren eine Achillesferse gehabt hatte, war es meine Brieftasche gewesen. Keine dieser Geschichten stimmte, aber sie erzielten den gewünschten Effekt und verwirrten mich so, daß ich am einzigen Menschen zu zweifeln begann, dem ich voll vertrauen durfte.

Bei einem Treffen in Dr. Landys Praxis, zu dem mich Marilyn begleitete, konfrontierte ich ihn mit diesen Vorwürfen. Er hörte zu, stellte anschließend die Tatsachen richtig und zeigte mir, daß man mich falsch informiert hatte. Ich wurde wütend auf Marilyn und machte ihr eine Szene, weil sie mich belogen hatte. Ich kochte vor Wut, und zum ersten Mal in meinem Leben ließ ich diese Wut auch richtig raus. Doch als ich immer heftiger auf meine Frau einschrie, fürchtete Dr. Landy, ich könnte handgreiflich werden und ging dazwischen. In diesem Moment erinnerte er mich plötzlich an meinen Dad; ich sah dessen Gesicht vor mir und bekam plötzlich Angst vor seinen Schlägen.

»Du hast mir nichts vorzuschreiben. Ich kann anschreien, wen ich will«, giftete ich Dr. Landy an, als würde ich meinen Dad gegenüberstehen.

»Ach ja?« erwiderte der Psychiater und schlug in meinen dicken Bauch.

Dr. Landy wollte, daß ich explodierte, und reizte mich deshalb zusätzlich. Nach Jahren ließ ich endlich einmal meiner Wut freien Lauf, verbal und körperlich. Marilyn flehte Dr. Landy an, aufzuhören, aber er befahl ihr, aus dem Weg zu gehen und mich meinen Ärger ausleben zu lassen. Marilyn fügte sich. Dann boxte Dr. Landy mich wieder in den Bauch, als säße dort der Knopf, mit dem man den Dampf ablassen konnte.

»Gottverdammt«, ermutigte er mich. »Sei sauer! Sei sauer auf deinen Vater! Auf die Beach Boys! Auf deine Frau!«

»Hör auf, mich zu schlagen«, sagte ich, obwohl er mich nur leicht anstupste.

»Versuch doch, mich davon abzuhalten«, stichelte er weiter.

Ich wollte ihm eine langen, aber da ich rund fünfundvierzig Kilo mehr auf die Waage brachte als er und über zehn Zentimeter größer war, entschied ich mich dagegen. Statt dessen nahm ich ihn in den Schwitzkasten, hob ihn hoch und warf ihn quer durchs Zimmer. Er landete in einem antiken Stuhl, der krachend zusammenbrach. Jetzt sah Dr. Landy rot. Er war wirklich sauer und schrie mich mit hochrotem Gesicht an: »Wütender als ich kannst du Arschloch gar nicht sein!«

Dann stand er auf, senkte seinen Kopf wie ein Kampfstier und rammte ihn mir genau in den Magen. Ich stolperte zurück und fing mich gerade noch. Wir schnaubten und fixierten uns wie zwei Brahma-Bullen. Dr. Landy stachelte mich immer weiter an: »Gut so, gut so, gut so!« Marilyn kreischte vor Angst, was Dr. Landys Angestellte auf den Plan brachte, die ins Zimmer gestürzt kamen und uns auseinander brachten.

Ich schnaufte schwer und konnte mich nur langsam beruhigen. Dann starrte ich meinen Arzt mit gemischten Gefühlen an: Ich wollte ihn immer noch schlagen, doch andererseits hätte ich ihn auch küssen können, denn diese Rangelei war wie eine Befreiung gewesen. Ich konnte es damals zwar nicht in Worte fassen, aber ich hatte das Gefühl, als könnte ich in Zukunft meine Wut annehmen, statt mich vor ihr zu fürchten. Jedenfalls hatte dieser Mann mich wieder einmal verblüfft.

»Dieser Typ ist irre«, sagte ich zu Marilyn, als sie mich hinaus begleitete, gefolgt von Dr. Landy. Ich drehte mich zu ihm um und sagte: »Du bist ein gottverdammter Irrer.«

»Und du etwa nicht?« sagte er herausfordernd.

»Nein, ich nicht.«

»Toll«, bemerkte er ironisch. »Dann leiste ich ja gute Arbeit. Anscheinend geht's dir besser.«

30

Tod zu Weihnachten

Nicht alle waren dieser Meinung. Ende der Woche fuhr Scott Steinberg mich morgens zum Studio. Alles war wie immer, bis auf zwei Ausnahmen: Die anderen Beach Boys waren bereits im Studio, als wir eintrafen; und vor der Tür des Studios standen mehrere stämmige Bodyguards mit verschränkten Armen, die aussahen, als wäre mit ihnen nicht zu spaßen. Sie ließen mich durch, obwohl ihre drohenden, unfreundlichen Blicke mir angst machten, als ich mich an ihnen vorbeidrückte.

Scott hatte weniger Erfolg und wurde nicht durchgelassen. Feige, wie ich war, versteckte ich mich sofort im Schrank. Später erfuhr ich, daß Scott sofort Dr. Landy angerufen und ihn über den Vorfall informiert hatte. Mein Arzt hatte daraufhin versucht, im Studio anzurufen, aber niemanden erreicht. Dann hatte er es bei Marilyn versucht und sie gefragt, was los sei.

»Also, ich habe mit Carl und Steve gesprochen, und sie haben mir geraten . . .«, begann sie mit einer Erklärung, die sie jedoch nicht zu Ende führte. »Nein, also, Brian hat sich entschlossen, daß er Sie nicht mehr ständig in seiner Nähe haben will und daß er im Studio alleine arbeiten will.«

»Marilyn«, sagte Dr. Landy, »wir wissen beide, daß Brian nichts dergleichen beschlossen hat. Das ist Quatsch. Was ist wirklich los?«

»Steve und Carl sind bei mir.«

»Okay, dann spreche ich mit ihnen.«

Doch keiner von beiden wollte mit Dr. Landy sprechen.

»Hör zu, Marilyn«, sagte der Psychiater nun. »Ich glaube, daß Weihnachten für Brian sehr wichtig ist. Das ist meine Meinung. Ich bin sicher, das wäre dir auch am liebsten. Nur Steve will jetzt unbedingt dieses Scheiß-Album fertigmachen, was genausogut bis Januar warten kann. Und was Carl angeht, dem kannst du sagen, er soll endlich aufhören, so verdammt neidisch auf seinen Bruder zu sein.«

Später sprach Dr. Landy dann doch noch mit Steve, der ihm klipp und klar sagte, er sei gefeuert.

»Ihr Typen versteht überhaupt nichts«, erwiderte Dr. Landy scharf. »Wenn ich nicht im Studio bin, werdet ihr nichts aus ihm rausbekommen.«

»Falsch! Brian wird seine Arbeit machen. Er wird arbeiten. Wir arbeiten alle. Die Band wird dieses Album fertigstellen.«

Mittlerweile war ich in Panik geraten, weil Scott nicht bei mir im Studio war. Er war mein Sicherheitsnetz und meine Verbindung zu Dr. Landy, der für mich die Kämpfe mit den Beach Boys austrug. Ohne einen von beiden fühlte ich mich hilflos. Nachdem ich mich wieder aus dem Schrank herausgewagt hatte, ließ ich mich auf einen Stuhl am Mischpult fallen und kapselte mich ab.

Stan Love, der für Marilyn den Laufburschen gespielt hatte, seit Dr. Landy engagiert worden war, kam plötzlich wieder als mein Bodyguard und Wachhund zu Amt und Würden. Doch sobald ich ihn sah, bekam ich nur noch größere Angst. Irgend etwas ging hier vor, etwas, das mir nicht gefiel.

Steve log mir wie ein Vorarbeiter in der Fabrik vor, Scott sei verhindert und alles werde in Ordnung kommen. In der Zwischenzeit solle ich mich wieder an die Arbeit am Album machen, schließlich sei ein wichtiger Termin einzuhalten.

»Okay«, sagte ich, stand langsam auf, schaute mich um und ging ans Klavier.

Allen fiel ein Stein vom Herzen: Brian saß am Klavier und würde arbeiten! Aber ich saß nur auf dem Klavierschemel . . . Von Ferne wirkte ich gelassen, aber bei näherem Hinsehen hätte man erkennen können, daß mein Kopf verrenkt war und ich die Augen verdreht hatte. Ich wußte, daß sie mich belogen hatten; wie lange würde es dauern, bis sie mich angriffen?

»Womit willst du anfangen?« fragte Mike.

»Hä?« schreckte ich hoch.

»Womit willst du anfangen?« wiederholte Mike.

»Ich muß nachdenken.«

Das verstanden sie: Das Genie mußte nachdenken. Aber sie begriffen nicht, was in mir vorging. Während sie sich alle zu ihrem gelungenen Coup gratulierten, hämmerte ich aufs Klavier ein wie auf einen Sandsack und versuchte, in den meditativen Boogie-Woogie-Groove zu kommen, den ich mein Leben lang dazu benutzt hatte, um mich vor der Außenwelt abzuschirmen. Zwanzig Minuten später brach ich ab und sah Steve an.

»Ich bin müde. Ich fühle mich nicht besonders. Ich muß nach Hause und mich ausruhen.«

»Okay, Bri. Wir lassen dich von jemand nach Hause fahren. Morgen wird's dir besser gehen. Meinst du nicht auch?«

»Klar«, murmelte ich. Ich sagte ihnen, was sie hören wollten, auch wenn es von der Wahrheit meilenweit entfernt war.

Drei oder vier Tage später erhielten die Beach Boys und Marilyn einen zweiseitigen, maschinegeschriebenen Brief von Dr. Landy, in dem er noch einmal betonte, wie verheerend die Folgen ihrer Fehlentscheidung sein konnten. Er erinnerte meine Frau daran, daß seine ursprüngliche Vereinbarung mit ihr ihm völlige Kontrolle und Entscheidungsfreiheit eingeräumt hatte und daß sie selbst dafür gewesen war, die Beach Boys auf Distanz zu halten. Da er einen tragischen Rückfall erwartete, falls ich nicht weiter fachgerecht und sorgfältig betreut wurde, empfahl er ihr weiterhin, sich an die Psychiatrischen Kliniken der UCLA oder der USC zu wenden. Außerdem stehe seine eigene Tür immer offen; falls sie jemals seinen Rat brauchen, könne sie jederzeit anrufen.

Etwa zur gleichen Zeit, als dieser Brief eintraf, eröffnete Marilyn mir die Neuigkeit, daß Dr. Landy gefeuert worden war.

»Wow!« rief ich. »Das ist toll!«

»Ist es das?« sagte sie verdutzt. »Warum?«

»Na ja, das war ein hartes Programm«, erklärte ich. »Es war wirklich anstrengend. Verdammt brutal.«

Im Grunde wußte ich wohl, daß das Leben ohne Dr. Landy zwar leichter, aber nicht unbedingt besser für mich sein würde. Aber in diesen Tagen hatte ich nicht die Kraft, mich für das zu entscheiden, von dem ich instinktiv wußte, daß es gut und richtig war.

Marilyn schmiß eine riesige Weihnachtsfeier, zu der fast 100 Leute eingeladen waren. Seltsamerweise lud sie auch Dr. Landy ein, und fast noch seltsamer war, daß er die Einladung annahm. Hätte er nicht nach mir gesucht, ich hätte wohl nie erfahren, daß er da war. Denn wie gelähmt vor Angst versteckte ich mich während der ganzen Party in meinem Schlafzimmer. Dr. Landy machte mehrere Versuche, sich unter vier Augen mit mir zu unterhalten, aber Stan oder mein Vetter Steve Korthoff, die beiden Babysitter und Wachhunde, die Marilyn engagiert hatte, um auf mich aufzupassen, drängten sich immer zwischen uns.

»Wie geht's dir?« fragte Dr.Landy.

»Du weißt ja«, erwiderte ich. Mehr mußte ich nicht sagen.

»Ja, ich weiß. Ich liebe dich, Mann.«

Von einer kurzen Begegnung im Winter 1981 am Lake Tahoe abgesehen, sah ich Dr. Landy sechs Jahre lang nicht wieder. Im nachhinein glaube ich, wir ahnten beide schon damals, daß mein langer, tiefer Absturz längst begonnen hatte.

31

Playgirls Mann des Jahres

Es dauerte seine Zeit.

Die Beach Boys lieferten Warner Brothers im Januar termingerecht ihr neues Album ab, hatten damit ihre vertraglichen Verpflichtungen erfüllt und konnten mit einem neuen Label in Verhandlungen treten. Die Leute von Warner haßten diese LP, die zum Großteil ein Abfallprodukt meiner therapeutischen Übungen mit Dr. Landy war. Unter anderem enthielt sie »Johnny Carson«, einen Song, den Dr. Landy mir zu schreiben geholfen hatte, um meine Angst vor einem Auftritt mit den Beach Boys in »The Tonight Show« zu überwinden.

The Beach Boys Love You, das beste Album der Band seit Jahren, enthielt mindestens ein halbes Dutzend Songs, die Dr. Landy mitproduziert und mitgeschrieben hatte. Trotzdem wurde er mit keinem Wort erwähnt, ja, er erntete noch nicht mal ein Dankeschön dafür, daß er mir die Gesundheit und mich der Band zurückgegeben hatte. Wir wußten beide, warum: Die Beach Boys versuchten, Dr. Landys Leistungen und seine Existenz zu verdrängen – von seinen Rechnungen einmal ganz zu schweigen.

Trübsinnig und verloren, verfiel ich wieder in meine alten Verhaltensmuster: Ich vergrub mich in meinem Zimmer, aß zuviel und trieb keinen Sport mehr. Außerdem vergaß ich immer häufiger, meine Medikamente zu nehmen, die mir helfen sollten, die Halluzinationen und Angstgefühle zu kontrollieren, mit denen ich alleine nicht fertig wurde. Ich wußte, daß ich alle Fortschritte des vergangenen Jahres wieder zunichte machte, aber es gab nichts, was ich dagegen tun konnte.

Die Beach Boys dagegen waren euphorisch. Endlich aus dem Warner-Vertrag befreit, machte Steve Love schnell einen Millionendeal über mehrere LPs mit CBS perfekt, über den er schon seit Monaten verhandelt hatte. Ich hatte keine Ahnung, daß eine der Vertragsbedingungen besagte, ich solle 80 Prozent des Materials schreiben und produzieren. Das war eine absurde Vereinbarung, da ich nie und nimmer in der Verfassung war, diese Aufgabe zu erfüllen; ich hatte nicht den Kopf dazu – und das Herz schon gar nicht.

Ich war die Seele der Band, aber seit ich nichts mehr brachte, waren die Beach Boys zu einem Unterhaltungs-Konzern degeneriert, bei dem nur noch Geld zählte; nichts erinnerte mehr an jene Beach Boys, die einst so kreative, spirituelle Musik gemacht hatten. Über diese traurige Erkenntnis mußte ich weinen.

Ich kannte meine Bandkollegen nicht mehr wieder. Waren sie meine Familie? Waren sie meine Freunde? Oder waren sie meine Feinde? Helden oder Schurken?

Als der Vertrag unterzeichnet wurde, war Mike in der Schweiz, um unter der Anleitung des Maharishi das »freie Schweben« zu erlernen. Al hielt sich auf seiner Ranch in Big Sur auf; Dennis war mittlerweile geschieden, stand ständig unter Drogen und arbeitete an seinem Soloalbum *Pacific Ocean Blue*; Carl versuchte mit seiner Kokainsucht fertig zu werden und spielte mit dem Gedanken, ebenfalls ein Soloalbum herauszubringen. Alle waren frustriert – ich am allermeisten.

Seit Dr. Landy gefeuert worden war, hatte ich niemanden mehr, mit dem ich reden konnte, niemanden, der mir in Notfällen zur Hilfe kam und mich zur Vernunft brachte. Ich konsultierte Dr. Harold Bloomfield, einen netten Mann und Freund von Mike, aber ich traute ihm nicht. Danach ging ich zweimal die Woche zu dem Psychiater Dr. Steve Schwartz. Nach einigen Sitzungen bei diesem Mann rief mich einer seiner Kollegen an und bat mich dringend zu einem Treffen; als diese Zusammenkunft stattfand, teilte er mir mit, Dr. Schwartz sei bei einem Wanderausflug verunglückt und ums Leben gekommen. Das gab mir den Rest! Ich verfiel in eine tiefe Niedergeschlagenheit und blieb eine ganze Woche im Bett.

Eines Morgens traten Stan und Steve, meine Babysitter, an mein Bett. Ich starrte sie mir leerem Blick an. Seit einer Woche hatte ich mit keinem Menschen mehr gesprochen, und daran wollte ich auch nichts ändern.

»Raus aus dem Bett!« bellte Stan mich an und riß mir die Bettdecke weg.

Die schnelle Bewegung machte mir angst. Ich schlug die Hände vors Gesicht. »Nicht schlagen«, bettelte ich.

»Dann raus aus dem Bett!« befahl Stan.

Die beiden behandelten mich wie ein störrisches Kind im Sommercamp, sie drohten und schubsten und trieben mich in eine gefährliche Situation nach der anderen. Stan ging schließlich zu Marilyn und erklärte ihr, er und Steve bräuchten Hilfe. Der Job, auf mich aufzupassen, den früher Scott Steinberg alleine geschafft hatte, war zuviel für einen Ex-Basketball-Profi und seinen Partner, der früher Roadie gewesen war. Marilyn verstand vollkommen.

Es war Frühjahr 1977, seit die Beach Boys Dr. Landy gefeuert hatten, waren einige Monate vergangen. Ich war ständig nervös, und außerdem hielt ich meine Verabredungen mit Dr. Lee Baumel, meinem neuen Seelenklempner, nicht ein. Dann erwischte mich Stan bei einem neuen Briefkasten-Koksdeal, und die Mädchen beklagten sich, daß ich an einem Morgen hinter ihrem Schulbus hergerannt war – wie ein Wahnsinniger, mit flatterndem Hemd und nackten Füßen. Ich hatte geglaubt, es handele sich um den Stadtbus von Bel Air. Der Busfahrer hatte angehalten, ich war eingestiegen und hatte den Mann um eine Zigarette angebettelt. Erst dann waren mir die Mädchen aufgefallen, die starr vor Schreck »Hi, Dad« sagten. Stan hatte einen seiner Freunde anheuern müssen, um dem überforderten Busfahrer zu helfen.

Rushton Pamplin, der sich gerne Rocky nennen ließ, war wie sein Freund Stan Love 1967 eine große Sportskanone an der University of Oregon gewesen. Stan war der Basketballstar des Campus gewesen, Rocky hatte im Football-Team gespielt. Wie Stan und Steve ließ auch er sich ziellos durchs Leben treiben. Unter anderem hatte er sich für *Playgirl* fotografieren lassen, und der bisher größte Erfolg seines Lebens war gewesen, daß die Leserinnen ihn zum »Mann des Jahres« und »Mann der letzten fünf Jahre« gewählt hatten.

Marilyn fand sofort Gefallen an Rocky. Nachdem sie ihn in Bellagio beim Basketballspielen mit Stan beobachtet hatte, schwärmte sie Steve sofort von seinem guten Aussehen vor. Eine Woche später wurde Rocky für 40000 Dollar, später sogar 50000 Dollar pro Jahr engagiert; offensichtlich war meine Frau hochzufrieden mit ihm.

Unter diesen drei Obermacho-Wachhunden wurde mein Leben zur Hölle. Was Stan, Steve und Rocky unter Betreuung verstanden, unterschied sich kraß von Dr. Landys konstruktiver Therapie. Morgens schmissen sie mich aus dem Bett, brüllten mich an, wenn ich den Sessel in meinem Schlafzimmer nicht verlassen wollte. Sie schleppten mich unter die kalte Dusche und ignorierten mein Jammern, daß ich Angst vor dem Wasser hätte. An guten Tagen bestachen sie mich mit Zigaretten, um mich dazu zu bewegen, daß ich mich wusch, anzog oder ins Studio ging. Auch wenn sie mich nicht ruhigstellen konnten, waren Zigaretten das Allheilmittel, um mich zu besänftigen.

Stan und Rocky schüchterten mich meistens nur ein. Sie bauten sich drohend vor mir auf und beschimpften mich als Fettsack. Gemeinsam brüllten sie auf mich ein: »Du gottverdammt fettes, faules Rockstararschloch! Du feige Flasche! Wann reißt du dich endlich zusammen? Du mieser Schlappschwanz!«

Jeden Nachmittag nahmen meine Bodyguards mich zum örtlichen YMCA mit, um Basketball zu spielen. Während sie unter der Dusche standen, schlich ich mich einmal nach unten in den Coffee Shop und bestellte mir ein paar Sandwiches. Die drei fanden mich jedoch dort, und Stan wischte mit einer Armbewegung mein Essen mitsamt Geschirr vom Tisch.

»Schluß mit den Scheiß-Sandwiches!« schrie Rocky so laut, daß sich alle im Restaurant nach ihm umdrehten.

Im Aufzug schob Steve mich in eine Ecke, ballte die Faust und rammte sie mir gegen die Brust. »Du Rockstararschloch«, knurrte er. »Du mieser, beschissener, verkommener Rockstar. Du kotzt mich so dermaßen an.«

Während Steve mich anschnauzte, hämmerte Stan mit der Faust gegen meine Brust, nicht um mich zu verletzen, aber doch so fest, daß ich Angst bekam, er wolle mich töten. Rocky und er waren mir körperlich so überlegen, daß ich nichts weiter tun konnte, als den Schwanz einzuziehen und mir ihre miese Behandlung gefallen zu lassen. Erinnerungen an meinen Vater wurden wach.

In diesem Zustand der Regression und ständigen Furcht fügte ich mich wie ein geprügelter Hund in mein Schicksal. Ende Juli 1977 begleitete ich die Beach Boys nach London zum Start einer äußerst vielversprechenden und profitablen Tournee, die der neue Manager der Band, Henry Lazarus, arrangiert hatte. Lazarus, ein ehemaliger Textilvertreter, war Carls Erwerbung. Er hatte keinerlei Erfahrung als Manager, und dies zeigte sich schnell: Überfordert mit dem komplizierten Papierkram, der in Übersee erforderlich war, richtete er ein dermaßen großes Chaos an, daß die Tour gecancelt werden mußte. Diese Pleite kostete ihn den Job.

In London schafften wir nur zwei Shows, und beide endeten in einem Desaster – zumindest von meinem drogenverseuchten Standpunkt aus betrachtet. Beim ersten Auftritt auf einer CBS-Tagung rastete Mike aus, weil ich bei einem Song unaufmerksam war, und rammte mir mein Klavier gegen den Bauch. Bei der zweiten Show vor 50000 Leuten im Wembley-Stadion merkte er, daß ich völlig andere Songs spielte als die Band und wollte mir meinen Klavierhocker über den Schädel ziehen.

Bis August hatten die Beach Boys sich fast selbst den Rest gegeben. Hinter den Kulissen liefen übelste Intrigen ab. Mike und Al hatten sich miteinander verbündet, weil sie beide Steve Love wieder als Manager einstellen wollten. Carl und Dennis aber waren strikt dagegen, da sie Steves Integrität anzweifelten. Beide Fraktionen sprachen bis zum Ende des Sommers kein Wort mehr miteinander.

Ein Auftritt der Beach Boys in New York bescherte den Streithähnen eine kurze Atempause. Im September gab die Band ein Free Concert im Central Park, zu dem etwa 150000 Menschen kamen. Ich spielte bei der Hälfte der Stücke Baß; dies war das erste Mal seit 1964, daß ich mich bei Auftritten hinter den Keyboards hervorwagte. Noch bemerkenswerter war, daß nahezu alle Familienangehörigen erschienen waren: Carls Frau Annie Hinsche, Marilyn, Carnie, Wendy und Diane; meine Mutter und auch Dennis' Freundin Karen Lamm – kaum jemand fehlte. Noch im Laufe desselben Jahres sollte all das auseinanderbrechen.

Mittlerweile hatten sich die Beziehungen zwischen den Bandmitgliedern derart verschlechtert, daß Mike und Al allen Ernstes daran dachten, Carl und Dennis durch andere Musiker zu ersetzen; meine Brüder drohten nämlich mit ihrem Ausstieg, falls Steve Love wieder Manager der Band werden würde. Bei einem Gig in Providence, Rhode Island, erzählte Dennis einem Reporter des *Rolling Stone*, wegen der »ständigen Linkereien und der miesen Stimmung« könne diese Show vielleicht die letzte der Band sein.

Als ich ihn irgendwann darum bat, er solle mich doch auch aussteigen lassen, erklärte Mike, Stan und Rocky würden mich bei der Stange hielten. Falls es wirklich zum Bruch zwischen den Fraktionen kam, wollte Mike sicher sein, daß er mich so weit einschüchtern konnte, daß ich zu ihm hielt. Trotz der Schwierigkeiten, die ich ihnen allen bereitete, war ich immer noch *die* Trumpfkarte für den Erfolg der Beach Boys.

Zwei Wochen später hielt die ganze Band, jeder in Begleitung seines Anwalts, in meinem Haus Kriegsrat. Die Stimmung war gereizter denn je. Denn abgesehen davon, daß die hitzigen Dispute um geschäftliche Angelegenheiten sich schon seit längerem hinzogen, war am Vortag auch Dennis' Solo-Album *Pacific Ocean Blue* erschienen und hatte glänzende Kritiken bekommen. Mike und Al waren darüber so sauer, daß sie unmißverständliche Andeutungen machten, es sei vielleicht besser, wenn er sich ganz selbständig machen würde. Ich lag während des ganzen Meetings auf dem Boden und schlief.

Jedesmal, wenn irgend ein Punkt zur Abstimmung stand, brüllte Mike mich wach – und aus Angst stimmte ich immer mit ihm und Al. Es war aber keineswegs so, daß ich ihrer Meinung gewesen wäre; wie auch, ich begriff ja noch nicht mal, was da überhaupt besprochen wurde. Mir ging es allein darum, Mike zufriedenzustellen, ich wollte, daß er mir meine Ruhe ließ. Empört über diese Farce verließen Dennis und Carl wütend das Meeting.

Danach riß Mike die Leitung der Beach Boys an sich. Beim momentanen Zustand der Band war das sogar gerechtfertigt. Er war zwar das am wenigsten musikalische Bandmitglied, dafür aber derjenige, der am konsequentesten kommerzielle Interessen vertrat. Mein Vetter heuerte sofort wieder seinen Bruder Steve als Manager an und beschloß, daß das neue Album der Beach Boys im Winter in der Maharishi International University in Fairfield, Iowa, aufgenommen werden sollte. Diese Entscheidung sollte sich als mindestens ebenso genial erweisen wie seinerzeit Jack Rieleys holländisches Abenteuer.

In Fairfield verlangte Mike von allen, die an dem Album arbeiteten, sie sollten entweder meditieren oder aussteigen. Depressiv und ständig unter Medikamenten, geriet ich bald wieder in die alte Spirale von Unsicherheit, Angst und Drogenmißbrauch. Ich ließ mich ins Studio scheuchen, spielte ein paar Melodiefragmente herunter, rannte raus und zog heimlich einen Joint, während die anderen die Songs komplettierten. Wenn sie mich zwangen, im Studio zu bleiben, spielte ich Ping-Pong; ich schlug wie besinnungslos den Ball hin und her, bis es endlich Zeit war zu gehen.

Ende November 1977 war das Album fertig. Danach flogen alle ihre Familien nach Iowa ein, und wir produzierten gemeinsam ein neues Weihnachtsalbum: *Merry Christmas from the Beach Boys*, die erste LP, auf der auch meine Töchter Carnie und Wendy sangen. Aber die Plattenfirma hatte kein Interesse an einem Weihnachtsalbum, es wurde deshalb nie veröffentlicht.

Als wir nach L. A. zurückkamen, schien das Ende der Band kurz bevorzustehen. Dennis arbeitete an seiner zweiten Solo-LP und nahm immer mehr harte Drogen; Mike und Al gründeten Waves, eine Band, mit der sie ihre Ideen über TM und spirituelle Erleuchtung musikalisch propagierten. Al plante ebenfalls eine Solo-LP, und Carl zog sich nach Colorado zurück. Marilyn und Diane überredeten mich, ein halbes Dutzend neue Songs mit Spring zu produzieren, und dann meine Frau mich auch noch, ausgerechnet für Rocky zwei Songs zu produzieren: »California Feeling« und »Don't be Cruel«.

»Was hältst du davon? Deine ehrliche Meinung«, fragte Rocky mich eines Tages in den Brother Studios.

»Du schlägst mich doch nicht, oder?«

»Komm schon, Brian. Ich frage dich nach deiner Meinung.«

»Ich halte dich für einen großen Entertainer«, sagte ich. Er merkte überhaupt nicht, daß ich ihn hochnahm. In Wahrheit war er absolut schauderhaft. »Du hast definitiv Genie.«

»Danke, Mann«, erwiderte er zufrieden lächelnd.

Wahrscheinlich war er der einzige von uns, der so empfand.

32

Help Me, Rhonda

Das neue Jahr begann mit einer dreiwöchigen Tour durch Australien und Neuseeland, die Steve Love arrangiert hatte, weil der Vertrag mit CBS es verlangte. Der Veranstalter war Paradine, eine Firma des Talkmasters David Frost, der eine zusätzliche Bedingung stellte: Ich mußte an der Tour teilnehmen. Und was noch wichtiger war: Er verlangte, daß die Band ihm schriftlich bestätigte, ich sei gesund genug, um die Tour durchzustehen.

Es war ein schlechter Witz, daß Frost sich ausschließlich meinetwegen Sorgen machte. Dennis nahm damals regelmäßig Heroin, und Carl versuchte, mit seinem langjährigen Kokainproblem fertig zu werden. Darüber hinaus kamen die Bandmitglieder nicht gerade gut miteinander aus.

»Wie fühlst du dich, Brian?« fragte Steve Love mich eines Morgens.

»Mir geht's gut.« Das war meine Standardantwort.

»Meinst du, du hältst ein paar Wochen in Australien und Neuseeland durch?« hakte er nach.

»Nein.«

»Warum nicht? Da ist jetzt Sommer. Es wird warm und sonnig sein.«

Ich dachte mit gemischten Gefühlen an Australien zurück. An den ersten Trip der Beach Boys dorthin – im Jahre 1964, kurz bevor »Fun, Fun, Fun« herausgekommen war – hatte ich schöne Erinnerungen; doch die zweite Reise war ein einziger Horrortrip gewesen, weil ich mir damals in den Kopf gesetzt hatte, Mike und Marilyn hätten eine Affäre. Ich wollte nicht mit, aber Stan redete mir ein, die Reise würde mir schon gefallen. Außerdem hatte ich sowieso keine Wahl, da die ganze Tour daran hing, daß ich auftrat. Also mußte ich mich dem gemeinschaftlichen Druck beugen.

Die Tour war von Anfang an ein Desaster. Dennis schmuggelte Heroin nach Neuseeland, unserer ersten Zwischenstation, und kaufte dann in Melbourne nochmals für 100 Dollar Stoff bei einem der Mitarbeiter von David Frosts Touragentur. Ich hätte von diesem Coup gar nichts erfahren, wäre es mir nicht eines Abends gelungen, Stan, Rocky und Steve, die mich immer noch fast vierundzwanzig Stunden am Tag überwachten, abzuschütteln. So aber konnte ich den Stoff gemeinsam mit Dennis wegziehen. Als ich mich später kotzelend in mein Zimmer zurückschleppte, empfing mich Steve Korthof.

»Brian, hast du gesoffen?« fragte er sauer.

»Ja«, stöhnte ich und ließ mich aufs Bett fallen.

Am nächsten Tag war die Kacke am dampfen. In einer Gesprächsrunde, die so explosiv war wie ein Brand in einer Munitionsfabrik, bestanden die Jungs darauf, Dennis sofort nach Hause zu schicken. Frost hingegen drohte damit, die restlichen Dates abzublasen und die Band zu verklagen, falls es dazu käme. Carl wollte die Wogen glätten und gestand, er sei auch nicht ganz unschuldig an dem Heroinkauf gewesen; dafür bekam er von Rocky einen Schlag ins Gesicht.

Wir zogen die Tour durch, aber Carl und Dennis reisten getrennt von Mike und Al; sogar die Bühne betraten die beiden Parteien aus verschiedenen Richtungen. Die schlechten Vibes, die diese Streitereien verursachten, waren zuviel für mich. Ich blieb so oft wie möglich auf meinem Zimmer und wartete nur darauf, endlich wieder nach Hause zu kommen.

In der Nacht vor unserer Abreise sah ich eine Möglichkeit, dem Terror zu entfliehen. Ich ließ den Hotelarzt rufen und klagte über Streß und Schlaflosigkeit – was ja auch stimmte. Schließlich konnte ich ihn überreden, mir eine Flasche Schlaftabletten zu verschreiben. Ich schluckte prompt fast die ganze Flasche und wartete darauf, daß mich gnädiger Schlaf umfangen würde. Ich wollte nur noch alleine sein.

Das nächste, an das ich mich wieder erinnern konnte, waren Stan und Rocky, die meine gut zwei Zentner mit viel Mühe unter eine kalte Dusche hielten. Das war am folgenden Morgen. Die beiden hatten die Zimmertür aufgebrochen und mich bewußtlos auf dem Boden liegen sehen; natürlich hatten sie auch die Pillen gefunden.

»Jesus Christus, wo hast du die wieder her?« fauchte Stan mich an.

»Was?« fragte ich groggy. Ich war noch viel zu weggetreten, um Angst vor seinen Schlägen zu haben.

»Diese Scheißpillen, du Arschloch!«

»Vom Doktor«, erklärte ich. »Die sind erlaubt.«

»Nicht, wenn du die halbe Flasche nimmst«, schnauzte er mich an.

Von da an war mein Leben ein einziger Fluchtversuch. Ich konnte die Band, meine Bodyguards, mein Leben nicht mehr ertragen, ich wollte nur noch unsichtbar sein.

Kurz bevor wir Australien verließen, schluckte ich eine Handvoll Pillen, die ich vor Stan, Rocky und Steve versteckt hatte, und verpaßte mir damit um ein Haar die nächste Überdosis. Als wir wieder in L. A. waren, ließ ich mir sofort wieder Drogen via Briefkasten liefern – erst Kokain, dann Heroin. Aber das Heroin nahm ich nicht sofort, sondern versteckte die winzige Ampulle in meiner Schreibtischschublade.

An manchen Tagen weigerte ich mich, meinen Sessel zu verlassen und verbrachte bis zu zwölf Stunden still dasitzend. Gelähmt vor Angst und Streß ließ ich den Kopf zurückfallen, zog Bilanz meiner Situation und sah mich selbst als Gefangenen in einem kleinen Kasten, der ständig schrumpfte und mich immer mehr einzwängte, bis ich kaum mehr atmen oder meine Arme und Beine bewegen konnte. Ein schmerzhafter Druck preßte die Wände dieses Kastens gegen meinen Kopf. Nachdem ich diese Tortur mehrere Tage ertragen hatte, öffnete ich meine Schreibtischschublade und zog den ganzen Stoff weg.

Endlich Erlösung!

Anscheinend hatte Marilyn mich spät nachts halb bewußtlos auf dem Bett gefunden; ich wäre fast an Erbrochenem erstickt. Sie schrie nach Stan, der meine Atemwege säuberte und Marilyn half, mich unter die Dusche zu stellen, bis ich wieder zu Bewußtsein kam. Die beiden ließen mich nicht ins Bett gehen, ehe ich nicht eine Tasse Kaffee getrunken und geschworen hatte, keine Drogen mehr zu nehmen.

Ich nahm auch tatsächlich keine Drogen mehr. Aber als ich am nächsten Tag aufwachte, wurde mir klar, daß ich – Drogen oder keine Drogen – aus allem raus mußte.

Ich hatte es mir viel schwieriger vorgestellt, als es tatsächlich war. Zwar hatte ich weder einen Plan noch einen Führerschein und auch kein Auto, und weil ich meine Brieftasche verlegt hatte, stand ich zudem noch ohne Geld da, aber ansonsten war alles ganz problemlos: Ich öffnete einfach die Vordertür und spazierte davon. Ohne mich noch einmal umzusehen erreichte ich das Ende der Ausfahrt, bog rechts auf die Bellagio Road ab und ging einfach weiter, immer bergab.

Eine Stunde und etliche Meilen später erreichte ich die Hotelbar des Centurio Plaza, wo ich mich mit einem gutgekleideten Mann unterhielt, der mir einige Drinks spendierte.

»Hast du einen eigenen Wagen?« fragte ich.

Hatte er.

»Und hast du einen Führerschein?«

»Klar.« Er lachte.

»Fährst du irgendwo hin?«

»Ja, nach San Diego.«

Am Spätnachmittag fuhren wir los und machten uns während der zweistündigen Fahrt Richtung Süden besser miteinander bekannt. Er war ein Beach-Boys-Fan und löcherte mich mit Fragen über das Leben eines Rockstars. »Man verdient wirklich gut«, gestand ich. »Aber der Streß ist zum Kotzen.«

Er war Vertreter, und seine Mom und sein Dad hatten in San Diego ein Haus, in dem er manchmal übernachtete. Fast während der ganzen Fahrt schwärmte ich von Danny Huttons toller Stimme, und wie sich herausstellte, hatte er tatsächlich einige Platten von Three Dog Night, die wir uns vor dem Schlafengehen noch anhörten.

Spät am nächsten Morgen hatte mein neuer Freund irgendwo einen geschäftlichen Termin. Er ließ mir die Hausschlüssel da. Als er zurückkam, war ich bereits zu neuen Abenteuern aufgebrochen. Ich ging zu einer Bar in der Nachbarschaft, wo ich mir Drinks schnorrte und Billard spielte. Die Stunden vergingen. Ich lieh mir einen Vierteldollar von dem Typ, mit dem ich gerade spielte, prüfte das Angebot der Jukebox und drückte dann einen Stones-Song: »Fool to Cry«. Als er zu Ende war, lieh ich mir noch einen Vierteldollar und ließ das Stück ein zweites Mal laufen.

»Oh mein Gott!« rief ich plötzlich aus.

»Was ist passiert, Mann?« fragte mein Billard-Partner.

»Hör dir den Song an! Ich glaube, das rettet mir das Leben. Ich meine, er ist fantastisch. Er rettet mir das ganze verdammte Leben.«

»Ich hol' dir noch was zu trinken, okay?« sagte er und klopfte mir auf die Schulter.

Mittlerweile war es dunkel, und ich beschloß, die Bar zu verlassen. Ich war völlig hinüber. Fast den ganzen Tag über hatte ich getrunken, mein Hirn war vernebelt. Ich wanderte ziellos durch die dunklen Straßen und suchte nach einem vertrauten Anblick, einem Platz für die Nacht; und ich ging und ging und ging . . . Die Idee, zu Hause anzurufen, kam mir nicht in den Sinn. Ich war zufrieden, daß ich allein war, weit weg von Marilyn, Stan, Rocky, Steve und dem Rest der Bande. Ich hatte schier grenzenlose Bewegungsfreiheit.

Trotzdem war mir elend zumute; der desolate Zustand meines Lebens deprimierte mich. Wäre ich dazu fähig gewesen, mich selbst unvoreingenommen zu betrachten, wäre ich vermutlich vor dem jämmerlichen Anblick, den ich bot, zurückgeschreckt. Dieser fette, bärtige, langhaarige Kerl in dreckstarrenden Klamotten, der barfuß durch dunkle, leere, kalte Straßen einer fremden Stadt irrte und seine wahnwitzigen, unsinnigen Gedanken vor sich hin brabbelte – das war ich, genau der Typ von Mensch, dem ich selbst aus dem Weg gegangen wäre.

Irgendwann während meines Ausflugs blieb mir der Atem weg, ich stürzte zu Boden. Als ich versuchte mich hochzurappeln, verlor ich das Bewußtsein. Polizisten fanden mich mit dem Kopf nach unten in der Gosse liegend, ohne Ausweis, immer nur murmelnd: »Ich will sterben. Laßt mich schlafen. Ich will sterben.« Sie riefen über Funk einen Krankenwagen, der mich zum Alvarado Community Hospital brachte. Irgendwann muß ich dann so weit zu Bewußtsein gekommen sein, daß ich den Ärzten meinen und Marilyns Namen und sogar auch ihre Telefonnummer nennen konnte, aber ich erinnere mich an nichts mehr von alledem.

Als ich wieder zu mir kam, wischte mir eine Krankenschwester den Schmutz vom Gesicht. Ich schaute mich in der ungewohnten Umgebung um und wollte mich im Bett aufrichten, doch sie legte sanft ihre Hand auf meine Schulter und drückte mich aufs Bett zurück. Dann sagte sie mir, wo ich mich befand. Allmählich entspannte ich mich. Sie hatte ein hübsches Lächeln, und als ich sie nach ihrem Namen fragte, grinste sie. »Ich heiße Rhonda.«

»Rhonda!« Ich lächelte. »Help me, Rhonda!«

»Haben Sie den Song für mich geschrieben?«

Noch am selben Tag wurde Marilyn von meinem Aufenthaltsort benachrichtigt. Sie kam sofort mit Stan, Steve und Rocky angereist und wollte mich abholen, doch ich bekam sie gar nicht zu Gesicht. Der Arzt überzeugte sie davon, daß es besser war, mich zum Entgiften meines Körpers erst einmal hierzulassen. Sechs Wochen blieb ich dort, lernte einige nette Leute unter den anderen Patienten kennen und erholte mich alles in allem sehr gut.

Als die Genesungszeit sich ihrem Ende näherte, erkannte ich, daß ich zwar das Krankenhaus verlassen mußte, aber keine Lust hatte, nach Hause zurückzugehen. Ich empfand immer noch Zuneigung für Marilyn, aber sie schenkte mir nicht mehr die Zuwendung und Pflege, die ich brauchte. Es kam mir vor, als wäre Marilyn im Laufe der Jahre zu einer Prinzessin geworden und ich zu ihrem Gefangenen. Obwohl sie mich täglich im Krankenhaus anrief, wagte ich erst nach mehreren Gesprächen, ihr zu sagen, was mich schon die ganze Zeit beschäftigte.

»Weißt du, Mare, ich glaube, unsere Zeit ist abgelaufen.«

»Was meinst du?« fragte sie.

»Ich finde, wir sollten uns trennen. Und über eine Scheidung nachdenken.«

Ich hörte, wie überrascht sie war. Marilyn hatte zweifellos ähnliche Gedanken gehabt, aber sich endgültig einzugestehen, daß unsere Ehe gescheitert war, war trotzdem nicht leicht für sie.

Wir waren zusammen aufgewachsen und hatten geglaubt, wir würden für den Rest unseres Lebens zusammenbleiben. Ich erinnerte mich daran, wie ich Marilyn einmal zugeflüstert hatte, wir seien jeder die Hälfte eines Engels, und gemeinsam könnten wir fliegen. Es war uns bestimmt gewesen, unser Leben zusammen zu verbringen. Doch jetzt mußten wir uns trennen.

Das war traurig.

33

Der Verrat

Im September 1978 überstürzten sich die Ereignisse. Marilyn und ich trennten uns am Fünfzehnten des Monats. Warner Brothers veröffentlichten das *M.I.U. Album*, einen totalen Flop. Die Brother Studios wurden verkauft und Steve Love als Manager der Beach Boys gefeuert; er hatte den Jungs zuviel Druck gemacht, die erste, schon seit zwei Monaten überfällige LP für CBS abzuliefern. Die Plattenfirma hatte inzwischen bereits zwei Millionen Dollar Vorschuß gezahlt.

Ich verließ die psychiatrische Klinik und flog von San Diego nach L. A. zurück. Stan holte mich am Flughafen ab und führte mich direkt zu einem anderen Flugzeug nach Miami, wo die Beach Boys mit der Arbeit an ihrem neuen Album nicht weiterkamen. Es sollte *L. A. (Light Album)* heißen. Die Bandmitglieder hatten sich seit einiger Zeit dort vergraben und arbeiteten in den Criteria Studios, die den Bee Gees gehörten. Sie wußten schon längst vor meiner Ankunft, daß sie in der Scheiße steckten. Ohne mich zeigte sich das schlimme Defizit an Songwriter-Talent.

Meine Ankunft verbesserte die Situation allerdings nicht im geringsten. Ich sagte kurz »Hallo!« und schlief auf dem Fußboden des Studios ein.

Trotzdem versuchte ich, an einigen Demos zu arbeiten. Das einzige, was ich zustande brachte, war, daß ich die Produktion eines zwölfminütigen Disco-Remakes von »Here Comes the Night« überwachte; der Song war ursprünglich 1967 auf der Beach-Boys-LP *Wild Honey* erschienen. Was die Produktion angeht, ist der Song cool, nur hatten die Beach Boys eindeutig keinen Platz auf dem Disco-Trittbrett. Aber ich tat, was man mir sagte.

Nach mehreren Wochen kamen Walter Yetnikoff, der Präsident von CBS, und sein Vize Tony Martell nach Miami, um sich anzuhören, wofür sie ihr Geld ausgegeben hatten. Mike machte unheimlichen Wind um die Präsentation und beschrieb den beiden das, was sie zu hören bekommen sollten, als eine Glanzleistung der Band. Ich stand in der Ecke, wiegte mich hin und her und tat mein Bestes, mich unsichtbar zu machen, während Mike weiter Schwachsinn verzapfte. Das wurde auch Yetnikoff schnell klar, und er nahm kein Blatt vor den Mund.

»Wir sind angeschmiert«, sagte er. »Aber es ist immerhin ein Anfang.«

Allen war klar, daß ich nicht in der Lage war, das Album zu retten.

Deprimiert blieb ich ein paar Tage im Bett und kam dann auf meine bis dahin beste Idee. Bruce Johnston hatte die Band vor einigen Jahren verlassen, um gemeinsam mit Terry Melcher auf RCA sein eigenes Label, Equinox, zu machen. Sie hatten mich sogar unter Vertrag genommen, obwohl nichts weiter daraus wurde. Jetzt waren sie fällig. Ich schlug vor, Bruce anzurufen, damit der das Album durch die Untiefen dirigierte.

Das hielten alle für einen guten Vorschlag. Also rief ich Bruce an und sagte ihm, er würde gebraucht. Am nächsten Tag flog er in Miami ein und ist seitdem bei den Beach Boys geblieben.

Als das Album fertig war, kehrte ich nach L. A. zurück, depressiv und verloren bei dem Gedanken, daß Marilyn und ich uns getrennt hatten und ich kein Dach mehr über dem Kopf hatte. Für 2300 Dollar im Monat mietete ich ein kleines möbliertes Haus auf dem Sunset Boulevard in Hollywood, das so dunkel und trostlos war wie meine Stimmung. Stan, Steve und Rocky setzten ihre Rund-um-die-Uhr-Überwachung fort, aber ich verbrachte trotzdem die meiste Zeit im Bett, rauchte, trank Kaffee und ließ meine negativen Gedanken durch mein Hirn rauschen.

Im Oktober 1978, weniger als zwei Jahre, nachdem Dr. Landy gefeuert worden war, war ich so tief abgesackt, wie er das vorausgesagt hatte; alles, was er mit seiner Therapie erreicht hatte, war völlig ausgelöscht worden. Ich aß, nahm immer mehr zu, schluckte Drogen und lebte in einem ständigen schizophrenen Alptraum; die anderen Beach Boys hielten mich allerdings für einen Simulanten. Wenn man mich zwang, mit auf Tour zu gehen, trank ich jeden Tag. Bei einem Open-Air-Festival in Toronto ging ich so betrunken auf die Bühne, daß ich mich nach wenigen Songs auf die Bühne legte und schlafen wollte. Rocky und Stan zerrten mich von der Bühne, bevor Mike mich buchstäblich runterprügeln konnte.

Zu Hause suhlte ich mich in Koks. Mit Hilfe von Dennis entschlüpfte ich Rocky und Stan und konsumierte abartige Mengen des weißen Pulvers. Dennis, der größte Bewunderer meiner Musik, wurde jetzt mein größter Drogenlieferant. Eines Tages fuhr er mit mir durch L. A. und gab mir ein Gramm für jeden Song, den ich mit ihm schrieb. Manchmal wachten wir morgens nebeneinander auf dem Fußboden im Haus seines Dealers in Venice auf, manchmal machten wir tagelang kein Auge zu.

In einer Nacht sah mein Bruder mir zu, wie ich in nur einer Stunde sechs Gramm wegzog. Mein Körper rebellierte. Wie Dennis mir den Vorgang später schilderte, hatte ich das Koks zügig weggeputzt, war von Minute zu Minute wirrer geworden und hatte plötzlich Schaum vor dem Mund gehabt, während mich gleichzeitig Wellen betäubender Euphorie durchliefen. Dann hatte ich mich gekrümmt, war bewußtlos umgekippt und hatte eine Art epileptischen Anfall gehabt, den ich nur überlebte, weil er mir in den Hals griff und meine Zunge festhielt, damit ich nicht erstickte.

Als Stan und Rocky hörten, wie knapp ich dem Tod entkommen war, knöpften sie sich Dennis vor, um ihm endgültig auszutreiben, mich weiterhin mit Koks zu versorgen. Eines Nachts brachen sie in Dennis Haus ein, stürmten in sein Schlafzimmer und traten und prügelten auf ihn ein, bis er halbtot am Boden lag. Anschließend schmissen sie ihn durchs Fenster. Obwohl er blutete, schlugen sie weiter auf ihn ein. Schließlich warfen sie ihn aufs Bett, knallten sein Gesicht gegen das Kopfteil und ließen ihn liegen.

Später verklagte Dennis Stan und Rocky, und die beiden wurden zu Bewährungsstrafen verurteilt. Doch sie fanden, die Sache sei das wert gewesen.

Es war Dezember. Heimlichkeiten und ständige Furcht bestimmten meinen Tagesablauf. Oft schlich ich mich in den Liquor Store, um Alkohol und Zigaretten zu kaufen. Wenn meine Bewacher nicht hinsahen, soff ich den Kaffee direkt aus der Kanne. Ich tigerte ziellos durchs Haus, rund um den Pool, schritt die Grenzen des Grundstücks ab, entwarf wirre Szenarios und kämpfte gegen die Stimmen in meinem Kopf an.

Nachts ließ ich gelegentlich ein Groupie kommen, das ich seit Jahren kannte, um mir sexuelle Erleichterung zu verschaffen. Debbie Keil war damals Anfang Zwanzig, eine ehemalige Telefonistin aus Kansas und ein hübsches, blondes Mädchen, das mich an meinen High-School-Schwarm Carol Mountain erinnerte. Sie war schon seit Jahren ein Fan der Beach Boys gewesen, ehe sie nach L. A. gekommen war. Dort hatte sie bald einen Job im Fanclub der Band bekommen, durch den sie schließlich auch mich kennengelernt hatte. Ich sah sie ab und zu, immer, wenn mir gerade danach war; und sie hatte keinen anderen Wunsch, als mir gefällig zu sein.

Nachdem ich mich von Marilyn getrennt hatte, war es für Debbie leichter, meine Wünsche zu befriedigen – nicht nur sexuell. Sie spielte auch den Chauffeur für mich und gab mir Geld für Alkohol. Selbst als ich eine Flasche Diätpillen in ihrer Handtasche fand und auf einen Rutsch runterschluckte, wurde sie nicht sauer. Doch trotz ihrer Hingabe vegetierte ich einsam vor mich hin, ohne Freunde und ohne Musik.

Eines Morgens wachte ich mit dem brennenden Wunsch auf, mein altes Haus an der Bellagio Road zu besuchen; ich bat Debbie, mich dort abzusetzen. Marilyn hatte mir für solche Gelegenheiten einen Schlüssel überlassen. Ich schloß die Vordertür auf und sah mich um. Alles war unverändert. Ich sehnte mich danach, Marilyn in den Arm zu nehmen, ging nach oben ins Schlafzimmer und öffnete leise die Tür.

Es war dunkel, nur einige Sonnenstrahlen fielen durch die heruntergelassenen Jalousien. Ich trat ein paar Schritte vor, bis ans Fußende des Betts, und wartete, bis meine Augen sich an die Dunkelheit gewöhnt hatten. Dann sah ich Marilyns schwarzes Haar auf dem Kissen. Sie schlief fest. Doch was war das . . . Ich traute meinen Augen nicht. Sie war nicht allein. Neben ihr schlief Rocky. Es war nicht das erste Mal, daß ich Marilyn mit einem anderen Mann sah. Vor etwa sieben Jahren war es eine meiner sexuellen Phantasien gewesen, Marilyn beim Sex mit einem anderen Mann zuzusehen. Das hatte vor allem mit meiner eigenen Unsicherheit zu tun gehabt. Ich war mir nämlich nie sicher gewesen, ob ich sie befriedigen konnte und ob nicht ein anderer Mann es vielleicht besser machen würde. Schließlich hatte ich selbst die Initiative ergriffen und Tandyn Almer, einen Songwriter-Freund, dazu überredet, mit meiner Frau zu schlafen. Vorher hatte ich mit ihm geschlafen, und dann schlief er mit Marilyn und mir zusammen. Es hatte sich jedoch gezeigt, daß ich solche Experimente nicht verkraften konnte.

Ebensowenig konnte ich es jetzt ertragen, Marilyn und Rocky zusammen im Bett zu sehen. Später fand ich heraus, daß ihre Affäre schon einen Monat, nachdem er engagiert worden war, angefangen hatte. Allerdings konnte ich Marilyn keine Vorwürfe machen: Ich war nicht fähig, sie zu befriedigen.

Ich kniete neben Marilyn nieder und berührte ihre Hand. Sie öffnete die Augen und schrak zusammen. Ich nahm ihre Hand, küßte sie und flüsterte: »Ich liebe dich.« Plötzlich erwachte auch Rocky, und sein Gesichtsausdruck sprach Bände.

»Brian!« platzte er heraus. »Was zum Teufel . . .«

Ohne zu antworten stürzte ich aus dem Zimmer. Unten traf mich die Realität wie ein Schlag. Ich war verwirrt, verletzt, eifersüchtig. Rocky fand mich vor dem Haus, wo ich erregt auf und ab ging. Einen Moment später kam auch Marilyn nach draußen. Ich war niedergeschmettert, fühlte mich kleiner als jedes noch so winzige Steinchen auf der Einfahrt. Im Grunde hatte ich kein Recht, verletzt zu sein, aber ich war es; ich fühlte mich wie ein betrogenes Kind. Die beiden fragten mich, ob ich nach Hause gefahren werden wollte.

»Nein danke«, erwiderte ich. »Ich laufe lieber.«

»Bist du okay?« fragte Rocky.

Ich sah Marilyn an, dann Rocky. Schließlich drehte ich mich wortlos um und ging langsam die Einfahrt hinunter.

Später am Tag tauchten Stan und Rocky bei mir auf. Ich saß bei heruntergelassenen Jalousien im Wohnzimmer, der Boden um mich herum war übersät von Zigarettenkippen. Ich war betrunken, gemein und ekelhaft und beschimpfte sie, was sonst nicht meine Art war. Stan fragte, ob ich an diesem Abend ins Studio wollte. Wollte ich nicht.

»Was hast du dann vor?«

»Nichts.«

»Wie wär's mit etwas sportlicher Betätigung, um die Endorphinausschüttung anzukurbeln?«

»Nein.«

Genervt von meiner besoffenen Lethargie, packten Stan und Rocky mich bei den Armen und zwangen mich aufzustehen; dabei beschimpften und bedrohten sie mich. Nachdem sie mir eingeredet hatten, der Endorphinstoß durch sportliche Betätigung würde mich besser draufbringen, war ich damit einverstanden, schwimmen zu gehen. Ich ging ins Haus und zog mich um;

doch als ich wieder rauskam, hatte ich meine Meinung geändert. Ich steckte den Fuß ins Wasser, um meine Babysitter zufriedenzustellen; dann fing ich damit an, um den Pool herumzuwandern. Das tat ich oft, manchmal bis zu 200 Runden. Die beiden aber trieb das zum Wahnsinn.

Nachdem ich etwa dreißig Mal den Pool umkreist hatte, schlug Stan vor, ich solle doch etwas anderes machen.

»Nein, ich muß nachdenken«, erwiderte ich.

»Wie wär's mit Basketball spielen?«

»Das gefällt mir schon besser.«

Doch dann drehte ich weitere 100 Runden, bis ich in Schweiß geriet. Stan und Rocky sahen mir zwanzig Minuten lang zu, ehe sie mir beide in den Weg traten.

»Wenn du so weitermachst«, erklärte Stan, »bringen wir dich zum Arzt.«

»Das könnt ihr nicht«, sagte ich irritiert. »Ich bin Brian Wilson.«

»Große Sache.«

»Ihr seid gefeuert«, sagte ich und ging mit erhöhtem Tempo weiter.

Nach weiteren zwanzig Minuten stoppte Stan mich wieder. Ich schnaufte und rasselte mittlerweile und war in Schweiß gebadet.

»Wenn du nicht aufhörst, um diesen gottverdammten Pool zu rennen, muß ich den Arzt rufen«, drohte er. »Ich werde ihm erklären müssen, daß das eine Ausnahmesituation ist, und ich wette, er wird dich sehen wollen.«

Ohne ein Wort zu sagen, drehte ich mich um und ging weiter. Stan und Rocky kochten vor Wut, wußten jedoch nicht, was sie tun sollten. Während sie überlegten, wie sie mit mir fertig werden konnten, drehte ich abermals 200 Runden um den Pool. Schließlich packte Stan mich beim Arm und versuchte, mich auf einen Stuhl zu drücken. Jetzt geriet ich in Wut.

»Nein, ich will weitermachen«, rief ich aus und versuchte, ihn abzuschütteln.

»Ich hab gesagt, jetzt ist Schluß damit«, brüllte Stan und hielt mich am Arm fest.

»Verdammt noch mal«, polterte ich und schaffte es endlich, mich loszureißen.

Sobald ich merkte, daß ich seinem Griff entkommen war, rannte ich zum Patio und trat eine große Fensterscheibe ein, die sofort in mehrere rasiermesserscharfe Scherben zerbrach; glücklicherweise verletzte ich mich dabei nicht am Bein.

»Wenn du sowas noch mal machst, schaffe ich dich sofort ins Krankenhaus«, kreischte Stan.

Ohne zu zögern trat ich die nächste Scheibe ein. Das war zuviel. Die beiden überwältigten mich und zerrten mich zum Auto, obwohl ich wild um mich trat und schlug. Sie fuhren mich zur Praxis meines Internisten. Sobald ich Dr. Ganz erblickte, steigerte ich mich in einen wüsten Tobsuchtsanfall. Der Arzt saß hinter seinem Schreibtisch und rauchte Pfeife. Dieses Bild hatte mich an meinen Vater erinnert und meinen Ausbruch provoziert. Ich schmiß mit Büchern und Briefbeschwerern um mich und trat Stühle um. Während Dr. Ganz meinen Wurfgeschossen auswich, riefen seine Mitarbeiter die Polizei.

Bis die Streifenwagen mit heulenden Sirenen vorfuhren, hatten Stan und Rocky mich gebändigt und der Arzt mir ein Beruhigungsmittel gespritzt. Die Cops fuhren mich schleunigst zum Brotman Medical Center in Culver City, wo mein Psychiater Lee Baumel mich in die psychiatrische Abteilung einwies.

»Ich will nicht hierbleiben«, protestierte ich, als sie mich aus dem Wagen auf die Station schleppten.

»Brian, gib endlich Ruhe, ja?« herrschte Stan mich an. »Du gehst ins Krankenhaus, und damit Schluß.«

Ich hatte keine Chance. Ich war betrunken und hatte anschließend Beruhigungsmittel bekommen; und zuletzt kam ich auch noch in die Zwangsjacke. Im Krankenhaus wurde ich untersucht und isoliert. Weil ich als selbstmordgefährdet eingestuft wurde, bekam ich Thorazin, sobald die Wirkung des Alkohols abklang.

Das Thorazin war schrecklich, ich fühlte mich, als hätte man mir Schwefelsäure gespritzt. Mein ganzer Körper brannte und zitterte. Ich sah eine Krankenschwester an, auf deren Namensschild Meredith stand. Plötzlich sah ich Flammen aus ihrer Stirn schießen und brüllte die Leute im Zimmer an: »Ihr miesen Schweine! Laßt mich hier raus!«

Irgendwann kamen eine Krankenschwester – Mary Ross, ich erinnere mich noch genau an diesen Namen – und fünf andere Leute in mein Zimmer und fesselten mich ans Bett. Das schüchterte mich so ein, daß ich mit dem Schreien aufhörte. Nach einigen Stunden kam Mary wieder in mein Zimmer und fragte mich, wie es mir gehe. Mittlerweile war ich ruhiger geworden, lächelte sie freundlich an und sagte, ich sei müde. Kurz darauf kamen einige Krankenpfleger und banden mich los. Ich blieb trotzdem einfach liegen und starrte an die Decke, bis ich endlich in den erholsamsten Schlaf seit Monaten sank.

Erst am nächsten Morgen, gut zehn Stunden später, wachte ich wieder auf. Die Angst vom Vorabend beherrschte mich noch immer, und doch fühlte ich mich erleichtert und sicher. Das Krankenhaus beruhigte mich. Es erinnerte mich an Dr. Landy. Ich hoffte, er würde erfahren, daß ich hier war, und mich besuchen kommen. In Gedanken malte ich mir aus, wie es wäre, ihn zufällig auf dem Flur zu treffen. Ich wußte, wenn ich ihn wiedersah, konnte ich ihn um Hilfe bitten. Ich wußte, daß ich ihm vertrauen konnte, und ich wußte vor allem, daß er mir helfen würde. Nur, ob ich je wieder diese Chance bekommen würde, das wußte ich nicht.

Später an diesem Morgen bekam ich eine weitere Thorazin-Injektion. Im Gegensatz zum letzten Mal wirkte diese Spritze beruhigend auf mich, ich fiel in einen tagelangen Schlaf.

Insgesamt blieb ich drei Monate im Brotman. In der ersten Woche lag ich auf der Station für die schwereren Fälle, wo die Zimmer gepolstert und nur mit dem Nötigsten möbliert waren. Danach wurde ich zu den Patienten befördert, die gesund genug waren, um alleine zurechtzukommen. Ich fügte mich problemlos ein. Ich aß in der Cafeteria, traf mich jeden Tag mit Dr. Baumel, sah fern, rauchte Zigaretten und verbrachte den Rest der Zeit im großen Gemeinschaftsraum am Klavier.

Eines Tages sah ich ein bekanntes Gesicht unter den Patienten: Dallas Taylor, den ersten Drummer von Crosby, Stills and Nash und ein Bekannter von mir. Er war nach einer dreitägigen Koksparty freiwillig ins Krankenhaus gegangen. Dallas sah wie ausgekotzt aus. Als er mich auf meinem Bett zusammengerollt sah, hatte er gedacht: »Scheiße, der Mann sieht übel aus.« Aber nachdem er sich ausgeruht hatte, gab ich ihm einen guten Rat.

»Sprich mit niemandem hier.« Ich lächelte.

»Warum?« fragte er.

»Sie werden dich für verrückt halten«, sagte ich in ernstem Ton. Aber ich machte nur Spaß.

In Wirklichkeit hatte ich mich in der Zwischenzeit mit meiner Nachtschwester Carolyn Williams angefreundet, einer üppigen, umgänglichen Schwarzen, die besonders aufmerksam zu mir war, seit sie erfahren hatte, daß ich berühmt war. Sie brachte mir kleine Extramahlzeiten und Süßigkeiten und hörte mir stundenlang zu. Diese Vorzugsbehandlung ging weit über ihre Pflichten als Krankenschwester hinaus. Ich empfand unsere Beziehung als sehr angenehm.

Von den Beach Boys völlig isoliert, gelang es mir, alle Gedanken an Zwänge, Anforderungen und bandinterne Streitigkeiten aus meinen Kopf zu verbannen. Nur einmal, gegen Ende meines dreimonatigen Aufenthalts, holte die Wirklichkeit draußen mich kurzfristig wieder ein. Im Februar 1979 schlichen Stan und Rocky sich im Krankenhaus ein. Sie suchten nach mir und fanden mich in der Cafeteria. Marilyn hatte beide gefeuert, kurz nachdem ich ins Brotman eingeliefert worden war. In Rockys Fall war dies aus schlechtem Gewissen geschehen; denn sie wußte, daß es ein Schock für mich gewesen war, sie zusammen mit Rocky im Bett zu erwischen. Stan wiederum war gefeuert worden, weil er zu seinem Partner gehalten hatte.

Beide wollten ihre Jobs zurück haben, doch Marilyn hatte dies mehrmals abgelehnt. So hatten die beiden schließlich beschlossen, sich direkt an mich zu wenden.

»Ich muß es mir überlegen«, sagte ich zwischen zwei Bissen.

Stan argumentierte in seiner typischen manipulativen Gefühllosigkeit, daß er und Rocky mich liebten und nur mein Wohl im Auge hätten. Er wunderte sich, daß ich das nicht einsehen wollte. Ich fragte Stan, ob er es für eine gute Therapie halte, mich ständig in den Bauch zu boxen, und ich fragte Rocky, ob er es wirklich hilfreich finde, mit meiner Frau zu schlafen. Keiner von beiden antwortete.

»Wir bieten dir unsere Liebe und Hilfe an«, wiederholte Stan.
Ich sagte nichts und ging wortlos davon, nachdem ich aufgegessen hatte. Keiner von beiden hatte Lust, auf einen Job zu verzichten, der 50 000 Dollar im Jahr brachte. Marilyn sagte später aus, sie habe professionelle Leibwächter anstellen müssen, um Stan und Rocky von unseren Grundstücken fernzuhalten. Als auch das nichts half, rief sie die Polizei.

34

Die Stimmung des Augenblicks

Ich stand backstage in Las Vegas und wollte alles hinschmeißen und abhauen. Das war im Frühjahr 1979, kurz vor dem Ende einer mörderischen dreiwöchigen Tour. Ich fühlte mich, als wäre mir nichts geblieben außer einer Handvoll Erinnerungen. Die letzten drei Monate waren entsetzlich gewesen.

Am 23. Januar waren Marilyn und ich geschieden worden. Nach meiner Entlassung aus dem Brotman im Februar hatte ich erfahren, daß sie das Bellagio-Haus verkauft hatte und nach Encino gezogen war. Marilyn erklärte mir unmißverständlich, meine Kinder wollten mich nicht sehen, weil ich sie oft genug in Verlegenheit gebracht hätte. Auch die Schwestern meiner Frau wollten nichts mit mir zu tun haben; Marilyns beste Freundin, Sherrie Champion, sagte mir, ich solle sie nicht mehr anrufen.

Dann hatten Carl und Mike sich zusammengetan und Dennis aus der Band geschmissen, weil er durch seinen Drogen- und Alkoholkonsum zu einem ständigen Risikofaktor geworden war. Im März veröffentlichte CBS *L. A. (Light Album)*, das miese Kritiken bekam und sich noch mieser verkaufte. Die Beach Boys waren immer mein Abbild gewesen, und jetzt existierte nur noch die leere Hülle der Band, die sie vor fünfundzwanzig Jahren einmal gewesen war. Dasselbe galt auch für mich.

»Weißt du, es sind die Leute«, sagte ich zu Carl.

»Häh?« fragte er verständnislos.

»Ich sage, die Leute sind es. Das müßtest du doch wissen.«

»Brian, wovon um alles in der Welt redest du?«

»Ich rede von Leuten, die Psychoscheiße mit mir machen«, erklärte ich. »Ich habe eine ganze Liste von denen.«

»Spitze, Brian«, sagte er. »Jetzt machen wir erst mal die Show, und dann reden wir über alles.«

Eine ganze Woche lang redeten wir aber über gar nichts. Nach dem Ende der Tour zogen sich die Beach Boys nach Hawaii zurück, um ihre Köpfe und Körper auszucleanen. Wir fasteten und nahmen nur Gemüsebrühe zu uns, wir hatten Darmbeschwerden, joggten und lagen faul in der Sonne. Jeder von uns teilte sich ein Zimmer mit einem anderen Bandmitglied – ich mit Carl.

Als wir eines Abends im Bett lagen, brachte ich ein Thema auf, das mir schon immer im Magen gelegen hatte: die Freundschaft meines kleinen Bruders mit Marilyn. Seit wir die Rovell-Mädchen 1962 im Pandora's Box kennengelernt hatten, waren Carl und Marilyn eng befreundet gewesen. Plötzlich fragte ich mich, wie eng.

»Du hast Marilyn immer geliebt, oder?« fragte ich ihn.

»Brian, ich finde Marilyn wundervoll. Genauso, wie du Annie für ein nettes Mädchen hältst, oder?«

Carl und Annie Hinsche waren vor anderthalb Jahren geschieden worden.

»Aber hast du Marilyn gefickt?« stieß ich direkt zum Kern der Sache vor.

»Brian!« wies er mich streng zurück. »Geh schlafen!«

Ob es nun wahr war oder nicht, ich glaubte es! Und ich glaubte auch, Carl würde wie alle Psychoscheiße mit mir abziehen. Aus diesem Grund wurde ich auch Dr. Baumel gegenüber mißtrauisch. Nachdem wir aus Hawaii zurückgekehrt waren, teilte ich ihm mit, ich würde nicht mehr zu ihm kommen, ich hätte keine Lust mehr, über meine Probleme zu reden. Aber Dr. Baumel bestand darauf, daß ich wenigstens einmal die Woche kam.

»Nein«, beharrte ich. »Ich komme auf keinen Fall.«

»Ich glaube, das ist ein schwerer Fehler«, warnte er mich.

Vielleicht war es das, aber mein wirres Denken folgte einer inneren Logik. Ich distanzierte mich von allem, was ich als beängstigend empfand, zum Beispiel von den Beach Boys; und ich kapselte mich von Dingen ab, die ich nicht tun wollte, und dazu gehörten die Besuche bei meinem Psychiater. In meiner Ex-Krankenschwester Carolyn Williams hatte ich inzwischen eine Beschützerin und Hausangestellte gefunden. Nach meiner Entlassung aus dem Brotman war ich zunächst vierundzwanzig Stunden von einem vierköpfigen Teams beaufsichtigt worden, doch dann hatte ich darauf bestanden, alle bis auf Carolyn zu entlassen.

Als ich aus dem Brotman rauskam, mietete ich in Santa Monica ein Haus im spanischen Stil. Carolyn zog bei mir ein und übernahm das Regiment. Sie benahm sich wie eine Ehefrau oder Freundin und nicht wie eine Krankenschwester. Sie brachte ihre Kinder mit und sorgte dafür, daß immer genug zu essen und zu saufen im Haus war. Sie holte mir auch einen runter, wenn mir danach war, und ließ mich ansonsten in Ruhe. Ich schlief in einem kleinen Gästezimmer, denn das große Schlafzimmer hatte sie in Beschlag genommen.

Die Beach Boys lehnten Carolyn ab – nicht, weil sie als Krankenschwester so unzuverlässig war, sondern wegen ihrer Hautfarbe. Während eines Konzerts hörte ich, wie Al stöhnend zu Steve sagte: »Oh Jesus! Muß er auch noch den Arm um sie legen?«

Aber ich ließ mich nicht beirren, denn Carolyn schirmte mich ab, sie war mein Schutzschild gegen die rauhe Wirklichkeit. Sie regelte alles für mich. Schon nach kürzester Zeit bestand sie darauf, an sämtlichen Meetings der

Beach Boys teilzunehmen und mich auf Tour zu begleiten. Mich störte das nicht, im Gegenteil, es erleichterte mir das Leben. Ich hatte auch nichts dagegen, mich von ihr mit Marihuana und allem, was ich sonst verlangte, versorgen zu lassen. Allen anderen war klar, daß sie längst die Grenze zwischen Selbstlosigkeit und Eigennutz überschritten hatte, doch ich konnte – oder wollte – das nicht erkennen.

Im November 1979 bereitete die Band sich darauf vor, ein neues Album aufzunehmen, das zweite für CBS. Auf Drängen von Carl und Bruce wurde in den Western Studios aufgenommen, wo die Beach Boys angefangen hatten. Sie hofften, in dieser vertrauten Umgebung würde auch mein Arbeitseifer wieder erwachen. Und sie hofften auf ein Wunder, auf goldene Schallplatten. Das einzige Gold jedoch, das mich interessierte, kam aus Kona und war in Zigarettenpapier gerollt. Ich hielt es ganze drei Tage im Studio aus.

Keepin' the Summer Alive, das im März 1980 veröffentlicht wurde, war eine aalglatte kommerzielle Spekulation und ein weiterer Flop. Von den fünf ursprünglichen Beach Boys tourten 1980 nur noch Mike und Al mit der Band. Dennis und ich waren viel zu weggetreten, um mitzumachen, selbst wenn wir es gewollt hätten. Carl hatte sich nach Colorado abgesetzt, um sein erstes Soloalbum zu produzieren. Als *Carl Wilson* im März 1981 erschien, stieg mein Bruder ganz bei den Beach Boys aus, um sein eigenes Album auf Tour zu promoten.

Im selben Jahr feierten die Beach Boys ihr zwanzigjähriges Bestehen, doch es sah nicht so aus, als würde die Band noch sehr viel älter werden. Im Oktober kam auch Mikes erstes Soloalbum heraus: *Mike Love: Looking Back with Love*, doch diese LP erregte ebensowenig Aufsehen wie diejenige von Carl. Trotzdem ließ meine Bruder alle aufhorchen: Er erklärte, er werde nicht zur Band zurückkehren, es sei denn, wir spielten wieder, als wäre es noch 1961.

Die Chancen dafür standen allerdings ziemlich schlecht. Obwohl Dennis, dessen früher stahlhartem Körper man die Verheerungen seiner Saufexzesse ansah, 1981 noch sporadisch auf Tour ging, jagte er meistens doch nur immer exzessiveren Kokain-Kicks nach, gemeinsam mit mir. Unsere Hauptbeschäftigung zu dieser Zeit war es, uns für zwei Riesen pro Woche Koks durch die Nase zu jagen. Zwischen unseren Orgien versuchten wir sogar, Songs zu schreiben, allerdings ergebnislos. Aber wir verbrachten immerhin soviel Zeit gemeinsam im Studio, daß Dennis mich überreden wollte, unsere eigene Band zu gründen.

Der erste Tag des Jahres 1982 begann damit, daß Carolyn mich aus meinem Tiefschlaf auf dem Sofa wachrüttelte. Als ich mich nicht rührte, schlug sie mir sogar in mein unrasiertes Gesicht. Ich öffnete ein Auge und schaute zu ihr hoch.

»Brian, du bist ein böser Junge«, schimpfte sie. »Du bist mit der Zigarette in der Hand eingeschlafen. Du hättest dich in die Hölle kokeln können, wenn ich nicht vorbeigekommen wäre.«

Wenn ich heute daran zurückdenke, wie mein Leben aussah, nachdem Carolyn bei mir eingezogen war, läuft es mir kalt den Rücken runter. Ich führte ein Dasein ohne jegliche Selbstkontrolle, lebte völlig in der Stimmung des Augenblicks. Mittlerweile hatte ich die Statur eines Sumo-Ringers und wog mehr als 135 Kilo. Ich konsumierte in grotesken Mengen Alkohol, Drogen, Junk-Food, Zigaretten und Kokain. Und ich litt unter Halluzinationen, hörte unheimliche Stimmen, brach völlig unmotiviert in irres Gelächter aus oder fiel in bodenlose Verzweiflung. Meine Verfassung war schlimmer als je zuvor.

Ausgerechnet in diesem trostlosen Zustand beschloß ich, mit den Beach Boys auf Tour zu gehen – nicht, weil ich Lust hatte, aufzutreten, sondern weil mir das Leben im Hotel unkomplizierter erschien. Die anderen hatten mich seit Monaten nicht gesehen und waren von meinem Anblick erschüttert. Ich war noch schlimmer abgesackt, als sie das erwartet hatten. Als ich dann doch im Hotel blieb und auf die Show verzichtete, waren die anderen weder überrascht noch enttäuscht.

Die Band wußte nicht, was sie von mir zu erwarten hatte. In Salt Lake City hatte uns der Veranstalter ausdrücklich auf das Trink- und Rauchverbot auf der örtlichen Bühne hingewiesen: kein Alkohol, keine Zigaretten, keine Ausnahmen. Als ich verspätet auf die Bühne schlurfte, sah Mike sich während eines Instrumentals nach mir um und wußte sofort, daß es Ärger geben würde. Er ließ das Mikro fallen und kam zum Klavier gerannt. Eine Sekunde lang dachte ich, er würde sich auf mich stürzen.

»Was zum Teufel machst du da?« fragte er mich zähneknirschend.

»Ich rauche eine Zigarette.«

Trotz der Warnungen rauchte ich Marlboros und kippte aus einer Flasche, die ich aufs Klavier gestellt hatte, Whisky in mich hinein. Außerdem hätte ich kaum noch desinteressierter wirken können. Ich war entspannter als das ganze Publikum.

»Warum spielst du nicht, verdammt noch mal?« schäumte Mike.

»Weil ich zusehe. Ihr seid heute wahnsinnig gut drauf. Tolle Show.«

»Wie schön, daß es dir gefällt! *Arschloch*!« sagte Mike.

Im März 1982 sah Carl mich zum ersten Mal seit einem Jahr wieder und war entsetzt. Man hatte ihm wöchentlich Bericht über meinen Lebenswandel erstattet, er wußte also, daß ich mich meistens mit Dennis rumgetrieben hatte. Er wußte weiterhin, wann wir auf welchem Fußboden in Venice geschlafen hatten, und hatte überschlagen, daß ich für mich und Dennis ungefähr fünfzehn- bis zwanzigtausend Dollar für Kokain verpulvert haben mußte. Schließlich hatte er auch von unserem dreitägigen Absturz gehört, bei dem ich zuletzt zu stoned gewesen war, um einen Joint zu rauchen. Ich hatte Dennis gebeten, mir den Rauch in den Mund zu blasen, ehe ich dann das Bewußtsein verloren hatte. Carl war natürlich auch über die katastrophalen Verhältnisse informiert, die bei Carolyn und mir herrschten – von der Hundescheiße auf dem Fußboden bis hin zu ihrer Nachsicht gegenüber meiner Drogensucht.

Daß mein Bruder über alles im Bilde war, jagte mir einen höllischen Schrecken ein, denn ich wußte, daß er irgend etwas unternehmen würde. Damit hatte ich recht. Sobald die Beach Boys nach L. A. zurückkamen, ließ er mich eine Vollmacht unterzeichnen, die ihn zum Treuhänder meines Vermögens bestimmte; außerdem sollte er ab sofort bei Brother Records, Inc., der Beach-Boys-Gesellschaft, auch für mich stimmberechtigt sein. Ich wußte nicht, was ich da unterzeichnete, und er erklärte mir, es geschehe alles nur zu meinem Besten.

Eines Nachmittags kam er zu mir nach Hause, nachdem er bereits am Telefon angekündigt hatte, er habe dringende geschäftliche Angelegenheiten mit mir zu klären.

»Ich will, daß du ins St. Johns gehst«, sagte er. Das war eine Privatklinik in Santa Monica, ganz in meiner Nähe.

»Leck mich am Arsch, Carl«, lautete meine knappe Antwort.

»Hör mal, Brian, du bist völlig am Ende. Du siehst schrecklich aus. Du bist mittlerweile so fett, daß ich Angst um dein Leben habe. Ob es dir paßt oder nicht, es muß etwas passieren.«

In diesem Moment drehte ich völlig durch und wollte auf meinen Bruder losgehen. Ich wollte nicht wieder in ein Krankenhaus.

»Weißt du überhaupt, wie das ist?« kreischte ich.

»Nein, weiß ich nicht.«

»Es ist die Hölle«, sagte ich und startete einen neuen Angriff. Doch Carl war aus dem Haus, ehe ich ihn erwischen konnte.

Am nächsten Tag klingelte ein Bodyguard der Beach Boys an der Tür, drängte sich an Carolyn vorbei ins Haus und erklärte, er habe den Auftrag, mich ins Krankenhaus zu schaffen. Ich weigerte mich, rief die Bullen und kreischte, man wolle mich entführen. Doch man glaubte mir nicht, und so mußte ich mich wehrlos zu einem neutralen Lieferwagen schleppen und für zweiundsiebzig Stunden unfreiwillig ins St. John's einliefern lassen.

In diesen drei Tagen quälten mich grausame Entzugserscheinungen. Endlich schaffte es Carolyn mit Hilfe einer Rechtshilfe-Gruppe, mich aus dem Krankenhaus zu holen. Ich kam am selben Tag nach Hause, an dem John Belushi im Chateau Marmont an einer Überdosis starb. Als ich Carolyn erzählte, daß ich ihn gekannt hatte, war sie beeindruckt.

Aber anstatt zu erkennen, daß mir ein ähnliches Schicksal wie Belushi drohte, zündete Carolyn uns einen Joint an. Ich starrte auf den Fernseher und dachte daran, daß ich vor fast zwanzig Jahren im Chateau Marmont Phil Spector kennengelernt hatte. Das Leben ging manchmal wirklich seltsame Wege.

Weniger als drei Wochen später, am 24. März 1982, waren Carolyn und ich wieder mit den Beach Boys auf Tour. Wir waren auf dem Weg von Fort Myers nach Tampa. Die Jungs zeigten ihre Abneigung gegen Carolyn inzwischen immer unverhohlener. Zunächst hatten sie meine Pflegerin toleriert, weil sie mich im Griff gehabt hatte, aber jetzt waren sie zu dem Schluß gekommen, daß ihr Einfluß auf mich gefährlich war. Mehr als einmal hatten sie mir nahegelegt, sie zum Teufel zu schicken, doch ich hatte mich regelmäßig geweigert, diesen Forderungen nachzugeben. Sie hatten schon Dr. Landy verscheucht. Carolyn würde ich nicht auch noch aufgeben.

Aber schließlich blieb mir gar keine andere Wahl. Bei einem Routinecheck des Handgepäcks am Lee County Airport in Fort Myers, Florida kippte der Sicherheitsbeamte den Inhalt von Carolyns Handtasche auf den Tisch. Niemand sonst wurde so intensiv gefilzt. Der Sicherheitsbeamte kramte im Inhalt der Handtasche und sah uns plötzlich mit einem Gesichtsausdruck an, der nichts Gutes verhieß. Zwischen Carolyns Brieftasche, Kreditkarten, Atemspray, Bonbons und Zigaretten lagen eine Rasierklinge, ein Strohhalm und ein Briefchen mit einer Substanz, die später durch die Tests als Kokain identifiziert wurde.

»Miss, ich glaube, wir haben hier ein Problem«, erklärte der Mann.

»Wovon sprechen Sie?« erwiderte Carolyn sichtlich geschockt. »Das hier ist Brian Wilson. Wir verpassen unseren Anschlußflug.«

»Lady«, sagte einer der Polizisten, die plötzlich aufgetaucht waren, »mir scheint, Sie haben Ihren Flug schon in der Tasche.«

Die Cops nahmen Carolyn sofort fest, und sie war viel zu verwirrt und überrascht, um sich dagegen zu wehren.

»Ich bin geleimt worden!« kreischte sie plötzlich so laut, daß man sie im ganzen Flughafen hören konnte. »Geleimt! *Geleimt*!«

Mit diesem Verdacht konnte sie durchaus recht gehabt haben. Als ich Carl später fragte, woher die Sicherheitsbeamten gewußt hatten, daß der Stoff Carolyn und nicht mir gehörte, zuckte er nur die Achseln: »Wahrscheinlich haben sie einfach angenommen, daß es ihr gehört.«

Mit ansehen zu müssen, wie Carolyn, meine einzige Verbündete, in Handschellen gelegt wurde, ihre Rechte verlesen bekam und dann für die nächsten vierundzwanzig Stunden ins Gefängnis gesteckt wurde, gab mir den Rest. Ich schloß mich in mein Hotelzimmer ein und ging an dem Abend nicht auf die Bühne.

Im Gefängnis erhielt Carolyn einen anonymen Anruf, der sie nicht nur warnte, sie solle mir vom Leib bleiben, sondern dies auch noch mit einem unmißverständlich drohenden »oder . . .« untermauerte. Sie stritt den Besitz illegaler Drogen nicht ab und wurde gegen 300 Dollar Kaution freigelassen; dieser Betrag wurde mit meiner Kreditkarte beglichen.

Carolyn ignorierte die Drohung und kehrte in unser Haus in L. A. zurück, wo wir das Datum ihrer Verhandlung in den Kalender eintrugen und ansonsten unser altes Leben wieder aufnahmen, als wäre weiter nichts geschehen. Doch dieser Zwischenfall war eindeutig als Warnung gedacht gewesen – an Carolyn und an mich.

Eine Woche, nachdem Innenminister James Watt den Beach Boys untersagt hatte, am 4. Juli ein Gratiskonzert am Washington Monument zu geben, weil Rockbands »unerwünschte Elemente« anzögen, leistete ich mir meinen besten Auftritt. Als ich in Philadelphia zu den Jungs stieß, weigerte ich mich, den Backstage-Raum zu verlassen, weil ich völlig stoned und viel zu panisch war, um mich 20000 Fans zu stellen. Mitten im Set sagte Al zu Carls Manager Jerry Schilling, er solle mich zur Zugabe rausbringen, denn die Fans sangen meinen Namen. Warum nicht?, dachte sich Jerry.

Warum nicht? Ein einziger Blick auf mich hätte ihm die Frage beantworten müssen. Ich hing betrunken und stoned in einem Sessel und brabbelte wirres Zeug.

Egal! Die Menge johlte und schrie nach mir, also wurde ich auf die Bühne geschoben. Dort duckte ich mich instinktiv hinter mein Keyboard, patschte wie ein Baby auf die Tasten und sang bei jedem Song »da-da-da«. Dazu lächelte ich und winkte in die Menge, machte jedoch keinerlei Anstalten, der Musik zu folgen. Erst jetzt erkannten die anderen ihren fürchterlichen Fehler.

Am nächsten Morgen verpaßte ich den Abflug der Band nach St. Louis. Der Grund hierfür war mein ausgedehntes Frühstück: Ich war zwar früh genug aufgestanden, hatte aber zu meinem Steak einen 40 Tassen fassenden Eimer Kaffee geordert. Als das Flugzeug dann abhob, hatte ich mich wahrscheinlich gerade zur zwanzigsten Tasse vorgearbeitet. So kam ich erst in St. Louis an, als die anderen gerade auf die Bühne gehen wollten.

»Du trittst nicht auf?« fragte Carl.

»Nein, ich bin nicht fit genug«, bestätigte ich. »Ich gehe ins Hotel. Vielleicht spreche ich mal mit dem Arzt.«

»Keinen Arzt!« sagte er nachdrücklich. »Hör mal, Brian, wir hatten heute morgen eine Besprechung. Mike und Al sind ernsthaft soweit, dir das Geld zu streichen. Wie es aussieht, läuft es wohl darauf raus, daß du entweder auftrittst oder in Behandlung gehst.«

»Was heißt das?«

»Das heißt, daß keiner mehr Lust hat, dich dafür zu bezahlen, daß du im Hotelzimmer rumsitzt und dich bewußtlos säufst und rauchst. Was anderes tust du ja im Moment nicht.«

»Das ist doch das Letzte«, protestierte ich. »Ihr müßt mich bezahlen. Ich gebe doch wirklich mein Bestes.«

Obwohl mein Bestes zu diesem Zeitpunkt alles andere als gut genug war, spürte Carl, daß ich nicht in der Verfassung war, harte Kritik zu ertragen und änderte seine Taktik. Er schlug vor, ich solle eine Zeitlang ausspannen.

»Na ja, gut . . . Und wann kann ich zurückkommen?«

»Vielleicht am Wochenende. Komm doch vielleicht nach Vegas. Hör mal, du *mußt* ja nicht spielen. Du mußt nur weiter bei der Band bleiben und die Finger von der Scheiße lassen.«

»Aber ich will nicht nach Hause.« Ich fing an zu weinen. »Ich will *wirklich* nicht nach Hause.«

»Warum nicht?«

»Ich habe Angst.«

Carl schüttelte den Kopf, und die Lage blieb weiter ungeklärt. In der Zwischenzeit flog ich nach Miami und traf mich gerade noch rechtzeitig mit Carolyn, um die 5000 Dollar Strafe zu bezahlen, die der Richter ihr wegen Kokainbesitz aufgebrummt hatte. Außerdem kassierte sie drei Jahre auf Bewährung. Die Kosten des Verfahrens beliefen sich auf insgesamt über 100 000 Dollar.

Anschließend jetteten Carolyn und ich sofort nach Las Vegas und trafen am späten Donnerstagnachmittag gerade rechtzeitig zum Premierenabend im Ceasars Palace ein. Wir gingen sofort auf unser Zimmer und bestellten Essen und Champagner. Nachdem ich mehrere Anrufe überhört hatte, ging ich nach unten zur Probe.

»Willst du etwa auftreten?« fragte Mike.

»Ja«, murmelte ich, ohne ihn anzusehen.

»Den Teufel wirst du«, erwiderte er lachend. »Du weißt doch selbst, daß du nicht spielst. Du trittst nicht auf. Oder genauer gesagt, du kannst gar nicht.«

»Willst du mich zusammenschlagen?« fragte ich. Davor hatte ich bei Mike am meisten Angst, daß sein jähzorniges Temperament explodieren und ich das Opfer sein könnte.

Doch Mike ignorierte mich einfach nur. Das war sein typischer Psychoterror, denn er wußte, daß er mir damit angst machte. In meinem Stolz getroffen, versuchte ich, die Probe trotzdem mitzumachen, aber allen, selbst mir, war klar, daß ich nicht spielen konnte. Ich konnte mich nicht konzentrieren; mein Gehirn sendete zwar Signale aus, aber meine Finger konnten ihnen nicht folgen.

Deprimiert, angewidert und gedemütigt flüchtete ich mich zurück in die Sicherheit meines Zimmers, wo Carolyn und ich den Rest des Abends Unmengen von Nahrungsmitteln und weitere vierzehn Flaschen Champagner bestellten. Wieviel wir davon tranken und wieviel auf dem Teppichboden verschüttet oder einfach weggegossen wurde, ließ sich nachher nicht mehr feststellen. Ich wälzte mich erst am nächsten Abend wieder aus dem Bett, als der Roadmanager wenige Minuten vor Beginn der Show anrief. Als ich im Aufzug nach unten fuhr, war ich nicht weit vom Koma entfernt.

»Schicke Schuhe«, rotzte Mike mich an, als er mich sah.

Ich schaute nach unten und sah, daß ich überhaupt keine anhatte. Tatsächlich hatte ich schon seit einigen Tagen die Kleider nicht mehr gewechselt. Den Gestank, den meine schwitzenden Fettzellen ausdünsteten, bemerkte ich nicht.

»Willst du *so* auftreten?« fragte Carl.

Ich nickte.

»Kannst du denn einigermaßen mitspielen?« bohrte er.

Ich nickte.

»Bist du sicher, Brian?«

»Nein«, mußte ich zugeben.

»Was ist los, Bri? Du siehst aus wie Scheiße. Was hast du letzte Nacht gemacht?«

Ich dachte einen Augenblick nach. Das Thema gefiel mir nicht, also assoziierte ich frei.

»Habt ihr Jeff gesehen?« fragte ich. Das war unser Gitarrist. »Er hat ganz schön abgenommen.«

»Ja, ungefähr zehn Pfund«, bestätigte Carl.

»Weißt du, ich wünschte, ich hätte mehr Glück bei den Weibern«, sagte ich. »Aber was soll ich denen sagen? Honey, willst du mal meinen geilen Bauch sehen?«

»Das ist ein Problem.«

»Tja, Carl . . . Ich hab oben im Zimmer noch was zu erledigen. Wir sehen uns später.« Ich trat natürlich nicht auf.

Einige Tage später bestellte ich mir vierundvierzig Grashopper-Cocktails aufs Zimmer. Am Tag drauf orderte ich so viel Kaffee, als würde bei mir eine Tagung stattfinden. Der Roomservice gab sich redliche Mühe und lieferte mehrere Monsterkannen. Danach gab es wieder Champagner.

Auf dem Rückflug nach L. A. war das einhellige Urteil der anderen, ich könne von Glück sagen, daß ich noch lebte. Irgendwer behauptete, Buchmacher in Las Vegas hätten sogar Wetten darauf abgeschlossen, daß ich diese wochenlangen Exzesse nicht überleben würde. Falls das stimmte, hatten sie eine gute Nase gehabt. Denn als ich nach Hause kam, spürte ich entsetzliche Krämpfe in der Bauchgegend. Am nächsten Tag wurden die Schmerzen so unerträglich, daß ich freiwillig ins Brotman ging.

Die Ärzte fanden in meinem Magen diverse Flüssigkeiten und stellten fest, daß meine Leber durch die hochgiftige Kombination von Alkohol, Kokain und Psychopharmaka, die ich konsumiert hatte, schwer geschädigt war. Meine Aussichten standen nicht allzu gut. Der erste Mensch, dem ich telefonisch diese schlechten Nachrichten mitteilte, war meine Mutter. Ich wollte ihr Mitleid provozieren; aber noch mehr wollte ich, daß sie sich schuldig fühlte. Sie sollte wissen, was sie und Dad mir angetan hatten.

»Der Arzt sagt, ich muß vielleicht sterben«, ächzte ich ins Telefon. »Kannst du zu mir kommen?«

»Nein«, sagte sie. »Carl und die Kinder und Marilyn und die Mädchen kommen zum Abendessen.«

Zwei Tage später rief ich meine Mom wieder an.

»Sie sagen, es geht mir besser«, sagte ich. »Ich bin immer noch ziemlich krank, aber sie sagen, ich werde wohl durchkommen.«

Ihre Reaktion darauf klang so, als wäre sie froh darüber. Von mir selber konnte ich das allerdings nicht sagen.

35

Sprung vom Empire State Building

Ohne mein Wissen hatten Carl und Marilyn schon einige Monate, bevor ich ins Krankenhaus eingeliefert wurde, Dr. Landys Rückkehr in die Wege geleitet. Im April 1983 trat Dr. Landy als Sachverständiger in einem Mordprozeß am Gerichtshof von Orange County auf. Zu dieser Zeit erhielt er einen dringenden Anruf, in dem man ihm mitteilte, daß die Beach Boys sofort mit ihm in Kontakt treten wollten.

»Ich bin beschäftigt«, fertigte er John Branca, den Anwalt der Beach Boys, kurz ab. »Der Prozeß ist interessant. Die Beach Boys sind es nicht.«

Nach einigen Diskussionen war der Therapeut allerdings bereit, sich mit Branca, dem Bandmanager Tom Hulett sowie mit Jerry Schilling und einigen anderen zu treffen. Bei einem Frühstück im Century Plaza Hotel gaben die drei Dr. Landy einen ungeschminkten Bericht über meinen Zustand und wollten wissen, ob er bereit sei, mich wieder zu behandeln.

»Ich habe Angst«, sagte Hulett. »Ich habe dasselbe mit Elvis erlebt, und ich fürchte, ich könnte irgendwann die Zeitung aufschlagen und über Brian Wilson eine ähnliche Schlagzeile lesen.«

Damals konnte sich niemand vorstellen, daß er achtzehn Monaten später tatsächlich ähnliche Schlagzeilen lesen würde – nur nicht über mich, sondern über Dennis.

»Also, wie schlecht geht es ihm?« wollte Dr. Landy wissen.

In der nächsten halben Stunde erzählten sie Dr. Landy Storys über mich. Er war schnell im Bild und erinnerte daran, daß er die Beach Boys genau davor gewarnt hatte. Schließlich sagte er, Carl solle einen Termin in seiner Praxis vereinbaren, um das Problem näher zu besprechen.

Eine Woche später saß mein Bruder in Dr. Landys Büro und fragte, wie teuer die Behandlung werden würde.

»Ungefähr eine halbe Million Dollar«, antwortete Dr. Landy. »Denn sie wird ihre Zeit brauchen.«

»Wieviel Zeit?«

»Das kann ich nicht genau sagen. Er ist jetzt älter. Ich weiß nicht, wie schlecht es ihm geht. Wir müssen wieder ganz von vorne anfangen. Aber Brian hat keine Familie mehr, die bei ihm lebt, also vielleicht achtzehn bis sechsunddreißig Monate. Über häusliche Probleme und eifersüchtige Ehefrauen müssen wir uns wenigstens keine Gedanken mehr machen. Aber . . .«

»Aber was?« unterbrach Carl ihn.

»Aber ich brauche wieder absolute Autorität und die vorbehaltlose Unterstützung von allen Betroffenen. Und diesmal verlange ich einen schriftlichen Vertrag, der mir garantiert, daß die Therapie auch zu Ende geführt wird. Letztes Mal hatten wir zwar die gleiche Abmachung, aber sobald er wieder halbwegs fit wirkte, seid ihr Typen zu dem Schluß gekommen, er würde keine Hilfe mehr brauchen und habt die Therapie abgebrochen.«

»Was wollen Sie damit sagen?« brauste Carl auf.

»Sie wissen genau, was ich damit sagen will.«

Beide wußten genau, was sie voneinander zu halten hatten. Dr. Landy machte Carl unmißverständlich seinen Standpunkt klar und zweifelte nicht daran, daß Carl das Ergebnis dieser Besprechung sofort mit Marilyn diskutieren würde; sie hatte ihm bei seiner Scheidung beigestanden und jetzt half sie ihm auch, mit mir fertig zu werden. Das machte mich eifersüchtig.

Um sicherzugehen, daß Carl und Marilyn wirklich begriffen, warum er gewisse Bedingungen stellte, hielt Dr. Landy es für geraten, meinem Bruder in groben Umrissen zu erklären, was Freud unter der »Flucht in die Realität« verstanden hatte und inwieweit das auf mich zutraf. Patienten erreichen irgendwann einen Punkt, an dem es ihnen wieder gut zu gehen scheint, führte er aus. Dann glauben sie, auf eine weitere Therapie verzichten zu können und stürzen sich wieder in die Wirklichkeit – der sie jedoch noch nicht gewachsen sind.

»Genau das ist mit Brian passiert«, schloß Dr. Landy. »Und die Beach Boys haben dazu beigetragen, indem sie ihn drängten, die Therapie abzubrechen und das Album zu produzieren. Aber im Rückblick ist dieses so irre wichtige Warner-Album gestorben, und Ihr Bruder ist auch fast gestorben.«

»Ich verstehe«, sagte Carl.

»Und diesmal, Carl, bleiben Sie bitte Musiker. Versuchen Sie nicht, den Arzt zu spielen.«

Carl hatte Dr. Landys schroffe Aufrichtigkeit nie gemocht und fürchtete ihn deswegen.

Schließlich fügte der Arzt noch hinzu, daß es diesmal wesentlich schwieriger sein würde, mich wieder zurechtzubiegen. Ich war sechs Jahre älter, meine Regenerationsfähigkeit hatte schwer gelitten, und mein Gehirn war durch die vielen Drogen noch schwerer geschädigt. Mit mir war also genau das passiert, was Dr. Landy seinerzeit vorausgesagt hatte. Carl hatte reichlich Stoff zum Nachdenken.

Im Juni 1983, zwei Monate nach dem ersten Notruf, traf sich Dr. Landy mit Tom Hulett und den Geschäftsführern, Anwälten und Mitarbeitern der Beach Boys, um mit ihnen die gleichen Dinge zu besprechen, die er bereits Carl erklärt hatte. Der Therapieplan, den er vorlegte, fand allgemeine

Zustimmung, mußte aber immer noch von den Beach Boys selbst abgesegnet werden. Bis es soweit war, vergingen weitere Wochen.

Endlich wurde ein großes Palaver zwischen dem Therapeuten und den Beach Boys anberaumt. Dr. Landy erschien in Begleitung des Psychologen Dr. Arnold Dahlke und seiner Praxisleiterin Sally Steinberg in Tom Huletts Büro und wartete. Die Bandmitglieder waren längst da, mußten sich aber unbedingt wichtig machen. Nachdem er ihnen fünfzehn Minuten gegeben hatte, stand Dr. Landy auf und ging. Als die Beach Boys aus Huletts Büro herausgerauscht kamen, sahen sie gerade noch, wie sich die Aufzugtüren hinter Dr. Landy schlossen. Er winkte ihnen zum Abschied zu.

Noch am selben Tag riefen sie ihn an, um einen neuen Termin zu vereinbaren, zu dem sie pünktlich zu erscheinen versprachen. Wann war Dr. Landy wieder frei?

»In sechs Monaten«, sagte seine Sekretärin. »Und Dr. Landy hat mich gebeten, Ihnen auszurichten, daß die Rechnungen für die letzten Treffen noch nicht bezahlt sind.«

Carl und Al beschwerten sich über Dr. Landys unerhörte Forderungen, doch die Sekretärin erwiderte unbeeindruckt, Dr. Landy finde es noch unerhörter, Rechnungen nicht zu bezahlen. Carl und Al legten auf, ohne daß sie einen neuen Termin vereinbart hatten.

Später rief Tom Hulett selbst bei Dr. Landy an. Hulett mußte immer die Friedenstaube für die Band spielen, ein undankbarer Job. Außerdem war er mein Freund. Später wurden auch Dr. Landy und er enge Freunde. Hulett sagte, die Beach Boys seien jederzeit bereit, wann immer Dr. Landy wolle. Da er Carl als Spätaufsteher kannte, schlug der Therapeut acht Uhr am nächsten Morgen vor.

»Wie wär's um zwei?« fragte Hulett.

»Ich scheine mich undeutlich auszudrücken«, erwiderte Dr. Landy und legte auf.

Schließlich wurde das Kriegsbeil begraben und ein neues Treffen vereinbart. Mike, Carl, Al, Dr. Landy, Hulett und einige andere versammelten sich am runden Tisch. Wie nicht anders zu erwarten, war ihr erster Tagesordnungspunkt nicht mein Gesundheitszustand, sondern Dr. Landys Honorarforderungen.

»Sind wir hier, um über meine Honorarpolitik zu diskutieren, oder geht es um Mr. Wilson?«

»Na gut! Also, wie können Sie ihm helfen?« fragte Mike herausfordernd.

»Was meinen Sie mit ›wie kann ich ihm helfen‹?« fragte Dr. Landy zurück. »Wenn ihm jemand helfen kann, dann ich. Aber was ich nicht weiß, ist, ob ich jemals *wiedergutmachen* kann, was Sie angerichtet haben. Ich hatte ihn schon soweit, daß er auf dem besten Weg war, völlig gesund zu werden, als Sie ihn 1976 aus meiner Obhut entfernt haben. Was ich jetzt tun kann? Ich weiß es nicht. Was soll ich denn für ihn tun?«

»Wir wollen, daß es ihm wieder besser geht«, sagte Mike.

»Es ist mir egal, ob er je wieder singt, auftritt oder einen einzigen neuen Song schreibt«, fügte Carl hinzu.

»Genau, wir wollen nur, daß er gesund und glücklich ist«, bestätigte Mike.

»Okay, schön, das zu hören«, sagte Dr. Landy. »Aber ich glaube kein Wort davon. Könnte ich das also bitte schriftlich haben?«

Dr. Landy kämpfte bereits für mich, ehe ich zum ersten Mal bei ihm gewesen war. Nach wenigen Minuten entspann sich ein weiterer Disput. Wie erwartet, drehte es sich erneut um sein Honorar.

»Ich denke, es kommt ganz darauf an, welchen Gegenwert Sie für Ihr Geld bekommen und was Ihnen der Mensch wert ist, um den es geht«, begründete Dr. Landy seine Forderungen. »Gemessen an dem, was ich biete, ist mein Honorar geradezu günstig«.

»Aber wie kommen Sie dazu, fünf Dollar pro Minute zu verlangen?« fragte Al.

»Wie ich dazu komme?« erwiderte Dr. Landy schlagfertig. »Jedenfalls mit größerem Recht, als wenn Sie fünfundzwanzig- bis dreißigtausend Dollar dafür kassieren, wenn Sie auf der Bühne eine Stunde lang uralte Songs spielen. Wie wollen Sie das denn rechtfertigen?«

»Wären Sie bereit, auf uns zu hören und unsere Wünsche zu berücksichtigen?« fragte Al.

»Klar, wenn Sie bereit sind, sich mit der Ukulele auf die Bühne zu stellen und Beatles-Songs zu spielen, die ich aussuche«, antwortete Dr. Landy prompt.

»Das ist unglaublich«, explodierte Al.

»Nicht unglaublicher, als mir von Ihnen vorschreiben zu lassen, wie ich meinen Beruf ausüben soll. Sagen Sie Chirurgen auch, wie sie operieren sollen?«

Die Atmosphäre wurde so gereizt, daß Als Anwalt ihn aus dem Zimmer bat. Carl wurde ebenfalls von seinem Anwalt hinausbegleitet. Im Flur ging es hoch her. Alle wußten, daß ihnen ein harter Kampf bevorstand.

Dr. Landy fand seine Haltung nicht starrköpfig, sondern realistisch. Alle Beteiligten sollten von vornherein wissen, worauf sie sich einließen. Warum erst anfangen und dann streiten?

Nach einigen Minuten kamen Carl, Al und ihre Anwälte zurück und setzten sich wieder. Als Anwalt sagte, von ihrer Seite sei kein Einwand gegen die Behandlung und die Höhe der Kosten zu erwarten.

»Ich wüßte auch nicht, warum«, konterte Dr. Landy. »Ich werde ihm das Leben retten . . . mal wieder.«

Es dauerte noch bis zum Oktober, ehe der endgültige Vertrag zwischen Dr. Landy und den Beach Boys wasserdicht war; die Anwälte hatten ihn noch einmal überarbeiten müssen, nachdem ihnen klar geworden war, daß die Beach Boys und nicht ich für die Kosten geradestehen müßten.

Nachdem das geklärt war, organisierte Dr. Landy ein Treffen mit dem ganzen Beach-Boys-Clan und allen die mir nahestanden, auch Marilyn. Es kamen alle bis auf Dennis; aber das war nicht weiter schlimm, da sowieso niemand mit ihm gerechnet hatte. Dr. Landy nutzte dieses Treffen, um seinen Plan zu erklären. Der wichtigste Schritt bestand darin, mich aus der scheinbaren Sicherheit jener kleinen Welt herauszureißen, die ich mir seit unserem letzten Treffen geschaffen hatte. Diese Welt hatte mich zum Krüppel gemacht, denn es wurden in ihr keine Anforderungen mehr an mich gestellt. Dr. Landy hatte vor, mich in eine völlig neue Umgebung zu verpflanzen, in der ich eigenverantwortlich handeln mußte. Er sagte, dadurch würde ich gezwungen, zu handeln.

Die Philosophie des Therapeuten war denkbar einfach: Jeder Mensch hat in seinem Kopf nur Raum für einen Verrückten, der Irrsinn eines anderen provoziert unwillkürlich normales Denken. Wenn Dr. Landy sich verrückter benahm als ich, dann mußte ich entweder zur Vernunft kommen oder mich noch verrückter gebärden als er. Doch gegen ihn hätte ich keine Chance, versprach Dr. Landy. Er garantierte ihnen, er könne sich jederzeit verrückter geben als ich, weil er gesünder sei.

»Ihr werdet Brian nie zu etwas bringen, ehe es unvermeidlich ist«, erklärte Dr. Landy. »Das ist der ganze Punkt. Man muß ihn zum Handeln zwingen. Ich werde ihn dazu bringen, neue Wege zu gehen, weil er, bildlich gesprochen, die ausgetretenen Pfade plötzlich versperrt finden wird. Dadurch ist er gezwungen, seinen Wahnsinn zu überwinden und sich der Wirklichkeit zu stellen.«

Dann schilderte Dr. Landy, was genau sich abspielen würde. Er werde mich aus der Bequemlichkeit meines Einsiedlerlebens herausreißen und meinem selbstzerstörerischen Verhalten einen Riegel vorschieben. Man müsse mein Geld einbehalten, so daß ich meine Drogen nicht mehr bezahlen könne. Dadurch sei mir jeder Fluchtweg abgeschnitten. Einmal auf dem Trockenen, sollte ich in eine gesunde Umgebung verpflanzt werden, in der ich keine Möglichkeit hätte, weiterzuleben wie in den letzten Jahren. So würde ich schließlich wieder lernen, selbständig zu denken und zu handeln.

Kurz gesagt: meine letzten Rettungsleinen sollten gekappt werden. Wenn ich überleben wollte, hätte ich keine andere Wahl, als mir selbst zu helfen. Dann, und nur dann, würde ich aus meinem langen, gefährlichen, krankhaften Traumzustand erwachen können.

Die nächste strittige Frage war, wer es übernehmen sollte, mich aus der Band zu feuern. Schließlich stand nicht Al Jardine zur Diskussion, sondern es ging um Brian Wilson, den Gründer der Band.

»Das beste wäre ein Brief«, sagte Dr. Landy. »Von allen unterschrieben.«

Niemand widersprach. Der Brief, den sie aufsetzten, entbehrte jeder rechtlichen Grundlage – was mir gewiß nie aufgefallen wäre – und wurde von allen bis auf Dennis unterzeichnet. Wäre er dabei gewesen, hätte mein Bruder vielleicht gegen den Plan gestimmt, weil er fürchten mußte, als

3/44 Rechts und unten: 1982, urz vor dem totalen Tiefpunkt, 982. Ich schäme mich für diese otos. Mein Bruder Dennis sieht llerdings auch nicht besonders t aus.

Das Verkaufs-Schild vor dem aus, in dem ich mit Carolyn sammengelebt hatte.

46 Dr. Landys Mannschaft beim Abendessen an unserem ersten Abend auf Hawaii: Leslie Moore Dahlke, Dr. Samuels und seine Frau, David Berlow, Dr. Susser, Dr. Landy und Alexandra Morgan (v. l.). Der leere Stuhl ist meiner.

47 Januar 1983: Mein zweiter Tag auf Hawaii, kurz bevor Dr. Landy mich zu meinem Morgenspaziergang weckte.

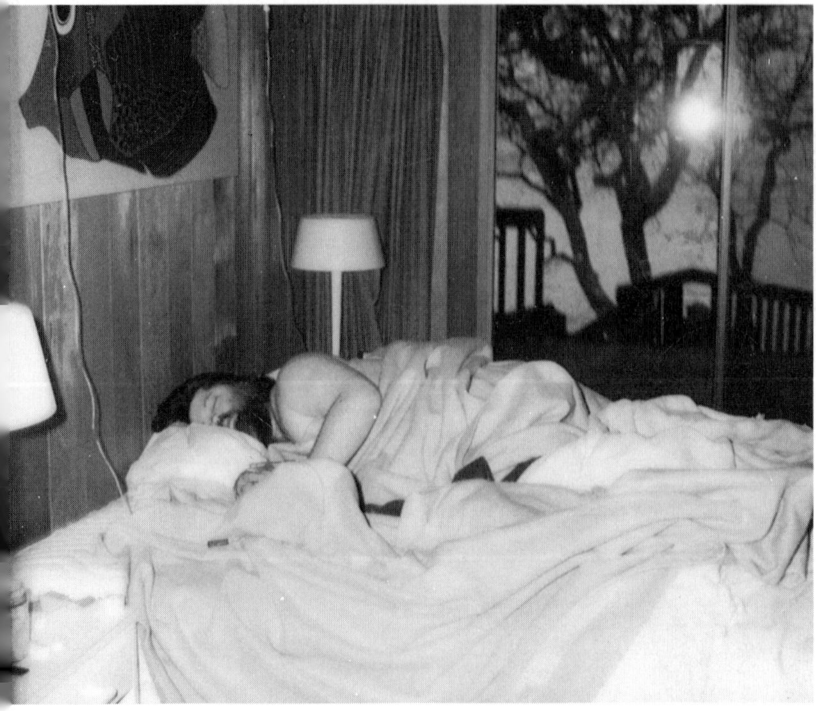

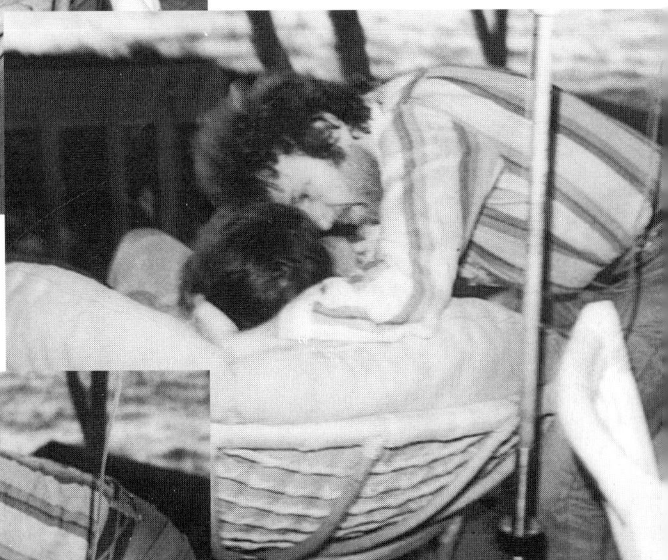

48–51 Intensiv-Therapie mit Dr. Landy auf Hawaii, 1983.

52 Nach drei Wochen auf Hawaii sah ich immer noch aus, als wollte ich mit niemandem sprechen.

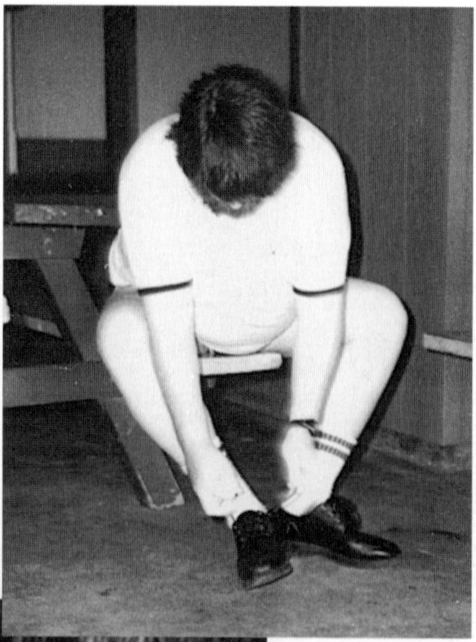

53 Zum ersten Mal seit Ewigkeiten binde ich mir selbst die Schuhe zu – ein Kunststück, das durch meine geschrumpfte Wampe möglich wurde.

54 Februar 1983: Zu meinem Therapieprogramm gehören auch tägliche Leibesübungen – schlimmer als der Tod . . . fast.

55 Dr. Landy zeigt mir ein Foto von mir – ein scheußlicher Anblick.

56 Auf dem Gipfel. Das war ein großer Moment für mich.

57 Während einer Wanderung Ende Februar 1983 mit Bill Flaxman, Dr. Susser, Alexandra Morgan, Dr. Landy, mir und Pam Thomas (v. l.).

58 Hier ist das Klavier, das ich selbst mit ins Haus getragen habe.

59/60 Marilyn mit meinen Töchtern Carnie (l.) und Wendy. Das Foto von Marylin und mir entstand im April 1983, kurz nach meiner Rückkehr von Hawaii.

61 Mai 1983: Fünf Monate nach Beginn meiner Therapie bei Dr. Landy habe ich mehr als fünfzig Kilo Gewicht und etliche meiner Probleme verloren. Der beste Beweis dafür ist dieses Foto von mir mit Tom Hulett, dem Manager der Beach Boys.

62 On the Road: 1984 lerne ich in der Umgebung von San Francisco Auto fahren.

63 Ich finde mich in New York zurecht.

64 Ein weiterer Gipfel gestürmt: auf dem Empire State Building.

65 Mit Gene, 1985.

66 Wandern in Nordkalifornien, 1985. Die Inschrift auf dem Schild beschreibt treffend meine Vergangenheit.

67 Auf Tour mit den Beach Boys, 1985: Gene gibt Mike, Carl und mir Gesundheitstips.

68 Eine Kanufahrt auf dem Rogue River in Oregon im Juni 1986.

69 Chynna Phillips, Carnie und Wendy, ehe sie Wilson Phillips wurden.

70 Stolze Väter: John Phillips und ich im September 1986 auf dem Set des Videos für »California Dreamin'«.

71 1986: Gene und Mike schreiben im Studio Lyrics für »Male Ego« . . .

72 Beim Training zu Hause in Malibu, November 1986.

73 Im Mai 1987 arbeiten wir an meinem ersten Soloalbum in den Village Studios mit Lenny Waronker, dem Präsidenten von Warner Brothers.

74 Händeschütteln mit Prince Edward nach dem Prince's Trust Konzert in England, Mai 1987.

75 Gene und ich treffen uns 1987 mit dem damaligen Vizepräsidenten Bush vor seinem Haus.

76 Mit den Beach Boys bei Videoaufnahmen zu »Rock and Roll to the Rescue«, 1987.

77 Beim Schreiben von Lyrics mit Van Dyke Parks in seinem Haus, August 1987.

78 Duett mit meinem Bruder Carl bei einem Beach-Boys-Auftritt im Jahr 1988.

79 Backstage im Universal Amphitheater mit Gene und Carl.

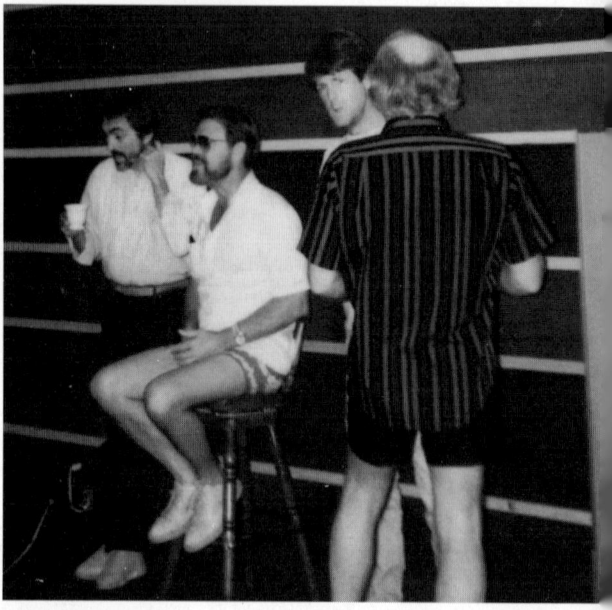

80 Bei der Arbeit an dem Fernsehspecial zum 25jährigen Bestehen der Beach Boys im Commercial Recording Studio in Miami: Gary Usher, Glen Campbell, ich und Mike Love (v.l.).

81 Mit Gene im Weißen Haus, Januar 1988.

82 Schnorchel-Pause mit Alexandra und Kevin in Hawaii, 1988; kurz zuvor hatten wir »There's So Many« fertiggeschrieben.

83 Mit Gene in Hawaii, 1988.

84 Mein persönlicher Assistent Kevin Leslie (l.) und mein Freund Evan Landy.

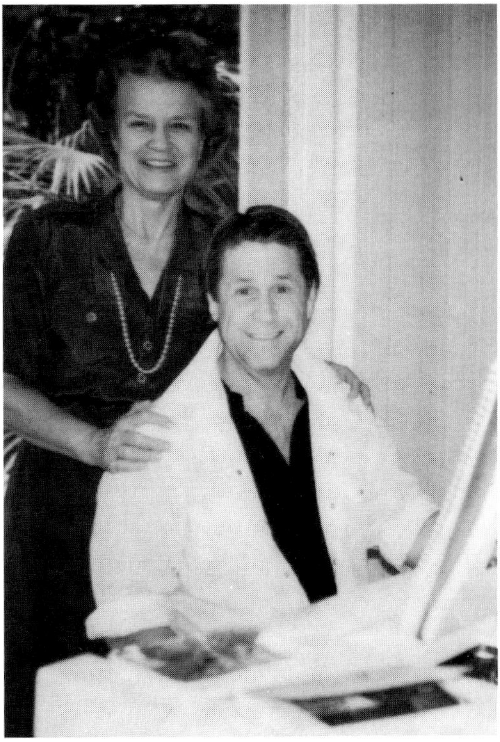

85 Im Juli 1991 spiele ich meiner speziellen Freundin Frances Morgan meinen neuen Song »Brian« vor.

86 Der Ex-Beach-Boy David Marks in meinem Studio, 1990.

87 1990 besucht mich Glen Campbell in meinem Studio; zu dieser Zeit arbeite ich an meinem Soloalbum *Sweet Insanity*.

88 Um Rückschau auf das Erreichte zu halten, kehre ich im Mai 1991 in das Haus auf Hawaii zurück, in das mich Dr. Landy 1983 brachte.

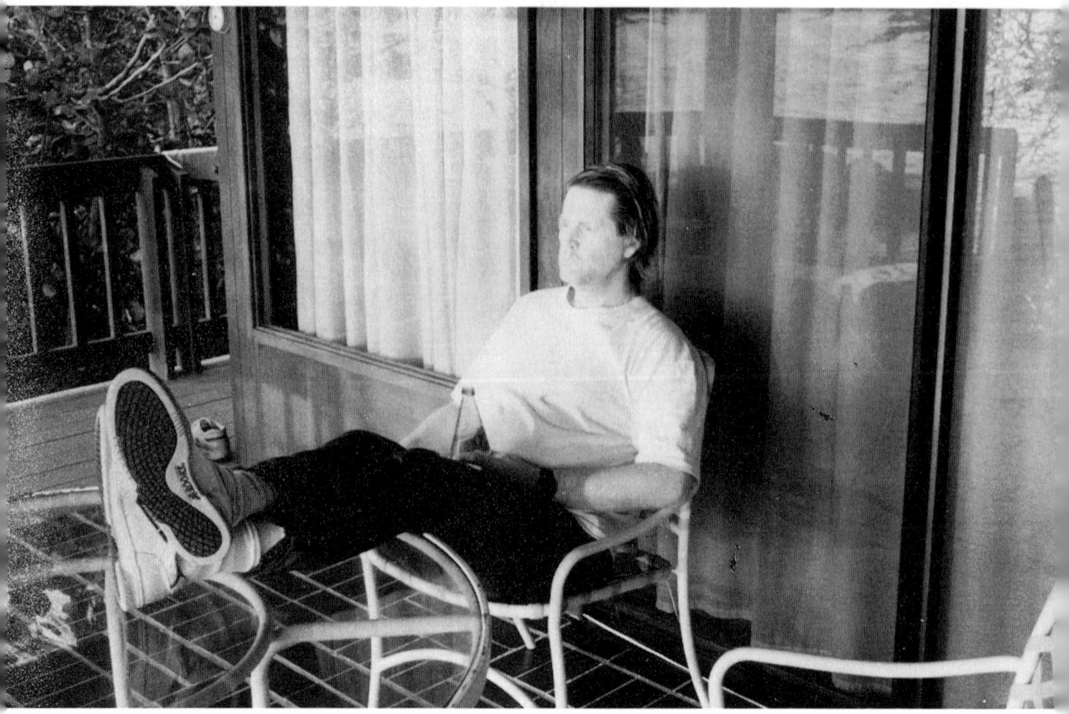

nächster dran zu sein. Alle versuchten sich an Dennis' Unterschrift; Mike zeigte die größte Begabung, seine Fälschung machte das Rennen.

Am 5. November 1982 erschienen Carolyn und ich im Büro der Geschäftsleitung, wo ich in einer von Dr. Landy arrangierten Besprechung offiziell aus der Band gefeuert wurde. Die anderen übergaben mir das Kündigungsschreiben.

Dr. Landy hörte von Tom Huletts Büro aus über eine Sprechanlage zu, wie sich das Gespräch entwickelte. In meinem ohnehin völlig entrückten Zustand begriff ich zunächst gar nicht, wie mir geschah. Ich verstand nicht, wie sie mich feuern konnten. Ich schrie, zeterte und hing verstört in meinem Sessel. Zu Hause knallte ich mich zu, während Carolyn wutschnaubend Rachepläne schmiedete. Sie rief meinen Buchhalter an und verlangte Geld.

»Tut uns leid«, sagte man ihr. »Es gibt kein Bargeld mehr. Brian ist pleite.«

Ich wollte nicht wieder in Dr. Landys Behandlung. Ich hatte panische Angst vor ihm und vor allem vor dem, wozu er mich zwingen würde: die Drogen aufzugeben, mich nicht mehr zu verkriechen, mich der Realität zu stellen. Ich beklagte mich bitterlich bei Dennis und seiner Frau Shawn. Carolyn unterstützte mich vorbehaltlos. Sie hatte ihren Besitzanspruch angemeldet – auf mich –, und sie war bereit, um diesen Anspruch zu kämpfen. Verzweifelt versuchte ich, auch Carl auf meine Seite zu ziehen.

»Brian«, sagte er eines Abends am Telefon zu mir, »ich glaube, du mußt zu Dr. Landy. Er ist deine einzige Chance. Es ist deine einzige Möglichkeit, wieder gesund zu werden.«

Doch ich hatte keine Lust, gesund zu werden, ich wollte nur das Geld. Also mußte ich zu Dr. Landy gehen. Sobald ich regelmäßig zu ihm ging, würden die Beach Boys mich wieder bezahlen. Carolyn rief in der Praxis an, aber ihr wurde gesagt, jeder Patient müsse seinen Termin persönlich vereinbaren. Nachdem ich mehrere erfolglose Anläufe unternommen hatte, wählte sie für mich und drückte mir den Hörer in die Hand.

Als wir zu unserer Verabredung in Dr. Landys Büro eintrafen, schüttelte die Sprechstundenhilfe den Kopf: Wir waren zehn Minuten zu spät. Carolyn sagte nur: »Na und?« Nun, es war eines von Dr. Landys Prinzipien, keine Patienten zu empfangen, die sich gleich beim ersten Termin verspäteten. Carolyn war so wütend, daß sie die Sprechstundenhilfe fast geschlagen hätte.

»Wovon sollen wir denn leben, zum Teufel?« zeterte sie. »Wenn wir Landy nicht sehen, bekommen wir kein Geld.«

»Möchten Sie einen neuen Termin abmachen?« fragte die Helferin ruhig.

Als wir am nächsten Tag wieder hingingen, mußte mich Carolyn buchstäblich am Kragen in Dr. Landys Büro zerren. Die Aussicht, ein zweites Mal in seine Behandlung zu kommen, machte mich nervös. Ich wußte, wie hart sein Rund-um-die-Uhr-Programm werden würde und wollte nichts damit zu tun haben; und außerdem war ich wütend auf ihn, weil er mich beim ersten Mal im Stich gelassen hatte. Obwohl er nichts dafür konnte, gab ich ihm die Schuld: Ich hatte ihm vertraut, und er hatte mich fallenlassen; und ich hatte ihn und seine Freundschaft vermißt.

Ich ließ mich sofort auf einen Stuhl fallen, kippte den Kopf zur Seite und verdrehte die Augen; mein rechtes Bein zuckte unkontrolliert auf und ab. Carolyn begrüßte Dr. Landy triumphierend, das Geld schien ihr schon so gut wie sicher zu sein, es fehlte nur noch ein einziger Telefonanruf. Dr. Landy lächelte und wandte sich dann mir zu, Carolyn blieb außen vor. Obwohl ich immer noch die Augen nach hinten verdreht hatte, spürte ich, daß Dr. Landy mich ansah und sich vorbeugte.

»Was kann ich für dich tun?« fragte er.

Ich sagte nichts. Carolyn gab mir einen unsanften Klaps aufs Bein.

»Nichts«, murmelte ich. »Ich will nichts.«

»Okay. Dann haben wir nichts weiter zu besprechen.«

Er stand auf und wollte den Raum verlassen.

»Nein, nein! Warten Sie einen Moment!« rief Carolyn ihn zurück. »Wir sind wegen dem Geld hier. Wir wollen das Geld. Stimmt's, Brian? Der Deal ist, daß Brian zu Ihnen kommt und wir das Geld bekommen. Stimmt das nicht?«

Dr. Landy warf Carolyn einen verächtlichen Blick zu und fragte, warum sie überhaupt mit ins Sprechzimmer gekommen sei. Wessen Termin war das? Er bat Carolyn, zu gehen. Widerspenstig erklärte sie ihm, sie wolle nur sichergehen, daß das Geschäft auch laufe.

»Carolyn«, fragte Dr. Landy noch einmal, »wollen Sie, daß ich weitermache? Oder soll ich aufhören? Wenn Sie bleiben wollen, dann gehe ich. Mir ist das gleich. Ich berechne auch Honorar für die Benutzung dieses Zimmers. Wenn ich drin bin, berechne ich etwas mehr.«

Beleidigt stolzierte Carolyn davon und knallte die Tür hinter sich zu. Als wir beide allein im Raum saßen, wartete Dr. Landy ab, bis sich der Sturm etwas gelegt hatte. Ich wagte einen kurzen Blick, ehe ich wieder die Augen verdrehte. Dr. Landy saß wenige Zentimeter vor mir und fixierte mich – intensiv, ernst, mitfühlend und hartnäckig. Genauso, wie er es früher getan hatte.

»Was willst du?« fragte er. »Was willst du von mir? Ich weiß, es ist nicht das Geld.«

Dreißig Minuten vergingen, ohne daß wir ein Wort wechselten. Ich wollte Dr. Landy testen, aber ich war zu erschöpft und verstört, um mich lange zu wehren. Ich wollte einfach nur verschwinden. Wenn das nicht ging, würde ich toter Mann spielen und das Unvermeidliche über mich ergehen lassen.

»Ich weiß, wieviel Angst du hast«, brach Dr. Landy schließlich das Schweigen.

»Ich weiß«, murmelte ich.

»Ich kann dir helfen. Aber du mußt meine Hilfe wollen. Wenn du meine Hilfe nicht willst, kann ich nichts für dich tun. Ich kann dir nur helfen, wenn du mich darum bittest, wenn du mir die Macht dazu einräumst. Was willst du?«

Minuten vergingen. Ich wägte meine Chancen ab.

»Nichts«, sagte ich.

»In Ordnung. Dann wird auch nichts geschehen. Steh auf! Geh! Sieh selbst zu, wie du klarkommst. Viel Glück.«

Er ließ mich gehen, ja er bat mich sogar darum. Er sagte, das sei okay. Aber was ich sagte und was ich wollte, waren zwei verschiedene Dinge. Ich wollte nicht gehen.

»Was muß ich sagen?« fragte ich.

»Nichts. Du mußt nichts sagen.«

»Und was passiert dann?«

»Du wirst sterben. Ich werde weiterleben. Das wird passieren.«

Das war die Wahrheit, sie leuchtete plötzlich vor meinen Augen auf wie ein Neonschild. Ich hatte die Wahl: Leben oder Tod. Diese Klarheit blendete mich.

»Ich will nicht sterben«, stieß ich hervor und brach in Tränen aus. »Ich will nicht sterben.«

»Wenn du nicht sterben willst«, betonte Dr. Landy, »was willst du dann?«

Dr. Landy hätte genausogut von mir verlangen können, vom Empire State Building zu springen. Ich wußte, daß der Sturz mich töten konnte, aber ich wußte auch, daß mein Leben sich zum Besseren wenden würde, wenn ich heil unten ankam. Mein matschiges Hirn versuchte, die Worte zu formen, aber sie gingen in Tränen unter.

»Ich . . . will . . . bitte . . . hilf mir.«

Dr. Landy nahm mich in den Arm.

»Bitte hilf mir«, stammelte ich weinend.

36

Ich sehe dem Tod ins Auge

Nachdem ich wieder regelmäßig zur Behandlung ging, sah Dr. Landys Therapieplan zunächst vor, mich Carolyns Einfluß zu entziehen. Wir ahnten selber nichts von diesem Schritt, da sie bisher in jede Diskussion einbezogen worden war und das Gefühl gehabt hatte, einen wichtigen Anteil an meiner Rehabilitation zu haben. Um möglichst keinen Verdacht bei ihr zu wecken, bat Dr. Landy Carolyn zu sich und erklärte ihr, mein Gesundheitszustand sei so bedenklich, daß er mich im Krankenhaus gründlich durchchecken lassen müsse, ehe er mit der intensiven Therapie beginnen könne. Es werde möglicherweise mehrere Wochen dauern, bis sämtliche Untersuchungen abgeschlossen seien.

Carolyn war zu allem bereit, solange nur das Geld weiter floß. Einige Wochen lang chauffierte sie mich zu allen möglichen Ärzten, dann wurde ich ins Cedars-Sinai Medical Center eingewiesen, wo ich noch intensiver durchleuchtet werden sollte. Während ich im Cedars war, bereitete Dr. Landy Carolyn behutsam darauf vor, daß sie mich verlieren würde.

Mein Therapeut glaubte – und in diesem Punkt waren alle seiner Meinung – daß Carolyn Williams ein schweres Hindernis für meine Genesung sein würde und darum nicht mehr in meine Nähe gelassen werden durfte. Sie steckte mir Joints und Zigaretten zu und gab mir auch sonst alles, was ich verlangte, ohne jede Rücksichtnahme auf meine Gesundheit. Außerdem war klar, daß sie die Kontrolle über mich nicht kampflos meinem Arzt überlassen würde.

Carolyn ahnte, daß etwas im Busch war, aber sie konnte sich keinen Reim drauf machen. Zunächst hielt man sie ständig auf Trab, indem man sie von einem Treffen mit Dr. Landys Assistenten zum nächsten jagte. Angeblich sollte sie für meine Betreuung nach der Entlassung aus dem Krankenhaus geschult werden und bekam genaue Anweisungen für Gymnastikübungen, meine Diät und Hilfestellungen für den Prozeß des Drogenentzugs. Doch das alles geschah nur, um sie zu beschäftigen.

Dann kam das Meeting, bei dem ein Ärzteteam unter der Leitung von Dr. Landy meinen medizinischen Zustand mit den Beach Boys sowie Hulett, Branca, Schilling und einigen anderen diskutierten. Nach neunzig Minuten unterbrach Branca Dr. Landy und fragte ihn, was zum Teufel da eigentlich verzapft werde. Er verstehe kein Wort von diesem Fachchinesisch und wisse nicht, was er bei dieser Besprechung überhaupt verloren habe.

»Wir versuchen Ihnen klarzumachen, daß er selbst bei bester Betreuung und günstigsten Bedingungen vielleicht nur noch anderthalb Jahre zu leben hat«, dolmetschte Dr. Landy.

»Wirklich?«

»Ja. Selbst ohne Drogen, ohne alles, besteht immer noch die Gefahr, daß Brian nicht überlebt. Seine Leber ist schwer geschädigt. Er hat nur noch ein Viertel seiner Lungenkapazität. Sein Herz ist überlastet. Und er hat 68 Kilo Übergewicht.«

Dr. Landy hatte mich im Cedars regelmäßig besucht, gerade oft genug, um mir zu zeigen, daß er mich nicht vergessen hatte. Ich war ein schrecklicher Patient: Ich schrie die Schwestern an, kotzte mein Essen wieder aus und pißte ins oder neben das Bett, weil ich zu fett war, um aufzustehen. Ich badete nicht und rauchte eine Zigarette nach der anderen. Dr. Landy ließ seinen Sohn Evan nachts in meinem Zimmer Wache schieben, damit ich nicht mit der Zigarette in der Hand einschlief und den ganzen Laden niederbrannte. Nach meiner Entlassung mußte das Zimmer auf meine Kosten renoviert werden.

Aber ich vertraute Dr. Landy, denn obwohl ich ihn ebenso fürchtete wie jeden anderen Menschen, kannte ich ihn auch als fair und freundlich. Er hatte niemals etwas getan, was mir schaden konnte und er hatte mich nie übervorteilt. Dr. Landy hatte nie etwas Schlimmeres getan, als mich mit Situationen zu konfrontieren, die mir eine Scheißangst einjagten. Aber ich hatte erkannt, daß nichts, wozu er mich je gezwungen hatte, zu meinem Schaden gewesen war.

Also hörte ich zu, als er mir darlegte, wie meine weitere Entwicklung seiner Meinung nach aussah.

Bei einem seiner Besuche im Krankenhaus setzte er sich zu mir ans Bett und fragte: »Du willst wieder gesund werden, oder?«

»Ja«, krächzte ich mit belegter Stimme.

»Bist du bereit, alles Notwendige zu tun, um dein Leben zu retten und wieder gesund zu werden?« fragte Dr. Landy.

Ich nickte.

»Auch wenn das bedeutet, eine Zeitlang zu verreisen?« hakte er vorsichtig nach. »Es wird dir vielleicht nicht gefallen, und du wirst dich auch nicht wohl fühlen, aber du wirst gesund werden. Das verspreche ich. Und ich breche nie ein Versprechen.«

»Okay.«

37

Gehversuche

Ich wußte nichts Genaues, aber Dr. Landy hatte durchblicken lassen, daß ich für eine Zeitlang aus dem Verkehr gezogen werden sollte. Als es dann soweit war, erfuhr ich alle Einzelheiten, zu denen die Beach Boys bereits ihre Zustimmung gegeben hatten: Ich würde, zusammen mit einem Assistententeam, für die Dauer der Therapie auf unbestimmte Zeit streng isoliert in der klösterlichen Abgeschiedenheit eines Therapiecamps auf Hawaii leben. Zu dem Team gehörten unter anderem mein Psychiater Dr. Solomon Samuels, Dr. Murray »Buzz« Susser, ein Allgemeinmediziner und Experte für ganzheitliche Medizin, Dr. Arnold Dahlke sowie Alexandra Morgan, meine zukünftige Sporttherapeutin. Weiterhin sollten Ernährungsberater, Köche, Schwestern, ansässige Ärzte und einige handverlesene Krankenpfleger für mich sorgen. Gemeinsam mit diesen Helfern wollte Dr. Landy mich aus meinem siebenjährigen Tran aufrütteln, mein Gesundheitsbewußtsein wekken und mir beibringen, mein Leben wieder in die eigenen Hände zu nehmen und mich der Realität zu stellen, die ich so lange verdrängt hatte. Ich sollte von den Toten auferstehen.

Am zweiten Montag im Januar 1983 wurde die Umsetzung des Plans, den die Beach Boys im Oktober gebilligt hatten, in Angriff genommen. Die Operation war generalstabsmäßig vorbereitet worden. Um sechs Uhr morgens holte ein Mietwagen-Konvoi Dr. Landys Mitarbeiter ab und kutschierte sie zum Flughafen, wo das gesamte Obergeschoß einer United 747 für den Neun-Uhr-Flug nach Hawaii reserviert war.

Ich wurde geweckt und im Rollstuhl zu einem wartenden Wagen gefahren. Man hatte mir zwar mitgeteilt, daß ich das Krankenhaus verlassen sollte, aber wohin die Reise ging, war mir unbekannt. Irgendwie ahnte ich allerdings, daß dies keine normale Autofahrt war.

In der Zwischenzeit traf Carolyn in Dr. Landys Praxis ein, wo sie um acht Uhr dreißig einen Termin mit einem seiner Assistenten hatte; dies war das erste von einem halben Dutzend zeitraubender Treffen, die Dr. Landy arrangiert hatte, um sie zu beschäftigen, während ich aus dem Cedars abgeholt wurde. Sie sollte so lange abgelenkt werden, bis ich sicher in Hawaii gelandet war. Das war nicht sonderlich schwer, solange Carolyn nur in dem Glauben belassen wurde, sie würde sofort wieder zu Geld kommen, wenn diese Formalitäten erledigt waren.

Das Flugzeug landete pünktlich in Honolulu. Während das umfangreiche Gepäck und die medizinischen Geräte – wir hatten genug Ausrüstung für ein Feldlazarett bei uns, da wir völlig von der Welt abgeschnitten sein würden und niemand genau abschätzen konnte, wie gut oder schlecht meine körperliche Kondition nun tatsächlich war – aus dem Flugzeug auf mehrere Lastwagen verladen wurden, führte man mich in ein Privatzimmer, in dem eine improvisierte Zahnarztpraxis eingerichtet worden war. Dr. Jerry Wall, der noch heute mein Zahnarzt in L. A. ist, hatte sich bereit erklärt, Dr. Landy am Flughafen zu treffen und meine Zähne zu untersuchen. Als ich die Szene betrat, traute ich meinen Augen nicht: Mein Therapeut erklärte mir, meine Zähne seien seit Jahren nicht mehr behandelt worden und er wolle keinerlei Komplikationen riskieren.

Als das überstanden war, wurde die gesamte Truppe zu einem Inlands-Terminal verfrachtet und bestieg ein Flugzeug, daß uns nach Kona brachte. Kona war eine kleine, ländliche Stadt, ein unbedeutendes Nest, aber für unsere Zwecke noch immer zu überlaufen. Wir reisten also eine weitere Autostunde ins Landesinnere, um einen Berg herum, vorbei an mehreren kleineren Dörfern und dann etwa fünf Meilen auf einer malerischen Straße, die sich bis zum Meer hinunterwand. Ich war hingerissen von soviel landschaftlicher Schönheit, aber auch über alle Maßen bestürzt, mich hier wiederzufinden. Ich stammelte unentwegt: »Wir sind in Hawaii. Das ist Hawaii.«

Endlich schienen wir uns dem Ziel zu nähern. Wir bogen von der Hauptstraße auf eine Seitenstraße ab, die sich zu einem Feldweg verengte, der schließlich in einen Trampelpfad mündete. Dann näherten wir uns einem kleinen Lagerplatz, den Dr. Landy ausgesucht hatte. Eigentlich handelte es sich um eine Fischerkolonie mit sechs Häuschen, von denen er drei gemietet hatte. Entscheidend war, daß wir meilenweit von jeglicher Zivilisation entfernt waren.

Als wir ankamen, war es bereits ziemlich spät. Ich sah, daß einige Leute schon vor uns eingetroffen waren. Sie hatten eingekauft und ein Abendessen vorbereitet, ein üppiges Picknickbüffet mit frischem Fisch, Früchten und Gemüse.

Ich verzog mich so schnell ich konnte in einen Stuhl abseits dieses Trubels und beobachtete die anderen mißtrauisch. Irgendwann sagte Dr. Landy mir, ich dürfe von allem soviel essen, wie ich wolle, doch ich lehnte ab. Ich wollte nicht unter Menschen sein. Ich wollte mit nichts und niemandem etwas zu tun haben.

Mein Therapeut hatte das nicht anders erwartet. Ich war völlig abgeschnitten von allen Menschen, die mir bisher in jeder Situation geholfen hatten – nur weil ich Brian Wilson, der Rockstar, war. Statt dessen fand ich mich nun inmitten wildfremder Menschen wieder, die sich ebenfalls um mich kümmern wollten, nur nicht in der Weise, wie ich es gewöhnt war. Ich fürchtete sie, auch wenn ich um meine Sicherheit nicht besorgt sein mußte.

Schließlich siegte mein Hunger. Ich pirschte mich so unauffällig wie möglich ans Büffet heran, als könnte irgendwer einen fetten, 150 Kilo schweren, stinkenden Mann übersehen. Blitzschnell stopfte ich mir ein paar Stücke Brot in den Mund und nahm dann wieder meine typische Position ein – den Kopf zurückgeworfen und die Augen so tief in den Höhlen verdreht, daß man nur noch das Weiße sehen konnte. Ich wiegte mich in weiten, rhythmischen Bewegungen, die meinem inneren Metronom zu folgen schienen, vor und zurück und versuchte, mich unsichtbar zu machen.

Dr. Landy war umgeben von seinem Team von Ärzten, Schwestern und Assistenten. Als Dirigent dieses talentierten Mediziner-Orchesters bereitete er seine Musiker auf den denkwürdigsten Auftritt ihres Lebens vor.

Noch ehe das Abendessen vorüber war, stand ich vom Tisch auf und verkroch mich in meinem Zimmer. Bis dahin hatte ich nur denken können: Scheiße, wo habe ich mich da bloß reingeritten? Dann dämmerte es mir langsam: Dies war ein neues Spiel. Und gleichzeitig fragte ich mich, was ich dabei tun mußte. Wie konnte ich alles richtig machen, was von mir erwartet wurde?

Meine Nerven waren zum Zerreißen gespannt. Ich war längst nicht mehr nur ängstlich, ich war vor Angst regelrecht gelähmt. Ich hatte aufgehört, mir über meine seltsame neue Umgebung Gedanken zu machen und lebte nur noch von einem Moment zum anderen; es ging mir nur noch ums nackte Überleben. Eine solch überreizte Hochspannung bestimmte damals meinen Lebensrhythmus. Ich rechnete immer mit dem Schlimmsten und lebte mit dem Tod vor Augen. Es war grauenvoll, doch andererseits genoß ich auch jede Minute dieses Entsetzens. Es war gleichzeitig böse und gut, positiv und negativ, beängstigend und aufregend.

Als ich am nächsten Morgen aufwachte, erwartete mich ein krasses Kontrastprogramm zum Vorabend. Es war nichts zu essen da, kein Kaffee, keine Zigaretten, rein gar nichts. Meine einzige Stärkung sollte aus Fruchtsaft und Vitaminspritzen bestehen.

Dr. Landy lebte in einem eigenen Haus mit zwei Schlafzimmern, in dem vier Leute untergebracht waren. Mein Haus hatte insgesamt sechs Bewohner, die auf sämtliche Schlafzimmer und Sofas verteilt waren. Zusätzlich zu der Mannschaft, die Dr. Landy mitgebracht hatte, waren noch einige Schwestern aus dem Krankenhaus von Kona engagiert worden, die mich rund um die Uhr betreuen sollten; außerdem war Dr. David Allan anwesend, ein Spezialist für Notfallmedizin. Später erklärte Dr. Landy mir, er habe nicht riskieren wollen, daß sich ein übergewichtiger, drogenverseuchter Rock 'n'Roller seiner Therapie entzog, indem er an einer Herzattacke starb.

Als Dr. Landy an diesem ersten Morgen mein Schlafzimmer betrat, lag ich wie eine Mumie in meine Decken eingehüllt im Bett. Eine Schwester wollte mich an den Tropf mit Vitaminlösung anschließen, aber ich war so fett, daß sie keine Vene finden konnte. Ich war ihr keine Hilfe, da ich mich nicht rührte und kein Wort aus mir herauszubringen war. Dr. Landy setzte sich neben mich ans Bett und starrte mir in die Augen, die ich sofort wieder verdrehte. Ich würde ihm keinen Millimeter entgegenkommen. Aber Dr. Landy hatte seine Tricks.

»Stehen wir auf, Brian.«

»Ich will nicht.«

»Was willst du denn?« fragte er.

»Nichts.«

»Warum gehen wir nicht spazieren?«

»Nein.«

»Oder wir fahren mit dem Auto?«

»Vielleicht.«

»Möchtest du Frühstück?« fragte Dr. Landy.

Jetzt hatte er mich. Ich öffnete die Augen.

»Ja.«

»Okay, gehen wir.«

»Kann ich es nicht hier essen?« schlug ich vor.

»Wir haben hier nichts zu essen. Schließlich sind wir gerade erst angekommen.«

»Ach ja, stimmt ja.«

Dr. Landy schlug mir vor, auswärts zu frühstücken. In Erinnerung an das Festmahl des Vorabends stimmte ich zu. Aber ich war zu fett, um alleine aus dem Bett zu steigen. Kein Problem. Mit Hilfe eines Assistenten half Dr. Landy mir hoch und zog mir ein T-Shirt und eine Badehose an – mein Dreß für die nächsten paar Wochen. Zu baden oder mich zu waschen überstieg noch meine Kräfte, doch Dr. Landy war schon froh, wenn ich wach war und aus dem Bett aufstand. Das allein schon war ein Fortschritt.

Obwohl es qualvoll für mich war, folgte ich meinem Arzt die Treppe hinunter, immer in sicherem Abstand zu ihm und allen anderen. Wir bestiegen ein kleines Chrysler-Cabrio, eines der sechs Autos, die vor der Tür parkten. Die Enge im Wagen brachte mir meinen fetten Körper unangenehm zu Bewußtsein. Dr. Landy fuhr, ich saß neben ihm und zitterte vor Angst. Auf dem Rücksitz saßen drei weitere Personen, die ich allerdings nicht anzusehen wagte; die Anwesenheit so vieler Leute war mir unangenehm, aber Dr. Landy wollte nicht riskieren, irgendwo in der Wildnis liegenzubleiben. Außerdem brauchte er Schutz, falls ich plötzlich gewalttätig werden sollte.

Meine Reaktionen waren immer noch völlig unberechenbar, und Dr. Landy wußte genau, daß es noch einige Zeit dauern würde, bis ich mich mit seinen Maßnahmen angefreundet hätte.

Wir fuhren eine Viertelmeile die Straße entlang, vom Trampelpfad über den Feldweg auf die holperige Straße, bis wir schließlich an den Strand kamen. Es war exakt eine Viertelmeile. Dann hielt Dr. Landy den Wagen an, zog die Schlüssel ab und sagte mir, ich solle ihm folgen. Ich weigerte mich und rührte keinen Muskel.

»Was wollen wir machen?« fragte ich.

»Wir sehen uns den wundervollen Ozean an. Es wird dir gefallen. Die Gegend ist schön. Komm jetzt!«

Ich brauchte ein paar Minuten, aber ich schaffte es tatsächlich, mich grunzend vom Beifahrersitz zu wälzen. Einige Schritte hinter Dr. Landy blieb ich stehen. Er kam zurück und stellte sich neben mich.

»Sieh dir das Wasser an!« sagte er. »Ist es nicht herrlich?«

»Ja, herrlich. Wann essen wir?«

»Oh, möchtest du jetzt frühstücken?«

»Ja, ich bin hungrig.«

»Wie wär's mit einem Glas Saft?« schlug Dr. Landy vor.

»Wunderbar. Wo ist er?«

»Wir müssen den Saft holen.« Er ging die Straße zurück, auf der wir gekommen waren. Die anderen schlossen sich ihm an. Ich war verwirrt und schlurfte zum Auto. Dr. Landy rief mir zu, ich solle mich der Gruppe anschließen.

»Wo geht ihr hin?« fragte ich.

»Wir gehen Saft holen«, sagte Dr. Landy.

»Aber ich will fahren.«

»Nein, wir gehen zu Fuß.«

»Ich kann nicht laufen. Ich muß fahren.«

Dies war ein entscheidender Augenblick, unsere erste größere Auseinandersetzung bahnte sich an. Dr. Landy verlangte etwas von mir, was ich nicht tun wollte, aber durchaus hätte tun können, auch wenn ich mir selbst das Gegenteil einzureden versuchte. Es war ein Test, eine Kraftprobe: Ich würde mich entweder fügen oder auf meinem Willen beharren. Wenn ich mich nicht fügte, würde er kleiner anfangen müssen.

Ich wollte nicht gehen – wenn ich auch sonst wenig wußte, das wußte ich genau. Ich wußte aber auch, daß weit und breit niemand war, keine Menschen, keine Autos, keine Telefone.

»Du kannst gehen«, ermutigte mich Dr. Landy. »Du wirst überrascht sein, wozu du fähig bist.«

»Nein, ich kann nicht.«

»Tja, was willst du dann machen?« Dr. Landy verlangsamte seine Schritte, um sich nicht zu weit von mir zu entfernen.

»Ich werde mit dem Auto fahren.«

»Kannst du nicht. Ich habe die Schlüssel. Der Wagen bleibt bis morgen früh hier, dann fahren wir ihn zurück.«

»Was soll das heißen?«

Ich saß mittlerweile auf dem Fahrersitz.

»Das heißt, morgen gehen wir wieder hierher und holen ihn.«

»Aber ich *kann* nicht mit zurückgehen«, protestierte ich mit angstvoller Stimme.

»Dann kannst du ja im Auto sitzenbleiben«, antwortete Dr. Landy und ging weiter. »Wir gehen jetzt jedenfalls nach Hause und frühstücken. Bis morgen.«

»Du kommst nicht zurück?« rief ich.

»Heute nicht!«

Arschloch! dachte ich. Ein verdammtes Arschloch bist du!

Dann wuchtete ich meine 150 Kilo hoch, blieb neben dem Wagen stehen und warf Dr. Landy einen langen, bösen Blick zu. Schließlich brach mein Widerstand, und ich tat einen kleinen, wackligen, unsicheren Schritt auf ihn zu. Dann noch einen Schritt. Und noch einen. Bald ging ich tatsächlich. Eigentlich schwabbelte ich mehr so dahin, aber bei 150 Kilo am Leib ist Schwabbeln doch die Vorstufe des Gehens.

Damals erkannte ich nicht, daß ich damit den ersten Schritt in ein neues Leben getan hatte.

Ich unterzog mich dieser Mühe nur, um den Doktor in die Finger zu bekommen, der mich mit falschen Heilsversprechen in diese als Paradies getarnte Wildnis gelockt hatte. In Wirklichkeit wollte er mich umbringen.

Nach zehn Schritten blieb mir die Luft weg. Dr. Landy stand immer noch gut fünfundzwanzig Schritte entfernt von mir und rief mir etwas zu, das ich wegen meines lauten Schnaufens nicht verstehen konnte.

»Verdammt noch mal, warte!« rief ich ihm hustend zu.

»Was?« schrie er.

Scheiße! Ich blieb japsend stehen. Ich wollte Dr. Landy sagen, daß ich meine Meinung geändert hatte. Ich wollte das Frühstück sausen lassen und die Nacht im Auto verbringen. Aber die Worte kamen mir nicht über die Lippen.

»Warte eine Minute!« rief ich.

»Kann ich nicht. In einer Minute haben wir schon ein Viertel der Strecke hinter uns.«

»Aber ich kann nicht . . .«

»Doch, du kannst!«

»Aber ich sterbe, wenn ich nicht stehenbleibe«, sagte ich und japste schwer nach Luft.

»Dann bleib stehen!« Dr. Landy kam einige Schritte zurück, was den Abstand zwischen uns verringerte. »Du wirst nicht sterben, das verspreche ich dir. Du wirst dich nur fühlen, als müßtest du sterben.«

Dr. Landy schickte jemand zu mir zurück, um mireinige aufmunternde Worte zu sagen, dann brachen wir wieder auf. Jedesmal, wenn ich mich an jemanden anlehnte, um mir den Marsch zu erleichtern, sagte das Arschloch ihm, er solle mich alleine gehen lassen. »Du hast dich dein ganzes Leben lang angelehnt«, sagte er. Und damit hatte er recht, es war wirklich höchste Zeit, daß ich lernte, auf eigenen Füßen zu stehen. Doch diese Einsicht hinderte mich nicht daran, auf dem ganzen Weg zu quengeln.

Während dieses Marsches glaubte ich mehrfach, ich müßte sterben. Mein Herz schlug bis zum Hals, und ich hatte das Gefühl, es könnte jeden Moment vor mir auf die Straße hüpfen. Alle zehn Schritte blieb ich stehen, um zu verschnaufen. Ich hörte mir die aufmunternden Worte an und beschloß, sie zu ignorieren. Statt dessen verfluchte ich meinen Therapeuten als den bösartigsten Tyrannen, der mir je begegnet war.

Eine Stunde später schleppte ich mich die letzten paar Schritte bis zum Haus, schweißgebadet, gerädert, leicht benommen und extrem wütend. Die Leute, die uns auf dem Weg begleitet hatten, standen an der Tür, als würden sie an der Ziellinie warten, und begrüßten mich mit einem stürmischen Applaus für meine Glanzleistung. Ich war jedoch viel zu erschöpft, um stolz auf mich zu sein. Selbst zum Lächeln war ich zu müde. Ich konnte nicht einmal stehenbleiben, um diesen Moment auszukosten, sondern schlurfte einfach weiter, bis ich den Eßzimmertisch erreichte. Dort ließ ich mich in meinen Sessel fallen, in ein großes, rundes, orangefarbenes Ding, das mir wie der schützende Mutterschoß erschien.

»Frühstück«, grunzte ich.

»Schon unterwegs«, sagte Dr. Landy, der neben mir Platz genommen hatte und ruhig zusah, wie Dr. Susser, mein neuer Hausarzt, der gleichzeitig als Ernährungsberater und Hauspoet fungierte, zwei Gläser mit Saft auf den Tisch stellte.

Während Dr. Landy sein Glas mit gemischtem Fruchtsaft betrachtete, kippte ich meins in einem einzigen Zug hinunter. Dann sah ich mich erwartungsvoll nach mehr um, nach Eiern, Steaks, Platten voller Frühstücksspeck, Pfannkuchen, Ahornsirup, Doughnuts, Toast mit Butter und Marmelade, einem Sara-Lee-Caféhauskuchen . . . Nach meinem üblichen Frühstück eben.

»Wo ist der Rest?« fragte ich.

»Das war's. Mehr gibt es nicht.«

»Was?« schrie ich auf. »Aber ich habe noch Hunger!«

»Tut mir leid«, erwiderte Dr. Landy seelenruhig. »Aber für die nächste Woche oder so gibt es nur Saft und Vitaminpräparate.«

»Das kannst du nicht tun«, protestierte ich.

»Ich nicht. Du tust das.«

»Das ist doch zum Kotzen.« Ich versuchte, aus dem Sessel aufzustehen, doch meine Wampe drückte mich wieder zurück. Ich brauchte Hilfe. Verängstigt und beleidigt schaffte ich es schließlich, mich hochzustemmen; dann ging ich auf mein Zimmer, um zu schmollen und mich in meiner Traumwelt einzuigeln.

38

Starting to Listen

Wie nicht anders zu erwarten, quälten mich in den ersten Tagen auf Hawaii entsetzliche Angstzustände, ein ständiges Nervenflattern, unbändiger Zorn und eine tiefe Frustration. An Carolyn verschwendete ich in diesem Zustand überhaupt keinen Gedanken mehr. Da ich »gut versorgt« wurde, brauchte ich sie nicht mehr. Ich versuchte, die Schmerzen und Entzugserscheinungen zu ignorieren, und sträubte mich nicht mehr gegen die Tortur, die es für mich bedeutete, der rauhen Wirklichkeit ins Auge sehen zu müssen. Ich brauchte meine ganze Kraft, um mein Leben zu meistern – jeden Tag, jeden einzelnen Moment –, und ich brauchte sie, um zu überleben.

Eine Stimme tief in meinem Inneren sagte mir, daß alles, was geschah, zu meinem Besten war.

Für zwei Tage verschrieben mir Dr. Samuel und Dr. Susser Valium, einen leichten Tranquilizer, um meine Qualen in diesem heilsamen Fegefeuer ein wenig zu lindern. Die medikamentöse Behandlung meiner Schizophrenie, mit der unverzüglich begonnen wurde, half ebenfalls gegen den Schock. Aber nichts hatte mich für die schlimmste aller Torturen wappnen können: Bewegung.

Die erste Woche war nur eine Testphase, da meine körperliche Belastbarkeit ein unerforschtes Gebiet war. Dennoch wurde ich sofort in ein straffes Programm eingebunden: Wecken um acht Uhr, dann gab es Vitamininjektionen; doch mit dem Vitamin-C-Tropf gab es ständig Probleme. Dieselbe Prozedur wiederholte sich am Abend. Dr. Susser, der bald den Spitznamen »Vitaminkönig« weg hatte, und die Schwester gaben mir neben einer bunten Mischung anderer Vitamine jeden Tag 50 000 Milligramm Vitamin C. Vitamine spielten eine wichtige Rolle im Selbstheilungsprozeß meines Körpers und linderten außerdem die Entzugserscheinungen.

Nach diesem morgendlichen Vitaminstoß ging es auf die schon bekannte Wanderung zum Strand. Danach gab es Frühstück: Saft! In der zweiten Woche wurde mein Frühstück dann von Saft auf geeiste Früchte umgestellt, die wir am Strand aßen. Dann folgte eine schlauchende halbe Stunde mit Stretch-Übungen unter Anleitung von Alexandra Morgan, Dr. Landys langjähriger Freundin.

Im Anschluß daran wanderten wir zu einer auf einem Berg gelegenen

Kirche, von der man einen herrlichen Blick auf den Ozean hatte; für mich war das eine Heimsuchung, die in Metern und Fußblasen gemessen werden konnte. Der Weg zur Kirche war ein Rundgang von insgesamt fünf Meilen, aber die stetige Steigung zählte nochmals für zwei Meilen. Für uns alle, nicht nur für mich, war es ein ehrgeiziges Ziel, hin und zurück zu kommen. Anfangs schaffte ich es nur wenige hundert Meter, ehe ich erschöpft zu Boden sank. Dr. Landy übernahm immer die Spitze, gefolgt von seinen Assistenten. Ich startete im Mittelfeld, so daß noch immer genügend Leute hinter mir waren, um mich mit ihren Zurufen anzufeuern.

Der verdammte Berg wurde zur einer wahren Herausforderung für mich – zur ersten Herausforderung seit Jahren, der ich mich stellte.

Darüber hinaus war er ein Gradmesser für meine allmählichen Fortschritte, denn wir kletterten jeden Tag ein Stück weiter. Diese Steigerungen wurden mir zur Lebensregel, zum Prinzip des Überlebens, auch wenn es noch Jahre dauerte, bis ich den Sinn dieser Übungen intellektuell erfaßte.

Je größere Entfernungen ich zurücklegte, desto mehr Selbstvertrauen gewann ich. Damals besaß ich keinerlei eigene Persönlichkeit. Ich hatte nicht das winzigste Quentchen Selbstvertrauen. Ein Glas Wasser zu holen oder zwei Meilen zu wandern – alles, was ich tun sollte, stellte mich vor unüberwindliche Hindernisse.

In diesen Anfangstagen holte ich mir mein Selbstvertrauen bei Dr. Landy. Ich war wie ein Schwamm, der Aufmunterungen und Zuspruch in sich aufsaugte. Dr. Landy war mein Rückgrat, jedesmal, wenn ich aufgeben wollte, war er da und lag mir in den Ohren.

»Du kannst alleine aufstehen, Brian«, sagte er eines Tages, als ich schweißtriefend und schnaufend auf einem Stein saß.

»Ich kann nicht.«

»Doch, das kannst du. Wenn ich noch ein Stückchen weiter gehen kann, kannst du es auch. Ich bin älter als du.«

»Aber ich bin zu fett.«

»Das wird sich ändern, wenn du deinen Arsch hochhebst und gehst.«

Ich wollte nicht aufstehen. Alles in mir sträubte sich dagegen – aber schließlich tat ich es doch. Das war der Unterschied! Selbst, wenn mir das, was Dr. Landy von mir verlangte, nicht paßte, wußte ich, daß er recht hatte. Er war immer fair und stellte mich nie bloß. Wenn ich zu etwas fähig war, ermutigte er mich. Seine Lektionen waren nicht angenehm, und ich haßte sie; aber zugleich wußte ich, daß es in meinem eigenen Interesse war, zu lernen.

Zu Hause übernahm ich häusliche Pflichten – zum ersten Mal, seit mein Dad mir als Junge das Rasenmähen übertragen hatte. Nachdem ich aufgestanden war, machte ich mein Bett. Danach hatte ich wechselnde Aufgaben. Den einen Tag mußte ich den Müll wegbringen, den anderen war ich mit Spülen dran oder kehrte die Veranda. Die Tatsache, daß ich ein Beach Boy war, zählte in unserem Zusammenleben nicht. Ich war nicht anders als die anderen, nur daß ich in allen Dingen des täglichen Lebens, die für die meisten Menschen eine Selbstverständlichkeit sind, völlig ungeübt war.

In den letzten zwei Jahren war ich im Krankenhaus abgeseift worden und hatte mich gelegentlich in den Pool gewagt, aber ich hatte kein einziges Mal geduscht oder gebadet. Da Dr. Landy wußte, daß ich panische Angst vor dem hatte, was aus dem Duschkopf kommen könnte, wollte er mich nicht zwingen, die Duschkabine zu betreten. Aber er bestand sofort darauf, daß ich badete. In der ersten Woche ging ich jeden Tag zu seinem Haus, das einen Swimmingpool hatte, und schwamm eine Runde. In der zweiten Woche wagte ich mich schon ins Meer.

Gegen Ende des ersten Monats verlangte Dr. Landy, daß ich unter die Dusche ging. Ich versuchte es, schloß die Tür und ließ das Wasser laufen; dann wickelte ich mich in ein Handtuch und kam wieder heraus.

»Dein Haar ist nicht naß«, bemerkte er eines Tages. »Zeig mir doch mal deine Seife!«

»Ich weiß nicht, wo ich sie hingelegt habe«, stammelte ich.

»Hast du sie in der Dusche gelassen?« Er schaute in die Kabine. »Aha! Die Seife ist auch trocken.«

»Wahrscheinlich hab ich vergessen, sie zu benutzen.«

»Zieh dich aus!« befahl er. »Du nimmst noch eine Dusche.«

»Nein«, sträubte ich mich. »Ich kann in Kleidern duschen.«

Dr. Landy hob eine Augenbraue, stieg vollständig bekleidet in die Dusche und winkte mich zu sich. Dann zog er sich aus. Widerstrebend zog ich mich auch aus. Als wir beide nackt waren, erklärte Dr. Landy, er werde mit mir zusammen duschen. Wie immer war er mir über, denn er ließ mir kein Schlupfloch. Ich zitterte und war den Tränen nahe; denn ich wollte nicht, daß das Wasser angedreht wurde. Wer konnte wissen, was aus der Wasserleitung kommen würde? Feuer. Schlangen. Blut. Säure. Schüsse. Flüssiger Tod. Schreckliche Dinge.

Mein Therapeut ignorierte mein Jammern und drehte das Wasser auf. Als es aus dem Duschkopf herausschoß, sprang ich in eine Ecke und kauerte mich zusammen, während Dr. Landy unter dem warmen Wasserstrahl stehenblieb. Er erklärte, er werde mir beibringen zu duschen. Wenn ich nicht wisse, wie man sich wüsche, würde ich es lernen. Wenn ich Angst hätte, werde er mir beweisen, daß es nichts gebe, wovor man sich fürchten müsse. Er gab mir einen Waschlappen und ein Stück Seife.

»Jetzt komm drunter und mach mir alles nach, Brian«, sagte er. »Wenn irgendwas aus dem Duschkopf kommt, erwischt es mich zuerst. Ganz gleich, wovor du Angst hast, es wird nicht passieren, glaub mir, das wird es nicht.«

Mit größter Überwindung griff ich an den Türrahmen und stieg zaghaft in die Dusche. Ich stand Dr. Landy gegenüber und wartete auf ein schmerzhaftes Erlebnis – auf kochendheißes Wasser, das mir die Haut verbrühte; auf Schlangen, die aus dem Duschkopf züngelten; auf Kugeln oder spritzendes Blut. Statt dessen wurde mir gezeigt, wie ich meinen Körper mit Waschlappen und Seife abschrubben konnte, von den Füßen über den Arsch bis hin zu den Ohren. Dann nahm Dr. Landy eine Flasche mit einer zähen Flüsigkeit.

»Das ist grün.«

»Ja. Das ist Haarshampoo.« Dr. Landy lächelte. »Halt die Hand auf.«

Trotz des täglichen Intensivprogramms blieb mir immer noch genügend Zeit für mich selbst. Ich wurde beschützt, aber ich war trotzdem allein. Diese Zeit, in der ich mich in mich selbst zurückziehen und meines inneren Aufruhrs Herr zu werden versuchen konnte, bedeutete mir sehr viel: Es waren die einzigen Stunden, in denen ich ungestört »spinnen« konnte.

Zuerst waren es zehn Stunden, dann von Woche zu Woche weniger. Dr. Landy begriff, daß das Alleinsein wichtig für mein seelisches Gleichgewicht war. In dieser Zeit konnte ich meine Batterien wieder aufladen und mich nach fast fünfundzwanzig Jahren Einsamkeit nach und nach wieder auf ein Leben unter Menschen einstellen. Ich hätte diese Stunden am liebsten im Bett verbracht, aber Dr. Landy schloß tagsüber die Schlafzimmertür ab.

Also machte ich es mir auf dem Sofa bequem, legte mich auf den Boden oder setzte mich in einen dunklen Schrank.

Während der Eingewöhnungsphase in das Therapieprogramm war der schwierigste und oft schmerzlichste Teil des Tages nicht mein Sportprogramm oder meine Pflichten im Haushalt, sondern das Abendessen. Dr. Landy und Dr. Susser sprachen immer von der »Brian-Wilson-Diät«: kein Zucker, kein Salz, kein Fett, kein Spaß. Ich mußte nicht nur Tischmanieren und den richtigen Umgang mit Messer und Gabel lernen, anstatt mir innerhalb von sechzig Sekunden alles in den Hals zu schaufeln, sondern auch an den Tischgesprächen teilnehmen. Mein erster Impuls war, das Essen herunterzuschlingen und mich dann vom Rest der Tischgesellschaft abzusondern, indem ich die Augen verdrehte und mich hin und her wiegte. Aber Dr. Landy untersagte mir dieses unsoziale Benehmen.

»Das Abendessen ist ein Ritual, bei dem alle sich erzählen, was sie den Tag über gemacht haben«, erklärte er.

Schön! Was immer er verlangte, mir sollte es recht sein. Ich konzentrierte mich völlig auf die Speisefolge. Auf einer Platte waren frisch aufgeschnittene Sashimi angerichtet, auf einer anderen lag Hühnchen. In einer großen Schüssel waren Berge von frischen Früchten aufgetürmt, und dazu gab es jede Menge Gemüse. Heikel wurde es nur, wenn Dr. Landy mich ins Geräch ziehen wollte und merkte, daß ich nicht zugehört hatte.

»Brian, was hältst du davon, was David gerade gesagt hat?« fragte er. David Berlow war einer seiner Assistenten.

»Oh, ich hab nicht zugehört«, gestand ich widerstrebend.

»David, erzähl doch noch mal. Brian, wie würdest du es finden, wenn David dir nicht zuhören würde?«

»Ist mir egal.«

»Okay.« Dr. Landy hörte auf zu essen, schob seinen Stuhl zurück und wartete. *Alle* am Tisch saßen plötzlich nur da und warteten.

Solche Unterbrechungen gab es öfter, und manchmal dauerten sie eine oder sogar zwei Stunden.

Dr. Landy wurde nie wütend. Das hatte er auch gar nicht nötig. Statt dessen arbeitete er mit zärtlichen Gesten und herzlichen Umarmungen und sprach immer freundlich und verständnisvoll mit mir. Was ich nicht ertragen konnte, war sein Schweigen. Die Stille, normalerweise mein bester Freund, konnte in dieser Situation total nervig sein. Dr. Landys wirkungsvollste Methode, mich zum Funktionieren zu zwingen, bestand darin, daß er sich selbst außer Betrieb setzte. Und nicht nur das: Wenn ich nicht spurte, stellten alle ihre augenblicklichen Beschäftigungen ein. Die Gespräche beim Essen beispielsweise wurden erst wieder aufgenommen, wenn ich mich bereit zeigte, angemessen und umgänglich daran teilzunehmen.

»Was machen wir jetzt?« fragte ich schließlich mit knurrendem Magen.

»Ich warte darauf, daß du Anteil nimmst«, sagte Dr. Landy.

Also wurde das Gespräch neu aufgerollt. Er fragte mich erneut nach meiner Meinung, und ich konnte wieder nicht antworten, weil ich nicht zugehört hatte. Ich wollte endlich mein Abendessen vertilgen, aber mit meinen alten Tricks kam ich hier in Hawaii nicht durch. Also mußte ich lernen, meine andere Gehirnhälfte zu gebrauchen und herauszufinden, was der Scheißer wollte und was ich tun mußte, damit er mich endlich in Ruhe ließe.

»Okay, dann ist das Essen wohl vorbei«, verkündete Dr. Landy irgendwann nach mehreren Stunden Schweigen. »Wir versuchen es morgen abend wieder.«

»Was soll das bedeuten?« rief ich erschrocken aus. »Essen wir bis dahin überhaupt nichts mehr?«

»Wenn es dir nichts ausmacht, Brian, macht es uns auch nichts aus.«

»Aber es macht mir was aus«, flehte ich. »Ich will ja mitmachen. Sag mir, wobei ich mitmachen soll.«

»Okay, wovon haben wir eben gesprochen?«

Bei all diesen Übungen ging es darum, mir neue Erfahrungen zu vermitteln. Dr. Landy ließ mich Dinge neu entdecken, in diesem Fall, ein Gespräch zu verfolgen und darüber nachzudenken. Ob man es glaubt oder nicht, das war neu für mich. Ich hatte niemals jemandem zugehört. Jetzt mußte ich lernen, das Gehörte zu behalten und anzuwenden, als hätte ich ein neues Wort gelernt und müßte Sätze in Vergangenheits-, Gegenwarts- und Futurform damit bilden. Schließlich wurde das ursprüngliche Gespräch wiederholt, und man fragte mich erneut nach meiner Meinung über David Berlows Bemerkung.

»Ich habe nichts gehört«, sagte ich.

»Stimmt irgendwas nicht?« fragte Dr. Landy.

»Ich weiß nicht. Ich meine, woher soll ich das wissen?«

»Du würdest es merken, wenn du mich hören würdest« sagte er.

»Aber ich kann dich doch hören«, sagte ich und tappte damit blindlings in seine Falle.

»Du kannst mich hören, ich kann dich hören, wir beide können David hören. David, könntest du bitte für Brian wiederholen, was du gesagt hast?«

Als ich in der Lage war, es zu verstehen und zu würdigen, erklärte Dr. Landy mir, welchen Zweck er mit diesem Wahnsinn verfolgt hatte: Er wollte mich dazu bringen, mir selbst einzugestehen, daß ich an nichts und niemandem mehr Anteil nahm und mich statt dessen in meine eigene Welt verkroch. Das lag nicht daran, daß ich kein Interesse an meiner Umwelt hatte, sondern ich leitete die Informationen einfach nicht an mein Gehirn weiter.

Im selben Moment, in dem ich wieder einmal zugeben mußte, daß ich nicht aufgepaßt hatte, wollte er wissen, womit ich mich denn während des Tischgespräches beschäftigt hatte.

»Ich weiß es nicht«, sagte ich.

»Was heißt das, du weißt es nicht?«

»Ich hab's vergessen.«

»Du hast es vergessen? Vielleicht solltest du dir Notizen machen. Nimm dir Papier und Bleistift! Wenn du schon auf nichts achtest, was um dich herum vorgeht, kannst du wenigstens aufschreiben, was dich so beschäftigt.«

»Ich werde jetzt aufpassen«, versprach ich.

Ich saß in der Falle. Ich war auf tägliche Sportübungen festgenagelt und zum Abnehmen verurteilt. Ich wurde gezwungen, mit Messer und Gabel statt mit den Händen zu essen und mußte auf Hygiene und Reinlichkeit achten. Ich mußte mein Bett machen und anderen bei ihren Gesprächen zuhören und zu allem Überfluß auch noch mitreden.

Eines Tages überwältigte mich dieses Gefühl der Ausweglosigkeit, und ich ging auf Dr. Landy los.

»Ich fühle mich wie ein Tier in einem beschissenen Käfig!« schnauzte ich ihn an. »Ich fühle mich wie eingesperrt!«

»Das glaube ich dir gerne.« Er nickte. »Aber willst du wissen, was dein wirkliches Problem ist?«

»Was?«

»Du fängst an, gesund zu werden.«

Nach sechs Wochen wurde ein Klavier in mein Haus gebracht. Ich war nicht da, als es angeliefert wurde. Als ich zurückkam, stand das Instrument am Fuß der Treppe. Bei diesem unerwarteten Anblick traute ich meinen Augen nicht: Es war ein Steinway, das erste und einzige Steinway-Klavier, das ich je gesehen habe; dennoch war es ein Gefühl, als würde ich einen alten Freund begrüßen. Man sagte mir, ich müsse mithelfen, es die sechzehn Stufen zur Veranda hinauf und von dort aus ins Haus zu tragen. Es war schwer. Es war ein verdammt hartes Stück Arbeit. Es war ein Scheißspiel. Aber die Sache war es wert.

Ich setzte mich sofort ans Klavier.
»Es ist abgeschlossen«, stellte ich fest.
»Ja«, bestätigte Dr. Landy. »Es wird nicht benutzt werden.«
»Warum?«
»Weil es unbedingten Vorrang hat, daß du zuerst lernst, auf andere Menschen einzugehen.«

Auch mein altvertrauter Fluchtweg war mir also verbaut. Sobald ich in der Lage sei, mit anderen zusammenzusitzen und mich zu unterhalten, erklärte Dr. Landy, sobald ich zusammenfassen könne, was in den Fernsehnachrichten gesendet worden sei, dürfe ich auch für kurze Zeit Klavier spielen. Unversehens stellte das Klavier nicht mehr die Hintertür dar, durch die ich jederzeit verschwinden konnte, sondern es wurde zum Versprechen einer langersehnten, kostbaren Belohnung für den Fall, daß ich mich nicht in meine Welt zurückzog. Wie üblich hatte dieser verrückte Seelenklempner wieder einmal meine Spielregeln auf den Kopf gestellt.

Der einzige Mensch, dem ich jemals richtig zugehört hatte, war mein Dad gewesen. Und auch ihm hatte ich nur deshalb zugehört, weil er mich durch Schläge, körperliche Schmerzen oder seelische Qualen dazu gezwungen hatte. Ansonsten hatte ich nie darauf geachtet, was andere Menschen sagten, weil ich viel zu sehr mit den Stimmen und der Musik in meinem Kopf beschäftigt gewesen war. Das war immer sehr viel interessanter und aufregender gewesen.

Und siehe da, kaum drängt sich dieser Dr. Landy in mein Leben, da zeigt sich, daß er dieselbe Macht über mich hat. Auch er schlug mich, nur eben nicht körperlich. Er schlug mich vielmehr in meinem eigenen geistigen Scrabblespiel. Es war verblüffend, wie gut er sich in meine Lage versetzen konnte, wie genau er meine Gedanken erriet. Die Geschichte mit dem Klavier war ein perfektes Beispiel hierfür. Bislang hatten alle von mir erwartet, daß ich spielte und mich darum gebeten. Mein Talent hatte es mir auf wunderbare Weise ermöglicht, immer im Recht zu sein. Ich hatte die Menschen mit Hilfe dieses Talentes manipulieren und ihnen meinen Willen aufzwingen können.

Dr. Landy hingegen benutzte das Klavier, um mich zu manipulieren. Wenn ich Mist baute, verlor ich Zeit zum Spielen, wenn ich mich gut hielt, wurde ich mit zusätzlicher Klavierzeit belohnt. Vorher hatte ich immer nur getan, was mir gerade so in den Sinn kam, daß mein Verhalten Konsequenzen nach sich ziehen konnte, war mir fremd gewesen. Jetzt mußte ich lernen, mit den Folgen meiner Handlungen zu leben und umzugehen. Das Ergebnis war, daß ich mich beispielsweise zum Zuhören zwang und nachfragte, wenn ich irgend etwas nicht verstanden hatte.

Ich wollte mir schließlich zusätzliche Klavierzeit verdienen.

Nicht lange, nachdem das Klavier angekommen war, schickte man mir einige geschäftliche Unterlagen, die die Beach Boys betrafen. Ich sollte sie unterzeichnen und notariell beglaubigen lassen. Der Bankangestellte in der

Stadt wollte meinen Ausweis sehen, doch ich hatte keinen; ich hatte auch keinen Führerschein, ich hatte rein gar nichts. Seit Jahren hatte ich mich nicht mehr ausweisen müssen, da man mich überall kannte, wo immer ich hinkam. Dr. Landy trieb einige Anwohner auf, die in der Bank für mich bürgen wollten, aber das genügte nicht; sie brauchten irgend etwas Schriftliches.

Schließlich kam Dr. Landy auf die Idee, in den Plattenladen am Ende der Straße zu gehen und eine LP mit meinem Foto zu kaufen. Wir kauften gleich mehrere und überzeugten den Bankmenschen so von meiner Identität.

Als wir wieder zu Hause waren, spielte Dr. Landy eine der LPs. Bis dahin hatte die Musik der Beach Boys nicht zu unserem häuslichen Repertoire gehört, Dr. Landy wollte sie nicht im Haus haben, da sie für den Rummel und die vergiftete Umgebung stand, denen ich zu entkommen suchte.

Die Songs zu hören, ging mir durch Mark und Bein. Mein Instinkt riet mir, ins Schlafzimmer zu flüchten und mich im Bett zu verkriechen, oder besser noch unter dem Bett oder im Wandschrank. Jedenfalls irgendwohin, wo ich diese Musik nicht hören konnte. Ich hatte mich an ihr aufgerieben und wollte an dieses Leiden nicht erinnert werden.

Dr. Landy stellte die Platte ab.

»Kannst du diesen Song für mich spielen?«

»Was?« fragte ich verwirrt.

»›Help Me, Rhonda‹. Spiel ihn!«

»Ich weiß nicht, wie er geht.«

»Wer hat den Song denn geschrieben?« Er ging auf mein Spiel ein.

»Ich.«

»Wann hast du ihn geschrieben?«

»Ich kann mich nicht erinnern.«

»Woher weißt du dann, daß du ihn geschrieben hast?«

Plötzlich wurde klar, daß ich mich nicht verstellte, sondern tatsächlich vergessen hatte, wie man meine eigenen Songs spielte. Ich hatte diese Fähigkeit unter Tonnen von Drogen und schmerzlichen Erinnerungen begraben, hatte sie eingeschlossen und den Schlüssel weggeworfen.

In diesem Moment beschloß er, daß ich wieder lernen sollte, meine alten Songs zu spielen. Ich willigte ein, und Dr. Landy flog den Familien- und Eheberater Bill Flaxman nach Hawaii ein. Flaxman war ein liebenswerter Mann, dessen warme Stimme mich später zu dem Song »Bill Sounds That Way« inspirierte.

Wir arbeiteten morgens und abends je eine Stunde und nahmen uns Song für Song vor, bis ich die Musik und den Text wieder beherrschte. Aber wir spielten nie länger als die dafür vorgesehene Zeit, auch wenn ich noch so sehr darauf brannte, weiterzumachen. Jeder Song rührte Erinnerungen und Erlebnisse auf – die meisten davon waren unerfreulich –, und Dr. Landy wollte, daß ich mich damit auseinandersetzte. Ich hatte diese Gefühle jahrelang verdrängt, sie mit Alkohol, Drogen und Essen betäubt. Auf nichts davon konnte ich jetzt mehr ausweichen. Statt dessen redeten wir.

»Warum glaubst du, Mike Love wollte dich zusammenschlagen?« fragte Dr. Landy.

»Weil er wütend ist, daß sein Name bei ›California Girls‹ nicht genannt wird.«

»Und warum nicht?«

»Ich weiß nicht.«

»Wer hat denn die Credits aufgeschrieben?« fragte er.

»Mein Dad.«

»Hat er gefragt, ob Mike einen der Songs geschrieben hat?«

»Nein.«

»Hat Mike ihm je gesagt, daß er den Song mitgeschrieben hat?«

»Nein.«

»Wo liegt dann das Problem?«

»Er ist sauer auf mich«, sagte ich.

»Das ist Mikes Problem. Nicht deins. Wenn er sich eingeredet hat, er hätte den Song geschrieben, dann ist das sein Problem. Dann muß er sich seinen eigenen Therapeuten suchen und seine Probleme lösen, genau wie du. Verstehst du das?«

Ich fing an, es zu verstehen. Tatsächlich.

Ende Februar 1983 saß ich am Strand, aß die letzten Bissen meines Frühstücks und dachte über die Fortschritte nach, die ich in den fast schon zwei Monaten auf dieser Insel gemacht hatte. Ich fühlte mich wie ein neuer Mensch. Ich war dünner, trieb Sport, redete und hörte anderen zu. Ich sorgte für mich selbst und machte wieder Musik. Wie Dr. Landy es mir versprochen hatte, lernte ich wieder zu leben.

Während ich das smaragdgrüne Wasser und die hübsche Postkarten-Szenerie um mich herum bewunderte, atmete ich die hawaiianische Luft tief ein und genoß ihre Frische. Selbst meine Ausflüge auf den Berg wurden zu willkommenen Zwischenspielen, in denen ich Körper und Geist trainierte.

»Kennst du Einsteins Relativitätstheorie?« fragte ich Dr. Dahlke, als wir eines Morgens Stretch-Übungen machten.

Er nickte.

»Das ist eine Leistung, daß ein Mann auf solche Gedanken kommen kann und schließlich recht behält mit seiner Theorie. Mein Gott, das ist fantastisch.«

Dahlke sah mich ungläubig an. Er hatte nicht gedacht, daß ich je von Einstein gehört hätte.

»Warum kommst du jetzt darauf?« fragte er.

»Einfach so.«

»Hat es irgendwie mit deiner Musik zu tun?«

»Ich weiß nicht.«

»Weißt du, Brian, ich habe dich immer schon fragen wollen, wie du Musik schreibst. Wie kommst du darauf? Wie machst du das?«

»Ich weiß es nicht«, erwiderte ich achselzuckend. »Ich höre sie einfach in meinem Kopf. Alles. Die Instrumente, den Background. Und dann schreibe ich es auf.«

»Das ist auch eine Leistung.« Er lächelte.

Einige Tage später war ich wieder am Strand und beobachtete, wie die Sonne den Sand in einer wärmeren Tönung malte. Ich trug neue Jogging-Shorts, ein stolzer Beweis dafür, daß ich schon über siebenundzwanzig Kilo abgenommen hatte. Während einige von uns sich mit Stretch-Übungen auf den Lauf hoch zur Kirche auf dem Berg vorbereiteten, merkte ich plötzlich, daß auch ich es kaum erwarten konnte und mich richtig darauf freute. Der gefürchtete Spaziergang, der früher so langsam und qualvoll gewesen war, hatte sich in ein anstrengendes, aber vergnügliches Jogging-Programm verwandelt.

»Heute ist es soweit«, verkündete ich stolz.

»Heute ist was soweit?« fragte Dr. Landy.

»Ihr werdet schon sehen.«

Fünfundvierzig Minuten später war ich außer Atem, erschöpft und genoß das Ziehen in meinen Muskeln. Aber meine Brust war vor Stolz geschwellt, obwohl ich schwer atmete: Zum ersten Mal hatte ich den ganzen Berg bezwungen! Ich stand vor der winzigen Kirche auf dem Gipfel, schaute hinunter auf das kleine Fischerdorf und den Ozean und wartete, bis der Rest der Gruppe mich eingeholt hatte. Als sie mich einige Minuten später schnaufend und stöhnend erreichten, hatte ich mich bereits erholt und lächelte ihnen zu.

»Geschafft!« rief ich und warf meine Arme hoch wie Rocky Balboa. »Ich hab's geschafft!«

Wenige Sekunden später kamen auch Dr. Landy und Alexandra auf den Berg gezockelt. Sie grinsten und versuchten, irgend etwas hinter ihrem Rücken zu verstecken. Ich konnte nicht erkennen, was es war. Dr. Landy sagte mir, ich solle die Augen schließen. Dann folgte ein kurzes Gewusel, ich hörte ein Hämmern und Scharren und dann unterdrücktes Kichern. Es kostete mich all meine Selbstkontrolle, die Augen geschlossen zu halten.

»Okay, aufmachen«, sagte Dr. Landy endlich.

Ich machte große Augen, mein Kinn fiel herunter. »Oh Gott!« rief ich.

Sie hatten ein großes weißes Schild aufgestellt, auf dem in schwarzen Lettern »Mount Wilson« geschrieben stand. Noch einen Monat lang blieb dieses Schild dort als Denkmal meiner körperlichen und seelischen Genesung stehen; dann kehrten wir wieder nach Kalifornien zurück.

39

Carolyn, No!

In der ersten Märzwoche, zu Beginn unseres letzten Monats in Hawaii, kam die Zeit für ein großes Abenteuer. Einige von uns, unter anderem auch Dr. Landy, hatten einen Ausflug nach Kona organisiert, wo sie sich *E. T. – Der Außerirdische* ansehen wollten.

Ich war nicht mehr im Kino gewesen, seit ich 1966 *Der Mann, der zweimal lebte* gesehen und mir eingeredet hatte, Phil Spector habe Columbia dazu gebracht, diesen Film zu drehen, um mich in den Wahnsinn zu treiben. Ich bettelte darum, *E. T.* nicht sehen zu müssen.

»Wir gehen alle, du kannst nicht alleine im Haus bleiben«, sagte Dr. Landy in seinem vernünftigen Tonfall, der mir immer den Wind aus den Segeln nahm.

Wir packten alles zusammen, wie eine Familie. Weil Popcorn für mich verboten war, aßen auch die anderen im Kino keines. So war unsere Familie: Wir spielten gemeinsam, litten gemeinsam, weinten gemeinsam und triumphierten gemeinsam. Es war wirklich das erste Mal, daß ich mich als Teil einer Familie fühlte.

Ich war froh, daß die anderen mich überredet hatten, den Film zu sehen. Wie Millionen andere Menschen schlug auch mich die Story von *E. T.* schon nach wenigen Minuten in ihren Bann. Sobald ich den liebenswerten Außerirdischen sah, fühlte ich mich ihm auf seltsame Weise verwandt. Wir waren beide Außenseiter, wir hatten beide Schwierigkeiten, mit anderen Kontakt aufzunehmen und uns verständlich zu machen. Ich erstarrte, als ich sah, daß er zurückgelassen worden war, und ich applaudierte, als die Kinder ihn adoptierten.

Bei der Szene, in der die Kinder *E. T.* im Schrank verstecken – an genau diesem Platz hätte auch ich mich versteckt –, wäre ich fast aus dem Sessel gesprungen. Als dann die Mutter auf der Suche nach dem, was ihre Kinder versteckt halten, herumschnüffelt, umklammerte ich die Armlehnen und beugte mich vor. Dann geht sie auf den Schrank zu, und ich schlug die Hände vors Gesicht. Als sie dann schließlich den Schrank öffnet und die Zuschauer E. T.s Kopf zwischen den Stofftieren sehen, hielt es mich nicht mehr auf meinem Sitz. Ich sprang auf und schrie: »Aufpassen, E. T.!«

Mein Herz öffnete sich, ich litt mit E. T. – ein deutliches Zeichen dafür, daß ich Fortschritte machte. Noch wichtiger war jedoch, daß ich fähig war, überhaupt ins Kino zu gehen, der Handlung zu folgen und den Film bis zum Ende zu genießen, ohne jene lähmende Angst zu empfinden, die mich normalerweise im Kino befiel.

In der Zwischenzeit prangte im mittlerweile eingestellten *Herald Examiner* in Los Angeles die spöttische Schlagzeile: »Brian Wilson – Bitte zu Hause anrufen!« Dies war die Headline zu einer Story über Carolyn Williams, die behauptete, ich sei gekidnappt worden. Mehr als zwei Monate waren vergangen, seit ich Carolyn zuletzt gesehen und gesprochen hatte, und in dieser Zeit war ich zu dem Entschluß gekommen, daß sie in meinem Leben keinen Platz mehr hatte. Sie liebte mich und hatte mir jeden Wunsch von den Augen abgelesen, aber sie hatte auch jedes noch so selbstzerstörerische Verhalten geduldet und unterstützt. Jetzt, nachdem ich den Kampf um meine Genesung aufgenommen hatte, wollte ich nichts mehr mit ihr zu tun haben.

Carolyn war verletzt, diese Zurückweisung stürzte sie in tiefe Verzweiflung und blinden Zorn. Als sie gebeten wurde, mein Haus zu räumen, weigerte sie sich und machte geltend, es sei ebenso ihr Haus wie meines. Mein Anwalt John Branca war anderer Meinung und leitete rechtliche Schritte ein. Er ließ meine Möbel entfernen und Gas und Strom abstellen. Sogar der Herd und der Kühlschrank wurden entfernt. Aber Carolyn blieb unbeugsam. Sie machte Feuer auf dem Parkettboden, um zu heizen, und wenn es dunkel wurde, zündete sie Kerzen an. Schließlich wurde sie mit Hilfe der Sheriffs gewaltsam aus dem Haus entfernt.

Anfang März trafen die Beach Boys zu einem Konzert in Honolulu ein. Tom Hulett rief uns an, um uns vorzuwarnen: Carolyn trieb sich ebenfalls in der Stadt herum und drohte damit, einen öffentlichen Eklat zu provozieren. Hulett wollte ihr den Wind aus den Segeln nehmen und fragte Dr. Landy und mich, ob wir an der Show teilnehmen könnten. Ich wußte es nicht. Oder wie wäre es mit einer Pressekonferenz? Dr. Landy antwortete für mich: Ja, wir würden kommen.

»Aber das kann ich nicht«, protestierte ich.

»Klar kannst du das«, erwiderte er. »Du mußt nur offen sagen, was du wirklich denkst. Zum Beispiel, ob du Carolyn Williams liebst.«

»Nein, bestimmt nicht.«

»Und wenn du zurück nach Los Angeles kommst, möchtest du dann wieder mit ihr und den Kindern zusammenleben?«

»Auf keinen Fall.«

Trotz meiner eindeutigen Haltung zu dieser Sache grauste mir bei dem Gedanken, daß ich von den Reportern gelöchert werden würde. Also probte ich. Zwei Wochen lang bombardierten mich Dr. Landy, Dr. Dahlke oder Dr. Dahlkes Frau, die Fernsehproduzentin Leslie Noble Moore, täglich mit allen nur erdenklichen Fragen. Sie zwangen mich dazu, Fragen zu jedem möglichen Thema zu beantworten, angefangen von den Dodgers über das Raumfahrtprogramm bis hin zu der Frage, ob ich Republikaner oder Demokrat sei. Ich mußte meinen Hang überwinden, jede Frage entweder mit »Ja« oder »Ich weiß nicht« zu beantworten.

»Wie gefällt es dir hier in Hawaii?« fragte David Berlow.

»Entsetzlich«, antwortete ich.

»Ist es wirklich so entsetzlich? Ich meine, du siehst viel besser aus, so gut wie seit Jahren nicht mehr.«

»Na ja«, gab ich zu, »eigentlich ist es gar nicht so schlecht. Es ist nur hart. Wirklich anstrengend. Als müßte ich eine Tapferkeitsmedaille oder sowas bekommen.«

Tatsächlich waren diese drei Monate Isolation in Hawaii – von Januar bis einschließlich März 1983 – gleichzeitig die schönste und die schrecklichste Zeit meines Lebens gewesen. Ich hatte beängstigende, harte, anstrengende, schlauchende Wochen hinter mir, aber jede einzelne dieser mörderischen Sekunden hatte sich gelohnt. Mein Widerwille gegen die Dinge, die ich hatte tun müssen, wurde unwichtig gemessen an dem, was ich in dieser Zeit alles gelernt und bewältigt hatte. Ich war noch längst nicht perfekt, aber ich war immerhin von den Toten auferstanden.

Die Pressekonferenz fand in einer Suite des Kahala Hilton in Honolulu statt, demselben Hotel, in dem auch Carolyn abgestiegen war, ehe die Sicherheitsmannschaft der Beach Boys sie umgesiedelt hatte. Dr. Landy und ich fuhren einige Tage früher nach Honolulu und spähten die Lokalitäten aus, an denen die Pressekonferenz und das Konzert stattfinden sollten. Ich wollte mich mit der Umgebung vertraut machen und so viele unangenehme Überraschungen wie irgend möglich ausschließen. Als ich die Bühne betrat, deutete ich Dr. Landy an, daß ich vielleicht Lust haben würde, hier aufzutreten.

»Es ist deine Band«, sagte er. »Wie Phil Spector Anfang der Sechziger gesagt hat: ›Brian Wilson und seine Backgroundsänger‹.«

Dr. Landy und ich trieben uns mehrere Tage lang im Kahala herum, immer darauf bedacht, Carolyn nicht über den Weg zu laufen. Wir hörten, daß sie nach mir Ausschau hielt und jedem, der es hören wollte, erzählte: »Ich will meinen Brian wiederhaben. Ich habe mich für ihn aufgespart.« Glücklicherweise kreuzten sich unsere Wege nie, denn ich wollte keine häßliche Szene. Doch als mein Arzt und ich vor die Presse traten, hatte sie bereits mit jedem Journalisten in der Stadt gesprochen.

In der Suite des Kahala drängten sich die Reporter. Vorne waren mehrere Stuhlreihen, dahinter standen Fernsehkameras. Schon draußen vor der Tür hörten wir das geschäftige Summen in dem völlig überfüllten Raum: Stühlerücken, Diskussionen über den verrückten Anlaß, ein Ordnungsruf unseres langjährigen Verlegers Sandy Friedman von Rogers und Cowan und das Surren der Kameramotoren, die Bild für Bild vorspulten.

Dr. Landy stellte sich zuerst der Presse, während ich im Nebenraum wartete. Mein Psychiater saß neben Tom Hulett und erklärte, mein langsamer Genesungsprozeß, bei dem meine körperliche und seelische Gesundheit wiederhergestellt werden sollte, sei noch längst nicht abgeschlossen. Einige der Fragen gestatteten es ihm, auf die Therapie einzugehen, aber die meiste Zeit mußte er die Tatsache unterstreichen, daß ich nicht gekidnappt worden war. Ja, die Beach Boys hatten zu allem ihre Einwilligung gegeben. Das Thema erschöpfte sich, es wurde Zeit, die brennendste Frage zu beantworten: »Wo ist Brian?«

An diesem Punkt entschuldigte sich Dr. Landy und verließ den Raum. Er kam ins Nebenzimmer, klopfte mir auf die Schulter und sagte: »Geh raus und zeig mir, daß ich stolz auf dich sein kann!« Ich schlenderte verlegen und nervös in die Suite und machte sofort einen Satz, als die Reporter herandrängten. Nachdem die erste Überraschung verflogen war, beruhigte sich die Lage. Ich setzte mich, trank einen Schluck Wasser und nickte Sandy zu, daß ich bereit sei.

Gnadenlos wurden Fragen auf mich abgefeuert, und ich mußte immer wieder darum bitten, Fragen zu wiederholen, oder erklären, daß ich auf einem Ohr taub war. Gefaßt bestätigte ich, daß wir versuchten, Carolyn loszuwerden, daß ich nicht gekidnappt worden war und daß die Therapie mit meinem Einverständnis durchgeführt wurde. Ich gab zu, daß die Situation in der Tat etwas ungewöhnlich war. Nach etwa zehn Minuten dieses Frage-und-Antwort-Spiels deutete ein Reporter auf ein Telefon und fragte, ob ich irgend jemanden anrufen wolle. Ich schüttelte verneinend den Kopf.

»Können Sie jeden anrufen, den Sie wollen?« fragte er.

»Ja.«

»Haben Sie bis jetzt auch diese Möglichkeit gehabt?«

»Ja, immer.« Ich nickte. »Außer meine alten Drogendealer, und es ist ja klar, warum ich die nicht anrufen darf.«

Die Pressekonferenz dauerte fast eine Stunde, die ich ganz alleine durchstand. Es war gleichzeitig schrecklich und wunderbar. Niemand konnte bestreiten, daß ich auf dem richtigen Weg war.

Um auch die letzten Zweifler zu überzeugen, hielt es Dr. Landy für das beste, wenn ich mit den Beach Boys auftrat. Sicher, zu Beginn der Woche hatte ich selbst noch auftreten wollen, aber als wir jetzt hinter die Bühne kamen und ich auf Tuchfühlung mit den anderen ging, verlor ich plötzlich den Mut. Allerdings munterte es mich etwas auf, daß die Jungs, die mich seit drei Monaten nicht gesehen hatten, offensichtlich von meiner Wandlung beeindruckt waren. Ich war nüchtern, aufnahmefähig, sauberer und sehr viel schlanker. Immerhin war ich von 153 auf 112 Kilo runter. Alle waren glücklich. Dennoch mußten sie ohne mich auftreten.

»Wo zum Teufel steckt Brian?« rief Dr. Landy, als er in den Backstage-Raum gestürmt kam.

»Er ist noch hier«, sagte Dr. Susser. »Aber er kann sich nicht rühren. Er ist völlig erstarrt.«

»Was ist los?« fragte mich Dr. Landy.

»Ich kann nicht«, sagte ich. »Ich kann nicht auf die Bühne gehen. Ich habe zuviel Angst.«

»Okay, ich will dir helfen, dich zu entspannen.« Er legte seine Hand in meine und befahl mir, mit beiden Händen fest zuzudrücken, so fest ich nur konnte. Ich drückte gnadenlos zu, bis ich spürte, daß ich viel stärker war als er. Da ich Angst hatte, ich könnte ihm weh tun, wenn ich mit ganzer Kraft zudrückte, hörte ich auf.

»Warum hörst du auf?« fragte er.

»Ich will dir nicht weh tun.«

»Wie fühlst du dich?« fragte er. »Stärker? Bereit für eine Show?«

»Ja«, sagte ich. Und tatsächlich hatte dieser Vorgang, erst zuzudrücken und dann innezuhalten, um Dr. Landy nicht weh zu tun, jedes Lampenfieber aus meinem Kopf verdrängt.

Er hatte mich sogar so weit abgelenkt, daß ich fähig war, die Energie der riesigen Menschenmenge zu spüren und selbst einen Energieschub zu erleben.

Ruhig und gefaßt betrat ich die Bühne, als wäre ich auf ihr zu Hause und würde jeden Tag mit den Beach Boys spielen. Die Jungs hatten gerade mit »I Get Around« begonnen, aber die Musik ging sofort in einem stürmischen Applaus unter, als die Menge mich entdeckte. Mike hieß mich kurz willkommen – kaum ein Nicken – und sang weiter.

Ich nahm mir ein Mikrofon und trat an den Bühnenrand. Die anderen waren schockiert, als sie mich singen und tanzen sahen, aber noch schockierter waren sie, als ich sie unterbrach.

»Wartet einen Moment!« befahl ich. »Wartet! Stop!«

Carl und Al spielten weiter, musterten mich aber, als wollten sie sagen: »Warum ist der immer noch verrückt?« Mikes Augen sah man an, daß er mir am liebsten den Hals umgedreht hätte. Es war nicht genug Zeit, ihnen zu erklären, daß mir plötzlich eine Inspiration gekommen war. In dem aufbrandenden Applaus, der mich begrüßt hatte, hörte ich den Song plötzlich anders und schritt zur Tat. Ich wandte mich ans Publikum.

»Ich werde diesen Song auf der Stelle neu arrangieren«, rief ich. »Für euch!«

Die Jungs wußten nicht, wie ihnen geschah. Wahrscheinlich fragten sie sich, wie sie mich überhaupt hatten auf die Bühne lassen können. Oder sie sagten sich: »Mann, ohne Drogen ist er ja fast noch schlimmer.« Ich ließ Carl eine neue Harmonie singen und bat Al, einen anderen Rhythmus zu spielen. Dem Publikum sagte ich, so würden wir auch im Studio arbeiten, ich dächte mir etwas aus und würde es den Jungs dann zeigen.

»So wird euch der Song noch besser gefallen«, versprach ich, drehte mich wieder zur Band um und zählte an: »One, two, three, four.«

Das neue Arrangement klang fantastisch, und das Publikum flippte aus. Mein erstes Konzert nach dem Hawaiiaufenthalt war für alle ein Erfolg, besonders für mich.

»Aus welchem Hut hast du das denn jetzt gezogen?« fragte Carl mich zwischen den Songs. »Damit hast du uns wirklich kalt erwischt.«

»Kleine Überraschung, was?« Ich lachte.

»Ich wünschte, du hättest uns das bei der Probe gesagt«, murrte er. »Dafür ist sie nämlich da.«

»Tut mir leid«, sagte ich achselzuckend. »Es ist mir erst eingefallen, als ich auf der Bühne war.«

40

Gespenster aus der Vergangenheit

In der ersten Aprilwoche 1983 kehrte ich nach L. A. zurück und mietete ein riesiges, wunderschönes Haus in Malibu Colony, einem exklusiven Streifen Strand, der durch ein bewachtes Eingangstor geschützt wurde. Das zweistökkige Haus mit sechs Zimmern war direkt am Wasser gelegen. Ich zog gemeinsam mit einem sechsköpfigen Betreuer-Team, das Dr. Landy für mich eingestellt hatte, dort ein. Trotz der Fortschritte, die ich in Hawaii gemacht hatte, war ich noch immer labil, widerspenstig und schwierig. Aber Dr. Landy hatte dafür gesorgt, daß es keine Rückschritte geben würde. Ich hatte jede Menge Pflichten. Ich mußte meine Übungen machen und für alle das Frühstück bereiten. Jeden Morgen schnitt ich frische Früchte auf und stellte für die ganze Crew Teller mit Müsli bereit. Diese anspruchslose Aufgabe kostete mich regelmäßig gut anderthalb Stunden Zeit. Erste Probleme gab es, als ich darauf bestand, Ahornsirup über das Müsli zu gießen und mir nach dem Essen weder die Zähne putzen noch duschen wollte.

Aber solche Kleinigkeiten waren nichts gegen die Begegnung mit den Geistern der Vergangenheit. Danny Hutton wohnte nur eine halbe Stunde weit weg, und auch meine Drogendealer hatten noch ihre alten Telefonnummern. Meine Gier nach Uppers, Downers und jeder beliebigen anderen Droge war ungebrochen. Jede Sekunde, jede Minute, jede Stunde, jeder Tag war ein innerer Kampf. Überall lauerte die Versuchung, aber diesmal widerstand ich: Ich blieb clean und gesund.

Dr. Landy wußte, daß die Rückkehr nach Kalifornien hart für mich werden würde. Deshalb achtete er ganz besonders sorgfältig darauf, daß ich in meiner neuen Umgebung von jeglichem schlechten Einfluß alter Freunde isoliert blieb. Er rechnete mit einem Rückfall und bereitete sich mit einem umfangreichen Team von Fachleuten auf schwere Zeiten vor: Gordon Forbes, Pam Thomas, Arnold Dahlke und dessen Sohn Greg, Dr. Landys Sohn Evan, Scott Steinberg, Carlos Booker, Nikki Simon, Chad Einbinder, Deirdre Courtiney, Joseph Rispoli, David Berlow und Christopher Rodgerson.

Meine Schwierigkeiten, Dinge zu lernen, die für andere selbstverständlich waren, sorgten für einige Heiterkeitserfolge. So ging ich beispielsweise selbst einkaufen, und man hatte im nahe gelegenen Supermarkt der Malibu Colony eigens ein Einkaufskonto für mich eingerichtet. Ich brauchte nicht lange, um herauszufinden, daß meine Einkaufsbummel mich in ein Paradies verbotener Lebensmittel führten. Wenn niemand hinsah, klaute ich soviel davon, wie ich mir in den Mund stecken und unentdeckt wegmampfen konnte. Manchmal schraubte ich ein Glas saure Gurken auf, nahm eine heraus, und stellte das Glas ins Regal zurück. Oder ich tunkte meinen Daumen in Erdnußbutter; den Deckel hatte ich in Sekundenschnelle auf- und wieder zugeschraubt. Ein anderes Mal fischte ich mir Kekse oder Käse aus der Packung, die ich dann heimlich wieder an ihren Platz zurücklegte. Ich dachte, ich würde mit meinen Tricks durchkommen, und die Geschäftsführung ließ mich auch gewähren; man wußte, daß ich verrückt war, auch wenn man in Malibu statt dessen »exzentrisch« sagte.

Aber diese Nachsicht hatte Grenzen. Eines Tages erkannte ich die Schauspielerin Geneviève Bujold, die einen Einkaufswagen durch die Gänge schob. Ich hatte schon immer auf sie gestanden. Sie trug kurze Jogging-Shorts und ein winziges Tank-Top. Ich blieb stehen und starrte sie an. Als sie an mir vorbeiging, packte ich sie an den Hintern, eine schöne Handvoll festes Fleisch; sie kreischte laut auf. Ich bekam einen Schrecken und rannte nach draußen. Der Geschäftsführer erklärte mir, Miss Bujold sei sehr verärgert über mein Benehmen, und er erteilte mir Hausverbot für den Supermarkt. Ich verstand noch immer nicht ganz, warum.

Ich hatte gedacht, Dr. Landy würde über diesen Vorfall verärgert sein, aber er sagte mir nur, ich müsse von nun an zu einem anderen Supermarkt gehen. Das war eine wichtige Lektion für mich, denn zum nächsten Supermarkt war es ein halbstündiger Fußmarsch; insgesamt hatte ich also eine Stunde für den Hin- und Rückweg zu bewältigen, und das mit schweren Einkaufstüten. Ich lernte schnell, meine Kräfte nicht zu überfordern, mich an die Einkaufsliste zu halten, meine Kassenzettel abzuheften, nicht zu stehlen und keine hübschen Frauen mehr in den Hintern zu kneifen.

»Ich bin stolz auf mich«, schrieb ich in mein Tagebuch. »Ich lerne Verantwortung. Ich fühle mich wie ein Teenager. Jetzt werde ich langsam erwachsen. Es ist nicht einfach. Aber ich lerne schnell.«

Ich bekam überhaupt nicht mit, wie schnell ich lernte. Im Oktober wurde ein neuer Vertrag mit Columbia ausgehandelt. Wieder verpflichtete er mich ohne mein Wissen dazu, achtzig Prozent des Materials zu schreiben und zu produzieren. Als ich davon erfuhr, hatte die Plattenfirma bereits einen Ersatz-Produzenten für mich gefunden. Man hatte wenig Vertrauen in meine Fähigkeiten und deshalb den seinerzeit hoch gehandelten Produzenten Steve Levine angeheuert, der gerade ein Album mit Culture Club gemacht hatte.

Levine war unentschlossen, er zeigte zwar Interesse, aber er wollte überredet werden. Carl drängte darauf, daß alle nach London flogen, um sich mit ihm zu treffen. Das taten sie auch, doch Levine wollte erst mit mir sprechen, bevor er eine Entscheidung traf. Er wußte, hinter den Beach Boys stand im Grunde genommen nur ein einziger Mann.

Unablässig kamen Anrufe, ein halbes Dutzend am Tag, den ganzen Oktober und November lang: Kann Brian nach London fliegen? Kann er sich mit Steve treffen? Ich flog nicht, denn ich war noch nicht genug in Form, um der Band wieder die Stirn zu bieten. Ich mußte mich an mein Programm halten, noch stärker werden und noch härter an mir arbeiten.

Ich betrachtete mich selbst als einen Gewichtheber im Trainingslager, der sich der einsamen Aufgabe verschrieben hat, seine Muskeln zu stählen oder, in meinem Fall, sein Gehirn. Manchmal war die Einsamkeit übermächtig. Ich war kein Gefangener, also wagte ich mich hinaus und ging einkaufen oder ins Kino. Die einzige Schwierigkeit lag darin, daß ich mich in einem ungewohnten Lebensstil und unter völlig neuen Freunden zurechtfinden mußte. Daß ich unglücklich war, kann ich nicht behaupten, aber ich war durch die neuen Spielregeln verwirrt.

Irgendwie glückte es Dennis, mit einem Telefonanruf das ausgeklügelte Sicherheitsnetz zu durchbrechen, das mich gegen alle Anfechtungen abschirmte. Er war zwar mein Bruder, aber wegen seines Drogenkonsums zugleich und vor allem eine potentielle Gefahr für mich. Sein Anruf kam am frühen Morgen, man hatte mich alleine gelassen, damit ich in Ruhe nachdenken konnte. Seine Stimme klang übernächtigt und belegt. Er wollte wissen, was ich so trieb.

»Ich sitze hier, sehe aufs Meer und grübele«, sagte ich. »Ich esse Brokkoli und räume in meinem Kopf auf. Und du?«

»Ich hänge nur so rum. Versuche ein paar Songs zu schreiben. Das Übliche eben.«

»Das ist gut. Arbeit ist immer gut.«

»Hey, Bri, ich habe mich gerade gefragt, ob ich nicht kurz bei dir reinschauen kann, um mir ein paar hundert Dollar zu leihen.«

»Um Kokain zu kaufen?«

»Ja, wenn du es genau wissen willst«, pflaumte er mich an. »Was ist dabei?«

Ich spürte, wie die vertraute Gier meinen Körper durchzuckte. Wie gerne hätte ich Dennis das Geld gegeben und mir von ihm die Hälfte des Kokains bringen lassen – nichts hätte ich lieber getan, als mir von ihm eine Handvoll Uppers besorgen zu lassen. Einen Kick. Einen Ruck. Und einen Abflug ins gottverdammte Nirwana. Doch ich kämpfte diesen Impuls nieder und sagte nicht: »Ja, komm vorbei, Dennis.«

Denn ich hatte jetzt genügend Willenskraft und Erfahrung, und ich hing an meinem Leben. Wieder Drogen zu nehmen, das kam nicht in Frage! Nach allem, was ich gelernt hatte, war es unmöglich für mich, mir so etwas anzutun. Und genauso unmöglich war es mir, meinen Bruder bei seiner Selbstzerstörung zu unterstützen.

»Tut mir leid, Dennis, ich kann nicht«, sagte ich also. »Das ist gegen Dr. Landys Politik. Und es geht auch gegen meine Regeln. Ich kann dir einfach kein Geld geben, um Kokain zu kaufen.«

Ich hatte noch nicht ausgeredet, als Dennis mir sagte, dann solle ich mich eben ins Knie ficken, und wütend auflegte. Eine Zeitlang lauschte ich noch in den Hörer, dann legte ich ebenfalls auf. Ich sah aufs Meer hinaus und stellte mir vor, eine Line zu schnupfen. Ein paar Lines. Einen Kick. Und dann die Euphorie, die schnelle, billige Illusion der Unbesiegbarkeit. Statt dessen grub ich meine Zähne in einen Brokkolistrunk und fragte mich, was Dennis jetzt wohl anfangen würde.

41

Mein Bruder Dennis

Nur wenige Menschen wissen, daß Carl und sein Manager Jerry Schilling sich wenige Wochen vor Weihnachten 1983 mit der Bitte an Dr. Landy wandten, auch Dennis zu behandeln. Er sollte bei ihm das gleiche Wunder vollbringen wie bei mir.

Dr. Landy hatte Dennis in der Vergangenheit recht nahe gestanden. Er hatte ihn wegen seiner Drogenprobleme beraten und ihm mehr als einmal aus der Patsche geholfen, wenn es Ärger mit jungen Mädchen gab. Auch hatte er ein paar Tage lang die Hotelrechnung meines Bruders bezahlt, als der wieder einmal pleite gewesen war.

Auf seine Art war Dennis eifersüchtig gewesen, daß Dr. Landy mich geheilt hatte. Manchmal sah es so aus, als stünde er kurz davor, selbst um Hilfe zu bitten.

Obwohl er bereit war, auch diesen Fall zu übernehmen, erklärte Dr. Landy, es sei unmöglich, ihn einfach verschwinden zu lassen, wie sie es mit mir gemacht hatten. Dennis hatte zuviel Kampfgeist, er würde um sich schlagen, die Bullen rufen und immer wieder Mittel und Wege finden, um sich zuzudröhnen.

Eine Woche später hatte Dr. Landy dann einen anderen Plan ausgeheckt und versprach Carl, er könne Dennis innerhalb von sechs Wochen auscleanen, ob ihm das nun passen würde oder nicht.

»Das klingt fast zu zuversichtlich«, sagte Carl.

»Meine Methoden mögen unorthodox sein, aber ich werde ihm sein beschissenes Leben retten. Wenn er clean ist, können wir weiterreden. Vergiß nicht, daß die Entgiftung nur der erste Schritt ist.«

Das gab Carls Manager Zeit, die wichtige Kostenfrage anzusprechen. Dr. Landy verlangte 10 000 bis 20 000 Dollar für Unkosten und zusätzliche 50 000 Dollar Honorar.

Diese Diskussion fand am 22. Dezember 1983 statt. Am nächsten Tag rief Schilling den Therapeuten an und teilte ihm mit, Carl brauche noch Bedenkzeit. Der Preis war gesalzen, zu gesalzen, fand er, als daß die Beach Boys auch dafür aufkommen würden. Darüber hinaus wollte Carl die Weihnachtsfeier der Familie in Lake Arrowhead nicht durch ein Eingreifen stören, wie Dr. Landy dies vorgeschlagen hatte.

Dr. Landy bat Schilling, Carl zu sagen, daß er einen schweren Fehler beging. Ob er es wußte oder nicht, Dennis war auf einem gefährlichen Kurs, der geradewegs in die Katastrophe führte. Aber Carl blieb hart; er wollte sich erst im neuen Jahr mit diesem Problem befassen.

Ich schaute auf den Wandkalender: 28. Dezember 1983. Noch immer lagen ein oder zwei ungeöffnete Weihnachtsgeschenke vor mir, und einige Dutzend bunter Weihnachtskarten schmückten den Kaminsims. Aber das alles zählte jetzt nicht mehr. Ich schob die Weihnachtsgeschenke beiseite und warf die Karten fort.

Es kostete mich viel Überwindung, die Nummer von Carls Ranch in Colorado zu wählen, wo er mit seiner Familie und unserer Mutter die Feiertage verbrachte. Ich fragte mich, wie sie die Nachricht aufgenommen hatten; ich dachte, sie würden weinen. Als Ältester mußte ich der Stärkste sein, und während das Telefon klingelte, wappnete ich mich innerlich auf das Gespräch: Sei stark, ganz stark!

»Carl?« fragte ich.

»Ja?« sagte er mit schwacher Stimme.

Ich hatte recht gehabt, er hatte geweint.

»Hier ist Brian.«

»Hi, Brian.«

»Ich komme damit klar. Und du?«

»Zuerst ja«, antwortete er mit versagender Stimme. »Aber jetzt, wo ich mit dir spreche . . . Es wäre meine Aufgabe gewesen, mich um ihn zu kümmern.«

Vor weniger als zwei Stunden hatte ich mit Jerry Schilling gesprochen. Mit gedämpfter, tränenerstickter Stimme hatte Schilling sich entschuldigt und gesagt, es sei schrecklich für ihn, mir diese Nachricht überbringen zu müssen. Welche Nachricht? fragte ich mich. Aber in der Zeit, die Schilling brauchte, um sich zu fassen, war mir klargeworden, daß etwas Tragisches geschehen sein mußte. Dann sagte er es mir: Dennis war tot.

Ich erstarrte. Aber aus irgendeinem Grund nahm ich diese Nachricht hin, als hätte ich sie längst erwartet; dann hörte ich mir die Einzelheiten an. Dennis hatte auf dem Boot eines Freundes im Yachthafen gefeiert. Es hatte an derselben Anlegestelle gelegen wie früher Dennis' altes Boot, die *Harmony*. Das Wetter war unfreundlich, kalt und bewölkt gewesen. Alle hatten sich gut zugeknallt, und dann war Dennis plötzlich in das eiskalte Wasser gesprungen, um etwas zurückzuholen, was er angeblich vor Jahren an dieser Stelle hineingeworfen hatte. Ich glaube, er war dem Nachglanz jenes glücklichen Lebens hinterher gesprungen, das er zur gleichen Zeit weggeworfen hatte, als er auch die *Harmony* verkauft hatte.

Augenzeugen sagten aus, er sei einmal kurz wieder aufgetaucht, ehe er endgültig in dem schlammigen Wasser versank. Fünfundvierzig Minuten später hatte die Hafenpolizei seine Leiche vom Grund geborgen.

»Oh, Brian, jetzt, wo wir telefonieren, kommen die ganzen Gefühle plötzlich hoch«, schluchzte Carl.

Ich verlor noch nicht die Fassung und hielt mich tapfer.

»Carl, Dennis ist immer noch bei uns. Du mußt dir klarmachen, daß wir keine göttliche Macht über dieses Leben haben. Wir können den Tod nicht verstehen. Aber wir empfinden den Verlust. Ich habe Dennis geliebt. Ich habe ihn geliebt, und du hast ihn geliebt. Stimmt's?«

»Ich habe ihn so sehr geliebt.« Carl versuchte sich zu fassen.

»Natürlich hast du das. Ich auch. Und das ist der Verlust, nicht wahr?«

Während Carl den ganzen Abend keine Nachrichten sah und es schaffte, auch unsere Mutter vom Fernseher fernzuhalten, saß ich wie gebannt vor den Fünf-Uhr-, Sechs-Uhr- und Elf-Uhr-Nachrichten. Ich wollte einen letzten Blick auf meinen toten Bruder werfen. Dann zeigten sie Bilder von Dennis. Er lag auf dem Zementboden, von einem großen Leichensack umhüllt. Sein Arm und sein Bein ragten heraus. Ich wußte, daß das Bild real war, aber ich hoffte und erwartete noch immer, daß Dennis plötzlich aufspringen und »Angeschmiert!« rufen würde.

Doch das tat er nicht. Konnte er nicht. Ich dachte nur: Mein Gott – jetzt sehe ich Dennis zum letzten Mal.

Ich weinte die ganze Nacht und den ganzen nächsten Tag. Ich irrte durchs Haus und versuchte, schluchzend mit dem Schmerz fertig zu werden. Der Gedanke an den Tod überstieg mein Vorstellungsvermögen. Und Dennis war doch soviel stärker gewesen als ich, soviel lebenstüchtiger. Trotz aller Verwüstungen durch Drogen und Alkohol hatte er für mich immer nur stramme Muskeln, ein fantastisches Aussehen und jede Menge Charme gehabt. Und er war einer meiner besten Freunde gewesen. Daß er ab sofort nicht mehr da sein würde, war ein unersetzlicher Verlust für mich und ein ganz eigenartiges Gefühl.

Ich erinnerte mich an unsere letzte Begegnung, bei irgendeinem Konzert. Er war hinter seinen Drums hervorgetaumelt und zum Mikrofon gewankt. Er grinste – wie immer. Und dann hatte er mit seiner von Alkohol und Zigaretten zerstörten Stimme »You Are So Beautiful« gesungen. Beim Singen waren ihm Tränen übers Gesicht gelaufen, so, als hätte er gewußt, daß er zum letzten Mal vor Publikum singen würde. Nach der Show hatte ich ihn backstage beobachtet, wie er aus einer Limodose trank. Er hatte sich nicht sehr verändert, seit wir Kinder gewesen waren, er war immer noch zornig und rastlos.

In den letzten Monaten war das Leben meines Bruders so schäbig gewesen wie die Klamotten, die er am Leib trug. Er lebte getrennt von seiner Frau Shawn und seinem zweijährigen Sohn Gage und war ständig pleite. Er schnorrte Fremde um Drinks und Zigaretten an und schlief immer dort ein, wo er gerade umkippte. Plötzlich war er wie besessen von unserem alten Herrn und faselte ununterbrochen, daß Murry dies und das getan hätte. Es war, als würde er einen letzten aussichtslosen Kampf mit unserem Dad ausfechten.

Er kam nie mehr zur Ruhe und war ständig auf der Flucht vor jenen Dämonen, die auch mich hetzten. Der Unterschied war nur, daß ich Dr. Landy und Dennis niemanden hatte.

Meine Mom wollte keine Beerdigung, sie hielt davon genausowenig wie ich und wollte sich den Kummer ersparen; mein einziger Wunsch war, daß Dennis nicht eingeäschert wurde – und Carl wußte nicht, was er tun sollte. Ehe er irgendeine Entscheidung traf, wollte er zuerst mit John Rogers Rücksprache halten, einem Sektenprediger, den er als seinen geistigen Führer verehrte. Dann stellte sich jedoch heraus, daß Shawn, deren Scheidung von Dennis noch nicht rechtskräftig war, das letzte Wort hatte; sie beschloß, daß Dennis ein Seebegräbnis bekommen sollte.

Obwohl Seebestattungen per Bundesgesetz verboten waren, gab Präsident Reagan, seit dem Zwischenfall mit James Watt ein besonderer Freund der Beach Boys, eine Sondererlaubnis. Drei Tage, nachdem er ertrunken war, wurde Dennis dem Meer zurückgegeben, jenem Element, das eine so wichtige Inspiration für unser beider Leben gewesen war.

Zwei Wochen später, im Januar 1984, hing Dennis' Tod noch immer über mir wie ein schwerer Nebel, der sich nicht auflösen wollte. Dr. Landy sagte mir, er habe gehört, der Plattenproduzent Steve Levine sei in Kingston, Jamaika. Ein Business-Urlaub schien das einzig richtige für mich zu sein, also flogen Dr. Landy, Alexandra und ich nach Montego Bay, stiegen im Round House Ferienclub ab und verbrachten fünf Tage in der Sonne, die unsere Lebensgeister wieder hob.

Während die warme karibische Sonne unsere Körper und Seelen beschien, erhielt Dr. Landy die Nachricht, daß seine Mutter Frieda ins Krankenhaus eingeliefert worden war. Ihr Zustand war ernst, und er war drauf und dran, nach L. A. zurückzufliegen. Aber nachdem man ihm mitgeteilt hatte, ihr Zustand sei trotz aller Schwierigkeiten stabil, beschloß er, noch einen Tag zu bleiben, um Steve Levine zu treffen. Schließlich wollte er die lange Reise nicht umsonst gemacht haben. Aber wir strafften unseren Terminplan und flogen über den undurchdringlichen Dschungel nach Kingston. Levine arbeitete in Tuff Gong, dem Studio von Bob Marley.

Tuff Gong lag in einer großen Gartenanlage, die durch ein imposantes Tor und einen noch imposanteren Wachmann geschützt wurde. Dr. Landy und ich fuhren vor, parkten unseren Wagen neben den anderen und gingen zum Tor. Als mein Arzt das Tor aufschieben wollte, sprang der Wachmann plötzlich verärgert aus seinem Häuschen heraus.

»Faß das Tor nicht an, Mann!« befahl er. »Ihr habt hier nichts zu suchen.«

»Doch, haben wir«, entgegnete Dr. Landy.

»Okay, wie heißt ihr?«

»Mein Name ist Dr. Eugene Landy und das hier ist Brian Wilson.«

Als er meinen Namen hörte, bekam der Wachmann große Augen. Offensichtlich hatten wir das richtige Argument vorgebracht. Er lächelte und öffnete das Tor, bat uns jedoch, einen Moment zu warten. Dann verschwand er wieder im Wachhäuschen. Als er ein paar Sekunden später wieder herauskam, hatte er etwas in der Hand, was ich zuerst für die Lokalzeitung hielt. Er gab es Dr. Landy, der von der Größe der Papierrolle verblüfft zu sein schien. Plötzlich lachte er, und der Wachmann zündete ein Streichholz an.

»Was zum Teufel ist das?« fragte ich.

»Gang, Mon«, sagte mein Arzt.

»Das ist ein Joint?« rief ich verdutzt. »Gene, hast du schon mal sowas Riesiges gesehen?«

»Nie.«

»Gib mir einen Zug«, bat ich.

»Selbstkontrolle, Brian! Du rauchst keinen Pot und du nimmst keine Drogen. Zeig Selbstbeherrschung, Brian!«

Ich konzentrierte mich auf den wunderschön angelegten Garten und verbannte jeden Gedanken an Pot. Wir näherten uns dem Hauptgebäude. Von drinnen erklang Reggae-Musik. Als ich eintrat, spielte ein dreadlockiger Ziggy Marley wie auf Kommando auf einem großen Flügel die ersten Takte von »Surfer Girl«, ein wirklich rührender Empfang.

Schließlich lernten Dr. Landy und ich Levine kennen. Der Produzent zeigte uns das moderne Studio, das vor brandneuem und hochmodernem Equipment nur so strotzte. Man hatte es eingerichtet, während ich außer Betrieb gewesen war. Mit britischer High-Society-Hochnäsigkeit gab Levine uns zu verstehen, daß er uns mühsam dazwischengequetscht hatte. Dann schilderte er uns seinen gedrängten Terminplan, der unter anderem von Stunden für Bodybuilding, diversen Teepausen und sogar der Zeit für ein Nickerchen ausgefüllt wurde. Sein Tag war offenbar noch strikter durchplant als meiner.

»Ich würde sehr gerne einige deiner Songs hören«, bemerkte er dann.

Wir saßen im Speisezimmer und warteten auf den Lunch. In der Ecke stand ein Klavier. Obwohl Levine die anderen Beach Boys bereits getroffen hatte, wußte ich, daß er nur auf den richtigen Moment wartete, um mich ans Klavier zu setzen und zu sehen, ob meine Wurstfinger noch intakt waren. Ich spielte ein halbes Dutzend Songs, die ich entweder allein oder gemeinsam mit Dr. Landy geschrieben hatte. Obwohl ich noch zaghaft war und mich eher zurücknahm, statt die Sachen richtig auszuspielen, hielt ich doch tapfer durch. Levines Gesichtsausdruck sagte alles.

»Fantastisch«, rief er schließlich aus. »Jetzt verstehe ich.«

»Aber das auf Band zu bekommen . . . Ich weiß nicht, ob ich das auch schaffe«, gestand ich.

»Dafür haben wir ja Steve«, griff nun Dr. Landy ein. »Er wird produzieren, und du wirst ihm dabei zusehen. Du wirst sozusagen noch mal zur Schule gehen.«

Mein Schuljahr sollte allerdings nicht vor dem Spätsommer oder Herbst

1984 beginnen, denn früher war Levine nicht für die Beach Boys verfügbar. Unser Trip war dennoch erfolgreich gewesen. Am nächsten Tag flogen Dr. Landy und ich nach New York zurück; dort erwarteten uns böse Nachrichten.

Dr. Landys Mutter war ins Koma gefallen, ihr Zustand wurde von Minute zu Minute kritischer. Mein Therapeut hetzte durch den Flughafen und erreichte gerade noch den Flug nach L. A. Ich blieb mit Alexandra Morgan und ihrer Mutter Frances in New York, um unser Gepäck abzufertigen. Erst am nächsten Tag kehrte ich nach L. A. zurück.

Dr. Landy kam um zwei Uhr nachts in L. A. an. Er hatte im Krankenhaus angerufen und mit seinem Vater gesprochen, der ihm mitgeteilt hatte, die Lage sei unverändert, er solle am Morgen vorbeikommen. Um fünf Uhr schreckte Dr. Landy plötzlich hoch, weil es ihn kalt überlief. Er rief sofort im Krankenhaus an und sprach wieder mit seinem Vater, der diesmal weinte; seine Frau war vor einer halben Stunde gestorben.

Etwa eine Woche später war ich bei Dr. Landy zum Abendessen eingeladen. Während Alexandra die Mahlzeit vorbereitete, spielte ich Klavier. Normalerweise hörte Dr. Landy mir immer gerne zu, doch diesmal ging er in sein Arbeitszimmer und schloß die Tür hinter sich. Nach etwa einer halben Stunde klopfte ich vorsichtig an und trat ein. Er saß im Dunkeln auf dem Sofa und weinte.

Ich wußte nicht, was ich sagen oder tun sollte. Es war verwirrend, meinen Fels in der Brandung verzweifelt zu sehen.

»Was ist los?« fragte ich, obwohl ich die Antwort kannte.

»Meine Mutter ist tot. Ich habe an meine Mutter gedacht und begriffen, daß sie fort ist. Sie wird nie zurückkommen. Ich werde nie wieder mit ihr sprechen. Ich konnte ihr nicht einmal ›Auf Wiedersehen‹ sagen. Das macht mich wütend und traurig.«

»Als hätte man dich betrogen«, sagte ich. »Dasselbe habe ich gefühlt, als Dennis starb.«

»Ja, Brian«, sagte er traurig.

Ich legte meinen Arm um Dr. Landy und hielt ihn fest. Plötzlich weinte auch ich.

»Bist du traurig?« fragte er.

»Ich denke an Dennis.«

Mein Dad war gestorben, und ich hatte keinen Verlust empfunden. Ich hatte nur Angst empfunden, weil ich noch immer seine Stimme hörte. Aber mit dem Tod meines Bruders war es anders gewesen. Mit Dennis war ein Teil von mir selbst gegangen. Ich hatte mich nie damit auseinandergesetzt und nie wirklich um ihn getrauert. Bis jetzt. Doch als ich sah, wie Dr. Landy um seine Mutter trauerte, verzehrte mich plötzlich das Gefühl, Dennis verloren zu haben – ein überwältigendes Gefühl der Trauer und Verletzlichkeit. Ich weinte.

Dr. Landy sah mich an, nickte mir verstehend zu und legte seinen Arm um mich. Wir mußten keine Worte wechseln, wir teilten unseren Schmerz auch so. Das festigte das Band zwischen uns und stellte den Beginn einer noch tieferen Beziehung dar. Zum ersten Mal erkannte ich, daß mein anscheinend so allmächtiger Dr. Landy genauso verletzlich und verängstigt und genauso menschlich und schwach war wie ich. Das war eine Offenbarung für mich und zugleich eine Erleichterung.

Ich brauchte ihn. Und er brauchte mich auch. Wir saßen in dem dunklen Raum nebeneinander, hielten uns fest und weinten.

42

Outward Bound

Mittlerweile war das Frühjahr 1984 angebrochen, und ich war immer noch dabei, meine Ängste überwinden zu lernen. Bei diesem langwierigen Prozeß verließ ich mich völlig auf Dr. Landy.

Zu Beginn der Therapie hatte ich vierundzwanzig Stunden am Tag Angst gehabt. Es ist schwierig, diese Gefühle zu beschreiben. Es war so, als hätte es mich ständig gejuckt, an jedem Teil des Körpers; dann hatte Dr. Landy meine Hand geschüttelt, und wie durch ein Wunder hatte das Jucken aufgehört. Genau das war mit mir geschehen. Ich hätte am liebsten geschrien: »Verdammt, berühr meine andere Hand auch! Berühr mein Bein!«

Mein Therapeut brachte mich immer wieder in Situationen, in denen ich mich den irrationalen Ängsten, die mich quälten, stellen mußte. Damals gab es wenig Wahrheiten für mich, nur meine eigene Interpretation der Realität, schwer zu dechiffrierende Codes, verborgene Bedeutungen, innere Stimmen. Ich wollte nur das Nötigste tun, um eine Situation zu entschärfen und mich dann möglichst schnell verziehen. Aber Dr. Landy zwang mich dazu, Integrität zu entwickeln, verlorene Wahrheiten wiederzufinden und neue, stärkere zu entdecken.

Die härtesten Lektionen lernte ich, als ich wieder mit den Beach Boys umgehen mußte und bei ausgewählten Konzerten in größeren Städten auftrat, in denen ich gleichzeitig Museen und schicke Restaurants erkunden konnte. Jede Stadt war eine Entdeckung, ein Abenteuer. Auf früheren Touren hatte ich nie mein Hotelzimmer verlassen, ich war um die ganze Welt gereist, aber hatte nichts von ihr mitbekommen.

Dr. Landy organisierte auch Proben, was die Beach Boys nur selten taten. Während der Shows stand er neben der Bühne oder postierte einen Assistenten dort. Wenn ich anfing, mehr auf die Stimmen in meinem Kopf als auf die Musik zu achten, rief er mir zu, ich solle mich konzentrieren.

Es schüchterte mich immer noch ein, mit den anderen zu spielen. Sie nervten, stritten und brachten mich auf der Bühne in Verlegenheit. Al schlug oft vor, wir sollten Songs zu Ende schreiben, die wir schon vor Jahren begonnen hatten, zum Beispiel »Loop De Loop«. Unbemerkt vom Publikum konnte auch Mike mir eine ganze Show lang von einer Songidee erzählen, an der er mit mir gemeinsam arbeiten wollte.

»Vielleicht können wir das gleich jetzt machen«, sagte er einmal. »Oder gleich nach der Show. Aber denk darüber nach.«

Dann summte er mir eine Melodie vor.

»Willst du denn mit ihm schreiben?« fragte Dr. Landy, als ich ihm davon erzählte.

»Nein.«

»Warum hast du ihm dann zugesagt?« wollte er wissen.

»Weil ich nicht wollte, daß er mich zusammenschlägt.«

Trotz meiner Fortschritte betrachtete ich die übrigen Bandmitglieder immer noch als Bedrohung. Eine Straße zu überqueren ist normalerweise keine tödliche Gefahr, aber ganz sicher kann man sich nie sein. Für jemanden, der so dachte wie ich, war das Grund genug, keine Straße mehr zu überqueren. Irgend jemand mußte mir das beibringen, oder ich würde es nie schaffen. Im übertragenen Sinne waren die Beach Boys die Kreuzung, über die Dr. Landy mich lotsen wollte.

»Du kannst mit ihnen arbeiten oder nicht«, sagte er. »Mir ist es egal. Ich will nur, daß du die Wahl hast. Ich will, daß du stark genug bist, nein zu sagen, wenn du nein meinst.«

Später im Frühjahr intensivierte Dr. Landy mein Aufbauprogramm. Mit Angst könne man nur fertig werden, erklärte er, wenn man sich ihr stelle. Solange ich das nicht tat, würde sie immer im Hintergrund lauern. Dann eröffnete er mir, daß ich bei Outward Bound mitmachen würde, einem Überlebens-Programm in der Wildnis. Er wollte mich in wirklich lebensbedrohliche Situationen bringen, wenn auch unter möglichst sicheren Bedingungen. Als ich erfuhr, daß ich allein in die Wildnis sollte, sagte ich nur einziges Wort: »Neeeeeeeeiiiiiin!« »Du wirst jede einzelne beschissene Sekunde verfluchen«, sagte Dr. Landy. »Aber danach wird nichts mehr so sein wie vorher, weil du dann sagen kannst: ›Ich hab's durchgestanden.‹«

Das einwöchige Programm sollte in den Bergen bei Denver, Colorado, stattfinden. Dr. Dahlke begleitete mich in die Stadt, und ich dachte, er würde auch in die Berge mitkommen. Aber als er mich am nächsten Morgen weckte und sagte, der Bus ins Hochland würde bald losfahren, erkannte ich die gräßliche Wahrheit: Dr. Dahlke würde mich nicht begleiten, und auch Dr. Landy würde nicht nachkommen.

»Los jetzt, Brian«, drängelte Dr. Dahlke. »Steh auf! Du mußt deinen Bus erwischen.«

Doch ich weigerte mich, das Bett zu verlassen. Dr. Dahlke versuchte, mir vernünftig zuzureden, und als das nicht half, rief er Dr. Landy an und hielt mir den Hörer ans Ohr, das unter dem Kopfkissen versteckt war.

»Schaff deinen verdammten Arsch aus dem Bett, Brian!« befahl Dr. Landy mit ruhiger Stimme.

Plötzlich durchfuhr mich eine noch schlimmere Angst als die vor dem Alleinsein. Ich stand auf, denn ich brauchte Dr. Landys Ego, um meinem eigenen Ego Starthilfe zu geben.

»Steig in den beschissenen Bus! Du fährst.«
»Was ist, wenn der Busfahrer auf Acid ist?«
»Viel Spaß auf der Reise.« Er lachte.

Ohne mein Wissen hatte Dr. Landy meine Exkursion wochenlang vorbereitet. Er hatte das Outward-Bound-Team genauestens über mein Verhalten instruiert und allen Beteiligten präzise Handlungsanweisungen gegeben. So hatte er sie auf meine ewigen Klagen vorbereitet und sie davor gewarnt, daß ich bei jedem Schritt stänkern und meckern und mich gegen alles sträuben würde, was sie sagten. Schlimmstenfalls könnte ich sogar mit Selbstmord drohen. Aber er hatte ihnen auch gesagt, daß ich ihn letztlich nie enttäuscht hätte.

Alle mußten sich wortwörtlich an seine Anweisungen halten. Wenn ich nicht wandern wollte, mußten sie mich zurücklassen. Wenn ich drohte, mich umzubringen, sollten sie erwidern: »Wenn das dein Herzenswunsch ist, dann nur zu.« Wenn ich Hilfe verlangte, sollten sie ablehnen; wenn ich mich beschwerte, sollten sie mich ignorieren. Sie konnten mir nicht helfen. Punkt, aus!

Dr. Landys Anweisungen liefen so ziemlich allem zuwider, was man dem Team ansonsten beigebracht hatte. Er ließ sich vertraglich bestätigen, daß sie sämtliche Bedingungen akzeptierten.

Das Ziel dieses Unterfangens war es, mir meine eigenen Stärken vor Augen zu führen. Wenn einer der anderen Angst bekam, sollte er sich an mich um Hilfe wenden. Aber das war zunächst reine Theorie.

Am ersten Tag wurden mir die Grundkenntnisse vermittelt: wie man ein Feuer macht, Wasser kocht, ein Bett macht, Himmelsrichtungen bestimmt und Markierungen anbringt – richtige Daniel-Boone-Spielchen. Außerdem wanderten wir und begannen mit ersten Vorübungen zum Bergsteigen. Keiner von uns war im entferntesten ein Survival-Typ, und wir gaben ein urkomisches Bild ab. Ein Mädchen hatte nie gelernt, sich die Schuhe zuzubinden, andere hatten Angst im Dunkeln, wieder andere standen einfach nur heulend herum.

Ich hatte viele ähnliche Gefühle, aber ich hatte so hart daran gearbeitet, sie zu überwinden und zu kontrollieren, daß ich tatsächlich der Gefaßteste in der ganzen Gruppe war; nur wußte ich das nicht.

Als die Nacht kam, herrschten katastrophale Zustände im Camp. Allen war kalt, sie waren hungrig und verängstigt, und was am schlimmsten war: sie fühlten sich verzweifelt hilflos. Wenn irgendwer mich um Hilfe bat, merkte ich nichts davon, da ich viel zu sehr damit beschäftigt war, selbst nach Hilfe zu suchen.

Am zweiten Tag weigerte ich mich, zum zweiten Lagerplatz zu wandern. Einer der Projektleiter, der es nicht mehr ertragen konnte, ständig gegen sämtliche seiner Prinzipien zu verstoßen, lud mich entnervt in seinen Kombi und fuhr mich eine vier Stunden lange Strecke zum nächsten Telefon, von dem aus er Dr. Landy anrief. Das war ein Fehler, denn der Therapeut erinnerte den Mann sofort an die gegebenen Instruktionen.

»Fahrt sofort wieder raus!« befahl er. »Wenn er nicht wandert, lassen Sie ihn zurück. Egal, was er sagt, er kann es schaffen. Nachsicht hilft ihm nicht.«

Wir fuhren also zurück, und ich wanderte.

Als es später darum ging, daß wir uns an der Steilwand eines Bergs abseilen sollten, bockte ich wieder: Ich wollte nicht an Seilen in der Luft baumeln, denn das machte mich krank vor Angst. Aber das Team folgte Dr. Landys Anweisungen und reagierte nicht auf mein Gejammere. Sie bissen die Zähne zusammen und sagten mir, ich könne machen, wozu ich Lust habe, aber sie würden mich dann zurücklassen.

Bei der Aussicht, einsam zurückgelassen und vielleicht von wilden Tieren gefressen zu werden, und in dem Bewußtsein völliger Hilflosigkeit, seilte ich mich also von dem beschissenen Berg ab, Zentimeter um Zentimeter, ein qualvoller Prozeß. Unten angekommen wanderte ich weiter und überquerte sogar einen Fluß. Nachts sammelte ich Holz, machte Feuer und kochte das Abendessen.

Diese Scheiße ging drei Tage lang so weiter, bis es dann noch schlimmer wurde. Nachdem wir sechs Tage lang ein Überlebenstraining betrieben hatten – vom Kartenlesen übers Kochen bis hin zur Behandlung von Schlangenbissen und dem Umgang mit Grizzlybären –, eröffnete uns das Betreuerteam, daß wir nun für unsere Solo-Exkursion hinreichend vorbereitet seien. Das Solo war das Pièce de Résistance, die Reifeprüfung. Der härteste Teil war eine Wanderung von A nach B, die alle Fertigkeiten erforderte, die wir uns bis dahin angeeignet hatten. Sie sollte zwei Tage dauern, und ich würde auch über Nacht allein sein. Ich machte mir fast in die Hose.

Obwohl ich schon mehrere Tage in der Wildnis verbracht hatte, glaubte ich keine Sekunde lang daran, daß ich einen Baum vom anderen unterscheiden konnte. Und dann noch zwei Tage wandern? Einen Fluß überqueren? Spuren lesen? Nie im Leben.

Am Morgen hielt der Chef der Truppe eine aufmunternde Rede an die Gruppe. Dann sprach er mit mir alleine. Er sagte mir, ich müsse keine Angst haben, ich würde es schaffen. Schließlich lächelte er mir zu und sagte: »Wir sehen uns in zwei Tagen. Viel Glück.« Mit diesen Worten verschwand er in den Wäldern.

Ich beobachtete ihn wie gelähmt. Ich weiß nicht, ob ich je in meinem Leben mehr Angst gehabt hatte.

Starr vor Schrecken tat ich, was jeder hirnweiche, feige, abgewrackte Rockstar mit geringer Selbstachtung auch getan hätte: Ich marschierte auf den größten Steinklumpen zu, den ich finden konnte, ein zerklüftetes, fettes Biest von Felsbrocken am Fuß des ersten Bergs, den ich besteigen sollte. Dort kniete ich nieder und schlug meinen Kopf dagegen. Ich wußte, ich würde entweder gerettet werden oder sterben. Und ich hatte recht. Kaum hatte ich damit angefangen, mir den Kopf einzudellen, stürzte plötzlich wie aus dem Nichts der Aufpasser hervor, der sich wenige Augenblicke zuvor verabschiedet hatte. Er fuchtelte mit den Händen herum und rief, ich solle aufhören.

»Was zum Teufel soll das denn?« Er half mir auf die Beine und untersuchte meinen Kopf.

»Ich wollte mich umbringen«, sagte ich. »Ich dachte, ich müßte sowieso sterben.«

Er schüttelte den Kopf, packte mich am Arm und führte mich sechs Meilen weit über Trampelpfade zurück zu unserem ersten Camp. Wir stiegen in denselben Kombi wie beim ersten Notfall und holperten vier Stunden lang über Stock und Stein zum nächsten Telefon. Dr. Landy befand sich an Bord der *Queen Elizabeth II.*, mitten im Atlantik, als ihn der Anruf erreichte. Er geriet außer sich, daß der Betreuer ihn wegen einer derartigen Lappalie anrief.

»Schaffen Sie ihn wieder raus!« stauchte Dr. Landy den Mann zusammen. »Er muß sein Solo durchziehen.«

»Aber er hat versucht, sich umzubringen«, protestierte der Betreuer.

»Wenn er unbedingt will, dann lassen Sie ihn. Lassen Sie ihn ein bißchen Blut vergießen, dann wird er schon zur Vernunft kommen. Brian ist kein Vollidiot. Haben Sie etwas Vertrauen zu ihm. Und jetzt schaffen Sie seinen Arsch wieder da raus!«

»Aber er hat keine Zeit mehr für sein Solo.«

»Dann schaffen Sie Zeit dafür«, antwortete Dr. Landy. *»Oder ich verklage Sie auf Ihr letztes Hemd. Wir haben einen Vertrag.«*

Es war zwei Uhr morgens, als ich wieder ausgesetzt wurde. Ich starrte auf die Wolken, die den Mond verhüllten, und wünschte mir sehnlichst, es wäre Zeit, ins Bett zu gehen. Ich lauschte auf das Heulen der Kojoten und malte mir das Bild eines riesigen Bären aus, der sich mit geifernden Lefzen anschickt, mich in Stücke zu zerreißen. Dann aber erinnerte ich mich an den ersten, widerwilligen Fußmarsch auf Hawaii: Sehr viel anders war es damals auch nicht gewesen. Und dann setzte ich langsam einen Fuß vor den anderen und bewegte mich voran.

Nach etwa einer halben Stunde rollte ich meine Decke aus und legte mich schlafen. Am Morgen trottete ich weiter, bis ich den Fuß des Berges erreichte, den ich besteigen mußte. Ich schaute hoch, begutachtete die Steilwand und versuchte mir auszurechnen, an welchem Punkt ich sterben würde. Ich wußte, daß mich an diesem Abhang das Schicksal ereilen würde. Die einzige Frage war nur, wo genau. Aber ich hatte keine Wahl: Ich mußte klettern, sonst würde ich auf jeden Fall sterben.

Insgesamt brauchte ich sechs Stunden, aber ich schaffte es, auch wenn mein Herz lauter und schneller schlug, als Hal Blaine bei einem Schlagzeugsolo. Ich hatte Mutter Natur erobert. Ich hatte meine Furcht besiegt. Ich stand auf dem Berggipfel und ließ mich hochleben.

Wenn ich eine Waffe gehabt hätte, wäre ich geradewegs wieder nach unten gestürmt, um das gesamte Magazin Dr. Landy in den Körper zu pumpen

– allerdings erst, nachdem ich ihm dafür gedankt haben würde, daß er mich dazu gezwungen hatte, dieses Killerprogramm durchzustehen. Ich fühlte mich bärenstark und war erfüllt von Stolz und Zuversicht; dies war einer meiner größten Erfolge gewesen, besser als jeder Nummer-eins-Hit, denn Geld und Ruhm spielten bei dieser Leistung keine Rolle. Ich hatte mich durchgebissen! Aber natürlich hieß das noch lange nicht, daß ich auch nur eine einzige Sekunde diese Tortur genossen hätte.

Von Denver aus flog ich direkt nach Atlantic City, wo ich mich mit den Beach Boys zu einem Konzert zur Feier des 4. Juli traf. Am folgenden Morgen joggte ich und frühstückte danach mit Dr. Landy. Er hatte bereits gepackt und die Hotelrechnung bezahlt. Er werde das Wochenende in Manhattan verbringen, teilte er mir mit.

»Wann geht der Flug?« fragte ich irritiert, denn ich mußte mich schließlich noch reisefertig machen.

»In fünfundvierzig Minuten.«

»Du lieber Himmel, Gene«, rief ich und sprang auf. »Das schaffe ich nie. Wir werden umbuchen müssen«, fügte ich mit neugewonnenem Selbstbewußtsein hinzu.

»Nein, nein, nein.« Er lachte. »Keine Panik. Du fliegst nicht nach New York. Du fährst mit dem Auto.«

Er legte die Autoschlüssel auf den Tisch. Erst vor kurzem hatte ich meinen Führerschein gemacht, und jetzt sollte ich Gelegenheit bekommen, ihn zu benutzen. Eine seiner Assistentinnen, Pam Thomas, sollte mich begleiten.

»Aber ich weiß nicht, wie man da hinkommt. Wie komme ich nach New York?«

»Das darfst du mich nicht fragen.« Dr. Landy grinste. »Wenn du durch halb Colorado wandern und nachts tausend Meter den Berg raufklettern kannst, wirst du auch nach New York finden.«

Normalerweise dauert eine Fahrt von Atlantic City nach New York etwas mehr als zwei Stunden. Pam hatte strikte Anweisungen, mir nicht behilflich zu sein. So brauchte ich vom Bordstein des Hotels in Atlantic City bis zum Lincoln-Tunnel satte achteinhalb Stunden. Mein endgültiges Ziel war das Parker Meridien Hotel, dessen Adresse – 56th Street Ecke Avenue of the Americas – ich in den letzten sieben Stunden unablässig memoriert hatte. Ich wußte, daß es südlich vom Central Park lag. Unglücklicherweise hatte ich aber keine Ahnung, wie man nach Central Park South kam und verfranste mich in Harlem.

Nachdem ich endlos lange blindlings an ausgebrannten Grundstücken und schlechtbeleuchteten, gefährlich aussehenden Seitenstraßen vorbeigetuckert war, entdeckte ich auf dem Gehweg eine nett gekleidete Frau. Ich fuhr heran, um sie nach dem Weg zu fragen; zuvor machte ich noch Pam auf ihr rotes Kleid aufmerksam, das ich sehr hübsch fand.

»Entschuldigen Sie, Miss«, rief ich.

Die Frau blieb stehen, drehte sich um und kam zum Wagen. Aber als sie sich durchs Fenster lehnte, erkannte ich im Licht der Straßenlaterne zu meiner größten Verblüffung, daß sie in Wirklichkeit ein Er war – mit Schnäuzer, kurzem Bart und langem rotem Haar! Entsetzt schlug ich mir die Hände vors Gesicht und erstarrte in dieser Position.

»Was fehlt dir, Baby?« gurrte der Typ amüsiert.

»Ich dachte, Sie wären ein Mädchen«, erwiderte ich und blinzelte verstohlen durch einen Spalt zwischen meinen Fingern.

»Oh Baby, schön wär's. Also, warum hast du mich angehalten? Wollen wir alle einen draufmachen, oder was?«

»Nein. Ich suche das Parker Meridien Hotel. Wissen Sie, wo ich da hin muß?«

»Du mußt runter«, sagte er.

»Was?«

»Du blickst nicht durch, was, Süßer?« Er lachte. »Nee, ich sehe schon. Also, du fährst erst mal Downtown, Richtung großes Geld, und dann fragst du irgend 'ne reiche weiße Schlampe nach dem Parker Meridien. Die zeigt dir dann den Weg. Klar?«

Ich befolgte seinen Rat und kam schließlich doch ans Ziel. Völlig gerädert hatte ich gerade noch Kraft genug, um Dr. Landy von meinen Abenteuern zu berichten, ehe ich in einen tiefen Schlaf sank. Der Rest der Woche verlief genauso: Mietwagen oder Taxis waren verboten, ich ging überallhin zu Fuß oder nahm die U-Bahn. Folglich kam ich zu jeder Verabredung mindestens eine Stunde zu spät. Aber so brutal Dr. Landys Methoden auch zu sein schienen, ich eroberte New York. Heute kenne ich die Straßen der Stadt wie meine Westentasche.

Von New York aus flogen wir nach Chicago, wo wir wieder für einige Shows zu den Beach Boys stießen. Am Morgen des Abreisetages kam Dr. Landy herein. Ich packte gerade meine Sachen und fragte ihn, ob ich zu spät dran sei für den Abflug.

»Nein. Ich habe mich nur gerade gefragt, ob du schon den Grand Canyon oder die Painted Desert gesehen hast.«

»Wenn du mich so fragst, Gene: Nein, habe ich nicht. Warum?«

»Weil du auf dem Weg nach Hause da vorbeifährst.«

Ich stöhnte. Noch ein Test. Noch eine Mutprobe. Es würde hart werden, aber ich wußte, daß es zu meiner Persönlichkeitsbildung beitrug. Und so schickte ich mich wieder einmal ins Unvermeidliche. Dr. Landy konnte sogar auf anfeuernde Worte über Kartenlesen und Sich-auf-eigene-Faust-Durchschlagen verzichten.

Meinen Lohn erntete ich einige Monate später, als ich feststellte, wieviel widerstandsfähiger ich inzwischen geworden war. Henry Edwards, den ehemaligen Rockkritiker der *New York Times,* nahm ich als Vergleichsmaßstab hierfür. Henry war ein Freund von Dr. Landy und ein New Yorker wie aus dem Bilderbuch: belesen und unsportlich und jemand, der sich mit Kettenrauchen und häufigen Restaurantbesuchen fit hielt. Dr. Landy hatte ihn eingeladen, das Outward-Bound-Programm mitzumachen, aber Henry hatte dankend abgelehnt, nachdem er in der Broschüre gelesen hatte, daß den Teilnehmern am Programm empfohlen wurde, allein für das Einlaufen der Wanderschuhe einen ganzen Monat einzuplanen. Aber er hatte immerhin eingewilligt, mich, meinen Assistenten Kevin Leslie und meinen Trainer Michael Willis bei einer Kanufahrt auf dem Rogue River in Oregon zu begleiten.

Ich war noch gut in Form von meinem Outward-Bound-Training und fand mich problemlos zurecht. Doch Henrys Mißgeschicke machten den Trip erst richtig perfekt. Als wir die Anweisungen für richtiges Paddeln erhielten, warf der Projektleiter einen kurzen Blick auf Henry und hörte sich eine Kostprobe seines näselnden Tonfalls an. Dann entschied er, Henry sei der geborene Passagier und solle am besten wie ein Pascha in seiner Sänfte majestätisch über die Stromschnellen befördert werden. Henry stand am Ufer und sah zu, wie wir alle in die Kanus stiegen, die in einer ruhigen Stelle im Wasser lagen, und unsere Paddelübungen machten.

»Wie ist es, Brian?« fragte er.

»Ganz leicht. Macht wirklich Spaß.«

Henry kam zu dem Schluß, es könne also nicht allzu schwer sein, stieg in ein freies Kanu und versuchte, die Paddelbewegungen nachzuahmen. Doch er schaffte es nicht. Je mehr er sich abmühte, desto unbeholfener stellte er sich an. Dann wurde sein Kanu plötzlich von der Strömung erfaßt und er rückwärts in die Stromschnellen gerissen. Das Wasser schlug über ihm zusammen, er schrie, und wir sahen fassungslos zu, wie er durch die weiße Gischt davongerissen wurde. Dabei hatte der Trip doch gerade erst angefangen.

Am Ufer brach Panik aus. Ich schnappte mir Kevin. Unser Führer war schon in seinem Boot und steuerte in die Strömung. Wir folgten ihm wild paddelnd, obwohl wir gerade erst die Grundtechniken erlernt hatten. Der Führer brüllte, wir brüllten ebenfalls. Wir hatten in beiden Kanus zusätzliche Schwimmwesten, aber wir konnten Henry nirgends sehen. Zehn Minuten später erreichten wir den Strudel, in dem die Stromschnellen mündeten. Dahinter war das Wasser so friedlich wie in der Badewanne. Henry schwamm in der Mitte und grinste.

»Hi, Jungs«, rief er uns fröhlich zu. »Ich hab's geschafft. Was sagt ihr dazu?«

In den nächsten drei Tagen gab es noch einige solcher Nummern. Am Ende der Flußfahrt wanderten wir durch wunderschöne, dichte Wälder. Für jemanden, den man wahrlich nicht als Naturburschen bezeichnen konnte, wirkte Henry wie ein passionierter Naturfreak. Er schwärmte vom Wald und den Wundern der Natur. Dann warf er völlig unerwartet seine Kleider ab und tanzte nackt unter den Bäumen herum. Er lachte und amüsierte sich königlich, während wir ihn ungläubig anstarrten.

»Ich tanze mit Urgeistern!« rief er. »Los, macht mit!«

In den letzten Monaten hatte ich einiges erlebt: Ich hatte Berge bestiegen, Karten gelesen, war quer durchs ganze Land gefahren, hatte den Grand Canyon gesehen und gelernt, alle möglichen Herausforderungen anzunehmen. Nachdem ich den Rogue River überwunden hatte, glaubte ich, daß es nichts mehr gab, was ich nicht schaffen konnte. Doch als ich jetzt Henry nackt durch die Wälder tanzen sah, wußte ich, daß es immer noch Dinge gab, die meine Kräfte überstiegen.

Im Herbst begleiteten Eugen Landy, Alexandra und ich die Jungs nach London, wo Steve Levine sich endlich freigemacht hatte, um das neue Album der Beach Boys zu produzieren. Digitale Aufnahmen hatten nur noch wenig mit jenem Duophonic-Sound gemeinsam, mit dem ich Anfang der Sechziger bei Capitol gearbeitet hatte. Damals war alles Live aufgenommen worden, alle hatten gesungen und gemeinsam gespielt. In London wurde jede einzelne Note, die wir sangen oder spielten, programmiert, digitalisiert und durch den Computer gejagt. Als wir uns die Aufnahmen anhörten, klangen sie perfekt. Schrille Töne waren geglättet, schiefe wieder in Reih und Glied gebracht worden. Sämtliche Klänge waren zu nahtloser Perfektion miteinander verschmolzen worden.

»Digitale Aufnahmen?« fragte ich.

»Stimmt«, nickte Levine. »Einfach unglaublich, was?«

Die Technologie war beeindruckend, in gewisser Weise sogar ehrfurchtgebietend. Klangreinheit war immer mein höchstes Ziel gewesen. *Pet Sounds* war in dieser Hinsicht mein Durchbruch gewesen, danach hatte ich all meine Energie darauf verwendet, dieses Ergebnis zu übertreffen. Aber während ich mit Levine an *The Beach Boys* arbeitete, lernte ich eine Lektion, die viele in den Achtzigern absolut nicht begriffen: Ganz gleich, wie perfekt der Sound ist, den man mit raffinierter Technologie erreicht, die Essenz eines Albums ist und bleibt gutes Songwriting und seelische Hingabe an die Musik.

Die Zusammenarbeit mit Levine wollte den Beach Boys nie richtig gelingen. Ich arbeitete an insgesamt fünf Songs mit, darunter drei, die ich mit Dr. Landy geschrieben hatte.

»Gefällt dir der Text nicht?« fragte Dr. Landy eines Tages Mike, als wir gerade an »Male Ego« arbeiteten. »Na schön, dann schreiben wir ihn um.«

Ich saß am Klavier, Dr. Landy stellte sich neben mich. Mike weigerte sich, den Kontrollraum zu verlassen.

»Ich brauche Brian alleine«, protestierte er. »Ich kann nur schreiben, wenn ich mit ihm allein bin.«

»Wir haben den Song geschrieben«, entgegnete Dr. Landy. »Wenn du was dazu zu sagen hast, dann machen wir es jetzt. Hier.«

»Tut mir leid.«

»Brian«, wandte sich Dr. Landy nun an mich, »willst du mit Mike zum Umschreiben weggehen, oder willst du es gleich hier machen?«

»Ich würde es lieber hier machen, Gene.«

Obwohl Mike schließlich seinen Credit als dritter Songwriter bekam, gab es keine Lösung für diesen Konflikt, der zudem noch von einem Zusammenstoß mit Levine bei derselben Session überschattet wurde. Die umständliche, despotische Arbeitsweise des Engländers trieb alle zum Wahnsinn. Wir waren keine Kinder mehr, schließlich machten wir den Job schon seit fünfundzwanzig Jahren. Darüber hinaus beschwerte ich mich darüber, daß sich Levine mehr für Technik begeisterte als für Musik. Ich sah jede Menge Computer und blinkende Lämpchen, aber ich hörte keinerlei menschliche Wärme mehr in der Musik.

Woher hätte sie auch kommen sollen? Levine hatte jede Stimme einzeln aufgenommen und durch den Computer gejagt, der jede noch so kleine Unregelmäßigkeit ausgemerzt hatte; schließlich klangen alle Stimmen gleich. Später am Tag brachte Dr. Landy Tom Hulett dazu, Levine aus dem Studio zu schaffen, damit ich einen Versuch mit der Produktion machen konnte. Sobald die beiden zum Essen weggegangen waren – so dachten wir wenigstens –, rief ich Al, Mike, Carl und Bruce ins Studio, postierte sie wie früher um ein einziges Mikrofon herum und ließ sie den Harmoniegesang von »I'm So Lonely« singen.

»Was ist denn hier los?« rief ein überraschter Levine, der zurückgekommen war, weil er sein Adreßbuch vergessen hatte.

»Wir arbeiten an diesem Song«, erklärte ich vom Mischpult aus.

Levine war ebenso erstaunt wie sein Toningenieur. Sie hatten noch nie gesehen, daß jemand eine ganze Band zusammen aufnahm.

»Das entspricht wirklich nicht meinen Vorstellungen«, sagte er.

»Es geht nicht um *deine* Vorstellungen«, griff Dr. Landy ein. »Diese Band ist aus *Brians* Vorstellungen entstanden.«

Die LP mit dem originellen Titel *The Beach Boys* erschien im Juni 1985. Dank dem kurzlebigen Erfolg der Single »Getcha Back«, die auf Platz 26 landete, schaffte es die LP auf Platz 52 der LP-Charts – nicht grandios, aber auch nicht schlecht.

Für mich kam der Höhepunkt dieses Jahres sechs Monate später. Nachdem ich morgens an der Pepperdine University in Malibu meine üblichen Bahnen geschwommen war, stieg ich auf die Waage; sie zeigte mir ranke und schlanke 83,5 Kilo an. In solcher Topform war ich seit der High School nicht mehr gewesen.

43

Kleine Kinder

Hinter der Bühne des Universal Amphitheater in Los Angeles begrüßte man mich mit Komplimenten über meine unglaubliche Verwandlung. Es war, als hätte niemand wirklich damit gerechnet, mich wiederzusehen; jetzt konnte kaum jemand glauben, daß ich fit, gutgekleidet, sauber und lächelnd vor ihnen stand. Es war Sommer 1984, seit meiner Rückkehr von Hawaii war über ein Jahr allmählicher Rehabilitation und Neuorientierung vergangen.

Ich war für das Konzert in unserer Heimatstadt zu den Beach Boys gestoßen und wartete backstage darauf, daß Dr. Landy mit seinem All-Access-Bühnenpaß zurückkam, den er während der Show tragen sollte. Wenn ich auftrat, war es mir noch immer lieber, meinen Therapeuten vorne am Bühnenrand zu wissen, wo ich ihn jederzeit sehen konnte. Das half mir, bei der Sache zu bleiben, falls ich ins Schwimmen geraten sollte – besonders hier, wo sämtliche Bekannten auftauchen würden, um zu sehen, ob ich spielen oder wieder ausflippen würde.

Obwohl die Beach Boys jetzt seit fast fünfundzwanzig Jahren auftraten, war ein Heimspiel noch immer eine große Sache. Ich hatte mehrere Tage an meinen neuen Umgangsformen gefeilt. Beispielsweise hatte ich früher niemandem direkt in die Augen schauen können, wenn ich mit ihm sprach. Jetzt übte ich, »Hi, ich bin Brian Wilson« zu sagen. Ich probte immer wieder die Einstiegsfragen, die mir Dr. Landy eingetrichtert hatte: »Wie heißt du? Wo kommst du her? Was machst du?«

Als ich jung und erfolgreich gewesen war, hatte ich solche Fertigkeiten nie gebraucht. Dies stellt ein Armutszeugnis dar, ist aber wahr. Diese kurzen, für jeden anderen völlig gewöhnlichen Statements und Fragen erforderten für mich vollste Konzentration. Das Schweigen war immer mein Verbündeter bei peinlichen Situationen gewesen, in denen andere Gespräche erwarteten, obwohl ich nichts zu sagen hatte. Jetzt aber wollte ich bei Gesprächen mithalten, wollte so reden wie alle anderen und mich nicht mehr unwohl und verlegen fühlen.

Wir hatten nur noch wenige Minuten bis zum Auftritt. Dr. Landy und ich arbeiteten uns durch die übliche Partygesellschaft zum Bühneneingang vor, schüttelten Tausende von Händen, lächelten, sagten Hallo und nickten hierhin und dorthin. Dann blieb er plötzlich stehen, um sich mit irgend jemandem zu unterhalten und ließ mich alleine weitermachen. Als ich mich der Treppe näherte, die zum Bühneneingang führte, trat ein junges, molliges Mädchen mit glänzenden Wangen und breitem Lächeln auf mich zu. Wie ich es geübt hatte, streckte ich meine Hand aus und sagte: »Hi, ich bin Brian Wilson.«

Das Mädchen erstarrte zur Salzsäule, ihr Lächeln wich einer starren Maske. Ich fragte mich, was ich falsch gemacht hatte.

»Daddy!« rief sie entsetzt, »kennst du mich nicht? Ich bin Carnie!«

Ehe Carnie es ausgesprochen hatte, erkannte ich meinen Fehler. Mir brach der Angstschweiß aus. Ich hatte meine eigene Tochter nicht erkannt!

Mutlosigkeit überfiel mich. Ich versuchte, mich zu rechtfertigen und gleichzeitig zu entschuldigen, aber ich stolperte über meine Zunge und faselte nur dummes Zeug. Was hätte ich auch sagen können? Nichts. Die Tatsache blieb: Ich hatte meine eigene Tochter nicht erkannt. Es schmerzte, aber ich wußte, daß ich Carnie noch mehr verletzt hatte.

Wie hatte das passieren können? Ich hatte nicht aufgepaßt, war zu sehr in Gedanken vertieft gewesen, die sich ausschließlich um soziale Umgangsformen drehten. Dann war ich überrumpelt worden und hatte den Boden unter den Füßen verloren. Dr. Landy und ich hatten dafür gearbeitet, genau solche Situationen zu vermeiden. Ich mußte mich selbst überwinden und Herr meiner Gefühle werden. Trotzdem, ich hatte versagt. Scheiße, verdammt!

Plötzlich kam Dr. Landy um die Ecke gerauscht und sah mich mit Carnie dort stehen. Ich war verlegen, sie war am Boden zerstört. Er packte uns beide am Arm und manövrierte uns in meine Garderobe. Dann machte er meine andere Tochter, Wendy, ausfindig und brachte sie ebenfalls in die Garderobe. Wendy hatte keine Ahnung, was los war. Sie wirkte ängstlich und verwirrt. Was für eine Szene! Was für eine Familie!

Während der letzten Monate hatten Marilyn und Dr. Landy sich endgültig überworfen. Sie verlangte, daß ich wieder in die Familie eingegliedert und den Mädchen ein guter Dad wurde. Die ganze Nummer eben, mit Besuchen und gemeinsamen Abendessen; Marylins Schlagwort lautete: »Lebensqualität«. Sie rief bei Dr. Landy an, um Verabredungen zu treffen, oder sie schickte die Mädchen vor. Als ich auf ihre wiederholten Anrufe nicht reagierte, gingen sie einfach davon aus, daß Dr. Landy mir nichts davon ausrichtete. Dieser Verdacht war völlig haltlos; in Wahrheit nämlich versteckte ich mich hinter meinem Psychiater, benutzte ich ihn als Entschuldigung dafür, daß ich mich um alles drückte, was mir unangenehm war. »Dr. Landy erlaubt es nicht«, lautete meine liebste Ausflucht.

Jedermann glaubte schließlich, mein Arzt würde mich absichtlich meiner Familie und meinen Kindern entfremden. Doch das war falsch, im Gegenteil, er ermutigte mich ständig zu mehr Familienleben, aber er zwang mich zu nichts. Es war meine Entscheidung, und ich entschied mich dafür, niemanden zu sehen. Das Familienleben war für mich eine Strafe, ich verband damit nur unangenehme Erinnerungen.

Mit der Zeit verwandelte sich Marilyns Verständnislosigkeit in Haß. Sie beschuldigte Dr. Landy, mich wie einen Gefangenen zu halten. Marilyn trichterte sogar Carnie und Wendy solche Ideen ein, ohne je in Betracht zu ziehen, daß ich und niemand sonst für alles verantwortlich sein könnte.

Für mich selbst war diese Wahrheit ebenso schwer zu akzeptieren wie für alle anderen, vielleicht sogar noch schwerer. Aber als ich jetzt in der Garderobe des Amphitheater in die verstörten und gequälten Gesichter meiner Töchter blickte, war es schwerer als je zuvor. Der ganze Raum war erfüllt von gespannter Erwartung, ich zitterte und spürte doch auch die Nervosität der Mädchen. Carnie unterdrückte ihre Tränen tapfer, und Wendy war erregt, ohne daß sie wußte, was hier eigentlich vorging. Ich mußte mich sehr beherrschen, daß ich nicht einfach zur Tür hinausflüchtete.

»Brian«, brach Dr. Landy endlich das Schweigen, »ich möchte, daß du Carnie und Wendy sagst, was es für dich bedeutet, ihr Vater zu sein.«

Ich hörte seine Worte und verstand sie sogar. Daß ich früher gelegentlich selbst über dieses Thema nachgedacht hatte, war nur ein weiterer Grund für mich, mich schuldig zu fühlen. Der Ansturm unerwarteter Gefühle und Gedanken verwirrte mich.

»Was meinst du?« fragte ich.

»Sag ihnen, was du in genau diesem Moment als ihr Vater empfindest!«

Ich wandte mich an die sechzehnjährige Carnie und ihre zwei Jahre jüngere Schwester Wendy. Ihre großen Augen, tief wie Seen, blickten mich so erwartungsvoll an. Diesen Moment erlebte ich mit besonderer Intensität. Ich dachte an meinen Dad, mit dem das ganze Verhängnis angefangen hatte: Er hatte mich verdorben. Ich fragte mich, ob die Mädchen von ihm wußten, denn ich hatte nie über ihn gesprochen; vielleicht hatte Marilyn ihnen das ein oder andere erzählt. Im Grund genommen versuchte ich noch heute, mir über ihn klarzuwerden.

Als ich die Mädchen ansah, fühlte ich mich leer, unsicher und deplaziert. Ich spürte die ganze Last eines verkorksten Lebens auf meinen Schultern. Ich wollte irgend etwas sagen, damit Carnie und Wendy sich besser fühlten und wünschte mir verzweifelt, ich könnte ihnen eine Erklärung für mein Verhalten geben. Aber ich hatte nicht die leiseste Ahnung, was ich sagen sollte. Ich versuchte, mir vorzustellen, was sie wohl von mir hören wollten: daß ich sie liebte; daß ich in meinem Leben schreckliche Fehler gemacht hatte. Vielleicht hofften sie, ich würde die Arme ausbreiten und sie bitten, an meinem Leben teilzuhaben – oder sie einfach nur zärtlich an mich drücken.

Aber dazu war ich nicht fähig. Was Gefühle anbelangte, war ich mit Mühe und Not in der Lage, meine eigenen zu verstehen; aber wenn es darum ging, sich in andere hineinzuversetzen, waren mir die beiden Mädchen um Jahre voraus. Ich wußte, daß ich endlich sprechen mußte. Es konnte nicht ewig so weitergehen.

»Ich werde euch jetzt etwas sagen, daß ihr sicher beide schon wißt«, sagte ich langsam und deutlich. »Ich bin kein sehr guter Daddy. Eure Mutter mußte für euch Mom und Dad zugleich sein. Ich liebe euch, auf meine Art. Und ich sorge für euch. Mit Geld und mit Liebe. Ich kümmere mich um all eure Bedürfnisse. Aber das ist auch schon alles, wozu ich fähig bin. Ich werde euch zeigen, wieviel mir an euch liegt, indem ich einen Song für euch schreibe. Aber ein besserer Daddy kann ich leider nicht sein.«

Beide Mädchen schwiegen.

»Sag ihnen, warum du kein besserer Daddy sein kannst«, unterbrach Dr. Landy zum zweiten Mal ein langes, quälendes Schweigen.

»Weil ich selbst nie einen guten Dad gehabt habe«, fuhr ich fort. »Und weil ich nicht weiß, ob ich je lernen werde, wie man ein guter Daddy ist. Ich will nicht die Art Dad für euch sein, wie meiner es für mich war. Es tut mir so leid. Es tut mir leid, daß ihr nie einen guten Vater hattet. Eure Mommy ist eine gute Mommy und ein guter Daddy gewesen. Ich hatte nichts von beidem. Ihr habt mehr Glück gehabt als ich. Wenn ich gewußt hätte, wie ich ein guter Daddy für euch sein könnte, wäre ich es auch gewesen. Es ist nicht so, daß ich es nicht gewollt habe. Aber ich kann nicht. Das ist alles, was ich dazu sagen kann. Ich liebe euch, und ich werde es euch beweisen. Eines Tages werde ich einen Song für euch schreiben.«

Ich fühlte mich ausgepumpt. Keines der Mädchen rührte sich, sie saßen völlig schockiert da, schockiert von meiner Ehrlichkeit und Direktheit; schockiert darüber, daß ich nichts beschönigte und ihnen nicht vormachte, alles würde sich zum Guten wenden. Sie wußten nicht, wie sie darauf reagieren sollten, und ich kann ihnen keinen Vorwurf daraus machen. Es war mir unangenehm, ihnen so hilflos gegenübersitzen zu müssen; glücklicherweise mußte die Band auf die Bühne.

»Jetzt müßt ihr mich entschuldigen«, sagte ich, stand auf und wollte zur Tür gehen.

»Daddy!« rief Carnie mir nach, die wesentlich gesprächiger und kontaktfreudiger war als ihre Schwester. »Willst du denn gar nichts über uns wissen? Willst du nicht hören, was wir machen?«

»Oh ja . . . Was macht ihr?«

Carnie erzählte mir in ein paar Minuten so viele Geschichten über Freunde, die Schule, wie sie den Nachmittag verbrachte und welche Filme sie gesehen hatte, daß es für ein ganzes Jahr gereicht hätte. Aber ich war noch viel zu mitgenommen von dem, was vorher geschehen war, um richtig hinzuhören. In Gedanken stand ich bereits auf der Bühne. Das einzige, was ich aus Carnies Bericht aufschnappte, war irgendwas über eine gemeinsame Platte mit Wendy und ihrer Freundin Chynna Phillips.

»Gut, gut«, murmelte ich. »Wenn ich euch bei der Musik irgendwie helfen kann, würde ich es sehr gerne tun.«

Dann ging ich.

Im Herbst 1986 nahm ich »Let's Go to Heaven in My Car« auf. Eugene Landy und ich hatten den Song gemeinsam geschrieben, eine Fortsetzung unseres Songwriting, das wir im Zuge der Therapie wiederaufgenommen hatten. Das Stück wurde für den Soundtrack von *Police Academy 4* verwendet. Während wir die Tracks abmischten, kam Gene auf die Idee, meine Töchter könnten doch die Background-Vocals singen.

»Dann hättest du etwas, worüber du mit Wendy und Carnie reden kannst«, erläuterte er mir seinen Vorschlag. »Dann könntet ihr über Musik reden. Du könntest ihnen von deiner Arbeit erzählen.«

»Tolle Idee, Gene.«

Dr. Landy rief Marilyn an und erzählte ihr von unserer Idee, doch sie lehnte kategorisch ab. Aber er gab nicht auf und bat Tom Hulett, mit Marilyn zu sprechen. Sie lehnte erneut ab und erwähnte beiläufig, die Mädchen würden mit Richard Perry als Produzenten an ihrem eigenen Album arbeiten. Dr. Landy rief daraufhin Perry an, der uns jedoch ebenfalls zurückwies. Nun wandte sich Hulett an Perry, der seinerseits Marilyn fragte – allerdings mit demselben Ergebnis wie zuvor.

Das ist nur ein Beispiel dafür, wie Dr. Landy versuchte, meine Verbindung zur Familie nicht abreißen zu lassen; er hielt das für sehr wichtig. Als Carnie einmal im Krankenhaus lag, brachte er ihr Blumen und sagte, sie seien von mir. Aber Carnie und Wendy hatten von Marilyn gelernt, Dr. Landy als Verkörperung alles Bösen zu betrachten und lehnten alles ab, was auch nur in entferntester Verbindung mit meinem Therapeuten stand.

Niemand konnte mir erzählen, daß ich der einzige Verlierer dabei war. Ich wußte, daß wir alle dadurch verloren.

Es war wirklich zu traurig, daß nichts in meinem Leben ohne Konflikte abgehen konnte. Wäre es anders nicht sehr viel schöner gewesen?

Anfang 1986 schaltete sich auch Carl in den Krieg gegen Dr. Landy ein und brachte damit den bei allen seit langem schwelenden Haß und das Mißtrauen gegen meinen Freund und Therapeuten zum offenen Ausbruch. Den Beach Boys war die Unabhängigkeit, die ich mit Dr. Landys Hilfe gefunden hatte, zuwider. Sie waren stocksauer, daß ich lernte, nein zu sagen und nach eigenem Ermessen zu handeln. Es ging ihnen gegen den Strich, daß ich mit Dr. Landy Songs schrieb – nicht weil ich sie *mit ihm* schrieb, sondern weil ich sie ohne sie schrieb. Sie beschuldigten ihn als dubiosen Ausbeuter, der mich zu seiner Marionette gemacht hätte.

Der Streit eskalierte, als Carl damit anfing, meine Honorare und mein Geld einzufrieren. Das Recht dazu bezog er aus dem Brian Wilson Trust von 1982, den ich unterzeichnet hatte, bevor ich mich wieder in Dr. Landys Behandlung begab. Als Treuhänder verwaltete mein Bruder seitdem sowohl meine Stimmanteile bei Brother Records als auch mein gesamtes Vermögen, einschließlich der Immobilien und Aktien.

Laut Carl diente dieser Trust einzig und allein dazu, um mich vor Dr. Landy zu beschützen; aber je mehr ich zu mir selber kam, desto mehr geriet ich über die Beweggründe meines Bruders ins Zweifeln. Zum Beispiel konnte ich mich nicht mehr daran erinnern, das Dokument überhaupt unterzeichnet zu haben. Damals war ich viel zu unbedarft gewesen, um zu begreifen, was ich da eigentlich tat. Als ich allmählich zurechnungsfähiger wurde, stellte mir Dr. Landy Fragen, um herauszufinden, was ich über diesen Deal wußte. Was für eine Art Trust war es? Ich wußte es nicht. Warum weißt du das nicht? Weiß ich nicht. Würde ein selbständiger, verantwortungsbewußter Mensch das wissen? Findest du nicht, du solltest es wissen? Doch. Warum fragst du dann nicht?

In genau diesem Moment wurde das Geld eingefroren. Carl glaubte, er könne Dr. Landy loswerden, indem er es mir unmöglich machte, meine Rechnungen zu bezahlen. Er war davon überzeugt, daß mein Therapeut es nur auf mein Geld abgesehen hatte. Doch wie schon so oft hatte er sich auch diesmal verrechnet. In der Beziehung zwischen Dr. Landy und mir spielte Geld schon längst keine Rolle mehr. Ganz allmählich waren wir zu einem Team zusammengewachsen. Ich habe uns immer als ein Team in Bewegung angesehen: Wir verwendeten ebensoviel Sorgfalt darauf, unser Leben zu leben, wie auf unsere Musik.

Ich war erschüttert über das, was die Leute über Dr. Landy sagten. Wie immer, wenn zwei kreative Menschen aufeinandertreffen, waren wir nicht ständig einer Meinung, aber ich hatte ihm trotzdem mein Leben und meine Karriere anvertraut. Beides hätte es ohne ihn schließlich schon lange nicht mehr gegeben. Es erschien mir unsinnig, daß er mich erst aufbauen und mir den Rücken stärken sollte, um mich dann in die Pfanne zu hauen; genau das aber hatten mein Dad und die Beach Boys getan.

Wenn ich anders empfunden hätte, hätte ich etwas gesagt. Ich hätte mich an Carl oder Marilyn oder meine Mutter gewandt. Irgendwen.

Sechs Monate lang bezahlte Dr. Landy sämtliche meiner Rechnungen. Im Februar 1986 schrieb ich auf Anraten eines unabhängigen Rechtsberaters einen Brief an Carl, in dem ich ihm mitteilte, daß ich den Trust auflösen wollte. Ich beklagte mich darüber, daß ich weder Zugang zu meinem Geld noch eine Stimme im Vorstand von Brother Records hatte und keinerlei Entscheidungen treffen konnte.

Im Mai wurde der Trust dann offiziell aufgelöst. Aber das war gleichzeitig der Startschuß zu einer unbarmherzigen PR-Schlacht, in der die Beach Boys Dr. Landy in aller Öffentlichkeit verunglimpften und mich als seinen Gefangenen darstellten. Die Wahrheit sah ganz anders aus. Ich joggte täglich den Pacific Coast Highway entlang, machte Bodybuilding an der Pepperdine University und ging ins Kino oder zu Konzerten. Außerdem trat ich sogar mehrmals im Jahr gemeinsam mit den Beach Boys auf. Insgesamt war ich zugänglicher und ausgehfreudiger denn je. Ich wurde allmählich erwachsen.

»Willst du nach New York fahren und beim Galadinner der Rock and Roll Hall of Fame einen Preis vergeben?« fragte Dr. Landy mich vor Weihnachten.

»An wen?«

»Leiber und Stoller.«

Leiber und Stoller waren meine Helden. Sie gehörten zu den einflußreichsten frühen Rock-and-Roll-Songwritern und -Produzenten. Zum Beispiel hatten sie für Big Mama Thornton »Hound Dog« geschrieben, das später durch Elvis zu einem Millionenhit geworden war. Auch »Searchin'«, »Yakety Yak« und »Charlie Brown« von den Coasters stammte von ihnen. Peggy Lee hatte »Is That All There Is?« aufgenommen, und die Drifters hatten mit »On Broadway« einen Hit gelandet. Gary Usher hatte mich zuerst für die beiden begeistert, und später hatte ich erfahren, daß Phil Spector ihr Protegé gewesen war.

»Unbedingt«, sagte ich. »Ich mache es.«

Die Hall-of-Fame-Zeremonie fand im Januar 1987 statt. Ich mußte zu diesem Anlaß eine Rede halten; welche Konsequenzen das für mich hatte, wurde mir erst kurz vor dem Abflug nach New York richtig klar und jagte mir einen gewaltigen Schrecken ein. Wenn ich hinter einem Klavier saß, war alles in Ordnung, ich mußte nur meine Hände auf die Tastatur legen, um mich zu entspannen. Aber ich war kein großer Redner. Dr. Landy bat Henry Edwards, eine Rede für mich vorzubereiten, und ich lernte zwei Tage lang meinen Text. Am Abend des Dinners konnte ich ihn auswendig.

Dies war mein erster Glamour-Auftritt in der Öffentlichkeit, seit ich Hawaii verlassen hatte. Als ich den Raum betrat, spürte ich sehr viel Wärme und Kameradschaftlichkeit, besonders von meinen Tischnachbarn Ahmet Ertegun, dem Präsidenten von Atlantic Records, und Seymore Stein, dem Präsidenten von Sire Records. Seymore und ich unterhielten uns während des ganzen Dinners darüber, wie nervös wir waren, wenn wir eine Rede halten mußten. Ich war nach ihm dran und sagte ihm, ich würde mir an ihm ein Beispiel nehmen.

Als Seymore fertig war, schluckte ich erst mal. Dann schritt ich zum Rednerpult und erhielt standing ovations. Wenn ich nicht darauf vorbereitet gewesen wäre, hätte mich das aus dem Konzept gebracht und ich hätte meine Rede verpatzt. Glücklicherweise hatte Dr. Landy mich vor dem zu erwartenden donnernden Applaus gewarnt und mir geraten, ich solle den Leuten im Saal Gelegenheit geben, ihrer Liebe und Bewunderung Ausdruck zu verleihen.

»Auch wenn es dir nicht gefällt, steh einfach da und mach ein Gesicht, als würde es dir gefallen. Darum nennt man es schließlich *Show* Business.«

Ich hob meine Hände und lächelte. Die Menge wurde ruhiger.

»Vielen Dank.« Ich lächelte wieder. Dann wich ich von meinem vorbereiteten Script ab und sagte: »Ich danke euch aus tiefstem Herzen.«

Damit war es passiert. Das Publikum erhob sich wieder und klatschte und jubelte. Dr. Landy hatte mich aber nicht auf einen *zweiten* Applaus vorbereitet, mein Timing geriet durcheinander. Zum Glück hatte ich meine Rede so oft geprobt, daß ich sie trotzdem glücklich zu Ende brachte. Mittendrin wagte ich sogar eine kleine Improvisation. Um zu unterstreichen, wie sehr ich die Leiber/Stoller-Komposition »On Broadway« bewunderte, stimmte ich Teile der bezaubernden Melodie an, und als ich die wundervollen Falsettnoten von »On Broadway« traf, brach das Publikum abermals in stürmischen Applaus aus. Diese Reaktion kannte und verstand ich – schließlich war ich Entertainer.

Als ich wieder an den Tisch kam, sprach Seymore Stein flüsternd mit Dr. Landy, ohne auf Leiber und Stoller zu achten, die auf der Bühne ihre Auszeichnungen in Empfang nahmen. Nach einigen Minuten verließ Seymore den Tisch, und Dr. Landy wandte sich mir zu. Wie sich herausstellte, hatte Seymore seinen verläßlichen A & R-Mann Andy Paley in London angerufen und ihn gefragt, was ich sonst noch so drauf hatte, außer ein Beach Boy zu sein. Er hatte wissen wollen, ob er mich unter Vertrag nehmen sollte. Andy Paley sagte ihm, ich sei die Seele der Band, der Kopf, und falls er eine Chance sehe, mich für einen Solo-Deal zu verpflichten, solle er sofort zugreifen.

Nun fragte mein Therapeut, ob ich Lust hätte, ein Solo-Album zu machen.

»Oh ja, Gene, das würde ich wirklich gerne. Aber ich habe keinen Vertrag. Das ist so in der Musik, man muß zuerst einen Vertrag haben, ehe man eine Platte machen kann.«

In meiner Naivität und eingleisigen Denkweise glaubte ich, Dr. Landy hätte keine Ahnung vom Musikgeschäft. Ich vergaß ganz, daß er für RCA gearbeitet hatte, ehe er klinischer Psychologe geworden war. Allerdings hatte ich ihm in diesem einen Satz auch schon fast alles gesagt, was ich selber über das Musikgeschäft wußte.

»Na, du kennst doch den Mann, der neben uns sitzt, Seymore Stein«, sagte er. »Er ist der Präsident von Sire Records und hat mich gerade gefragt, ob du Interesse hättest, ein paar Solo-Platten für sein Label zu machen.«

Ich mußte nicht lange überlegen.

»Tun wir's«, stimmte ich kichernd zu.

Was für ein Trip!

44

Demos

Erst im Frühjahr 1987, drei oder vier Monate nach dem Handschlag mit Seymore Stein, wurden die Plattenverträge endlich unterzeichnet. Während dieser Zeit zeigten Dr. Landy und ich viel Begeisterung für unser Projekt, aber im stillen hofften wir beide sehnlichst, mein Alleingang würde die Beach Boys zu der Bitte bewegen, ich solle ein neues Album mit ihnen machen. So sehr ich mir wünschte, eine Solo-LP zu machen, hätte ich doch nichts lieber getan als das.

Die Beach Boys waren schließlich immer noch *meine* Band.

Aber weder Mike noch Carl oder Al fragten mich. Und ich wußte, daß sie das auch nie tun würden, solange Dr. Landy mit im Spiel war. Bei jeder Gelegenheit zogen sie seine Qualifikation in Zweifel, worauf ich immer nur antworten konnte: »Was qualifiziert einen Menschen denn dazu, einen Song zu schreiben?« Niemand hatte mich je gefragt, warum ich mit Roger Christian schrieb, einem Discjockey, oder mit Tony Asher, der in einer Werbeagentur arbeitete. Oder mit Mike Love, der an einer Tankstelle jobbte und mit mir Songs schrieb, weil er zufällig mein Vetter war.

Bezeichnenderweise schrieb Carl zu genau dieser Zeit Songs mit der Frau seines Managers, ohne daß irgend jemand Einwände vorbrachte. Es interessierte sie ausschließlich, wer mit mir schrieb.

Die Jungs gratulierten mir zu meinem Solo-Deal, aber ich glaube, sie fürchteten auch, ich könnte erfolgreich sein. Ich spürte ihre Eifersucht darüber, daß ich Songs für ein komplettes Album schrieb, an dem sie nicht beteiligt waren. Dabei hatten doch auch Carl und Mike jeweils zwei erfolglose Alben gemacht, und Al hatte es versucht, war aber gar nicht erst fertig geworden.

Also dachte ich: Leckt mich doch alle!

Über ein Album zu reden und die Papiere zu unterzeichnen, war eine Sache; es tatsächlich aufzunehmen, eine andere. Ich hatte seit – ja, richtig, seit *Smile* im Jahre 1967, kein Album mehr gemacht, jedenfalls nicht in dem Sinne, daß ich alles selbst geschrieben und produziert und mich voll reingehängt hätte. Damals war ich fünfundzwanzig Jahre alt gewesen.

In der Zeit, als ich noch in Schwung gewesen war, ging ich eine Plattenproduktion an wie einen sportlichen Wettbewerb. Der Prozeß war ganz natürlich, und ich stürzte mich fieberhaft aufs Songschreiben. Jetzt stand ich ratlos am Spielfeldrand und fragte mich, wo ich anfangen sollte.

Dr. Landy gab mir die Antwort. Eines Morgens bestellte er mich in seine Praxis. Als ich eintrat, saß er neben einem Tisch, auf dem sich ein Stapel Studiotapes türmte. Alle waren mit Brother Studios beschriftet.

»Was ist das?« fragte ich.

»ausaufgaben. *Deine* Hausaufgaben.«

Dr. Landy hatte sämtliche alten Masterbänder und Outtakes der Beach Boys zusammengetragen, die er nur finden konnte. Sie dokumentierten, wie ich jahrelang produziert und den anderen gezeigt hatte, wie sie singen und spielen sollten – Kronzeugen gegen meine eventuelle Unsicherheit. Für die nächsten Monate buchte ich Zeit in verschiedenen Studios, hörte mir die Tapes an, durchlebte noch einmal jede Phase meiner früheren Produktionen und gewöhnte mich wieder an die Studioumgebung. Dies wurde ein Teil meines täglichen Programms, wie Trainingsvorbereitungen.

»Was meinst du?« fragte Dr. Landy, als wir uns durch den Stapel durchgearbeitet hatten.

»Ich meine, daß es gräßlich gewesen sein muß, mit mir zu arbeiten«, antwortete ich. »Ich war wirklich verdammt anspruchsvoll und unnachgiebig. Es ist irgendwie ein Schock, das zu hören.«

»Kannst du wieder so sein?«

»Na ja, ich weiß nicht . . . Ich meine, ich war einundzwanzig, zweiundzwanzig. Damals hatte ich noch Feuer im Blut. Jesus Christus, wie gerne wäre ich noch mal so alt. Aber das ist unmöglich. Ich kann nicht zurück. Aber hart arbeiten kann ich noch, das weißt du. Und ich bin auch ziemlich gut in Form.«

»Gut. Genau das wollte ich hören.«

Aber zuerst einmal hatte ich mit schweren Selbstzweifeln zu kämpfen. Ich mußte mich selbst davon überzeugen, daß ich noch immer eine glückliche Hand hatte und mein Talent nicht verloren, sondern nur zugeschüttet war – und ich wartete zu lange auf ein Zeichen der Bestätigung. Dr. Landy und ich hatten einige Songs geschrieben, Alexandra Morgan war bei vielen von ihnen eine enorme Hilfe gewesen, besonders bei meinem Lieblingssong »There's So Many«. Die wenigen Leute, die meine Songs in diesem Frühstadium hörten, gaben mir gute Noten.

Komplimente waren schön und gut, doch das mit dem nötigen Selbstvertrauen war eine ganz andere Sache. Ich zweifelte an allem, aus den Zweifeln wurde Frustration, und diese Frustration wurde zur Quelle eines ständigen Genörgels über jedes Studio, in dem wir arbeiteten. Dr. Landy und ich zogen alle paar Tage um, und nach den ersten zwei Monaten hatte ich Demos in fünfzehn verschiedenen Studios gemacht – einschließlich meines alten Heimathafens, den Western Studios.

»Bis jetzt habe ich noch nicht das richtige Studio gefunden«, protestierte ich.

»Was stimmt denn nicht mit denen, die wir ausprobiert haben?« fragte Dr. Landy.

»Sie sind zu schwierig.«

»Es gibt keine unkomplizierten Studios, Brian. Die Zauberformel wirst du nirgendwo finden.«

»Na ja, sie sind zu bedrohlich. Sobald ich reinkomme, springt mich dieser wahnsinnige Erwartungsdruck an.«

»Das ist doch ganz natürlich. Alle Studios sind bedrohlich. Es ist so, als würde man auf ein leeres Blatt Papier starren und sich fragen, was zur Hölle man draufschreiben soll.«

»Aber das ist nicht dasselbe«, beharrte ich kindisch wimmernd.

»Nein, es ist wirklich nicht dasselbe, Babe. Und das wird es auch nie sein. Aber das heißt nicht, daß du nicht trotzdem fantastische Musik machen kannst. Also, was ist nun? Willst du rumsitzen und nörgeln, oder willst du endlich eine Platte mit toller Musik machen?«

Obwohl ich Steve Levine bei der Arbeit zugesehen hatte, merkte ich, daß ich noch viel lernen mußte, wenn ich eine moderne Platte aufnehmen wollte; aber ich war hungrig, interessiert und willig, und Dr. Landy war ein harter Lehrmeister. Ich gab ihm Songs, die ich für fertig hielt, und er gab sie mir postwendend zurück. Oft kommentierte er, für die Sechziger wäre das eine fantastische Arbeit gewesen, aber wir seien jetzt in den späten Achtzigern, und ich müßte mein Material auf die Höhe der Zeit bringen.

Zu dieser Zeit entdeckte ich erst allmählich den Synthesizer. Zwischen dem, was sich in meinem Kopf abspielte, und dem, was später auf Tape zu hören war, klaffte eine ziemliche Lücke. Der Grund hierfür war meine Unerfahrenheit im Umgang mit der neuen Technik, aber ich gab mir selbst die Schuld und glaubte, all meine Fähigkeiten verloren zu haben. Dieser Gedanke deprimierte mich entsetzlich. Man mußte mir nicht erst erzählen, daß ich nicht mehr der Mann war, der »Good Vibrations« geschrieben hatte, ich wußte es selber. Jeder Fünfundvierzigjährige weiß, daß er nicht mehr fünfundzwanzig ist.

Das hieß aber noch lange nicht, daß ich ausgebrannt war. Ich spürte noch immer jene Sehnsucht, mich auszudrücken, die alle Künstler antreibt, nur hatte ich nicht mehr diese leidenschaftliche Intensität wie vor zwanzig Jahren. Das war wohl unabwendbar. Wahrscheinlich empfinden viele Künstler diesen Verlust, wenn sie älter werden, und diese Erkenntnis ist grausam, ein bitterer Vorgeschmack unserer Sterblichkeit. Ich sprach mit Dr. Landy jeden Tag stundenlang über diese Frage.

»Beschreib mir, was du empfindest«, sagte er.

»Ich bin frustriert, völlig frustriert.«

»Weshalb?«

»Daß ich nicht mehr fünfundzwanzig bin. Ich kann nie mehr so sein wie mit zwanzig. Und das macht mir zu schaffen.«

»Na und?« fragte er. »Denk an die Alternative. Du könntest für alle

Zeiten ein toter Fünfundzwanzigjähriger sein. Oder du kannst leben. Und wenn du lebst, hast du etwas, das du als Fünfundzwanzigjähriger nicht gehabt hast.«

»Und was ist das?«

»Erfahrung. Weisheit. Du bist klüger geworden. Du hast das Leben kennengelernt. Du hast Fehler gemacht, und du hast aus ihnen gelernt. Oder etwa nicht?«

»Ja, das habe ich, Gene«, sagte ich etwas ermutigt. »Aber ich weiß nicht, wie ich das auf eine Platte kriegen soll.«

»Hörst du Musik? Kannst du noch Klavier spielen? Kannst du noch singen?«

»Ja.«

»Dann kannst du auch Platten machen.«

Abgesehen von solchen Aufmunterungen, die ich dringend brauchte, zeitigte auch die Tatsache, daß ich jeden Tag im Studio war, allmählich erste Ergebnisse. Trotz aller Hemmnisse und Selbstzweifel und trotz meiner Schnitzer fand ich in der Arbeit neue Lebensfreude und Bestätigung. Das Studio war meine Heimat, genauso wie früher das Zimmer, das ich in »In My Room« besungen hatte.

Schon wenn ich auf den Parkplatz des Studios fuhr, packte mich eine freudige Erregung. Wenn ich aus dem Wagen stieg, sagte ich mir: »Hier werde ich Musik machen, das ist mein Ding.«

Und dann fühlte ich mich gut.

Eines Tages im Juni rief völlig überraschend Gary Usher, mein erster Songwriter-Partner, bei Dr. Landy an. Ich konnte mich kaum noch erinnern, wie viele Jahre seit unserem letzten Gespräch vergangen waren. Gary wußte von meinen Schwierigkeiten und daß es mir wieder besser ging. Er wußte auch, daß ich wieder Platten machte. Er sagte, er wolle mithelfen. Obwohl Gary nach unserer Trennung einige Erfolge gehabt hatte, hatte auch er schlechte Zeiten durchgemacht und meinte nun, wir könnten uns vielleicht gegenseitig helfen.

Dr. Landy schlug vor, wir sollten zu dritt an einigen Songs arbeiten, aber hauptsächlich sah er in Garys Auftreten eine weitere Möglichkeit, mich wieder in Gang zu bringen. Gary war ein guter Sparrings-Partner, wir beide kannten uns gut und waren vertraut genug miteinander, um bei mir keine Unsicherheit aufkommen zu lassen. Nachdem wir mehrere Tage in meinem Haus gearbeitet hatten, sagte Gary, er habe in seiner Garage ein Acht-Spur-Gerät. Dies war gerade mal das Nötigste an Ausrüstung, was wir brauchten, aber es war immer noch viel mehr, als ich hatte. Also zogen wir um.

Bei Gary kamen wir besser voran. Es war ein seltsam vertrautes Gefühl, ihm gegenüberzusitzen. Wir waren beide noch Teenager gewesen, als wir unsere ersten gemeinsamen Songs geschrieben hatten. Wie oft hatten wir uns dabei betrunken und unsere intimsten Gedanken miteinander geteilt? Gary hatte mich viel besser gekannt als meine eigene Familie, und er war von meinem Dad gepiesackt worden wie ich. Er hatte mich Marilyn vorgestellt, und wir hatten zusammmen fantastische Arbeit geleistet. Jetzt, siebenundzwanzig Jahre später, saßen wir wieder gemeinsam am Klavier.

»Es hat mir gefallen, wie du dich gestern im Studio angestellt hast«, sagte ich am Anfang eines gemeinsamen Arbeitstags.

»Danke.«

»Aber du weißt, daß du ein Genie bist, oder? Du bist ein absolutes Genie. Gleich und gleich gesellt sich gern. Also arbeiten hier wohl zwei Genies zusammen. Sollte doch eine vielversprechende Kombination sein. Wir werden tolle Musik machen.«

Als Gary mich am nächsten Tag begrüßte, war er viel ernster, als ich ihn in Erinnerung hatte. Er kam direkt zur Sache: Er wollte die Vergangenheit ruhen lassen. Was unsere Freundschaft zerstört hatte, war Geschichte und ließ sich nicht mehr ändern. Die Vergangenheit lag hinter uns, keine Feindschaft deswegen. Wir konnten sofort unsere neue Zukunft in Angriff nehmen.

Natürlich rührten Garys Worte mich sehr, ich hätte ihn dafür umarmen können. Ich wollte ihm für sein Verständnis danken und war froh über seine Freundschaft.

»Weißt du, daß ich Mitglied im großen Drei-Vierzig-Club war?« gab ich Gary einen kleinen Einblick in mein bisheriges Leben.

»Was ist denn ein Drei-Vierzig Club?« fragte er.

»Ich habe dreihundertvierzig Pfund gewogen. Doch das war mir völlig egal. Ich war paranoid, exzentrisch. Aber das habe ich alles hinter mir gelassen.«

»Ja, das sehe ich. Eine fantastische Leistung. Du siehst toll aus.«

Ich sah wirklich wie neu geboren aus. Dr. Steven Zax, mein plastischer Chirurg, hatte einen meiner Wangenknochen gerichtet, der gebrochen worden war, als mein Vater mich als Kind verprügelt hatte. Aber ich fühlte mich nicht immer so gut, wie ich aussah.

»Aber ich bin ein verdammter Gefangener«, rief ich in einem plötzlichen Anfall von Dramatik. »Es gibt kein Entkommen für mich.«

Gary war geschockt und überrascht. Er verstand nicht, was ich meinte, und bat mich um eine nähere Erklärung. Ich steigerte mich in eine hysterische Tirade gegen Dr. Landy und erklärte ihm, Dr. Landy würde mich lehren, verantwortungsbewußt zu leben und mich in der Welt zurechtzufinden. Aber gleichzeitig ereiferte ich mich über die Härten meines streng reglementierten Programms.

»Ich hasse es, mir alles vorschreiben zu lassen«, zeterte ich. »Es kotzt mich an, ständig unter Beobachtung zu stehen. Ich lebe wie ein verdammter Gefangener.«

»Und Landy schreibt dir vor, was du zu tun hast?«

»Ja«, sagte ich. »Landy.«

Damals sagte ich, was mir gerade durch den Kopf ging, doch Gary nahm alles wörtlich. Eigentlich kam in diesem Gejammere nur meine Angst vor der Plattenproduktion zum Ausdruck: Es war eine Erleichterung für mich, auf meinen Therapeuten zu fluchen. Dr. Landy und ich stritten uns und vertrugen uns wieder, wir schnauzten uns an und bewunderten einander. Er war für mich so etwas wie Familie. Wenn ich aus irgendeinem Grund wütend wurde, ließ ich das an ihm aus. Es verhalf mir zu innerer Sicherheit, daß ich das konnte.

Durch die Zeit, die ich mit Gary verbrachte, wurde ich mir auch über meine eigenen Gefühle klar. Trotz der beruflichen Rückschläge, die mein Freund hatte einstecken müssen, wirkte Gary zufriedener als ich. Obwohl ich reich und berühmt war, fand ich, daß ich es schlechter getroffen hatte als er. Zumindest hatte ich damals dieses Empfinden.

Je mehr ich meine Lage analysierte, desto schwieriger wurde es für mich, eine Tatsache zu ignorieren, die ich mir nie hatte eingestehen wollen: Obwohl ich so gesund, lebenstüchtig und produktiv war wie seit Jahren nicht mehr, war ich doch immer noch krank. Seelisch krank. Mir das endlich einzugestehen, war höllisch deprimierend. Schließlich fand ich mich damit ab, daß ich zumindest jetzt noch nicht in der Lage war, selbst die Verantwortung für mein Leben zu übernehmen. Ich wußte, daß ich weiterhin auf eine psychiatrische Betreuung angewiesen war und eine gewisse Aufsicht brauchte. Man konnte sich nicht darauf verlassen, daß ich nicht wieder in meine früheren selbstzerstörerischen Verhaltensmuster zurückfiel. Weil ich gesünder war als je zuvor in meinem Leben, konnte ich mir darüber klar werden.

In dem Augenblick, in dem ich mich damit abfand, wurde ich wütend. Gary war der erste beste, bei dem ich meine Wut ablassen konnte. Dabei war ich nicht wirklich wütend auf Dr. Landy, sondern die Tatsache, daß ich gegen ihn hetzte, war nur der Ausdruck meiner Wut auf mich selbst und der Einsicht in meine tatsächliche Lage.

»Leiden ist manchmal notwendig«, machte Gary geltend. »Sieh es als Privileg an, daß du soviel durchmachen mußtest. Nur dadurch lernt und reift man.«

»Ja, ja«, seufzte ich nun schon ruhiger. »›Was nicht weh tut, hilft auch nichts.‹ Das sagt mein Chiropraktiker auch immer.«

Auf Dr. Leroy Perry war ich ständig angewiesen, um meine Rückenschmerzen zu lindern, ebenso auf meinen Orthopäden Dr. Arnold Ross.

Wie sich herausstellte, sollte die Arbeit mit Gary mir weitere leidvolle Erfahrungen bescheren. Obwohl wir beide gemeinsam mit Dr. Landy an den Songs gearbeitet hatten, stellte Gary schließlich seine Arbeitszeit mit saftigen 14 000 Dollar in Rechnung. Das kam völlig unerwartet. Schließlich wandte er sich auch noch an Seymore Stein und Lenny Waronker, die Präsidenten von Sire und Warner Brothers, und versuchte, für sich selbst einen Vertrag als Produzenten meines Soloalbums herauszuschlagen. Ich wußte nicht, was er sich dabei dachte.

»Gary, warum tust du mir das an?« fragte ich.

Wir waren im Studio, zwei Tage zuvor hatten Dr. Landy und ich das Masterband für »Let's Go to Heaven in My Car« fertiggestellt. Gary, der den Song mitgeschrieben hatte, war zu dieser Session nicht erschienen.

»Ich versuche dir zu helfen«, erklärte er. »Ich kann dir helfen, Musik zu machen *und* Dr. Landy loszuwerden.«

»Aber ich brauche solche Hilfe nicht. Und ich will auch Landy nicht loswerden.«

Bald stellte sich heraus, das Gary während unserer gemeinsamen Arbeit Tagebuch geführt und jede meiner Äußerungen festgehalten hatte. Nachdem ich ihm gesagt hatte, Dr. Landy und ich würden die Arbeit an der Solo-LP ohne ihn weiterführen, übergab er seine Aufzeichnungen der Staatsanwaltschaft, die inzwischen Ermittlungen gegen Dr. Landy eingeleitet hatte.

Das machte mir klar, daß selbst Paranoiker *echte Feinde* haben können. Ich hatte allen Grund, mich vorzusehen.

Im Frühjahr 1987 hatte ich das Thema Gary Usher zu den Akten gelegt und arbeitete mit Volldampf an neuen Songs und Demos. Dr. Landy und ich hatten Tracks für ein Dutzend Songs aufgenommen und waren in Hochform. Dann funkte uns das Plattenbusiness dazwischen.

Ein Album ist in erster Linie ein persönliches Statement, eine Postkarte aus der jeweiligen Vision des Künstlers, aber plötzlich erfuhren Dr. Landy und ich, daß wir Hilfe brauchten. Das war uns gänzlich neu, aber wir wollten mit unserer Arbeit ankommen und akzeptierten daher, daß Russ Titelman, der Vizepräsident und Hausproduzent von Warner Brothers, uns behilflich sein wollte. Ich kannte Titelman seit ungefähr fünfundzwanzig Jahren; damals war er ein schlaksiger Junge gewesen, der sich in den Studios von L. A. herumgetrieben hatte. Jetzt war er ein einflußreicher Plattenboß, der immer bekam, was er wollte – und diesmal wollte er eben mit mir arbeiten.

Titelman lebte in der Nähe von Manhattan und wollte das Album deshalb in New York produzieren. Offen und kooperativ, wie wir waren, flogen Dr. Landy, Alexandra Morgan, mein langhaariger, blonder Assistent Kevin Leslie und ich im Juni dorthin. Es gab sofort Krach. Zunächst verwies Titelman jeden außer mir und den Musikern aus dem Studio. Dann weigerte er sich, Dr. Landy Bänder unserer Aufnahmen zukommen zu lassen. Es war zum Verrücktwerden, für fast zwei Wochen brachten wir nichts Brauchbares zustande; allerdings stellten Andy Paley, der A & R-Mann, den Seymore Stein für uns freigestellt hatte, und ich fest, daß wir ein weitaus besseres Team waren als Titelman und ich.

Das Hauptproblem aber war, daß wir die Plattenfirma nicht von der Eignung Dr. Landys zum Co-Produzenten überzeugen konnten. Seymore und Waronker weigerten sich, ihm diese oder jede andere kreative Rolle einzuräumen, Andy Paley dagegen war ihnen als Co-Produzent durchaus genehm. Wahrscheinlich wäre ihnen jeder als Co-Produzent recht gewesen, nur nicht mein Therapeut. Wie die Beach Boys argumentierte auch die Plattenfirma stur: »Er ist Arzt, kein Produzent.«

Die mangelnde Sensibilität und Aufgeschlossenheit der Plattenfirma führte zu ständigen Reibereien. Dr. Landy und ich versuchten trotzdem weiterzukommen, aber uns wurden zu viele Kompromisse aufgezwungen. Ich konnte mir allerdings denken, was wirklich lief: Jeder wollte die Lorbeeren, die Rückkehr Brian Wilsons ins Musik-Business ermöglicht zu haben, für sich ernten.

Aber ich kam in New York überhaupt nicht weiter. Das Experiment scheiterte endgültig, als Paley eines Nachmittags zu Kevin Leslie sagte, er habe in der Toilette Marihuana gerochen. Titelman hielt sich dort auf, und Kevin machte Meldung. Nachdem unser Co-Produzent die Toilette verlassen hatte, schnupperten Dr. Landy und Kevin nach verdächtigen Gerüchen; Titelman kam dahinter und ging in die Luft. Er befahl ihnen, das Studio zu räumen.

»Moment mal«, entgegnete Dr. Landy. »Das ist nicht dein Studio. Aber was viel wichtiger ist: Weißt du nicht, daß Brian Drogenprobleme hat? Weißt du nicht, daß es unklug ist, in seiner Nähe Marihuana zu rauchen? Begreifst du überhaupt, wie du ihn mit deiner Kifferei gefährdest?«

Ich hatte mir einen Stuhl in die Ecke geschoben, beobachtete die Szene und fürchtete, daß es mit meinem Soloalbum genauso schnell vorbei sein könnte, wie es angefangen hatte.

»Es ist unmöglich, hier in Ruhe zu arbeiten, nicht, wenn mir dauernd dieser Surf-Nazi auf die Finger sieht«, sagte Titelman mit einem Seitenblick auf Kevin.

»Schön«, sagte Dr. Landy. »Dann arbeiten wir eben nicht mehr hier. Du bist der Fachmann. Wenn man hier nicht in Ruhe arbeiten kann, gehen wir nach L. A. zurück.«

In L. A. schaltete sich Lenny Waronker ein. Der Präsident von Warner kam immer öfter ins Studio. Einmal hatte er beispielsweise Lindsey Buckingham mitgebracht, den Gitarristen von Fleetwood Mac, der dann zusammen mit mir und Gene einen Song geschrieben hatte. Ein anderes Mal war Jeff Lynne aufgetaucht. Alle möglichen Künstler wollten an meinem Album mitarbeiten. Ich fühlte mich zwar geehrt und geschmeichelt, fragte mich aber, wieso mich niemand um meine Meinung bat.

Überdies handelte ich mir noch Ärger mit Kollegen ein. Eines Tages traf ich Prince vor dem Studio. Ich stellte mich vor, aber er würdigte mich keines Blicks. Was zum Teufel hatte ich ihm getan? Wie sich später herausstellte, hatte Prince erfahren, daß Lenny Waronker bei mir im Studio war. Nun vermutete er, das sei der Grund dafür, daß Lenny keine Zeit hatte, sich sein neues Album anzuhören.

Im Dezember 1987 machten wir endlich wieder Fortschritte. Dieser Prozeß eines langsamen, aber stetigen Vorankommens rief mir wieder meine Erfahrungen beim Outward-Bound-Programm in Erinnerung: Dr. Landy hatte damals recht gehabt, daß er mich auf dieses Himmelfahrtskommando schickte. Ich hatte diese Torturen unbeschadet überstanden, also würde ich auch mein erstes Soloalbum erfolgreich zu Ende bringen, dessen war ich ganz sicher.

45

Die Liebe, die du gibst

Im Januar 1988 stand ich mit den Beach Boys hinter der Bühne des Waldorf-Astoria in New York. Wir hatten unsere Pressetermine hinter uns und warteten jetzt auf den Beginn des Galadinners zur dritten jährlichen Preisverleihung der Rock and Roll Hall of Fame. Die Arbeit an meinem Album war zeitraubend gewesen, daher sah ich die Jungs jetzt zum ersten Mal seit Monaten.

»Ich höre, mit dem Album geht es vorwärts«, bemerkte Al Jardine. »Ist es denn halbwegs brauchbar?«

»O ja, was macht denn das Album?« Mike Love kicherte sarkastisch.

Ehe ich antworten konnte, hatte Mike seine Aufmerksamkeit schon wieder seinem Ehrengast, Muhammad Ali, dem ehemaligen Boxweltmeister im Schwergewicht, zugewandt. Auch Al schlenderte mit seiner Frau davon. Carl begrüßte mich frostig, schnitt jedoch Dr. Landy.

»Was ist mit Mike los?« fragte ich. »Er macht so ein komisches Gesicht.«

Carl antwortete nicht. Als wir später an unserem Tisch saßen, fand ich den Grund heraus: Im Rahmen seiner TM-Übungen hatte mein Vetter seit fast einer Woche nichts mehr gegessen. Das erklärte seinen wilden Blick und seine völlig unberechenbare Stimmungslage. Neben Alis glatter Fassade wirkte Mike wie ein abgerissenes Hochspannungskabel, das gefährliche Funken sprühte.

Ich spürte Mikes Gereiztheit und bekam Angst, er könnte auf mich losgehen. Es war eine irrationale Angst, aber für mich war sie darum nicht weniger real. Dr. Landy versicherte mir, ich hätte nichts zu befürchten, wenn Mike irgend etwas Verrücktes anstellen würde, dann sicher nicht mit mir. Jetzt fühlte ich mich besser. Als wir an unseren Tisch gingen – das Gefolge der Beach Boys nahm insgesamt zwei Tische in Beschlag – riet mein Arzt mir, ich solle mich auf meine Rede konzentrieren. Wie schon im letzten Jahr hatte mein Freund Henry Edwards wieder einen wunderbaren Text für mich verfaßt und mir geholfen, ihn einzustudieren, bis alles richtig saß.

Die Beach Boys gehörten zum Kreis der Auserwählten. Headliner waren die Beatles und Bob Dylan, außerdem standen noch Leadbelly, die Supremes, Woody Guthrie, der Motown-Gründer Berry Gordy, die Gitarrenlegende Les Paul sowie die Drifters auf der Liste. Im Bankettraum des

Waldorf war das eindrucksvollste Rockmusiker-Aufgebot versammelt, das ich jemals gesehen hatte: Bob Dylan, Neil Young, George Harrison, Ringo Starr, Bruce Springsteen, Paul Simon und Little Richard. Der einzige, der in dieser Rock-and-Roll-Galaxis fehlte, war Paul McCartney. Er hatte durch einen Journalisten verlautbaren lassen, daß ihm ein Wiedersehen mit George und Ringo wegen ungeklärter geschäftlicher Differenzen unangemessen erscheine. Das war zwar schade, aber ich konnte verstehen, daß es zwischen Bandmitgliedern zu solchen Unstimmigkeiten kam; ich kannte das Problem schließlich aus eigener leidvoller Erfahrung.

Elton John präsentierte die Beach Boys. Er würdigte unseren Harmoniegesang und meine Musik und erwähnte sogar, daß er in den frühen Tagen seiner Karriere ein großer Brian-Wilson-Fan gewesen sei. Seine Rede weckte nette Erinnerungen in mir. Während er zu Ende sprach, durchlebte ich noch einmal die Nacht, in der Danny Hutton mich mit dem damals noch unbekannten Songwriter besucht und Elton mir seine Stücke vorgespielt hatte.

»Brian . . .« Dr. Landy stupste mich an. »Steh auf! Du bist dran.«

Die anderen standen bereits auf der Bühne ums Mikrofon versammelt und badeten im Applaus, als ich auf die Bühne kletterte und noch stürmischere Ovationen erntete. Auch wenn jetzt dichte Rauchwolken im Saal gehangen und irgend jemand »Feuer« geschrien hätte, hätte mich das nicht mehr aus dem Konzept gebracht. Ich hatte mich für den Applaus gewappnet und konzentrierte mich auf meine Rede.

Ich ließ mir Zeit, um meine Brille aufzusetzen, mein Manuskript zu ordnen und mich zu räuspern. Ich war so konzentriert, daß ich mich nicht darum kümmerte, daß das Mikrofon viel zu niedrig stand, und beugte mich vor, anstatt es richtig einzustellen. Als ich gerade den Mund aufmachen wollte, wurde ich allerdings von Mike unterbrochen, dessen kahle Platte eine nicht ganz gesellschaftsfähige UCLA-Bruins-Mütze zierte.

Aber das spielte alles keine Rolle. Ich ließ Mike sein Sprüchlein aufsagen und kam wieder auf meine Rede zurück. »Wer hätte damals geglaubt, daß wir siebenundzwanzig Jahre und mehr als dreißig LPs später hier vor euch stehen würden«, sagte ich. »Ich wünschte nur, unser Bruder Dennis könnte heute abend an unserer Seite sein . . .« Plötzlich unterbrach Mike mich zum zweiten Mal.

Er griff direkt vor mich und sagte: »Moment, laß mich das Mikro für dich richten.« Er konnte es einfach nicht ertragen, daß ich mich so gut hielt und statt seiner im Rampenlicht stand.

»Als Jugendlicher habe ich die Four Freshmen und Frank Sinatra gehört. Ohne sie hätte ich die High School nicht überstanden, und das ist das einzige, was zählt«, fuhr ich fort. »Wir alle in diesem Raum haben die Gabe, Musik zu schreiben, Musik, die helfen und heilen kann . . .« Ich unterbrach mich und ließ den Blick durch den Raum schweifen. »Vergessen wir nie, daß Musik die Stimme Gottes ist . . .

Im Lauf der Zeit waren die Beach Boys in Mode und aus der Mode und dann wieder in Mode. Was mir die ganzen Jahre über Kraft gegeben hat, war immer dasselbe Gefühl, das mich vor so vielen Jahren schon motiviert hat, ›Surfin'‹ zu schreiben: Ich wollte heitere Musik schreiben, die andere Menschen glücklich macht. Und daran hat sich in den letzten siebenundzwanzig Jahren nichts geändert.«

Ich schloß mit den Worten: »*The Surf's Up Tonight*. Laßt uns gemeinsam daran arbeiten, daß es in alle Ewigkeit so bleibt. Liebe und Dank an alle.«

Darauf folgten Hochrufe und Standing Ovations. Drei Mal hatte Mike mich unterbrochen, ohne daß ich mich dadurch hätte aus der Ruhe bringen lassen. Trotzdem war ich fassungslos über seine Grobheit und seine Eifersucht darüber, daß er in meinem Schatten stehen mußte.

Als ich zur Seite trat, bedankte sich Al und Carl nickte mir kurz zu. Dann ließ der Bandleader Paul Schaffer einen Tusch intonieren. Carl, Al und ich schwenkten unsere Trophäen und glaubten wie alle anderen, damit sei die Sache gelaufen. Doch nun beugte sich Mike zum Mikrofon. Im Angesicht von Leuten wie Harrison, Starr, Yoko Ono, Springsteen, Jagger und Dylan, die an den vorderen Tischen saßen, rief er laut »Stop, stop, stop!« in den Saal.

Ich dachte nur: Au-weh, jetzt kommt's; und ich bin mir sicher, daß sich auch Al und Carl auf die Zunge bissen. Nach Mikes gehässigem Gesichtsausdruck und seinen gerunzelten Brauen zu urteilen, konnten wir uns auf einiges gefaßt machen. Das Fasten machte ihn völlig unberechenbar und explosiv.

Aber mit einer dermaßen giftigen Haßtirade, wie Mike sie abließ, hatte niemand gerechnet. Er warf sich in seine sechsundvierzigjährige Brust und prahlte mit hemdsärmeliger Unverschämtheit, die Beach Boys stünden für Harmonie. Paul McCartney habe dem nichts entgegenzusetzen, als sich hinter einem gutbezahlten Anwalt zu verschanzen. »Wir machen hundertachtzig Auftritte pro Jahr«, sagte Mike verächtlich. »Ich würde zu gerne sehen, wie die Pilzköpfe uns das nachmachen. Ich würde gerne mal sehen, wie Mick Jagger auf die Bühne geht und ›I get Around‹ statt ›Jumpin' Jack Flash‹ singt.« Dann forderte er den »Boß« – gemeint war Bruce Springsteen – heraus, »sich zu den Beach Boys auf die Bühne zu wagen und zu jammen. Ich möchte mal sehen, wie Billy Joel in die Tasten haut.« Und so ging es weiter.

Es war entsetzlich peinlich, ich hätte im Boden versinken können. Während Mike sprach, kam Seymore Stein zur Bühne gelaufen, packte mich am Arm und zog mich weg. Al und Carl standen wie angewurzelt da. Stein flüsterte Schaffer zu, er solle die Band spielen lassen. Doch die Hoffnung, Mike durch Musik zu übertönen, war trügerisch: Mike redete ohne Unterbrechung weiter. Bald schallten Buhrufe und Pfiffe durch den Saal, und es wurden Rufe laut: »Schafft den Trottel von der Bühne!«

Später begrüßte Springsteen Bob Dylan. Der begann seine Rede mit einem Dankeswort an Mike, der ihn bei seinem haßerfüllten Monolog ausgespart hatte. »Ich gebe auch viele Konzerte im Jahr«, erklärte er.

»Frieden, Liebe und Harmonie sind in der Tat wichtig, aber die Gabe, verzeihen zu können, ist es nicht minder.«

Mike kapierte überhaupt nicht, was er angerichtet hatte. Sechs Wochen später kam das Spektakel auf einem Gesellschaftertreffen der Band zum ersten Mal wieder zur Sprache. Mein Vetter hörte sich stoisch unsere Vorwürfe an und erklärte völlig uneinsichtig, seine Rede sei der Höhepunkt der Hall-of-Fame-Gala gewesen. Sämtliche Zeitungen hatten seinen Namen richtig geschrieben, und in seinen Augen hatten seine Kommentare die Beach Boys zu den Stars des Abends gemacht.

»Was Besseres konnte uns doch gar nicht passieren«, beharrte er. »Ich wollte, daß wir Aufsehen erregen, und das ist uns gelungen.«

Dr. Landy wies ihn darauf hin, daß auch Lee Harvey Oswald Aufsehen erregt hatte. Wesentlich wichtiger als Publicity sei die Frage, wodurch man sie erlange.

Glücklicherweise konnte ich diesen Zwischenfall schnell aus meinem Gedächtnis streichen und mich wieder meinem Soloalbum widmen. Ich arbeitete mit Dr. Landy an »Child, Adult and Parents«, einer Suite, die musikalisch alle Stationen meines Lebens reflektierte, seit wir 1983 meine Therapie wiederaufgenommen hatten. Dieser Song war eine unserer faszinierendsten Gemeinschaftsarbeiten, einschließlich der konsequenten Analyse und Diskussionen der letzten fünf Jahre, und die Arbeit daran war wunderschön.

Dieses achtminütige Stück war ein ambitioniertes Projekt, insbesondere auch deshalb, weil es als Single keine Chance hatte; es war eine Übung in Ideenreichtum und reiner künstlerischer Vollendung. Schließlich spielten wir mit großen Erwartungen ein fast fertiges Tape Lenny Waronker vor.

»Nein, nein, nein, das ist es nicht«, sagte der Präsident der Plattenfirma. »Was ich möchte, ist Cowboy-und-Indianer-Romantik. Ich war ganz begeistert von ›Cabin Essence‹. ›Cool, Cool Water‹ habe ich geliebt. Ich will irgendwas mit einem typisch amerikanischen Feeling. Wilder Westen und so, nicht dieses intellektuelle Therapie-Zeug. Versteht ihr?«

»Ja, ich verstehe«, antwortete ich, immer noch im Tonfall eines Bittstellers; aber ich wollte es einfach nicht glauben. »Ich weiß, was du meinst.«

Ich mochte, was wir geschrieben hatten, aber ich wollte mich nicht mit Lenny Waronker anlegen und gab nach. Dann schlug er vor, ich solle mit Andy Paley an einem Stück mit Western-Thema arbeiten, und ich war eifrig darauf bedacht, ihm gefällig zu sein. Heute würde ich das nicht mehr tun, ich bin mittlerweile sehr viel stärker und habe gelernt, meinem Instinkt zu vertrauen. Ich kann nein sagen, wenn ich bedrängt werde. Ich wünschte, das wäre schon damals so gewesen und ich hätte das Stück so gelassen, wie es war.

Aber Dr. Landy und ich ließen uns immer noch von der Plattenfirma herumstoßen. Plötzlich wurden seine Beiträge zu dem Song ebenso eliminiert wie sein Name. Paley wurde als Co-Autor genannt und schloß ganz nebenbei mit Warner einen eigenen Vertrag. Es ging um Gefälligkeiten, nicht um Musik.

Das Ergebnis war, daß aus »Child, Adult and Parent« ein Bilderreigen aus dem Westen wurde mit dem Titel »Rio Grande«. Lenny und Seymore waren völlig hingerissen, Dr. Landy und ich fügten uns.

Als wir mitten in der Arbeit steckten, rief Tom Hulett, der Manager der Beach Boys, Dr. Landy und mich im Studio an. Wir näherten uns gerade dem Ende einer fast zehnstündigen Session. Tom erklärte, die Jungs seien im letzten Stadium ihrer Aufnahmen von »Kokomo«, einem Song, den Terry Melcher, John Phillips und Mike geschrieben hatten. Das Stück sollte auf dem Soundtrack des neuen Tom-Cruise-Films, *Coctail*, erscheinen, eine einzige Hommage an Sex und Saufen. Der alleinige Grund dafür, daß Tom Hulett mich anrief, war die Satzung der Beach-Boys-Gesellschaft, die besagte, daß jedes Bandmitglied von jeder Aufnahmesession benachrichtigt werden mußte – wie lange im voraus war allerdings nicht festgelegt.

»Wann müssen wir da sein?« fragte Dr. Landy.

»Morgen.«

»Aha?« kommentierte Dr. Landy gelassen. »Wo und wann?«

»Zwei Uhr.«

»Zwei Uhr nachmittags«, wiederholte Dr. Landy laut, damit ich hörte, worum es ging.

»Ach ja«, fügte Hulett eher beiläufig hinzu, »die Session ist in Atlanta.«

»In Georgia?« fragte Dr. Landy überrascht. »Es ist jetzt sechs Uhr. Sollen wir alles stehen und liegenlassen, damit wir in zwei Stunden im Flugzeug sitzen können? Brian, hast du diesen Scheiß gehört?«

»Ja, Gene. Das schaffen wir nie.«

Sie arbeiteten wirklich mit allen Tricks.

Nachdem wir monatelang emsig gearbeitet und ständig versucht hatten, es allen recht zu machen, äußerte Seymore kurz nach der »Kokomo«-Session plötzlich Bedenken gegen unser komplettes Album. Der Sire-Präsident bemängelte, daß keine echten Single-Hits dabei seien. Scheiße, woher wollte er das wissen? Woher wollte irgend jemand das wissen? Ich fand, »Love and Mercy«, das Warner nicht so veröffentlichen wollte, wie ich es mir wünschte, und »Walking the Line« hätten durchaus Single-Potential.

Daraus entspann sich eine wochenlange Diskussion. Seymore und Waronker telefonierten fast ununterbrochen mit uns. Ihre Lösung: Paley sollte einen neuen Song schreiben, »einen echten Radiohit«, wie Seymore sagte. »Meet Me in My Dreams Tonight« wurde dann freilich nie als Single veröffentlicht. Waronker wiederum bestand auf Titelmans Rückkehr. Dr. Landy war einverstanden, verlangte aber, daß Titelman sein Benehmen änderte.

Ungefähr zur selben Zeit platzte eine Bombe, die unsere ohnehin schon problematische Lage zusätzlich verschärfte. Im Februar 1988 beschuldigte das Board of Medical Quality Assurance (BMQA), der Standesverband der kalifornischen Ärzte, Dr. Landy wiederholter Verstöße gegen ethische Grundsätze und die verbandsinternen Zulassungsbestimmungen. Meinem Therapeuten drohte ein Berufsverbot für Kalifornien. Damit war die öffentliche Hexenjagd, die Carl, Marilyn, die Beach Boys und Carolyn Williams angezettelt hatten, offiziell eröffnet.

Gene überbrachte mir die schlechten Nachrichten eines Morgens nach meinem Training. Er hatte zuvor mit seinem Anwalt Mark Meador gesprochen. Gene erzählte, er habe deprimiert und halbbetäubt auf dem Fußboden gehockt, während Meador ihm die Rechtslage erklärte. Ich wußte nur zu gut, wie er sich fühlen mußte.

Meine erste Reaktion war Besorgnis: Was wäre, wenn wir getrennt würden? Alles, was wir bislang erreicht hatten, von meinem erheblich verbesserten Gesundheitszustand bis hin zu meiner vielversprechenden Solo-Karriere, stand auf dem Spiel. Was war, wenn ich wieder den Beach Boys und meiner Familie ausgeliefert sein würde? Ich würde eingehen. Ich würde sterben. Nachdem wir die Lage besprochen hatten, knallte ich vor Wut die Faust so krachend auf den Frühstückstisch, daß die Bestecke tanzten.

»Gene, das mußt du mir glauben, die Vorwürfe sind absolut schwachsinnig«, sagte ich, um ihn zu trösten und aufzurichten. »Sie sind unbegründet. Wer immer sie aufgebracht hat, meine ganze Familie, sie sind nicht wahr. Ich glaube, ich war noch nie so wütend.«

»Danke, Babe.«

»Kurz nachdem wir angefangen haben, zusammenzuarbeiten, hast du mir alles gezeigt, was mit mir passiert war«, fuhr ich fort. »Du warst brutal ehrlich. Du hast mir genau gesagt, was sich in meinem Körper und meinem Kopf abspielte. Und ich konnte es nicht hören. Ich habe es einfach nicht an mich rangelassen.«

»Ja, aber es war die Wahrheit.«

»Genau. Ich konnte sie nur nicht hören. Ich wollte sie nicht hören. Aber in einer Nacht in Hawaii, als ich im Bett lag, sagte ich zu mir: ›Hier sitze ich, Brian Wilson, das ausgeflippte Drogenwrack. Ein echt abschreckendes Beispiel.‹ Und weißt du was? Es hat mich gekränkt. Es hat mich ziemlich runtergezogen. Aber obwohl es weh tat, hat es mir geholfen, die Wahrheit zu erkennen. Nur darum habe ich das alles durchgestanden.«

»Ich bin dir wirklich dankbar, daß du das sagst.«

»Ich weiß, was über dich geschrieben und geredet wird. Das war wirklich ein beinhartes Programm. Ein echtes Scheißspiel. Vor fünf Jahren habe ich geglaubt, ich könnte das keinen einzigen Tag länger aushalten. Jetzt sind fünf Jahre vergangen, und ich denke das immer noch. Aber jetzt frage ich mich: Was soll das? Wenn du es fünf Jahre ausgehalten hast, kannst du es auch noch einen Tag länger aushalten. Was ich sagen will ist: Es wird verdammt hart für dich werden, aber du mußt da durch.«

»Hey, Mann . . .« Dr. Landy gab mir einen Klaps auf die Schulter. »Anscheinend habe ich gute Arbeit bei dir geleistet. Ich weiß gar nicht, wer von uns beiden hier der Doc ist.«

Daß die Staatsanwaltschaft aufgrund dieser Vorwürfe Anklage erhob, beruhte nicht zuletzt auf einer Beschwerde, die Carolyn Williams bereits 1984 eingereicht hatte. Die Aufzeichnungen Gary Ushers waren weiteres Wasser auf die Mühlen, und Marilyn und Carl machten ebenfalls Druck. Aber der eigentliche Grund für die Maßnahmen der BMQA waren Dr. Landys unorthodoxe Behandlungsmethoden. In den Papieren, die der Staatsverband vorlegte, wurde seine Rolle als mein Co-Produzent, Manager, Songwriter-Kollege und geschäftlicher Berater hervorgehoben. Die Vorwürfe liefen darauf hinaus, Dr. Landy würde mich ausnutzen, obwohl es mir damals seelisch, körperlich und finanziell so gut ging wie seit den Gründungstagen der Beach Boys nicht mehr. Dr. Landy hatte mir nicht nur das Leben gerettet, er hatte auch meiner Karriere wieder auf die Beine geholfen.

Aber in diesem Staat galt ein rigoroser Ehrenkodex, der besagte, daß ein Therapeut während der Behandlung keinerlei außerberufliche Beziehungen zu seinem Patienten unterhalten darf. Mein Zustand und die besonderen Umstände hatten jedoch unkonventionelle Maßnahmen erfordert, und Dr. Landy stand in dem Ruf, ein unkonventioneller Therapeut zu sein; aus diesem Grund war er überhaupt engagiert worden.

Irgendwann hatten ihn die Regeln vor ein ernsthaftes Dilemma gestellt: War es ethisch vertretbar, einen Patienten bis zu einem bestimmten Punkt zu begleiten und ihn dann fallenzulassen, weil die ärztliche Ethik es verbot, über diesen Punkt hinaus weiterzumachen? Sollte er vom herkömmlichen therapeutischen Weg abweichen und eine neue Rolle übernehmen, in der er mir auch weiterhin helfen konnte? Oder sollte er sich in Übereinstimmung mit den Vorschriften weigern, diesen Schritt zu tun? Sollte er an einem bestimmten Punkt aussteigen, weil die Regeln ihm Zurückhaltung vorschrieben? Oder sollte er die Regeln in den Wind schlagen, um mir weiterhin zu helfen? Meiner Meinung nach sollte die Standesethik den jeweiligen Umständen angepaßt sein und nicht umgekehrt; und daß ich überhaupt in der Lage bin, zu diesem Thema Stellung zu beziehen, verdanke ich ausschließlich der Tatsache, daß sich auch Dr. Landy für den unkonventionellen Weg entschieden hat.

Über einen Monat, bevor die BMQA Beschwerde einlegte, hatten Dr. Landy und ich unser formelles Arzt-Patienten-Verhältnis aufgelöst. Meine Behandlung wurde von Dr. Solon Samuels, einem freundlichen, lebensklugen Mann fortgesetzt. Eugene Landy wurde mein Freund, Partner und Manager. Wenn er und ich zusammenarbeiten wollten, mußten wir einander gleichgestellt sein.

Ein Jahr später wurde die BMQA-Affäre durch einen Kompromiß beigelegt. Nachdem Dr. Samuels, Dr. Landy und ich die möglichen Auswirkungen einer Gerichtsverhandlung speziell auf mich diskutiert hatten, waren wir zu dem Schluß gekommen, daß sie verheerend sein und alles bisher Erreichte gefährden würden. Also entschied sich Dr. Landy, nicht um seine Zulassung als Psychologe im Staat Kalifornien zu kämpfen, sondern er gestand, mir verschreibungspflichtige Drogen verabreicht zu haben. In Wahrheit hatte er wenig mehr verbrochen, als mir Fragen zu stellen wie »Hast du heute schon deine Medizin genommen?« Um mich vor dem Gesetz zu schützen, nahm er zwei Jahre Berufsverbot in Kauf. Danach konnte er eine Neuzulassung beantragen.

Die ganze Affäre widerte mich an: Eugene Landy wurde dafür bestraft, daß er mir das Leben gerettet hatte, und ich mußte mich demütigen lassen, weil ich nur auf eine Behandlung angesprochen hatte, die nicht im Rahmen des ethisch Zulässigen lag. Daß keine der konventionellen Therapien bei mir funktioniert hatte, interessierte niemanden. Trotzdem gingen Dr. Landy und ich gestärkt aus diesem Konflikt hervor. Er hatte zwar seine Zulassung verloren, aber den Kampf gab er nicht auf. Und ich auch nicht.

Ende Februar 1988 waren sich Dr. Landy, ich und alle übrigen Beteiligten einig, daß wir jene elf Songs, die wir für mein Soloalbum ausgewählt hatten, abmischen sollten. Ohne mit irgend jemandem Rücksprache zu halten, heuerte Titelman Hugh Padgham an, um den Mix zu machen. Padgham hatte sich bereits mit Hits von Phil Collins und Sting einen Namen gemacht und war ein absoluter Profi. Aber er hatte einen ganz eigenen Sound, und ich wollte, daß die Platte nach mir klang.

Wir fingen in den A & M Studios mit den Mischungen an. Die Atmosphäre war von Anfang an gespannt und wurde bald explosiv. An einem Tag – Titelman, Padgham und ich arbeiteten gerade an einem Song – kam Kevin ins Studio und setzte sich hinter uns auf ein Sofa. Titelman unterbrach sofort die Arbeit und befahl ihm, das Studio zu verlassen. Kevin rief Dr. Landy an, der noch in derselben Stunde eintraf.

»Hör mal, Gene«, sagte Titelman. »Wir können nicht arbeiten, wenn einer von euch beiden hier rumhängt.«

»Hugh, ist das wahr?« fragte Dr. Landy. »Du kannst nicht arbeiten, wenn ich im Raum bin?«

»Na ja, es macht uns etwas nervös.«

»Ich verstehe. Tja, Russ, vielleicht gehst du besser. Vielleicht ist die Atmosphäre dann entspannter. Denn solange Brian hier ist, bin ich auch hier.«

Titelman und Landy gerieten beide in Wut, und keiner von ihnen gab nach; also erschienen wir von da an alle gemeinsam zu den verabredeten Terminen. Doch stritten wir meistens, und ich verzweifelte fast daran, daß mein Album kurz vor der Ziellinie noch zu krepieren drohte. Bei den ständigen Reibereien und Unstimmigkeiten hätten wir weniger jemanden für den Mix als vielmehr einen Schiedsrichter gebraucht.

Die Situation spitzte sich zu, als ich eines Tages darum bat, einen bestimmten Song mit mehr Bläsern hören zu können. Ich mischte zwar nicht selbst ab, aber immerhin war es ja mein Album. »Nein, es sind sowieso schon fast zu viele«, sagte Titelman.

»Okay.« Ich lehnte mich in meinem Stuhl zurück.

»Nicht okay«, fuhr Dr. Landy dazwischen. »Russ, hast du nicht gehört, was Brian gesagt hat? Er würde gerne mehr Bläser hören.«

»Aber es ist völlig okay so«, beharrte Titelman verstockt.

Ich wappnete mich für den Showdown, der in der Luft lag. Padgham und Kevin waren ebenfalls Zeugen dieser Studio-Variante einer Saloon-Schießerei.

»Hör mal zu, Russ, laß uns eins ganz klar stellen«, sagte Dr. Landy mit beherrschter Stimme: »Ich denke, deine Absichten sind bewundernswert. Sogar gut. Ich möchte dir dafür danken, daß du soviel Zeit und Mühe in dieses Projekt investiert hast. Und auch für das große Organisationstalent, das du bewiesen hast, danke ich dir. Trotzdem glaube ich nicht, daß du die Musik oder die Songs verstehst. Weder intellektuell noch emotional. Ich glaube nicht, daß du erfassen kannst, was wir zu tun oder auszudrücken versuchen . . .«

Nach dieser sacharinsüßen Abfuhr rief Titelman bei Lenny Waronker an, der auch von Dr. Landy über diese Kontroverse informiert wurde. Ich hörte mit, wie Gene dem Präsidenten der Plattenfirma unverblümt mitteilte, daß wir das Album selbst fertigstellen würden. Lenny bestürmte ihn, Titelman nicht abzuservieren, das würde nicht gut aussehen.

»Aber er mischt Sachen, die Brian so nicht abgemischt haben will«, sagte Dr. Landy.

»Schließen wir ein Abkommen«, schlug Lenny vor. »Laß ihn seine Sache zu Ende bringen, und wenn euch dann irgendwas nicht gefällt, könnt ihr wieder ins Studio gehen und es ändern. Ich gehe sogar mit euch ins Studio und helfe euch. Außerdem werden wir euch noch mal zehn Tage Studiozeit zur Verfügung stellen, um die Songs neu abzumischen. Alles umsonst – Studio, Toningenieur, alles.«

»Zehn Tage reichen wahrscheinlich nicht aus, um alles in Ordnung zu bringen, was Titelman verbockt hat.«

»In Ordnung. Also zwei Wochen. Nur laßt bitte Russ sein Ding durchziehen. Mir zuliebe, ja? Macht mir hier bei Warner keinen Ärger.«

»Okay, Lenny«, stimmte Dr. Landy schließlich zu. »Es ist mir zwar nicht recht, aber ich tue es für dich. Aber denk daran, daß ich es nur dir zuliebe tue. Ansonsten haben wir wirklich keinen Grund, weiter mit Titelman zu arbeiten. Er tut nichts weiter, als unser Geld zu verschwenden und uns auf die Nerven zu gehen.«

Als Dr. Landy ins Studio zurückkehrte, zuckte mein rechtes Bein wie ein Preßlufthammer nervös auf und ab. Alle Blicke richteten sich auf meinen Therapeuten. Seltsamerweise lächelte er, und auch Titelman, der ebenfalls mit Lenny gesprochen hatte, schien zum Einlenken bereit zu sein.

»Russ«, sagte Dr. Landy mit einem verdächtig liebenswürdigen Lächeln, »du bist gefeuert.«

»Was?« schrie Titelman geschockt auf.

»Ich habe Lenny gerade versprochen, es nicht zu tun. Aber jetzt habe ich es doch getan. Und es war ein tolles Gefühl. Du bist gefeuert, Russ. Also, schaff deinen Arsch hier raus!«

»Schön, aber ich nehme Padgham mit.«

»Nein, Padgham hat einen Vertrag mit mir. Er bleibt.«

»Ohne Titelman kann ich nicht bleiben«, erklärte Padgham.

»Dann brichst du deinen Vertrag.«

Mittlerweile war ich von meinem Stuhl aufgesprungen, tigerte zombiehaft neben der Tür auf und ab und hörte nichts außer meiner inneren Stimme, die mir zuflüsterte: »Jetzt ist alles im Arsch. Aus dem Album wird nichts werden.« Es gab großes Geschrei. Titelman brüllte, er könne das Album auch ohne uns machen, und um das letzte Wort zu haben, brüllte er Dr. Landy an, *er* sei gefeuert. Dann sah er mich an und schrie außer sich vor Zorn: *»Und das gilt auch für dich, Brian. Du bist gefeuert. Ihr seid alle gefeuert!«*

Dann folgte eine völlig unbegreifliche, fast surreale Stille. Dr. Landy und ich standen unter Schock: Russ Titelman hatte mich gerade von der Arbeit an meinem eigenen Album gefeuert!

»Na schön, wenn wir gefeuert sind, laß uns abhauen«, sagte Dr. Landy schließlich. »Kevin, hol die Bänder!«

»Die Bänder können Sie nicht haben«, sagte ein Angestellter des Studios.

»Warum nicht?« wollte Dr. Landy wissen.

»Die Rechnung ist nicht bezahlt.«

»Dann scheiß drauf.« Dr. Landy blickte Titelman an. »Und du kannst mich am Arsch lecken, Russ.«

Schließlich gingen wir später doch wieder ins Studio, um das Album neu abzumischen. Allerdings brach Lenny sein Versprechen, die Kosten dafür zu übernehmen.

46

Love and Mercy

Am 15. Juni 1988 hielt in meinem Schlupfwinkel in Malibu nur das Wetter, was es versprach. Der graue Schleier des Küstennebels, der die Sommerhitze einigermaßen erträglich hielt, verdunstete erst kurz vor Mittag. Bis dahin hatte ich gejoggt, geduscht und meinen Lunch vorbereitet. Ich saß auf meinem Balkon und konnte den Blick nicht von einer Gruppe Surfer abwenden, die in der Brandung ihr Ding abzogen. Am Strand hielten ihre sonnengebräunten Freundinnen die Stellung.

Ich sah auf die Uhr. Noch sieben Stunden, bis die erste Single-Auskopplung von meinem Album im Radio laufen sollte.

Menschenalter schienen verstrichen zu sein seit jenen Tagen, als sich die Lokalsender darum gerissen hatten, neue Beach-Boys-Singles präsentieren zu dürfen. Ich erinnerte mich, wie Tony Asher, mein alter Mitstreiter von *Pet Sounds*, mir einmal erzählt hatte, er sei immer durch die Gegend gefahren und habe darauf gewartet, daß Sam Riddle, Wink Martindale, Gene Weed oder irgendein anderer DJ aus L. A. die neue Platte anspielen würde. »Und wenn ich dann die ersten paar Akkorde hörte«, hatte sich Tony erinnert, »dachte ich: Verdammt, Brian hat es wieder geschafft.«

Menschenalter!

»Kevin«, sagte ich zu meinem Assistenten, der mit seinen langen blonden Haaren und seiner Schwimmerfigur gut zu den Surfern gepaßt hätte, die ich gerade beobachtete, »du bist vierundzwanzig, oder?«

»Ja.« Er räkelte sich im Stuhl in die richtige Position für die maximale Sonnenbestrahlung.

»Erzähl mir, wie das so ist. Sag mir, was es für ein Gefühl ist, vierundzwanzig zu sein.«

»Ich weiß nicht, Bri.«

»Das ist das Problem . . . *Ich* weiß, wie das ist.«

Als der Abend dämmerte, ruhte ich mich im Zwielicht meines Wohnzimmers aus und blätterte ein Magazin durch. Im Hintergrund lief leise das Radio. Ich hatte den Tip bekommen, daß »Love and Mercy«, die erste Single meines Albums, irgendwann nach acht Uhr von Deirdre O'Donohue auf KCRW gespielt werden sollte. Ich wartete mit derselben Spannung, die zuvor bereits meinen ganzen Tagesablauf durcheinandergebracht hatte, und verspürte Magenkrämpfe.

Ich versuchte, mich zu entspannen, indem ich die großen Fenstertüren öffnete, um das Rauschen der Brandung einzulassen; außerdem zündete ich Kerzen an. Meine letzte und bisher einzige Single, »Caroline, No«, war vor zweiundzwanzig Jahren erschienen. Diese ruhmreichen Tage waren lange dahin – nicht vergessen, aber vergangen. Ich hegte keinen Groll und fühlte keine Trauer. Es gab vieles zu bedauern, zum Beispiel meine Drogensucht, aber ich empfand dennoch keine Bitterkeit. Ich sah mich an der Startlinie in eine neue Zukunft – eine erfreuliche Position für einen Sechsundvierzigjährigen.

Dann bekam ich einen Anruf von Dr. Landy.

»Ja, Gene, ich warte. Ich hab das Radio an«, sagte ich. »Ich weiß nicht genau, wie ich mich fühle ... Aufgeregt, nervös. Ich glaube, daß ich so lange weg vom Fenster war, hat für einige Spannung gesorgt. Die Leute sind neugierig darauf, meine neuen Sachen zu hören. Ich hoffe nur, es kommt an.«

Nachdem sie mehrere andere Songs gespielt hatte, drang wieder Deirdres zarte und rauchige Stimme an mein Ohr zurück. Sie hatte die perfekte Radiostimme: Wenn man sie hörte, fühlte man sich weniger einsam. Jetzt sprach sie poetisch über die spirituellen Kräfte der Musik und spielte dann den nächsten Song an. Einen Augenblick später hörte ich meine eigene Stimme sanft aus den Lautsprechern schweben – nicht das Prä-Nikotin-Modell aus den Jahren um 1960, sondern deren aktuelle Post-Zigaretten-Version.

I was sitting in a crummy movie
with my hands on my chin
Oh the violence that occurs
seems like we never win
Love and mercy, that's what you need tonight
Oh, love and mercy
to you and your friends tonight ...

Als der Song zu Ende war, hielt ich noch eine Zeitlang die Augen geschlossen und ließ die Musik in meinem Kopf nachklingen. Dann erklärte Deirdre, dieser dreiminütige Song sei brandneu. Doch wenn er so klingen würde wie ein alter Bekannter, habe das gute Gründe. Der Mann, der den Song geschrieben, gesungen und sämtliche Instrumente gespielt habe, sei derselbe, der viele Jahre lang die treibende Kraft der Beach Boys gewesen sei, der Mann, dessen Musik die Jugend zahlloser Menschen begleitet habe.

Mir gefiel die sanfte Spannung, die sie erzeugte, indem sie meinen Namen unendlich lange zurückhielt, bis sie ihn schließlich doch aussprach: »Brian Wilson.«

Die Schwierigkeiten mit meinem tauben Ohr hatten mich schon früh sensibel für stimmliche Nuancen werden lassen, und mit zunehmendem Alter hatte sich diese Sensibilität eher noch verstärkt. Deirdres Stimme war weich, romantisch und vor allem liebevoll. Ich ließ es mir auf der Zunge zergehen, wie sie meinen Namen aussprach, und genoß schweigend den Beigeschmack von Bewunderung, der in ihren Worten zum Ausdruck kam.

Das Album *Brian Wilson* stieg in den unteren Siebzigern in die Charts ein und kletterte langsam, aber sicher nach oben. Die Reviews in der *New York Times* und im *Rolling Stone* waren enthusiastisch. In der *Los Angeles Times* erhielt das Album vier Sterne, und die Besprechung begann mit den Worten: »Das lang erwartete Solodebüt des Mannes, dem wir die Hits der Beach Boys verdanken, ist nicht nur das Comeback des Jahres, es ist auch ein schlagender Beweis dafür, daß man Genie nicht verlieren kann.« In der *Times* erschien ein Artikel mit der Schlagzeile: »Brian Wilson – Zurück aus dem Zwielicht.«

Das sagte alles! Die Radiosender spielten mein Album, die Besprechungen waren ausnahmslos positiv. Für mein Comeback schienen alle Zeichen günstig zu stehen, und nur wenige Menschen, am allerwenigsten ich selbst, hatten mit der Möglichkeit eines solchen Comebacks gerechnet.

Der einzige Schatten, der auf mein Glück fiel, war die Tatsache, daß Elektra Records am selben Tag, an dem »Love and Mercy« erschien, »Kokomo«, die neue Single der Beach Boys, veröffentlichte. Die Plattenfirma pumpte alles, was sie aufbringen konnte, in die Promotion; bei MTV war die Single ein Dauerbrenner.

Mehrere Wochen zuvor hatten Dr. Landy und ich Seymore Stein und Lenny Waronker eine Anpressung von »Kokomo« vorgespielt. Um uns gegen die zu erwartende Konkurrenz zu behaupten, wollten wir ein Video machen; so war es in unserem Vertrag vorgesehen, um Promotion für meine Single zu machen.

»Keine Sorge«, sagten beide abwiegelnd. »›Love and Mercy‹ ist eine todsichere Sache.«

Sie veröffentlichten also kein Video, und jeder weiß, daß heutzutage ohne Video kein neuer Künstler mehr eine Chance zum Durchbruch hat – und als Solist war ich schließlich ein Newcomer. Alles lief darauf hinaus, daß Warners und Sire dem Album nicht die versprochene Unterstützung gewährten. Wir hatten ihnen geglaubt, und das war ein schwerer Fehler gewesen.

Im August 1988 besuchte ich auf einer Promotour sämtliche Radiosender im Land – ein Rückfall in alte Beach-Boys-Tage. Damals hatte ich das Reisen und Händeschütteln gehaßt, aber auf dieser Tour genoß ich die Begegnung mit anderen Menschen und freute mich darüber, daß meine Musik ihnen soviel bedeutete. Wenn ich die Sender in Chicago oder New York betrat, überkam mich plötzlich ein Gefühl der Zugehörigkeit zu einer Gemeinschaft, von der ich mich viel zu lange abgewendet gehabt hatte.

Bei einer Party im Hard Rock Café in New York wurde ich von einem mir unbekannten Fan überrascht: von Joan Rivers. Ihre Tochter Melissa hatte sie auf die Party mitgeschleppt, und Joan und ich verstanden uns vom ersten Augenblick an prima; blonde Frauen hatten mich schon immer angezogen. Joan lebte in Kalifornien und entsprach genau meinem Bild eines »*California Girl*«. Ich bat sie, sich zu mir auf die Klavierbank zu setzen und brachte ihr mit diesem Song ein Ständchen. Einige Abende später sah ich mir ihren Auftritt im Club an. Für die Klatschpresse war das natürlich ein gefundenes Fressen. Der *National Enquirer* dichtete uns eine Romanze an und brachte unsere Fotos auf der Titelseite.

Aber wir hatten tatsächlich viel gemeinsam. Joan hatte den Tod ihres langjährigen Ehemanns Edgar noch nicht verwunden, und auch ich selbst kannte Schmerz und Einsamkeit zur Genüge. Darin erschöpften sich unsere Gemeinsamkeiten aber auch schon. Joan ist eine tolle Frau, und wir sind immer in Verbindung geblieben.

Die Tour ging nonstop weiter, eine Flut von Bildern und Eindrücken, die ich nicht missen möchte. In meinem Hotelzimmer in Detroit nahm ich meinen Notizblock und schrieb einige Gedanken über mein Comeback nieder:

»Seit ich wieder ganz von vorne anfangen mußte, ist es in meinem Leben ganz schön rundgegangen. Mir hat die ganze Zeit der Kopf geschwirrt, aber ich bin stolz darauf, daß ich mich nicht von meinen düsteren Gedanken habe unterkriegen lassen. Ich habe den Sender in meinem Kopf gewechselt. Ich habe an einem verdammt anspruchsvollen Album gearbeitet, und mein Wille zum Erfolg hat mich angetrieben.

Ich habe das geschafft, was ich immer für unmöglich gehalten habe – aber das zeigt mal wieder, was man erreichen kann, wenn man es nur wirklich will. Die Chartsplazierung hat mir diese harte Arbeit versüßt. Aber für mich gibt es kein schöneres Gefühl, als das zu machen, was ich am besten kann: Musik. Gott hat mir ein neues Leben geschenkt, und ich bin unendlich dankbar dafür.«

Ende September – alles lief gut, viel zu gut – flog ich nach London, um die internationale Presse zu treffen. Der Trip begann mit einem Überraschungsauftritt bei der Stomp Convention, einem Treffen von etwa 300 bis 400 Beach-Boys-Fans. Ich schlenderte auf die dunkle Bühne und setzte mich ans Klavier. Ein Scheinwerfer malte einen kleinen Lichtkegel aufs Klavier, der sich ausweitete, bis er schließlich mich erfaßte. Irgendwer kreischte: »O Gott, es ist Brian!« Dann stand der Laden kopf.

Das Gekreische war nett, aber noch schöner war das Gefühl, daß ich nicht vergessen war. Ich eröffnete meinen Auftritt mit »Surfer Girl«, wobei ich die Refrains mit einem sanften, spirituellen Flair sang; danach spielte ich dann »Love and Mercy« und »Nighttime«. Die Menge reagierte mit überschwenglichen Gefühlsausbrüchen. Nach fast drei Jahrzehnten im Musikgeschäft war das dennoch eine der denkwürdigsten Ovationen, die ich je erlebt hatte. Ich stand ganz alleine auf der Bühne, es gab niemanden, auf den ich mich hätte stützen, hinter dem ich mich hätte verstecken können. Ich ganz allein badete in der Liebe der Fans, die mich bewunderten.

Doch die Seifenblase platzte bald. Nach wenigen Wochen war »Kokomo« auf Nummer eins – die erste Nummer-eins-Single der Beach Boys seit »Good Vibrations«. Die Jungs waren überglücklich, und ich hatte das Gefühl, alles hätte sich gegen mich verschworen.

Die Radiosender, die früher auf meine Songs so scharf gewesen waren wie ich auf Koks, hatten nur noch Platz für einen Song mit Beach-Boys-Sound – und das war nicht meiner. Während »Kokomo« abhob, verschwand »Love and Mercy« von den Programmlisten im ganzen Land.

Das Leben ist manchmal grausam. In guten wie in schlechten Zeiten hatte ich den Beach Boys einige der unvergeßlichsten Songs in der Geschichte der Popmusik geschrieben – und ich hatte nie einen von den Jungs bei auch nur einem einzigen Song ausgeschlossen.

Wir flogen nach Spanien. Ich konnte die Sache mit den Beach Boys einfach nicht verwinden, die Kränkung darüber, daß sie mich bei »Kokomo« nicht hatten mitmachen lassen, nagte noch immer an mir.

»Es ist ein Ego-Trip, oder?« sagte ich zu Dr. Landy. »Ich habe sie zu lange gegängelt, und jetzt nutzen sie die erste Gelegenheit, um aus meinem Schatten herauszutreten und hinter meinem Rücken ihr eigenes Ding zu machen.«

»Ich weiß nicht, ob sie das Zeug dazu haben«, erwiderte Dr. Landy. Er hatte eine böse Erkältung, aber er lächelte. »Du wirfst einen ziemlich langen Schatten.

Es war Mitte Oktober 1988. Der Nachthimmel war wolkig und bedeckt, eine trübe Suppe. Ich blickte aus dem Fenster des Flugzeugs und sah nichts. Genauso stellte ich mir auch die Zukunft vor – keine Anhaltspunkte, rein gar nichts, eine Reise ins Ungewisse . . . Es war schaurig oder schön, je nachdem, welchen Kopf man auf den Schultern hatte. In jedem Fall fuhr man seine Karre so lange, bis einem das Benzin ausging.

»Aber ich habe mir den Kopf zermartert, warum sie mir das angetan haben«, fuhr ich fort. »Vielleicht, weil ich eine Solo-LP gemacht habe. Aber Mike, Dennis und Carl haben auch Platten ohne die anderen gemacht. Al wußte, daß er es nicht drauf hatte. Vielleicht liegt es daran, daß du mein Lehrer bist und ich dich nicht aufgeben will. Aber das ist unsinnig. Die Typen haben alle ihre Lehrer und Gurus. Also, was soll das?«

»Sag du es mir.«

»Sie sind Heuchler.«

»Ich hätte vielleicht einen kräftigeren Ausdruck gebraucht«, sagte Dr. Landy. »Aber ich denke, deiner tut's auch.«

Als ich in der ersten Nacht in Spanien in meinem Bett lag, erkannte ich, daß der Erfolg von »Kokomo« mir emotional viel mehr zu schaffen machte, als ich das je vermutet hätte. Während ich in der Dunkelheit wach auf meinem Bett lag, konnte ich nicht verhindern, daß mir die schwärzesten Gedanken durch den Kopf schossen. Am nächsten Morgen war ich psychisch von Einschußlöchern nur so durchsiebt. Alles quälte mich, angefangen vom Klang meiner eigenen Stimme über die Art, wie mir das Haar über die Stirn fiel, bis hin zu den Hindernissen, die meine Ängste mir vorgaukelten.

Obwohl Dr. Landys Erkältung ihn ansonsten noch eine ganze Woche außer Gefecht setzte, stand er mir bei den Proben tapfer zur Seite. Er hatte erkannt, daß ich viel zu nervös war, um mich zu konzentrieren, und machte sich daran, das Knäuel von unheilvollen und düsteren Gedanken, in das ich mich verstrickt hatte, zu entwirren. Wie ein Trainer, der seine Mannschaft aufmöbelt, setzte er sich mit mir in ein Café auf Ibiza und sprach mir stundenlang Mut zu. Es war das gleiche Hin und Her wie in den ersten Tagen auf Hawaii.

Schließlich half er mir zu erkennen, daß meine ganze Karriere ein einziger gigantischer – und meist erfolgreicher – Versuch gewesen war, meine Unbeholfenheit, Unsicherheit und Angst zu meistern; dafür konnte es kein eindrucksvolleres Zeugnis geben als meine Solo-LP. Ich hatte wieder bei Null anfangen müssen und mich dann soweit hochgekämpft, daß mir elf Songs für ein Album und außerdem noch einige exzellente B-Seiten gelungen waren. Die meiste Zeit war es in meinem Kopf drunter und drüber gegangen, ich hatte mich mit tiefschwarzen Gedanken herumschlagen müssen. Ich war so tief unten gewesen, wie es nur möglich war – aber ich war nicht gestorben und hatte trotz allem immer weitergemacht.

Wenn es je einen lebenden Beweis für die alte These gab, daß man alles erreichen kann, wenn man es nur wirklich will, dann war ich dieser Beweis.

In dieser Nacht atmete ich seelisch ganz tief durch und trug folgenden Gedanken in mein Tagebuch ein: »Das Leben ist ein Rätsel, an dessen Lösung man unentwegt arbeitet.«

Als hätte ich es geahnt, brachte der nächste Tag neue Probleme – und zwar mit dem Wetter. Den ganzen Tag lang goß es aus einem bleigrauen Himmel. Als wir am Veranstaltungsort auf Ibiza ankamen, erfuhr ich, daß die Open-Air-Bühne wegen des unbeständigen Wetters im Vergleich zu den Proben stark verkleinert worden war. Das war ein herber Rückschlag für mich, aber ich fing mich schnell wieder: Mein Ansporn war der feste Wille, das glanzlose Gastspiel von »Love and Mercy« in den Charts durch eine grandiose Live-Performance wettzumachen.

Als ich auf die Bühne ging und meinen Platz am Klavier einnahm, winkte ich Dr. Landy mit erhobenem Daumen zu. Während ich aus dem Stegreif ein Intro zu »Love and Mercy« improvisierte, um der Band Zeit für letzte Vorbereitungen zu geben, bemerkte ich, daß mehrere Fensehkameras am Bühnenrand auf mich eingestellt wurden. Erst jetzt erinnerte ich mich daran, daß dieses Konzert live in mehr als sechzig Länder übertragen werden sollte.

Die meisten Leute hätten sicher damit gerechnet, daß ich in einem solchen Moment die Nerven verlieren würde, aber ich zeigte mich der Situation gewachsen.

Die meisten Menschen suchen ihr ganzes Leben lang nach der Antwort auf die große Frage »Warum existiere ich«, ohne sie jemals zu finden. Ich hatte praktisch jeden einzelnen Tag meiner sechsundvierzig Jahre über diese Frage nachgegrübelt und immer nach einer Erklärung dafür gesucht, warum ich soviel Schmerz und Leid hatte erdulden müssen. Ich wollte den Grund für mein außergewöhnliches Talent wissen – der Hinweis auf Schicksal und Glück allein genügte mir nicht. Es mußte eine Antwort geben, und ich war besessen davon, sie zu finden. Dieses Verlangen machte mich verrückt. Ich sah keinen Unterschied zwischen mir und den anderen – zumindest hatte ich nie einen bemerkt. Bis jetzt! Denn in dem Augenblick, in dem ich auf die Menschenmenge schaute, die im Regen stand und darauf wartete, daß ich zum letzten Mal Luft holen und dann endlich singen würde, fand ich die so lang ersehnte Antwort.

»Brian«, sagte ich zu mir, »du gehst jetzt in sechzig Ländern auf Sendung, und lebendiger kannst du nicht mehr werden. Also tu dein Bestes und sing mit Gott im Herzen.«

Als ich fünfundvierzig Minuten später die Bühne verließ, fühlte ich, daß es mir gelungen war. Mein Auftritt war nicht so athletisch wie der von Bruce Springsteen gewesen, nicht so witzig wie der von Paul Simon und weniger anspruchsvoll als der von Sting, aber ich wußte, daß ich die Menschen mit meiner Musik gerührt hatte. Ich war mir sicher, daß die vielen Leute, die in allen möglichen Ländern der Erde zugesehen hatten, ebenfalls bewegt gewesen waren. Ich hatte eine geistig-seelische Einheit mit meinem Publikum empfunden.

Ich hatte die Gabe, mit meiner Musik die Seelen der Menschen zu berühren – *das* war *meine* Aufgabe im Leben und würde es immer sein. Wenn ich früher auch blind für diese offensichtliche Tatsache gewesen war – auf Ibiza hatte ich es glasklar erkannt. Damit ich diesen Moment nie vergessen würde, machte ich mir noch am selben Abend eine kurze Notiz:

»Beobachtungen aus dem Leben: Eine Mutter sorgt für ihr Baby. Ein Mann kümmert sich um seine Arbeit. Ein Darsteller kümmert sich um sein Publikum. Der Künstler kümmert sich um seine Kunst.«

Damit waren meine Probleme zwar nicht plötzlich verschwunden, aber von diesem Tag an muß ich mich nie mehr fragen, warum ich auf diese Welt gekommen bin.

47

»Water Builds Up«

Am 19. September 1989 verklagte ich A & M Records, Irving Almo Publishing und die Anwaltskanzlei Mitchell, Silberberg & Knupp auf die Rückgabe meiner Copyrights an Dutzenden von Songs, die mein Dad 1969 verkauft hatte. Der Prozeß war angestrengt worden, nachdem einer meiner Anwälte während einer Buchprüfung bei Irving Almo um Kopien der Songwriter-Verträge zwischen mir und Sea of Tunes gebeten hatte. Das war die einzige Möglichkeit gewesen, um nachzuprüfen, ob meine Tantiemen korrekt abgerechnet worden waren. Dabei war der Jurist auf ein heilloses Chaos gestoßen.

Ein Jahr zuvor hatten Anwälte der Kanzlei Mitchell, Silberberg & Knupp, die Irving Almo, eine Tochterfirma von A & M, vertrat, auf eine diesbezügliche Anfrage äußerst merkwürdig reagiert: Sie hatten erklärt, es gebe, abgesehen von der angeblich von mir unterzeichneten Abtretungserklärung, die auf den 20. August 1969 datierte, keine Unterlagen über Songwriter-Verträge. Solche Verträge waren allerdings bei seriösen Geschäften eine Selbstverständlichkeit. Die Tatsache, daß keine existierten, hatte meinen Rechtsvertreter Jim Tierney zu weiteren Nachforschungen veranlaßt.

Ohne große Schwierigkeiten hatte Tierney eine ganze Reihe von Unregelmäßigkeiten aufgedeckt, die zu den Anklagepunkten in dem von mir angestrengten Prozeß führten. Zu diesen Punkten gehörte unter anderem die Tatsache, daß Mitchell, Silberberg & Knupp, die damals auch für die Beach Boys tätig gewesen waren, verschwiegen hatten, daß sie gleichzeitig für Irving Almo arbeiteten. Seltsam war weiterhin, daß es keinerlei Belege oder Dokumente über Zahlungen an mich gab, die entweder den Verkauf oder die Abtretung der Copyrights an Irving Almo bezeugten; und meine Unterschrift auf diversen Dokumenten, unter anderem auf der Abtretungserklärung von 1969, war zudem offensichtlich gefälscht worden. Da ich das Copyright für alle Songs von Sea of Tunes gehabt hatte, war mein Dad überhaupt nicht berechtigt gewesen, irgendeinen von ihnen ohne meine Zustimmung zu verkaufen.

Als ich die Klage dann angestrengt hatte, präsentierte Irving Almo Publishing einen Monat vor Prozeßbeginn plötzlich Kopien der Songwriter-Verträge, die sie vorher angeblich nicht hatten finden können. Laut der

Erklärung von 1969, die meine und die Unterschrift meines Vaters trug, entsprachen die getroffenen Vereinbarungen »in allen Punkten den üblichen Gepflogenheiten im Verlagswesen«.

Allerdings war offensichtlich, daß dem in diesem Fall nicht so war. Denn es tauchten in dem Verzeichnis auch einige Songs auf, an denen Sea of Tunes die Rechte bereits erhalten haben wollte, ehe sie überhaupt geschrieben worden waren. Zum Beispiel ging aus den Dokumenten hervor, daß die Rechte an »Caroline, No« bereits am 1. Mai 1962 übertragen worden waren; dabei hatte ich diesen Song erst Anfang 1966 geschrieben.

Als Dr. Landy und ich vor Prozeßbeginn die Unterlagen durchsahen, fragte er mich: »Na, was hältst du von all dem?«

»Ich glaube, meine Anwälte liegen richtig«, antwortete ich. »Hier laufen ein paar ziemlich faule Sachen. Ich glaube, das ist ein Fall fürs Gericht.«

»Ein klarer Fall«, bestätigte Dr. Landy.

»Es gibt nur ein Problem.«

»Was denn?«

»Ich will keinem auf die Füße treten.«

In den folgenden Monaten legte ich mir einen Golden Retriever zu und kaufte ein zweistöckiges Bürohaus, das ich zum Aufnahmestudio umzubauen begann. Außerdem verbrachte ich den Dezember in Hawaii, wo Gene, Alexandra und ich anfingen, Songs für mein zweites Solo-Album zu schreiben. Bei der Arbeit mit Alexandra – sie war eine der wenigen Frauen, mit denen ich ein unkompliziertes Verhältnis hatte aufbauen können – öffnete ich mich ihr gegenüber etwas mehr als bei meinen früheren Mitarbeitern. Vielleicht lag das daran, weil ich sie nicht als Bedrohung oder als Rivalin empfand, wie das früher oft vorgekommen war; außerdem stellte Alexandra für mich in gewisser Weise die Schwester dar, die ich niemals gehabt hatte.

Den größten Teil meiner Zeit beanspruchten jedoch die Anwälte. Die unzähligen Stunden, die ich mit ihnen zubrachte, waren qualvoll, mühselig und erschöpfend. Bis dahin hätte ich nie geglaubt, daß ich jemals den Unterschied zwischen Kläger und Beklagtem, zwischen Klageschrift und eidesstattlicher Aussage begreifen würde; doch Anfang des Jahres 1990 fühlte ich mich fast reif dafür, meine Zulassung zum juristischen Examen zu beantragen.

Der interessanteste Teil dieses Prozesses war, daß ich gezwungen wurde, Detektiv zu spielen und meine eigene Vergangenheit zu durchforsten; es war eine seltsame Erfahrung für mich, all diese trostlosen und schmerzlichen Ereignisse rekonstruieren zu müssen, die ich am liebsten für immer aus meinem Gedächtnis verbannt hätte.

Die Anwälte sprachen immer nur von »den Fakten«, aber für mich war es unmöglich, den staubtrockenen Text der Schriftsätze ohne innere Anteilnahme zu lesen. Jene Fakten, die als Beweismittel vorgelegt wurden, waren mein Leben, sie waren nichts weniger als mein eigen Fleisch und Blut.

1961 hatte ich die Beach Boys gegründet und den Song »Surfin'« geschrieben, ein Jahr darauf hatte ich meinen Namen unter den ersten Plattenvertrag mit Capitol Records gesetzt. Im selben Jahr 1962 hatte mein Dad den Musikverlag Sea of Tunes gegründet; wir hielten als Partner je 50 Prozent des Musikverlages, doch war ausdrücklich festgelegt worden, daß ich 100 Prozent an den Copyrights für die Songs behalten sollte. 1969 hatte mein Vater die GmbH Sea of Tunes für 700 000 Dollar verkauft. Zu dieser Zeit war ich infolge meines Drogenmißbrauchs bereits geschäftsunfähig und seelisch krank gewesen.

»Das ist ziemlich harter Stoff«, sagte mein Anwalt nach einem Achtstundentag in seinem Büro; während dieser Zeit hatte er mich nach Strich und Faden ausgefragt. »Hältst du das durch?«

»Weißt du, als ich klein war, hat mein Dad mal sein Glasauge rausgenommen und mich gezwungen, in die leere Höhle zu sehen . . . Das Loch war ekelhaft, rot und vernarbt. Das hat mich für den Rest meines Lebens fertiggemacht, verstehst du?«

Er nickte.

»Verglichen damit ist dieser Scheiß hier nur halb so wild.«

»Denk immer daran, wie schön es wäre, deine Songs zurückzubekommen, wenn wir diesen Fall gewinnen«, bemerkte er grinsend.

Das tat ich, und es war tatsächlich ein schöner Gedanke.

Als ich Ende Februar 1990 zum erstenmal mein neues Studio betrat, hatte ich ein eigenartiges Déjà-vu-Erlebnis. Die Umbauarbeiten in dem Haus, das ich gekauft hatte, waren noch nicht ganz abgeschlossen, aber das Achtundvierzig-Spur-Aufnahmestudio, das Gene und ich entworfen und gebaut hatten, um mein neues Album – und alle folgenden – aufzunehmen, war bereits fertig. Ich war ganz aufgedreht vor Vorfreude: Zum erstenmal, seit den Beach Boys Mitte der Siebziger die Brother Studios gehört hatten, verfügte ich über ein eigenes Studio, in dem ich zu jeder Tages- und Nachtzeit arbeiten konnte, wann immer mir danach war.

Es war fast Mittag, und die Arbeiter schleppten Equipment durchs Studio. Ich ging sofort in den kleinen, schalldichten Raum, in dem ich den Flügel und ein Young-Chang-Klavier aufgestellt hatte, und schloß die Tür hinter mir. Das Licht war gelöscht, um mich herum war es schwärzer als in der Nacht und einsamer als auf der einsamsten Insel. Ich spielte, der Raum erfülle sich mit Musik, man konnte die Klänge fast greifen. Die Akkordfolgen schwebten über mir und sammelten sich unter der Decke wie ein feiner Nebel.

Ich hatte ursprünglich große Bedenken gehabt, so viel Geld in dieses Haus zu investieren, aber jetzt plötzlich wurde mir klar, daß ich mein Geld gut angelegt hatte. Denn ich hatte nun einen Ort, an den ich mich flüchten und dem ich, wie ich fast dreißig Jahre zuvor in einem Song geschrieben hatte, »meine Geheimnisse anvertrauen konnte«. Dieser Raum war meine Zuflucht vor der Welt, die mich so sehr geängstigt und verwirrt hatte, es war *mein*

Zimmer, mein Mutterschoß. Ich spielte an diesem Nachmittag stundenlang, ich spielte und erforschte die Akustik des Raumes; diese Übung wurde für mich zu einer Exkursion in die emotionsgeladenen Windungen meine Gehirns.

Seit diesem Februarnachmittag ist kaum ein Tag vergangen, an dem ich mich nicht in diesen Raum zurückgezogen, das Licht gelöscht und auf dem Klavier herumgehämmert habe. Wenn ich nicht wenigstens einmal am Tag einen Song schreibe oder Klavier spiele, ist mir einfach unwohl. In den Jahren, die ich im Schlafzimmer oder beim Koks-Schnupfen vergeudet hatte, hatte ich keinen einzigen Song geschrieben – und das war schlimmer gewesen als der Tod. Und wenn ich noch einmal die Wahl habe, ziehe ich einen schönen Shuffle jederzeit dem Tod vor.

Gene, Alexandra Morgan und ich hatten wie verrückt an den Songs für mein zweites Soloalbum gearbeitet. Aber angesichts der enttäuschenden Verkaufszahlen meiner ersten LP und der Tatsache, daß mich nur noch wenige Monate von meinem achtundvierzigsten Geburtstag trennten, kamen mir Zweifel daran, ob ich überhaupt noch dazu fähig war, Musik zu schreiben, die das Publikum fesseln konnte. War ich zu alt für Rock and Roll? Ich verbrachte einen qualvollen Tag mit der Suche nach einer Antwort, bis ich erkannte, daß meine Frage ein Zen-Rätsel war. Ich fragte mich: Wie kommt es, daß der Rock and Roll für viele Menschen so lebenswichtig ist? Und was macht ihn für mich so bedeutend?

Das Problem löste sich von selbst, als ich mich an den Platz setzte, an dem mir seit jeher die besten Gedanken kamen: ans Klavier. Je mehr ich in meinem neuen Studio arbeitete, desto klarer wurde mir, daß die größte Anziehungskraft des Rock and Roll – und aller guten Musik – darin bestand, daß er die Seele befreite. Wenn der Groove und der Augenblick stimmten, konnte man mit Rock-and-Roll-Musik die ganze Welt hinter sich lassen. Das hatte mich im Alter von siebzehn Jahren angezogen, im Alter von fünfundzwanzig oder dreißig Jahren – und Ende Vierzig zog es mich immer noch an! Dieser Gedanke genügte, um mich davon zu überzeugen, daß das, was ich zu bieten hatte, noch immer seine Berechtigung hatte.

Es gab nur ein Problem – und es schien immer mindestens *ein* Problem zu geben: Seymore Stein und Lenny Waronker, die Präsidenten von Warners und Sire Records, wollten kein Geld mehr für ein neues Album ausspucken, obwohl laut Vertrag zwei LPs vereinbart waren. Sie hatten die Kopfschmerzen, die ihnen das erste Album bereitet hatte, nur zu gut in Erinnerung – von den Kosten, die sich auf eine Million Dollar belaufen hatten, einmal ganz zu schweigen. Aber das spielte keine Rolle: Mein Vertrag besagte, daß sie die Option auf ein zweites Album erteilen mußten, wenn sich das erste mehr als 250000mal verkaufte; und das hatte es!

In den darauffolgenden Wochen lieferten sich meine Anwälte und die Rechtsvertreter der Plattenfirma wie Haifische blutige Kämpfe um die

Beute. Zusehen müssen, wie freudlos das Musikbusiness inzwischen geworden war, entmutigte mich.

»Es ist nicht mehr so wie früher«, nörgelte ich eines Nachmittags gegenüber Gene. Eigentlich hätte ich an den Basictracks für den Song »Someone to Love« arbeiten sollen, aber ich konnte mich nicht konzentrieren.

»Ich habe George Benson entdeckt und mit ins Studio genommen, um seine erste Single aufzunehmen«, erwiderte Dr. Landy. »Er war nur ein Junge von der Straßenecke, der Ukulele spielte. Heute braucht man eine Armee von beschissenen Anwälten, Agenten, Managern, Geschäftsführern, Wahrsagern, Diätberatern und ein Dutzend andere Leute, um überhaupt einen Blick ins Studio werfen zu dürfen.«

»Weißt du, was mich aufregt, Gene? Als es damals mit den Beach Boys angefangen hat, haben wir ein ganzes Album in ein paar Wochen gemacht. Wir haben die Instrumente live auf Vierspur eingespielt, und dann habe ich die Jungs hinter ein einziges Mikro gestellt. Das wars. Und jedes von den beschissenen Dingern hat sich zigmillionenmal verkauft. Aber ob das, was wir uns jetzt aufhalsen müssen, die Sache wert ist, weiß ich wirklich nicht.«

Während dieses Gesprächs kamen wir zu der Erkenntnis, daß wir es gar nicht nötig hatten, uns diesen ganzen bürokratischen Schwachsinn wegen meines zweiten Soloalbums bieten zu lassen. Wir besaßen ein eigenes Studio und konnten aufnehmen, wann immer wir wollten, und anheuern, wen immer wir wollten; wir konnten unser Traumalbum aufnehmen, ohne irgend jemanden um Erlaubnis zu bitten. Das war ein verdammt aufregender Gedanke. Ich fühlte mich fast wieder wie der Junge, der Anfang der Sechziger vor dem Eingang der Western Studios gestanden hatte, mit nichts als einem Song unter dem Arm und dem Wunsch, es allen zu zeigen.

Seymores und Lennys Maßnahmen und ihr Schweigen gaben uns deutlich zu verstehen, daß sie keine Lust hatten, mit uns zusammenzuarbeiten. Gene teilte ihnen daraufhin mit, wir würden in etwa sechs bis zehn Monaten ein fertiges Album abliefern. Sie waren einverstanden.

Es war ein sauberer Schnitt und, wie ich fand, ein guter, wenngleich dieses Vorgehen auch nicht gerade diplomatisch war. Aber das Plattenmachen ist ein gewagtes Geschäft, manchmal muß man einfach auf jede Vorsicht pfeifen und sich sagen: »Scheiß drauf!«.

»Ein Glück, daß ich bei guter Gesundheit bin«, sagte ich eines Abends im Studio zu Gene und Alexandra, als wir uns mit »Water Builds Up« abkämpften, einem Song über unseren Zorn.

Es war der 3. Mai 1990. Morgens war ich drei Meilen am Strand gelaufen, und den Nachmittag hatte ich bei meinem Psychiater verbracht, um mit ihm über die beunruhigende Entfremdung zwischen mir und den

Beach Boys sowie meiner Familie zu sprechen. Dann war ich bei meiner Mutter gewesen, hatte sie um ein paar Kinderfotos von mir gebeten und am frühen Abend ein Sushi-Dinner weggeputzt. Jetzt war es bereits nach Mitternacht, und ich fühlte mich immer noch fit.

»Kannst du dir vorstellen, wie es wäre, so hart zu arbeiten und sich nicht hundert Prozent fit zu fühlen?« fragte ich Dr. Landy.

»Ich kann es mir vorstellen. Ich weiß noch genau, wie du warst, als du nicht gesund warst.«

Ich hielt mich nicht gerne allzulange damit auf, ein Album zu planen, sondern stürzte mich am liebsten gleich in die Arbeit. Jedesmal, wenn ich ein Studio betrat, spürte ich eine enorme Last auf den Schultern: meine Vergangenheit. Ich hatte hochfliegende Erwartungen zu erfüllen. Während mein einziges Ziel darin bestand, gute, spirituelle Musik zu machen, maßen die anderen alles, was ich tat, an Jahrhundertsongs wie »Good Vibrations« oder »Help Me, Rhonda«. Natürlich hätte ich solche Superhits nur zu gerne wiederholt, hätte es nur ein Patentrezept zum Schreiben von Klassikern geben!

Aber dieses Rezept gab es nicht und konnte es nicht geben. Die Inspiration ist flüchtig, sie kommt und geht, und man kann nichts tun, als zu Gott beten, daß man gerade da ist, wenn sie anklopft.

Ich hatte das Gefühl, daß wir alle – Gene, Alexandra und ich – in einer äußerst kreativen Phase waren. Als Co-Autorin gelangen Alexandra Texte, die genau das wiedergaben, was ich hatte sagen wollen. Außerdem hatte ihr Einakter *Daughter DeLuxe* gerade in L. A. einen Theaterpreis gewonnen. Das machte mich zuversichtlich, daß wir mit unserer Arbeit auf dem richtigen Weg waren.

Die schwerste Aufgabe war, sich zu entscheiden, an welchen Songs gearbeitet werden sollte. Gene und ich strichen die Sammlung von sechzig Titeln, die wir zu dritt geschrieben hatten, auf eine Auswahl von fünfzehn zusammen. Da wir die Basictracks für die meisten Songs bereits auf Band hatten, arbeiteten wir an den Lyrics, zur Zeit eben für »Water Builds Up«.

»Ich kann noch gar nicht glauben, daß ich ein zweites Soloalbum mache«, dachte ich laut. »Ich meine, allein der Gedanke haut mich um. Wißt ihr, die Beach Boys haben zwar mit ›Kokomo‹ einen Nummer-eins-Hit gehabt, aber ein Album haben sie seit '89 nicht mehr rausgebracht. Und selbst da mußten sie ein paar von meinen alten Songs nehmen, was Mike überhaupt nicht geschmeckt hat. Das ist doch verdammt irre. Ich frage mich, warum sie sich nicht von uns helfen lassen wollen, um selbst ein Album zu produzieren.«

»Wir haben es ihnen angeboten, Brian«, sagte Dr. Landy. »Du weißt doch selbst, wie oft. Es ist ihre Eitelkeit.«

»Du hast recht, Gene. Sie sind zu unsicher, um uns produzieren zu lassen. Mikes Ego würde das nicht verkraften. Sobald sie glauben, sie könnten es alleine schaffen, servieren sie mich ab. Aber trotzdem, Gene, ich verstehe nicht, wie sie dauernd so abgelatschtes Zeug wie ›Still Cruisin'‹ rausbringen können.«

Auch damit war es schließlich aus. Die LP aus dem Jahr 1987 blieb die letzte, die die Beach Boys veröffentlichten. Selbst nachdem »Kokomo« auf Nummer eins gekommen war, gelang es der Band nicht, einen Plattenvertrag an Land zu ziehen, solange ich nicht ihr Material schrieb und produzierte. Weil auch wir daran interessiert waren, boten Gene und ich ihnen genau das an. Aber die Typen verlangten von mir, Demos aufzunehmen und sie ihnen dann zur Genehmigung vorzulegen. Nichts zu machen! Ich würde die Nummern schreiben, die Tracks aufnehmen, und sie dann zum Singen ins Studio holen. Entweder hielten wir uns an die alten Spielregeln, oder die Sache lief nicht.

In vielerlei Hinsicht hatte sich die ablehnende Haltung der Beach Boys mir gegenüber um kein Jota geändert, seit ich 1964 aufgehört hatte, mit ihnen zu touren. Sie haßten mich eher noch mehr, weil ich meine neuen Songs nun für mich behielt.

Aber ich habe nie die Hoffnung auf eine Versöhnung aufgegeben und glaube noch heute, daß wir eines Tages zu einer Einigung kommen werden – hoffentlich noch, bevor wir alle zu alt sind, um einen passablen Song zustande zu bringen.

Am 5. Mai 1990 wurde mein Optimismus auf die bisher härteste Probe gestellt. An diesem Samstagmorgen hatte Gene eine alarmierende Neuigkeit erfahren. Ein befreundeter Reporter hatte ihn von einer Pressekonferenz unterrichtet, die am folgenden Montagnachmittag im Greater Los Angeles Press Club stattfinden sollte. Mein Vetter und ehemaliger Leibwächter Stan Love gab bekannt, daß er gerichtliche Schritte eingeleitet und die Vormundschaft für mich beantragt habe. Sobald Gene mir davon erzählte, geriet ich in Panik und bat ihn um eine Erklärung.

»Es scheint, als wollten sie dir an den Kragen«, sagte Gene. »Stan Love hält sich für kompetent, über dein Leben zu bestimmen.«

»Kann er das?« fragte ich.

»Klar. Jeder kann eine Vormundschaft beantragen.«

»Stecken die Beach Boys dahinter?«

»Das wird sich zeigen. In der Zwischenzeit glaube ich, du solltest deine Sachen packen. Die Beach Boys spielen heute abend in Oakland, und du fliegst hin. Du und Kevin. Und den Anwalt nehmt ihr auch mit.«

»Warum meinen Anwalt?«

»Früher haben die Leute ihre Kämpfe mit Schießeisen ausgetragen, heute nehmen sie ihre Anwälte mit. Wir sprechen uns noch.«

Während des ganzen Flugs nach San Francisco fühlte ich mich, als wäre ich plötzlich in die Hölle gestürzt. In einer Stunde hatte ich an meinem Album gearbeitet und versucht, kreativ zu sein, in der nächsten Stunde war ich ein hilfloses Opfer nackter Lebensangst. Es gab keinen Frieden, drinnen und draußen herrschte Aufruhr. Wenn ich die Augen schloß, hörte ich Stimmen und sah Erscheinungen. Der ganze Haß meiner Familie traf mich. Und warum? Weil ich eine Band gegründet und Songs geschrieben hatte, die Millionen Dollar eingebracht hatten.

Nein, nein, nein!

Das wollte ich nicht, sagte ich zu mir. Alles, was ich je gewollt hatte, war, Songs zu schreiben, um meinen Frieden zu finden. Statt dessen hatte ich ein Monster geschaffen. Ich fühlte mich, als hätte ich meine Seele an den Teufel verkauft, um mit der Stimme Gottes wundervolle Songs schreiben zu können.

Bevor ich in den Backstagebereich des Circle Theater in Oakland ging, telefonierte ich mit Gene, der mich darüber informierte, daß die Beach Boys behaupteten, mit Stan Loves Antrag nichts zu tun zu haben. Carl und Al taten überrascht, und Mike weigerte sich, zu der ganzen Angelegenheit überhaupt Stellung zu nehmen. Aber weder Gene noch ich glaubten ein Wort von dem, was sie sagten.

Ich hatte die Jungs seit Monaten nicht gesehen und wußte nicht, welche Reaktion ich von ihnen zu erwarten hatte. Wenn ich auf einen herzlichen Empfang gehofft hatte, wurde ich enttäuscht. Als ich in die Garderobe kam, sah ich, daß Carl sich mit seiner Frau Gina unterhielt, der Tochter von Dean Martin. Er warf mir einen Blick zu und wandte sich dann schnell wieder ab. Wenige Augenblicke später stand er auf und verließ den Raum, um jeder Konfrontation aus dem Weg zu gehen. Wir sahen uns erst auf der Bühne wieder.

Mike und Al waren in Gespräche verwickelt, aber als ich sah, daß sie mich beobachteten, wagte ich die Flucht nach vorn und sprach sie als erster an. Al trat nervös von einem Fuß auf den anderen und fragte mich zerstreut, wie es mir gehe, und was das Album mache. Dann erinnerte er mich an »Loop De Loop«, einen Song, den wir Anfang der Siebziger zu schreiben begonnen, aber nie fertiggestellt hatten.

»Sag mal, Brian«, fragte er plötzlich in spöttischem, schnöseligem Tonfall, »was willst du eigentlich hier?«

»Ich bin zum Arbeiten hier. Ich werde auftreten.«

»Mit den Beach Boys?«

»Das ist mein Job, Al. Ich werde singen.«

»Aber du wirst uns heute abend nicht blamieren, oder? Ich meine, sing bitte nicht wie ein abgehalfterter Las-Vegas-Act, ja. Verstehst du mich?«

»Klar, Al. Aber ich kann euch wohl kaum so blamieren, wie Mike bei der Hall-of-Fame-Gala.«

»Wo ist Gene?« fragte er dann.

»Er ist nicht hier. Ich komme ganz gut ohne ihn zurecht.«

Jetzt kam Mike in weißer Hose und Blümchenhemd auf mich zugeschlendert und baute sich wenige Zentimeter vor mir auf; er wußte, daß er mich damit einschüchtern konnte. Er genoß es, anderen körperlich überlegen zu sein.

»Hi, Brian«, sagte er mit öliger, schnurrender Stimme.

»Hallo, Mike.«

Er musterte mich von oben bis unten und schätzte mich in seiner widerlichen, verächtlichen Art ab. Dann fixierte er meine Schuhe – stabile, konservative schwarze Schnürschuhe.

»Das sind ja die schärfsten Schuhe, die ich je gesehen habe«, bemerkte er mit einem gehässigen Grinsen.

Ich wußte nicht, was ich darauf antworten sollte, und Mike wandte sich ab und verließ den Raum, ehe ich reagieren konnte. Gene hatte wohl recht gehabt. Für diese Typen war ich wie ein Schwamm, der alle Gehässigkeiten aufsaugte, ohne daß er jemals zurückschlug. Ich wußte nicht, wie man kämpfte, hatte keine Anlage dazu. Wenn sie gewollt hatten, daß ich mich wie Scheiße fühlte, war ihnen das auch gelungen; sie hatten nur wenige Minuten dazu gebraucht.

Ich wünschte, ich hätte den Mumm gehabt, ihnen Bescheid zu stoßen. Richtig wäre es gewesen, Mike daran zu erinnern, daß er ohne mich immer noch an der Tankstelle arbeiten würde; Al würde sich als Arzneimittelvertreter durchschlagen müssen; und Carl wäre wahrscheinlich mein Laufbursche geworden. Wären die Beach Boys fünfundzwanzig Jahre später gegründet worden, wäre ich vielleicht ein Solokünstler wie Prince geworden, ein Typ, der seine Songs alleine spielen, produzieren und singen konnte. Zur Hölle mit den anderen! Aber es war anders gekommen.

An diesem Abend spielten wir zwei lieblose Shows herunter. Niemand sagte ein Wort zu mir, weder über Stan Love noch über irgendein anderes Thema. Ich sprach sie auch nicht darauf an, aber ich wußte auch so, was lief, so sehr sie es auch abstreiten würden.

Als ich abends wieder im Flugzeug nach L. A. saß, war ich erschüttert über den musikalischen Niedergang der Beach Boys. Die Songs hätten das kleine Theater mit Klangreichtum erfüllen müssen, die Harmonien hätten emporsteigen, und die Musik den erregenden Geist einer Zeit einfangen müssen, in der nichts gezählt hatte als Autos und Mädchen und in der das Leben noch unkompliziert gewesen war. Eine Show der Beach Boys hätte ein Erlebnis sein können – aber die Typen waren mies bei Stimme, und ich hatte nicht den Eindruck, als würde irgend etwas auf das Publikum überspringen. Das brachte mich wieder auf die radikale Idee, die ich schon bei früheren Meetings vorgebracht hatte: Ich wollte die Songs von jüngeren Musikern singen lassen. Die Musik hatte ein jugendliches Flair, warum also nicht auch die Sänger? Aber ich war immer überstimmt worden. Die anderen begriffen sehr gut, daß man sie bald vergessen hätte, während die Musik und mein Ruf als Komponist überdauern würden.

Es gab aber auch einen Lichtblick bei diesem Auftritt! Da dies der Todestag meines Vaters war, schlug ich Carl vor, »Their Hearts Were Full of Spring« zu singen, einen Song der Four Freshmen, den Dad und ich immer besonders geliebt hatten. Carl wollte nicht, ohne vorher mit der Band geprobt zu haben. Ich bot an, daß wir das Stück a capella singen könnten.

»Wir kennen den Song nicht«, versuchte Carl sich herauszureden.
»Ich hole alle zusammen«, sagte ich, »und bringe ihn euch bei.«
Dieses eine Mal setzte ich mich durch.

Am nächsten Morgen erzählte ich Gene davon und erwähnte auch, daß niemand mit mir über den Vormundschaftsantrag gesprochen hatte. Er hatte herausgefunden, daß Stan sich in der letzten Woche zwischen zwei Shows mit den Beach Boys in San Diego getroffen hatte. Die Bandmitglieder wollten wie üblich oberschlau sein und behaupteten, sie seien in dieser Sache neutral, aber wir vermuteten, daß sie sich nur deshalb noch nicht offen auf Stans Seite schlagen wollten, weil sie nicht wußten, ob er eine Chance hatte, mit seinem Antrag durchzukommen. Denn wer wettet schon gern auf ein Team, das bereits vor dem Spiel verloren hat?

Obwohl ich unter extremer Spannung stand, war ich viel zu wütend, um mich einfach fallenzulassen. Um meine gute Gesundheit unter Beweis zu stellen, flog ich noch am selben Abend zu einer weiteren Show nach San Francisco. Die Beach Boys gaben ein privates Konzert im Cow Palace, und ich wollte allen beweisen, daß ich alles andere als unzurechnungsfähig war. Während der ersten Stunde mieden mich Mike, Carl und Al wie die Pest.

Dann beschloß ich, den ersten Schritt zu wagen. Ich fand Carl in seiner Garderobe und fragte ihn, ob er nicht mit mir über die Vorgänge sprechen wolle.

»Ich kann nicht, Brian«, antwortete er. »Ich muß mich um geschäftliche Angelegenheiten in Colorado kümmern.«

»Muß das unbedingt jetzt sein?« fragte ich.

»Ich wollte einige Anrufe machen. Das sollte ich jetzt wohl machen. Wir kommen später darauf zurück.«

Es war offensichtlich, daß sie mich ausschlossen, und ich weiß nicht, warum ich überhaupt etwas anderes erwartet hatte.

48

Familienkrach

Es war fast ein Uhr, als ich im Fond der Limousine Platz nahm, die mich am Los Angeles Airport abholte. Zu dieser Stunde war der Freeway leergefegt, und es dauerte nicht lange, bis der Fahrer auf den Pacific Coast Highway einbog und in Richtung Malibu davonbrauste. Es war eine klare Nacht, das Mondlicht spiegelte sich auf den Wellen wie gelbe Farbspritzer, und der Himmel war endlos, voller glimmender Sterne. Durch das Dachfenster der Limousine blickte ich geradewegs in die Unendlichkeit. Als ich in die Tiefe des Universums starrte, fühlte ich mich plötzlich sehr klein und einsam.

In dieser Nacht schlief ich nicht gut. Später am Morgen rief ich Gene an.

»Wir müssen kämpfen, Gene.«

»Darauf kannst du deinen Arsch verwetten. Oder willst du es diesem Wichser etwa durchgehen lassen, daß er behauptet, du brauchst einen Vormund?«

Stans Pressekonferenz sollte um 14 Uhr im Greater L. A. Press Club stattfinden. Obwohl wir eigentlich überrumpelt werden sollten, hatten wir bis Mittag eine Kopie des Statements, das er verlesen wollte, wie auch des Antrags auf Entmündigung, den sein Anwalt am Morgen am L. A. County Superior Court eingereicht hatte.

Dieses Dokument stimmte uns nicht fröhlicher. Stan behauptete, ich sei unfähig, für mich selbst zu sorgen, und machte geltend, ich sei selbst in den einfachsten persönlichen Belangen wie körperlicher Gesundheit, Kleidung, Wohnung und Essen völlig hilflos. Außerdem behauptete er, ich sei unfähig, mich selbst um meine Finanzen zu kümmern. Die Kernaussage aber, an der sich der ganze Fall aufhängte, war die These, ich könne mich nicht vor schlechtem Einfluß oder Betrug schützen; dies war ein direkter Angriff auf meine Beziehung zu Gene, den Stan beschuldigte, mich einer »Gehirnwäsche« unterzogen zu haben.

Wir saßen im Studio und hätten eigentlich an unserem Album arbeiten sollen, statt uns mit Schriftsätzen und verlogenen Aussagen herumschlagen zu müssen. Ich überlegte mir unsere Gegenattacke. Stan mußte diskreditiert werden, und das konnten wir erreichen, indem wir ihn als jenen Ex-Bodyguard anprangerten, der die seelischen und Drogenprobleme seines Schützlings mit Schlägen behandelt hatte. Außerdem konnte ich an die

Öffentlichkeit bringen, daß er mich mit Zigaretten bestochen und die Affäre seines Partners mit meiner Frau gedeckt hatte. Und schließlich hatte Marilyn mit der Polizei drohen müssen, um ihn sich vom Hals zu schaffen.

Um vierzehn Uhr zwanzig saß ich in meinem Auto vor dem Greater L. A. Press Club und studierte mein Statement ein, daß ich eine halbe Stunde zuvor niedergeschrieben hatte. Ein paar Schritte entfernt standen Stan und sein Anwalt in einem kleinen Besprechungsraum vor zwei Dutzend Zeitungs- und Fernsehreportern.

»Vorab möchten wir eines ganz deutlich machen«, las Stans Anwalt vor. »In unserem Antrag wird nicht behauptet, daß Brian Wilson verrückt ist. Wir stellen diesen Antrag ausschließlich im Interesse von Brian Wilson selbst.«

Und worin bestanden meine Interessen? Ein paar Minuten später erzählte der kleine, sonnengebräunte Anwalt es uns.

»Wir hoffen, schon in Kürze einige positive Schritte einleiten zu können, um Brian Wilson zu helfen, wieder ein produktives Mitglied der Beach-Boys-Familie zu werden . . . Stan Love hat ein ernsthaftes Gespräch mit Mike Love geführt, der darauf brennt, wieder mit Brian Songs zu schreiben . . .«

Natürlich! Was hätte auch besser für mich sein können, als wieder mit Mike Songs zu schreiben? Es hatte mich ja einige Male fast umgebracht. Wenn das Gericht zu Stans Gunsten entschied, konnten sie diesen Job vielleicht endlich zu Ende bringen.

Dann erhob sich Stan, um zu sprechen. Er ging in seinem grauen Business-Anzug zum Rednerpult und begann, seine Liste mit angeblichen Beweisen für meine Lebensuntüchtigkeit zu verlesen. Außerdem schilderte er detailliert seine Pläne für mein künftiges Wohl, die unter anderem darin bestanden, daß wir einen gemeinsamen Haushalt gründen sollten, um ihm die Überwachung eines eigens für meine Betreuung erstellten Programms zu ermöglichen. Hatten wir das nicht schon mal gehabt – mit Rocky und Steve Korthof? Stan betonte, wie sehr er unsere gemeinsamen Basketballspiele vermissen würde und beklagte sich darüber, daß seine zahllosen Telefonanrufe der vergangenen Jahre nicht beantwortet worden seien. Außerdem würde er seinen Vetter vermissen.

Zu allem Überfluß beschuldigte er dann Dr. Landy, jegliche Kontaktaufnahme zwischen mir und Marilyn sowie meinen Töchtern Carnie und Wendy und vor allem natürlich meinem Vetter Mike zu vereiteln. Stan schloß mit der Beteuerung seiner Hoffnung, daß ich bald wieder Songs mit Mike schreiben würde, wie in den alten Tagen, in denen die Beach Boys einen Hit nach dem anderen gelandet hatten.

War ich derjenige, der eine Therapie machen mußte, oder sollten sich nicht lieber die anderen behandeln lassen? Anscheinend litten Stan und alle, die hinter ihm standen, unter Wahnvorstellungen. Marilyn und ich waren seit über zehn Jahren geschieden, es gab kein Gesetz, das mich dazu verpflichtete, meine Ex-Frau zu besuchen. Meine Kinder wußten, wie ich zu ihnen stand, ich hatte es ihnen selbst gesagt. Und Mike wäre mit Klavierstunden ebensogut zu helfen gewesen – es war schließlich nicht meine Schuld, daß er kein Instrument spielte.

Stan sah recht zufrieden aus, als er fertig war; er spreizte sich wie ein Pfau. Dann bat er um weitere Fragen, und zahlreiche Hände fuhren hoch. Er beantwortete gerade eine der Fragen, als plötzlich ein geschockter Ausdruck auf sein Gesicht trat. Ein kleiner Aufruhr am hinteren Ende des Raums ließ alle Reporter herumfahren, und dann blitzten die Kameras auf. Endlich begriff Stan, was los war. Er riß erstaunt seine langen Arme hoch und rief: »Da! Da hinten ist mein Vetter!«

Zu spät! Das hatten fast alle schon mitbekommen, und die wenigen anderen drehten sich jetzt ebenfalls um und sahen mich an der Tür stehen. Die Überraschung war perfekt.

»Ich habe ihn seit Jahren nicht gesehen«, seufzte Stan – ein hilfloser Versuch, die Aufmerksamkeit wieder auf sich zu ziehen.

In diesem Moment machten sich neunundzwanzig Jahre Erfahrung im Showgeschäft bezahlt. Ich blieb einige Augenblicke stehen, bis die Fotografen und Fernsehkameras sich ein schönes Bild von mir in meinem doppelreihigen Armani-Blazer gemacht hatten: schlank, selbstbewußt, gesund und besonnen. Ich lächelte nicht, denn die Situation erlaubte kein fröhliches Gesicht. Doch ich glaube nicht, daß ich aussah wie ein Mann, der nicht für sich selbst sorgen kann.

Dann öffnete sich eine kleine Gasse, und ich ging zum Podium. Ich starrte in den von verblüfften Reportern überfüllten Raum und in das Blitzen der Kameras, setzte meine Brille auf und verlas ein kurzes Statement. In sachlichem Tonfall, der meinen Zorn verbarg, gab ich zu Protokoll, ich sei nie gesünder und glücklicher gewesen und hätte mich nie in meinem Leben besser gefühlt als zu dieser Zeit. »Ich sorge für mich selbst, treffe meine eigenen Entscheidungen und führe ein selbständiges Leben.« Ich hoffte, daß die Botschaft ankam. »Sehe ich aus, als würde ich einen Vormund brauchen?« fragte ich.

Vor weniger als zwei Jahren hatte ich ein Soloalbum veröffentlicht und war von buchstäblich jedem Magazin im Land interviewt und porträtiert worden. Ich hatte mit Dutzenden von Reportern gesprochen. Wäre ich verrückt oder unmündig, wäre das sicher längst durchgesickert. Ich fühlte mich aber idiotisch, weil ich überhaupt solche Erklärungen in der Öffentlichkeit abgeben mußte.

»Brian, kannst du einige Fragen beantworten?« fragte ein Reporter.

»Nein, tut mir leid«, wehrte ich ab. »Ich glaube, mehr gibt es dazu nicht zu sagen.«

Es gab einen kollektiven »Aber ..!«-Aufschrei, Reporter riefen meinen Namen und versuchten, meine Aufmerksamkeit zu erregen. Doch ich hatte meinen Spruch aufgesagt und wollte gehen. Die Gasse, durch die ich gekommen war, war jedoch blockiert. Der Raum war hoffnungslos überfüllt und die Menschen drängten sich um mich. Ich winkte dem Bodyguard, den ich zu meinem Schutz mitgenommen hatte, er solle mich aus dem Gewühl herausholen. Aber selbst er hatte Probleme, sich hier durchzusetzen.

Während ich wartete, hielt mir eine attraktive Reporterin ihren Recorder unter die Nase und fragte mich, was ich von der Situation halten würde.

»Ehrlich?« fragte ich.

»Ja«, sagte sie ernst.

»Ich finde das alles zum Kotzen. Das halte ich davon.«

Ich fühlte mich stark. Zum ersten Mal in meinem Leben kämpfte ich für mich selbst, anstatt mich widerstandslos geschlagen zu geben.

49

Schöner Wahnsinn

Ich bin es gewohnt, zu kämpfen. Als mißhandelter Junge hatte ich mich zum Klavierwunderkind entwickelt und die Beach Boys in die Rock and Roll Hall of Fame geschrieben. Nachdem ich jahrelang als verdrogter Psychopath abgeschrieben war, hatte ich in fünf Jahren meine Gesundheit wiederhergestellt. In einer Zeit, in der Kritiker mich bereits zum alten Eisen zählten, hatte ich eine Solo-LP veröffentlicht und es mit vierundvierzig Jahren allen noch einmal gezeigt. Im Mai 1990, als mein Vetter Stan mich gerichtlich entmündigen lassen wollte, gab es auch nur einen Weg: Kämpfen!

Ironischerweise erhielt ich acht Wochen, nachdem Stan vor Gericht gegangen war, einen Brief der Beach Boys, in dem sie mich baten, ab etwa dem 4. Juli für eine Woche mit ihnen auf Tour zu gehen. Mike wollte diese Woche bei einem TM-Workshop in Iowa verbringen, um »freies Schweben« – ja, »freies Schweben« – zu lernen, aber die Band war vertraglich verpflichtet, während dieser Zeit vier Beach Boys auf die Bühne zu bringen. Obwohl mein Bruder und mein Vetter mich für unmündig und das Opfer einer Gehirnwäsche hielten, war ich, sobald Geld auf dem Spiel stand, nicht mehr zu verrückt, um ihnen auszuhelfen.

Nachdem ich Gene versichert hatte, daß ich auf dieser Tour ohne ihn auskommen könnte, traf ich die Beach Boys in Calgary für die erste von zehn Shows. Ich fühlte mich auf der Bühne und zwischen den Shows sehr wohl. Ich besuchte Museen, unter anderem eine Salvador-Dalí-Retrospektive, und trainierte sogar mit Paula Abdul, die im selben Hotel abgestiegen war. Mein Bruder Carl dagegen blieb auf seinem Zimmer und trank. Ich war versucht, ihn zu fragen, ob nicht vielleicht er einen Vormund brauche.

In unserem Hotel in Montreal requirierte ich an einem Abend ein Klavier, das hinter der Bühne eines leeren Bankettsaals stand. Mit Bruce Johnston und dem Schauspieler John Stamos, der an den Drums eingesprungen war, spielte ich so ziemlich jeden Song, der jemals geschrieben worden war – von Spector über Elvis und die Beatles bis hin zu Beach-Boys-Raritäten wie »Sherry, She Needs Me«, »Wild Honey«, »Little Honda« und »Honkin' Down the Highway«.

Die Szene erinnerte an alte Zeiten. Weder Bruce noch ich konnten uns erinnern, wann ich das letzte Mal mit einem der Jungs am Klavier gesessen hatte. Er staunte immer wieder über meine Energie und Ausgeglichenheit und drängte mich, einen Song nach dem anderen zu spielen. Dann gestand er mir, wie gerne er ein Symphonieorchester anheuern würde, um das komplette *Pet-Sounds*-Album live zu spielen. Irgendwann setzte er sich ans Klavier und spielte »Lara's Theme«.

»Ist das nicht aus einer Soap Opera?« fragte ich.

»Ja. Aber hör dir das an. Ich erinnere mich, wie ich einmal zu euch nach Hause in Bel Air gekommen bin. Du warst nicht da, aber als ich reinkam, saß Carnie am Klavier und spielte diesen Song. Sie war etwa sieben Jahre alt.«

»Hast du gesagt, sie war sieben Zentimeter groß?« Ich hatte ihn nicht genau verstanden.

»Nein, nein . . .« Er lachte. »Sie war sieben Jahre alt. Aber Carnie hat diesen Song gespielt. Ganz langsam und methodisch. Sie hat sich umgedreht und zu mir gesagt: ›Weißt du, meinem Daddy gehören die Beach Boys.‹« Lachend sagte ich, das würde wohl stimmen. Aber seitdem hatten sich die Zeiten geändert. Die Nummer eins der Singles-Charts gehörte in dieser ersten Juliwoche der Gruppe meiner Töchter: Wilson Phillips. Früher am Tag hatte Bruce mir die neueste Ausgabe von *Billboard* gezeigt, und ich hatte zum ersten Mal ihren Namen in den Charts gesehen.

»Da soll mich doch . . .!« rief ich.

»Das ist irre, was?«

»Das haut mich um.« Ich lachte.

Zwischen Freude und Eifersucht hin und her gerissen, hatte ich Carnies und Wendys Karriere aufmerksam verfolgt. Sobald ihre LP in den Läden war, kaufte ich mir eine, nahm sie mit nach Hause und starrte stundenlang das Cover an, ehe ich mir ein Stück anhörte. Doch dann wußte ich sofort, daß die ersten beiden Singles, »Hold On« und »Release Me«, echte Umschmeißer waren. Die Songs waren gut, und der Gesang hatte eine ganz eigene Qualität.

Von da an wartete ich jede Woche auf die neue Nummer von *Billboard* und verfolgte ihren Aufstieg. Ich erinnerte mich genau, was vor dreißig Jahren in mir vorgegangen war, als meine ersten Songs in den Charts landeten. Ich sah die Mädchen auf MTV und platzte vor Stolz.

Trotz unserer Beziehung – falls man das so nennen konnte – überzeugte mich ihre Musik davon, daß ich als Vater nicht völlig versagt haben konnte: Sie waren für die Musik geboren, sie hatten meine Liebe zur Musik geerbt und das Talent, wunderschöne Musik zu schreiben; außerdem hatten sie ideale Stimmen für den Harmoniegesang. Für mich ist Musik gleichbedeutend mit Schönheit oder Glück oder Liebe – ich hätte ihnen nichts Kostbareres mitgeben können.

In Montreal waren die Beach Boys Headliner eines Open-Air-Festivals, das etwas außerhalb stattfand, so daß wir eine etwa zweistündige Busfahrt zum Auftrittsort hinter uns zu bringen hatten. So hoch im Norden schien um

21 Uhr noch immer die Sonne. Die Bühne lag an einem See, die Leute grillten, und der verführerische Duft gegrillter Hamburger und Hot Dogs wehte auf die Bühne. Die Atmosphäre war wie für die Beach Boys gemacht und inspirierte die Band zu einem ungewohnt freundlichen und warmen Auftritt. Als ich am Bühnenrand stand und »Wouldn't It Be Nice« sang, wußte ich, daß dies ein einzigartiger Moment war, einer jener Momente, in denen die Zeit stillzustehen und alles perfekt zu sein scheint.

Aber dieses Glücksgefühl platzte sehr bald wie eine Seifenblase. Auf der Rückfahrt ins Hotel fragte ich Carl, ob er später noch Zeit hätte, auf mein Zimmer zu kommen, um ein paar Minuten mit mir zu reden. Diese Bitte schien ihn völlig unerwartet zu treffen. Er machte ein entsetztes Gesicht und warf Gina einen fragenden Blick zu.

»Worüber willst du denn reden?« fragte er.

»›Good Vibrations‹.« Ich sprach von dem Song, nicht von unserem kläglichen Verhältnis.

»Ja, ja, dann werde ich wohl mal reinschauen«, sagte Carl mit unübersehbarem Widerstreben.

Eine halbe Stunde nach unserer Rückkehr ins Hotel rief Carl in meinem Zimmer an und sagte, er würde jetzt raufkommen. Ich ließ die Tür offen, und einige Minuten später trat er ein und warf mißtrauische Blicke um sich. Ich hatte eine Suite und lag im Schlafanzug in meinem Wohnzimmer auf dem Sofa, er trug immer noch seine Bühnenkleidung.

»Hey, Bri.« Er setzte sich mir gegenüber in einen Sessel.

»Hör mal, ich will überhaupt nichts über diese Entmündigungs-Geschichte wissen«, fing ich an. »Darum habe ich dich nicht gebeten, zu mir raufzukommen.«

»Gut. Denn, ehrlich, Brian, ich bin mir nicht sicher, wo ich in dieser Sache stehe.«

Eigentlich wäre dies die ideale Gelegenheit gewesen, die Angelegenheit zur Sprache zu bringen: Immerhin war ich in Montreal und Dr. Landy in L. A. Ich trat alleine auf, traf meine eigenen Entscheidungen, besuchte sogar Museen und Restaurants, während Carl sich in seinem Zimmer verkroch, die Außenwelt mied und zuviel trank, völlig blind für seine eigenen Probleme. Und ich sollte derjenige sein, der einen Vormund brauchte? All diese Fragen hätte ich Carl stellen sollen, aber ich tat es nicht.

Obwohl er Gene haßte, wußte ich, daß er die Wahrheit sagte: Er war sich wirklich noch nicht im klaren, welche Haltung er in der Vormundschafts-Sache einnehmen sollte. Aber Carl hatte ja immer schon Probleme gehabt, die simpelsten Entscheidungen zu treffen, und sich in jeder Angelegenheit mit allen möglichen Leuten beraten müssen: mit seiner Frau, seinen Anwälten oder seinem geistigen Führer John Rogers.

»Ich wollte nur mal Hallo sagen«, sagte ich. »Ich sehe dich ja so selten. Wir unterhalten uns kaum noch. Ich wollte nur mal hören, wie es dir geht.«

»Ganz gut.« Carl war innerlich so verkrampft, daß er seine Arme und Beine fast zu einem Knoten verschlungen hatte.

»Gina sieht gut aus. Was machen die Kinder?«

»Denen geht's gut. Jonah hat Wendy und Carnie neulich getroffen, und ihnen geht es auch wirklich gut.«

»Ja.« Ich nickte. »Willst du mich irgendwas fragen?«

»Nein. Nein . . .« Ich hatte ihn überrumpelt. »Nein, du siehst wirklich gut aus. Gut in Form.«

»Ja, ich laufe und mache Bodybuilding. Ich laufe möglichst jeden Tag drei oder vier Meilen. Und du?«

»Ich bin heute morgen Fahrrad gefahren«, antwortete er. »Na ja, man ist nichts ohne seine Gesundheit.«

»Du hast aber trotzdem 'ne ganz schöne Wampe«, versuchte ich es mit einer Prise Ehrlichkeit.

»Ein paar Pfunde zuviel«, gestand er ein und wand sich unbehaglich.

»Sieht mir nach mindestens fünfundzwanzig, wenn nicht sogar dreißig Pfund aus.«

»Also, wolltest du irgendwas Bestimmtes?« wechselte er nun das Thema. »Im Bus hast du was von ›Good Vibrations‹ gesagt.«

»Oh, ja«, erinnerte ich mich. »Ich dachte, daß es schöner wäre, wenn die Band ›Good Vibrations‹ ganz langsam spielen würde. Ihr solltet es viel langsamer spielen, dann würde auch ein Song mit einer echten Message daraus werden. Ein spiritueller Song, und das ist er ja. Ich meine ›positive Energie‹ ist doch wirklich eine kraftvolle Botschaft an die Menschen. Was meinst du?«

»Ich weiß nicht. Ich muß es mal überschlafen.«

»Ich habe mir auch überlegt, wie wir die Show aufpeppen könnten. Vielleicht das Medley mit den Autosongs und Oldies weglassen. So wie Mike das vorab in fünfzehn Minuten runterreißt, untergräbt es alles, was die Band vielleicht noch zu sagen hat. Mit der Musik hat das nichts mehr zu tun. Wenn wir überhaupt eine Zukunft haben, dann mit Musik, nicht mit einem Monolog. Vielleicht sollten wir auch ein paar Raritäten einbauen, ›Little Honda‹ und ›Girl Don't Tell Me‹. Vielleicht könnten wir sogar neues Material bringen.«

»Hey, Mann, Brian«, sagte Carl, der mittlerweile aus seinem Sessel aufgestanden war und nervös auf und ab ging. »Ich weiß nicht. Dazu müßten wir Proben machen, das wäre echte Arbeit, und wir haben nicht die Zeit dazu. Jeder hat andere Sachen zu tun. Du weißt ja, wie es ist.«

»Ja, ja . . . War ja nur eine Idee.«

Ich merkte, daß er gehen wollte. Ich war ihm zu direkt und zu ehrlich.

»Hey, Carl, ehe du gehst, möchte ich dich etwas fragen.«

»Was?«

»Na ja, ich schreibe meine Autobiographie«, erklärte ich. »Die Geschichte meines Lebens.«

»Das ist toll, Brian.« Er lächelte. »Du hast aber auch ein Leben gehabt.«

»Tja, noch ist es nicht vorbei, Gott sei Dank. Aber ich wollte wissen, ob du mit dem Typ reden würdest, der mir hilft, das Buch zu schreiben. Erzähl ihm von unserer Kindheit . . . Wie Dad mich durchgeprügelt hat. Und über die Zeit, in der ich so fertig war. Solche Sachen. Ich glaube, es könnte interessant sein. Weißt du, für mich war es wie ein Krimi, alles wiederzuentdecken, was ich früher gemacht habe.«

Carl zögerte und kratzte sich am Bart. Er dachte einen Moment lang über meine Bitte nach; ich las die Antwort in seinen Augen: Er wollte kneifen.

»Weißt du was, Brian, laß mich erst mit meinem Anwalt sprechen. Ich melde mich wieder. Okay? Schlaf gut.«

Und damit war er durch die Tür.

Sechseinhalb Monate vergingen, ehe ich wieder von ihm hörte. Im Januar 1991 machte er seine Aussage in dem Entmündigungsprozeß, den Stan gegen mich führte. Mittlerweile hatte Carl sich dafür entschieden, sich mit seinem ganzen Einfluß und Geld hinter Stan zu stellen. Unglaublich! Mein eigener Bruder stand auf der Seite dieses Arschlochs. Carl und ich begrüßten uns frostig im Büro des Staatsanwalts, ehe die Zeugenvernehmung begann. Sofort traten unsere Anwälte auf den Plan und erhoben Einspruch gegen diese harmlose Unterhaltung.

Eine ähnlich frostige Aufnahme fanden Gene und ich bei Seymore Stein und Lenny Waronker, als wir den Warner-Bossen die Rohfassung meines zweiten Soloalbums vorspielten. Sie hatten die LP schon abgeschrieben, ehe sie auch nur einen einzigen Ton gehört hatten. Noch während sie zuhörten, wußte ich, daß wir auf kein faires Urteil hoffen konnten. Es war offensichtlich, daß Seymore und Lenny die Musik völlig egal war. Ihnen lag nichts an mir, sie hatten nur Firmenpolitik und Auszeichnungen im Kopf – alles, nur nicht Musik.

»Die Musik ist okay«, sagte Lenny schließlich. »Doch die Texte sind grauenhaft. Das ist ja nicht auszuhalten.«

»Aber mir gefallen sie«, widersprach ich. »Ich finde sie toll. Sie sagen genau das, was ich empfinde.«

»Ich möchte, daß ihr sie umschreibt«, beharrte er auf seiner Meinung. »Ich finde, ihr solltet alle Texte umschreiben. Besonders schaurig finde ich den Song . . .« – er blätterte in den Textblättern – ». . . wie heißt er noch, diesen Song ›Brian‹. Der tut ja richtig weh.«

Er drückte auf die Play-Taste seines Recorders, und der Song erklang:

All my life I've been running scared
Feeling shut out, no one cared
Not my mother, not my brother
Crazy beatings by my father
Ah-ouuu

Music's been my saving grace
Been my ticket to a better place
Brought me riches, brought me fame
Many people know my name
Ah-ouuu

My old friends who knew me when say
Brian, you've come a long, long way
Thank you, thank you

My Cousins say I ain't the same
Critisize I've changed my game
They're not happy, cause I'm different
More creative, independent
Ah-ouuu

I've decided to change and grow
Face the new and release the old
Those who love me, they know I'm trying
Living brave, instead of dying
Ah-ouuu

»Das tut weh«, wiederholte Lenny. »Das kann man sich ja kaum anhören.«

»Es zu leben war noch schlimmer«, antwortete ich.

»Und ›Smart Girls‹ auf die LP zu nehmen, solltet ihr gleich vergessen«, fuhr er unbeeindruckt fort.

Ich hatte geahnt, daß ihm dieser Rap-Song nicht gefallen würde. Wie die meisten Plattenbosse scheute Lenny jedes Risiko – Und ›Smart Girls‹, ein feministischer Song, in dem wir uns über die ganzen alten Beach-Boys-Titel, die den Typ der dummen Blondine verherrlichten, lustig machten, war ein ziemliches Risiko.

In meiner ganzen Karriere hatte ich immer wieder riskante Entscheidungen treffen und Neues wagen müssen; so war auch dieser Song entstanden. Alexandra Morgan und ich hatten zufällig die Sendung »Yo Rap« auf MTV gesehen. Nachdem wir sie dann mehrere Tage nacheinander eingeschaltet hatten, hatte Alexandra bemerkt, daß alle Rap-Songs über Frauen herzuziehen schienen und richtiggehend beleidigend waren. Ich hatte ihr zugestimmt und gesagt, wir sollten doch statt dessen einfach einen positiven Rap schreiben.

Lenny erklärte, »Smart Girls« würde nicht wie ein authentischer Rap-Song klingen, woraufhin Gene und ich erwiderten, wir hätten nie die Absicht gehabt, einen authentischen Rap zu schreiben. Keiner von uns hielt sich in dieser Hinsicht für kompetent, wir wollten nur unser Statement abgeben und uns in einem Rap-Song über meine Vergangenheit lustig machen.

»Na und?« fragte Waronker.

»Ich glaube, du siehst Brian nicht, wie er wirklich ist«, erwiderte Gene. »Wie die meisten Menschen siehst du ihn nur, wie du ihn sehen willst. Das ist nicht ungewöhnlich. Viele Menschen haben Probleme, Veränderungen zu erkennen.«

Mitte Dezember tat sich mit dem Album immer noch nichts. Statt dessen wurde ich von meinen Anwälten in die Mangel genommen, die mich entweder auf meine Aussage im Prozeß gegen A & M vorbereiteten oder mir Ratschläge für den Vormundschafts-Prozeß gaben. Nach solchen Tagen war ich wie gerädert. Ich hatte immer geglaubt, LSD hätte mir zu einem Hirnschaden verholfen, doch spätestens nach dem zehnten Acht-Stunden-Tag mit einem Anwalt wußte ich, wovon einem wirklich der Schädel platzen konnte. Es war schon schwierig genug, den Kampf mit einem Konzern aufzunehmen, aber noch härter war es, gegen die eigene Familie kämpfen zu müssen.

Stan hatte mittlerweile die uneingeschränkte Unterstützung von allen erhalten, meine ganze Familie hatte sich gegen mich gestellt: Mike, Marilyn, Carnie, Wendy, meine Mutter und besonders Carl, der jetzt an Stans Stelle hinter den Kulissen seinen ganzen Einfluß geltend machte. Ich fühlte mich einsam und allein, ein winziger Ballon, der durch den Himmel schwebt und darauf wartet, zu platzen.

Als die Anwaltskosten sich in einem solchen Maße summierten, daß sie fast schon die Kosten für die Produktion sämtlicher LPs überstiegen, die die Beach Boys in den Sechzigern gemacht hatten, bat ich Gene, irgendeinen Weg zu finden, diesem Irrsinn ein Ende zu machen.

Die Kommunikation zwischen den feindlichen Lagern war gleich Null. Trotzdem ließ Gene einen etwas ausführlicheren Geburtstagsgruß an Carl los.

»Der Zweck eines Briefes zu diesem besonderen Anlaß ist der Versuch, in einem ebenso negativen wie destruktiven Bruderstreit zu vermitteln«, schrieb Gene. »Ich kenne die gesamte Familie und beide Wilson-Brüder persönlich, und ich kann nicht glauben, daß einer den anderen absichtlich verletzen will, obwohl jetzt genau das geschieht. Darum tue ich selbst den ersten Schritt und lade dich und jeden, auf dessen Begleitung du eventuell Wert legst, vielleicht andere Familienmitglieder oder John Rogers, dazu ein, sich mit Brian und allen, die er mitbringen möchte, zusammenzusetzen. Wir sollten gemeinsam versuchen, irgendeine Verständigung zu erzielen, die diesem familiären Golfkrieg der Wilsons ein Ende machen kann.«

Es kam keine Antwort. Eine Woche später schrieb Gene einen weiteren Brief an meinen Bruder, in dem er seiner Überraschung und Bestürzung Ausdruck verlieh.

»In den letzten fünf Jahren ist jede Einladung von Brian, ihn zu Hause zu besuchen, von jedem Mitglied seiner Familie zurückgewiesen worden. Carl, Du selbst hast zwei seiner Einladungen abgelehnt; Brians Kinder haben

Einladungen zum Mittagessen, Abendessen und zu einem Thanksgiving-Dinner bei ihm zu Hause abgelehnt; auch deine Mutter fühlte sich nie gut genug, um eine der diversen Dinnereinladungen anzunehmen, obwohl Brian angeboten hatte, ihr einen Wagen zu schicken . . .«

Wie zuvor kam keine Antwort. Ich hatte die Nase voll, beriet mich weiter mit meinen Anwälten und dachte über mein Album nach, während Gene und Alexandra die Tage zwischen Weihnachten und Neujahr in Hawaii verlebten, um von der anstrengenden Arbeit an der LP auszuspannen. Alexandra rief mich von dort aus an, um mir zu erzählen, daß ihr Buch mit Kurzgeschichten gerade einen Preis der University of Southern California bekommen hatte. Ich freute mich, zur Abwechslung einmal gute Nachrichten zu hören, und versprach ihr, daß wir diesen Erfolg gebührend feiern würden, wenn sie wieder im Lande wären.

Drei Wochen später trafen wir uns erholt im Aufnahmestudio wieder. Wir hatten alle genug Abstand zu dem Album gewonnen, um mit frischer Kraft und klarem Kopf wieder an die Arbeit zu gehen. Gespannt lehnte ich mich auf der Couch zurück, während Gene eine Kassette in den DAT-Recorder einlegte und die Play-Taste drückte. Wir sprachen kein Wort, bis wir das ganze Album gehört hatten, und auch danach dauerte es noch einige Minuten, ehe jemand das Schweigen brach.

»Ich würde gerne einige Sachen ändern«, sagte ich. »Da sind ein paar Stellen, die noch zu verbessern wären.«

»Und ich würde gerne einige von den Texten straffen«, fügte Alexandra hinzu.

»Ich muß euch recht geben«, bestätigte Gene.

»Und dann sind wir fertig«, sagte ich.

»Es ist ein wundervolles Album.« Alexandra blickte mich an. »Herzlichen Glückwunsch, Brian.«

»Und ob!« sagte Gene überschwenglich. »Zur Hölle mit allen anderen. Wir haben die Songs geschrieben, wir sind die Produzenten, wir sind die Künstler. Daß es uns gefällt, ist das einzige, was zählt.«

»Diesmal muß ich dir recht geben.« Ich lächelte.

»Weißt du was, Brian?« sagte er. »Bei allem, was heutzutage in der Welt los ist, dürfen wir eins nicht vergessen: Es ist nur Rock and Roll. Es ist keine Frage von Leben oder Tod.«

»Nein, Gene, bei Gott, das ist es wirklich nicht. In Fragen von Leben oder Tod haben wir uns längst unsere Goldene Schallplatte verdient.«

50

Wouldn't It Be Nice

Es war wieder einer dieser Momente . . . Gene und ich hatten beide einen langen Tag hinter uns: Arbeit am Album, Besprechung mit diversen Anwälten und so weiter, nonstop. Gegen Mitternacht packten wir im Studio endlich zusammen. Zum erstenmal seit dem frühen Morgen waren wir alleine. Das Telefon würde nicht mehr klingeln, wir würden nicht mehr arbeiten. Obwohl uns noch immer alles mögliche durch den Kopf ging, war es sehr still. Wir lehnten uns beide zurück und seufzten müde und erleichtert auf.

»Wie wird es weitergehen?« fragte ich. »Ich würde gerne wissen, was jetzt aus mir wird. Aus uns. Wie es mit dir und mir weitergeht, Gene.«

»Du willst wissen, wie es mit dir und mir weitergeht?« fragte Gene rhetorisch zurück. »Willst du *wirklich* wissen, was passieren wird? Das würde ich auch gerne wissen. Aber weißt du was? Niemand weiß das. Niemand kann voraussagen, was uns beiden noch so widerfahren wird. Aber wir können es vermuten, wir können eine durchaus fundierte Prognose wagen. Ich meine, wenn man zugrunde legt, was im Moment los ist und was es kostet, eine Armee von Anwälten bei der Stange zu halten, können wir, glaube ich, eine recht präzise Prognose abgeben und sagen, daß du und ich in nicht allzulanger Zeit keine Partner mehr sein werden. Nicht bei der Musik. Nicht geschäftlich. Und im Leben auch nicht.«

»Zwischen uns wird es immer ein Band geben, Gene«, unterbrach ich ihn. »Wir werden in seelischer Verbindung stehen, egal, was passiert.«

»Richtig! Aber mach keine große Sache draus. Du und ich, wir werden getrennte Wege gehen. Wir werden beide alleine unsere Arbeit tun. Aber bis es soweit ist, habe ich die Aufgabe, dich so stark zu machen, daß du auf eigenen Füßen stehen kannst. Dein Ziel muß es sein, Brian Wilson so stark zu machen, daß er Mike Love in die Augen sehen und ihm sagen kann, was er ihm schon seit Jahren sagen wollte, aber nie gewagt hatte: ›Leck mich am Arsch.‹ Und zu Carl: ›Leck mich.‹ Erst dann, Brian, wirst du seelisch frei sein und tun können, was immer du tun willst.«

Was Gene sagte, war eine unangenehme Wahrheit, auf die ich nichts entgegnen konnte; ich konnte nicht einmal einen sinnvollen Gedanken fassen. Dann fiel mir ein, wie ich ohne viele Worte darauf antworten konnte. Ich würde Gene zeigen, wie stark ich war, ich würde es ihm auf dem für mich einzig möglichen Weg beweisen.

Ich hatte von Jams gehört, die montags abends im China Club in Hollywood stattfanden. Elton John, Bruce Springsteen, Sting, John Fogerty und Little Richard hatten dort bereits Überraschungsauftritte hingelegt und den Leuten guten alten, geradlinigen Rock and Roll serviert.

Meine Stunde kam am 28. Januar. Am Freitag zuvor würfelte ich eine Liste mit Songs zusammen, die ich singen wollte: »Surfer Girl«, »California Girls«, »Johnny B. Goode«, »Be My Baby«, »Good Vibrations«, »Melt Away«, »You've Lost That Lovin' Feelin'«, »Help Me, Rhonda«, »The Spirit of Rock and Roll« und »In My Room«.

Ich probte das ganze Wochenende.

In den vergangenen Jahren hatte ich hier und da vielleicht einmal drei oder vier Songs auf Benefizveranstaltungen allein gespielt, aber einen solchen Solauftritt hatte ich in meiner ganzen Karriere noch nicht hinter mich gebracht. Nach dreißig Jahren hatte ich das Gefühl, es sei langsam Zeit, mir zu beweisen, daß ich alleine genausogut auf die Bühne gehen und ein Publikum unterhalten könne wie mit den Beach Boys. Außerdem wollte ich mit diesem Auftritt Gene danken und Mike und Carl gleichzeitig mein herzliches »Leckt mich am Arsch!« ausrichten.

Obwohl die Show nicht angekündigt war, hatte sich das Gerücht bei der Verleihung der American Music Awards, die am selben Abend am anderen Ende der Stadt stattfand, wie ein Lauffeuer verbreitet. Die Musikindustrie hat schon immer zwei Grundpfeiler gehabt: das Geld und den Klatsch. Als die Show beginnen sollte, war der Club brechend voll. Mein Freund Danny Hutton war da, außerdem erkannte ich unter den Gästen Lou Adler, Jon Bon Jovi, Jerry Buss, den Besitzer der Los Angeles Lakers, Chubby Chekker, den Rapper Young M. C., den Starproduzenten Don Was und Toni Childs, eine meiner Lieblingssängerinnen.

Trotzdem würde es nicht leicht werden für mich. Nach meiner Schätzung bestand das Publikum mindestens zur Hälfte aus Kids, die auf Heavy Metal oder Rap standen. Die meisten waren wahrscheinlich noch nicht mal geboren gewesen, als ich angefangen hatte. Sie waren zum Trinken und Aufreißen hier und hatten sich wahrscheinlich noch nie in ihrem Leben eine Beach-Boys-Platte angehört. Vielleicht hatten sie noch nicht einmal von mir gehört, vielleicht ging es ihnen auch völlig am Arsch vorbei, was ich ihnen hier vorspielte. Möglicherweise hatte ich hier das härteste Publikum vor mir, dem ich mich seit dreißig Jahren, seit dem ersten Konzert der Beach Boys im Long Beach Civic Center im Jahr 1961, gestellt hatte.

Unglücklicherweise lag Gene auch noch mit einer Grippe flach und hatte nicht kommen können. Er hatte so lange wie möglich gezögert, mir das zu sagen, und mich schließlich über Autotelefon angerufen, als ich schon auf dem Santa Monica Freeway zum Club fuhr. Ich merkte, daß er wirklich krank war, das hörte ich an seiner Stimme; aber ich glaube trotzdem, daß er mir auch zeigen wollte, wie gut ich ohne ihn auftreten konnte, ganz alleine. Es war eine weitere Mutprobe. Ich sagte Gene, es sei kein Problem, ich würde es schaffen. Aber in letzter Minute war ich mir nicht mehr so sicher, ich zeigte Nerven und fragte mich, ob die Idee wirklich so gut gewesen war.

Aber ich hatte keine Wahl mehr, ich mußte es tun – für Gene, für die Beach Boys und vor allem für mich selbst.

Als ich die Treppe von der Garderobe zur Bühne hinaufstieg, hörte ich die Hausband spielen. Hinter der Bühne begrüßte ich die beiden Musiker, die ich dazu eingeladen hatte, mit mir gemeinsam aufzutreten: Rob Wassermann, einen Bassisten aus San Francisco, der auch großen Anteil an meiner zweiten Solo-LP hatte, und Don Was, von dem ich wußte, daß es ein Fest für ihn sein würde, für ein paar Beach-Boys-Oldies Baß zu spielen. Rob wurde zuerst angesagt und ging auf die Bühne. Mein Stichwort sollte etwa eine Minute später kommen, nachdem Rob sich akklimatisiert hatte. Don musterte mich durch seine Sonnenbrille und amüsierte sich darüber, wie nervös ich war. Ich hüpfte rastlos hin und her.

»Du wirst das schon richtig machen«, sagte er.

»Ja, aber vielleicht verpatze ich es auch.«

»Ach was . . . wirst du nicht.«

Einen Augenblick später hörte ich meine Ansage. Der Bandleader beugte sich ans Mikro und sagte: »Heute nachmittag habe ich einen Typ getroffen, der jetzt auf die Bühne kommt und ein bißchen Klavier spielt . . .«

Die Kritiken waren überschwenglich. Sie sprachen von meiner kräftigen Stimme, von der Klasse der Songs, dem mitreißenden Set und den Standing Ovations, mit denen man mich gefeiert hatte. Ein Kritiker bemerkte, in welch überschäumend gute Laune es mich versetzt hatte, wieder auf der Bühne zu stehen; zwischen den Songs hätte ich gegrinst wie ein Honigkuchenpferd.

Gene war sehr stolz auf mich, und am Dienstag und Mittwoch wurden mir zahlreiche Glückwünsche zugesandt. Nur die Beach Boys ließen nichts von sich hören. Aber all das verblaßte neben dem Glücksgefühl, das es für mich war, auf der Bühne zu tehen, zu spielen und dabei wildfremde Menschen zu beobachten, die zu meinen Songs sangen und tanzten. Das Publikum im China Club hatte mir das Gefühl gegeben, geliebt zu werden, und das war schön. Ich hatte dieses Gefühl in der Vergangenheit allzu selten erlebt. Und mehr noch: Mir wurde klar, daß ich mich im China Club verliebt hatte. Ich hatte die Liebe zu meinen Songs und zur heilenden Kraft der Musik wiedergefunden.

Diese Erfahrung hätte das Sprungbrett für alles sein sollen, worauf Gene und ich in den letzten sieben Jahren hingearbeitet hatten. Alles war klar: Mein zweites Solo-Album, *Sweet Insanity*, wartete auf die endgültige Abmischung, wir planten für den Herbst eine Tour und verhandelten wegen eines Fernseh-Specials. Das Spiel lief gut. Ich wartete auf den Traumpaß, den ich volley nehmen würde. Ich witterte den Sieg und hörte die Menge jubeln, ich träumte schon von der Siegesfeier.

Doch dann brach plötzlich die Realität über mich herein.

In der ersten Märzwoche beschleunigte Carl die Entwicklung im Vormundschaftsprozeß, in dem er behauptete, »Beweise« dafür zu haben, daß Gene mich einer Gehirnwäsche unterzogen und in den Bankrott getrieben hätte. Er drohte damit, vom Gericht einen Vormund für mich bestimmen zu lassen – zwar befristet, aber mit sofortiger Wirkung. Mein Bruder wollte Dr. Landy offensichtlich ein für alle Mal aus dem Verkehr ziehen; am liebsten, erklärte er öffentlich, würde er ihn im Gefängnis sehen. Carl sprach kein einziges Mal mit mir persönlich, es schien ihm nicht einmal in den Sinn zu kommen, daß er mich mit seinem Vorgehen meiner Würde und meiner Menschenrechte beraubte.

Nachdem ich mir einen ganzen Tag lang Erklärungen angehört hatte, gab ich abends im Studio klein bei. Ich zog mir einen Stuhl in die Ecke und weinte. Gene stand hinter mir, hatte eine Hand auf meine Schulter gelegt und litt mit mir.

»Ich weiß, daß ich einen kleinen Schaden hab«, sagte ich. »Verdammt, ich weiß es ja. Aber ich bin doch kein unmündiges Kind.«

»Nein, das bist du nicht.«

»Und ich kann gut für mich selbst sorgen.«

»Ja.«

»Ich war noch nie so gesund und so gut in Form wie heute.«

Gene nickte.

»Warum tut Carl mir das dann an?« fragte ich. »Warum? Warum macht er diese Scheiße?«

»Warum?« wiederholte Gene meine Frage mit einer sanften, ruhigen Stimme, die in scharfem Kontrast zu meiner verzweifelten Wut stand. »Ich glaube, Carl ist sein ganzes Leben lang eifersüchtig auf dein Talent und deinen Ruf gewesen. Das ist seine große Chance, es dir heimzuzahlen.«

Ich ließ diese Erklärung erst einmal sacken und gab ihm recht. Aber seine nächsten Worte ließen das alles zweitrangig werden.

»Außerdem«, fügte Gene hinzu, »haßt dein Bruder mich so, daß er darüber jede Liebe und jede Rücksicht dir gegenüber vergißt.«

Ich war nicht dabei, als Gene die Erklärung unterzeichnete, in der er sich dazu verpflichtete, mich nicht mehr zu sehen. Aber am Abend telefonierten wir, und ich hörte die Bewegung in seiner Stimme. Nachdem wir fast ein Jahr lang gekämpft hatten, beugte sich Gene schließlich dem Druck und der Erschöpfung und opferte sich erneut für mich auf – wie damals, als er meinetwegen seine Zulassung als Psychologe verloren hatte. Neunzig Tage lang durfte er mich nicht sehen, nicht mit mir sprechen oder in irgendeiner Weise Kontakt mit mir aufnehmen. Während dieser Zeit sollten unsere Geschäftsbeziehungen aufgelöst werden, und ich mußte mich von einem

Psychiater untersuchen lassen, dessen Gutachten darüber entschied, ob ich zurechnungsfähig oder das Opfer einer Gehirnwäsche war. Im Gegenzug erklärte Carl sich bereit, die Entmündigungsklage zurückzuziehen und keinen vorläufigen Vormund für mich zu bestimmen.

Ich konnte weiter ein selbständiges Leben führen und meine eigenen Entscheidungen treffen – nur würde mich das meinen Geschäftspartner, Lehrer, Ratgeber, Manager, Beschützer, meine Stimme der Vernunft, meinen Mitarbeiter und besten Freund kosten. Denn das alles und noch viel mehr war Gene Landy für mich.

Mehrere Tage, nachdem Gene die Vereinbarung unterzeichnet hatte, setzte ich ebenfalls meinen Namen unter das Dokument und machte den Deal perfekt. Das Datum war bezeichnenderweise der 1. April. Wer war hier der Narr?

Gene und ich sprachen nie über das Ende. Nie. Unser Arzt-Patient-Verhältnis war schon vor langer Zeit ganz natürlich in eine Songschreiber-Partnerschaft und schließlich in Freundschaft übergegangen. Trotz zahlloser Unstimmigkeiten während all dieser Jahre hatte keiner von uns je einen Grund gehabt, an ein Ende dieser Freundschaft zu denken. Und selbst wenn dem so gewesen wäre, hätten wir sicher nie geglaubt, daß wir dies in der sterilen Atmosphäre eines Anwaltsbüros tun würden. So lächerlich, absurd und surreal mir das immer noch vorkommt, den größten Teil unserer letzten Tage als Geschäftspartner und, wichtiger, als Lebensgefährten, verbrachten wir tatsächlich in den holzgetäfelten Bürogruften unserer Anwälte. Nach allem, was wir gemeinsam erlebt hatten, konnte ich mir einen Abschied nicht vorstellen.

Rechtlich sollte diese Trennung auf neunzig Tage beschränkt bleiben. Wenn der Psychiater nach diesen neunzig Tagen zu dem Schluß kam, daß ich nicht das Opfer einer Gehirnwäsche war, konnte ich theoretisch Carl, Stan und alle anderen, die sich in mein Leben eingemischt hatten, zum Teufel jagen.

Doch zunächst einmal würde meine Beziehung zu Dr. Landy unwiderruflich zu Ende sein.

Und was dann? Um es mit einer meiner eigenen Zeilen zu sagen: »God only knows«.

Wahrscheinlich würde es auf eine Entscheidung zwischen zwei Szenarios hinauslaufen: Die eine Möglichkeit war, daß Carl, Mike, Marilyn und die Mädchen mich einige Zeit wie kreisende Geier beobachteten und auf Anzeichen von Schwäche und Unsicherheit lauern würden. Dann würden sie mich anrufen, »Hallo« sagen und mir ein paar unverfängliche Fragen stellen. Schließlich würden sie bei mir vorbeikommen, um mit mir zu plaudern und in Erinnerungen zu schwelgen. Wo aber waren sie in den letzten fünf Jahren gewesen?

Der nächste Schritt würde sein, daß wir wieder gemeinsam Songs schreiben und die Typen mich schließlich ins Studio schleppen würden. Nach und nach würde ich den Beach Boys wieder einverleibt werden und die Jungs wären so glücklich wie Schweine, die sich im Dreck wälzten. Denn sie hätten endlich ihren Songschreiber und Produzenten wieder und würden zum ersten Mal seit fünf Jahren einen Plattenvertrag bekommen. Und dieser Vertrag hätte mit Gewißheit wieder eine Klausel, die mich verpflichtete, achtzig Prozent des Materials zu schreiben und zu produzieren. Alles schon mal dagewesen.

Doch welchen Preis würde ich dafür zahlen müssen? Wenn sich herausstellte, daß ich weniger stark und selbständig war, als ich geglaubt und Gene gehofft hatte, würde ich bald wieder absacken. Zuerst ganz langsam, fast unmerklich. Ich würde mir nicht mehr die Zähne putzen, mich nicht mehr waschen, mir nicht mehr die Kleider wechseln; dann würde ich wieder fressen, saufen und schließlich auch wieder Dope nehmen. Ich würde mich abschotten, Angst bekommen, Schutzwälle gegen die Welt errichten und wieder in dieselbe isolierte Phantasiewelt abgleiten, aus der Gene mich gerade noch rechtzeitig aufgescheucht hatte, ehe ich mich umbringen konnte.

Das zweite Szenario war freundlicher: Vielleicht war ich ja doch stark genug, um mich zu behaupten. Ich war mir nicht ganz sicher, aber ich wollte es versuchen.

Als sich Mitte April die Ereignisse derart überstürzten, daß es meine schwachen Kräfte überstieg, alles unter Kontrolle zu halten, gab es für mich nur eine Gewißheit: Ich hatte Angst, ich war wütend, und ich lebte in völliger Unsicherheit.

Gene und ich verzichteten auf einen tränenreichen Abschied. Wenn sich unsere Wege trennten, hielten wir es für besser, im Moment des Abschieds ein Fazit zu ziehen. Er hatte mich von den Toten zurückgeholt, und ich genoß mein Leben wie nie zuvor. Das allein war wichtiger als alle Songs, die ich je geschrieben hatte, wichtiger als unser Album, das bald veröffentlicht werden sollte, wichtiger als alles andere.

Das Leben war nicht gerade freundlich zu mir, aber ich hatte einen großartigen Soundtrack zu meiner Geschichte geschrieben, und Gene hatte es mir möglich gemacht, ihn zu genießen.

Nach einem langen Gespräch, bei dem außer unserer Trennung fast jedes nur vorstellbare Thema diskutiert worden war, traten Gene und ich auf den Parkplatz hinter dem Studio. Als wir zwischen unseren identischen gelben Corvettes standen, zögerten wir befangen und wußten nicht, was wir sagen sollten. Statt dessen umarmten wir uns wortlos.

Dann stiegen wir in die Autos und fuhren davon, wie zwei Revolverhelden, die in verschiedene Sonnenuntergänge reiten. Ich fuhr mit laut aufgedrehtem Radio den Pacific Coast Highway entlang und kämpfte gegen die Versuchung an, Gene über Autotelefon anzurufen.

Zwanzig Minuten später war ich zu Hause. Ich schlenderte hinaus auf den

Balkon. Es hatte eine Zeit gegeben, erinnerte ich mich, in der ich unter einer solchen Belastung mit dem Gedanken gespielt hätte, zu springen. Aber jetzt ließ ich meinen Blick über den Strand schweifen und verscheuchte die Gespenster, indem ich eine kleine Melodie summte, die mir im Kopf herumschwirrte: »What's Going to Happen Next«. Plötzlich empfand ich es als eine absurde Laune des Schicksals, daß das Leben eines einfachen Mannes so kompliziert hatte werden können.

Seit ich die Musik für mich entdeckt hatte, war mein Leben von einem einzigen Ziel beherrscht gewesen: Ich wollte nichts anderes als das reine, pure, unbändige und befreiende Glücksgefühl des schöpferischen Moments erleben. Dieser einmalige Moment – dieses Gefühl, zu fliegen oder über ein weites Feld zu laufen, dieses Gefühl von Schönheit und Freude – hatte mich beherrscht und beherrscht mich immer noch. Ich hatte davon gekostet, dann mein Leben lang danach gesucht – wie ein Süchtiger, wieder und wieder und wieder –, bis diese Suche schließlich zum Sinn meines Lebens geworden war.

Es war ein wunderschöner Tag in Malibu, ein Tag, der mehr zum Frohsein einlud als zu Trübsinn. Ich atmete die salzige Luft ein und studierte meine Palette – das blaue, weiß gekrönte Wasser, der sandfarbene Strand, der Himmel mit den weißen Wolkentupfern, Surfer, die durch die Wellen glitten, und Mädchen am Strand. Jenseits der Brandung tummelten sich zwei Delphine im Ozean, ein glückliches Vorzeichen!

Dann ging ich nach unten an mein Klavier. Es war Zeit, an die Arbeit zu gehen.

Danksagungen

Nach bestem Vermögen schildert dieses Buch mein Leben, wie ich es heute in Erinnerung habe. Sehr viele Menschen haben mir geholfen, es zu leben, manche haben mir geholfen, es zu zerstören, und eine ganze Menge Leute haben großzügig ihre Zeit, Mühe und Liebe daran gesetzt, es zu retten.

Ich möchte mehreren langjährigen Freunden für ihre Hilfe und ihre Beiträge zu diesem Buch danken: Danny Hutton, der freundlicherweise seine Erinnerungen an eine Zeit beisteuerte, die wir beide weit hinter uns gelassen haben; Van Dyke Parks und Tony Asher, meine Weggefährten aus großen Tagen; dem verstorbenen Gary Usher, von dem ich Abschied genommen habe, ohne ihn zu vergessen; außerdem Roger Christian und David Marks.

Es ist bezeichnend, daß von meiner Familie und den Beach Boys nur Al Jardine und Bruce Johnson bereit waren, ihre Erinnerungen zu diesem Buch beizusteuern. Dafür gehört ihnen meine aufrichtige Wertschätzung.

Hubert und May Everly möchte ich für die freundliche Aufnahme in ihrem herrlichen Haus in Hawaii danken, die sie mir all die Jahre gewährten.

Darüber hinaus möchte ich einigen meiner Freunde danken, die mir unendlich geholfen haben, darunter: Dr. Solon Samuels, einem wahrhaft weisen Mann; Dr. Murry »Buzz« Susser, einem meiner ersten »Heiler«; Dr. Arnold Dahlke; Bill Flaxman; Dr. Gerald Wall; Dr. Steven Zax; Henry Edwards; Cliff und Gypsi De Young; Don Tringali; Kirk Hallam; Lin Bolen; Lynne Turner; Dr. Arnie Horwitz; Don Engel; Mike Rosenfeld; Dr. Arnold Ross; Dr. Leroy Perry; Mark Meador; Prem Nagar; Dr. David Allen.

Dank auch an jene anderen Freunde, die durch dick und noch dicker zu mir gehalten haben: Pam Thomas; Gordon Forbes; Carlos Booker; Scott Steinberg; Chad Einbinder; Sally Steinberg; Sandy Friedman; Greg Dahlke; Nikki Simon; Deirdre Courtiney; Sean Corrigan; Chris Rogerson; David Berlow; Michael Whitis; Cynthia Rubenstein; Tanya Oliver; Dr. Ray Corsini; Leslie Moore Dahlke; Caroline Henning; Michael Eames; Jeffrey Lee; Angela Otto und Gloria Perez.

Dank an die Mädchen, die ewigen Frühling und endlosen Sommer in mein Leben brachten, Mary Kay Reynolds und Sidney Gray.

Evan Landy ist ein besonderer Freund gewesen, der mich zu den ersten

A. A.-Treffen und auf vielen weiteren Abenteuern begleitete; und Frances Morgan war wirklich einmalig.

Michael Bernard, der Programmierer meiner Soloalben, hat bisher nicht die verdiente Anerkennung gefunden, aber hier hat er sie schriftlich: Michael, deine Arbeit bleibt nicht ungehört. Und, hey, Frankie Schubart, Beschaffer aller möglichen Nieten und Schrauben – Hut ab, Mann.

Meine Freundin, Mitarbeiterin und Mit-Ozeanschwimmerin Alexandra Morgan, die für mich die Schwester wurde, die ich mir immer gewünscht habe, hat meinem Leben die Harmonie eines wundervollen Duetts gegeben, und mein persönlicher Assistent Kevin Leslie ist immer für mich da gewesen, zu Lande, zu Wasser und in der Luft. Ihr beide verdient meinen besonderen und von Herzen kommenden Dank.

Außerdem möchte ich den Professionalismus und das Vertrauen meines Harper-Collins-Redakteurs Tom Miller, seines Assistenten Jim Hornfischer und meines Agenten bei William Morris, Dan Stone, würdigen. Alle drei können jederzeit in meiner Band spielen.

Ich denke oft an das einzige Mitglied meiner Familie, das mir zur Seite gestanden und mir bei meinen gegenwärtigen Kämpfen geholfen hätte. Dennis, du fehlst mir.

Unglücklicherweise haben die anderen in meiner Familie und unter den sogenannten Freunden – Menschen, denen mein Glück und meine Gesundheit immer am meisten am Herzen lag – nicht die geringste Bereitschaft gezeigt, zu diesem Projekt beizutragen.

Es ist für mich immer sehr schwierig gewesen, Kontakt zu meinen Töchtern Carnie und Wendy zu halten. Ich weiß, ihr Mädchen wünscht euch, ich wäre ein besserer Vater. Ich selbst wünsche es mir auch. Hoffentlich erkennt ihr, daß ich euch dennoch liebe, auf meine eigene Art, daß ich an euch denke und auf euren großen Erfolg stolz bin. Ich wünschte, ihr könntet dasselbe für mich empfinden. [Seit dieses Buch entstanden ist, wurden Wilson Phillips für ihr zweites Album zur »schlechtesten Band Amerikas« gekürt und arbeiten Gerüchten zufolge mit ihren Vätern an einem gemeinsamen Projekt; A. d. Ü.]

Diese Autobiographie entstand in einer Phase meines Lebens, in der ich mich besser und stärker denn je fühlte. Aber ich hätte diesen Zustand nie erreicht ohne die Hilfe von Dr. Eugene Landy, meinem engsten Vertrauten und zuverlässigsten Freund. Wir sind einen langen Weg gegangen, seit wir 1983 mit der gemeinsamen Arbeit begannen. Wir haben Berge bestiegen, sind Schulter an Schulter in die Schlacht gezogen und haben Versuche gewagt, die andere als unmöglich abtaten. In einem Leben, das nicht allzu freundlich war, erwies er sich als starke Schulter zum Ausweinen. Als Arzt, Lehrer, Elternteil, Befreier, Songschreiber und Manager ist er ein unschätzbares Multitalent gewesen. Aber vor allem ist er mein Freund gewesen. Während viele unser Verhältnis mißverstanden haben oder mißverstehen wollten, haben wir es immer klar erkannt.

Wäre er nicht gewesen, hätte ich dieses Buch nicht schreiben können, das Ihnen hoffentlich gefällt. Es hat seine Zeit gebraucht.

Liebe und Gnade.
Brian Wilson,
Malibu, Kalifornien

Es ist unmöglich, ein Buch solchen Kalibers ohne die Unterstützung und Mithilfe vieler Menschen zu realisieren, und als kleine Anerkennung für diese Tatsache möchte ich danken: meiner Familie, die ebenso hart wie ich an diesem Buch gearbeitet hat und etliche Opfer dafür bringen mußte; meinem Boß Landon Y. Jones, dem Managing Editor des *People Weekly*, Cutler Durkee, der immer weiß, wo die Brandung am höchsten ist; Lisa Russell mit ihrem feinen Ohr; Jack Kelley für sein Verständnis; Peter Castro; Monica Rizzo und Florence Nishda, die sich ums Geschäft kümmerten; Dinas fliegende Finger; Fine Printing in Westwood; Michael Eames und Caroline Henning, die Helden im Schatten; Brad Benedict; Neal Preston; David Rensin; Kevin Leslie, der Kerl schlechthin; Tom Miller; Jim Hornfischer; Dan Strone, der dieses Buch als Fan anfing und beendete; Dr. Eugene Landy und schließlich Brian.

Todd Gold,
Westwood, Kalifornien

Bildnachweise

Beach Boys Archiv: 40, 43, 44

Capitol Records: 5, 6, 9–23, 25–29, 37, 41, 42

Chad Einbinder: 61–64, 66

Mark Hanauer: Umschlag

Eugene Landy Collection: 45–47, 52–60, 65, 69, 70, 72, 73, 76–78, 80, 82, 84–88

Kevin Leslie: 67, 68, 71, 74, 75, 79

Alexandra Morgan: 81, 83

Alexandra Morgan und Dr. Murray »Buzz« Susser: 48–51

Peter-Reum Collection: 24, 30–36, 38, 39

Audree Wilson: 1–4, 7, 8

Register

vgs
ELECTRIC GYPSY
Harry Shapiro · Caesar Glebbeek
JIMI HENDRIX
DIE BIOGRAPHIE

Spätestens mit ihrem emphatisch umjubelten Auftritt 1967 auf dem Monterey Pop Festival wird Janis Joplin – die Frau, „die den Blues sang wie keine Weiße vor ihr" – zu einem Superstar der „wilden Sixties". Doch die Sucht nach neuen Erfahrungen, die dieses aufregende Jahrzehnt prägt, wird Janis schließlich zum Verhängnis: Im Oktober 1970 spritzt sie sich eine tödliche Überdosis Heroin.

Gestützt auf zahlreiche unveröffentlichte Briefe, die Janis seit Beginn ihrer Karriere an die Familie schrieb, zeichnet Laura Joplin in *Love, Janis* das einfühlsame Porträt ihrer geliebten Schwester.

Das mit zahlreichen Fotos aus dem Privatbesitz der Familie Joplin ausgestattete Buch ist die authentische und ultimative Janis-Joplin-Biographie und zugleich eine Hommage an das Jahrzehnt der Love-and-Peace-Generation, das unsere Kultur nachhaltig veränderte.

Laura Joplin
LOVE, JANIS
Biographie mit bisher unveröffentlichten Briefen

vgs verlagsgesellschaft, Köln